思想界的解放极不相称。其时，改革开放早已被确定为国家发展的根本方针，教育史界仍然言说 20 世纪 40 年代的话语体系，恪守新中国成立前后的研究范式。田正平老师不无感慨地说："面对现实，中国教育史原有的分析框架失去了解释力，对许多问题难以解释，不仅在课堂上，就是对自己，也说服不了。"①

黑格尔曾经说过："时代精神是一个贯穿着所有各个文化部门的特定的本质或性格。"②在 20 世纪 80 年代思想解放的"时代精神"的推动下，国内学术界涌动着检讨与解构以宏大叙事为特点的革命史模式的思潮，田正平老师受这一思潮的启发，先后发表了《游学日本热潮与清末教育》（与霍益萍合作）、《关于中国近代教育史学科体系的几点思考》和《论中国教育近代化的延误》等文章，提出了中国教育近代化的概念，并以此来重新思考近代中国教育的发展与演进问题。著名历史学家斯塔夫里阿诺斯指出："每个时代都要编写它自己的历史。不是因为早先的历史编写得不对，而是因为每个时代都会面对新的问题，产生新的疑问，探求新的答案。"③在此后的学术生涯中，田正平老师所追求的，就是努力建构一个在改革开放的新的时代面对新问题、新疑问作出解答的中国近代教育史新的解释框架。

二、中国教育近代化：作为一个理论范式

"历史学的精神在根本上是批判的——这种精神不仅明显地表现为追求精确，更重要的是体现在重构之中。"④作为对当时盛行的教育史研究框架的变革，中国教育近代化从概念、内涵、价值取向到叙述方式都赋予了中国近代教育发展以新的意义。田正平老师对此阐述道："所谓中国教育的近代化，是指一种历史过程，即是说，它指的是与几千年来自给自足

---

① 田正平：《学术研究的苦与乐》，未刊稿。
② ［德］黑格尔：《哲学史讲演录》，贺麟等译，商务印书馆 1959 年版，第 51 页。
③ ［美］斯塔夫里阿诺斯：《全球通史：从史前史到 21 世纪》，吴象婴等译，北京大学出版社 2012 年版，第 9 页。
④ ［法］费尔南·布罗代尔：《论历史》，刘北成等译，北京大学出版社 2008 年版，第 8 页。

的封建农业经济和封建专制政体相适应的传统教育,逐步向与近代大工业生产和资本主义发展相适应的近代新式教育转化演变的过程。换言之,它指的是近代资本主义兴起之后,通过多次的教育改革,学习、借鉴西方教育,改造、更新传统教育,努力接近世界先进教育水平的历史过程。"田正平老师认为,"一部中国近代教育史,似应以近代新式教育的产生与发展为基本线索,无论从理论上或实际上讲,都更接近于历史的真实"①。

田正平老师曾经用不无感叹的笔触描述中国教育近代化引起传统教育在各个层面发生的深刻变化:传统的孔孟之书、经史之学垄断学校的局面维持不下去了,西方近代文化科学知识虽然步履维艰,却又无可阻挡地涌进了我国近代学堂的大门;由私塾、官学和书院构成的旧教育体制的格局无可挽回地"分崩离析",代之而起的是取法日美、培养各类人才完整的"近代新学制";以道德哲学和政治哲学为基础的传统教育理论"日益失去昔日的光彩",从文艺复兴到20世纪初期的西方各种教育思想蜂拥而至;传统教育的培养目标被淡化,造就各类专门人才成为新式教育机构追求的目标,"重道轻艺""贵义贱利""严夷夏之大防"等祖训再也挡不住国人走出国门、汲取新知的脚步。②

透过上述这幅斑驳的历史画面,中国教育近代化体现出怎样的实质内涵呢?田正平老师认为,如果要用几句更简练的语言来概括近代以来传统教育变革所体现出来的最本质特征,"那就是实用性、民主性、科学性和开放性,而这些特征,正是我们所理解的教育近代化的基本内涵"③。

第一,田正平老师对中国教育近代化的内涵及路径选择作了富有价值的描述,重新建构了中国近代教育史的话语及分析框架。这个框架不再以单纯的政治价值与革命性为评判标准,而是以新式教育的产生与发展为基本线索。费正清曾经指出:"每一个领域内的现代化都是用各该学

---

① 田正平:《中国教育近代化历史进程的启示》,《中国教育报》1998年8月8日。
② "中国教育近代化研究"课题组:《中国教育近代化研究总结报告》,《教育研究》1997年第12期。
③ "中国教育近代化研究"课题组:《中国教育近代化研究总结报告》,《教育研究》1997年第12期。

举制度来选拔人才，并以科举考试的内容、形式对教育的发展方向予以导向；而把初等教育的办学权完全交由民间……对于一个幅员辽阔、人口众多、以自给自足的小农经济为基础的封建大一统国家来说，这也许是一种最适合的发展教育的宏观政策。因此，在很长的历史时期内，中国的教育是走在世界的前列的……'读书入仕'成为个人、家庭和社会重视教育的最基本的动力。而当近代社会向世人展现了人才需求多样化、职业选择多元化的五彩斑斓的图景后，以提高国民素质为职志的义务教育就不可能有那么大的吸引力了。"①确实，这一传统教育观念不仅在相当长时期影响着国家政权对义务教育的积极参与与承担，而且在深层维持着根深蒂固的传统人才观、职业观和价值观，成为历史前进的"负担"。不言而喻，这一追寻在文化的深层具有耐人寻味的意义。

　　第三，田正平老师拓展了研究的范围和问题。"历史学家的一个重要任务就是确定他所划进来的内容。这个问题是在他选择了他的研究主题之后提出的。不仅在选题时需要选择，在他研究的过程中也需要选择。"②田正平老师在提出中国教育近代化的理论范式以后，即携手北京师范大学、华东师范大学、华中师范大学等国内知名高校的中青年学者努力进行学术探索与实践。1996年，田正平老师推出了一套由他主持的国家哲学社会科学"八五"规划重点项目的最终成果《中国教育近代化研究》丛书（田正平老师本人的代表作《留学生与中国教育近代化》即为其中一种，另六种为《近代西方教育理论在中国的传播》（周谷平）、《中国近代学制比较研究》（钱曼倩、金林祥）、《中国近代教科书发展研究》（王建军）、《教会学校与中国教育近代化》（史静寰）、《从湖北看中国教育近代化》（董宝良、熊贤君）、《从浙江看中国教育近代化》（张彬））。作为中国教育近代化研究探索性、标志性成果，丛书由七种独立成书的著作构成，均围绕中国教育近代化主题而展开，包括制度变迁、理论传播、群体研究、教会教育、教科书编写及区域个案分析等。可以说，《中国教育近代化研究》丛书的出版，为教育近代化的理论范式提供了具有典型意义的诠释。这套丛书的出版

---

① 田正平、肖朗：《世纪之理想：中国近代义务教育研究》，浙江教育出版社 2000 年版，第 840 页。

② ［美］威廉·德雷：《历史哲学》，王炜等译，生活·读书·新知三联书店 1988 年版，第 63 页。

使中国教育近代化的理论范式获得了学术界广泛认同，同时，为中国近代教育的研究开辟了广阔的学术空间。

2000 年，《中国教育史研究·近代分卷》的出版，则进一步为中国教育近代化研究确定了基本范围、内容与问题。这部著作虽问世于 21 世纪之初，但其酝酿、框架及主要内容却形成于 20 世纪 90 年代中期。全书共分三编六章，三编分别是中国近代新式教育的产生与发展、中国近代教育制度的演进与西方教育理论的传播、中国近代教育家群体研究等。全书的内容安排主要围绕教育事件，教育制度、教育家及教育思想而展开，贯串全书的主线是新式教育的产生与发展，及其艰难与曲折，传统教育转型中的诸种面相与阵痛。全书在分析视角上充分揭示了中国教育近代化进程中的新与旧、中国与西方、沿海与内地等诸种矛盾关系。在解构以往革命史与政治史分析框架的同时，该书展示了一幅全新的中国近代教育发展图景。毫无疑问，《中国教育史研究·近代分卷》的研究框架借鉴了当时史学界特别是海外汉学的研究成果，但是主题却是教育的。换言之，该书作者借鉴的更多是国内外学者的研究方法、视角，换句话说，田正平老师自觉地把上述方法、视角运用于探索中国近代教育变革与发展的问题。他以近代因素为价值标准，重新发掘、梳理、审视中国近代教育理论、制度、人物、思想以及各种重要教育事件的价值与意义，还教育史以一幅生动的教育变革的动态的画面。以第三编中国近代教育家群体研究为例，从冯桂芬、王韬，到郑观应、盛宣怀，再到张之洞；从康有为、梁启超，严复与王国维、张謇与黄炎培，最后到蔡元培，近代教育家思想观念的演进构成了一个具有逻辑性而又有时代特色的思想谱系。从实业教育到职业教育，从国民教育到公民教育，等等。过去那些重大政治事件或革命事件中的代表人物让位于在中国教育近代化过程中真正产生过实质影响而在政治上并不是那么"正面"或"革命"的人物，这些人物的思想演进不仅构成了富有近代逻辑性的思想统一的发展整体，而且被置于内陆与沿海、沿江口岸地区的区域结构，思想倡导与付诸实施的不同角色的科层结构，以及通才、专才、国民、公民等知识结构的分析框架中加以阐述，充分体现了近代化话语的理论和逻辑相统一的言说力量。

三、跨越"近代化""现代化"边界

受史学界及国外学者理论与研究的启发,田正平老师在中国近代教育史领域率先提出了中国教育近代化的理论范式,并以此改写此前革命史叙述框架。众所周知,在探索中国社会从传统向现代转型过程中,当时学术界又有"近代化理论"与"现代化理论"之分。近代化理论主要由中国近代史学者提出,其中以华中师范大学章开沅教授为代表;现代化理论由世界现代史学者提出,以北京大学罗荣渠教授为代表。而从理论源出国家来说,近代化理论一般为日本学者所使用;美国和欧洲的学者则偏爱现代化学说。田正平老师提出的中国教育近代化理论无疑更多地借鉴了中国近代史学界及日本学者的理论。

田正平老师从 20 世纪 80 年代中期开始参与陈学恂先生主持的中国近代教育史史料建设,特别是与陈先生合作编辑、整理了《中国近代教育史资料汇编·留学教育》,在阅读大量文献过程中开始在世界发展格局中看待中国教育发展问题。1990 年,田正平老师赴日访学,因而在国内教育史界属于改革开放以后较早地接触到近代化概念及理论的学者。回国以后,田正平老师开始在近代化视域中探索中国教育发展问题;然而,田正平老师并不排斥现代化理论,他在《中国教育近代化研究》丛书总序中说:"目前,就国内学术界而言,虽然对于'现代化'与'近代化'两个概念的使用尚不统一,但是,在具体分析中国近代社会发展变迁的历史进程时,两个概念的内涵并无本质的区别,都把经济上的工业化和政治上的民主化作为最主要的因素,都把文化教育上的普及化、大众化作为重要内容,都主张把近代中国放在资本主义狂潮席卷世界的大格局中进行多学科、多视角的综合性考察。"[①]1998 年,新浙江大学组建之后,田正平老师组织中外教育史,以及比较教育学科的科研骨干创建中外教育现代化研究所即表明他努力跨越近代化与现代化研究之边界。

田正平老师提出中国教育近代化理论范式并非有意回避现代化理

---

① 田正平:《留学生与中国教育近代化》,广东教育出版社 1996 年版,总前言第 6 页。

论,相反,他在借鉴现代化理论的同时,更强调历史研究的整体性及时段特点。概括地说,"近代化"是一个连接古代和现代,并且可以向前或向后延伸的一个概念或过程。它不像古代、现代那样把历史截然分为两段或两个相对立的属性世界,正是在这个意义上,田正平老师后来在研究这一时段教育近代化问题时采用了"早期现代化"的概念。西方学者曾经指出:"与历史学的意义原则相关联的现代化,同时意味着历史的新概念以及对于过去的经验研究的新途径。这种新概念由一种范畴组成,它通过这样一种观念,通过综合性的、内部的、被称作'历史'的关联,把过去、现在与未来的时间关系统一起来。作为人与世界的历时性的变化的总体,历史经过进步和发展的观念得以概念化。这种新的途径通过认知的合理工具得以范畴化,这种合理的工具使得历史学家能够揭示人类世界在时间上变化的动力,正是这样一种变化,组成历史的完整的实体与总体。"①

按照西方的理论,现代化主要有三种类型:即:"(1)均衡的现代化,无孔不入的现代化并没有摧毁'古代的'价值观;(2)矛盾的现代化,现代化倾向只触及了部分社会,由此引发了与旧传统的严重冲突;(3)探索的现代化,试图以各种形式来调和'现代'与'古代(古老)'之间的矛盾,但目的并非为了实现一种新的、普遍的平衡,而是为了实现部分的平衡。"②所谓"矛盾的现代化"是指外部(军事的或者非军事的)遭受入侵与打击的国家被动作出反应的现代化。国内外学术界将这种被动反应的现代化称之为"后发外生型"的现代化或近代化,田正平老师提出中国教育近代化即意在揭示中国教育现代化的这种独特性。进入 21 世纪以后,田正平老师经过反复思考,在自己的研究著述中,将关于 1949 年之前教育变革的研究冠之以"中国教育早期现代化研究"之统称,就是为了与 1949 年中华人民共和国成立之后教育现代化区别开来,因为后者是在中华民族解放,国家独立意义上的教育现代化。如是,他的中国教育近代化即把 1840 年以来中国传统教育现代转型的历史进程的统一性和阶段性较好地统一起来。

中国教育近代化是一个包含性的理论框架。美国学者费正清指出:

---

① [德]吕森:《历史秩序的失落》,载张文杰编:《历史的话语——现代西方历史哲学译文集》,广西师范大学出版社 2002 年版,第 78 页。

② [法]雅克·勒高夫:《历史与记忆》,方仁杰等译,中国人民大学出版社 2010 年版,第 42 页。

"现代化一词是对各种进步思潮的概括,这在社会科学的各个学科——包括历史在内——都有具体的例证。现时代的各方面都在普遍成长,给经济、政治、社会和文化等等可以分析的领域带来了复杂性、变化和发展,但是,上述每一领域的现代化进程都是用各该学科的术语加以界说的。"①美国学者德里克认为,在中国史研究中,"现代化范式"的出现,并成为一种学术范式,并不是要取代某一种范式,比如此前的"革命史范式",而是改变"革命范式"支配中国近代史研究的格局。可以说,在中国近代教育史领域,中国教育近代化理论范式的提出即是对以往革命史范式的教育史学的一种超越,从而在一个更加广阔的视野中考察近代中国文化教育发展与变迁的问题。

如果说在《中国教育史研究·近代分卷》中,田正平老师为中国近代教育史重新确立了一个开放的研究体系,它既对过去中国近代教育史教科书及体例有较大的突破,又将重要的问题的研究推向了一个新的认识高度,那么,2004年《中外教育交流史》的出版表明,他的中国近代教育史研究跨越了中国教育近代化与现代化之边界,同时也将现代化的研究推向了一个更加开放的状态。

第一,在世界教育交流格局中重新确立了中国教育的价值与内涵,以及中外教育交流的位置、轨迹与特点。从中外教育交流史的角度追溯了人的现代化的思想渊源、意义及价值,"即人文主义者提倡人道反对神道,歌颂赞扬人的价值和尊严,重视教育在个人发展中的作用,主张培养多方面和谐发展的新人,强调用心理学的方法理解教育问题等等,开启了教育现代化的先河"②。

第二,它将"教育交流与教育现代化"确定为全书的主题,突破了中国教育近代化和中国教育现代化的边界。从人的现代化内涵的厘订到一个完整的现代教育体系的确立,"著者在导论中回顾了从文艺复兴到20世纪四百年间教育现代化进程中世界各国教育交流的情况,并在此视野内考察了一百多年来中国教育现代化历史进程中中外教育交流的基本历史

---

① [美]费正清等:《剑桥中国晚清史》下卷,中国社会科学院历史研究所编译室译,中国社会科学出版社1985年版,第5、6页。

② 于述胜:《教育交流视野中的中国教育现代化史研究》,《北京大学教育评论》2006年第4期。

线索和主要方面,总结了影响教育交流的基本因素和一般历史趋势。教育现代化既是考察中外教育交流的主题,也是选定中国近代教育史研究材料和内容的价值标准。一般来说,中国教育近代化研究的主要范围自1840年,下迄1949年年末,而中国教育现代化则贯穿于20世纪始终。该书即意在突破中国教育近代化和中国教育现代化的边界。它不仅将教育现代化的起源追溯到明末清初西方耶稣会士译介西方的教育学著述引起的变化,而且从新中国成立以后第三次西方教育思潮传入考察这一时期译介的西方著作、课程与教法,阐明新中国教育现代化进程对西方教育理论的吸收。

第三,以各个时代教育现代化主题为核心,描绘中外教育交流史的现代化镜像与使命。《中外教育交流史》第一、第二章以来华耶稣会士作为主要媒介,叙述这一时期西方教育导入中国的过程与特点。在晚清、民国和中华人民共和国三编中,全书分别以较大篇幅叙述外国教育传入中国潮流的涨落,突出了每个时代教育变革的特定历史主题。如晚清围绕建立新式教育制度、新式学堂而展开;民国则围绕西方教育著作的译介与课程、教材、教学方法的移植与推广,以及蓬勃兴起的新式教育展开论述;中华人民共和国时期则在分析中外教育交流史上的第三次高潮的状况及特点的同时,以富有代表性的教育学教材考察为视点,透视国外教育的影响及其变化。[①]在中外教育交流史视野之内,田正平老师亦以早期现代化的视角考察了各个阶段中外教育交流受到的阻碍与抵抗,比如他深入探析了1840—1860年的20年间清政府在中外教育交流中的保守主义心态,指出清政府为挽救传统封建教育的颓势而置外来影响于不顾,把历代封建王朝整顿官学、书院、整饬教风、学风和严禁科场积弊等过时的古方当作灵丹妙药,结果当然事与愿违,延误了中国教育近代化。[②]

第四,教育交流的叙述视角。如前所言,近代化是从中国看世界,现代化是从世界看中国。《中外教育交流史》的叙述框架采用平等视角,即从中外教育交流双向考察中国教育发展的重要事件,思想传播及影响,制度变迁和著述的译介。田正平老师指出,所谓中外教育交流,"既要反映

---

① 于述胜:《教育交流视野中的中国教育现代化史研究》,《北京大学教育评论》2006年第4期。

② 田正平:《中国教育史研究·近代分卷》,华东师范大学出版社2001年版,第132页。

外来教育对中国的影响和中国了解、借鉴外国教育的历史，也要反映中国教育对外国的影响和其他国家的认识、借鉴中国教育的历史。"该书明末清初编就反映了中外教育交流中双向传导的这一特点。当然，田正平老师也指出："教育交流作为文化交流的重要内容，它也遵循文化交流的一般规律，即总是从比较先进的国家和地区向相对落后的国家和地区辐射、传播，而后者通过与前者的交流，吸收前者的经验与成就，得以发展和创新。"①因而，该书在结构设计上更偏向于"西学东渐与中国教育现代化"，较少探讨中国教育对外国教育的影响，事实上，这一结构也体现了中外教育交流不对称结构的实际，比如，和明末清初相比，晚清、民国乃至中华人民共和国时期中国教育对外国的影响显然与外国教育对中国的影响不相对称，所以，该书结构的设计应该是科学的。

田正平老师在《中外教育交流史》中不仅阐述了世界教育交流史格局中的中外教育交流的位置、轨迹，而且指出其与欧美各国之间教育交流在性质、水平和手段诸方面的根本差异。中国教育现代化进程中的教育交流和 19 世纪以前发生在欧美各国之间的教育交流不同，后者是在彼此国力大致相当，总体上文化水平大致相近，以和平手段进行的平等交流；而 19 世纪中期以后欧美及日本与中国的教育交流，是建立在不平等条约的保护之下，饱含着两种不同生产力发展水平的抗衡、被侵略者的屈辱和殖民主义者的蛮横的交流，尽管如此，"但从世界教育现代化的角度看，它仍然加快了这个历史进程"②。

四、近代化视野中的高等教育史研究

孟宪承先生说过："某种意义上讲，教育史就是过去的教育学，而现在的教育学就是今天教育史的最后一章。"③孟宪承先生这段话对教育学和教育史学的关系作了极精辟的概括。实际上，他也指明了这两个学科在

① 田正平：《中外教育交流史》，广东教育出版社 2004 年版，第 2 页。

② 田正平：《中外教育交流史》，广东教育出版社 2004 年版，第 5 页。

③ 易琴：《华东师范大学首届教育史研究班探究》，载于述胜等：《中国教育口述史》第一辑，重庆大学出版社 2001 年版，第 163 页。

研究问题及内容上的内在联系。关于教育史研究,孟宪承先生反对那种机械式肢解教育人物思想观念、事件及制度的做法,而认为历史研究的关键在于:理解历史,研究者要进入当时历史时代的具体处境,去理解和感觉当时人之所思与所为。[①]

教育史研究究竟有何用?换言之,教育史研究的出发点何在?其价值何在?田正平老师对中国教育近代化的研究可以看出他对教育史研究的定位及价值取向。在他看来,教育史属于史学的分支,但教育史研究的最终价值却在于为教育变革的现实服务。在学术取向上,田正平老师之于教育史的理解无疑更偏向于历史学。田正平老师中国教育近代化研究始终抱持这样一种观念,即必须深植于历史学的肥沃土壤,然而,教育史研究选择的问题却来自于研究者对于教育变革现实的思考与回应。这就是西方史学界所谓的历史研究的当代性价值命题。克罗齐对此曾作过一番极简明的概括:"唯有当前活生生的兴趣才能推动我们去寻求对于过去事实的知识;因此那种过去的事实,就其是被当前的兴趣所引发出来的而言,就是在响应着一种对当前的兴趣,而非对过去的兴趣。"的确,"当代性不是某一类历史的特性,而是一切历史的内在特性"。诚然,只有那些引起当前生活的兴趣、并诉诸作者深入思考并根据精神上的需要重新加以阐述的"过去事实的知识","它们才是或将是历史"。[②]

20世纪80年代,田正平老师曾把极大的热情投入到中国近代职业教育史和近代职业教育家黄炎培教育思想研究之中,在述及确立此研究课题的原因时,田正平老师毫不隐讳,称源自他对中国当代教育体制的关注,特别是1949年中华人民共和国成立以后,在整个教育系统中,职业教育始终没有被摆上应有的位置,在相当长时期甚至缺席。田正平老师致力于近代职业教育研究即是想告诉人们,自1917年中华职业教育社成立到1949年,近代职业教育不仅拥有32年的历史,而且取得了令人瞩目的成就,在教育体制中占据着举足轻重的地位。出于同样的目的,自20世纪90年代中期,他开始在近代化视野中研究高等教育史。众所周知,以

① 易琴:《华东师范大学首届教育史研究班探究》,载于述胜等:《中国教育口述史》第一辑,重庆大学出版社2001年版,第164页。

② [意]本尼载托·克罗齐:《历史和编年史》,载张文杰编:《历史的话语——现代西方历史哲学译文集》,广西师范大学出版社2002年版,第401页。

往在教育史学界,专门致力于高等教育研究的学者并不多。有关高等教育史研究,主要集中在中国古代教育史领域,如对中央教育机构的考述,科举制度和书院文化研究,等等,中国近代教育史涉略甚少。即使有,亦多由专门从事高等教育研究的理论工作者完成。比如《中国近代教育史资料汇编·高等教育》即是由厦门大学高等教育研究所潘懋元先生和刘海峰教授完成。潘懋元先生曾经指出:"高等教育史是高等教育学科领域的组成部分,是高等教育学这一学科的分支学科。"高等教育史研究的重要目的在于,为"所从事高等教育理论研究与高等教育改革实践"提供帮助,从历史研究中"获得某些启示和论据"。在厦门大学,高等教育学、高等教育基本理论与高等教育史研究相互滋养。① 的确,在相当长时期内,厦门大学在高等教育视野内开展高等教育史研究,包括高等教育近代化探索。2003 年,由厦门大学高等教育研究院推出的《中国高等教育百年》一书,分历史、体制、改革三篇探讨百年中国高等教育变迁。该书以整个 20 世纪中国高等教育发展为经,以各个时代重大的改革观念与事件为纬,深入描述了 20 世纪中国高等教育发展的百年历程画卷。此外,全书还以中国高等教育专科、成人高等教育、女子高等教育、军事院校等为对象进行百年叙事与回顾,该研究既是对相应问题的学术回顾和总结,同时也展示了高等教育发展的结构变革。②

田正平老师自 20 世纪 80 年代中期投身于留学教育研究,他在收集整理近代留学史料基础上与霍益萍合作撰写的《游学日本热潮与清末教育》,以大量翔实的史料和考述为全文立论基础,发表在《文史》30 辑上,即反映出他的学术取向。美国著名中国史学者任达在其《新政革命与日本(1898—1912)》一书中称赞该文对留学教育研究"作出了卓越贡献"③。20 世纪 90 年代中期,国家为实现高等教育跨越式发展,制定了建设世界一流大学的发展战略,建构现代大学制度,建立和完善与之相适应的高等

---

① 陈兴德:《独辟蹊径,南方之强——厦门大学的教育史研究述评》,全国教育史第九届学术年会(2004)论文,未刊稿。

② 陈兴德:《独辟蹊径,南方之强——厦门大学的教育史研究述评》,全国教育史第九届学术年会(2004)论文,未刊稿。

③ [美]任达:《新政革命与日本(1898—1912)》,李仲贤译,江苏人民出版社 1998 年版,第 68 页。

教育财政体系,以及高水平师资与流动机制,是其中的关键。基于上述考虑,田正平老师对中国百年高等教育发展的探索聚焦在制度变迁、财政运作和教师流动等关键问题上。事实上,他此前推出的个人代表作《留学生和中国教育近代化》一书就是以高等教育为例探讨中国教育近代化问题。2006 年,《中国高等教育百年史论——制度变迁、财政运作与教师流动》的出版,不仅扩展了中国教育近代化研究的选题与内容,而且将社会学的研究方法引入教育史研究。

第一,该研究将高等教育近代化探索的区间设定在 19 世纪 60 年代至 20 世纪 40 年代末,与此前中国教育近代化时段保持一致,但对高等教育近代化主题的探寻却聚焦于现代大学价值与精神的建构。基于此,该研究以 1912 年蔡元培提出新教育方针,颁布《专门学校令》,取消封建社会高等教育政治方向,培植高等学术为界限,阐述了中国近代高等教育变革与国家民族建设需要的关系。著者指出,在中国高等教育近代化过程中,蔡元培不仅制定、颁布了具有现代大学精神与理念的《专门学校令》,提出了学术自由、大学自治等理念,确定了以人才培养为核心的高等教育优先发展战略,而且在实践上建构了一个现代大学制度的框架。在政治上,蔡元培主张取消了"忠君""尊孔"等封建教育核心价值;在培养目标上,蔡元培提出:"专门学校以教授高等学术、养成硕学闳才、应国家需要为宗旨。"正如作者所指出:"只有在这一时期,中国才真正开始致力于建立一种具有自治权力和学术自由精神的现代大学。"的确,经由蔡元培之手,现代西方大学学术自由、大学自治等核心理念与价值,被介绍到中国,并付诸实践。实质上,财政编也都围绕这一核心价值展开。[①]

第二,在探讨高等教育近代化时,该研究既考察西方现代高等教育制度在中国的建构和发展,也注重反思其对中国传统高等教育资源的调适、转化和利用。在以往的研究中,现代化往往与西方化相等同,换句话说,衡量中国高等教育近代化的重要指标,即视其对西方现代大学精神及制度的借鉴与移植,而将中国传统教育资源视为封建落后的东西予以摒弃。《中国高等教育百年史论——制度变迁、财政运作与教师流动》一书不仅

---

① 田正平、商丽浩:《中国高等教育百年史论——制度变迁、财政运作与教师流动》,人民教育出版社 2006 年版,导论。

细致地考察了中国高等教育近代化自倡导时期在理论与实践上的错位,而且对中国传统教育资源及教育近代化过程中的制度安排与缺失作了深入反思与检讨。作者指出,清末主持制订学堂章程的张百熙、张之洞等人虽然在教育变革的方针上声称,"上法三代,兼采泰西";"上溯古制,参考列邦",但在制度安排上及框架设计时,"兼采泰西"和"参考列邦"者比比皆是,而"上法三代""上溯古制"则语焉不详。以书院改学堂为例,从教育制度的层面看,把在中国具有自由讲学精神传统,且已有千年历史的各类书院全部改为学堂实在是一项相当大的制度损失。作者指出:"书院传统的骤然中断,无疑使得体制外的教育空间和教育资源在制度设计上失去了依归,使现代教育制度民族化、本土化失去了重要的可资利用的制度资源。书院制度的边缘化,使晚清的教育制度变革只能取法或移植西方的教育制度。……这样,晚清教育制度变革的主流无疑绕过了改革传统书院这一本来应有的时代课题。"①作者批评中国近代高等教育推进过程中单一的西方化取向及其所造成的问题,同时,在教育近代化叙述立场上立足于中国文化本位,换句话说,田正平老师等从中国社会及教育变革需要的立场看待中国与西方、新与旧、保存传统与变革创新等问题。再比如,在现代大学课程设置上,作者对大学开设的中国传统文化课程给予重新的认识,认为其在重构大学课程时具有不可或缺的价值。过去,在新文化运动中,北京大学"桐城古文派"代表人物一向被视为"新思潮派"的对立面,以文化保守主义者身份出场,但作者在该书中对此却给予充分肯定与评价,指出中国传统文化在大学教育中的重要意义,如作者对"桐城古文派"代表人物林纾在北京大学预科担任人伦道德课教学,即不无感情地引用北大学子胡敦复的回忆评论道,"所谓循循善诱,惟先生能蓄之也",其讲演与号召之魔力不在"欧西名牧师"之下。②

第三,该研究不仅拓展了教育近代化的主题与内容,体现了教育近代化对时代的关切与回应,而且在研究视角与叙述方法上较多地采取了社会学及后现代主义方法,使中国教育近代化研究呈现出新的气象。该成

---

① 田正平、商丽浩:《中国高等教育百年史论——制度变迁、财政运作与教师流动》,人民教育出版社 2006 年版,第 88 页。

② 田正平、商丽浩:《中国高等教育百年史论——制度变迁、财政运作与教师流动》,人民教育出版社 2006 年版,第 354 页。

果分制度编、财政编和教师编三个部分。除制度编相关内容已有研究有所涉略外,财政编、教师编均为以往学者较少或从未涉及的内容。制度编在考察现代高等教育制度建构与探索的进程时,十分注意国家层面的制度建构与地方探索和实践互动,即将"自上而下"与"自下而上"两条线索结合起来加以叙述,显然,由此获得的有关现代高等教育制度建设的图谱更为清楚、真切与丰富,更接近历史的本来面目。在财政编中,作者围绕高等教育财政制度、高校教师薪酬和高校收费三个层面展开。在这一部分研究中,作者不仅运用社会学概念及理论分析现代高等教育财政体系制度建设及运作,而且考察了其功用及对现代大学发展的影响。比如作者深入研究了高等学校收费与高等教育机会之间的关系。研究指出,高等学校收费和教育资助是影响高等教育机会在人口中的分配形态的一个变量;它构成了高等教育选拔机制的一个组成部分,从而在一定程度上决定了一个社会的分层的特征。[①] 作者还从高校教师薪酬改变入手探讨其与高等教育近代化的关系。研究认为,在高等教育近代化中,教员由财富取向代替传统身份等级取向是重要的变革,但是,自清末至民初,身份等级在一定程度上又制约着财富来源和厚薄。"中国传统官方教育机构的学官属于政府官员,文化资本通过转换为政治资本后获得其经济价值。晚清高等教育机构中的教习仍与传统功名、官职相衔接,但其意义和内涵在演化。"[②]社会流动是社会学上的一个重要概念和研究问题。[③]现代大学制度的建立,教师的流动及流动方式不仅是考察其社会地位的重要尺度,而且是考察学术自由、大学自治,以及教授治校等现代大学精神与理念的重要基础。在教师编中,该书以六个专题探讨了近代化过程中不同历史阶段影响高等学校教师个体、群体流动的起因及制度,展示了百年历史进程中不同语境下现代大学"教授治校"的理想及现实困境,这一研究在多所综合性大学案例分析中展现了现代大学教师流动的群像,反映了中国

---

① 田正平、商丽浩:《中国高等教育百年史论——制度变迁、财政运作与教师流动》,人民教育出版社 2006 年版,第 307 页。

② 田正平、商丽浩:《中国高等教育百年史论——制度变迁、财政运作与教师流动》,人民教育出版社 2006 年版,第 246 页。

③ [英]彼得·伯克:《历史学与社会理论》,姚明等译,上海人民出版社 2001 年版,第 73 页。

高等教育近代化过程中人的活动及其图谱。

五、现代化与小历史：底层叙述与心态史研究

彼得·盖伊说："一个专业的历史学家常常也是一个心理学家——一个业余的心理学家。"①在史学界纷纷将研究视角转向底层叙述时，田正平老师没有抛弃教育近代化研究范式，而是在原有研究基础上不断吸收史学界新方法，进行新的开拓与探索，发掘教育近代化的新图像和新主题。21世纪初起，田正平老师将早期教育现代化研究转向清末民初乡村教育冲突问题，与此同时，又开始早期教育现代化心态史的探索。前者不是单纯地研究基层社会早期教育现代化问题，而是以基层社会为切入点，探索早期教育现代化进程中国家与社会的复杂关系。

如果说田正平老师过去所完成的中国教育近代化专题研究更多的是从国家立场、制度层面着手，为这一范式建构了一个整体框架，确立了重大的研究主题，那么，2005年以后，他开始"目光向下"，转向教育近代化进程中的局部和基层问题，致力于底层叙述，以更生动、具体、真实的叙事与画面展现中国近代教育史丰富多彩的历史画卷，深描中国教育近代化主题。田正平老师指出："在中国教育早期现代化的整体研究框架中，仍然有一个长期以来没有引起重视，表面上看起来似乎是不证自明、实际上却需要充分论证的重要问题，那就是现代学校教育在广大乡村的推行，是否给广大乡村民众带来了利益？究竟带来哪些实际利益？1927年毛泽东在湖南农村考察时讲过一段话我们大家都熟悉：'农民宁欢迎私塾（他们叫'汉学'），不欢迎学校（他们叫'洋学'）；宁欢迎私塾老师，不欢迎小学教员。'近年来的研究成果从不同层面'揭示'，'披露'的大量实证性材料支持了毛泽东的看法。这是问题的一个方面。另一方面，半个世纪以来，新式学校、现代教育虽然困难重重、步履维艰，但毕竟在中国广大乡村还是站住了脚跟，并有所发展，这同样是不争的事实。要想解释清楚这两种

---

① ［英］彼得·伯克：《历史学与社会理论》，姚明等译，上海人民出版社2001年版，第146页。

'事实'之间的'悖论',仅仅以历届政府政策的'调整'和新式教育自身的'调适'为理由,恐怕是远远不够的。一个重要的切入点即是考察现代教育与广大乡村民众的关系,即考察现代教育是否给乡村民众带来包括政治生活、经济生活、文化生活、社会流动等等方面的实际利益。"①

　　和此前关注国家政策、制度,沿海发达地区以及西方教育理论的传入等宏大叙事不同,他和陈胜一起致力的《中国教育早期现代化问题研究——以清末民初乡村教育冲突考察为中心》通过考察中国乡村教育早期现代化过程中新式教育遭受的"抵制""对抗"甚至"暴力"等现象,透视早期教育现代化的复杂问题。清末在外国资本主义入侵后乡村社会的小农经济逐渐解体,乡村社会在遭到破坏以后迅速走向衰败,城乡差距拉大;同时,乡村社会矛盾进一步加剧。② 新式教育正是在这样的形势之下进入中国广大乡村。田正平老师等人的研究不仅深刻剖析了中国早期教育现代化冲突的各种面相和深层因素,而且比较细致地描绘了这一时期乡村社会教育发展的生态。同时,在理论上探讨了中国乡村教育变革是适应,还是彻底改造等发展道路的问题。田正平老师等研究所得出的结论是:"这就要求乡村教育改革在坚持现代化这一发展方向,保持现代教育核心特质的前提下,充分考虑乡村社会及乡村民众生活生产的具体情况,对新式教育中一些与乡村生活严重冲突的形式化的东西进行改革,使其尽可能贴近乡村民众的生活,给他们的生活以帮助。"③美国学者指出,进入现代化时代,建立适应这个时代需要的新的机构已刻不容缓。然而,"我们要强调的是一个时代向另一个时代的转变,不是一个事件,而是一个过程"。两个时代交替的过程常常伴随着许多麻烦,甚至令人困惑,但它令人激动而且充满希望……"当新制度发展时,有一种把改革、转变看

　　① 叶哲铭:《底层视野——现代学校教育与乡村民众生活》,浙江大学出版社 2010 年版,田正平序。

　　② 田正平、陈胜:《中国教育早期现代化问题研究——以清末民初乡村教育冲突考察为中心》,浙江教育出版社 2009 年版,第 2 页。

　　③ 田正平、陈胜:《中国教育早期现代化问题研究——以清末民初乡村教育冲突考察为中心》,浙江教育出版社 2009 年版,第 264 页。

成失败,衰败的倾向。"①田正平老师等研究表明,在乡村新式教育推广中不能简单地以形式的新旧判断教育价值,改革是一个新旧调和的过程。从世界范围看,英国、日本早期教育现代化在乡村均无一例外地遭遇了抵制,但最后都由强有力的政府承担其推行职责,发达国家教育现代化经验表明,中国早期教育现代化在乡村遭遇抵制并发生冲突,乃至 20 世纪二三十年代农村教育破产,原因在于,"中国没有或者说难以产生出一个有能力维持现代化和社会稳定之间的调适关系的政府"。要从根本上解决中国乡村教育现代化的问题,"仅仅依靠对乡村教育进行调整是远远不够的,还需要加快乡村社会转型的步伐,用现代科学知识和科学手段教育乡村民众,开阔他们的眼界,使他们走出封闭的日常生活世界,同时还应当切实提高乡村社会经济、文化水平,使乡村教育现代化有一个很好的政治、经济、文化环境,这样才有可能消除现代教育与中国社会之间的种种抵牾,实现两者共同发展"②。

历史认识和历史理解的关键在于能再现和重新复活历史人物的内心。田正平老师认为:"教育近代化过程中,观念的转变是非常重要的一环。所谓观念的转变,既指教育观念本身的转变,从一定意义上讲,更指人们的社会心理、价值取向的转变。"③在早期教育现代化的心态史研究中,田正平老师充分利用作为心理活动承载体和历史证据的日记,于近年先后发表了两篇重要的学术论文——《救国千万事,造人为最要——胡适〈留学日记〉阅读札记》和《清末废科举,兴学堂的另一类解读——〈朱峙三日记(1893—1919)〉阅读札记》。众所周知,胡适是新文化运动领袖,作为清末较早派遣的留美学生,如何把个人的选择与民族国家的命运联系在一起,他的一部八十万字《留美日记》(1910—1913)不仅真实地披露了其个人选择的变化及投身民族救亡的心迹,而且为其后在北京大学帮助蔡元培建构"学术自由""教授治校"等现代大学理念与制度找到了依据。

---

① 〔美〕欧文·V.约翰宁·迈耶:《教育史的本质、目的和方法》,载卡特林娅·萨里莫娃等主编:《当代教育史研究与教学的主要趋势》,方晓东等译,教育科学出版社 2001 年版,第 41 页。

② 田正平、陈胜:《中国教育早期现代化问题研究——以清末民初乡村教育冲突考察为中心》,浙江教育出版社 2009 年版,第 265 页。

③ 田正平:《中国教育近代化历史进程的启示》,《中国教育报》1998 年 8 月 8 日。

　　"学以济时限,要与时相应。"胡适等清末留学生选择实用技术为自己的专业与20世纪初颇有影响的"实业救国"思潮有关。胡适选择进入康乃尔大学农学专业学习,其初衷即欲振兴国家农业以改变积贫积弱的中国社会。可以说,这一时期他将个人的发展与国家的命运紧紧地联系在一起,是当时社会思想潮流推动所致。胡适在诗中自述:"逆天而拂性,所得终稀微。"实际上,他在康乃尔大学专业学习并不差,但是,他很快便发现农学专业与他的兴趣及性向不合。他始而以中外农业生产方式不一样,在美国学习现代农业科学技术回国无用武之地说服家人,没有得到同意,终以兴趣及性向不合,并声称,在社会变革中,政治、教育、文化的变革乃救国之本,遂决意放弃农学,转攻哲学,并以民国思想界"言论家、理想家"自期,表现了他对自己"所要扮演的历史角色的自觉"。①之后,胡适转入哥伦比亚大学专攻哲学,杜威实验主义学说不仅构成他生活的向导,也构成了其哲学基础。"我相信教育是社会进步和社会改革的基本方法";"我相信——教师始终是真正上帝的宣扬者,是真正的上帝之国的向导"。②"讲学复议政。"在杜威哲学与教育思想的影响下,胡适义无反顾地以"国人之导师"作为专业选择和职业志向。"但得百十人,故国可重造。"的确,20世纪早期留学生无不抱着再造文明之邦的梦想出国留学。但是,跨出国门,接触了西洋文明之后,他们的思想就会发生变化,胡适之所以从农学转向哲学,怀抱着的仍然是救国梦想,即把个人发展与国家需要紧密地联系在一起,但这种联系或指向首先必须以个人的兴趣和性向为前提,即以个人、个性发展为前提,这是自由主义思想的要义,也是理解和诠释胡适之个人选择与国家发展需要关系的关键因素。田正平老师从胡适的日记中诠释了胡适专业选择貌似非理性行为中的理性根源,揭示了早期教育现代化中重要的思想来源。③

　　早在留学美国时,胡适就抱有一个梦想,即盼望在故国能建立一所"讲求高等学问之国立大学"。"吾他日能生见中国有一国家的大学可比

---

①　《胡适日记》(2),安徽教育出版社2001年版,第593页。
②　《杜威文选》,涂纪亮译,社会科学文献出版社2006年版,第399页。
③　陈胜、田正平:《救国千万事,造人为最要——胡适〈留学日记〉阅读札记》,《教育研究》2011年第8期。

此邦之哈佛、英国之剑桥、牛津，德之柏林，法之巴黎，吾死瞑目矣。"①田正平老师从他留学日记考述了胡适回国以后一再推迟婚期，帮助蔡元培发起和推动北京大学改革年级制，推行选科制，倡设教授会、改革学校管理，捐助设立奖学金，以及创设研究所，提高科学研究水平，推进北京大学尽快从"稗贩学术"阶段转向"创造学术时代"的内在心路历程。田正平老师对早期教育现代化"英雄人物"思想心理的发掘与描绘无疑将早期教育现代化研究引向了一个更深处。

朱峙三是清末千百万普通士子之一。田正平老师《清末废科举，兴学堂的另一类解读——〈朱峙三日记（1893—1919）〉阅读札记》解析了清末急剧的政治与社会变革对学校教育及个人人生道路的影响。朱峙三从1893年新春入私塾，到1905年入武昌师范学堂、1906年考取两湖师范学堂，其教育分为前后两段相迥异的生活。在12年私塾的读书生活中，前8年除节假日外，天天上学，温习功课，苦苦背书。1901年8月29日，朝廷下令改革科举，废除八股诗赋，私塾教育开始悄然发生变化，讲求时务，吸收新知，广泛阅读各类社会书籍，私塾教育与生活出现了新的景象。朱峙三开始阅读《申报》《政艺通报》等时务杂志报纸；后4年则在私塾附读，每逢三、八送文章请塾师批改。为参加科考，朱峙三购买了直隶、浙江、福建、江西、山东等省闱墨，悉心琢磨背诵优秀策论，在第一次名落孙山后，第二年再次参加考试，终于取得生员资格，成为一名秀才。朱峙三在日记中叙述个人科举考试经历的辛酸与世态炎凉。由于秀才身份，1904年朱峙三有资格报考新式学堂——一年制速成师范学堂，虽然学习时间仅仅7个月，但他得以接触算术、教育学、图画、体操等新式课程。1905年年底，他以最优等的成绩毕业，取得小学正教员资格。1906年年初，他开始新式学堂教员生活，但因怀有"求高等学问"，以"立足于新时代"的志向，不久即辞去教职，1906年7月考入两湖总师范学堂继续读书。在这所当时两湖地区的最高学府，朱峙三接受了正规而完备的师范教育，算术、物理学、化学、博物、地理、图画、音乐等课程更使他兴趣盎然，眼界大开。当然，修身、读经讲经等课程也使他感到了无新意。然而，在新式学堂，大量新知识的吸收和熏陶，学校与社会对"时势变迁""世界大势"的讨论，在南

---

① 《胡适日记》（2），安徽教育出版社2001年版，第61、62页。

京,他目睹了近代工商业文明成就等,则使他逐渐从一个传统的读书士子向现代知识分子蜕变。由于出身及家庭经济状况所限,朱峙三并没有远大的政治抱负,摆脱经济窘困是他读书的目的,当然,在条件可能情况之下,他依然选择了"做官",光耀门庭。两湖总师范学堂毕业之后,他在省内黄安县谋得书记官一职即表明他的这一传统价值取向。朱峙三在任职期间,一直不忘父训,在与县知事审判司法案件中,他对那些肆意鱼肉百姓、视民众为奴隶的地主、富家常"面斥而训之",命地主"勿欺贫户",以扫除旧制积弊,矫正地方民风好讼之习,则打上了深深的时代印记,表现他对共和新时代的响应。①田正平老师通过两湖地区一个普通读书士人的日记解析了大变革时代教育的变迁及士人心态的调适与对新共和时代政治的向往。从朱峙三个人的小历史恰恰可以窥测社会大变革时代一般士子普遍的心理和政治取向。

六、结　语

华勒斯坦曾经说,现代学科知识生产的一个重要特点是,知识领域本质是开放的,具有无穷的增殖潜能(无穷的意思是不论在任何时刻,都无法为学术科目列出一张最后清单)。曼海姆从知识社会学立场出发说,现代学科知识都带有"交叉性","交叉性"的特点是,现代知识是"能动的、富有弹性的处于不断的流动状态,永远面临新的活动"②。田正平老师自 20世纪 80 年代后期提倡中国教育近代化研究,"中国教育近代化"不但是他探讨 20 世纪中国教育发展问题的重要理论范式,同时也规范了这一时期中国近现代教育史的研究。一方面,他以"中国教育近代化"理论范式重新定义、确定和建构教育史领域的新问题,划定学科的边界,当然,也为之提供问题和解答问题的可能的正当性标准;另一方面,他又没有封闭自守,更没有将其"定于一尊",而是不断追逐学术潮流,运用新方法、新手段和新工具,在"中国教育近代化"这一旗帜下,持续开展学术研究,保持开

---

① 桑兵:《走进新时代:进入民国之共和国元年——日记所见亲历者的心路历程》,《华中师范大学学报》(人文社会科学版)2012 年第 1 期。

② [德]卡尔·曼海姆:《意识形态与乌托邦》,黎鸣等译,商务印书馆 2000 年版,第 159 页。

放性。田正平老师说："在科学研究领域，任何一种新的研究范式，都有它产生、发展的广阔背景和自己的局限性，而且，事实上在我看来，任何一种理论框架或者说一种研究范式，都在不断发展、完善之中。"①从田正平老师近25年学术探索实践看，"中国教育近代化"与其说是一种范式，不如说一种视角、一种思考问题和提出问题的独特的方式和一种学术价值追求更为确切。在教育史领域，他通过"中国教育近代化"理论范式重新思考与探索了这一领域内的诸多问题，他始终保持对其他相关学科研究问题与研究方式的兴趣与开放，不断"欣然吸收相邻的知识领域的概念和方法"，以近代化的独特方式不懈思考与发问，以这一视角介入研究，无论是现代主义，还是后现代主义，他将这些当时尚属有争议的新理论、新方法运用到学术研究之中。西方学者指出，任何专业研究"在形塑着研究对象的同时，也在构筑着创造这些历史的不同主体"。田正平老师在建构他的学术研究对象的同时，也建构了他作为开放的教育史学者的形象。

---

① 田正平：《学术研究的苦与乐》，未刊稿。

目　　录

第六部分　当代史视域中的教育研究

第七部分　师门杂忆

第一部分　留学生与中国教育近代化

田老师给学生上课(2010 年)

民国时期的留学生与高等教育近代化

■ 谢长法

在民国时期,众多的留学生回国后构成了国内一个重要的新型知识分子群体,其中不少人在教育界、学术界占据了至关重要的位置,在教育救国、科学救国思想的指导下,他们推行民主办学,开展国际交流,创建现代学科,推动科学研究,有力地促进了中国高等教育的近代化。

一、推行民主办学,开展国际交流

在民国时期,由于不少留学生在教育界、学术界占据了至关重要的位置,特别是,他们中的不少人活跃于大学中,并参与了大学的领导工作。据不完全统计,在 20 世纪二三十年代,仅就担任大学校长的留学生就有百余人。这些担任大学校长的留学生,受西方民主精神的熏陶和民主办学思想的影响,在长校期间,多推行民主化的管理制度。

在北京大学,蔡元培极力主张民主管理、教授治校,为此,他在任北大校长的当年,就设立了评议会、教授会等新的管理机构。评议会是全校最

[作者简介] 谢长法(1965—),男,河南新乡人,1995 年考取杭州大学教育系教育史专业博士研究生,1998 年获杭州大学教育学博士学位,著有《借鉴与融合——留美学生抗战前教育活动研究》《黄炎培画传》等,现为西南大学教育学部教授、博士生导师,主要从事中国近代留学教育史研究。

高的权力机构，每5名教授选举评议员1人，校长为评议长，组成评议会，作为全校最高的立法机构和权力机构，凡学校政策的兴废及重大事务的决定，都必须通过评议会审核通过才能实施。教授会由各学门的教授公举教授数人组成，其中1人为教授会主任。教授会管理各学门的教务工作，1918年，北大共成立了国文、英文、法文、德文、数学、物理、化学、法律、政治、哲学、经济等11个学门的教授会。而各门教授会的主任又组成全校统一的教务处，负责规划、领导全校的教学工作。作为蔡元培的学生，蒋梦麟深谙蔡元培的高等教育思想，所以在1930—1945年执掌北大期间，继续贯彻民主治校的方针。1932年6月，在学校公布的《国立北京大学组织大纲》中，规定学校设校务委员会，凡学校重要决策均由校务会议决议。校务会议由校长、秘书长、课业长、图书馆长、各系主任及全校教授、副教授所选出的若干人组成，以校长为主席。除校务会议外，学校还另设校行政会议和教务会议。行政会议由校长、各院院长、秘书长、课业长组成，负责学校有关行政事宜；教务会议由校长、各院院长、各系主任、课业长组成，计划学校教学事宜。可见，在北大，民主治校的管理体制被发挥得淋漓尽致。

和北大一样，1931年梅贻琦出任清华大学校长后，十分推崇教授治校的民主管理模式，当时的清华，教授会、评议会和校务会是主要的管理机构。教授会由全体正副教授组成，负责审议改进学校的教学事务，并可主动过问校务。评议会乃教授会的常务机构，由校长、教务长、秘书长、各学院院长及教授会选定的评议员若干人组成，负责全校的主要校务，其决议对学校各级领导均有约束力。而校长虽然"统辖全校事务"，但校内的一切大事则均须经有关会议或特设的委员会讨论后方可由校长宣布执行。可见，在清华，主要权力部门之间彼此牵制，任何一方都无法独断专行。而这，正是梅贻琦民主治校风范的真实反映。

不仅北大、清华，郭秉文执掌的南京高等师范学校和东南大学，同样是民主管理、教授治校的典范。在东南大学，领导体制实行的是校长领导下的"三会制"，即评议会、教授会和行政委员会。其中评议会由校长、科主任及各科（系）教授代表等组成；教授会由校长、各科（系）主任及教授组成，各科（系）并设有某科教授会；行政委员会作为负责全校行政事务的机构，协助校长处理校务。1921年6月，为了谋求更多的社会经济和舆论的支持,东南大学还成立了校董会,作为学校的议事、咨询机构。由于校董会成员多为教育界名流和实业界、金融界巨子,他们对东南大学的发展提出了不少建设性意见。1924年,校董会正式成为学校最高的立法和决策机构。此外,郭秉文还主张学生"自动自治",凡是学生的生活、文体、游艺、学术、出版等事宜,都尽可能地让学生自行组织、自己管理、自行活动。除北大、清华、东南大学外,张伯苓在南开、竺可桢在浙大、萨本栋在厦大、黎照寰在上海交大等,都曾力主民主办学、教授治校。可以说,通过评议会、教授会等机构的设立,不少由留学生执掌的大学改变了管理上的封建专制衙门作风,调动了教师的积极性,提高了管理效率和教学质量。

推行民主办学可谓留学生执掌大学期间的重要举措,而为了学习西方先进的科学技术知识和教育理论,推动学校的发展,一些长校或在大学担任重要职务的留学生还大力延聘外国著名学者来华讲学。在这些留学生看来,科学无国界,知识无国籍,学术研究必须不断加强国际交流,融合中西,才能不断推陈出新,取得创造性的进步和发展。下面仅以北大、清华、东南大学三校为例说明,从中不难窥见当时国际学术交流的盛况。

1917—1926年,蔡元培执掌北大,期间,他曾多次延请外国教授、专家、学者莅校讲学。如1919年9月20日至翌年3月6日,被留学生们请到中国进行教育理论指导的美国教育家杜威应北大之邀每周六在北大讲演《社会哲学与政治哲学》(计16次);1919年11月14日至1920年2月,杜威每逢周五则在北大讲演《思想的派别》(计8次)。1920年6月15日,德国学者尉礼贤在北大演讲《中西哲学与西洋哲学之关系》;11月7日,英国哲学家罗素在校演讲有关哲学问题。1922年4月,在中国游历的瑞典斯德哥尔摩大学美术史教授西冷博士演讲《东西洋绘画的要点》;美国新银行团代表斯梯芬讲演《铁路借款的用途与监督》;到日本讲演顺便到中国游历的美国倡导限制生育学者山格夫人讲演《生育制裁是什么与怎样》。9月,美国学者哥勒讲演《从美国的历史经验上论联邦制度之得失》。11月,蔡元培和北大教员朱家骅、顾孟余等极力酝酿邀请德国科学家爱因斯坦来北大讲学(后因故未能成行)。1923年12月,美国生物学家柯脱讲演《进化之现在》《植物学为国家之富源》《科学与近世文明》等。蒋梦麟出长北大后,在他的积极倡导下,北大同样不时地延聘外籍学者来校讲学,其中著名的有英国政治学家考文博士、哈佛大学国际法教授威尔逊、伦敦大学人类学教授斯密斯、巴黎大学文学博士马古烈及教授郎之万、哥伦比亚大学历史学教授肖威尔、丹麦民众教育专家马烈克和贝尔斯来夫、美国合作专家斯曲克伦博士、哈佛大学政治学教授何尔康、芝加哥大学人类学教授布朗、丹麦物理学家波尔等。他们在北大发表了许多著名的讲演,如考文的《中国五权宪法之评论》、威尔逊的《条约与国际法之关系》、郎之万的《相对论及量子论之力学及其在磁性论之应用》、肖威尔的《美国外交政策》、马烈克的《丹麦之合作运动与土地政策》、贝尔斯来夫的《目前高等民众教育问题及其工作》、布朗的《历史及社会科学》、波尔的《原子核的构造论》等。

和北大一样,梅贻琦在出长清华大学后,也尽力罗致延请外国著名学者来校讲学。仅在 20 世纪 30 年代,先后被邀在清华作短期讲演的就有法国物理学家郎哲曼、美国物理化学家郎密尔、美国政治学家何尔康、美国法学家杰克生、法国数学家哈德玛、美国航空学专家华敦德等多人。特别是 1935 年由在清华任教的李郁荣、熊庆来、顾毓琇等人促成,梅贻琦正式发函邀请麻省理工学院教授、曾因创立控制论而闻名于世的著名数学家维纳来校讲学,备受学界注目。

郭秉文担任南京高等师范学校和东南大学校长期间,同样也十分重视邀请国外著名学者来校讲学。如 1920 年春,杜威先后在南京高等师范学校发表名为《教育哲学》《哲学史》《试验伦理学》《新人生观》《科学与德谟克拉西》等演讲,极力宣传其实用主义哲学和教育思想。10 月,英国著名学者罗素在南高师作有关哲学的演讲。1921 年,孟禄在东南大学先后讲演《平民教育》和《教育与实业的关系》。1922 年,哥伦比亚大学教授麦柯尔、加州大学教授吴伟士、阿海阿大学教授推士、莱比锡大学教授杜里舒、伊利诺大学加纳博士等先后来校讲学。1924 年 4 月,印度大文豪泰戈尔在东南大学讲演,轰动南京。

众多国外学者来华讲学,极大地拓宽了当时大学中师生的学术研究视野,成为中国知识分子了解国外科学和教育研究动态的一个重要窗口,有力地推动了大学办学水平的提高。

二、倡导女子教育，破除大学女禁

男女同学是近代教育发展的必然趋势和结果，1912 年民国成立后，在政治和教育民主化的影响下，初等小学已开始实行了男女同校，然而，高等学校却一直是男女分设办学，约定俗成的男性大学一向不招收女生。然而五四时期，在民主与科学思潮的激荡下，传统的封建旧思想和封建礼教受到了极大冲击，以至于号召妇女解放的呼声日益高涨，而其中，争取男女教育平等又被视为妇女解放的重要内容和标志。鉴于此时女子已经取得和男子一样接受同样初等教育和在单独设立的女子中学、师范、职业学校中接受教育的权利，而为女子设立专门大学无论从师资和设备等来讲又不现实，因此，要求大学开放女禁就自然成为女子教育的重要目标。需要指出的是，这一骇人听闻的破天荒的历史潮流性事件所以能够成为现实，与一批深受西方男女教育平等思想影响的留学生有着至为密切的关系。可以说，留学生是五四时期大学开女禁的极力倡导者和促成者。这些沐浴了欧风美雨的新型知识分子对欧美国家女子接受大学教育（或入专门的女子大学，或进男女同校的大学）极为赞赏，回国后，在教育救国思想的指导下，他们很自然地成为妇女解放的倡导者，并将女子接受教育特别是通过大学开女禁接受高等教育视为促进妇女解放的重要途径。

众所周知，在五四时期最早实行开女禁的大学是深深浸染新文化运动新鲜空气的北京大学。1920 年春，北大首先冲破阻力，打破传统，招收 9 名女生入北大旁听。稍微了解北大历史的人都知道，这一轰动全北大、全北京的事件得到了北大校长蔡元培的有力支持。曾经留学德、法的蔡元培深受西方民主、平等思想的影响，极力提倡女子解放，并将男女接受平等的教育视为实现妇女解放的先决条件。1919 年 5 月，当甘肃女子邓春兰在《北京大学日刊》上读到蔡元培于天津青年会发表的《贫儿院与贫儿教育的关系》的演说时，深为蔡元培文中所倡导的仿效西方国家、尊重妇女人格和平等权利、实行男女同校的观点所感动和鼓舞。于是，她致信蔡元培，请他从男女平等出发，允许北京大学首开女禁，招收女子入校学习，实行男女同班，并表示自己愿意进京为全国女子开一先例。在邓春兰看来,妇女解放的顺序是"先解放学校,再解放职业,再解放政权"。6月,她又在报上发表《致报界诸先生转全国女子中学毕业暨高等小学毕业诸位同志书》,倡议于北京组织大学解除女禁请愿团,继续为争取女子进入国立大学而大声疾呼。8月上旬,邓春兰的公开倡议书和致蔡元培的信先后在《晨报》和《民国日报》上刊登后,引起了社会的强烈反响,人们对大学开女禁、实行男女同校展开了激烈的讨论。9月19日,因五四学潮辞职离京的蔡元培回京复任北大校长,明确表示同意接收女生入北大学习,此后,他在多个场合多次表明了他的这一态度。12月9日,一个署名"新青年一分子谢楚桢"的人写信给蔡元培,声称自己是代表全国女界请求北大开女禁的,在信中,他还专门列举了北大招收女生的种种有利条件。12月13日,蔡元培在复信中表达了自己对"大学开女禁"的看法。他说:"大学规程并没有规定'女子不能进校',招考时但说招中学毕业生,也没有说专招男生。所以大学并没有女禁,说不到'开'字。要是有中学毕业的女子来考预科,断没有不准考的理。"①1920年1月1日,在上海《中华新报》发表的蔡元培答复该报记者所提外交、教育问题的谈话中,蔡元培再次表示:"大学之开女禁问题,则予以为不必有所表示。……稽诸欧美各国,无不男女并收,故予以为无开女禁与否之问题。即如北京大学,明年(指1920年)招生时,倘有程度相合之女学生,尽可投考,如程度及格,亦可录取也。"②

　　和蔡元培一样,当时留美回国襄助蔡元培改革北大的胡适也极力主张大学开放女禁,1918年9月,归国甫及一年的他在北京女子师范学校发表了《美国的妇人》的讲演,对美国男女同校特别是在大学同校极力颂扬。他说,女子也应像男子一样以自立为目的,做一个独立的人,这就必须让女子和男子一样接受同样的教育。在美国,不仅中小学男女同校,而且一些著名的大学如康乃尔、芝加哥、斯坦福都是男女同校的,而即使一些稍微守旧的大学如耶鲁、哥伦比亚等虽然本科不收女子,但却允许女子进它们的大学院(即毕业院)。胡适进一步说,这种男女共校的大学生活有许多好处:第一,由于这种大学较之单纯的女子大学学科更多,所以可以使

---

① 高平叔撰著:《蔡元培年谱长编》第二卷,人民教育出版社1999年版,第262页。
② 高平叔撰著:《蔡元培年谱长编》第二卷,人民教育出版社1999年版,第271页。

女子接受更广泛的教育;第二,由于男女在一块共同生活、正常交际,有助于养成女子自治的能力和待人处世的经验;第三,男学生有了相当的女朋友,可以增进个人的道德,并减少许多不名誉的行为;第四,由于不少女生成绩优异,所以可消除男子轻视女子的心理,并增长女子自重的观念,进而消除女子对男子的仰望和依顺的心态。他同时批评道:"中国的习惯,男女隔绝太甚了,所以偶然男女相见,没有鉴别的眼光,没有自治的能力,最容易陷入烦恼的境地,最容易发生不道德的行为。"①由于胡适的名望,所以胡适的看法无疑对主张大学开女禁者是一个巨大的鼓励和支持。如深受胡适思想影响的罗家伦就坚决支持胡适的观点,认为"实行男女同校实在是妇女解放的一个极重要的问题。……中国要妇女解放,则非实行男女的共同教育不可"。他认为,男女同校可谋人类的平均发展,可增高女子的地位,可谋男女正当的交际,并建立真正良好的婚姻,总之,它使得妇女得到了更大的解放。1919 年 7 月,胡适再作《女子解放从哪里做起》一文,刊于《星期评论》第 8 号,在文中,他说,女子教育之所以失败,乃是女子教育不曾解放的失败,因为现今的教育"只给女子一点初等教育,不许他受高等教育;只教他读一点死书,不许他学做人的生活"。所以"补救女子教育的失败,就是多给他一点教育,不解放的教育失败了,多给他一点解放的教育",而"解放的女子教育是:无论中学、大学,男女同校,使他们受同等的预备,使他们有共同的生活"。② 1919 年 9 月 25 日,胡适又应《少年中国》"妇女号"之约,专门作了《大学开女禁的问题》一文,文中,他明确地说:"我是主张大学开女禁的。"不过,鉴于当时女子学制中没有大学预科一级,女子中学与女子师范的课程又不与大学预科相衔接,故胡适提出,可先在大学聘请有学问的女教授,在这个基础上,先行招收女子旁听生,并号召教育界特别是女学界对女子学制加以研究改革,以便更多的女子有条件早日进入大学。1920 年 2 月,曾为北京女子师范学校学生的王兰报名要求到北大旁听,得到了北大教务长陶孟和的允准,不久,协和女子大学学生奚浈、查晓园也获准入北大英文学系本科一年级旁听,至是年 3 月,北大共招收了 9 名女生入哲学、国文、英文学系一年级作旁听生。

①　胡适:《美国的妇人》,《新青年》1918 年第 5 卷第 3 号。
②　胡适:《女子解放从哪里做起》,《星期评论》1919 年第 8 号。

历史应该记下这 9 位女生的名字：王兰、邓春兰、韩恂华、赵懋芸、赵懋华、赵寿璧、程勤若、奚浈、查晓园，中国教育史也应当对这一被称为"教育史上一个大纪元"的事件进行大书特书。不可否认，当时北大开女禁乃是在一批有识之士的支持下，得到素来主张男女平等、倡导大学开女禁的校长蔡元培的支持而付诸实施的，但作为曾为新文化运动的主将、青年领袖的知名学者胡适对大学开女禁的有力宣传，在相当程度上，不仅是对当时社会上反对大学开女禁的守旧势力的一个棒喝，而且更是对蔡元培的有力支持。可以说，在北大开女禁的艰难过程中，胡适起到了重要的催化作用。

北大招收女生虽属旁听，但仍引起政府的不满。4 月 12 日，教育部特致函北京大学："旁听办法虽与招正科学生不同，惟国立学校为社会观听所系，所有女生旁听办法，务须格外慎重，以免发生弊端，致于女学前途转滋障碍。"[①]然而，历史的潮流是不可阻挡的，大学开女禁之势同样也是有增无减。几乎在北大开女禁的同时，南京高等师范学校在 1920 年也开始招考女生。当时的南高师由于是留美学生发起并为主要成员的中国科学社的所在地，加之校长郭秉文利用其做过留美中国学生总会会长的优势和多次赴美考察高等教育的机会，周咨博访，礼贤下士，向国内大学特别是留美学界广延留美毕业生，所以，在 20 世纪 10 年代末和 20 年代初，南高师乃留美学生的荟萃之地，也正因为如此，它也和北大一样，成为风气甚鲜的学校。大学开女禁，北大和南高师成为始作俑者，绝非偶然。

南高师开女禁，决策人除校长郭秉文外，还与陶行知（时任教育科主任、教授兼行政委员会委员）等人有密切的关系。1919 年 12 月 17 日，在南高师第十次校务会议上，陶行知提出了"规定女子旁听办法案"，在该案中，陶行知指出，中国女子高等教育最不发达，女子在中等学校毕业之后，由于大学不许男女同学，便断了上进之途，这实际上是毫无道理的。为此，陶行知提议南高师宜突破禁区，融通办理，以"遂女子向学之志愿"。融通之法：若各班有余额，各科功课有宜于女子旁听者，可酌收具有中等学校毕业程度的女子为旁听生，以辅助女子教育的发展。该提案不仅得到了校长郭秉文的赞同，也得到在南高师任教的一大批留学生如刘伯明（时任文理科主任及行政委员会副主任）、杨杏佛（时任经济学教授）、陆志

---

① 王学珍等主编：《北京大学史料》第二卷，北京大学出版社 2000 年版，第 897 页。

韦(时任心理系主任兼教授)等人的竭力支持。4月,校务会议一致通过了该提案,并决定:从1920年夏始,南高师将招收正式女学生,由招收女生委员会草拟兼收女生的详细办法。随后,南高师又与北大达成共识,"联合行动"。然而,由于北京保守势力更甚,这年春季,北大仅招了9名旁听生而已,招正式女生的计划暂时搁浅。而和北大不同,南高师则按计划公开招考,当时投考南高师的女生达百余人,其中不仅有东南沿海诸省在女中或女子师范任职多年的教师,也有相当数量上海各女校的毕业生,最后确定了8名正式女生(李今英、陈梅保、黄叔班、曹美恩、吴淑真、韩明夷、倪亮、张佩英),从而使之成为中国第一所招考正式女生的高等学校。除8名正式生外,南高师还同时招收了50余名女子为旁听生。同时任命化学女教授李玛利(伊利诺大学教育硕士)任女生指导部主任,专门负责对这些女生的学习与生活进行管理。至此,由北大到南高师,五四时期的大学开女禁取得了实质性胜利。

继北大、南高师之后,大学开女禁已成为不可逆转之势。甚至,当初反对大学男女同学的父母,现在也渐渐地送他们的女儿到这些学校去上学了,以至于人们认为"男女同校本来是一件很平常的事,在理论上简直用不着讨论"[①]。1923年,男女共校的大学女生共计122人,其中,北京大学11人,东南大学44人,南开大学23人,北京师范大学16人,中国大学14人,厦门大学4人,东南大学上海商学院10人,女生在这些实行男女同校的大学中所占比例为1.82%;到1925年,女大学生人数更增至973人(其中国立大学649人,省立大学95人,私立大学229人),占大学生总数之比也达4.5%。[②] 随后不久,中学也开始实现了男女同校。总之,正是由于在大学开女禁之后,越来越多的女子有了和男子接受同等同样教育的机会和权利。也正因为如此,这一在留学生极力倡导并使之付诸推行的惊世骇俗的事件,有力地推动了男女平等的实现,对促进当时妇女解放乃至整个社会的思想解放都产生了重要的作用。

---

① 陈独秀:《随感录:男女同校与议员》,戚谢美等编:《陈独秀教育论著选》,人民教育出版社1995年版,第253页。

② 俞庆棠:《三十五年来中国之女子教育》,庄俞等编:《最近三十五年之中国教育》,商务印书馆1931年版,第206页。

三、创建现代学科，推动科学研究

前文述及，在民国时期，众多的留学生担任了大学校长，这些长校的留学生，受西方高等教育的启示，深知一所大学办得好坏，师资是关键，作为研究高深学问、培养高级人才的大学，不应是养成资格和贩卖知识之所，必须有一大批积学深厚的学问家。因此，蔡元培在北大，贯彻"学诣第一"原则，兼容并包，"无论何种学派，苟其言之成理，持之有故，尚不达自然淘汰之运命，即使彼此相反，也听他们自由发展"①。梅贻琦长清华，更明言："所谓大学者，非谓有大楼之谓也，有大师之谓也。"②竺可桢在浙大将教授人选视为大学教育三要素中的首位，认为"教授是大学的灵魂，一个大学学风的优劣，全视教授人选为转移"③。在这种办学思想指导下，他们都极力聘任优秀教师到校任教，而当年的留学经历，又使得他们在教师的延聘上，更加看重留学出身者。除此之外，像张伯苓之长南开，郭秉文之长东大，蒋梦麟之长北大，邹鲁之长中大，任鸿隽之长川大……也都无不对留学生之延聘不遗余力。而受 20 世纪 10 年代后期"大学潮"所造成的大学数量的急剧增长所出现的各种新学科的筹划及对师资的大量需求和当时战乱频仍、政局动荡的岁月中大学教师职业清高性的吸引，使得不少留学生很自然地将大学视为一个较为理想的栖身之所。因之，在民国时期的大学中，从大都市的国立，到边陲的省立，以及在为数不少的私立大学中，留学生均是教师群体中的一个重要组成部分。据 20 世纪 20 年代的《国立东南大学教员履历》统计，在 222 名教员中，留学出身者有 143人，占 64％以上，其中理工科教员几乎全是归国留学生。④ 另据统计，在1930 年，南开大学有教师 41 人，其中留美出身者即达 31 人；⑤1937 年，清

---

① 中国蔡元培研究会编：《蔡元培全集》第 8 卷，浙江教育出版社 1997 年版，第 511 页。
② 清华大学校史研究室编：《清华大学校史稿》，中华书局 1981 年版，第 151—152 页。
③ 樊洪业、段异兵编：《竺可桢文录》，浙江文艺出版社 1999 年版，第 71 页。
④ 王德滋主编：《南京大学百年史》，南京大学出版社 2002 年版，第 104 页。
⑤ 南开大学校史编写组编：《南开大学校史》，南开大学出版社 1989 年版，第 119 页。

华大学有教授 94 人，其中留美者 69 人。[①]

这些留学生多怀抱"科学救国"之宏愿，鉴于大学数量急剧增加后对新学科创建的需求，他们决心致力于西方现代科学在中国的传播、创建和发展，使自己学到的先进科学知识在自己祖国广袤的大地上生根、发芽、开花、结果。于是，他们披荆斩棘、筚路蓝缕，克服重重困难，通过创设新的系科，开设新的课程，编写新的教材，有力地促进了现代学科在中国的创建，对中国学术文化的现代转型作出了重要贡献。

在 20 世纪二三十年代，中国一些重要大学的自然科学和社会科学系科多为留学生创建。如胡明复 1917 年回国后，先后在上海大同学院、东南大学和南洋大学等校创设数学系，为中国现代数学的主要奠基人之一；1918 年，何育杰在北京大学创建物理系；1920 年，姜立夫回国后应张伯苓之邀至南开大学创建数学系，竺可桢、胡刚复分别在南京高等师范学校创办地学系和物理学系；1921 年，秉志在南京高等师范学校创办生物系；1922 年，饶毓泰、邱宗岳分别创办南开大学物理系、化学系，王琎在东南大学创办化学系；1926 年，叶企孙、杨光弼、钱崇澍分别创建清华大学物理系、化学系和生物系；1927 年，郑之蕃创办清华算学系；1928 年，梁思成创办东北大学建筑系；1931 年，张克忠创办南开大学化工系；1932 年，庄前鼎、顾毓琇分别创建清华大学机械工程系和电机工程系……社会科学方面：1926 年，金岳霖创办清华大学哲学系，同年，吴宓、朱彬元、陈达分别创办清华国文系、经济学系和社会学系，何廉创办南开大学经济学院；1928 年，唐钺创办清华心理学系……留学生创建的这些新系科成为他们和其他留学生传播、创建、发展现代学科的重要基地。

1917 年，张子高回国后，任南京高等师范学校理化部教授，在这里，他开创了中国人讲授现代化学的先河；1920 年，秉志回国后也在南京高等师范学校自编教材教授普通动物学；1921 年 9 月，邱宗岳在南开大学任教后，开设定性分析、无机化学等新课程；1923 年，杨石先回国后应聘为南开大学化学系教授，在南开任教的六年中，他先后编写了《无机化学》和《有机化学》讲义，其中《有机化学》是当时清华、北大和南开最早使用的教

---

① 汪一驹著：《中国知识分子与西方——留学生与近代中国》，久大文化股份有限公司 1991 年版，第 100 页。

材。20世纪20年代初,在南京高等师范学校和东南大学生物系,集中了秉志、胡先骕、陈桢、邹秉文、钱崇澍、戴芳澜等一批学有所成的留学生,他们在这里,一边从事教学,一边从事研究,为创立植物分类学、植物病理学、真菌学等学科起了开创和奠基性的作用。如钱崇澍在东南大学任教时就曾讲授植物学、植物生理学和植物分类学等课程,他是我国最早提出植物分类与分布的学者,他编写的植物生理学讲义,也成为中国有关植物生理学的最早文献。1923年,他和邹秉文、胡先骕合作编写了《高等植物学》一书,由商务印书馆出版,该书和陈桢1924年由商务印书馆出版的《普通生物学》一起,作为大学的教科书使用多年,产生了广泛的影响。1928年,萨本栋和吴有训先后到清华大学物理系任教,在这里,萨本栋讲授电磁学、无线电物理学等新学科,吴有训在国内首先开出"近代物理"课程,将当时西方一些重要的物理实验介绍给中国学生。二人合作编写出的《普通物理学》和《普通物理学实验》两种教材,分别于1933年和1935年由商务印书馆出版。这是首次用中文出版的大学物理教材,出版后,被各大学广泛采用,很快取代了原来的英文教科书,受到当时物理学界的普遍赞赏。1940年,这两部教材被教育部正式颁定为大学用书。

其实,20世纪二三十年代,留学生引进西方先进科学知识,创建现代学科并不局限于以上留学生自己创立的系科中,而是广布于全国各地的大学。

1916年,邹秉文回国后,在南京高等师范学校农业专修科讲授植物病理学课程,他在此所编的《植物病理学概要》一书,是我国第一部自己编写的植物病理学教材。1918年,竺可桢在武昌高等师范学校首次开设博物地理、天文气象等课程,并创立了一门新学科——物候学。1919年,陈鹤琴和廖世承在南京高等师范学校倡导智力测验和教育测验,他们不仅合译了《比奈—西蒙智力测验法》,开设了测验课程,而且合著的《智力测验法》一书于1921年由商务印书馆出版。该书是中国第一本系统介绍智力测验的著作,它的出版,标志着我国教育测验运动的开始。1921年,吴宓在东南大学讲授"中西诗比较"课程,开我国比较文学教学之先河;张耀翔在东南大学首次讲授教育测验课程;夏元瑮在北京大学主讲相对论和理论物理等课程,在这里,他将爱因斯坦的名著《相对论浅释》译出,1922年由商务印书馆出版。该书是我国第一本有关相对论的译书,夏元瑮也成为将相对论介绍到中国的第一人。1925年,赵元任在清华开设"音韵学"等课程;陈嵘回国后在金陵大学吸收并发展国外造林学理论,积十年之功,编写了有中国特色的造林学教材:《造林学概要》和《造林学概论》,分别于1933年2月和9月出版。之后,他参考中文书籍161种和日、德、英、法等100余种资料所编写的《中国树木分类学》,也于1937年出版。这些著作,有力地奠定了中国造林学和树木分类学的基础。1931年,江泽涵在清华大学兼课时,讲授拓扑学,这是国内首次开设的拓扑课,江泽涵也由此成为将拓扑学引入中国的开创者。20世纪30年代初,在中央大学任教的张洪源和他的学生谢明山合编了《化学工程机械》一书,于1935年由商务印书馆出版,这是中国第一本用中文编写的化学工程教材。1936年,金岳霖编写的《逻辑》一书出版,较为详细地介绍了近代数理逻辑。1938年,吴宓写成《世界文学史大纲》一书,他也由此成为我国世界文学史研究的开创者。所有这些,都有力地推动了相关新学科在中国的创立。另外,在留学生中,丁文江、翁文灏之于地质学,茅以升之于桥梁工程学,侯德榜之于化学工程,潘光旦、吴文藻之于社会学,马寅初之于货币银行学和财政学,刘大钧之于统计学,等等,他们对这些学科在中国的创建都起到了重要的奠基作用。

应当指出的是,教学和科研往往是密不可分的,不少留学生在大学从事教学工作的同时,也结合着教学开展研究工作。如20世纪20年代,胡刚复在南京高等师范学校从事X射线的研究,为中国第一位从事该项研究的科学家;张景钺在东南大学任教时最早从事现代植物形态学和植物解剖学的研究;茅以升在东南大学最早开展土力学研究。另外,竺可桢对台风的研究,周先庚、陈立关于工业心理的研究,陈省身关于微分几何的研究,赵忠尧关于原子核物理,吴有训关于X射线,周培源关于相对论,李继侗关于植物生理学的研究,都取得了突出的成绩。

结合教学工作开展研究,固然是促进学科发展的有效手段,而除此之外,留学生还通过创建学术团体以推动科学研究。

在民国时期,留学生创建的主要科学学术团体有:1915年10月,任鸿隽、秉志、胡明复等在美国绮色佳创立的中国科学社(1918年迁至国内南京高等师范学校);1916年,过探先、邹秉文等创立的中国农学会;1918年8月,陈体诚、张贻志等创立的中国工程学会;1921年,张耀翔、陆志韦、刘廷芳等创立的中华心理学会；1926 年 2 月，林可胜、吴宪等创立的中国生理学会；1929 年，邹秉文、戴芳澜等创立的中国植物病理学会；1930 年 2 月，顾毓珍、张洪源、张克忠等创立的中国化学工程学会；8 月，王琎、吴承洛、陈裕光等创立的中国化学学会和梅贻琦、吴有训、叶企孙等创立的中国物理学会；1931 年 6 月，陆志韦、艾伟等创立的中国测验学会；1933 年 8 月，钱崇澍、胡先骕、陈焕镛等创立的中国植物学会；1934 年，王家楫等创立的中国动物学会；1937 年 1 月，唐钺、陆志韦、张耀翔等创立的中国心理学会，等等。这些留学生多在大学从事教学和研究工作，这些学术团体也多设于大学中，它们不定时地召开年会和学术讨论会，开展学术交流和研究活动，其中有的还办有学术刊物。如中国科学社的《科学》、中国化学工程学会的《化学工程》、中国化学学会的《化学学报》、中国物理学会的《中国物理学报》和中国心理学会的《中国心理学报》等。通过这些学术刊物，引进、介绍国外先进的科技成果、科学方法和科学研究信息，刊登最新的科学研究成果，有力地推动了现代科学在中国的发展。

　　总之，民国时期，留学生对高等教育发展的影响是巨大的，限于篇幅，我们上面仅从两个方面来说明，而实际上，由于在民国时期留学生数量众多，活动领域广阔，使得他们对高等教育发展的影响也是十分广泛的。如对西方教育理论的引入、对西方教育科学研究方法的借鉴等，留学生都起到了重要作用。可以说，在民国时期，留学生是促进中国高等教育发展的主导力量之一，他们所起的作用是其他任何群体所不可比拟的。

没有精神，校庆何为？

——民国教育家的大学校庆观

■ 王建军

本文所依据的材料，以民国教育家在大学校庆中的讲话和文章为主，试图通过分析他们在校庆活动中的所思所行，探讨民国教育家的大学校庆观。民国教育家的大学校庆观之所以值得我们关注，是因为这一时期是中国教育现代化的起步阶段。起步阶段的办学者对大学的本原往往会有更多的关注，尤其是对如何融合中西教育养料来熔铸大学精神，并通过校庆这一窗口予以展示，会有更深入的思考。因此，他们对大学校庆的价值与功能的把握很值得我们斟酌。

一、如何校庆？

校庆应是舶来品，是向国外大学学来的。中国古代的官学和书院，都未见有类似校庆的文字记载。蔡元培说他在游学德国时，曾参加过两次大学的纪念会，一次是来比锡大学的五百年纪念会，另一次是柏林大学的百年纪念会。胡适也说他曾参加过美国哈佛大学三百年的纪念和美国彭州大学二百年的纪念。胡适还说，普林斯敦大学补祝二百年纪念，北大、

[作者简介] 王建军(1951—)，男，湖南南县人，历史学博士，出版《中国近代教科书发展研究》等多种著作，1996 年 9 月至 1997 年 7 月在杭州大学以高级访问学者身份进行学术研究，现为华南师范大学公共管理学院教授、博士生导师，主要从事中国教育史研究。

清华都有代表参加。是否受这个因素影响,总之,民国时期的大学都比较重视举办校庆活动。

大学校庆活动的形式,按蔡元培的说法,国外大学校庆大都有举行纪念会、出版纪念特刊、展示学校历史的游行,以及晚餐会等活动。而具有纪念价值的活动,他认为主要是纪念会和纪念特刊。所以民国时期的大学校庆活动,也主要以这两项活动为主导。

北京大学的二十周年校庆就是如此。这里有个小插曲,这次活动不是由校方主动发起,而是由学生数人临时倡议。这是1917年,这一年的1月9日,蔡元培刚刚就任北京大学校长,随后就是紧锣密鼓的大学改组工作。蔡元培对新北大的建设充满着期待,计划通过五年的努力,即在北大成立二十五周年时,举行隆重的校庆活动,届时向社会展示三项重大的科研成果。这个决定已经通过"北京大学日刊"予以了公示,但对本年的二十周年校庆活动却有所忽视,于是才有了由学生数人的临时发起。但蔡元培马上予以了积极的支持,不仅立即组织了全校的纪念会,安排了1位学长、3位教授和1位同学发言,而且还请来了支持北大改革的教育总长范源濂并发表演说。在纪念会上,蔡元培简单地回顾了北京大学二十年的历程,从学科设置角度将北大与德国大学进行了比较,总结出由重实用而趋向重学理是大学发展的共同路径,进而对当前北大改组的重要意义予以了强调:"本年改组,又于文、理两科特别注意,亦与德国大学哲学科之发达相类。所望内容以渐充实,能与德国之柏林大学相颉颃耳。"蔡元培还表示,纪念会后一定会补出一册校庆纪念刊,"必皆有纪念之价值"①。

民国时期的清华大学基本做到了一年一校庆,据梅贻琦介绍,到1945年,清华大学的校庆已经举办了33届,即使抗战中的八年也未有间断。抗战八年中,由于北大、清华、南开在昆明共同组建了西南联合大学,这一时期的清华校庆采取了一些特殊方式。1938年至1940年这三年,清华还是借香港之地举办了纪念会,梅贻琦强调:"当此流离之时,本无所谓庆祝,但每年逢到此日,大家思念'水木清华'的校园的情怀倍加殷切,所以

---

① 蔡元培:《北大二十周年纪念会演说词》,《蔡元培教育论集》,湖南教育出版社1987年版,第193页。

有此一会，给吾校同人及校友一个互相慰勉的机会，亦是好的。"①20 世纪
40 年校庆时，梅贻琦还在清华的《校友通讯》中发表了《抗战期中的清
华》，向广大校友介绍清华南迁之后的西南联大及清华科研机构的发展。
1941 年，清华建校 30 周年，但纪念会却难以为继，"然国难校难，夫何庆祝
可言！无已，则惟有吾辈工作之努力，作母校纪念之贡品"②。除此之外，
梅贻琦与同人商量，决定在此时恢复本校原有的四种刊物：《清华学报》、
《理科报告》、《社会科学季刊》、《工程季刊》，并决定在校庆日前后的一周
内，举行各种学术讨论会，以示纪念。以后几年的校庆日，梅贻琦都会在
《校友通讯》上发表《抗战期中之清华》的续篇，逐年介绍西南联大的发展
和清华研究机构的发展，直到 1945 年已经写了"五续"，以示对校庆的纪
念。1945 年，梅贻琦在纪念文章中写道："本校于斯时举行抗战期间第八
届校庆，吾人追怀往事，感慨靡穷，而瞻念前途，希望亦自无限，胜利到来
之前，尚有最艰巨的一段，自尚需吾人最后之加倍努力，琦所希望我全体
校友者，亦曰百尺竿头，更进一步而已。"③

　　厦门大学的校庆也是一年一次。仅以私立时期为例，1924 年 4 月 6
日，在厦大三周年校庆纪念会上，校长林文庆宣示其办学宗旨。1926 年，
在厦大五周年校庆纪念会上，林文庆提出"学新科学不要忘了旧文化"，要
解决中国的"富国""治安""与各国平等"等问题，关键在实行《中庸》中说
的"三达德"。1929 年，在厦大八周年校庆纪念会上，林文庆作《陈嘉庚先
生提倡教育之目的》的演讲。1930 年，在厦大九周年校庆纪念会上，林文
庆作《陈嘉庚先生与本校》的演讲。1931 年，在厦大十周年校庆纪念会
上，林文庆作《厦大十周年纪念的意义》的演讲，提出了大学生人格的六项
要素。1933 年，在厦大十二周年校庆纪念会上，林文庆作《敬告全国同胞
用固有民族精神应付国难》的演讲。1934 年，在厦大十三周年校庆纪念
会上，林文庆作《厦门大学最近一年来之回顾及感想》的演讲，再次用陈嘉

---

　　①　梅贻琦：《在建校 29 周年纪念会上的讲话》，《中国的大学》，北京理工大学出版社
2012 年版，第 69 页。
　　②　梅贻琦：《抗战期中的清华（二续）》，《中国的大学》，北京理工大学出版社 2012 年版，
第 83 页。
　　③　梅贻琦：《抗战期中的清华（五续）》，《中国的大学》，北京理工大学出版社 2012 年版，
第 97 页。

庚的精神激励师生员工："本大学过去一年间的处境和奋斗的经过,事实明白告诉我们:消极是等于自杀,等于痴人说梦!唯有积极奋斗,才有出路,才能有康庄大道可走。"①

广西西江学院将校庆日定在 12 月 25 日。1947 年,雷沛鸿在首届校庆纪念会上说,西江学院本不是 12 月份创设,但这个月在本院创设历程上,是一个意义深远的月份,因为省政府在这个月正式将本院改为省立。而把校庆日定为 12 月 25 日,则是因为这是云南起义纪念日,又是圣诞节。雷沛鸿强调:"圣诞节不仅纪念耶稣基督的诞生(其实耶稣基督并非诞生于是日),而是要纪念由耶稣基督所启示的和平、同情、好感的伟大精神。唯其如是,我心里祝望本院师生,连我在内,一齐本'物吾兴也,民吾同胞'的态度,将本院创设建议书、教育实施方针所蕴藏的崇高思想,以及本院教育活动所表达的远大企图,相与发扬光大。世界成人教育协会的徽章标明:'群众的聪明智慧,是全世界的最大幸福'。这种幸福的传播,正是本院教育的一大使命。"②

1920 年 10 月,北京高等师范学校第十一周年校庆,这一天又是学生自治会成立之日。北京高等师范学校于是邀请了美国教育家杜威,以及蔡元培、蒋梦麟来校作专题演说。蔡元培从纵横两个角度,向大学生阐述了学生自治的意义,蒋梦麟则以"学生自治"为题,阐述了对学生自治的精神、学生自治的责任和学生自治问题的看法。

还有一个校庆插曲。1936 年 4 月 25 日,竺可桢受命出任浙江大学校长。其后为浙大的发展,竺可桢呕心沥血、竭诚尽力,特别是在抗战八年中,浙大在战火中流亡,颠沛流离,坚持办学,并不断发展壮大。至 1946 年,浙大从战前的 3 个学院 16 个系发展为 7 个学院 27 个系,学生增加三倍多,教职员增加两倍多,并取得了一系列重大的科研成果,被李约瑟誉为东方的剑桥。1946 年 4 月 1 日,浙江大学迎来十九周年的校庆。浙大师生为了表示对校长的感激,想借校庆日为校长履职十周年庆贺。竺可桢立即发函给有关人员:"校庆日 4 月 1 日弗铺张作余来校之 10 周年纪念,因 10 周年纪念实在 4 月 25 日,且校中教职员如陆缵何到校已 30 年,

---

① 转引自张亚群:《自强不息,止于至善——厦门大学校长林文庆》,山东教育出版社 2012 年版,第 317 页。

② 雷沛鸿:《感谢与祝愿》,《雷沛鸿文集》(续编),广西教育出版社 1993 年版,第 522 页。

杨耀德近 20 年，余则如步青、建功等 15 年以上者指不胜屈，何独庆祝余之就职 10 年乎！"①

以上数例，给我们一个印象，民国时期的大学校庆，着力在宣示办学宗旨，着力在推动学校发展。一年一度或数年一度，民国教育家将其视为学校发展的加油站和推进器，而不是在追求"形象校庆""政绩校庆"。

二、校庆何为？

民国时期的大学校庆为什么不崇尚"形象校庆""政绩校庆"？

很简单的一个理由，民国教育家将大学校庆视为大学建设的有机组成部分，而不是大学炫耀的窗口。大学之所以为大学，在于它由独特的文化存在和精神存在而形成的气质特征，由此维护着大学的使命与功能，体现着一个民族、社会、国家的希望所在。这种气质特征的形成，不仅要靠平日办学的点滴坚持，而且要靠校庆活动的自我认定和内化，以之化为大学人的良心和气质，以强化大学价值和生存意义。诚如林文庆在厦门大学十周年纪念会上所强调："因为每个大学，可算是一个有生命的有机体，各有各的特殊精神，本大学可算是以陈嘉庚先生的精神为精神，当然是基础稳固，生机正长，其原动力在于'博爱'，其进行目标为使吾人竭力行善，因之校训是'止于至善'。"②1930 年，周作人在北京大学三十二周年校庆纪念日著文，谈论北大的独特精神，在于"他走着他自己的路，他不做人家所做的而做人家所不做的事"，他强调："我并不抱着什么北大优越主义，我只觉得北大有他自己的精神应该保持，不当去模仿别人，学别的大学的样子罢了。"③这种自我认定是一个长期实践的过程，它需要大学人不断地反思，不断地校正，不断地激励，不断地奋斗，才可能形成独特的大学精神，逐步积淀成独特的大学传统，这就是民国教育家认定的大学校庆价值

---

① 转引自张彬：《倡言求是，培育英才——浙江大学校长竺可桢》，山东教育出版社 2004 年版，第 233 页。

② 转引自张亚群：《自强不息，止于至善——厦门大学校长林文庆》，山东教育出版社 2012 年版，第 327 页。

③ 周作人：《北大的支路》，《苦竹杂记》，河北教育出版社 2002 年版，第 218 页。

所在。

要实现这一价值，校庆活动就不能图形式、求热闹、浮表层、走过场，而要动员全校师生员工认认真真实实在在地对学校发展达成共识。1920年，北京大学举行二十三周年的纪念会，蒋梦麟在会上说："今天的庆祝，未请来宾，一堂都是自家人，让教职员和同学们自由发表意见，关于校务的进行，好着实的来改良。"①1933年，清华建校二十二周年，梅贻琦在纪念会上说："现值国难危急的时候，不愿在形式上铺张庆祝，惟以今日为本校历史上最有关系的一天，校中自应略有表示，藉以纪念以往，共勉将来。并尤注重在欢迎毕业同学回校，使与在校同学趁机接近团聚。校中有须改良促进之处，甚望毕业同学本爱护母校之怀，多予指导和协助，此即今日举行纪念的意义。"②校庆的主调应该是全体师生共同营造的学术氛围，让自家人来谋求学校的改良和促进，这就是民国教育家对校庆的基本态度。

那么，关注学校的发展，重点应抓住什么问题？梅贻琦认为，校庆的目的"一以纪念过去之艰难缔造，一以懔念未来之发荣滋长"③。竺可桢认为："在此佳节，我们理应检讨过去，策励来兹。"④蒋梦麟指出，校庆有两个目的，一是庆祝我们过去的成绩，二是庆祝我们将来的希望。在成绩尚不足之时，"我们今天所当庆祝者，是在将来的希望。因为盛名之下，其实难副，所以今天开会庆祝的目的，只好在将来的希望上了"⑤。所谓检讨过去，策励来兹，就是对学校自身文化来一次全盘梳理，以明确发展方向，使校庆在大学发展中发挥凝聚、激励、导向和保障的作用。这就是民国教育家的校庆目的观。

然而，由于民国时期的大学发展还处于起步阶段。学校的草创，时局的艰难，经费的窘迫，都给大学的发展带来了诸多的难题。难题的解决，

---

① 蒋梦麟：《北京大学二十三周年纪念日演说辞》，《蒋梦麟教育论著选》，人民教育出版社 1995 年版，第 212 页。

② 梅贻琦：《在建校 22 周年纪念会上的讲话》，《中国的大学》，北京理工大学出版社 2012 年版，第 53 页。

③ 梅贻琦：《致全体校友书》，《中国的大学》，北京理工大学出版社 2012 年版，第 57 页。

④ 竺可桢：《浙江大学二十二周年纪念会讲演辞》，《竺可桢全集》第 2 卷，上海科技教育出版社 2004 年版，第 693 页。

⑤ 蒋梦麟：《北京大学二十三周年纪念日演说辞》，《蒋梦麟教育论著选》，人民教育出版社 1995 年版，第 212 页。

靠的是全校师生的共识，靠的是全校师生的士气，靠的是全校师生的凝聚力。民国教育家认为，大学的校庆，就是用来鼓士气、聚合力，大学的传统就是在这不断地鼓士气、聚合力的过程中逐步积淀的。1926 年 10 月 17 日，南开学校成立二十二周年，张伯苓举办了一个简朴的庆祝会，来宾不多，规模不大，但来了一千多学生。张伯苓很开心，他在会上回顾了南开发展的曲曲折折，说："所以无论什么事，不要怕难，尽力地去做，努力往前奋斗，没有个不成功。咱南开二十二年历史，就是奋斗与进步的结果。所以今天开这个会，一方面，是庆祝奋斗的成功；一方面，就是教你们养成奋斗的良习，要是多开几个庆祝会，相许你们把'难'这个字忘到九霄云外，恐怕连影子也没有了。"①所谓多开几个庆祝会，就是借助校庆这个平台，一年一度地鼓士气，聚合力，这就是民国教育家对大学校庆的期待。

要鼓士气、聚合力，首先要强化校庆的忧患意识。民国时期的大学发展，遭遇了太多的困难，民国教育家总是借助校庆活动，向全体师生员工讲清困难，鼓舞斗志。梅贻琦在清华二十二周年纪念会上说："目前学校感受两层困难。一因外患加紧，时局如何变化，很难说定；二因经济问题未解决，经费自二月以后分文尚未拨到。但吾们虽处艰窘危迫的局面，不可畏难灰心，不可使精神颓唐。还是要特别努力去做，维持艰巨。"②1948 年，竺可桢在浙江大学二十一周年校庆纪念会上说，所可顾虑者，教职员同仁待遇菲薄，尤其人口多者，入不敷出，不能维持生活，不得不写文稿甚至兼旁的职务来过活。为了政治上的不安定，学生时时又罢课，损失学业甚大。"我们从过去看到未来，如何改善师生的生活，而得到大学的安定，是目前教育最迫切的问题。"③1949 年校庆，竺可桢再言："过去的一年，可以说是最称艰苦的一年。由于国计枯竭，币值日减，学校和员工同学生活，均属困难。""然一念物质困穷，适正所以磨砻人生。"竺可桢引用孟子"天之将降大任于斯人"的名言来鼓励师生员工，"那么，现在正是考验我

---

① 张伯苓：《南开学校 22 周年开会词》，《张伯苓教育论著选》，人民教育出版社 1997 年版，第 163 页。

② 梅贻琦：《在建校 22 周年纪念会上的讲话》，《中国的大学》，北京理工大学出版社 2012 年版，第 54 页。

③ 竺可桢：《大学教育与民主》，《竺可桢全集》第 2 卷，上海科技教育出版社 2004 年版，第 674 页。

们的时期了"。①

　　要鼓士气，聚合力，其次要深化学校的优良传统，通过追溯回顾学校的历史，向师生揭示富有意义的大学精神。1948 年 12 月，北京大学 50 周年校庆，胡适发表演讲。他指出，在世界的大学中，这个五十岁的大学只能算一个小孩子。欧洲大学中至少有五十所是五百年前创立的，美国满两百年的大学也有好几所。他说，如果北大真想用年岁来压人，他可以追溯到汉武帝时期创立的太学，那就有 2072 年了。"但北京大学向来不愿意承认是汉武帝以来的太学的继承人，不愿意卖弄那二千多年的高寿。""北大也可以追溯到同治初年同文馆的设立，那也可以把校史拉长二十多年。但北大好像有个坚定的遗规，只承认戊戌年'大学堂'的设立是北大历史的开始。""这个小弟弟年纪虽不大，着实有点志气！他在区区五十年之中，已经过了许多次的大灾难，吃过了不少的苦头。"胡适列数了北大历史上所遭遇的困难，特别提到了 1931 年那次立志建立新北大的"中兴"。校长蒋梦麟带领大家经过八个月的筹备，于这一年的 9 月 17 日开学正式实施。不料第二天便遇上"九一八"事件，大家都意识到空前的国难已经降临到我们头上，"但我们在那个时候，都感觉一种新的兴奋，都打定主意，不顾一切，要努力把这个学校办好，努力给北大打下一个坚实可靠的基础。所以北大在那最初六年的国难之中，工作最勤，从没有间断"。胡适说："我讲这段故事，是要说明北大这个多灾多难的孩子实在有点志气，能够在很危险、很艰苦的情形下努力做工，努力奋斗。"②

　　要鼓士气，聚合力，关键是要强化校庆的反思功能。要检讨过去，策励来兹，对办学方向的认真反思是基本前提。所以民国教育家强调，大学校庆日就是闭门思过日。诚如蒋梦麟在北大二十五周年纪念日的感言："本校过第二十五生日的日子，刚遇上教育破产的时期。我们还要庆祝什么呢？我们不是庆祝这破产的反动。我们庆祝的，是这反动之后，'极而复反'，将来未来的，一个新动机。这新动机是什么？这是我们的希望，因为我们的希望而努力。希望什么？努力什么？这要我们全体师生的反

---

①　竺可桢：《浙江大学二十二周年纪念会讲演辞》，《竺可桢全集》第 2 卷，上海科技教育出版社 2004 年版，第 693 页。

②　胡适：《北京大学五十周年》，《胡适教育论著选》，人民教育出版社 1994 年版，第 384—386 页。

省。今日是本校第二十五年的生日，是我们全体师生反省的日子。"[1]

胡适在这次校庆中的反省，可算是具有典型意义。他在《北京大学日刊》发表短文《回顾与反省》，指出北大近五年来的成绩，主要体现为两个方面：一是组织上的变化，由校长学长独裁制度变为"教授治校"制；二是注重学术思想自由，容纳个性发展。但也存在不足：学校组织上虽有进步，而学术上很少成绩；自由的风气虽然有了，而自治的能力还是很薄弱。他特别指出学校的整个科研水准还处于"褌贩"的阶段，他很希望："祝北大早早脱离褌贩学术的时代，而早早进入创造学术的时代。祝北大的自由空气与自治能力携手同程并进。"[2]在校庆纪念会上，胡适进一步阐发了他对学校发展的想法，他说："近数年来，北大在'开风气'这方面总算已经有了成绩，现在我们的努力应该注重在使北大做到'又开风气又为师'的地位。"胡适很直率地指出，在这次校庆中出版品展览部所展出的成果"是百分之九十九的褌贩"，而历史展览部所展出的成果"是整理国故的小小的起头"，他说："看了这边使我们惭愧，看了那边使我们增加许多希望和勇气。"[3]校庆中多一些这样的反思，多一些这样的追问，多一些这样的祝愿，这样的大学才富有生命力。

增强忧患意识，鼓舞奋斗志气，强化反思功能，其根本的目的是要校正学校办学方向，为推动学校的发展达成共识。蔡元培在校庆纪念会上就很重视从历史发展的角度来谈北京大学的办学方向。1917 年，蔡元培在北京大学二十周年校庆纪念会上，就对未来五年的主要工作进行了布置，并从西方大学发展的历史强调了北大的办学方向。1922 年 12 月 17 日，即北大二十四周年期满，二十五周年的第一天，北京大学召开纪念会。蔡元培在会上简单回顾了北京大学二十四年的发展，他认为北大的发展目前正处于第三阶段，即以提倡研究学理风气为标志的阶段，这一时期的组织建设以谋求专门学者为本校主体，课程建设则谋求贯通中西。在展示了学校发展的大方向之后，他又提出了这一年的具体工作目标：一是要

---

① 蒋梦麟：《北京大学第二十五年成立纪念日的感言》，《蒋梦麟教育论著选》，人民教育出版社 1995 年版，第 220 页。

② 胡适：《回顾与反省》，《胡适教育论著选》，人民教育出版社 1994 年版，第 174 页。

③ 胡适：《教务长胡适之先生的演说》，《胡适教育论著选》，人民教育出版社 1994 年版，第 175—176 页。

造一个大会场和一所好的图书馆,二是要出版最重要最有价值的三部丛书,三是要组织一个普遍的同学会,希望能在一年后的校庆中得以实现。蔡元培说:"当时抱了种种计划,要想在这五年内积极进行。不料中间经过许多困难,所抱的计划还有不能完全实现的顾虑。今天开这个纪念会,是要想振起精神,在这一年内好好地预备一下,在明年开会时果然实现预定的计划,这是今天开纪念会的缘故。"①

蒋梦麟也很注意从办学方向上鼓舞士气。1920 年,北京大学举行二十三周年纪念会,蒋梦麟在会上要求全体师生努力注意三件事:一是当输入西洋的文化,用全力去注意它;二是当整理国学;三是当注重自然科学。为什么要注意这三件事,"现在我们首当明白的,要晓得在中国十年或十五年后,必有一种科学大运动发生,将来必定有科学大兴的一日"。如果能坚持下去,"等到四十周年或三十五周年时,有了显著的好成绩,也可以在世界上去讲,就不至于竟是挂着一块招牌了。等到那时候,我们当举行一个公开的大庆祝,因为已经有了许多的成绩在社会上了!"②

当然,由于特定的历史传统、社会环境、学校目标和任务等方面的差异,各个学校的办学宗旨会有所不同,但民国时期大学校庆所追寻的价值却相当一致。校庆通过对办学方向的校正和认同,来展示一所大学的精神追求、价值旨归和知行理念,来鼓士气,聚合力,明方向,以凝聚大学精神。诚如蔡元培在《北京大学三十一周年纪念刊》的序言中,对北京大学同仁提出了两点希望:第一,要去尽虚荣心,而发起自信心。"北大不过许多大学中的一校,决不宜狃于已往的光荣,妄自尊大。要在有日进无疆的自信心,不凭藉何等地位,而自能崭然露头角。"第二,要以学术为唯一之目的,而不要想包办一切。"多做点预备的功夫,就是多做点学术上的预备。"③在这样的希望驱使下,自然就不会去追求那种华而不实的"形象校庆""政绩校庆"了。

---

① 蔡元培:《北大成立二十五周年纪念会开会词》,《蔡元培教育论集》,湖南教育出版社1987 年版,第 367 页。

② 蒋梦麟:《北京大学二十三周年纪念日演说辞》,《蒋梦麟教育论著选》,人民教育出版社 1995 年版,第 214 页。

③ 蔡元培:《北京大学三十一周年纪念刊序》,《蔡元培教育论集》,湖南教育出版社 1987年版,第 465 页。

三、精神何来？

民国教育家将大学校庆视为建构大学精神的过程，并不是为了高调作秀，其更深层的动力来源于他们对大学理想的苦苦追寻和坚守。

第一，校庆中对大学精神的坚守，来源于教育家对大学理想的追求。

1936年，美国哈佛大学举行三百年校庆，竺可桢特别提到了其中的一个细节："两个月前美国一个顶老的大学，哈佛大学，做三百周年成立纪念。各国派代表者有五百余人，毕业生到者一万人。其中有的是七十年和七十五年以前毕业生，统是九十岁以上的老翁。可是，九月十八那一天，天虽下雨，统排队入礼堂静听了三个钟头。"①这里感动竺可桢的，是哈佛大学的精神，正因为这种精神，才有了哈佛的传统，才有了哈佛的凝聚力，也才有了哈佛校庆的意义。竺可桢毕业于哈佛大学，这一次校庆他未能亲自前往，于是在杭州集合哈佛校友召开了校庆纪念会。他在母校纪念会上说，哈佛的办学方针，主要有两点：一是主张学校思想之自由，反对政党和教会干涉学校行政和教授个人的主张；二是学校所研究的课目，不能全注重于实用，理论科学应给予充分发展的机会。此时他刚刚就任浙江大学校长，如何将浙大办成像哈佛那样的名校，这是竺可桢重点思考的问题。他说，哈佛大学可以昭示我们的，"即为哈佛大学的校训，拉丁字Veritas就是真理。我们对于教育应该采取自由主义或干涉主义，对于科学注重纯粹亦注重应用，尚有争论的余地，而我们应该一致研究真理，拥护真理，则是无疑义的"②。竺可桢此处所思，就是对大学理想的追寻。

大学作为追求真理的机构，只忠诚于真理，只服从于真理的标准，而拒绝服从任何权威。对这种信念的坚守，成就了校庆中对大学精神的张扬。1923年12月17日，北京大学校庆，蒋梦麟在纪念会上讲道，北大屡经风潮，然都巍然独存，其原因，蒋梦麟认为，首先是有大度包容的精神，

---

① 竺可桢：《论女子教育》，《竺可桢全集》第2卷，上海科技教育出版社2004年版，第685页。

② 竺可桢：《美国哈佛大学三百周年纪念感言》，《竺可桢全集》第2卷，上海科技教育出版社2004年版，第370页。

其次是有思想自由的精神。蒋梦麟指出，人类有个弱点，对于思想自由总表现为十分害怕的胆小鬼，"但这个思想上的胆小鬼，被本校渐渐儿的压服了。本校是不怕越出人类本身日常习惯范围以外去运用思想的"①。

这种大学精神是在继承、发扬、丰富大学理念内涵的过程中逐步形成的，民国教育家也正是仰仗着这种精神来守望着大学理想。1927 年 8 月，北洋政府取消北京大学，12 月 17 日，杭州北大同学会举行庆祝北大建校二十九周年纪念会。已经离开北大的马寅初在会上说："现学校既受军阀之摧残而暂时消灭，但今天之纪念会，仍能在杭州举行，聚昔日师友同学至二百数十人之多，可见吾北大形质暂时虽去，而北大之精神依然存在。"所谓北大精神，他认为就是"虽斧钺加身而毫无顾忌"的"牺牲精神"，"所谓北大主义者，即牺牲主义也。服务于国家社会，不顾一己之私利，勇敢直前，以达其至高之鹄的"。马寅初在讲话中揭露了种种的社会邪恶，鼓励大家以北大的牺牲精神去改造人心，为国家、社会服务。他说："欲使人民养成国家观念，牺牲个人而尽力于公，此北大之使命，亦即吾人之使命也。举凡战胜环境，改造人心，驱除此等奄奄待毙不负责任之习俗，诸君当与寅初共勉之！"②

对大学理想的守望，根本的还要以育人为第一要旨。诚如竺可桢在浙江大学二十一周年纪念会上说："办大学教育者必得有基本信仰，就是大多数学生，可以由经验和教训使入于理智所承认为正轨的途径的。"③林文庆在厦门大学五周年纪念会上说："中国无礼拜堂无寺院，所以全靠有相当的大学指导人格教育，养成全国的风气，使人人为士君子。"在厦大十周年纪念会上他又强调："大学真正的使命，不但在求高深学问的研究，而其最重要，尤在于人格的陶铸。"④大学对于国家、社会的贡献，除了奉献科学的学术成果外，更重要的是所培养的人才。大学要用自己培养的人才

① 蒋梦麟：《北大之精神》，《蒋梦麟教育论著选》，人民教育出版社 1995 年版，第 259—260 页。

② 马寅初：《北大之精神》，杨东平编：《大学精神》，辽海出版社 2000 年版，第 26、28 页。

③ 竺可桢：《大学教育与民主》，《竺可桢全集》第 2 卷，上海科技教育出版社 2004 年版，第 672 页。

④ 转引自张亚群：《自强不息，止于至善——厦门大学校长林文庆》，山东教育出版社 2012 年版，第 146 页。

去推动社会及人类文明的进步，这种人才不仅能够创造富庶的物质世界，更重要的是能成为精神世界的楷模，让他们达到至真至善的境界。所以民国教育家在校庆中总是围绕着人格养成这一核心命题，对大学生及校友给予人生的启迪，对学校发展给予指引。张伯苓在纪念南开四十周年文章中阐述了南开对学生训练的五项方针，即重视体育，提倡科学，团体组织，道德训练，培养救国力量，他说："上述五项训练，一以'公能'二字为依归。目的在培养学生爱国爱群众之公德，与夫服务社会之能力。故本校成立之初，即揭橥'公能'二义，作为校训。"①

第二，校庆中对大学精神的坚守，来源于教育家的事业心和使命感。

对大学理想的守望，又来源于民国教育家对教育事业的赤诚之心。民国教育家对学校发展的责任感和使命感，在很大程度上主导了大学校庆的品位，成为大学精神和大学传统的重要源泉。林文庆在厦门大学13周年校庆中指出："嘉庚先生那种为办教育而采取之济世利人的态度，是很值得侪辈和国内外同胞热心支持的！他把海外劳苦所得的大部分资产，致力作人事业，其唯一的目的：是要使全国青年受相当良好的教育，能成为优美的公民。可是这种事业，绝非一二人所能为力，是必须大家自觉到责任所在，共同起来竭力促其实现的。"②

只要听听民国教育家在校庆中所倾诉的肺腑之言，我们就能感受到他们至善的人格魅力。他们在校庆中，不会用官僚式的套话语气，也不会用大叔般的煽情语言，而是用朴实无华的心声，凝聚起全体师生员工的信念。1944年，在南开四十年校庆会上，张伯苓说："苓行年70矣，但体力尚健，精神尚佳，不敢言老。今后为南开，为国家，当更尽其余年，致力于教育及建国工作，南开一日不复兴，建国一日不完成，苓誓一日不退休，此可为我全体校友明白昭告者也。"③1945年，梅贻琦服务清华三十年，回顾三十年的风风雨雨，特别是抗战时期清华的被迫南迁，他深情地说："在这风

① 张伯苓：《四十年南开学校之回顾》，《张伯苓教育论著选》，人民教育出版社1997年版，第310页。

② 转引自张亚群：《自强不息，止于至善——厦门大学校长林文庆》，山东教育出版社2012年版，第469页。

③ 张伯苓：《四十年南开学校之回顾》，《张伯苓教育论著选》，人民教育出版社1997年版，第320页。

雨飘摇之秋,清华正好像一个船,漂流在惊涛骇浪之中,有人正赶上负驾驶它的责任,此人必不应退却,必不应畏缩,只有鼓起勇气,坚忍前进,虽然此时使人有长夜漫漫之感,但我们相信不久就要天明风定,到那时我们把这船好好地开回清华园,到那时他才能向清华的同人校友说一句'幸告无罪',此天明风定之日,不久可望到来。"①雷沛鸿以"为穷而失教之劳苦大众事业而奋斗"为人生理想,终身为国民教育事业奔波操劳,1947年,他在西江学院校庆会上说:"本院所以博得多方面的帮助,自非偶然,这是因为我们代表一种教育改造与社会改造的理想,而且努力实践之故,这种伟大的同情与助力,正是鞭策我们奋斗前进的一个动力,希望大家共同认识并共同表见于思想、言论与行动。"②

第三,校庆中对大学精神的坚守,来源于教育家顺应时代潮流的感召。

民国教育家的责任心和使命感,又与时代潮流的感召息息相关。民国大学的发展,与中华民族的解放与进步同步。在那风雨飘摇的时代,国难、校难,以及来自于政治的、经济的、社会的、文化的、传统习惯的种种障碍,都给大学理想的守望带来了重重困难,民国教育家借助大学校庆这个窗口,向世人,也向他们自己,宣示着一种顺应时代潮流的自我策励精神。张伯苓在南开四十年校庆纪念时表示:"盖南开过去,无时不在奋斗中,亦无时不在发展中,日新月异,自强不息,为我南开师生特有之精神。""兹值南开四十周年校庆之辰,回顾既往奋斗之史迹,展望未来复校之大业,前途远大,光明满目。南开之事业无止境,南开之发展无穷期。所望我同人同学,今后更当精诚团结,淬厉奋发,抱百折不回之精神,怀勇往直前之气概,齐心协力,携手并进,务使我南开学校,能与英国之牛津、剑桥,美国之哈佛、雅礼并驾齐驱,东西称盛。是岂我南开一校一人之荣幸,实亦我华夏国家无疆之光辉也。"③

以世界名校为标杆,以国家发展为召唤,以时代进步为动力,这就是

---

① 梅贻琦:《抗战期中的之清华(五续)》,《中国的大学》,北京理工大学出版社2012年版,第102页。

② 雷沛鸿:《感谢与祝愿》,《雷沛鸿文集》(续编),广西教育出版社1993年版,第527页。

③ 张伯苓:《四十年南开学校之回顾》,《张伯苓教育论著选》,人民教育出版社1997年版,第320页。

民国教育家在校庆活动坚守大学精神的底气。1929年，林文庆在厦门大学八周年校庆纪念会上说："我决定对我的一部分工作尽完全责任，我总是尽力去做。我因为年岁渐老，精力渐衰，曾要求陈嘉庚先生准我辞职。但他不愿意让我去。因此，我要求全体教职员及学生申请，请他们凭良心尽他们的职责，不要让这位每天工作十二小时以供给我们费用的爱国志士失望，而能使集美、厦大造成许多学行优良的男女，以挽救中国，并为全世界人类服务。"①1938年，蔡元培在《北大四十周年纪念题词》中指出："故近几年来，北京沦于敌手，全校南迁，虽设备或有未周，而精神益为兴奋；孟子所谓'动心忍性，增益其所不能'者，今日之北大，足以当之。他日河山还我，重返故乡，再接再厉，一定有特殊之进步。"②1944年，清华校庆日，梅贻琦坚定地号召："我们面对着战争，我们在战争里生长，我们相信可以获得最后胜利，我们是临深履薄，兢兢业业的谋所以把握着胜利。当兹第三十三年校庆，在向我全体校友报告校务之前，我以坚决的态度，要求我全体校友各在其岗位上加倍努力，使盟国与国家的胜利，早日来到。"③

　　只有具备这种自觉的事业担当，才可能彰显大学精神的时代风骨，才可能守望住大学理想。大学校庆如果缺失了这种精神，校庆的价值与功能便丧失殆尽。这就是民国教育家大学校庆观给我们的启示。

---

　　①　转引自张亚群：《自强不息，止于至善——厦门大学校长林文庆》，山东教育出版社2012年版，第464页。

　　②　蔡元培：《北大四十周年纪念题词》，《蔡元培教育论集》，湖南教育出版社1987年版，第622页。

　　③　梅贻琦：《抗战期中的清华（四续）》，《中国的大学》，北京理工大学出版社2012年版，第90页。

中国近代科学教育体制形成的认知逻辑基础

——重评京师同文馆的创立及关于添设天文算学馆的争论

■ 刘 华

      关于中国教育近代化,有两个说法也许是公认的:(1)中国教育近代化是学习和接受西方科学教育体制而反对和否弃中国传统体制的过程;(2)中国教育近代化的实际标志是 1862 年京师同文馆的成立。这样看来,同文馆与中国近代科学教育体制的形成实有莫大关联。但既有的相关论著对此问题的深入研究却不多,除了承认同文馆的成立对中国近代新式教育具有首创之功,并为 19 世纪末的中国培养了为数不多的翻译和外交人才以外,对其在中国近代科学教育体制形成过程中的机制和功能却语焉不详。即使担任过总教习因而对同文馆十分看重和珍惜的丁韪良(W. A. P. Martin,1827—1916)也认为同文馆的影响是间接而有限的。事实上,同文馆最重要的贡献恰恰在于其为中国科学教育模式和体制的建构所奠定的认知逻辑基础,尤其是发生于 1866—1867 年关于添设天文算学馆所引发的那场震荡朝野长达半年之久的争论,其影响是直接而巨大的。本文试从心理学的认知学习理论视野来重新观照京师同文馆的创立及这场争论,以期进一步探讨同文馆的意义及中国教育近代化研究中

    [作者简介] 刘华(1967—),男,四川蓬溪人,2000 年获南京师范大学教育学博士学位,2000 年起在浙江大学教育学博士后流动站从事中国教育近代化研究工作,发表《自我的体证与诠释:先秦儒家人性心理学思想研究》等著作,现为浙江大学教育学院副教授、硕士生导师,主要研究领域为心理学、教育史、幼儿教育。

的某些理论问题。[①]

一

　　从认知学习理论(尤其是奥苏伯尔等人的理论)的角度看,一个有意义的接受学习必须同时具备三个前提条件:一个外在条件和两个内在条件。外在条件是被学习的材料(对象)必须具有逻辑意义,也就是说它自身必须是一个可学的、符合逻辑的系统,而不是一些毫无关联事物的机械凑合,这样的学习对象才能与学习者的学习能力范围内的有关观念建立起一种非人为和实质性的联系。对于中国近代教育来说,作为学习对象的西方教育当然是具有逻辑意义的,是由包括历史、制度、内容、方法、功能、评价、术语等结构因素及相应的运作机制所形成的一个完整的体系,甚至可以说,它比中国传统教育具有更强的逻辑性和系统性。

　　1610 年来华、有"西来孔子"之誉的意大利传教士艾儒略(Julius Aleni,1582—1649)曾在《职方外记》和《西学凡》等著作中系统地介绍了西方(欧洲)的教育体制。《职方外记》中有一段被清代学者反复征引的话:"欧罗巴诸国皆尚文学,国王广设学校,一国一郡有大学中学,一邑一乡有小学。小学选学行之士为师,中学大学又选学行最优之士为师。生徒多者至数万人。其小学曰文科,有四种:一、古贤名训;一、各国史书;一、各种诗文;一、文章议论。学者自七八岁学至十七八。学成而本学之师儒试之,优者进于中学,曰理科,有三家:初年学落日加,译言辨是非之法;二年学费西加,译言察性理之道;三年学默达费西加,译言察性理以上之学;总名斐录所费亚。学成而本学师儒又试之,优者进于大学,乃分为四科,而听人自择:一曰医科,主疗疾病;一曰治科,主习政事;一曰教科,主守教法;一曰道科,主兴教化。皆学数年而后成,学成而师儒又严考阅之。凡试士之法,师儒群集于上,生徒北面于下,一师问难毕,又轮一师,果能对答如流,然后取中。其试一日止一二人,一人遍应诸师之问,如是

_____

① 刘华:《论京师同文馆的高等教育性质》,《浙江大学学报》(人文社会科学版)2004 年第1 期。

取中,便许任事。学道者专务化民,不兴国事。治民者秩满后,国王遣官
……其诸所读书籍,皆圣贤撰著,从古相传,而一以天主经典为宗。即后
贤有作,亦必合于大道,有益人心,乃许流传。国内亦专设检书官,看详群
书,经详定讫,方准书肆刊行,故书院积书至数十万卷。毋容一字蛊惑人
心,败坏风俗者。其都会大地,皆有官设书院,聚书于中。日开门二次,听
士子入内抄写诵读,但不许携出也。又四科大学之外,有度数之学,曰玛
德玛第加,亦斐录所科内。专究物形之度与数,度其完者以为几何,大数
其截者以为几何多。二者或脱物而空论之,则数者立算法家,度者立量法
家。或体物而偕论之,则数者在音,相济为和,立律吕家;度者在天,迭运
为时,立历法家。此学亦设学立师,但不以取士耳。此欧罗巴建学设官之
大略也。"[1]《西学凡》则详细介绍了欧洲各大学文、理、医、法、教、道等六科
的课程纲要,涉及七千余部经籍,而这些经籍当时就已运抵中国,俟译成
汉语。[2] 清代传教士以及受之影响的中国士大夫或学者述及西方教育模
式和教学内容的著作则更多。与艾儒略等人的介绍对照,可知中国传统
教育在规模和系统性等方面都是远不及西方的。

明清两代来华的传教士们除带来大量西方教育理念和各种科学教育
书籍以外,还在中国创办了多所教育机构。早在 1786 年,遣使会修士就
率先在北京开设了一所神学院,随后又开设了一些男女学校。[3] 1818 年,
苏格兰新教教士马礼逊(Robert Morrison,1782—1834)在澳门创办了著
名的英华书院(Anglo Chinese College),课以英文、中文、数学、天文、地
理、伦理、哲学等,采用从西方带来的英文书籍、中文《三字经》以及马六甲
印刷所出版的各种介绍世界历史、地理、政治、经济等方面的书籍。教学
方法注重对学习材料的理解、注意发挥学生个性、遵守循序渐进等教学原
则,不强求学生死记硬背。学生按知识程度分班,教习则根据学生的不同
程度授以不同的教材。[4] 1839 年,澳门马礼逊学堂开学(1842 年迁香

---

① 艾儒略:《职方外记》卷二,上海古籍出版社影印文渊阁《四库全书》本,1987 年,第
3—5 页。

② 白利民:《西学东渐与明清之际教育思潮》,教育科学出版社 1989 年版,第 5 页。

③ [法]巴斯蒂:《是奴役还是解放?——记 1840 年以来外国教育实践及制度引入中国
的进程》,[加]许美德、[法]巴斯蒂:《中外比较教育史》,上海人民出版社 1999 年版,第 5 页。

④ 熊月之:《西学东渐与晚清社会》,上海人民出版社 1994 年版,第 124 页。

港），设中文、算术、代数、几何、生理学、地理、化学、历史和英文等课程，被称为"向近代中国传播西学的第一所洋学堂"①。据统计，1860 年天主教耶稣会在江南一带开设的小学就有 90 所，②基督教新教在香港、广州、厦门、福州、宁波、上海六地开设的各式学校 50 所。③ 而至 1877 年，基督教士在华创办的各类学校已达 300 余所，学生 4900 余人。

传教士虽然不能称为严格意义上的教育专家，而且他们向中国所介绍的情况及其教育实践也并非完全和真正出于教育的目的（更多是基于宗教传播上的考虑），但他们毕竟是接受过较高级教育的，所以上述介绍和实践仍然向中国充分展示了西方教育的优越性，如教育与政治的分离使教育可能具有较强的独立性因而能够依照自身规律发展，班级授课制可以培养更多的人才而节约资源，建立在心理学等科学教育理论基础上的教育有利于学生循序渐进地掌握知识；又如分阶段、分科类而不分性别和阶级接受教育和培养人才的制度，以及在全国范围内广设学校并进行科层式管理的办学模式等等，这些都是近代西方科学教育体制的一些突出特征和表现，也是中国传统教育（科举和书院）体制中所没有的。仅就教学内容和教学方式而言，教会教育似乎也比中国传统举业教育更有活力。马礼逊学堂一位学生写道："学英文使他们学到许多有用的东西，如天文、代数、几何等；学中文，则整天《四书》、《五经》；让人死啃书本，学生读书为的是将来升官发财，读孔孟之书使人总是看着过去，学英文则让人想未来，看当代社会，去发现世界。"④法国学者巴斯蒂（Marianne Bastid）分析说："（教会）创建新式学校的想法，源于 17 世纪初以来中国士大夫所发展起来的一种原则，那就是应该而且可能区分有益的和有害的外国文化，也就是只能在一种特殊的教育制度下有效地学习外国文化中有用的部分。在这些学校里不能进行宗教宣传，外国教师由中国当局任命，并受他们的监督。但是，新式学校的教育方法仍比传统教学更有生气，学习的过程也是如此，被更仔细地分成各个级别，还加设了以前从未听说过的各

---

① 吴洪成：《中国教会教育史》，西南师范大学出版社 1998 年版，第 25—26 页。
② 熊月之：《西学东渐与晚清社会》，上海人民出版社 1994 年版，第 288 页。
③ 熊月之：《西学东渐与晚清社会》，上海人民出版社 1994 年版，第 288 页。
④ 吴洪成：《中国教会教育史》，西南师范大学出版社 1998 年版，第 27 页。

类练习及实际工作。"①

　　至 19 世纪中叶,中国社会对西方教育体制已有了相当程度的认知,其可学性应当说已是比较明显的了,而此时中国传统教育体制的弊端与问题也在与西方教育的比较之下更加突显,改革科举和书院教育制度的呼声在朝野逐渐高涨起来。因而导入并参照西方教育以改造中国传统教育体制已是迟早的事,只不过需要考虑由谁、在什么地方以及以何种理由来实施这种具体的改革而已。终于 1862 年成立了京师同文馆,成为由中国官方主持而按照西方教育模式运作的第一所教育机构,其课程设置、教学方式、管理方式和升级考试制度等都与上述初期进入中国的教育机构相似。因此,同文馆的成立拉开了中国正式学习西方科学教育的序幕。随后还有一系列的类似教育机构,如上海、广州的广方言馆,福州的船政学堂等都是学习西方教育的产物。自此以后,西方科学文化和科学教育制度遂在中国生下了根,并延续至今。正如史学家的评论:"有了同文馆,中国的学生才正式接受西洋的语言文字和各种的新科学。此后中国的教育,一步一步地走向新的途径了。"②

二

　　西方教育自成一体,具有很强的可学性,固然是激发中国学习的一个重要条件,但还不是充分条件,就是说逻辑上中国原是可以选择不学习西方的,但事实却是中国教育近代化恰好开始于向西方学习,这就意味着还有更为重要的原因导致了中国学习西方。对于有意义学习来说,学习对象如果仅具有本身的逻辑意义而不具有心理意义,换句话说,如果学习对象不能与学习者内在认知结构发生非人为和实质性的联系,那么有意义的学习过程是不会发生的,所以有意义接受学习的实现还必须取决于学习者的内在条件,包括两个方面:

---

　　① ［法］巴斯蒂:《是奴役还是解放?——记 1840 年以来外国教育实践及制度引入中国的进程》,［加］许美德、［法］巴斯蒂:《中外比较教育史》,上海人民出版社 1999 年版,第 8—9 页。

　　② 吴宣易:《京师同文馆略史》,《读书月刊》1933 年第 2 期。

第一,学习者要有学习心向,即学习者能够积极主动地把新知识与学习者认知结构中原有的适当知识进行联系的倾向性,也就是说学习者想要学,有学习的欲望、动机。在与西方交往的初期,中国人的心态处于上位,对西方世界根本不屑一顾,认为西方的知识体系不过是从中国古代流传出去的一些细枝末节与雕虫小技而已,对西方人的态度好则"怀柔远人",不好则蛮夷视之,因而西方的事事物物和意识形态当然是不值得学习的,相反应该是西方向中国学习。虽然一些有识之士曾经呼吁学习西方,连康熙皇帝也曾朦朦胧胧地意识到中国如果不学习西方必然会吃亏,而最受称道的当然是魏源提出"师夷长技以制夷"的主张。但中国人观念的实质性转变却发生在第二次鸦片战争以后,许多不平等条约的签订迫使中国产生了学习西方的强烈愿望。同文馆的设立就是1858年的《中英天津条约》直接刺激的结果(条约规定:"嗣后英国文书俱用英字书写,暂时仍以汉文配送;俟中国选派学生学习英文,英语熟习,即不用配送汉文。自今以后,遇有文词辩论之处,总以英文作为正义。"①)所以恭亲王奕诉等人在战争刚结束的1861年年初于筹设总署衙门的同时,就提出了兴办同文馆的动议。他认为:"查与外国交涉事件,必先识其性情。今语言不通,文字难辨,一切隔膜,安望其能妥协!"②建议仿从前学习俄罗斯文字样设立同文馆。奕诉在1862年同文馆正式成立时也表达了同样的愿望:"臣等伏思欲悉各国情形,必先谙其言语文字,方不受人欺蒙。各国均以重资聘请中国人讲解文义,而中国迄无熟悉外国语言文字之人,恐无以悉其底蕴。"③他在1867年与倭仁等人的论战中又反复申论"学习外国语言文字,制造机器各法,教练洋枪队伍"④等的重要性。以此可知,奕诉等人设立同文馆的主要目的在于培养能与西方打交道的文官、翻译人员以及开办洋务所急需的具有实用技术知识的人才。

认知学习理论将学习动机分为三类:一是附属性学习动机;二是自我提高的认知性学习动机;三是功利性学习动机。从上述奕诉等人的奏议中可见,当时举办同文馆的动机带有过于强烈的功利性质,而这种强烈的

---

① 龚书铎:《中国通史参考资料近代部分》(上),中华书局1980年版,第78页。
② 朱有瓛:《中国近代学制史料》第1辑上册,华东师范大学出版1983年版,第5页。
③ 朱有瓛:《中国近代学制史料》第1辑上册,华东师范大学出版1983年版,第6页。
④ 朱有瓛:《中国近代学制史料》第1辑上册,华东师范大学出版1983年版,第554页。

功利性却忽视和掩盖了教育以促进人的发展为主旨这一基本特性（从这一基本特性出发，培养和激发学习者自我提高的认知性学习动机应该是第一位的），于是西方教育中受到关注的就是其所传授知识的实用价值，而不是教育本身的目的和知识所内含的观念形态。诚如巴斯蒂所评论的："中国的一些高级官员及其幕僚由于迫切需要处理与外国政府的政治关系，就承认了某些蛮人传入中国的知识的实用价值。值得注意的是，吸引他们的很少是传教士学校里的教学计划，较多的倒是某些外国人所采用的手段方法。这些外国人对汉语颇能掌握，对中国文化颇有研究，对与中国有关的所有数据也在有条不紊地收集，这使他们的政府在与中国政府交往时颇为受益。中国士大夫所要仿效的，正是这种实践活动。这样，他们就去收集一些蛮人的情况。在与蛮人打交道时，要想占上风，并进而控制他们，就应当具备这些知识。他们认为：为了摆脱外来控制，应该把这种科学的知识从总体内容中分离出来并进而加以掌握，而这是切实可行的。"①

　　自此以后，中国近代教育的发展似乎都没能摆脱"急功近利"的梦魇。事实上，之所以选择学习西方科学和模仿科学教育模式，也恰好是因为其能最大限度地满足这种急功近利的欲求，但却是以牺牲西方科学文化和科学教育的真精神为代价的。所以近代以来中国虽然把西方模仿得像模像样，却总是不能真正把握西方文化和科学教育的实质，而只好不断地模仿、移植、再模仿、再移植……

　　对此，德国传教士花之安（Ernest Faber，1839—1899）1879 年就曾敏锐地指出，中国 18 世纪以来的学习是"徒得西学之皮毛"。他说："中国在上之人，亦有令兵丁学西国之火炮、洋枪者，亦有学西国之轮船、电报等项者，亦有用轮船航海为生理，开矿亦用西国之法者，然此非不美，而究未能得西国至善之道也。如此之学，譬如树之有寄生，外实好看而内实有弊，人多不知。何以言之？寄生非由树根而生，实无根本，而日蚀树之精汁，日久蚀之，其树必枯。盖中国人非有至精之学问，由己心之智慧而成各项之技艺，徒倚赖于人，此无根本之学，亦犹寄生之暂时好看，日久必害其

　　① ［法］巴斯蒂：《是奴役还是解放？——记 1840 年以来外国教育实践及制度引入中国的进程》，［加］许美德、［法］巴斯蒂：《中外比较教育史》，上海人民出版社 1999 年版，第 6 页。

树。是知无本之学,必害其国也。"①梁启超在《学校总论》中也有类似评论,虽然晚出,但更切中时弊。他认为:"今之同文馆、广方言馆、水师学堂、武备学堂、自强学堂、实学馆之类,其不能得异才何也? 言艺之事多,言政与教之事少。其所谓艺者,又不过语言文字之浅,兵学之末,不务其大,不揣其本,即尽其道,所成已无几矣。"②作为传教士,花之安的说法当然是认为中国人没有把握到西方文化的真正精神在于宗教,而不是语言文字和实用科技。换句话说,西方文化的真精神是人文的,而非科学的。这里当然道出(并预言)了一个在中国社会颇为吊诡的事:西方传教士本想通过科技以载宗教(西方传教士不认为科技与宗教是对立的,相反他们认为科技可以为宗教服务,为宗教的教导提供证据。事实上文艺复兴以后的西方教会都在致力于把宗教与科技相统一,因此许多西方传教士都有良好的科技素养),但中国人却"买椟还珠",得了科技以反宗教,并把科技当成宗教来崇拜,然后驱逐了人文主义的真正宗教。这当然是令西方传教士怎么也料想不到并深感遗憾的事。

奥苏伯尔等人指出,作为学习对象主要有四类知识:最简单的知识是建立事物与符号之间的表征关系;较复杂的知识是获得同类事物的概念;更高一级的知识是习得表示事物之间关系的命题;最后是学习者头脑中的原有命题与新学习的命题建立联系,组成命题网络,形成认知结构。③显然,奕䜣等人主张仅学习西方的语言文字和科技知识(同文馆有明令禁止西方教习传道),而没有理解到西方文化中在语言文字与科技知识背后更为高级和抽象的真正精神性层面的东西,所以应当属于"最简单的学习"一类,这样的学习当然只能学得西方的"皮毛"。

如果以中国向佛教的学习作为比较,我们就会发现这两者的不同:佛教进入中国的首先是"义理"(理论、观念、意识形态等),早期牟子、法雅、慧远等人之所以以"于理多违""违而乖本"的"格义学"方式解释佛教,概因为着眼于"义理"的缘故。而佛教文字则几乎始终未能进入中国,所以中国后世学习佛教的人绝大多数并不懂得佛教的书写文字(如梵文、巴利文等),但对佛教(不论教义还是宗行)的理解却并没有产生多大的障碍。

① 花之安:《自西徂东》,上海书店出版社 2002 年版,第 1—2 页。

② 梁启超:《饮冰室合集》文集之一,中华书局 1989 年版,第 19 页。

③ 邵瑞珍:《教育心理学》,上海教育出版社 1997 年版,第 71 页。

即使不得不涉及原文，他们也宁愿采用古怪的汉语注音方式，恐怕意图还是在于"得鱼而忘筌""得意而忘言"。换句话说，中国对于佛教的学习一开始就着眼于一个较高级的思想观念层面上，这是与近代学习西方注重语言文字和科技知识的较低级层面很不相同的。

从学习方式的角度看，问题也许并不在于是否需要严格按照从低级的语言文字和技术知识到高级的观念形态和义理精神这样循序渐进的程序进行学习才是有效的，而在于当把西方的语言文字和科技知识作为学习的对象时，我们差不多是走入了歧途，浪费了宝贵的时间。首先，语言文字和科技知识虽处于西方文化的表层，但其本身也是千变万化的，等把语言和科技学好了，学习者已垂垂老矣，而对于西方文化和科学的真正精神却依然是"略知一二"，难以创生作为建构中国的新文化和新教育体系的核心理念。其次，如果学习者始终过分注重语言文字和科技知识的浅表层面，往往会忽略、远离甚至放弃其学习的真正意图是在于探索引导近代西方文化和科技发展的精神实质（即近代西方所以成功的真正原因）之深层次的问题，而把外国语言文字和科技知识本身当成崇拜的对象，甚至产生崇洋媚外心理和文化自卑感。倭仁说，"今令正途从学，恐所习未必能精，而读书人已为所惑，适堕其术中耳"[1]，未必完全是一种无知的短见，这从反面也提示了学习西方不能停留在浅表层面。

以此观之，奕诉等人出于一种急功近利心理而强调学习西方语言和科技知识本身，不能不说是一种多少有些偏颇和失误的教育决策，但这一决策的后续影响却是颇为深远的，可以说迄今我们仍在为此支付高昂的代价。

三

作为学习者内在必备的另一个、也是最为重要的条件是：学习者已有认知结构中具有能够同化外来新事物的、起固定作用的观念（固着点），能使之与新事物建立起非人为和实质性的逻辑联系。西方世界在文化上具有同源同质性，他们之间要相互学习是比较容易的；而中国与西方却是在

---

[1]　朱有瓛：《中国近代学制史料》第 1 辑上册，华东师范大学出版 1983 年版，第 552 页。

文化上异源异质的,所以,要使得西方的科学文化和教育体制在中国正常地生长,在其被引入之前就应该先在中国既有的传统文化中找到与西方科学文化具有同一性或相似性的基因(或基质),作为中国向西方进行有意义学习的逻辑起点。

这种基因(或基质)就是蕴藏在中国传统文化内部的道与术、礼仪与权谋、人心与技艺等的对立与矛盾。这一对立与矛盾在近代西方科学和实用技术观念与物质形态的冲击下,以及在民族主义因素的渗入下,逐渐显现出来。于是,原本作为一个整体的中国传统文化就被迫分裂为两个方面,并进而逐渐演变为中国传统固有观念与西方外来思想之间的对立,其中的一个方面就成为同化西方科学文化的固着点。

笔者认为,在近代教育史上,使得中国传统文化内部矛盾凸显而导致其发生自身分裂的标志性事件,就是1866—1867年由京师同文馆添设天文算学馆而引发的一场震荡朝野上下的争论。这场争论实质上可以说是一种文化认知上的"错觉性结合"。"错觉性结合"是一种注意的选择现象,由美国认知心理学家 Anne Treisman 发现,①本指个体在认知外界客体初期,由于已有的认知结构与外界客体特征之间的不一致而导致的一种感觉错位现象,使得来自客体的众多特征并不在原有认知结构(认知地图,cognitive map)中的正确"位置"上结合。在同文馆的论争中,"错觉性结合"表现为:将中国传统文化中的"术""技""艺"等与近代西方文化相等同,而把与之相对立的"道"(立国之道和做人之道)、"礼"(礼仪与礼义)、"心"(人心与道心)视为传统文化固有的本质和核心。这样,在中国传统文化中的"道""术"等之间的对立遂转化为中国"传统"文化与西方"科学"文化之间的对立。这场争论关乎中国教育后来的发展,为中国近代科学教育体制的形成定下了基调。

引发这场争论的是总理衙门的奕䜣等大臣1866年年底至1867年年初向同治皇帝连上的几道奏折,提出在同文馆添设一个新馆,招取正途人员并延聘西方教习讲授天文算学等科学基础知识。1866年12月11日的奏折中称:"现拟添设一馆,招取满汉举人及恩、拔、岁、副、优贡,汉文业已通顺,年在二十以外者……并准令前项正途五品以下满汉京外各官,年少

---

① 王甦、沈政、杨治良:《当代心理学研究》,北京大学出版社1993年版,第3页。

聪慧,愿入馆学习者……一体与考。由臣等录取后,即延聘西人在馆教习,务期天文、算学均能洞彻根源,斯道成于上,即艺成于下,数年以后,必有成效……倘能专精务实,尽得其妙,则中国自强之道在此矣。"①

奕䜣等的目的在于谋中国"自强"之道,这在当时虽然实际上已成为一个共识,但他们所提出的以学习西方技艺来谋"自强"的方法却遭遇了麻烦,因为采用这个方法要解决的问题有两个:一是向西方学习;二是学习技艺。而这两个问题在当时解决起来都是十分棘手的,因为"师事洋人"和"习为机巧"是被当时士大夫引为奇耻大辱的事。故此建议一出,就在京城内外引起轩然大波,纷纷提出反驳意见,首发难者张盛藻认为"此举于士习人心大有关系",其议论还算比较温和,但继起的反对者倭仁(他被士林尊为"理学大师",时任同治帝师,学术权威和政治地位均很崇高)则将对奕䜣等人的批判升格到有损"立国之道"和"人心根本"的层次。倭仁于 1867 年 3 月 20 日上奏称:"天文、算学为益甚微,西人教习正途,所损甚大……窃闻立国之道,尚礼仪不尚权谋;根本之图,在人心不在技艺。今求之一艺之末,而又奉夷人为师,无论夷人诡谲未必传其精巧,即使教者诚教,学者诚学,所成就者不过术数之士,古往今来未闻有恃术数而能起衰振弱者也。天下之大,不患无才。如以天文、算学必须讲习,博采旁求,必有精其术者,何必夷人,何必师事夷人……且夷人吾仇也……今复举聪明隽秀,国家所培养而储以有用者,变而从夷,正气为之不伸,邪氛因而弥炽,数年以后,不尽驱中国之众咸归于夷不止。"②倭仁的这一观点受到奕䜣等人讽刺,谓其"陈义甚高,持论甚正",但不过是空谈道义、好为争辩而已。③ 但是,倭仁的观点确实具有相当权威性,在中国传统文化的思维范域中甚至具有较强的不可批驳性,因为倭仁手中紧握的是"礼仪"这张王牌,这张牌在中国传统以儒家为主导的文化语境中具有不容置疑的崇高性。

倭仁认为奕䜣等人隐含有破坏"礼"的嫌疑,这就给他们冠上了一个不轻的罪名。奕䜣等当然要奋起还击,但却无法(也不能)从正面批驳倭

---

① 朱有瓛:《中国近代学制史料》第 1 辑上册,华东师范大学出版 1983 年版,第 552 页。

② 朱有瓛:《中国近代学制史料》第 1 辑上册,华东师范大学出版 1983 年版,第 552—553 页。

③ 朱有瓛:《中国近代学制史料》第 1 辑上册,华东师范大学出版 1983 年版,第 552 页。

仁,而只能从旁打击。奕䜣等人采取的策略是将倭仁的军,请他择地另设一馆,督饬讲求,以与同文馆招考各员互相砥砺,共收实效云云。① 但奕䜣等人的语气明显地表现出软弱性:"其仅以忠信为甲胄,礼义为干橹等词,谓可折冲樽俎,足以制敌之命,臣等实未敢信",对倭仁奏议所产生的消极效应也只是感到十分委屈无奈而已:"自倭仁倡议以来,京师各省士大夫聚党私议,约法阻拦,甚且以无稽谣言煽惑人心,臣衙门遂无复有投考者。"② 以当时奕䜣既有作为议政王的荣号,又有作为总署大臣的权位和恭亲王的尊贵身份,以及卓著的才识与聪慧,大概不会甘愿忍受倭仁等人的指责,而是因为被倭仁高擎在手里的那张王牌——作为儒学道统以及立国与为人之根本的"礼"本身具有无可辩驳性,就算奕䜣等人也是必须恪守由"礼"所规定的思维与行为方式的。

事实上,自古至今就不断有人提出异议,试图打倒"礼"而重塑价值(如道家欲以"道"来击败"礼"),或降格其地位(如墨家试图把"礼"置于"尚同尚贤""非乐非命"等治国方略之后予以考虑),或以其他准则取代之(如法家以"法"代"礼"或以"礼"补"法"),或对它悬置不理(如名家惠施的"不是礼义")等等,但都没有成功,反而在这个较量过程中不断地巩固了"礼"的地位,更彰显了其优越性,且不断地让"礼"吸纳了"道""艺""法""数""术""势""权"等,从而更加丰富了其内涵,"礼"遂而成为了一个具有更大包容性的概念和权威。汉代以降,"礼"更从早期还带有一定质朴性的概念而达到了无以复加的一切价值准则的地步,如果把中国传统文化称为"礼宗教",是不过分的。所以,仅凭奕䜣等人就想驳倒"礼",以"技艺"改造"人心",是非常困难的。何况奕䜣等人未必真想把"礼"拉下马来,因为"礼"既然是区分亲疏、贵贱和上下的标准,则打倒了"礼",也就意味着需要建构一个民主的社会和政治体制,取消封建等级关系,实现贵族与平民间的平等,奕䜣等人根本就不可能有这样的想法。同时,"礼"既然是一种民族主义的核心理念,是民族鉴别的效标,则打倒"礼",也就意味着取消这个效标,这样中国人与西方人固然是不可区分了,出现"地球

---

① 朱有瓛:《中国近代学制史料》第 1 辑上册,华东师范大学出版 1983 年版,第 558—559 页。

② 朱有瓛:《中国近代学制史料》第 1 辑上册,华东师范大学出版 1983 年版,第 557 页。

诸国通行无阻""华夷混一"①的局面,更为严重的是清朝皇族与汉人之间的分界亦将模糊,这也是清朝统治者所不情愿的。接下来还有一重危险也为清朝贵族所不能承受,即这个原本来自汉人的民族主义效标将可能重新回到汉人的手中,而满族人就有重新被视为狄、夷、蛮、戎的危险。因此,与其取消"礼",毋宁仍然将它高高供奉着,不但从价值观念及伦理纲常上制约着满汉两族权力地位的分配而不至于"礼坏乐崩",更可以以之团结满汉一致。对外,从而巩固"天朝帝国"的基本型模,这才是奕䜣等人"自强"的初衷所在。这种心理,大概也正是奕䜣等清朝亲贵既能与李鸿章等汉人大臣紧密团结,而又对倭仁等人并不苦苦相逼的原因。所以,倭仁一旦嘴上软了下来,也就不为已甚,对之不再追究了。就连杨廷熙那样以下犯上"呶呶数千言,甚属荒谬","摭拾陈言,希图自炫","肆口诋诬,情尤可恶"②的人也不过仅仅遭到训斥而已,"姑不深责",没有被撤职查办或流放边疆之虞。

当然,另一方面,"礼"也并非坚如磐石,其崇高地位亦非永远不倒。事实是当倭仁打出了这张王牌时,也恰好暴露了"礼"自身内在的脆弱性——其内涵中不可避免的矛盾性和分裂性。儒家"礼"规范的地位,是在与各对立派别的斗争中不断战胜对方,也不断吸纳对方观点而逐渐被确立的,这就意味着"礼"自身就是一个具有相对性的折中统一体,包含了"分"与"合"两个方面,所以它时而意味着"分",时而又意味着"合"。站在"合"的立场上,"礼"与"技""艺""法""术"等具有同一性;而站在"分"的立场上,"礼"与"技""艺""法""术"等又具有对立性。因此,倭仁所说的"礼仪"与"权谋"、"人心"与"技艺"两者实际上是既可相分又可相合的,是一体的两面,倭仁只是用了礼的"合"(即礼本身)来驳斥同样是礼的"分"(即权谋、技艺等)。作为理学大师的倭仁在这里不过是玩弄了一把早已被宋儒们玩滥了的"理一分殊"之类的逻辑游戏而已。以奕䜣等人的聪敏,只要稍加分析就足可驳倒倭仁,但奕䜣等人却没有正面反驳,原因可能是多方面的:或许是因为奕䜣等人认为当务之急是兴办洋务实业,并切实在同文馆招收到学生,而不是进行"空讲孤虚,侈谈数术"的"不急之务";或许

---

① 中国史学会:《中国近代史资料丛刊》(六),上海人民出版社1961年版,第351页。
② 高时良:《中国近代教育史资料汇编·洋务运动时期教育》,上海教育出版社1992年版,第26页。

是因为倭仁等人不但把在同文馆招收正途学习西方技艺上升到立国根本的高度，更附带扣上了一顶"以夷变夏"的大帽子，而这是谁也不敢去触碰的；或许更为重要的原因是当时奕䜣等人只注意到了学习西方技艺，而远没有意识到学习西方科学中的理性精神的重要价值，因而也就没有意识到任何事情在行动之前进行理论辩证和理性思考的重要性和必要性，从而也就没有充分估计到这一疏忽所将带来的严重后果。虽然依靠慈禧的权威，表面上奕䜣等人赢得了这场争论——同文馆被准予招生，但实际上却输得很惨——同文馆此次议招正途学习西学的计划几乎全面流产；更为严重的是错过了一次原本可以在教育领域全面实施近代化革新运动的机会，使得当时就已非常腐败了的科举制度继续盘踞了半个世纪，更延缓了中国社会向近代化整体迈进的步伐，以至于三十年后几乎与中国同时起步接受西方科学以改造教育体制的日本，却反过来凌辱中国，中日由原来的"天朝帝国"与"蕞尔小国"的关系由此发生根本性逆转。

梁启超在《变法通议》中指出了当时论争的影响："昔同治初叶，恭亲王等曾请选编检庶常，并五品以下由进士出身之京外各官，及举人恩拔副岁优贡等入同文馆学习西艺，给以廪俸，予以升途……得旨依议。其时正当日本初次遣人出洋学习之时耳。此议若行，中学与西学，不至划为两途。而正途出身之士大夫，莫不研心此间以待用。至今三十年，向之所谓编检及五品以下官，皆位卿孤矣，用以更新百度，力图富强，西方大国，犹将畏之，而况于区区之日本乎？乃彼时倭文端方以理学名臣，主持清议，一时不及平心详究，遂以用彝变夏之说抗疏力争，遽尼成议。子曰：君子一言以为智，一言以为不智。文端之言，其误人家国，岂有涯耶，抑天心之未厌乱也。今夫非常之原，黎民焉。千数百岁之痼疾，一旦欲举而去之，吾知其难矣。然不由此道，则终无自强之一日。虽事事模仿西式，究其成就，则如邯郸之学步，新武未习，而故迹已沦，我三十年来，学西法之成效，已可睹矣。"[①]

且不论梁氏的评论如何，但从上述史实中可见，不论是奕䜣等人还是倭仁等人谁输谁赢，我们都会发现这样一个事实：以"礼"为核心的中国传统人文文化已经在西方科技文化的冲击下发生动摇，开始了其自身的分

---

① 梁启超：《饮冰室合集》文集之一，中华书局 1989 年版，第 30—31 页。

化和裂变——"权谋技艺"开始从"礼仪人心"中分离出来,而成为了"中学""西学"两个形态,如梁启超所说的"中学西学"被"划为两途"(按照"中源西流"的观点,"中学""西学"原本为一个整体,皆为"中学"),也就是说"科学"从"人文"中分裂了出来,并逐渐成为后者强有力的对立面。无独有偶,考诸西方文化史,四百年前的情形也是这样:"科学"是从"人文"中分裂出来的。以认知学习观点来看,这种分裂才是问题真正的关键。因为没有这种分裂,在中国传统文化图式中将不存在接纳西方科学文化的"固着点",那样即使再过数十百年,中国文化亦将依然故我,将依然与西方文化相互隔离、异分两途。从这个意义上可以说,1866—1867 年的这场争论才实质上开启了中国教育近代化的端肇。

但是,平心而论,中国文化在那样一种情况下,以那样一种方式的分裂未必就是好事,因为这种分裂不是自然而然地发生的,而是在一种急功近利的动机促动下且迫不得已地分裂,因而其在为接纳西方科学文化准备了观念性前提的同时,也隐含了极大的危机——科学技术知识向着纵深发展的同时,人文精神和情感价值却大大地失落了。中国文化在西方文化冲击下迫不得已的自身分裂所形成的,是一个十分勉强和不伦不类的思想模型——"中源西流"理论,这是为奕䜣等人与倭仁等人双方均认可的一个折中性产物。该理论在近代中国的影响非常大,直至民国,依然流行不衰。

在教育领域,中国文化自身分裂的结果是,追求礼仪之"道"与人心之"本"不再是安邦定国的唯一方略以及人们生活与学习的唯一内容,至少其有效性还需要以权谋之"艺"、技艺之"术"来做为实现国家安定与个人价值的补充手段,而后者又往往被等同于来自西方的科学技术,虽然它被认为原本是从中国流传出去的,但毕竟已远优于传统的"奇技淫巧"许多了,因此人们开始重新思考它的价值,并把它定位为可以作为一种治国治事的强有力的辅助手段和具有实用价值的工具。于是西方科学技术和教育体制开始大量移入,从器物到技术,从课程内容到教学方法,并形成了逐渐深入化和粗具规范化形态的科技教育体系,打破了以通过读书治经来实现"修齐治平"人格理想的唯一目标的传统教育模式。

基督教大学中国教师的生活

■ 刘保兄

基督教大学中国教师身处基督教大学这一特殊环境,他们的生活自然带有不同于中国本土高校教师生活的色彩。这种不同不仅体现在他们特有的宗教生活方面,同时也表现在他们的教学生活、交往生活等方面。

一、以"育人"为核心的教学生活

从事教学,教书育人,是教师的本职工作,基督教大学中国教师也不例外。与一般大学过分强调知识的传授不同,基督教大学更为重视学生人格的培养,尤其是基督化人格的培养。在这样一种办学思想影响下,基督教大学中国教师的教学生活自然有了不同于其他教师教学生活之处。

基督教大学注重基督化、家庭化氛围的营造,强调教师与学生之间的接触,只要是对学生品格的养成有利,采取什么样的教学方式及方法、具体授课内容如何安排也就变得不那么重要。正如他们所推崇的耶稣的教育方法:耶稣的宗教教育,不靠黑板粉笔,不靠书本课程,也不靠耳提面

[作者简介]　刘保兄(1974—),女,河南安阳人,2004年考取浙江大学教育史专业博士研究生,后获浙江大学教育学博士学位,曾发表《消极应对与主动调适——圣约翰大学与燕京大学发展方针之比较》等论文,现为河南大学教育学院副教授、硕士生导师,主要研究方向为近代中外教育交流史、宋代教育史。

命。他没有固定的校址与设备，更没有半张授课时间表。他的唯一秘诀，是"以身作则"。他亲自撩起彩袖，蹲下来为门徒洗足，却没有指手画脚地发挥其"非以役人，乃役于人"的讲义。① 因而，重视师生之间的密切交往，而不拘泥于固定的教学方式和教材，就成为基督教大学中国教师教学生活的一个重要特点。

冰心在燕京大学给学生上国文课时曾要求学生写《自传》，冰心称，"一来因为在这个题目下人人都有话可写，二来通过这篇自传，我可以了解到每个学生的家庭背景、习惯、性情等等"；看完学生文卷后，冰心"从来只打下分数，不写批语，而注重在和每个人做半小时以内的课外谈话上。这样，他们可以告诉我：他们是怎么写的，我也可以告诉他们我对这篇文字的意见，思想沟通了，我们彼此也比较满意"。② 在课外冰心常常和学生"在未名湖上划船、在水中央的岛边石舫上开种种的讨论会，或者作个别谈话"③。从冰心别出心裁地为学生所出的作文题目，到与每个学生的个别谈话，再到"石舫上开种种讨论会"，无论是授课内容还是授课方式都极为灵活，而这些又无不蕴涵着基督教大学以"育人"为主旨的办学思想。正如金陵女子大学校长吴贻芳所强调："为要使学生能够人格完全与否，是全在教职员方面平时所与以耳濡目染的模范之良否啊。所以基督教教育，目下所应特殊注重的，确非单独注意于课本上的授受，是在司教职者能在他的整个生活中时时表现基督的真精神，以熏陶学习，这是无上的特殊贡献。"④

为密切师生之间的交往，基督教大学还安排了各类的师生交往活动。这些活动主要有：

（1）导师制下的师生交往活动。导师制是从西方引进来的一种旨在管理指导学生的制度。不少基督教大学在办学之初就借鉴了西方的导师制度，用以指导学生的发展，尤其是培养学生的基督化人格。以之江大学

---

① 谢扶雅：《教会学校要关门吗?》，《中华基督教教育季刊》1930年第6卷第4期。

② 冰心：《当教师的快乐》，燕大文史资料编委会编：《燕大文史资料》第三辑，北京大学出版社1990年版。

③ 冰心：《当教师的快乐》，燕大文史资料编委会编：《燕大文史资料》第三辑，北京大学出版社1990年版。

④ 吴贻芳：《基督教教育之特殊贡献》，《中华基督教教育季刊》1930年第6卷第2期。

为例,之江大学明确学校导师制的宗旨在于:"本训教合一之旨趣,师生合作之原理,与学校为家庭之基础,以为实施之方针","以学生为中心之教育方法,据其身心发展上所需要,施以适当之指导,使养成正常之习惯,确立道德为人类生活之要素的信念"。① 不仅在之江大学,在其他基督教大学也普遍制定有导师制的具体实施办法。如金陵女子大学早在20世纪20年代德本康夫人(Mrs. Lawrence Mathilda Thurston)任校长时期就采用了导师制。吴贻芳出任校长后,又对导师制加以完善,对导师的职责作出了明确的规定。每个学生可以找一位教师当导师。一位导师带八九个学生,用小组活动或其他方式帮助学生解决学习、生活及其他方面的问题。② 导师制,密切了师生之间的关系,方便了教师对学生潜移默化的影响。

(2)各类社团组织活动中的师生交往。基督教大学在创办初期就注重学生团体活动的开展。以开设大学课程最早的登州文会馆为例,截至1900年该校共有各种类型的学生社团组织8个,分别为:辩论会、传道会、勉励会、戒烟酒会、赞扬福音会、新闻会、青年会、中国自立学塾会。③ 基督教大学立案后,随着学生规模的扩大,及学术化、中国化的发展,基督教大学学生生活更为丰富,各类学生社团也发展更快。以金陵大学为例,金陵大学在20世纪30年代中期,经学校核准立案的学生社团组织就有37个。到1939年春季,学生社团增加到56个。这些学生社团组织大致包括如下几种类型:①学术组织,如历史学会、植物学会、经济学会、中国文学会等;②学生自治组织,如文学院学生自治会、理学院学生自治会、农学院学生自治会、女生自治会等;③文体组织,如金陵艺社、同乐体育会、群鬼剧社等;④同乡会组织;⑤宗教团契组织,如青年会;⑥纯联谊性质组织,如新生会、学余联欢社、金陵联谊社等;⑦带有政治色彩的政治组织,如正风社、四进社等。在这种类繁多的学生社团中,不少是由师生共同组成,如图书馆学会、作物育种研究社、农业经济学会、林学会、湖南同学会、广联社等。即使由学生自己组织的团体,也通常邀请教师担任顾问等,如

---

① 顾琢人:《过去一年训导设施概况》,《之大年刊》,1939年。

② 吴贻芳:《金女大四十年》,《吴贻芳纪念集》编写组编:《吴贻芳纪念集》,江苏教育出版社1987年版。

③ 王元德、刘玉峰:《登州文会馆志》,《蓬莱历史文化研究》2007年第7期。

1933年秋,担任金陵大学中国文学研究会指导的有:黄季刚、胡小石、胡翔冬、吴梅、刘继宣5位教师。[①] 学生的社团组织是师生交往活动的重要场所,通过这些社团组织教师和学生有了更多的接触。

(3)各类集体活动中的师生交往。除上述有组织的社团活动外,为增进师生感情,基督教大学也经常举行定期或不定期的聚会活动。以福建协和大学为例,该校每星期举行"总理纪念日"一次,逢纪念日,除排定人员报告党的工作介绍国内外政治情形,邀请名人演讲政治问题外,还选政治、社会、经济类题目,正反辩论,以增进学生知识及练习口才。总理纪念日要求全体学生参加,"不出席者,予以训诫"。每周二、五举行师生全体常会,时间半小时。周二常会由校长或教务长报告一周校内情形,"俾全体师生对学校发生更亲密之观念";周五常会由校内教授轮流主持,演讲各科、系、学术问题,或请校外知名人士演说学术或社会问题。每周六晚上,"必有教授二家延请学生至其家中茶话,加以琴歌、游戏,甚饶兴味"。每周日下午四点,由学校请人至校演说宗教、道德问题;每周一、三、四下午有师生自由参加的自省活动。[②]

另外值得一提的是,基督教大学许多师生集体活动经常在教师住宅举行,并备有简单茶水、果品之类。如燕京大学国文研究会常常在国文系主任郭绍虞住宅举行,定每周二开一次会,每个月有两次演讲。社会学系教授雷洁琼常常邀请该系学生到家中参加茶话会。在沪江大学学生中广为流传的校园"喜怒哀乐",所谓的"喜"就是"教授请客,男女齐集于一室。耳听、目观、口吃,颜笑、手舞、足蹈,如入仙景"[③]。这种带有"宴请"意味的师生活动,借用沪江大学学生的话说:"成效确是很大。这并不是说,我们学生们来校'徒补食也',几色果品能值什么? 难得教授们借此一端表现其和蔼可亲的态度,自然激发学生爱戴的心;由是而增进师生间的感情。所以教授一度请客以后,莫不有口皆碑;虽功课稍严紧些,也莫不乐于勤读。你道这效果不大吗?"[④]

师生之间的交往活动不仅有利于学生的发展,同时也有利于教师教

①　参考《南大百年实录》编辑组编:《南大百年实录》中卷,南京大学出版社2002年版。

②　《私立福建协和大学一览》,1929年。

③　陈汉铭、谐乘:《沪江大学的喜怒哀乐》,《沪江年刊》,1927年。

④　吴崇庆:《本校学生之生活最希望的是什么?》,《沪江年刊》,1924年。

学及行政工作的开展。陆志韦在 1936 年燕大秋季迎新会上谈到学校师生关系时曾说:"(燕大)教员和学生的关系不只在课堂或实验室的界限之内。除去绝少数的兼任教员,其余的人都像是'卖身'在这儿的。……古人云:教学相长,说的是双方面的话。学生应得自动地找教员捣麻烦去。师生相见以诚,也是我们办事所以能直截了当的原故。"①

此外,为培养学生牺牲、服务的基督化品格,基督教大学普遍重视学生理论学习和实际训练的结合。如抗战前,雷洁琼在燕京大学为学生开设的"社会服务实习"课强调,"本学程为主修社会服务学学生必修科,目的使学生实习社会服务以求实际经验。学生选择指定社会服务机关实习,每星期六小时,由社会服务机关负责人指导。每两星期报告及讨论实习心得问题"。其开设的"社会服务机关参观"课程,除理论的学习之外,要求学生每两星期参观一次社会服务及社会福利事业机关,并在参观之后作报告,在班上讨论,分析所参观机关之功能组织与设备。② 因而,组织学生参与各类实践活动,尤其是社会服务工作,就成为了基督教大学中国教师教学生活的一个重要方面。

当然,重视师生之间的交往、学生实践能力的培养,而不拘泥于固定的教学方式和内容,并不意味着基督教大学就不重视课堂教学和知识传授,事实上,在基督教大学毕业生的回忆性文章中,不乏对当时教师教学认真的称赞。只是,相比中国本土其他高校而言,基督教大学在传授知识的同时,更为重视学生人格培养。对于大学而言,研究传授高深知识固然重要,但陶镕学生品性同样不可忽视。著名教育家孟宪承曾说过:"大学要达到他的鹄的,不仅在发展智慧,也在于师生聚处的群体生活中自发的诸般活动,养成道德的骨干。"③并且,他还引用牛津大学一位教育家的话说:"假使给我两个大学:一个没有住院生活和导师制度而只凭考试授予学位的,一个是没有教授和考试而只聚集着几辈少年过三四年头的学院生活的,假使要我选择其一,我毫不犹豫地选择后者。"④

---

①　陆志韦:《燕京大学迎新词》,姜德明:《如梦令:名人笔下的旧京》,北京出版社 1997年版。

②　《燕京大学一览》,1937 年。

③　孟宪承:《大学教育》,商务印书馆 1934 年版。

④　孟宪承:《大学教育》,商务印书馆 1934 年版。

二、教师间的交往活动

基督教大学家庭化的办学特色不仅体现在师生的密切交往中,同时也体现在教师与教师之间的交往中。在基督教大学,除特有的宗教活动外,教师之间的其他交往活动也比较多,最常见的有教师间的学术交流活动、日常交往活动、聚餐及游乐活动等。

华人长校前,学校并不重视学术研究工作的开展,因而教师间很少有学术交流活动。此外,由于中国教师在学校地位低,自觉参与学校工作的意识淡薄,因而教师间的其他交往活动他们也甚少参与其中。华人长校后,基督教大学踏上了学术化发展道路,加上教师学术背景的提升,教师之间的学术交流活动自然开始增多。与华人长校前基督教大学各类活动多由外籍教师组织并参与不同,华人长校后,基督教大学教师间的交往活动主要是由中国教师组织并参与。如燕京大学国文系,几乎每个月都由一位教师轮流请其他老师和学生到家中作客,主人讲讲他正在研究的学术题目,之后师生一起讨论。[①] 福建协和大学在立案后专门成立了教职员党义研究会,每月开会两次,共同探讨社会局势及学生培养等问题。[②]

日常生活中,基督教大学中国教师之间的非正式、正式的交往也非常频繁。如钱穆在谈及自己在燕京大学教书时的生活时曾提到,"既至校,与佑荪同住朗润园。……常与偕游颐和园及西郊名胜,又曾同游妙峰山"。"余初到即谒见颉刚。其家在校之左,朗润园则在校右。其家如市,来谒者不绝。……余初见颉刚,即陪余同谒见校长吴雷川,又同去郭绍虞家。绍虞亦苏州人,亦一见如故交,然亦忙于撰述。宾客少于颉刚,而生活鲜暇如之"。"余在燕大又识张星烺,每星期五来燕大兼课。其寝室与余相邻,必作长夜之谈。余喜治地理之学,星烺留学英伦治化学,返国后,

---

① 燕京大学校友校史编写委员会编:《燕京大学史稿(1919—1952)》,人民中国出版社1999年版。

② 《福建协和大学近况》,《中华基督教教育季刊》1930年第6卷第2期。

改从其文，治地理，尤长中西交通史。余与星烺谈尽属此门"。① 从"常与偕游""其家如市""必作长夜之谈"，不难看出燕大教师之间交往活动之频繁。

如果说钱穆所述只是教师之间非正式的交往活动，那么由学校或院系举办的各类聚餐、联谊活动则带有一定的组织性。为保持学校的家庭化特色，基督教大学经常举行教师之间的聚餐、联谊等活动。各基督教大学通常会在学期开学、重要节日进行全校教职员聚餐活动，不仅教职员在被邀请之列，教职员家属也常是被邀请的对象。无论是聚餐活动，还是联谊活动，往往是融学术性、联谊性、娱乐性，甚至宗教性于一体。如《金陵大学校刊》中就常常有"农学院教职员联欢会""理学院交谊大会纪盛""校长茶会拾零"之类报道。

除聚餐性质的联谊活动之外，娱乐健身性质的联谊活动在基督教大学也颇为常见。基督教大学自创办始就注重学生的身体素质培养，各校都有诸多的体育活动小组，学校也为学生的体育运动提供了专门的运动场所。在体育运动颇受重视的校园里，教师的体育锻炼自然也受到关注。基督教大学大多专门为教师准备了体育活动室。教职员除了在这里进行锻炼之外，还可以品茶阅报。如华中大学"康乐会"有自己专门的活动室。活动室有火炉、清茶、舒适的座椅、漂亮的家具。此外，康乐会专门订阅了三种报纸供大家阅览。康乐会由几位热心公益福利的教职员充当书记、会计和干事，热忱为大家服务，诸如欢送、欢迎、联谊活动等皆在此举行。凡举办联谊活动，教职工都争先恐后上台献艺，团体游戏、清唱、独唱、口技、粤曲、福州小调、诗朗诵、讲笑话等尽欢才散。②

教师之间交往频繁可以说是民国时期基督教大学中国教师生活的一个特色。但相比较而言，中国本土大学教师之间的交往往往局限于教师个体之间的非正式交往，由学校、学院、学系组织的交往活动则相对较少。同师生之间的交往一样，基督教大学教师之间的交往活动也和基督教大学基督化、家庭化的办学特点紧密相关。一位曾在之江大学任教的非基督徒教员，"历任各校教席多年，尝称'之江教职员同人颇似一大家庭'。

① 钱穆：《在北平燕京大学》，燕大文史资料编委会：《燕大文史资料》第五辑，北京大学出版社1991年版。

② 张安明、刘祖芬：《江汉县华林——华中大学》，河北教育出版社2003年版。

意谓此种友谊互助之精神,为他校中所不可多观者"①。尽管基督教大学倡导并组织教师之间的交往活动同样有着宗教性目的,但对于教师之间学术、情感的交流无疑是有很大帮助。

三、教师的宗教生活

宗教生活是基督教大学中国教师生活的重要组成部分,无论是在华人长校前还是在华人长校后都不曾间断过。宗教活动渗透在基督教大学生活的各个方面,除了晨祷会、周祷会、主日礼拜、退修会、进修会外,在教师的其他联谊会、聚餐会,以及节日、纪念活动中也多包含有与宗教相关的灵修、演讲等。此外,基督教大学开展的大量社会服务活动,也可以说是基督教大学宗教活动的一个方面。

华人长校前,学校办学宗旨以服务基督教在中国的传播为目的,传教士紧紧围绕服务宗教的目标,积极推动宣教事业的发展;宗教必修课是基督教大学课程的重要组成部分;各类宗教礼拜仪式经常举行,且学生必须参加学校的宗教活动;国内外著名的宗教界人士频频到学校布道。以齐鲁大学为例,该校在登州文会馆时期的礼拜条规主要有:

> 逐日清早八点钟会集礼拜,虔事上帝。监督倡领读经,同众歌诗祈祷。……逐日晚八点钟会集礼拜,值日生读经祈祷。礼拜三晚七点钟,齐赴会堂礼拜听讲。
>
> 礼拜日午前九点钟,先于学堂内会集礼拜,分班读经。十一点半,共赴会堂礼拜听道。后因勉励会、青年会盛行,乃以九点钟定为勉励会与青年会聚祷之时期,而废九点钟之礼拜。
>
> 礼拜日下午三点钟,再赴会堂礼拜,并考拜日学课。晚七点钟,又分班聚集祈祷,教习考问午前所听要道,入赞扬福音会者免考。……②

"逐日清早""逐日晚八点"充分反映了基督教大学宗教仪式之频繁。

---

① 《之江文理学院院务报告》,1938年。

② 王元德、刘玉峰:《登州文会馆志》,《蓬莱历史文化研究》2007年第7期。

基督教大学频繁的宗教活动,不仅营造了学校浓厚的宗教氛围,而且对学生也确实产生了较大影响。以金陵大学为例,在1910年正式成立前的书院时代(1888—1909),由汇文书院毕业的40人中,只有2人不是基督徒,由宏育书院毕业的30多名学生,未曾加入教会的,大概也不超过十分之一。[①] 一些中国教师在领导学生的宗教活动方面发挥了重要作用。圣约翰大学朱友渔从1912年到校任教就担任了学校助理牧师,卜舫济宣称:由于朱友渔的主动精神和充沛的精力,学校宗教工作比以前组织得更好,开展得也更为有效。[②] 但总体而言,由于华人长校前,基督教大学中国教师总数少、地位低、参与学校工作的自觉意识差,因而在有关基督教大学的档案材料中他们并不经常被提到。

1922年"非基督教运动"爆发后的最初三年,基督教大学宗教事业并没有受到太大影响。但1925年广州"圣三一中学事件""五卅惨案"后,教会学校师生开始参与到"非基督教运动""收回教育权运动"中,不少学校发生学生罢课、退学等风潮,甚至有一些基督徒退出了教会组织,教会学校的正常教学受到影响,宗教事业更是大受打击。基督徒郭中一1927年11月到金陵大学做礼拜会讲道时,"只见百余人在座,不及从前隆胜时的十分之一"[③]。

华人长校后,按照教育部规定,基督教大学取消了宗教课程及强迫宗教仪式。但一方面为了达到西方创办者的要求,另一方面也是出于自觉,居于学校主体地位的中国教师积极调整宗教活动的形式,力图恢复学校宗教工作,以维持基督教大学的基督化特色。因而,华人长校后,宗教生活依然是基督教大学中国教师生活的重要组成部分。

概括基督教大学中国教师参与的正式宗教活动,主要包括晨祷会、周祷会、主日礼拜、退修会、进修会等。

以之江大学为例,该校每周有教职员祈祷会,逢祈祷会时,往往先有茶点或餐会,接着是游艺活动,最后是灵修时间。如1939年第二学期,之江教职员周祈祷会具体的活动安排是:每周由教职员轮流主领祈祷会,祈

---

① 郭中一:《金大六十年来宗教事工之概况》,《金陵大学六十周年纪念册》,1948年。

② Mary Lamberton. ST. John's University. New York: United Board for Christian Colleges in China, 1955.

③ 郭中一:《金大六十年来宗教事工之概况》,《金陵大学六十周年纪念册》,1948年。

祷会时由主领人员或安排茶点，或安排聚餐。逢茶点，每周三下午四点十分到五点半止。前半小时是茶点时间，接着是二十分钟游艺时间，最后半小时是灵修；逢聚餐，每周三下午从六点三十分开始到八点三十分止。前面一个小时为聚餐时间，接着有半小时游艺时间，最后半小时为灵修时间。活动经费采取自由认捐的方法。祈祷会轮流主领人员包括：明思德（Robert J. Mcmullen）、赵泉澄、林汉达、队克勋（Clarence Burton Day）、李培恩、钟相青、廖慰慈、陈新国等 19 人，其中中国教师有 12 人。① 在每学期开始，之江还有一次全体师生参加的退修会。退修会分三部分内容：一是宗教工作进展报告；二是灵修，由专门人员负责讲道；三是演讲，由本校教职员或外面聘请人员作有关宗教方面的演讲。

不同基督教大学教师的宗教活动或许略有差异，但基本上与之江是大同小异。如金陵大学教职员参与的宗教活动主要有：宗教朝会，每周有三次，分别于星期二、三、四日上午十一时三刻至十二时举行，星期二朝会多由该校教职员主领，星期三为有系统的灵修音乐崇拜仪式，星期四多请外界宗教领袖主讲圣经；周日礼拜，由金陵基督徒信徒团主办，主要由金陵大学和金陵女子文理学院师生及其他对于此项组织有兴趣的人组成，每星期日上午十时半举行礼拜活动。② 在正式的宗教活动之外，逢各类节日、纪念日，基督教大学师生也往往举行祈祷、灵修等活动。圣诞节、复活节基督教大学常常举行隆重的庆祝活动。在其他一些纪念节日，如"国难日"、"七七"纪念日、"八一三"纪念日等，基督教大学往往也安排祈祷等活动。

团契活动是基督教大学立案后教师宗教活动的一种重要方式。团契一词是由燕京大学教授刘廷芳从英文 Christian Fellowship 一词翻译而来，是由信徒为加强联络，加强灵修，促进基督精神的生长而组织起来的信徒组织。20 世纪 20 年代"非基督教运动"中，教会学校的宗教活动受到影响，教会学校推行多年的强迫参加宗教仪式活动受到了教会学校内外人士的批评。为避免社会的攻击，燕京大学率先取消了强迫宗教活动，而代之以基督教团契活动。燕大基督教团契 1926 年首次成立时，参加者有

① 《"之大校长的一些函件"》，浙江省档案：L052-001-0001。
② 《南大百年实录》编辑组编：《南大百年实录》中卷，南京大学出版社 2002 年版。

数十人,之后陆续有师生、工友加入,到基督教团契章程公布后,参加者达到 300 余人。在燕京大学之后,其他基督教大学也纷纷成立基督教团契组织,这些团契既有教职员团契,也有学生团契以及师生共同参与的团契。如金陵大学教职员在华西坝时组成了同仁团契,"每逢星期二下午四时半举行,有演讲,有茶点",一直没有间断过。①之江大学在迁居上海时,由于师生居住分散,学校专门绘制了沪郊全图,标示全校职教员及学生住址,按分区分别成立 11 组,契友约 150 余人。规定团契目的为:"注重真的友谊及真的崇拜。"各组团契,除每星期举行一次常会外,尚有全校演讲比赛、契友大会及庆祝圣诞等种种活动。②

　　开展社会服务工作同样是基督教大学宗教活动的一种。华人长校前,基督教大学和当地教会组织,尤其是支持学校创办的西方差会组织有着密切的联系。为培养学生牺牲、服务精神,学校经常组织学生到教会、差会创办的男女青年会、医院、救济机构等福利机构参加服务工作。华人长校后,为保持学校的基督化特色,学校依然重视组织社会服务工作。如福建协和大学校长林景润就强调:"没有行动的宗教不是宗教",而"服务就是满足人们的需要",如果自称是基督徒,"就必须以身作则,满足周围人们的需要"。③为推动学校社会服务工作的开展,福建协和专门成立了农村服务委员会,下设教育股、生产股和卫生股,并在学校附近的仙峰乡和五里亭设置了实验区,开展辅助农村教育、生产、保健卫生等工作。④ 抗战时期,随基督教大学中国化发展的深入及中国教师群体民族意识的发展,基督教大学社会服务工作也更为活跃起来。如岭南大学以所在河南全岛之乡村为服务范围,将服务工作分为前后两期,前期两星期连续在乡村工作,后期则在学期间每周服务一天,"以求学业与服务,两俱便利"。服务工作由各教职员负责指导,事前并须先受训练。服务工作包括标语、

---

　　① 《金陵大学六十周年纪念册》,郭中一:《金大六十年来宗教事工之概况》,1948 年。

　　② 《之大通讯》1938 年 12 月 1 日。

　　③ [美]罗德里克·斯科特著:《福建协和大学》,陈建明、姜源译,珠海出版社 1999 年版,第 68 页。

　　④ 李在全:《教会大学与中国近代乡村社会——以福建协和大学乡村建设运动为中心的考察》,《教育学报》2005 年第 6 期。

壁报、演剧、演讲、家庭探访、救护训练、筹组儿童团体、妇女团体等。① 上海沪江大学在租界福州路创办了难民收容所,并教以读书、手工艺等。② 抗日战争结束后,基督教大学社会服务工作一如以往活跃。如之江大学于学校附近闸口公益社设主日学一所,共计教员十余人,学生一百余人;救济工作方面,共分发行总寒衣五十套,又发本校自捐食物用品及美国教会捐赠大量救济品,与本校之赤贫工友及临近乡镇之赤贫人民;恢复闸口公益社社会服务工作,并对铁路工人及当地市民作布道、教育及医药上之贡献。③

虽然基督教大学立案后组织的宗教活动往往是针对全体教师,而非中国教师独有的活动,但由于立案后,各校中国教师均占有较大比例,并负有主要行政职责,因而不少活动通常由中国教师组织并参与。

当然,并不是所有的中国基督徒教师都热衷参加宗教活动。早在 20 世纪 20 年代初,圣约翰大学外籍教师宓亨利(H. F. MacNair)就对圣约翰的宗教状况或"气氛"表示不满,认为"学生对宗教不感兴趣的主要原因在于教员,他们看到教堂里留给教员的座位空空如也,也注意到未作出什么努力来使教徒参加晨祷,我们许多教员宁可躺在床上睡懒觉也不去领圣餐"④。1936 年 4 月由华东基督教大、中、小学参加的华东基督教育协会二十一届年会上,宗教组对基督教学校教职员批评中,其中一点就是"对宗教集会多数不愿参加"⑤。金陵大学教职员组织的同仁团契,成立十余年,平时大概常有 20~30 人,最多的时候也不过 40 人左右。⑥ 部分基督教大学中国教师对待宗教活动的淡漠首先和他们选择宗教信仰的原因相关。中国教师选择基督教并非仅仅为个人信仰,而是为社会的重建,也正因为如此,他们在选择基督教时,更多的是选择了基督教的精神,而不是基督教的形式。老舍的夫人胡絜青曾谈道:"婚后,老舍可是从来没做

---

① 《教育季刊》1938 年第 14 卷第 1 期,第 16 页。

② 《上海沪江大学新闻》,《教育季刊》1938 年第 14 卷第 1 期,第 19 页。

③ 《之江校刊》第 12 期,1948 年 6 月 15 日,第 6 页。

④ H. F. MacNair. Letter to president Pott, May 22, 1922,沪江大学档案,Q243-1-253.

⑤ 《华东基督教教育协会廿一届年会记录》,《教育季刊》1936 年第 12 卷第 2 期。

⑥ 《金陵大学六十周年纪念册》,1948 年。

过礼拜，吃饭也不祷告，家里也没要过圣诞树。……老舍只是崇尚基督与人为善和救世精神，并不拘于形迹。"①老舍在评论许地山时也曾说："我不相信他有什么宗教的信仰，虽然他对宗教有深刻的研究，……他似乎受佛教的影响较基督教的为多，虽然他是在神学系毕业，而且常去做礼拜。他像个禅宗的居士，而绝不能成为一个清教徒。"此外，中国社会一直潜藏的对基督教的排斥也影响了中国基督徒教师参加活动的积极性。事实上，很大一部分人并不愿别人知道自己是基督徒，其中老舍就是一个例证。

积极组织宗教活动以维持学校的基督化特色，与顾虑中国社会情绪，有意无意地回避宗教活动，在基督教大学中国基督徒教师中同时存在。前者反映了中国教师积极参与学校发展，努力创建中国的基督教大学的主体意识；后者则反映了近代中国基督徒们的尴尬处境，即一方面为寻求救国之路或心灵安宁而笃信基督，另一方面又顾虑中国社会情绪而有意掩饰自己的基督徒身份。恰恰是这种矛盾心态，反映了基督教大学中国教师们的尴尬处境。

基督教大学在中国的出现，是种种因缘聚合的结果。一批中国知识分子因种种原因与这里结缘，受这里环境影响，办学宗旨影响，过着不一样的教书、交往、宗教生活。他们的生活中有让人称羡的师生情深，有轻松惬意的种种交往和游乐活动，也有或虔诚或尴尬的宗教信仰生活。这种特殊教书生活虽然随着基督教大学的撤销而消失在人们的视线中，但基督教大学中国教师教学、交往生活中重育人、重亲情、重家庭化的特点等，不乏值得借鉴之处；即便是宗教信仰生活，也并非一无可取。以开放的心态吸纳各方面有益的信息，丰富今天的教师生活，当是我们秉持的态度。基督教大学中国教师的生活是一面镜子，是一个参照物，我们在审视的同时，更多地应当去吸纳借鉴其有益之处。

---

① 转引自赵大年：《老舍的一家人》，《花城》1986 年第 4 期。

国联教育考察团来华与民国中后期高等教育的演进

■ 张建中

1931 年 9 月至 12 月由波兰教育部司长华尔斯基(M. Falski)、柏林大学教授卡尔·柏克尔(C. H. Becker)、法兰西学院教授蓝格汶(P. Langevin)和伦敦大学教授唐奈(R. H. Tawney)四人组成的国联教育考察团来华考察，是中国近现代中央政府首次邀请西方学者对中国教育作"概括的考查，作系统的报告"的活动。[①]考察团通过各种途径考察了中国教育状况，在事后提交的报告书中检讨了中国初等教育、中等教育、高等教育和成人教育状况，并提出了不少改革建议。其中有关高等教育的检讨，为国民政府改造中国高等教育提供了重要参考，在一定程度上影响了民国中后期高等教育发展的进程。探讨国联教育考察团来华与民国中后期高等教育演进之间的关系，对于梳理近现代中国高等教育史而言有着不可忽视的意义。

一、考察团来华考察的背景与概况

1931 年国联教育考察团来华考察，是在国民政府大举改造中国教育

[作者简介] 张建中(1978—)，男，江西萍乡人，2003 年考取浙江大学教育史专业博士研究生，后获浙江大学教育学博士学位，曾发表《教育界与近代边疆教育——以参与边疆教育事业的轨迹为中心》等论文，现为江西师范大学教育学院讲师，主要从事高等教育史、民族教育史和课程与教学论研究。

① 许椿、陈侠、蔡春编:《李建勋教育论著选》，人民教育出版社 1993 年版，第 252 页。

的背景下启动的。据 1929 年国民党"三大"通过的《政治报告决议案》披露，训政之初的国民政府对当时中国教育状况很不满，痛斥中国教育存在着"六滥"（即学校滥、办学人滥、师资滥、教材滥、招生滥和升学滥）和"四恶"（即教育成为个人造势的工具，浪费了师生的才气、增加了学生的欲望及增加了分利失业之徒）等问题。对此，《决议案》指出各级政府须抓紧"救治"，"以三民主义之精神，融化东西文化之所长"，"矫正从前教育放任主义之失，而代之以国家教育之政策"。[①] 此决定宣示了国民政府将改造中国教育。尔后，教育部一面着手改造事宜，一面借鉴西方经验，以使中国教育"融化东西文化之所长"。当时，以胡汉民为代表的政府高层认为中国教育的"放任主义"问题是由教育界人士片面学习美国引起的，他们更欣赏欧洲教育经验。[②] 故 1931 年三四月间，教育部、行政院分别致函国际联盟秘书处，请求委派欧洲专家来华考察。于是，同年 9 月，国联教育考察团来华。

按国民政府邀请之意，考察团来华是为了帮助"拟定并实施中国政府所颁布的改造中国的计划，以期促进中国教育制度之改善"[③]。据此目的，考察团于 1931 年 9 月至 12 月间在上海、南京、天津、北平、河北定县、杭州、镇江、无锡、广州等地考察了教育管理体制、学制系统、教育财政、教学组织、各级各类教育、师生关系等方面情况；并于 1932 年出版了总计 15 章 222 页的考察报告——《中国教育之改进》。该报告检讨了中国教育状况，提出了不少改进建议。如考察报告指出中国小学教育普及率太低，小学生多是富家子弟；中等教育方面则未重视职业教育。针对于此，报告建议中国政府应推行免费义务教育，在中学开设职业技术课程。值得注意的是，由于中国高等教育有着不少问题，国民政府痛斥这些问题是造成国家缺乏建设人才的主因，故考察报告第三章对高等教育作了分量较重的检讨，篇幅约计 58 页。

---

① 荣孟源编：《中国国民党历次代表大会及中央全会资料》上，光明日报出版社 1985 年版，第 645 页。

② 吴相湘、刘绍唐主编：《第二次全国教育会议始末记》，台湾传记文学出版社 1971 年影印，第 59—63 页。

③ 国际联盟教育考察团著：《国际联盟教育考察团报告书》，台湾文海出版社 1986 年版，第 1 页。

而对考察团的检讨，政府高层和教育界人士很关注。如在考察报告撰述完毕后，戴季陶和朱家骅两位政要为之作了序，蒋梦麟、任鸿隽、李建勋、罗廷光、廖世承、张佛泉、尚仲衣、黄问岐、章光涛、许恪士等人撰写了评论文章。从这些文章看，当时政界人士的褒奖较多。如考试院院长戴季陶称赞考察团提交的报告书"对于各级教育之制度方针与乎其内容之剖析"，有着诸多精到处。① 教育界人士对考察团开展的考察则提出了批评。如认为考察团仅在中国东部地区作考察，考察范围有限；认为考察团开展的检讨意在推动中国教育欧洲化。不过，在考察团检讨高等教育方面，教育界人士不吝赞誉。1933 年，署名为"青士"的学人撰文说，考察团提出的意见很有价值，值得参考。② 同年，李建勋说，除大学教授由教育部任命以及取消学分制的建议"尚有讨论余地"外，考察团提出的其他建议"均为改良吾国大学教育之良策"，倘若政府当局"照此方策进行，则吾国大学教育不能蒸蒸日上者，吾不信也"。③ 事实上，国民政府在改造中国高等教育时的确参考了考察团的意见。

二、考察团对中国高等教育状况的检讨

如前所述，国联教育考察团重点考察了中国高等教育状况，并在考察报告第三章中作了检讨。其中，该章第二、三节批评了中国大学分布失衡、高校间缺乏分工合作、课程设置不合理、学分制实施不当、教师聘任不规范、招生缺乏严格标准、过于注重讲授法、教材内容过于西方化、学生太过放任等问题。第四节提出了设立全国大学会议、促进大学间分工合作、加快发展理工科学校、以考试制代替学分制、规范教师聘任、成立大学教授会议、组织大学统一招生考试、试行大学毕业考试、厘定大学课程标准、编写本土化的大学教材、建立良好的师生关系等建议。从这些内容看，考

---

① 邓小泉：《国联教育考察团来华考察述评》，《南通大学学报》（教育科学版）2006 年第 3 期，第 62 页。

② 青士：《国联教育考查团报告书中之中国大学教育》，《教育与职业》1933 年第 144 期，第 250 页。

③ 许椿、陈侠、蔡春编：《李建勋教育论著选》，人民教育出版社 1993 年版，第 167 页。

察团较系统地检讨了中国高等教育状况。

值得一提的是,在检讨时,考察团依据国民政府希望加强调控教育及增进中外教育交流的意旨,①积极引介了欧洲教育经验。如考察团建议由大学教员、大学行政人员、社会知名人士及教育部官员组成全国大学会议,并由该会职掌"决定各区域应设国立大学之数目及种类","大学教育经费之分配,并规定付款之条件","校长及教授之委任","厘定关于人员之安置,教职员之薪俸与进级"等事务。② 该建议就把英国设立大学拨款委员会及法国设立大学评议会的做法介绍到中国。③ 考察团建议中国大学取消学分制,实施毕业考试,考试及格的学生"方能毕业",该建议则与英、法、德各国推行的中学毕业考试制度颇相近。④

从检讨的内容看,考察团看出了 20 世纪 30 年代初期中国高等教育的问题,提出的解决办法也有针对性。如考察团对中国大学分布失衡的批评就是一个典型例子。考察报告指出:中国大学分布"杂乱无章",东部地区高校过多,而其他区域的学校较少;"在同一区域内常有多所大学,诸大学间亦无合理之分工"。考察团认为,这种不合理的高校分布如不消除,"有效之大学制度实无从兴起"。⑤ 从 1931 年的情况看,考察团的批评是正确的。因为这一年,东、中、西部地区分别有 76、21、8 所高校。其中,上海一地就有 23 所高等院校,超过西部各省总和。⑥

再如,考察团检讨中国大学课程的问题也是一个突出例子。报告指出:中国大学课程有三点问题:第一,用学分制组织课程,使得课程支离破碎,学生的学习缺乏整体感;同时,一些学生拿满学分后,即以能毕业为

---

①　国际联盟教育考察团著:《国际联盟教育考察团报告书》,台湾文海出版社 1986 年影印,第 1 页。

②　国际联盟教育考察团著:《国际联盟教育考察团报告书》,台湾文海出版社 1986 年影印,第 194—195 页。

③　黄福涛主编:《外国高等教育史》,上海教育出版社 2003 年版,第 124—152 页。

④　黄龙先:《大学统一招生考试的检讨》(上),《教育通讯》1939 年第 46 期。

⑤　国际联盟教育考察团著:《国际联盟教育考察团报告书》,台湾文海出版社 1986 年影印,第 160—196 页。

⑥　中国第二历史档案馆编:《中华民国史档案资料汇编》第 5 辑第 1 编教育 1,江苏古籍出版社 1994 年版,第 248—271 页。

由，"将该学科束之高阁"，不再认真学习。[①] 第二，许多大学将某一学科分为"若干不同之学程"，希望把该学科的前沿成果介绍给学生，这使得基础科目未受到重视。[②] 第三，许多大学教材过于西方化，这将使得中国"民族文化必致堕落"，使得学生脱离本国实际。[③] 考察团建议中国政府应重视基础科目、推动教材本土化。[④]

此外，考察团对中国大学招生的批评也很有见地。报告指出，中国大学招生缺乏统一标准。如"被此校淘汰之学生，往往因他校之条件不甚严格，得以考入肄业，若再被第二校拒绝，尚有第三校可以收容"，这种招生办法产生了严重后果。首先，大学为了招满学生，降低招生标准；这使得教学工作"降格以适合学生所能达到之水平线"，进而大学的办学质量下滑。其次，由于招生标准宽松，许多入校学生不合格，他们也不认真学习，学校就无法培养合格人才。鉴此，考察团提议，中国政府应试行全国大学统一招生考试，以提升大学生质量。[⑤] 具体做法为：管理上，"教育部特派之大学教师及教育部代表组织一委员会主持"，并由该会"确定录取标准"；考试上，政府部门把"投考一切国立大学之学生于一处而行之"，或"分大学为数组而行之"；录取上，"投考学生应叙明其所愿入之大学，考取之学生，则按照各校设施之方便及其在考试中之名次，分配于各大学"。[⑥]从这些内容看，考察团的提议有着较强的针对性。

---

① 国际联盟教育考察团著：《国际联盟教育考察团报告书》，台湾文海出版社 1986 年影印，第 178—180 页。

② 国际联盟教育考察团著：《国际联盟教育考察团报告书》，台湾文海出版社 1986 年影印，第 180—181 页。

③ 国际联盟教育考察团著：《国际联盟教育考察团报告书》，台湾文海出版社 1986 年影印，第 181—184 页。

④ 国际联盟教育考察团著：《国际联盟教育考察团报告书》，台湾文海出版社 1986 年影印，第 205 页。

⑤ 国际联盟教育考察团著：《国际联盟教育考察团报告书》，台湾文海出版社 1986 年影印，第 174—175 页。

⑥ 国际联盟教育考察团著：《国际联盟教育考察团报告书》，台湾文海出版社 1986 年影印，第 204 页。

三、考察团来华考察对民国中后期高等教育演进的影响

由于国联教育考察团认清了中国高等教育的若干问题,提出的解决办法有着针对性,故考察团来华考察对民国中后期中国高等教育的演进产生了影响。影响较大者为以下三方面。

(一)推动了民国中后期西部高校的发展

1931年前,西部高校稀少,国内教育界人士也很少讨论西部高教,但国联教育考察团提交报告书后,教育界人士的相关讨论增多,并形成两派。一派赞成考察团的意见,认为应均衡发展中国高校。一派认为没有必要对中国高校布局作调整,而应让各地根据自身的物质和文化条件自行发展。[①] 而对这两派意见,国民政府采纳了前者,即按国联考察团的批评,均衡发展中国高校。抗战期间曾任教育部长的陈立夫就于1972年回忆说:针对战前国联考察团批评中国大学分布不合理问题,战时教育部发展高校"注意合理分布的原则",并"将大学的文理法三学院合成为综合大学,在后方分区设置;将农、工、医、商、教育等专门学院由大学分开就各地区需要分别设置"。[②] 战后出任教育部的朱家骅也说,国联考察团曾批评中国大学地理分布"杂乱无章",故战后教育部对高教资源分布"作相当合理的配备,以奠定整个国家未来教育发展的基础"。[③]

具体来讲,1932年后,国民政府采取了两类措施发展西部高校。其一,为促进大学分布均衡出台政策。1936年,国民政府颁行《中华民国宪法草案》规定:"国立大学及国立专科学校之设立,应注重地区之需要,以

---

① 霍益萍:《抗战前十年我国关于大学若干问题的讨论》,《江苏高教》1997年第1期,第90页。

② 陈立夫:《战时教育行政回忆》(上),《东方杂志》1972年第4期,第65页。

③ 王聿均、孙斌合编:《朱家骅先生言论集》,台湾"中央研究院"近代史研究所,1977年,第178页。

维持各地区人民享受高等教育之机会均等,而促进全国文化之平衡发展。"①1938 年,《战时各级教育实施纲要》规定:"对于各级学校教育,力求目标明显,并谋各地平均发展。"②同年,教育部拟定《专科以上学校分布原则》,规定:国立大学将"就全国地域予以适宜之分布",师范学院以分区独设为原则,农、工、商、医等独立学院就各省需要分区设置。③ 其二,在西部地区新设高校。或将迁入西部的部分东中部高校改组,留在西部办学;或在西部地区新设国立高校,或将西部省立高校改为国立高校,批准成立省立和私立高校(参见表 1)。通过创设,近现代中国大学分布失衡问题纾缓。1947 年,西部高校增至 50 所。④ 高校的分工也较明晰。如贵州省有综合、医学及师范三类高校,甘肃省有综合、师范、医学、工学四类高校。

表 1　1932—1947 年间国民政府在西部创设高校概况⑤

创设方式	创设简况
改组东部高校留下者	西北联合大学工学院、东北大学工学院、焦作工学院合并为国立西北工学院 西北联大农学院和西北农林专科学校合并为国立西北农学院 西北联大文学院和理学院改组为国立西北大学 西北联大医学院及师范学院分别独设为国立西北医学院和国立西北师范学院 西南联合大学师范学院改组为国立昆明师范学院
省立高校改组为国立高校者	云南大学、广西大学、重庆大学、甘肃学院
新设的国立高校	西北农林专科学校、贵州医学院、贵州师范学院、贵州大学、西康技艺专科学校、中央技艺专科学校、自贡工业专科学校、兽医学院
新设的省立高校	陕西医学专科学校、陕西师范专科学校、新疆女子学院、四川教育学院、四川艺术专科学校、云南英语专科学校、四川体育专科学校、四川会计专科学校
新设的私立高校	西北药学专科学校、汉华农业专科学校、求精商业专科学校、知行农业专科学校、川北农学院

---

① 中国第二历史档案馆编:《中华民国史档案资料汇编》第 5 辑第 1 编政治 1,江苏古籍出版社 1994 年版,第 287 页。

② 中国第二历史档案馆编:《中华民国史档案资料汇编》第 5 辑第 2 编教育 1,江苏古籍出版社 1997 年版,第 14 页。

③ 中国第二历史档案馆编:《中华民国史档案资料汇编》第 5 辑第 2 编教育 1,江苏古籍出版社 1997 年版,第 711—712 页。

④ 教育年鉴编纂委员会编:《第二次中国教育年鉴》,台湾文海出版社 1986 年影印,第578—587 页。

⑤ 教育年鉴编纂委员会编:《第二次中国教育年鉴》,台湾文海出版社 1986 年影印,第588—794 页。

（二）促进了战时大学课程的改革

如何解决民国时期大学课程不重视基础课程和过于西方化的问题，国联教育考察团的提议与国内政教界人士的看法大抵相近。如 1931 年时任国立中央大学校长朱家骅在作《中国大学教育的现状及应行注意各点》的演讲时指出：中国大学"每每迁就学生的意见，因把习见的基本功课都轻视"的做法有问题；他建议改革大学课程，促使"大学毕业生具有普通的常识，了解基本的理论"。[①] 这一相近表明考察团确实发现了当时大学课程的问题。而针对这些问题，国民政府接受国联考察团及国内教育界的意见，从 1932 年开始改革大学课程。[②] 大规模的改革则在抗战时期开展。陈立夫于 1972 年回忆说，鉴于战前国联教育考察团批评了中国大学课程"不切中国需要""内容支离分裂"等问题，他在战时主持教育部时，主要从课程标准、科目设置和教材编写三方面着手改革。[③] 曾任战时教育部高等教育司司长的吴俊升于 1976 年也回忆说：针对战前国联考察团曾批评中国大学课程过于西方化、不适合中国需要的问题，他协助陈立夫部长整理了大学课程。[④]

从战时教育部采取的措施看，国民政府大体解决了大学课程过于洋化和不重视基础科目等问题。如 1938 年，教育部确定了三点课程设置标准：第一，课程内容应有利于提高学生的素质，须"与国家文化及建设的政策相吻合"；第二，课程教学应"注重基本训练，先从事学术广博基础的培养，由博返约，不因专门的研究而有偏固之弊"；第三，课程设置应"注重精要科目，所设科目，力求统整与集中，使学生对于一种学科的精要科目，有充分的修养而有融会贯通的精神"。[⑤] 据此，国民政府随后出台了各专业必修和选修科目表，其中，有关中国的科目及基础科目明显增多。如法学

---

① 中国第二历史档案馆编：《中华民国史档案资料汇编》第 5 辑第 1 编教育 1，江苏古籍出版社 1994 年版，第 281—284 页。

② 黄建中：《教育部最近改进专科以上学校之要点》，《广播周报》1934 年第 8 期，第 14 页。

③ 陈立夫：《战时教育行政回忆》（上），《东方杂志》1972 年第 4 期，第 66 页。

④ 吴俊升：《教育生涯一周甲》，台湾传记文学出版社 1976 年版，第 81—82 页。

⑤ 陈立夫：《战时教育行政回忆》（上），《东方杂志》1972 年第 4 期，第 66 页。

院政治学门开设了中国通史、中国政府、中国外交史和中国政治史等科目,理学院气象学组开设了中国通史、中国地理总论和中国区域地理等科目。基础课程方面,政治学门开设了国文、中国通史、西洋通史、论理学、哲学概论、政治学等科目,气象学组开设了国文、中国通史、高等数学、微积分学、地理通论、气象学、地形学、测量学和制图学等科目。[1]

(三)影响了公立大学统一招生考试的试行

1938 年至 1940 年间,国民政府试行公立大学统一招生考试,是中国高等教育史上的一项创举。而这也受到国联教育考察团的影响。如前所述,1931 年考察团建议中国政府试行全国统一招生考试。建议提出后即受到国民政府的注意。但由于种种原因,战前这一意见未能被采纳。[2] 抗战爆发后,陈立夫深感战时"交通困难",认为战前国联教育考察团提出全国统一招生考试的建议在此时有必要推行。故 1938 年至 1940 年间,教育部试行了公立大学统一招生考试[3](见表 2)。

表 2　1938—1940 年间公立大学统一招生考试概况[4]

年份	招生高校	考区设置	应考人数(人)
1938	所有国立大学、国立独立学院及省立广西大学、重庆大学	武昌、长沙、吉安、广州、桂林、贵阳、昆明、重庆、成都、南郑、延平、永康	11119
1939	所有国立大学、国立独立学院及省立河南大学、重庆大学	重庆、成都、南郑、昆明、贵阳、辰溪、延平、桂林、兰州、恩施、泰和、永康、曲江、镇平、上海	21338
1940	除新疆学院外,所有国立及省立大学、独立学院	重庆、成都、乐山、城固、昆明、贵阳、辰溪、南平、桂林、兰州、恩施、泰和、丽水、曲江、洛阳、上海	18151

具体做法为:管理上,教育部成立统一招生委员会,办理"制定法规、制定试题、订定标准、取录与分发学生"等事宜;各考区成立招生委员会,

---

① 黄龙先:《我国大学课程之演进》,《高等教育季刊》1941 年第 3 期,第 121—122 页。

② 罗立祝:《高校招生考试政策研究》,华中师范大学出版社 2007 年版,第 15 页。

③ 陈立夫:《战时教育行政回忆》(上),《东方杂志》1972 年第 4 期,第 67 页。

④ 教育年鉴编纂委员会编:《第二次中国教育年鉴》,台湾文海出版社 1986 年影印,第 531—537 页。

办理"报考、考试、监考、阅卷、造送成绩表册、榜示学生"等事宜。考试科目上，凡报考文、法各院系，师范学院教育、公民训育、体育、国文、英语、史地、家政等学系，以及工学院铁道管理系的学生，须参加公民、国文、英文、本国史地、数学、外国史地等科目的考试，以及任选物理、化学、生物一门考试。凡报考工学院各系，理学院数学、物理、化学、天文、气象、土木等系，师范学院数学、理化等系的学生，须参加公民、国文、英文、本国史地、数学、物理、化学等科目的考试。凡报考医学院、农学院各系，理化院生物、地理、地质等学系，以及师范学院博物系的学生，须参加公民、国文、英文、本国史地、数学、生物等科目的考试，以及任选物理、化学一门考试。此外，报考体育专业的学生还须加试术科。通过试行统一招考，国民政府初步改变了近代以来大学招生各行其是的局面，提高了入校生的质量，"免（除了）考生彷徨歧路兼考数校之苦"①，意义可谓重大。

四、结　语

推动民国中后期高等教育演进的因素有许多，比如国内教育界人士的深入探讨，各级政府出台的调控政策和措施，以及抗战建国的需要，都是重要的因素。此外，国联教育考察团来华考察所起的作用也不可忽视。从本文的探讨看，考察团开展的检讨，对1931年以后中国大学分布、课程设置、招生制度产生了积极影响。其实，考察团的检讨还影响到民国中后期高等教育管理机制、师资聘任、会考制度和训导制度。如抗战期间国民政府成立学术审议委员会就是以考察团提出的全国大学会议为"最初构架"的。② 20世纪三四十年代国民政府审定大学教师资格，也与考察团的提议有关。③ 总之，国联教育考察团来华所起的作用是全方位的。

当时，由于考察团产生的影响，以及与其他一些因素的交相作用，中国高等教育的演进呈现出两点显著变化：第一，与1931年以前中国大学

①　黄龙先：《大学统一招生考试的检讨》(上)，《教育通讯》1939年第46期，第3—4页。

②　张瑾：《抗战时期教育部学术审议委员会述论》，《近代史研究》1998年第2期，第168页。

③　陈立夫：《战时教育行政回忆》(上)，《东方杂志》1972年第4期，第66页。

实行选科制、学分制,以及大学缺乏明确的课程标准,并表现出鲜明的美国模式相比,[①]民国中后期中国大学吸收了欧洲各国高等教育的一些做法。第二,与1931年以前中国大学在设校、招生、教学、管理等方面呈现出混乱的局面相较,1931年以后中国大学的发展更有秩序,学校分布失衡问题有所缓解,入校学生素质有所提升,课程克服了脱离中国实际的弊病。

---

① 田正平、商丽浩:《中国高等教育百年史论——制度变迁、财政运作与教师流动》,人民教育出版社 2006 年版,第 2—4 页。

百折不回终遗憾

——论民国前期教育部与近代义务教育事业

■ 阎登科

近代以降，西学东渐，西方义务教育思想及制度也随之传入，以经学为主体、私塾为主要场所、培养统治人才为目标的传统基础教育受到根本性冲击，中国近代义务教育由此发轫。有学者对近代义务教育的发展进行了分期，大致分酝酿发轫、徘徊停滞、民间醒悟、厉行推展四个时期，[①]其中的徘徊停滞和民间醒悟期主要分布在民国前期，说明这一时期是近代义务教育的重要嬗变阶段。促进这一嬗变的绝非单一力量，徘徊停滞之下是各种力量的折冲潜流，民间醒悟也离不开外部力量包括国家行政力量的影响和推动。本文拟探讨民国前期教育部推进义务教育所做的各项努力及成效，既能较好地全面认识这一时期国家教育行政部门在义务教育事业发展中的实际作用，又可从一个侧面真实和具体地反映这一时期各项教育事业在行政层面上推进的实态。

[作者简介]　阎登科(1974—)，男，河南夏邑人，2009 年考取浙江大学教育学院教育史专业博士研究生，2012 年获得浙江大学教育学博士学位，曾发表《北洋政府教育总长群体考察》等论文，现为湖州师范学院讲师，主要研究方向为中国近代教育史。

① 参见熊贤君著：《千秋基业：中国近代义务教育研究》，华中师范大学出版社 1998 年版，第 81 页。

一

隋唐以后，科举制度成为中国教育的中心，也是中国传统社会阶层流动的支点，中国传统基础教育从此成为科举制度的附庸，决定了参与其中的人们的人生导向和知识导向。虽然科举制度给予了广大士人改变自身命运的机会，但能够进入私塾学习并借科举制度改变命运的人员仍在少数，"民愚"已成封建时代国家的主要表征之一，至清末面临外在危机之时，这一内患的危害性才真正显现出来。针对中国传统基础教育的弊端，先是传教士著书批判，亲身游历过西方的中国官员和学者也开始了反思，留学生更是在直接的感受中加入宣传义务教育的大军。上述思想运动最为典型的反映是，当时立于国内政治潮头的维新变法领袖人物康有为、梁启超，对在国内兴办义务教育表示极为重视的态度，其思想尤以梁启超最为系统，甚至还提出了较为完整的政策框架。虽然维新变法为时短暂而未见成效，但在清末新政中有关义务教育的举措被再次采用，而且形成上有中央政府法令规范、下有地方大员实力推进的良好局面，清末义务教育得到了实质性推进且成效颇著。只是不久清政府被推翻，各项工作受到极大干扰。民国成立后，如何在重大历史关头重新布局义务教育框架，成为教育部的重要历史任务。

其时，清末以来全国上下重视义务教育的热潮并未消退，更因共和政治的确立而激起了新的期望。顺应这股历史潮流，1912年2月，首任教育总长蔡元培发表《对新教育意见》，即主张普通教育宗旨为"养成共和国民健全之人格"①，从而确定了普通教育也包括义务教育的民主共和方向，是义务教育领域教育近代化的重大事件。3月29日，蔡元培在参议院发表政见演说，主张普通教育由教育部规定进行方法，具体执行主体为各地方教育行政机关，由教育部加以监督，明确了中央和地方关于普通教育的分工及权限。对于普通教育经费，"取给于地方税，或以地方公有财产为基

① 沈善洪主编：《蔡元培选集》上卷，浙江教育出版社1992年版，第403页。

本金"①。针对经费紧张的状况，蔡氏主张厉行节约，其中普通教育"所撙节之款，以之多办初、高两等小学，渐立普及教育基础，一洗前清积习"，表明了对义务教育的重视。此外，他还主张普通教育阶段"经学不另立为一科，如《诗经》应归入文科，《尚书》、《左传》应归入史科"②，从而在教育内容上划清了与封建教育的界限，集中体现了共和政治对基础教育的要求。南京临时政府和北京政府初期，教育部在学制制定过程中明确将小学阶段的前四年明确定为义务教育，给予了义务教育以正式的法律地位。在义务教育的推进上，蔡氏持渐次扩张态度，"强迫教育之制，始以四年为度，继以六年，终以八年"③。

　　蔡元培关于普通教育的种种设想，成为其任内和范源濂继任期间的教育部推进义务教育的指导思想和行动框架。实际上，终民国前期，历任总长的举措也并未逸出蔡氏制定的指导思想和行动框架，只是具体的政策制定和实施的侧重有所不同而已，显示出教育部在建部之初在义务教育方面的努力确有实效，并产生了深远影响。在上述思想和框架的引导下，教育部为义务教育事业进行了不懈的努力，集中体现为民初、袁世凯统治中后期和20世纪20年代的三次系统性推进。

二

　　第一次系统性推进主要在蔡元培和范源濂二人任内，时间为1912年1月至1912年3月，主要内容是义务教育制度体系的基本建立。

　　南京临时政府期间，蔡元培主持下的教育部于1912年1月19日颁布《普通教育暂行办法》及《普通教育暂行课程标准》，其中规定："初等小学堂改称初等小学校"；"初等小学校可以男女同校"；"凡各种教科书，务合乎共和民国宗旨，清学部颁行之教科书一律禁用"；"小学读经科一律废止"；"小学手工科应加注重"；"旧时奖励出身一律废止，初等小学毕业者

---

① 蔡元培：《向参议院宣布政见之演说》，璩鑫圭、唐良炎编：《中国近代教育史资料汇编·学制演变》，上海教育出版社2007年版，第615页。

② 沈善洪主编：《蔡元培选集》上卷，浙江教育出版社1992年版，第403页。

③ 《教育总长注重教育之种种》，《教育杂志》1912年第4卷第3号，第18页。

称初等小学毕业生"，^①使包括义务教育阶段在内的普通教育在建国之初的进行有了法律依据，全面清除了普通教育阶段的封建因素，保障了政权变更之下普通教育的正常过渡，奠定了民初普通教育迅速发展的基础。9月3日，经过教育部人员长期的酝酿并送交临时教育会议审议，教育部对通过的学校系统令正式公布，明确规定初等小学校四年毕业，为义务教育，学生6岁入学，10岁毕业，毕业生可入高等小学或实业学校。^② 在教育部的主导下和博采民意的基础上，义务教育在学制中的地位得到正式确定。9月28日，教育部根据学制中关于小学校的规定，制定和公布《小学校令》，共9章47条，对普通教育的教育宗旨、学校设置、年龄界限、课程设置、教科书采用、经费来源、师资要求等方面作出明确规定。这是民国政府关于小学教育的第一个法令，对包括义务教育阶段小学教育进行了详细规定。^③

为促进上述法令的实施，教育部又颁布了系列规章。11月22日，教育部将小学各科《教则》及课程表先予以公布。《教则》对各门课程的教学目的、内容选择、教学方法等进行了具体规定。《教则》和课程表的颁布，使小学日常工作的进行有了具体的规范和依据。与此同时，教育部还积极推进教育督导体系及地方教育行政体系的建立，为落实普通教育各项法令规程提供了保障。不仅如此，对于当时大量存在、实际承担初等教育的私塾，教育部公布整理私塾办法，对其加以改造利用。^④ 上述规章的颁布促进了义务教育法令的实施，也是义务教育法令制度体系的重要组成部分。

第二次系统性推进主要在袁世凯统治中后期，时间为1912年9月至1916年6月，但实际影响及于袁世凯死后的两年间，主要内容为《义务教育施行程序》的颁布及相关制度的进一步完善。

---

① 《教育部呈报并咨行普通教育暂行办法及课程标准》，陈学恂主编：《中国近代教育史教学参考资料》中册，人民教育出版社1987年版，第166—167页。

② 宋恩荣、章咸选编：《中华民国教育法规选编》，江苏教育出版社2005年版，第1页。

③ 朱有瓛主编：《中国近代学制史料》第3辑上册，华东师范大学出版社1992年版，第111—117页。

④ 《1912年教育部整理私塾》，朱有瓛主编：《中国近代学制史料》第3辑上册，华东师范大学出版社1992年版，第313—314页。

1913 年 8 月袁世凯取得了对国民党人的胜利而掌控国家政权以后，开始着手恢复各项社会事业，为义务教育推进创造了条件。9 月 11 日，进步党人汪大燮出任教育总长，其任内主要是拟定强迫教育办法六条，[①]是民国后第一次明确提出强迫教育计划，并提出了建立"以初等小学为正轨，半日学校所以通其变，校外教育所以济其穷"普及教育体系的目标。[②]1914 年 2 月 20 日，汪大燮去职，蔡儒楷兼代教育总长，蔡氏虽系兼代，但仍重视义务教育，"划全国为若干小学区域，每区域设小学校若干处"，以使国民教育贯彻全国。[③] 还针对自治区取消以后县级地方教育行政变更及经费保存采取积极应对措施，要求各市乡教育费确保维持。[④] 1914 年 5 月 1 日，汤化龙出任教育总长，主张教育部"对于学校之方针专在尽力于小学教育及师范教育之二点"，也表明了对义务教育及其师资的重视。[⑤]为借鉴域外，7 月份汤氏还饬令赴日本游历人员"就近考察日本中小学校设备、规制以及教科管理训练方法等"[⑥]。1914 年 12 月汤化龙主持拟定《教育部整理教育方案草案》，正式把推进义务教育置于方案之首，并明确了义务教育开展两项重点：一是以大总统命令"明白宣示，确定初等小学四年为义务教育"；二是由教育部"拟订地方学事通则"通饬各地办理。[⑦]《方案》还对义务教育阶段的经费、课程、师资、行政等方面进行了初步筹划。汪大燮、蔡儒楷二人从明确义务教育的强迫性质、确立义务教育的灵活性原则、计划分区施行到筹划经费保障，逐渐形成了推进义务教育的整体思路。至汤化龙任内，形成以政治宣示为主旨，采取分年推进的策略，分阶段推进义务教育的方案已经呼之欲出。

1915 年 1 月 1 日，袁世凯发布《大总统申令》，强调义务教育之重要

① 《教育部拟订强迫教育办法》，朱有瓛主编：《中国近代学制史料》第 3 辑上册，华东师范大学出版社 1992 年版，第 322 页。

② 《教育部训令各省力筹普及教育》，《教育杂志》1913 年第 5 卷第 12 号，第 106 页。

③ 《蔡总长教育方针》，《教育杂志》1914 年第 6 卷第 1 号，第 3 页。

④ 《维持教育办法之新规定》，《教育杂志》1914 年第 6 卷第 1 号，第 3 页。

⑤ 《汤总长之教育意见》，《教育杂志》1914 年第 6 卷第 5 号，第 31 页。

⑥ 《大事记》，《教育杂志》第 6 卷第 6 号，记事，第 47 页。

⑦ 《教育部整理教育方案草案》，朱有瓛主编：《中国近代学制史料》第 3 辑上册，华东师范大学出版社 1992 年版，第 30—31 页。

性,并指明入手办法一为注重师范以培养师资,二为注重课本编订以资划一。① 此项申令揭开了义务教育由规划进入实施的序幕,是中国近代以来第一次以国家元首的名义明确宣示推进义务教育,在义务教育发展史上有着重要意义。1 月 22 日,袁世凯颁布《特定教育纲要》,第一条即明确规定"施行义务教育,宜规划分年筹备办法,务使克期成功以谋教育之普及"。同时又要求"亟应极力提倡古学,发展固有文化,始足维持独立之精神,奠国基于不敝",规定"中小学校均加读经一科,按照经书及学校程度分别讲读,由教育部编入课程,并妥拟讲读之法",又使义务教育蒙上了回流的政治色彩。② 同日,此项纲要由国务卿函交教育部。4 月 20 日教育部遵照《特定教育纲要》要求,按照分年筹备的思路拟定《义务教育施行程序》呈送袁世凯。4 月 30 日袁世凯批示"准如所拟,分别次第呈请办理"③。5 月 2 日教育部将《义务教育施行程序》公布,成为民国后第一个正式颁布的国家层面的义务教育实施规划,标志着义务教育由规划进入具体实施阶段。《义务教育施行程序》共 31 条。按照规划,此后义务教育分两期进行:"第一期拟办事项为各项规程暨调查各地教育现状,一以规定义务教育根本之要则为办学之准绳,一以察核义务教育最近之状况为整理之根据。第二期拟办事项约分地方及中央为两部分。关于地方者,为师资之培养、经费之筹集、学校之推广;关于中央者,为核定各地陈报之办法,并通筹全国义务教育进行之程限。要之,第一期主在筹备,第二期重在设施。"④第一期期限为颁布之日起至 1915 年年底;第二期期限为第一期各项规程表册颁布之日起至 1916 年 12 月。由此掀起了新一轮推进义务教育发展的高潮。

1915 年 10 月 5 日,汤化龙去职,此后上台的章宗祥、张一麐和张国淦虽处复辟恶潮之中,但对义务教育均极重视。章氏任内主要解决义务教

---

① 《大总统申令》,多贺秋五郎编:《近代中国教育史资料》民国编上,台湾文海出版社 1976 年版,第 195 页。

② 《特定教育纲要》,朱有瓛主编:《中国近代学制史料》第 3 辑上册,华东师范大学出版社 1990 年版,第 48、52 页。

③ 《教育部呈义务教育施行程序》,《教育杂志》1915 年第 7 卷第 6 号,第 50 页。

④ 《义务教育施行程序》,多贺秋五郎著:《近代中国教育史资料》民国编上,台湾文海出版社 1976 年版,第 197 页。

育经费及推进小学教员检定工作，①张一麐任内先后出台《预备学校令》《劝学所规程》《学务委员会规程》《地方兴学人员考成条例》。上述努力的影响还及于袁世凯死后。1916 年 7 月，范源濂第二次出长教部，延请袁希涛为次长。袁希涛是民国前期义务教育的鼓吹者，也是民国初期教育部推行义务教育的主要策划者。在二人的努力下，教育部于 9 月份废除《预备学校令》，修正《国民学校令》及其《施行细则》，从法令上清除了帝制因素对义务教育阶段的影响。在随后召开的全国教育行政会议上，教育部交议案中包括推广国民学校办法咨询案、检定小学教员办法咨询案、小学教员俸给咨询案、关于劝学所之设置及其权限案、厘定视学制度案、承垦官荒以充教育基金案、对于中小学教科及教科书建议案等有关义务教育的议案 7 件，并先后予以公布。上述举措是第二次系统性推进义务教育的深化和发展。② 从以上情况来看，以《义务教育施行程序》的颁布为中心的第二次系统性推进，虽历经重大的政治变动和前后 5 位教育总长更迭，但保持了工作的持续性，使义务教育在政治层面和制度层面都得到了进一步的推进和完善。

应该说，袁世凯统治中后期，教育部虽然长官更换多人，政治环境也明显多变，但在义务教育上却态度坚决，并且做到了持续努力，不仅颁布了以《义务教育施行程序》为核心的相关制度，为这一时期义务教育的进行提供了直接动力和法律保障，而且在袁世凯死后范源濂二次任内得到继续。

第三次系统性推进是在 20 世纪 20 年代前后，其时间界限主要在 1919 年 9 月至 1922 年新学制的颁布，但实际上可前伸至 1917 年，后续至北京政府垮台，主要内容是分阶段推进清单的颁布及推进实施的系列举措。

前已述及，1917 年 7 月重任总长的范源濂继续推进《义务教育施行程序》的实施，不仅如此，在他领导下，教育部还组织教育调查会调查全国教育情况，从而客观上为第三次系统性推进做了准备。此时，教育界推进义务教育的呼声一直未有停歇，"近年全国教育会联合会一再提议及此，足证舆论所向"。教育调查会经调查后认为义务教育"关系国计民生，至为

---

① 《学事一束》，《教育杂志》1915 年第 7 卷第 10 号，第 87—88 页。
② 《大事记》，《教育杂志》1917 年第 9 卷第 4 号，第 23—24 页。

重大，非由中央政府加以督促，难保地方无因循玩忽之失"，应由教育部"规定实施大纲，呈请大总统明令各省，参照山西办法，酌量本省情形，分年分区筹备次第实施，以民国九年八月为开始实施之期，预定年限办理完竣"，如果"如此推行，国民教育应有普及之一日"。[①] 1919 年 3 月初，教育部在傅增湘的主持下拟定《教育计划书》，重新对各项教育事业做出规划，将经费补助作为推进义务教育的入手方法，通过直接补助初等教育和强化师范教育补助，以解决此前义务教育发展过程中的经费和师资两大问题，是解决当时义务教育不振的根本之举。[②] 两个月后，五四运动爆发，傅增湘迫于压力而辞职，此后教育部集中精力于学潮的平复，加上全国政治局势骤然恶化，此前推进义务教育的工作又被延迟，但 1917 年后两位总长的努力为教育部分阶段推进措施的出台奠定了基础。

1919 年第五届全国教育会联合会上，与会人员议决呈请推行义务教育，并将议决案呈送教育部。1920 年 3 月初，教育部将全国教育会联合会议案转呈大总统。3 月 19 日，大总统就教育部呈请作出回应，承认此前的义务教育"除山西省分期筹进成效昭著外"，其余各省"或限于财力之未充，或苦于军事之空偬"，未能一律实施，令教育部将山西省所定办法通行各省参照，以期逐渐推广义务教育。[③] 4 月 2 日，教育部根据大总统之令，参考山西省分期推进义务教育办法，订定分期筹办义务教育年限，并公布《分期筹办全国义务教育清单》，要求各省区实施。[④] 第三次系统性推进的背后，全国教育会联合会充当了直接推手。

由表 1 可以看出，教育部采取的分期筹办义务教育办法有如下特征：一是顾及了各地的经济能力和民众心理，把省城及通商口岸作为第一批限期办理的对象，也有将其作为全省及全国推进样板的考虑；二是人口因素作为一个重要的分级点有其合理之处，因为人口的多寡往往预示着一

---

① 《教育调查会关于实施义务教育建议案》，朱有瓛主编：《中国近代学制史料》第 3 辑上册，华东师范大学出版社 1992 年版，第 327 页。

② 《全国教育计划书》，中国第二历史档案馆编：《中华民国史档案资料汇编》第 3 辑教育，江苏古籍出版社 1991 年版，第 52 页。

③ 《三月十九日大总统令》，《申报》1920 年 3 月 21 日，第 4 版。

④ 《教育部订定分期筹办义务教育年限》，朱有瓛主编：《中国近代学制史料》第 3 辑上册，华东师范大学出版社 1992 年版，第 327—328 页。

个地区的经济水平和社会发展状况，这在民国前期战乱不断的情况尤其如此；三是对二百户以上市乡的推行年限定为两年，表明教育部把这一层级的区域作为重点和突破口，换句话说，这一层级能否突破关系到该计划的成败。这一筹办清单出台后，各省开始有所行动，义务教育迎来了新的发展契机。

表1　1920年教育部分期筹办全国义务教育清单

年份	区域	要求
1921	省城及通商口岸	办理完竣
1922	县城及繁华乡镇	办理完竣
1923	五百户以上乡镇	办理完竣
1924	三百户以上市乡	办理完竣
1925 和 1926	二百户以上市乡	办理完竣
1927	一百户以上村庄	办理完竣
1928	不及百户村庄	办理完竣

资料来源：朱有瓛主编：《中国近代学制史料》第3辑上册，华东师范大学出版社1992年版，第328页。

1920年4月28日，教育部颁布《实施义务教育研究会章程》，表明教育部将设立各级义务教育实施研究会以促进义务教育实施视为当时急务，所派人员多为部中精干，参事邓萃英、普通教育司长张继熙等主持其间，会员包括秘书、金事、视学等，以"集思广益，共策进行"[①]。该会成立后，曾于1920年11月25日通咨各省进行义务教育调查，主要有国民学校及学龄儿童两项内容。同日还要求各省区筹设实施义务教育研究会，以使"中央与各省不致隔膜，理论与实际可以相符"，以形成推进义务教育的研究机构体系。[②] 对于分年推进清单的实施，教育部要求各省于当年内即完成本省施行程序的制定，并将计划及第一期设施事项报部，还根据各

---

① 《教育部令第三十八号》，多贺秋五郎编：《近代中国教育史资料》民国编中，台湾文海出版社1976年版，第267页。

② 《教育部咨各省区行政长官送义务教育调查表式文》，多贺秋五郎编：《近代中国教育史资料》民国编中，台湾文海出版社1976年版，第322页。

地经济和教育发展的不平衡而赋予各地一定的灵活性。① 从有关资料看，上述两项工作进展较为顺利。截至 1921 年 3 月，多数省区已报义务教育实施计划或章程，仅有直隶、甘肃、湖北、新疆尚未上报。1921 年 3 月 15 日教育部又直接训令五省要求速报，之后甘肃、直隶等省陆续上报，基本上顺利完成第一步计划。正当义务教育分期筹办进行之时，全国局势开始恶化，先后爆发直奉战争、第二次直奉战争，中央政权也进入频繁改组时期，教育总长频频易人，中央教育行政面临着内外不利因素的影响，推行义务教育的力度大减，各省计划之实施也因"兵事未息，灾荒迭告，未能如期增进"②。

　　1922 年，教育部虽然处于政治漩涡之中，仍然促进了《壬戌学制》的颁布，明确小学前四年仍为义务教育，与此前规定保持了一贯。为实施新学制，教育部于 1923 年 3 月 5 日规定小学校长资格，5 月 29 日颁布《实施新学制中小学校进行办法》，对义务教育在内的普通教育的发展有一定的促进作用。此后各派军阀争斗日剧，教育总长在政治漩涡中频频去留。由于经费拮据，义务教育研究会也于当年 12 月 7 日裁撤，中央教育行政推进义务教育的力度大减。1925 年北京临时执政府期间，章士钊出任教育总长，再次试图划定全国教育区域以便推进教育事业。9 月 14 日又令各省赶办义务教育。但章士钊不久辞职，上述努力归于无形。1927 年 6 月，北京军政府成立，教育部于 12 月 20 日颁布《修正义务教育儿童暂行办法》，并通咨尚在军政府掌控之中的京兆地区实施义务教育，但北京政府已处于穷途末路，虽然教育部依然努力推进，终因局势不宁、"学款不裕"而进行维艰。③

　　综上可见，民国前期，教育部虽然先后经历了共和政治的建立、专制制度的回流及军阀混乱的局面，历任总长政治立场各异、教育理念不同，但对义务教育均能重视和推动，其所做的持续努力可谓坚持不懈、百折不挠。就实际举措而言，坚持方向引领、注重制度建设和分阶段推进的思路

---

① 《教育部订定分期筹办义务教育年限》，朱有瓛主编：《中国近代学制史料》第 3 辑上册，华东师范大学出版社 1990 年版，第 328 页。

② 袁希涛：《民国十年之义务教育》，朱有瓛主编：《中国近代学制史料》第 3 辑上册，华东师范大学出版社 1992 年版，第 328—331 页。

③ 邰爽秋等合选：《历届教育会议决案汇编》，教育编译馆 1935 年版，第 323—324 页。

成为当时大多数总长的共识,对至关重要的经费问题也做了努力,只是在各个阶段和不同总长任内侧重不同。三次系统性推进是持续努力中的高潮之作,离不开前期的准备和后期的实施,是教育部推进义务教育过程中的三个重要结点和巅峰,显示出这一时期教育部推进义务教育发展的行政活动的起伏和复杂。

三

民国前期,教育部对义务教育作出了持续的努力,并形成了三次系统性推进的高峰,但其成效到底如何,我们试以三次系统性推进期间的具体发展情况为切面进行考察。

第一次系统性推进期间,据统计,1913 年学校数为 107286 所,小学生数为 3485807 人,1912 年小学校数达到 86318 所,小学生数为 2795475 人,而这两个数据在 1909 年全国小学校数为 51678 所,小学生数为 1532746 人。[①] 纵向来看,1912—1913 年间比 1909 年增长明显,且 1012—1913 年度增数大于此前的清末三年中的增数。时人对此颇为肯定:"民国成立,国事尚在争执之秋,独小学教育骤见发达,有一校学生数倍于旧额者,一地学校数十倍于原数者。南北各省,大都如是,此又我国年来之佳象也。"[②] 虽总体尚可,但省区差别较为明显,据《第一次中国教育年鉴》所载,安徽、云南、广东等省进展较快,广西、宁夏、青海等省区小学校也有明显增加,其他各省则发展相对较缓。[③] 第二次系统性推进期间,据统计,1914 年全国小学校为 121081 所,1915 年为 128585 所,较之于民初两年进展并不明显,至 1916 年又下降为 120097 所。1914 年小学生数为 3921727 人,1915 年为 4140066 人,还算有所增加,但至 1916 年下降至

　① 民国教育部编:《第一次中国教育年鉴》乙编,开明书店 1934 年版,第 423 页。
　② 庄俞:《小学教育现状论》,《教育杂志》1913 年第 5 卷第 3 号,言论,第 33 页。
　③ 《安徽、云南、广东、广西、宁夏、青海等地小学教育概况》,载朱有瓛主编:《中国近代学制史料》第 3 辑上册,华东师范大学出版社 1992 年版,第 310—311 页。

3845454 人。[①] 说明虽然教育部进行了努力，但实际上义务教育发展情况并不理想。就各省的情况来看，较之前一阶段存在响应的省区过少和省区间差距更大的问题。第三次系统性推进期间，据统计，1922 年度国民学校为 167076 所，学生数为 5814375 人，比 1916 年度 120097 所和 3845454 人分别多出近 5000 所和近 200 万人，年均增加 33 万人。[②] 单从数字来看进步确实惊人，表明这一时期义务教育发展较为迅速。但省间差距也更为明显，京兆及直隶、山西、浙江、广西、东三省等地学龄儿童入学率均在 20％以上，其中吉林省、山西省等就学儿童占学龄儿童均超70％，豫、陇、川、鄂、湘、赣、皖、闽、粤、黔等省则不到 10％，最低者如安徽省仅有 2.27％。说明总体实施情况也并不理想。[③] 上述数据表明，义务教育事业的发展与教育部的努力有着较高的符合程度，教育部的努力对义务教育的发展有明显推动作用。但同时，义务教育的发展总体上并不理想，而且省间差距过大的问题较为严重，这又从另一方面说明，仅教育家一家的努力并不能实现理想的预期。

历史的发展本来就是多因素综合作用的结果，民国前期义务教育的推进也是如此，当时教育部在推进的过程中受到各种因素的掣肘和阻碍。首先，政治上的动荡是主要原因。民国前期历经共和—专制—共和的变更，国民党、进步党与北洋势力的冲突与斗争贯穿始终，中央政府先后改组 42 次，总统、总理如走马灯般更换，[④] 这种政治形势上对教育部的人事组成及日常运转产生不良影响，中则引发地方教育行政系统的势力纠纷和派系斗争，下引发教育界的派系分裂和争夺。政治动荡的伴生物是军事冲突不断，据统计，1912—1920 年间平均战争次数为 4.3475 次，1921—

---

① 上述数据参见民国教育部编：《第一次中国教育年鉴》，开明书店 1934 年版，第 423 页；民国教育部编：《第二次中国教育年鉴》，商务印书馆 1948 年版，第 1455 页；陈元晖主编：《中国近代教育史资料汇编·普通教育》，上海教育出版社 2007 年版，第 857 页等有关内容。

② 《中华教育改进社公布中国教育统计》，中国第二历史档案馆编：《中华民国史档案资料汇编》第 3 辑教育，江苏古籍出版社 1991 年版，第 926—928 页。

③ 参见袁希涛：《民国十年之义务教育》及陈宝泉：《我国义务教育之经过及进行》有关内容，朱有瓛主编：《中国近代学制史料》第 3 辑上册，华东师范大学出版社 1992 年版，第 328—336 页。

④ 刘寿林编：《辛亥以后十七年职官年表》，中华书局 1966 年版，第 4—5 页。

1927年间平均战争数次为10.4次，[①]频繁的战争不仅严重冲击正常的教育秩序，也使军费猛增而直接挤占教育经费。其次，经济上的困窘是直接原因。承担着国民教育重任的义务教育的推进需要大量经费的支持，而这一时期经济命脉操之于西方列强之手，国家财政体系陷于崩溃，中央及地方财政入不敷出，根本无力承担庞大的教育经费，即使日常的教育开支也陷于捉襟见肘的窘境，虽然教育部也一再寻求民间力量的介入，但国困民穷之下，民间力量的介入也只是杯水车薪。与政治和经济方面负面因素占主导相比，文化领域的变革却对这一时期义务教育的推进产生了积极影响，先是共和政治的建立为西方思想的大规模引入打开了历史窗口，再是新文化运动的发展特别是五四运动的爆发，使中国成为西方思想的舆论场和实验场，无论是自由、平等思想的引入，还是具体的义务教育及相关制度的传播，都激起了思想界和教育界推进义务教育的热潮。只是文化领域中也并非全为积极因素，封建传统思想因其千年根基，也不时在文化进步的潮流中产生回流，曾在义务教育领域引发不同程度的混乱。上述消极因素之所以存在，归根结底在于近代积贫积弱的中国的半殖民地半封建社会地位，不仅使国家主权沦丧、经济命脉受控，文化上也处于中西汇聚、古今并存的复杂状态，半殖民地半封建社会地位是这一时期义务教育难以推进的根本原因。

总之，民国前期教育部虽然面临政治不稳、经费艰窘、文化失范的不利局面，但仍然百折不挠地努力采取各项举措和方法以推进义务教育，也取得一些实际成效。但我们也要看到，由于社会其他领域消极因素的存在，尤其是政治动荡、经济不振的不利影响，使教育部的努力大打折扣，义务教育事业的整体发展情况并不理想，而且地区差距悬殊，留下了深深的历史遗憾。沉痛的史实再一次告诉我们，只有政治稳定、经济发展、文化繁荣、社会进步，才是包括义务教育在内各项教育健康良好推进的根本保证，这也是留给我们的最深刻的历史教训。

---

① 王其坤著：《中国军事经济史》，解放军出版社1991年版，第475—476页。

控制与提升：国民政府初期整顿高等教育的双重面相

■ 陈玉玲

国民政府定都南京后，面对 20 世纪 20 年代全国高等院校数及其学生数的急剧增长，高等教育质量低下等状况，国民政府及其教育部于 1929 年后陆续颁布了《大学组织法》《大学规程》等一系列法令法规，对全国高等教育进行有计划的整顿。整顿工作主要包括以下几个方面：取消单科大学，限制滥设大学；加强对私立高校（包括教会高校）的控制与管理；调整院系结构，注重实用科学及提高教育效能等。在教育部及全国高校师生的共同努力之下，上述几个方面均取得了一定的成绩。经过整顿之后的高等教育确实朝着秩序化、规范化的方向发展，教育质量有所提升。与此同时，此一时期的高等教育整顿过程亦自始至终贯彻了国民政府控制高等院校，稳固其政治权势，贯彻"党化教育"意识形态的政治意图。

一、促进了高等教育的秩序化、规范化

国民政府和教育部制定和颁布了《大学组织法》《大学规程》等相关法

[作者简介]　陈玉玲（1983—），女，四川广安人，2010 年考取浙江大学教育学院教育史专业博士研究生，曾发表《国民政府初期对高等院校教育学院（系）的整顿——以 1931—1936 年为中心的考察》等论文。现为丽水学院教育学院讲师，主要研究方向为中国近代高等教育史、教师教育改革。

规，并在"具备三学院以上者始得称为大学"的规定的指引下，采取"降格、裁并、取缔"等处置方式，对各高校进行整顿。至 1937 年前后，大学滥设现象得以遏制。在此次整顿中，政府对于长期以来游弋于管辖范围之外的私立高校，无论是教会高校抑或是国人自办私立高校，均要求立案为前提，并将取缔与奖励或专款补助的方式相结合，促使其有序发展，并加强对其的控制和管理。至 1935 年前后，多数私立高校均已向中国政府申请立案。针对当时全国高校院系结构重复和设置混乱、文实科类学生比例失衡等问题，教育部以注重实用科学为原则，以裁、撤并设置重复、混乱院系为中心，一方面限制文科类教育的发展，另一方面大力鼓励和提倡发展实用科学。经过调整之后的院系结构设置渐趋合理，文实科类学生之比例渐趋平衡。在提高教育效能方面，主要从限制高校教师兼职，规定高校设备费数额，注重高校学生的各种试验，整顿学校风潮等方面实施整顿，等等。经过整顿，至 20 世纪 30 年代中后期，全国高校数量大致稳定。

表 1　1928—1937 年期间全国专科以上学校概况统计

年份	校　数			教　员　数			学　生　数			毕业生数（含专修科生）
	小计	大学及学院	专科学校	小计	大学及学院	专科学校	小计	研究生及大学生	专科（专修科）生	
1928	74	49	25	5214	4567	647	25198	17792	7406	3253
1929	76	50	26	6218	5495	723	29123	21320	7803	4164
1930	85	58	27	6985	6212	773	37566	28677	8889	4583
1931	103	73	30	7053	6183	870	44167	33966	10201	7034
1932	103	76	27	6709	5974	735	42710	35640	7070	7311
1933	108	79	29	7209	6501	708	42936	37600	5336	8665
1934	110	79	31	7205	6447	758	41768	37257	4511	9622
1935	108	80	28	7234	6532	702	41128	36978	4150	8673
1936	108	78	30	7560	6615	945	41922	37330	4592	9154
1937	91	67	24	5657	5175	482	31188	27926	3262	5137

　　注：据 1937 年 7 月 25 日的《申报》登载，1936 年 1 月调查结果全国共有高校 110 所，8 月共有高校 109 所，本表采用"教育年鉴"统计数据。

　　资料来源：教育年鉴编纂委员会编：《第二次中国教育年鉴》第十四编 教育统计，台湾文海出版社 1986 年版，第 4 页。

　　由表 1 所示，在 1931—1936 年期间，全国高校数始终保持在 103～

110 所之间。其中大学和独立学院总数基本上保持在 80 校以下，而专科学校则在 30 校左右。但到 1937 年，因抗日战争全面爆发之故，无论是大学、独立学院还是专科学校数都有所减少。总体上讲，全国高校数量基本上较为稳定。从 1931 年开始，全国高校学生人数亦较为稳定，在校学生数基本上在 41000～44000 人次之间波动。经过大力整顿之后，高校数量规模渐趋稳定，其学生数亦是如此。由此，国民政府在一定程度上使高等教育"但作质的提高，不作量的改进"政策得以实现。

国民政府初期对高等教育大力整顿之后，教育质量亦有所提高，下面试从校（院）长、教员、学生等三个维度进行分析。

就高校校长而言，《大学组织法》和《专科学校组织法》明确规定，大学和专科学校"设校长一人，综理校务"，而独立学院则"设院长一人，综理院务"[1]；国立高校校（院）长由教育部聘任，省立或市立者由省市政府提请教育部聘任，各高校校（院）长"除担任本校教课外，不得兼任他职"[2]。私立高校校（院）长由董事会聘任，但须呈报教育部备案核准，且同样"不得兼任其它职务"，教会高校"须以中国人充任校长或院长"[3]。上述法令法规提升了高校校（院）长在学校事务中的权力和地位，甚至赋予其综理学校所需的人事权，同时亦提出校（院）长不得兼职的严格要求。当然，通过掌握高校校（院）长之任命权，国民政府也在一定程度上加强了对高等教育事业的控制和管理。至 1936 年前后，全国高校形成一支学历高，有较丰富教育教学或管理经验，以专职为主的重点院校校（院）长队伍。多数有名高校的校（院）长具有较高的学识和专业素养，曾留学欧美或日本等国，并获得过学士、硕士甚至博士学位，在出长各高校之前有丰富的工作经验和管理经验，或曾为各高校教授、系主任、教务长、校（院）长，或者曾任职教育部、教育厅等重要教育行政机关，他们在前期工作中积累下来的丰富

① 宋恩荣、章咸主编：《中华民国教育法规选编 1912—1949》，江苏教育出版社 1990 年版，第 404、416 页。

② 宋恩荣、章咸主编：《中华民国教育法规选编 1912—1949》，江苏教育出版社 1990 年版，第 416 页。

③ 教育部参事处编：《教育法令汇编》第一辑，商务印书馆 1936 年版，第 343 页。

的教育阅历和教育管理经验,为后来出长高校奠定了良好的平台。① 这支队伍的形成不仅是当时整顿高等教育的结果,亦是整顿工作进一步推行的重要保障。正是在这些校(院)长的带领下,各高校积极配合国民政府的整顿政策,使得各项整顿工作取得了一定成效,推动了高等教育质量的提高。

就师资方面而言,随着各高校学生逐步增加,当时的教师数量亦快速增加(见表1)。与此同时,教育部亦加强了对高校教师队伍的管理和建设,不仅限制其兼职,而且国民政府教育行政委员会于 1927 年 6 月 15 日公布了《大学教员资格条例》,将是否获得学位作为划分高校教员等级的首先条件,并将教务成绩以及学术能力作为重要的评判标准,②以此推动教师的教学、科研水平进一步提升。

这一时期各高校教师队伍中教授比例日益增多,以清华大学为例,1928—1936 年间,该校教授数呈持续上升趋势,由 1928 年的 60 人增至 1936 年的 104 人,③这在一定程度上有助于保障该校教学质量,尤其有利于学校学术之发展。关于高校教师的学历背景状况,以中山大学为例,1937 年该校 374 名教师中,除国别不详者 30 人外,国内培养者 79 人,占 21.1%;国外培养者 265 人,占 70.9%。拥有高级学位者 147 人,其中硕士 62 人,博士 85 人,占 31.28%,可见该校具有较强的师资阵容。④ 经过整顿之后,各高校兼职教师亦有所下降,专任者比例日益上升。如与 1931 年的全国高校教师相比较,1934 年专任教师增加了 994 人,而兼职者则减少了 842 人。⑤ 总体上讲,经过整顿,各高校的教师学历有所提升,多数毕业于国内高校然后出国留学,并获得学士、硕士或者博士学位,具有中西

① 参见陈玉玲:《国民政府初期对高等教育的整顿(1927—1937)》,2013 年浙江大学博士学位论文,第 222—226 页。

② 中国第二历史档案馆编:《中华民国史档案资料汇编》第 5 辑第 1 编教育,凤凰出版社 2010 年版,第 168—169 页。

③ 苏云峰:《从清华学堂到清华大学(1928—1937):近代中国高等教育研究》,生活·读书·新知三联书店 2001 年版,第 112 页。

④ 黄福庆:《近代中国高等教育研究 国立中山大学(1924—1937)》,台湾"中央研究院"近代史研究所,1988 年,第 168—170、195—226、202—203 页。

⑤ 《全国高教近四年度专兼任教员之增减》,《申报》1936 年 11 月 14 日,第 4 张第 14 版;《全国高教专任教员较增》,《申报》1936 年 10 月 29 日,第 2 张第 8 版。

方面的知识结构,整体素质较高,同时,高校教师"以专任为主"的法令也逐步得以落实。一般来说,高校教师教学成绩的评价较难把握,而关于其学术水平方面,整顿后各高校教师更多地参与到各种科研活动之中确是事实。如积极翻译介绍国外相关领域的思想和理论,创办和参与相关的学术团体,邀请国外著名学术人物到校做学术演讲和交流以及休假出国研究等。高校教员从事学术研究之兴趣及其成果在无形中均影响着学生,因此,高校教员是否乐于研究学问,对学风有较大影响。教育部曾于1934—1935 年对全国高校教员研究专题情形进行调查,发现,当时全国各高校教员从事专题研究者共 1066 人,约占全国高校 7560 名教员的14％强。[1] 可见,当时从事学术研究的高校教员占相当比例。

在学生方面,整顿工作中由于调整了院系学科结构,高校毕业生结构渐趋合理。

表2　1928—1937 年全国高校毕业生(含大学生、专科及专修科生)数及所占比例统计

年　份	共　计	文科类					实科类				
		文	法	商	教育	合计	理	工	医	农	合计
1928	3253	477	1420	219	398	2514	285	302	79	73	739
百分比(％)	100	14.7	43.7	6.7	12.2	77.3	8.8	9.3	2.4	2.2	22.7
1929	4164	827	1681	276	446	3230	280	434	122	98	934
百分比(％)	100	19.9	40.4	6.6	10.7	77.6	6.7	10.4	2.9	2.4	22.4
1930	4586	883	1898	234	561	3576	308	412	137	153	1010
百分比(％)	100	19.3	41.4	5.1	12.2	78.0	6.7	9.0	3.0	3.3	22.0
1931	7034	1541	2560	454	519	5074	435	932	232	361	1960
百分比(％)	100	21.9	36.4	6.5	7.4	72.1	6.2	13.2	3.3	5.1	27.9
1932	7311	1404	2713	485	635	5237	512	897	259	406	2074
百分比(％)	100	19.2	37.1	6.6	8.7	71.6	7.0	12.3	3.5	5.6	28.4

---

[1] 杜元载主编:《革命文献》第五十六辑 抗战前之高等教育,台湾"中央文物供应社"1971 年版,第 157 页。教育部编:《全国专科以上学校教员研究专题概览》(上、下册),商务印书馆 1937 年版。

续表

年　份	共计	文科类					实科类				
		文	法	商	教育	合计	理	工	医	农	合计
1933	8665	1156	3175	561	1189	6081	698	1008	383	495	2584
百分比(%)	100	13.3	36.6	6.5	13.7	70.2	8.1	11.6	4.4	5.7	29.8
1934	9622	1267	3478	669	1374	6788	924	1163	309	438	2834
百分比(%)	100	13.2	36.1	7.0	14.3	70.5	9.6	12.1	3.2	4.6	29.5
1935	8673	1741	2596	707	792	5836	996	1037	388	416	2837
百分比(%)	100	20.1	29.9	8.2	9.1	67.3	11.5	12.0	4.5	4.8	32.7
1936	9154	2014	2667	719	718	6118	935	1322	418	361	3036
百分比(%)	100	22.0	29.1	7.9	7.8	66.8	10.2	14.4	4.6	3.9	33.2
1937	5137	797	1059	324	512	2692	794	969	400	282	2445
百分比(%)	100	15.5	20.6	6.3	10.0	52.4	15.5	18.9	7.8	5.5	47.6

　　该表根据"十七年度至二十六年度专科以上学校毕业生数与科别表"改编制定而成。资料来源:教育年鉴编纂委员会编:《第二次中国教育年鉴》第五编 高等教育,台湾文海出版社1986 年版,第 39—40 页。

　　由表 2 所示,1928—1937 年期间,文科类毕业生数占全国高校总毕业生数之比例逐渐减少,而实科类所占比例则逐渐增多。1928 年实科类毕业生数仅占总毕业生的 22.7%,至 1937 年则占总数的 47.6%。可见,经过整顿之后,全国高校文、实科类毕业生数之比例逐渐趋向平衡,文、实科类教育畸形发展状况大有转变,实科类人才也迅速增加。

　　上述全国高校毕业生于抗日战争期间及抗战之后为国家建设事业做出了贡献。如抗战时期在中国西南和西北部从事兵工、探矿等基础工作的清华大学毕业生,在抗战胜利后 4 年进入中基层岗位,在东北、华北、华中、华南等地区的政府单位从事工矿和教育等工作,到 1949—1980 年间,仍在世者都居于各领域事业的中高阶层领导地位。[①] 这也是国民政府初期高校毕业生质量较好的重要表现。再如,1928 年国民政府成立的中央研究院,于 1948 年 3 月选出的 81 名院士中,有 2 人曾于 20 世纪 30 年代

---

　　① 苏云峰:《从清华学堂到清华大学(1928—1937):近代中国高等教育研究》,生活·读书·新知三联书店 2001 年版,第 218 页。

的高等院校获得学士学位。① 而以该研究院和北平研究院为基础于 1949 年 11 月成立的中华人民共和国中国科学院,至 1980 年为止共聘任学部委员 537 人中,大约有 176 人曾毕业于 20 世纪 30 年代的国内高等院校,如表 3 所示。

表 3　1955 年、1957 年、1980 年中国科学院学部委员统计

学部	1955 年	1957 年	1980 年	总计	曾于 20 世纪 30 年代国内高校毕业者总计②
哲学社会科学学部	61	3	—	64	10
数学物理学部 化学学部	48	7	51 51	157	49
生物学部 地学部	84	5 3	53 64	209	74
技术科学部	40	3	64	107	43
小　计	233	21	283	537	176

注:1955 年中国科学院分哲学社会科学(1966 年被取消)、数学物理化学、生物学地学、技术科学四个学部;1957 年生物学地学学部改为生物学学部和地学学部,共有五个学部;1980 年中国科学院分物理数学、化学、生物学、地学、技术科学五个学部。

资料来源:国立中央研究院编:《国立中央研究院院士录》第一辑,1948 年;郭建荣主编:《中国科学技术年表(1582—1990)》,同心出版社 1997 年版,第 483 页;《中国科学院学部委员名单》,《中华人民共和国国务院公报》1955 年第 9 期,第 345—346 页;《中国科学院增聘学部委员名单》,《人民日报》1957 年 5 月 31 日;《中国科学院学部委员名单》,《人民日报》1981 年 3 月 30 日;《当代中国》丛书编辑部:《中国科学院》(下),当代中国出版社 1994 年版,第 729—739 页;何明主编:《中国科学院第一批学部委员(哲学社会科学部)》,中国大百科全书出版社 2010 年版。

如表 3 所示,1955 年、1957 年中国科学院哲学社会科学学部 64 名学部委员中,曾毕业于 20 世纪 30 年代的高等院校者约有 10 人;③1955 年、1957 年和 1980 年物理学数学化学部学部委员中曾毕业于当时高校者约 49 人,生物学地学部约 74 人,技术科学部约 43 人。当时高校毕业生在他

① 分别是:陈省身于 1930 年获得南开大学理学士,许宝騄于 1933 年获得清华大学数学学士。参见国立中央研究院编:《国立中央研究院院士录》第一辑,1948 年;郭建荣主编:《中国科学技术年表(1582—1990)》,同心出版社 1997 年版,第 483 页。

② 为了方便统计,物理学数学和化学部学部、生物学和地学部学部委员合并进行统计。

③ 另外还有 3 人肄业于当时的高校,分别是胡乔木(清华大学、浙江大学肄业)、胡绳(1934—1935 年北大肄业)、狄超白(1931 年中央大学肄业)。

们的工作岗位上得到了社会的认同，反映出当时高等教育质量在一定程度上有所提升。

二、在整顿工作中贯彻政治意图

国民政府对高等教育的整顿除了履行国家监督和引导之权力外，亦把整顿工作当作建构"党化"国家的通盘计划之一部分。规范和控制相结合是当时整顿高等教育政策的主要特征。一方面，各项高等教育相关法令政策的颁布，意在推动高等教育向秩序化和规范化方向发展，并取得了明显成效，逐渐形成了一个统一的高等教育体系，并使 20 世纪 30 年代成为中国近代高等教育发展史上的重要篇章。另一方面，国民政府定都南京之后，"党化教育"意识形态的建构与国民党政权维护之间便获得了实质上的相互表里作用。即是说，高等教育整顿过程又始终贯彻了政府的政治意图。国民政府定都南京之后，宣布进入训政时期。1931 年颁布的《中华民国训政时期约法》以及 1935 年 5 月 5 日公布的《中华民国宪法草案》都要求将"党化教育"贯穿于中华民国教育之中。[①] 在高等教育整顿政策之中，"党化教育"也成为其主线。因此，国民政府初期对高等教育的整顿，除了提升高等教育质量，培养社会各项建设事业人才之外，还有稳固国民政府政权以及贯彻"党化教育"意识形态之目的。

第一，稳固政权的需要。为整顿高等教育，国民政府和教育部先后颁布《大学组织法》和《大学规程》等法令政策便含有政府巩固政治权势之意图。上述法令要求，在高等院校中以"校务会"取代了民初以来逐渐形成的"评议会"制度。该制度在大幅度削减教授权力的同时，突出了校（院）长在高校管理中的权力，使得校（院）长治校的权力得到强化。与此同时，政府紧紧抓住校（院）长任命权：当时各国立高校的校（院）长大多都由国民政府任命；省、私立高校校（院）长虽不由政府任命，但须呈请教育部核准备案。实际上，控制了各高校校（院）长任命权，不仅有助于加强对各高

---

① 宋恩荣、章咸主编：《中华民国教育法规选编（1912—1949）》，江苏教育出版社 1990 年版，第 47 页。

校的控制和管理，更有利于贯彻国民政府的"党化教育"意识形态。在1930年前，多数国立大学校长之职务由国民政府党国要人掌握，如蒋梦麟兼浙江大学校长，孙科兼交通大学校长，易培基兼劳动大学校长，戴传贤兼中山大学校长，等等。[①] 当时国立高校校（院）长的职位多成为各个党派争夺的焦点，当局也往往任命政府要员兼任该职务，并通令教育部应尽先任用国民党党员充任学校校长，[②]控制高等教育的意图昭然若揭。以中央大学的人事变更为例，随着国民党政治权势渗入东南大学（中央大学前身）且试图将该校变成宣传"党化教育"的阵地，学校校长郭秉文于1925年被政府免职，此后，该校沦为各党派势力的角力场。国民政府定都南京后，从军事上接管了东南大学，于1928年5月将其及相关学校改组为中山大学，并任命张乃燕长校，因张的办学主张与国民政府当局的"党化教育"期望有距离，于1930年被迫去职。[③] 随后，国民党党员朱家骅执掌该校，后因朱氏要出长教育部，国民政府派政客式人物桂崇基继长校，遭到学生拒绝后又任政治身份浓厚的段锡朋为代理校长，遭到了学生驱殴。对此，1932年国民政府行政院解散了中央大学，由教育部接管并全面开展整顿工作。由此可见，中央大学校长人选及其更迭表明了南京政府试图以此加强对高校的控制之事实。总之，通过实施校务会制度、校（院）长治校、掌握校（院）长之任命权等手段，国民政府加强了对各高校的控制和管理，在一定程度上有助于达成其稳固国民党政权之目的。

在整顿过程中，政府对学校风潮采取的严厉手段也明显地包含着稳固其政治权势之意图。分别公布于1930年12月11日、1932年7月26日的《整顿学风令》《整顿教育令》自不待言。[④] 1932年12月21日国民党第四届中央执行委员会第三次全体会议通过的《关于教育之决议案》更明确规定，严加整理现有高等院校，应即停办成绩太差学风嚣张高校。[⑤] 而

---

① 《教育界消息 国立大学校长纷纷辞职》，《教育杂志》1930年第22卷10期，第124页。

② 《党员有一切优先权 学校校长亦尽先任用》，《大公报》1930年1月12日，第2张第5版；《苏教厅令各县教局校长须尽先任用党员》，《申报》1930年1月12日，第3张第12版。

③ 蒋宝麟：《中央大学的国民党组织与国共斗争（1927—1949）》，《"中央研究院"近代史研究所集刊》，2011年第73期，第9—11页。

④ 教育部参事处编：《教育法令汇编》第一辑，商务印书馆1936年版，第30—32页。

⑤ 《关于教育之决议案》，《教育部公报》第4卷第51—52期，1932年12月31日，第25页。

在对高校风潮的整顿过程中，国民党政权对各高校的加强控制之意图非常明显，再以中央大学的整顿为例。该校因学生殴打新任校长段锡朋于1932年6月29日被当局下令解散，[①]对学生重行甄别、开除带头闹事者等被列为整顿的重点内容之一。在解散和整顿高校时，教育部采用了非常严厉的手段，甚至动用了国家机器。在接收中央大学时，警备司令部便派出便衣侦探多人，破门而入学生宿舍进行搜查，逮捕多人，严格封锁校园，限令三日内全校师生一律离校。[②] 以严厉的手段解散和整顿中央大学，一方面对其他风潮迭起之高校有以儆效尤之用意；另一方面，教育部全面控制学潮以稳固国民党政权之用意亦显而易见。

第二，贯彻"党化教育"的意识形态。1927年8月，国民政府颁布了《学校施行党化教育办法草案》，将"党化教育"作为教育的根本指导思想，要求"党化教育"服从于国民党的根本政策。[③] "党化教育"实质上是促使学校教育国民党化，以建立"以党治国""以党义治国"的一党统治。1928年5月16日国民政府在南京召开了全国教育会议，以"（一）教育的宗旨，用党化二字反不醒目，把三民主义混了；（二）党化教育的意义本来就是三民主义教育"等原由，决定将"党化教育"改名为"三民主义教育"。[④] 由此，国民政府于1929年4月26日公布的《中华民国教育宗旨及其实施方针》和1931年6月公布的《中华民国训政时期约法之国民教育专章》分别将"三民主义"作为中华民国教育的方针和根本原则。[⑤] 1931年9月3日，国民党第三届中央执行委员会第17次常务会议通过的《三民主义教育实施原则》，则要求高等院校无论课程、训育等都应严密贯彻"三民主义"精神。[⑥] 需要指出的是，尽管"党化教育"一词于1928年被取消，但当时仍有

---

① 《中大学生凶殴段锡朋　行政院令暂行解散》，《中央日报》1932年6月30日，第1张第2版。

② 《教部接收中大》，《申报》1932年7月4日，第3张第10版。

③ 《教育界消息——"党化教育"之意义及其方案》，《教育杂志》1927年第19卷第8号，第1页。

④ 徐蔚南：《三民主义教育》，世界书局1929年版，第4—8页。

⑤ 宋恩荣、章咸主编：《中华民国教育法规选编（1912—1949）》，江苏教育出版社1990年版，第46—47页。

⑥ 宋恩荣、章咸主编：《中华民国教育法规选编1912—1949》，江苏教育出版社1990年版，第52—54页。

不少人继续沿用该称谓。任鸿隽更于 1932 年指出:尽管"党化教育"这一名词被取消,但"党化教育的进行,仍是目前的一个事实。这事实的发生,正是国民党一贯政策的表现,名词的存在与否,是不关重要的"[①]。因此,可以说,"三民主义"与"党化教育"一词在当时是交互使用的,而且,"三民主义"代替"党化教育"只是名称改变而已,其实质精神并未发生任何改变,即推行党义,"以党治国"。

国民政府在高等教育整顿工作中始终坚持贯彻"党化教育"意识形态,坚持"把党的主义或主张,融合在教课中间,使他渐渐的浸灌到学生脑经里去",主张"教育的事业,由党的机关或人才去主持,使他完全受党指挥"。[②] 为了达此目的,主要通过建立党组织、设置党义课程、规定党义为学生必修和必考科目以及实行军事教育等措施来进行。具体为:

其一,高校内国民党党部组织的建立。国民党中央常务委员会秘书长叶楚伧 1930 年即指出:北伐前后"在全国中等以上各校都有本党的基本组织"[③]。国民党在高校中多设有国民党区党部或区分部组织,如国立中山大学校长邹鲁于 1932 年秋在校内组织了区党部,直接隶属于国民党中央。[④] 1933 年 5 月,国民党南京特别市还在中央大学设第八区党部,等等。[⑤] 在高校中设立国民党党部组织为灌输党化教育意识形态提供了诸多的便利。

其二,高校内党义课程的设置和考核。国民政府成立之后,20 世纪 20 年代高校课程自由发展的状况[⑥]得以改变,政府在对高等教育的整顿中加强了对高校课程的管理,并且将党义课程规定为大学生的必修课。1928 年 7 月 30 日公布的《各级学校增加党义课程暂行条例》规定,"各级学校除在各课程内融会党义精神外,须一律按本条例之规定增加党义课

① 叔永:《党化教育是可能的吗》,《独立评论》1932 年第 3 期,第 12—15 页。
② 叔永:《党化教育是可能的吗》,《独立评论》1932 年第 3 期,第 13 页。
③ 叶楚伧:《向学界报告几点》,《中央周刊》1930 年第 132—136 期,第 14 页。
④ 邹鲁:《民国丛书·回顾录》,上海书店出版社 1990 年版,第 425—426 页。
⑤ 蒋宝麟:《中央大学的国民党组织与国共斗争(1927—1949)》,《"中央研究院"近代史研究所集刊》2011 年第 73 期,第 7 页。
⑥ 郑世兴:《中国现代教育史》,台湾三民书局 1981 年版,第 145 页。

程"①，要求从小学到大学的各级学校都要由浅入深依次设立党义课程，并将高校的党义课程暂定为建国方略、建国大纲、三民主义、本党重要宣言和五权宪法之原理及运用等。至此，党义课程正式成为高校的常规教学内容。而且，《大学规程》《专科学校规程》等法令明确规定党义作为高校各科共同的必修课目，②《私立学校规程》要求私立高校在呈请立案时须呈报党义课程的开设情况，③这些规定使高校党义课程被作为独立科目，与国文等课程并列开设。前文提到的《三民主义教育实施原则》更是强调学校课程尤其是社会科学课程要融汇三民主义精神。④ 在上述法令法规的要求下，各高校在整顿过程中陆续开设党义课程。如北京大学要求文、理、法等学院每周开设 2 个小时的党义课；⑤中央大学于 1928 年 12 月 24日还聘请国民党元老、三民主义理论权威戴季陶为学校党义教授，⑥等等。此外，中央训练部还随时审查各高校之党义教科用书。⑦ 据初步统计，到1937 年，设置党义课程的高校主要有四川大学、暨南大学、武汉大学、中央大学、交通大学、广西大学、厦门大学、大夏大学、震旦大学、广东国民大学、大同大学、广州大学、岭南大学以及云南大学等校。对未开设党义课程的高校，教育部严令其开设，如 1934—1935 年期间对金陵大学、武汉大学、大夏大学、光华大学及沪江大学等校不修习党义科目的情形，教育部令饬其改正。⑧ 党义不仅被定为各高校的必修课，亦是学生必考内容。无论各高校之入学试验、学期试验还是毕业考试，党化都被教育部列为必考

① 中国第二历史档案馆编：《中华民国史档案资料汇编》第 5 编第 1 辑教育，凤凰出版社 2010 年版，第 1073—1074 页。

② 中国第二历史档案馆编：《中华民国史档案资料汇编》第 5 辑第 1 编教育，凤凰出版社 2010 年版，第 175—185 页。

③ 刘燡元、曾少俊编：《民国法规集刊》第 13 集，民智书局 1930 年版，第 386—399 页。

④ 宋恩荣、章咸主编：《中华民国教育法规选编 1912—1949》，江苏教育出版社 1990 年版，第 52 页。

⑤ 《文学院院长布告》，《北京大学日刊》1931 年 9 月 16 日，第 2684 号，第 1 版；《理学院布告》《法学院院长布告》，《北京大学日刊》1931 年 9 月 23 日，第 2690 号，第 1 版。

⑥ 《首都纪闻》，《申报》1928 年 12 月 25 日，第 2 张第 7 版。

⑦ 中国第二历史档案馆编：《中华民国史档案资料汇编》第 5 辑第 1 编教育，凤凰出版社 2010 年版，第 1112—1114 页。

⑧ 陈能治：《战前十年中国的大学教育（1927—1937）》，台湾"商务印书馆股份有限公司"1990 年版，第 60—63 页。

科目。以北京大学为例，自 1930 年 5 月始，该校将党义列为文、理科入学的第一考试科目，[①]同年 7 月的招生考试便将"党义"与"国文"两科合考；[②]交通大学、清华大学等校甚至明文规定，学生党义考试及格后才能被允许毕业。[③] 尽管党义课程的开设和考试并未取得预想的效果，[④]但国民政府如此严格规定使得其在高校贯彻"党化教育"意识形态之意图展现无余。

其三，实施军事训练亦是政府贯彻"党化教育"的一个重要内容。1928 年 5 月召开第一次全国教育会议时，国民政府提出在全国各级学校实施军事训练。到 1929 年，"军事训练一科，已与大学规程及专科学校规程明定为各共同必修科，在专科以上学校全部课程中占有重要地位矣"[⑤]。1931 年 1 月教育部通令全国各校严格实施军训，第二年再次训令加紧军训，并要求增加训练时间。[⑥] 教育部还把军事训练与高校招生和学生毕业相联系，如清华大学规定学生军训成绩及格才能毕业。[⑦] 另外，国民政府还规定军事训练须由军事教官实施，而军事教官须"深明党义"，由国民党训练总监部审定、考核后才能任用。总之，在上述各种规定的严格要求下，各高校相继添设军事训练课。据初步统计，到 1936 年，开设军事训练课程的主要有中山大学、中央大学、交通大学、清华大学、云南大学、复旦大学、厦门大学、光华大学、华西协和大学、东吴大学、沪江大学、广州大

① 《国立北京大学入学考试规则》，《北京大学日刊》1931 年 5 月 30 日，第 2423 号，第 1 版。

② 王学珍、郭建荣主编：《北京大学史料》第二卷，北京大学出版社 2000 年版，第 857—858 页。

③ 《国立交通大学学籍规则草案》，载杨学为等主编：《中国考试制度史资料选编》，黄山书社 1992 年版，第 663 页；《国立清华大学本科教务通则》（1932 年），载吴惠龄、李壑编：《北京高等教育史料》第一集 近现代部分，北京师范学院出版社 1992 年版，第 47—52 页。

④ 如北京大学、浙江大学便未能很好地落实党义课程的教学和考试工作。参见孙思白：《红楼风雨》，北京大学出版社 1985 年版，第 6 页；张中行：《流年碎影》，中国社会科学出版社 1997 年版，第 129 页；《竺可桢日记》第一册，人民出版社 1984 年版，第 34 页。

⑤ 杜元载主编：《革命文献》第五十六辑 抗战前之高等教育，台湾"中央文物供应社"1971 年版，第 144 页。

⑥ 中国第二历史档案馆编：《中华民国史档案资料汇编》第 5 辑第 1 编教育，凤凰出版社 2010 年版，第 1266、1272—1274 页。

⑦ 《国立清华大学本科教务通则》（1932 年），载吴惠龄、李壑编：《北京高等教育史料》第一集 近现代部分，北京师范学院出版社 1992 年版，第 47—52 页。

学、岭南大学（部分学系修习）等校，到1937年，开设了该课程者增加了武汉大学、安徽大学、四川大学、大夏大学、大同大学、震旦大学、广东国民大学等校。[①] 当然，对高校学生实施军事训练固然有增强学生民族意识，养成健康体魄的一面，但其主要目的是灌输意识形态，并以此配合整顿学校风潮。

为了保障上述措施得以落实，教育部在各校设置党义教师和训育主任负责上述相关工作。1928—1931年期间，国民党中央常委会、中央训练部还颁布相关法令要求，党义教师和训育主任须"襄助校长实施有关党义教育的法令"，"时时与学生接近，藉以匡正其思想言论行动"，"随时调查学生平时所阅刊物及其所发表之言论"，等等。[②] 可见，党义教师及训育主任的工作范围是严加监督学生的思想言论，使学生自觉接受"党化教育"。此外，党义教师和训育主任自身还得接受严密审查，而且必须是忠实的国民党员。当时许多高校内被安排了党义教师和训育主任，如1931—1934年期间约有131名党义教师被派往各高校。[③]

对于贯彻"党化教育"意识形态不力的高校，国民政府借整顿之名进行改组，前文曾述及的中国公学即是一例。对于与"党化教育"思想背道而行的高校，国民政府以防止高校滥设之名义查封学校，如大陆大学、华南大学因宣传共产主义于1929年5月先后被国民政府查封。[④] 对学校风潮迭起之高校，教育部亦将学潮原因归为"党化教育"不力所致。如针对光华大学于1930年12月底开始的风潮，教育部的看法即是如此。[⑤] 可见，在高等教育整顿工作中，国民政府贯彻"党化教育"意识形态之意图显而易见。

① 陈能治：《战前十年中国的大学教育（1927—1937）》，台湾"商务印书馆股份有限公司"1990年版，第74—75页。

② 洪京陵编：《中国现代史资料选辑》第四册，中国人民大学出版社1989年版，第236—237页。

③ 陈能治：《战前十年中国的大学教育（1927—1937）》，台湾"商务印书馆股份有限公司"1990年版，第64—66页。

④ 《上海三校之查封——大陆、华南、建华》，《教育杂志》1929年第21卷第6期，第175页；《查封华南大学》，《中央日报》1929年5月1日，第3张第1版。

⑤ 《教育部指令 令上海市教育局》，《教育部公报》1931年第3卷第2期，第22页。

三、余　论

综上所述，国民政府初期对高等教育的整顿呈现出双重面相，经过整顿之后，到 1937 年前后，全国高等院校数和学生数渐趋稳定，高等教育在质量上也有所提高：全国高校初步形成了一支较高素质的高校校（院）长队伍，教师兼职者逐渐减少，自身素质不断提高，且更多地参与科研工作等。文、实科类毕业生数比例渐趋平衡，尤其是一些社会发展急需的实用性较强的专业得以发展，而且，此一时期的大学毕业生质量较高，在各自工作岗位上的成绩得到了社会的认同。国民政府初期对高等教育的整顿工作取得了一定成效，高等教育开始朝着正规化、秩序化的方向发展。当然，当时高等教育之所以健康发展，除了是国民政府大力整顿之结果外，还与高等教育的自身发展规律有关。高等教育健康发展及其质量的提升，为当时的各项建设事业培养出了急切需要的人才，这正是国民政府整顿高等教育的重要目的之一。

与此同时，国民政府试图通过加强高等院校设置形态与内容等方面的管理，将高等教育纳入了国家政权建设的架构之中，使之符合国家建设的实际需求，以实现对高校的政治控制，达到其稳固政权、促进国家统一的目的。国民政府在整顿高等教育过程中，通过改评议会为校务会的高校基本制度，扩大了校（院）长对高等院校的权限，紧握校（院）长任命权，全面加强了对高校的控制和管理，以稳固其政权。而且，国民政府不仅将对某些高校的整顿关键点聚集于整顿学校风潮，还采用了极为严厉的整顿手段，如强行解散学校、开除学生、更换校长、对学生实施严厉的甄别试验等，甚至还动用军队协助开展整顿工作，致使国民政府稳固政治权势之意图亦展现无遗。国民政府还通过在高校中建立党组织、设置党义课程、规定党义为学生必修和必考科目以及实行军事教育等方式，在整顿工作中加强了"党化教育"意识形态。

总之，经过整顿之后，高等教育"国家化"色彩日渐浓厚：对教会高校，南京中央收回教育权，首先要求其必须向中国政府立案，从而促使其成为"中国的"高校；对国立、省立、国人自办私立高校等则想方设法加以掌控，进行政治权势渗透。为了实现国家的统一,尤其对省立高校和边远地区的高校的掌控日益加强。通过对单科大学设置的严格控制,大学滥设现象得以遏制。以注重实用科学原则为中心调整了院系结构,对高校教师、教学设备、学生学业和学风等方面加强了监管,而这些监管和调制措施无不体现出高等教育日益"国家化"的色彩。然而,在中央政权对各高等院校日益渗透的进程中,遭遇了诸多曲折。无论是国民党内派系纷争抑或是教育界内派系纷争都对高校的整顿产生或多或少的影响;中央和地方实力派之间的关系亦左右了省立高校的发展方向;教会高校背后的宗教团体在学校立案等问题上亦诸多抗争,对学校"中国化"情非所愿;国人自办私立高校对中央政权的干预亦存不满,明里暗里进行抗争,诸如此类。尽管如此,当时的高等教育在质量得到提升的同时,仍旧受到了一定的政治控制,最终被纳入了国家政权建设之框架。总体上讲,随着国民政府政权的逐步稳定,中国在形式上逐步实现了统一,其政治权势在高等教育改革和发展中的渗透力度也就越大,一个统一的高等教育体系初步形成。

田老师与日本知名学者荫山雅博、阿部洋、佐藤尚子和汪辉在杭州喜乐酒店留影(2000 年)

第二部分　多元视角下的中国教育近代化

田老师在台湾参加高等教育革新与发展—教育哲学与历史学术会议
（2011 年）

近代华侨教育的历史承传

■ **别必亮**

翻看历史,国人由于经商贸易或政治上的原因寓居海外,早在一千多年以前就已经开始,但人数甚少。鸦片战争之后,随着天朝帝国被西方列强的坚船利炮打开国门,大批中国人作为"契约华工"(Indentured Labour)被劫掠到世界各地,充当苦力(Coolie),于是逐渐形成了"凡是有海水的地方就有华侨"的局面。

为了谋求更好的生存发展,海外华侨很早就意识到开办学校教育子弟的重要性,如雍正七年(1729)荷印首府巴拉维亚的明城书院,是目前见诸史料最早的由华侨创办的学校。近代以降,华侨教育兴起、发展的过程大致经历了三个阶段:20世纪以前为华侨自发办学时期,主要是设立蒙馆、学塾等旧式教育机构,教授华侨上层子弟;20世纪初至1940年,是自觉地创设新式华侨学校的时期,华侨教育渐趋普及;1941年至新中国成立前,则为华侨教育开始向华人教育转化的时期。

[作者简介] 别必亮(1967—),男,湖北仙桃人,1995年考取杭州大学教育系教育史专业博士研究生,1998年获杭州大学教育学博士学位,著有《承传与创新——近代华侨教育研究》等,现为重庆出版集团重点图书编辑室主任、编审,主要从事编辑出版工作。

一、近代华侨教育的兴起与海外华侨第一次办学热潮

清王朝建立初期,统治者将海外华侨视为背弃祖先和故土的"叛逆"和"莠民",实施极其严厉的"迁海令",严禁人们出海谋生。鸦片战争后,国门洞开。1860 年清政府被迫与英法等国签订了《北京条约》,听任西方列强在中国沿海地区掠夺劳动力,①再也无力施行其禁止出海的政策;对于在海外生活的广大华侨的命运也是置若罔闻。

直至 19 世纪 70 年代,清政府才开始改变对华侨鄙弃与敌视的态度,承认华侨的合法地位,并规定使馆领事专"掌保护华侨"②。1875 年,郭嵩焘被任命为驻英国公使,这是中国派出的第一位驻外使节。1878 年,清政府的第一个驻外领事馆在新加坡正式成立;此后,在日、美、俄、德等国也相继建立中国使领馆。随着使领馆的设立,华侨权益在一定程度上有了来自祖国的保障。1893 年,清廷还下谕准许华侨归国,并宣布要保护归国的华侨。随着清政府改变侨务政策,免去华侨后顾之忧,华侨人数也持续增长。据估计,1879 年世界华侨人数为 300 万,1899 年为 400 万,1903 年达到 730 万。③ 在这种情况下,近代华侨教育开始自发地兴办起来。荷属东印度、英属马来半岛、菲律宾、安南、暹罗、朝鲜、檀香山、旧金山等地的华侨先后设立了蒙馆、学塾、义学、书院等教育机构。初创时期的这些华侨教育机构,由少数富裕侨商自发发起创办,更多属于个人行为;其规模很小,可以接受教育的程度和入学人数都因此受到很大限制;管理也欠规范,没有固定的学习时间和严格的学制,带有很大的随意性;教师大都是在国内科举考试中不得志而外出谋生的士子,其教学方式与方法沿袭中国古代教育的传统,以个别教学和记诵为主;教学内容仍以传统教材为主,初级阶段学习《三字经》《百家姓》《千字文》等儿童启蒙读物,以后是四书、五经及珠算、书法、尺牍等。这种教育的目的主要是让侨民

---

① 王铁崖编:《中外旧约章汇编》第一册,生活·读书·新知三联书店 1957 年版,第 145、148 页。

② 赵尔巽:《清史稿·志九十四·职官六》,中华书局 1976 年版,第 3449 页。

③ 李长傅:《中国殖民史》,商务印书馆 1937 年版,第 10 页。

子女识字知数和懂得祖国的礼节习俗。初创时期的华侨教育在规模、管理、方法、内容等方面都不是严格意义上的新式学堂。

进入 20 世纪,华侨教育的形势发生很大变化。与国内废科举、兴学堂、派留学的热潮相呼应,海外华侨中出现了第一次办学高潮。新式学堂如雨后春笋不断涌现。在 1901 年至 1911 年的短短十年间,马来西亚建成的侨校就有 10 余所,而荷属东印度各地创设的中华学堂则发展到 65 所。① 此外,北美的旧金山、萨克拉门托、纽约、芝加哥、波特兰、西雅图及加拿大的温哥华、维多利亚等地先后兴建了大清侨民学堂;菲律宾、日本、朝鲜、安南、暹罗、缅甸等国也出现了一批以"中华"二字冠名的新式学堂。与前一时期相比,这时的华侨学堂是在各地华侨会馆的主持下创办的,是一种有组织的自觉兴学行为的结果。在教学内容上,虽然也注重灌输封建伦理道德和尊孔思想,如巴城会馆董事会就曾规定,孔子诞辰日学堂放假一天;校门内悬有一幅至圣先师孔子的挂像,学生们上课和放学都须向孔子像行鞠躬礼,以示敬仰。但是,这些学堂更注重启发学生的民族观念、爱国思想以及培养训练学生适应社会生活所需的各种技能。各地中华学堂开设的国文、经济、历史、地理、修身、体操等科目,超出了学塾的教学范围。

第一次海外华侨兴学高潮的形成,大致是由以下几方面原因促成的:

一是维新变法失败后,康、梁等维新志士逃亡海外,极力提倡华侨开办学堂。1903 年 9 月,康有为应巴城中华会馆的邀请,到南洋各地发表演说,在鼓吹保皇的同时,号召华侨爱国、兴学。他指出:"为中国人,就必须恢复中国人之优良风俗,讲中国之语言,识中国之文字,读中国之圣贤遗训,然后可成为一个真正之中国子民。……现在各会馆间有兴办学堂,但其数不多,尤须陆续增加。文字之声音应用国音,日常言谈应用国语。"② 这些言论在一定程度上激发了华侨办学的积极性。梁启超逃亡日本后在华侨资助下,于 1899 年在东京设立东京高等大同学校,吸引了一大批思想激进的青年到该校学习。其中不仅有华侨子弟,而且,国内被解散的湖南时务学堂的 11 名学生,也慕名前往。

---

① 《南洋华侨学务观》,《教育杂志》第 4 卷第 12 号。

② 廖嗣兰:《辛亥革命前后荷属东印度华侨情况的回忆》,广东文史资料研究会编:《广东辛亥革命史料》,广东人民出版社 1981 年版,第 193 页。

二是以孙中山为首的革命党人在海外华侨中宣传革命,鼓励兴学育才。避居海外的革命同志也积极从事文教工作,以开设华侨学校、组织阅书报社作为活动据点,在华侨中产生广泛影响。

三是清政府针对革命党人和保皇党人在华侨中的活动,也采取了一些笼络人心的办法,对华侨教育极为关注。1898年清政府就责成驻外使领馆在海外华侨中劝学。光绪三十一年(1905),粤督岑春煊派刘士骥到南洋召集各埠代表及玛腰、甲必丹在万隆开学务会议,①奉朝旨敦促兴学,并准"远离宗邦、声教莫及"的华侨子弟与内地一律出身。此后,清廷陆续派林文庆、钱恂、董鸿祎、陈华等人去南洋,或协助成立学务总会,或调查华侨教育情形,或宣讲中国传统文化。就连为修建漳厦铁路而到南洋招股的闽绅陈宝琛也奉命顺便到各处劝学。② 除了南洋之外,1907年年初学部还派出内阁侍读梁庆桂到北美筹办侨民兴学事宜,以便使华侨"扩其知识,生计自裕,增强竞争力","发其爱国之心,俾知孔教渊源";进而达到"维系人心,潜消隐患",防止楚材晋用的目的。③ 清政府一面不断地派员到海外各地劝导华侨办学,一面又创办暨南学堂,吸引华侨子弟回国升学。1906年,两江总督端方出于"维侨情而弭隐患"④的考虑,奏准设立暨南学堂于南京鼓楼薛家巷,招收南洋各岛及檀香山、旧金山等处侨民子弟,以宏教泽而系侨情。上述措施对于华侨教育的开展起到了积极的推动作用。

四是华侨的民族觉悟有了很大的提高。华侨们尽管身处异乡,但落叶归根的思想却居于支配地位,他们同祖国故土仍然保持着密切的联系。广大华侨强烈希望自己的子弟学习中文,了解祖国的发展形势,让中华民族文化在海外继续发扬光大。新式华侨学堂的教育,无论是对学生的知识掌握,还是对他们以后的就业,都要比旧式学堂强;受过新式教育的孩子不仅聪明有礼,而且更能适应环境。这些成功的事实成为华侨相互激励、竞相办学的有利因素。

---

① 《第一次中国教育年鉴》丙编,开明书店1934年版。
② 刘锦藻:《清朝续文献通考》卷一百十三 学校二十,浙江古籍出版社1988年版,第8717页。
③ 朱寿朋:《光绪朝东华录》第五册,中华书局1958年版,总第5614—5615页。
④ 《端忠敏公奏稿》卷九。

二、近代华侨教育的发展转化与海外华侨第二次、第三次办学热潮

1911 年辛亥革命爆发,次年中华民国成立,极大地鼓舞了海外华侨的爱国热情,使他们的民族意识大大加强。在 1911—1927 年间,海外华侨掀起了第二次兴学的热潮,华侨学校逐渐普及于侨胞聚集的各个地区。以荷属东印度为例,1912 年华侨学校数为 65 所,学生 5451 人;1919 年为 215 校,学生 15948 人;1926 年则增至 313 校,学生 31438 人。[①] 其他各地华埠的中华学校也有了明显的增加。据 1922 年不完全统计,已设侨民学校及侨生人数情况如表 1 所示。[②]

表 1　海外中华学校及学生数

国　别	学校数	学生总数
日　本	6	1081
朝　鲜	5	150
英属加拿大	5	183
美　国	6	314
英属缅甸	17	840
英属南洋各岛	58	4783
美属南洋各岛	1	131
法属安南	5	650
英属澳洲	3	62

华侨教育再一次迅速发展,究其原因,主要有如下几个方面:

第一,辛亥革命胜利的推动和新文化运动、五四运动的激荡,使得海外华侨对于祖国的未来寄予了美好的希望,成为这一阶段海外华侨热心

[①] 荷属华侨学务会编辑委员会编:《荷印华侨教育鉴》,编者刊 1928 年,第 376、402、448 页。

[②] 《已设侨民学校及侨生人数调查表》,《教育杂志》第 14 卷第 1 号。

办学的直接动因。

第二，侨居地政府对华侨教育的压制，反而坚定了华侨办学的信心。如 1920 年，为反对英国殖民政府限制华侨教育而制订的《学校注册条例》，新加坡、马六甲、槟榔屿等地的华侨教育界，联合 162 个有组织的团体、2399 名华侨商人及 4202 名华侨领袖，向政府请愿抗议。在华侨教育界的不屈抗争和不懈努力下，华侨教育在压制中仍然获得了长足发展。

第三，国内采取了一系列推进华侨教育的措施，具体而言，有这样四条：一是制订规程统一管理。被孙中山誉为"革命之母"的海外华侨对辛亥革命贡献巨大，民国政府成立后，华侨教育问题理所当然地受到空前重视。1913 年 12 月 22 日，教育部公布《领事经理华侨学务规程》，经与外交部商定，委托中国驻外各使馆兼管华侨教育事务；1914 年 2 月，教育部又公布《侨民子弟回国就学规程》。二是派员考察指导。如 1912 年广东、福建先后派曾揖馨、郑贞文去南洋考察华侨教育；1915 年教育部委托高登鲤、梁家义为驻外视察员；1917 年教育部又派江苏教育会副会长黄炎培等赴南洋调查指导华侨教育。三是由政府出面奖励先进的华侨学校和从事华侨教育的有功人员，作为倡导。如 1917 年先后由总统和教育总长向成绩优秀的侨校、作出突出贡献的华侨教育界人士和商界人士颁发匾额或奖章。荷印华侨学务总会总理陈显源、视学熊理、三宝垄中华学校校长石鸣球以及支持办学的商界人士黄仲涵、张鸿南等，就曾获此殊荣。四是复办暨南学校。暨南学堂 1911 年停办，1918 年在黄炎培主持下复校。复校后的暨南学校更名为国立暨南学校，逐渐改变了以往的补习学校性质，并于 1927 年升格为国立暨南大学，满足了华侨子弟回国接受高等教育的愿望，华侨教育也因此上了一个新台阶。

1927 年以后，华侨教育遇到了暂时的挫折。由于 1929—1933 年期间世界性经济危机的影响，在华侨经济不景气的情况下，一部分华侨学校因经费困难等原因而停办；但随着危机的过去，世界各地的华侨教育又很快发展起来并出现了第三次兴学高潮。据统计，马来亚 1937 年有华侨学校 477 所，学生 40293 人，和五年前相比，学校数和学生数分别增加 2 倍；暹罗在 1926—1937 年间仅曼谷一地就有华侨学校 35 所；越南 1937 年有华侨教师 523 人，学生 23000 人；菲律宾 1936 年有华侨学校 60 多所，学生

70000 多人；①美国在 30 年代末已有华文中学 6 所，小学 60 多所，②等等。

1927—1940 年间的华侨教育，和前段时间相比，不仅华侨小学教育发达，中学日渐增多，而且华侨教育系统日趋完善。南京国民政府成立后，对华侨教育的控制和管理也日益加强。1928 年 6 月大学院特设"华侨教育委员会"专门管理华侨教育事宜；并且制定了《华侨学校立案条例》《华侨小学暂行条例》《华侨补习学校暂行条例》《驻外华侨劝学员章程》《华侨视学员章程》等法令，进一步规范了华侨教育的管理。1929 年 11 月，国民党中央训练部组织召开了第一次南洋华侨教育会议，通过了《华侨教育会议宣言》和 25 项决议案，交流了华侨教育经验，指出了华侨教育发展中存在的问题和改进意见；并建立了"华侨教育设计委员会"，作为教育部办理华侨教育的咨询机构，负责拟定改进华侨教育方案、调查华侨教育情况、计划华侨教育经费及其他有关事项。1931 年秋，侨务委员会成立，下设侨民教育处，主管华侨教育的调查、立案、监督、指导等工作；而有关华侨教育的方针、政策、实施计划、经费筹划、师资培训及课程设计等项，则仍由教育部负责管理。在教育部和侨务委员会的联合指导下，特别是经过各地侨胞的共同努力，华侨教育取得了让世人瞩目的成绩。

华侨教育的迅速发展，引起了侨居地政府的警惕和不安。侨居地政府当局除了颁布各种苛刻条例，对华侨学校教师的任用、学校行政、课程教材、学生年龄等横加干涉和严格限制以外，还改变以往将华侨子弟排斥在当地学堂之外的愚民政策，或开设学校，吸引华侨子弟入学，试图通过与华侨学校竞争来挤垮华侨创办的学校；或给华侨学校以津贴，进而控制华侨学校的办学方向。这些同化、分化政策导致了华侨社会内部意见分歧。尽管如此，大多数华侨还是赞成把子女送到华侨学校中，接受中华民族文化的教育，加强对祖国文化的认同。例如，荷属东印度设立了荷华学校，以毕业后直接升学、优先就业等条件为诱饵，招收华侨子弟，1932 年开办荷华学校 117 所，招收学生 23353 人，而华侨学校则有 450 所，学生近 45000 名。华侨学校的校数差不多等于同期荷华学校的 4 倍，学生是

---

①　《第二次中国教育年鉴》第十一编第一章，商务印书馆 1948 年版，第 2—3 页。

②　[美]麦礼谦：《美国华侨简史》，《时代报》1981 年。

荷华学校的 2 倍。[①] 这说明民族主义思想在华侨中仍具有很深的影响。

1941 年太平洋战争爆发后，日寇大举南侵，南洋各地相继沦陷，华侨教育进入了最黑暗的时期。在这一时期，大多数华侨社团和华侨学校被迫解散；侨校师生有的回国，有的留在当地参加抗日活动，坚决抵制日寇的法西斯奴化教育。国内教育部为收容回国侨生，特在云南保山、重庆綦江和广东乐昌开办了华侨中学，中山大学、厦门大学、复旦大学、广西大学、广东省立文理学院等高校也增设了侨生进修班，安置回国的华侨学生就学。

抗日战争胜利以后，教育部成立"华侨教育复员辅导委员会"，组织华侨学校复学复课；又派专门委员吴研因任督学到东南亚各地督导。各地热心教育的侨胞，克服战后的经济困难，在重建家园的同时，积极致力于华侨教育的复兴。据《第二次中国教育年鉴》统计，到 1946 年年底，海外各地华侨学校已达 3455 所，其中向教育部立案的有 673 所；在这 3000 多所华侨学校中，有中学 100 余所。

第二次世界大战结束后，国际形势发生了深刻变化，各殖民地纷纷赢得了解放，建成独立的国家。身处其间的海外华侨紧跟时代的步伐，逐步从以前的"落叶归根"转向"落地生根"，加入当地国籍成为华人，华侨教育也因此开始向华人教育转化。这是华侨教育所发生的根本性转变：在管辖归属上，华人教育纳入了居住国的教育体系；相应地，教育所涉及的教法、学制、课程、师资等也主要依居住国的做法和政策而定，教育的主旨则逐渐由传承中华文化变为"当地人"教育。不过，应该指出的是，华侨成为华人后，虽然取得了居住国的国籍，但仍念念不忘故土，对中国依然保留着强烈的眷恋之情。

三、近代华侨教育的主要历史特点

从前面的论述中可以看出，近代华侨教育经过了由自发形成到自觉的、有组织的发展，直至逐渐向华人教育转化的嬗变历程。如果姑且撇开华

---

① 乐天：《东印度华侨国民教育概况》，《巴城新报二十五周年纪念特刊》，1935 年，第 89—91 页。

侨自发设立学塾等旧式教育机构不论,那么近代华侨教育的发展时间还不到 50 年。在这近半个世纪的发展过程中,近代华侨教育不仅出现了三次兴学高潮,办学规模越来越大,办学经验越来越丰富,而且在教育管理、经费、教学形式与方法、学制与课程、教材、师资等方面也形成了自己的特点。

第一,在管理上,建立了自国内到侨社再到华侨学校的三级管理体系。比如,在南京设有华侨教育总会,在海外则设有缅甸分会、加拿大分会、越南分会、美利坚分会、非洲分会、菲律宾华校联合会、马六甲华校教师联合会、槟城华校教师联合会等 41 个华侨教育会的分支机构,负责管理和协调世界各地的华侨学校。

第二,在经费筹措方面,来源渠道多样,但缺乏稳定性。华侨学校的经费主要是来自学杂费,以及侨社各界特别是商界的捐款。除此之外,还有多种途径。表 2 可以直观地看到华侨学校经费来源的多样化特点。

表 2　华侨学校经费来源

华侨学校所在地	侨校经费筹集方式
英属马来半岛	学费、月捐、临时捐、特别捐
菲律宾	学费、教育附加捐、华侨个人或团体按年津贴、演剧筹款、募捐、其他(如华侨食盐、华轮船票及运输等纳捐)
檀香山	学费收入、会团或教会津贴、侨界募捐
缅甸	社团捐、校董年捐月捐、学费、俱乐部补助、屋捐、商店月捐年捐、个人认捐、募捐、基金生息、演剧募捐、特别捐、粟捐、屠宰捐、英政府及美会津贴、布店捐、酒廊捐、党部津贴、当店捐、杂货捐、船捐、猪捐、煤油捐、酒码、和码、电油捐、糖捐、田租、土产捐
荷属东印度	月捐、学费、货捐、房租、特别捐及其他(如商会丧事补助费、旅馆捐、赌捐、卖彩票、开夜市等)
日本	学费、校产收入、侨商补助、商会津贴
朝鲜	领馆补助费、学费、房捐地租、商会补助、募捐款、教会补助等

第三,在教学上,华侨学校注重用民族语言授课。1925 年之前,南洋一带的侨校在上中文课程时,因闽、粤学生方言不同,一般按籍分班,分别用不同方言讲授。从 1925 年起,华侨教育界发起提倡国语运动,一些学校在夜校开设了国语专修科,在实践中加以提倡,报界也大力鼓动宣传。1929 年后,南洋各地的侨校教学语言不再是闽、粤方言,而是国语。朝

鲜、日本、美国等地的侨校从新式华侨学堂创办时起，就是使用国语教学。

华侨学校的教学方法主要有注入、启发和辅导等几种。以荷印侨校为例，清末各校教学概用注入式，与私塾无异；民国以后，学校设备渐臻完善，聘用不少新式教师，于是，启发式逐渐取代注入式。五四运动后，受国内教育改革大潮的影响，各校在教学中也间或采用了设计教学法、道尔顿制、蒙台梭利教学法等。又如，日本的华侨学校多采用设计教学法和自学辅导法；纽约的华侨学校则多是启发式与注入式两者并用。

在教学组织上，由于华侨学校大多师资匮乏，有的甚至只有一两名教师，加上学生年龄参差不齐，所以一般侨校都采用单级教学或复式教学的形式，以提高教学效率。

第四，在学制与课程方面，既采行国内办法，又兼顾侨居地的实际。在学制方面，基本和国内一致。1926 年以前，采用的是民初学制，即初小四年、高小三年、中学四年；1926 年以后，逐渐改用国内通行的"六三三"制，即小学六年（包括初小四年、高小二年）、初中三年、高中三年。各校课程则依照国内中小学课程标准办理，体现了以祖国的历史文化为经、以侨居地区经济发展要求为纬的特点。除了重视国语教学以外，为了培养学生适应商业社会的能力，一般侨校都开设有簿记、商业、工艺、形艺等课程，注重对学生进行商业教育。许多侨校甚至还建立了商业实践室、儿童储蓄会等机构，供学生开展商业实习，锻炼学生的实际能力，以便学生毕业后助其父兄经营店务。一些华侨学校经常兴办游艺会、展览会、运动会等，丰富校园的文化生活。

第五，在师资构成上，华侨学校教师大多受过国内教育，外籍教师只占极少数。马来半岛的华侨学校之中，受过国内教育的教师为 80％，缅甸的为 82％，荷印的为 90％，檀香山的为 90％。[①]

四、近代华侨教育的历史作用与存在的主要问题

近代华侨教育在广大华侨的热心支持下，冲破重重阻力得到了很大

---

① 《第一次中国教育年鉴》丙编，开明书店 1934 年。

的发展。无论是在偏僻的乡村,还是在繁华的都市,只要有华侨居住,就可以看到华侨学校,听到莘莘学子的琅琅读书声。近代华侨教育在提高广大华侨的文化知识、谋生能力,增强对祖国的民族认同感,促进侨居地的经济发展和社会进步等方面发挥了巨大的作用。

一是华侨教育的兴办,促进了华侨社会良好风气的形成。

有人在本世纪20年代考察了南洋华侨教育之后,在当时的著名刊物《教育杂志》上撰文,谈到这方面的感受,非常有代表性。他写道:"中国儿童之生长于南洋者,不独不知祖国之语言文字,且亦不自知其为中国人也。……且各立门户,不相往来(粤帮用粤语,闽帮用闽语,潮州帮用潮州语)。在文化未开之南洋社会,商人则孜孜惟利是图,工人则寻仇打架。自有学校创设之后,注重国语教授,子弟入学数年,能操流利之国语,为父兄者潜移默化,居然亦稍稍能国语矣。风气渐开,华侨始各惊异学校教育之效能有如此之大,乃增益其爱护提倡之热心。斯时各帮人士,均能稍解国语,感情亦渐融洽,不独打架之惨事日见其少,而爱祖国之热忱亦油然勃发。举凡从前种种之黑暗,为之荡然。社会人士以同种相残及子弟不入学校为耻事。"[①]

二是华侨教育的开展,有利于提高华侨的科学文化知识水平,增强其在海外的谋生能力,使得华侨在侨居地能够自立、自强、自尊。

为了谋求在海外的发展,广大华侨意识到仅仅凭借"三把刀"的简单技艺是不行的。必须依靠教育之力,掌握文化技术知识,才可以求得一席之地。1917年新加坡学务委员的布告,就表达了这种紧迫感:"当此智识竞争之世界,若不急谋高尚之智识技能,则生计必然日蹙,将来恐无立足之地。"[②]正是有了这种认识,近代华侨教育才能得以蓬勃发展。

华侨学校为侨居地开发和经济建设培养了大批有用的人才。据1930年的调查统计,荷印华侨学校的毕业生就业者占全体毕业生的70%,其中返回祖国就业者仅占15%,另外85%的就业者则留在侨居地。[③] 可见,华侨学校为侨居地提供了大量人才。华侨人才的培养,不仅为侨居地的经济发展和社会进步作出了贡献,而且也增强了华侨在侨居地的经济力量,

① 汪家培:《南洋英属马来半岛华侨教育之概况》,《教育杂志》第18卷第12号。
② 《新加坡学务委员布告》,《教育杂志》第9卷第2号。
③ 《第一次中国教育年鉴》丙编,开明书店1934年版。

使得华侨经济从"唯商独秀"的格局逐渐向多元化方向发展。

三是华侨教育的开展，有利于传播中华文化，激发华侨的民族觉悟和爱国情感，增进华侨的民族向心力与凝聚力。

俗话说："侨民是祖国的文化大使。"如前所述，在华侨学校的教学中，国语一直是极其重要的教育内容。各侨校之所以视"普及国语作为不可缓之要图"，正是因为认识到"一国之国语可以鼓铸一国之国民性。若国语不普及，不特国民性不能鼓铸，且团结力亦因之涣散"。[①] 华侨学校以民族语言和民族文化所进行的教育，使华侨子女能够学习和继承中华民族的优秀文化，提高其民族意识，保持其民族特性和风俗习惯。华侨学校的发展，极大地推动了中国文化在海外的传播。

广大华侨还非常关心祖国的命运和前途，他们积极支援国内的辛亥革命、五四运动和抗日战争等，希望祖国繁荣昌盛。国内的政治、社会动向无不影响着华侨教育的盛衰。辛亥革命和五四时期华侨中出现的兴学热潮就是明证。由于当时中国国力衰弱，国际地位低下，使得华侨教育没能得到侨居国应有的尊重。事实证明，华侨教育与祖国的强大息息相关，只有祖国富强了，才能有华侨教育的发展，华侨的生活和政治地位才有可靠的保障。

四是华侨教育的开展，为世界上不同文化、不同民族和平共处、相互交流提供了可资借鉴的宝贵经验。

华侨教育以养成健全之华侨，发扬中华民族精神，培植适于侨居地的生活能力，增进各民族感情为宗旨。在这样的思想指导下，广大华侨始终能够与其他民族之间和平相处。即使是在侨居地当局推行国家主义，颁布各种苛刻法律对华侨学校横加限制，甚至是故意破坏之时，广大华侨也能做到有理有节，采取灵活的措施以争取平等的受教育权利，保证了近代华侨教育的正常发展。有一位日本学者在其所著的《华侨教育的国际比较》一书中曾对此作出了较为中肯的评价。他认为："中国血统的居民，越过国境，横跨时代，在异域文化环境中与不同的民族共处长存……之所以能够如此，可以说原因在于华侨学校的教育。在围绕着两次大战的国家之间的国家主义、相互冲突、相互制约中，华侨学校也经历了许多考验。

---

① 　熊理：《荷属华侨学务总会过去的历史》，《荷印华侨教育鉴》，编者刊 1928 年，第 415 页。

在这一动乱的世纪中，它被视为一种教育方法，而且表示着当今不同文化、不同民族共存乃至交流的方向。"①

从总体上看，近代华侨教育在海内外侨教人士共同努力和广大华侨热心支持下成绩斐然，但是，在其发展的过程中也存在着一些问题。比如，在华侨学校管理上，校自为政，畛域分明，尚缺少统一规划和有效协作的大局观；学校董事会与教务部之间权限划分不清，董事会往往滥用职权干涉校政。在经费方面，尽管华侨学校经费筹集方式多样，但由于绝大多数学校没有固定基金，华侨学校的发展常常会受到华侨经济状况起伏的影响。在课程设置上，华侨学校的偏科现象也较为严重，有些学校重视了国语而偏废了英文，有些学校则偏重商业的训练和职业技能教育而忽视了一般文化课的学习，等等。在教材方面，有些教材的内容脱离了华侨居住地的生活实际，这一点在常识科和地理科的教学中表现得尤为明显。诸如此类的问题，也是华侨教育界人士在当时努力想解决的问题，然而由于时代的限制，他们的努力并未取得令人满意的成效。

著名文化学者余秋雨有言："历史只有从细密的皱纹里摆脱出来，才能回复自己刚健的轮廓。"②梳理近代华侨教育的线条，让人不能不惊叹于华侨发展教育的执着信念、关注民族前途的深厚情怀，以及华侨命运与民族命运的休戚关系，这便是那个时代最为"刚健"的历史轮廓。如今，中国已成为世界的第二大经济体，"叛逆""莠民"的年代一去不返，侨民在居住国的生命财产安全及其他权益受到国家的重视与保护：利比亚大撤侨，租飞机舰船撤回三万侨民，不惜举全国之力；营救加纳采金者，使领馆慰问与交涉，不辞辛劳。海外华人华侨融入当地主流社会，地位明显提升；孔子学院在世界各地次第开办，外国人竞相以学习中文为傲。华文教育正在创造新的历史，"回复自己刚健的轮廓"。

---

① ［日］市川信爱：《南洋华侨教育的嬗变》，翁其银译，《辽宁师范大学学报》1989 年第 5 期。
② 余秋雨：《千年一叹》，长江文艺出版社 2013 年版，第 87 页。

中国教育财政制度近代化的历史走向

■ 商丽浩

世界各国以财政手段介入教育是近代社会发展的成果,因为近代教育所传递的科学文化知识是国家工业化的基础,更是社会进步的动力;世界发达国家在近代相继建立起通过财政渠道配置教育经费的公共教育体制。虽然发达国家教育财政的发展是近代中国努力仿效的榜样,但鸦片战争后,中国近代教育财政的发展与西方国家有明显的差异,中国近代教育财政制度的变迁植根于其特定的历史荆棘丛中。本文以实证性的历史资料为基础,探讨从传统到近代中国教育财政制度发生的变化,以把握中国教育近代化的特殊性。

一、从中央集权向地方分权嬗变

在传统国家向近代国家转化过程中,中国由单一的整合性国家逐渐变成各级政府在制度上权力和责任较为清晰的国家。教育财政制度也由中央集权向地方分权演变。

[作者简介] 商丽浩(1965年—),女,浙江杭州人,1996年在职考取杭州大学教育系教育史专业博士研究生,2000年获浙江大学教育学博士学位,著有《政府与社会——近代公共教育经费配置研究》等,现为浙江大学教育学院教授、博士生导师,主要研究方向为中国近代财政史。

　　中国传统教育体制是中央集权的教育体制。传统财政体制是中央集权的财政体制，由中央集权的财政体制分蘖出来的中央教育财政也具有同一特质。一方面，国家财政收支由皇帝直接控制，朝臣可以向皇帝呈递奏本，和皇帝共同制定财政收支的计划，但皇帝拥有最高的或最后的决定权，中央一级没有牵制皇帝财政权力的机构存在。另一方面，省财政无独立的地位，中央政府可用解款协款制度支配各省的财政收支，各省布政司只能贯彻中央的政令。教育虽为一项重要的地方事务，但地方政府发挥作用的空间十分有限。由于地方政府除中央财政支发的薪俸和养廉银外，留存的行政经费很少。地方官不得不自筹杂款，自用杂费。地方政府的教育拨款主要源于向百姓的加征、百官捐俸、地方政府掌握的款产。一般而言，地方政府的教育公费来源于下列几条途径：一是向百姓直接加征。向百姓加征一般通过"士绅议定，官府核准"形式。二是百官捐廉。百官捐俸也是地方教育筹捐的一种途径，但这种经费不是严格意义上的地方公费，带有私人捐款性质。三是地方政府将其掌握的款产投入地方教育。如地方政府将诉讼田、欺隐田、罚罪田、绝户田、赎罪田、无主田等官田拨为学田。地方教育公费实际具有两种混合的成分，既有民间经济活动，又与财政活动相联系；然而这是"朝廷或国家不予承认的非法的财务活动"①。

　　在传统中央集权的教育财政决策体制下，国家通过转移支付的方式维持各省精英教育。中央直接支出的教育经费专门款目较少，一般有主考官部分路费、殿试经费和会试经费等，中央财政机关户部直接支拨的教育经费较为有限。相反，国家财政对于各省教育经费支出列有详细的项目，如乡试经费、主考官部分路费、各省的府厅州县学廪膳费、书院公费，等等；并对教育经费进行详细明确的定额管理；国家教育财政经费主要用于各省区的教育发展。

　　清代前期地方教育公费往往与国家财政拨款和民间资金融合在一起，共同承担社学、义学和书院的经费。学校教育经费由民间和政府共同管理，以民间组成的董事会为主要机构，政府起监控作用。如 1898 年 9 月 11 日，山西巡抚报告山西书院改学堂的情况时，曾说明该省旧式教育机构的经费状况。山西省共有书院 109 所，经费支出共银 39000 余两，钱

---

　　①　李三谋：《明清财经史新探》，山西经济出版社 1990 年版，第 301 页。

26000 串。这些经费除省会书院和河东书院外，其余都归绅士经理，历来不造册报部。[①] 从山西省情况分析，省政府只掌握几所著名书院的经费，其余为民间掌握和管理。官学之外的教育机构实际上属于由士绅松散管理的民间教育筹资系统支撑。

清末，国家陷于危亡之中，弱小的传统国家财政急速膨胀以应付赔款、战争、外交各方面的费用，并以分权和放权的方式对付这种超负荷引起的震荡。在这种情况下，中央不断将教育财政职能分解给地方政府，地方政府成为一个相对独立的、活跃的教育投资主体，各级科层组织形成多元化的、决策分散的教育投资模式。中央、省、县、区乡、村保各级行政组织通过各自的收入渠道，形成筹集公共教育经费的网络。

近代省级政府的教育财政能力加强。清朝屡次对外战争的失败，赔款偿债与军事经费的增加，使封建财政无法满足国家职能变化的需要，由于中央向无确定的财源，需地方供给，清廷将拨解制度改为摊款制度，各省不论贫富，均需分摊赔款。因而以省为单位的财政系统得到合法承认。洋务运动时期，张之洞等封疆大吏开始动用省政府自筹资金办理新式学堂；维新运动时期，全国各省级政府普遍以自筹"外销"款项对旧式书院进行改造。1901 年，朝廷下令各省仿照山东大学堂章程在省城先设一所学堂，各省地方政府陆续以列入国家常例开支的"正项"经费兴办地方教育事业。1904 年，"癸卯学制"规定省设立高等学堂和官立模范中学堂。北京政府时期，地方军阀截留中央专款和减少乃至完全拒交各省解款，财政统辖体系荡然无存。本期内，省级教育经费主要在省地方税内开支，省政府在筹集省级教育经费中起着举足轻重的作用。国民政府时期，田赋划归为地方政府所有，省政府的财政能力得以合法扩张；与此同时，地方教育的发展被视为推动地方政治和经济发展的手段，省教育财政进一步拓展。如浙江省从 1913 到 1924 年，省国家教育经费从 1.3 万元增至 4.6 万元；省地方教育经费从 68.4 万元增至 101.5 万元；[②]1933 年浙江省省级教育财政总经费从 1924 年的 106.1 万元上升为 210.6 万元。

---

① 《山西巡抚胡聘之折》，朱有瓛：《中国近代学制史料》第 1 辑下册，华东师范大学出版社 1986 年版，第 447 页。

② 财政部财政调查处：《各省区历年财政汇览·浙江》，1927 年编者刊，台湾文海出版社 1989 年影印。

近代县乡政府也承担起筹划教育财政经费的职责。1904 年中国第一部新式学制颁布,规定中小学教育由府、州、县办理,州、县政府开始大规模筹资兴办近代教育;随着近代县政府行政能力扩展,乡区政府逐渐建立,国家政权下移使地方教育财政能力不断上升。清末,府、州、县是自办新政的主体,也是筹集公共教育经费的基本单位。县教育财务行政组织由士绅分散筹款办学的传统创新而成。劝学所通过对劝学员绅的选拔和确定,形成一种代表制度筹集教育经费,从而改变个人分散办学的状态。由于地方自治经费的开征,使地方有权在正税的边缘筹集教育经费。地方税的实行改变了原有的产权观念,使原来由"士绅议定"的"纯为民间"的带征款源成为一种具有强迫性质的公共款项。民国以后,在地方自治兴衰变化过程中,更为官方化的教育局取代劝学所成为地方教育经费管理机构。县税对于教育经费的筹集作用增加,国民政府时期,推行义务教育的努力使地方寻找公共教育经费的压力进一步增加。县教育经费的税源增多,税基不断扩大,教育经费总额也在增长。

伴随着传统国家向近代国家的过渡,省政府开始投资高等教育、中等教育,补助地方义务教育;县政府通过税收筹措公共资金作为普及教育的经费;县政府教育拨款不仅下达于县立小学,也补助学区办学经费;学区办学改变传统乡族设学的面貌,被近代政府所渗透的基层行政机构承担起筹措普及教育经费的任务。从 1933 年教育经费的统计分析,无论从教育经费结构内部,还是在财政结构中,地方政府的教育投资都占有主要地位,教育可视为地方的事业。在各级教育财政投资结构中,中央、省、县各级教育财政经费支出之比为 15.2％、32.9％、51.8％。在财政结构中,各级教育财政经费占各级财政支出的比例,中央、省、县分别为 2.5％、12.4％、38.7％;三级政府之中,县教育经费占县财政支出比例为最高,县政府对于筹措公共教育经费的努力程度最大。

近代教育财政制度由中央集权向地方分权的嬗变,拓宽了教育财政经费的来源,使地方政府能依据区域内民众的需求提供服务,对于辖区内的公民的意愿作出反应;但这种体制也使中央政府以财政手段调节各区域教育发展的能力下降,使近代教育发展明显受区域因素的影响。

二、从定项定额拨款向预算规划拨款发展

传统教育财政收支是国家定项定额予以规定的，具有超稳定的特性。清政府在财政支出方面所确立的规范是由财政经制来体现的。所谓"经制"是"国家出入有经，用度有制"的简称，是指国家每年正常的财政收支有相对固定的额度，并由《会典》《则例》等法典式文献予以规定，无论社会经济情况发生如何的变化，均不得突破经制所规定的支出范围和额度。清代前期国家财政支出项目相对固定。清代前期国家财政经费为"国用"经费，《皇朝政典类纂》将"国用"用额分为岁出之款、京师之款、直省经费、杂支四项。① "岁出之款"设有 12 个项目：祭祀、仪宪、俸食、科场、饷乾、驿站、廪膳、赏恤、修缮、采办、织造、公廉。这些项目在不同年代有所变化，但变化不大。常例开支属于国家财政收支范围，学术界一般称之为财政经常性开支。清代前期国家财政，在乾隆、嘉庆、道光年间，岁出经费均约为 3000 万～3500 万两，国家常例开支，也就是经常性的财政支出数额变化不大。

清代前期国家教育财政收支相对固定。传统国家财政支出的各省教育经费项目与经费额相对固定。第一，国家财政转移支出的各省教育经费包括各省科场经费、学生廪膳经费、书院公廉经费三项。据《皇朝政典类纂》统计其总额约为 34 万两；据《清会典》记载，光绪十三年(1887)的总额约为 37 万两。这三项经费支出总额变化不大。第二，国家财政支付各级官学俸禄。学官俸禄在"岁出之款"中所列的"俸食之款"和"公廉之款"中支出，其费用可由国家规定的各省区的学官数量和俸禄估算。国库年支出学官费用约为 13.31 万两。② 第三，中央本级教育经费也定项定额收

---

① 席裕福、沈师徐辑：《皇朝政典类纂》卷 158，光绪二十八年，上海图书集成局印，台湾文海出版社 1982 年影印。

② 清代前期学官数和对应秩品等级引自刘子杨：《清代地方官制考》，紫禁城出版社 1988 年版，第 427 页；其俸额取自何平：《清代赋税政策研究：1644—1840 年》，中国社会科学出版社 1998 年版，第 111 页。清初官吏的报酬包括俸食、养廉、公费三部分，本文主要根据俸银计算。

支,据《皇朝政典类纂》资料判断,国子监经费定为 0.6 万两。第四,国家免除官学生员的丁粮。传统国家教育拨款直接落实到个人,以生员、考生、中式人员、教师为依据配置;而一地区生员、科考中式人员、由国家通过法典予以规定。中央财政严格控制着教育的发展。

教育财政必须不断适应社会对于教育提出的要求,这种固定的教育拨款制度无法应付近代教育的发展。鸦片战争后,新式教育在原有合法的国家财政体制中难以寻找教育财政资源,1862 年创办的京师同文馆是中国最早的官立新式学堂,其经费来自海关一向不上交户部的办公费用。清末政府借助于临时的专项筹款措施拓展教育财政的规模,各级公共教育经费的筹集和分配都缺乏稳定性。

20 世纪初,中国推行新政,筹备立宪法,开始模仿西方预算制度管理国家财政。预算是国家为行使其职能有计划地集中和分配资金的手段,是在一个确定的财政时期内政府活动的计划或方案。预算制度是以西方宪政的精神,在统一全国财政总原则下,正式划分中央与地方两个财政范畴,通过国家与地方收支划分确定两者的权限,以避免国家财政与地方财政的冲突,使国家财政与地方财政互相不侵犯。这是在西方资本主义影响下产生的新型的财政制度,这种制度对于教育财政管理有十分重要的影响。教育财政预算制度的产生为教育经费稳定供给提供了条件,为教育财政经费增殖提供了合理的基础。

中国编制预算始于宣统三年,但清末财政预算是赤字预算,是虚假预算,由于清政府财政崩溃的局面已经形成,企图统一财政已无可能,各地上报数额只为应付局势。这一预算随着封建王朝的崩溃,没有实行,但它为民国财政和教育财政制度奠定了基础。北京政府时期,教育预算程序一般由教育部提出,交由财政部,然后交由国会审定。北京政府时期预算管理混乱,教育经费问题上出现的一个重要现象是预算内经费得不到保障。教育部曾指出外务部有国税,交通部有特别会计制度,内务部有公产公地,财政部有烟酒盐余,惟本部收入毫无。以至教育部欠薪已逾两年,也无人过问。[①] 南京国民政府时期,国家财政统辖关系逐渐建立,预算的严肃性有所增加。就中央教育经费而言,北京政府时期中央教育财政经

---

① 《教育界消息:啼饿号寒之全国教育界》,《教育杂志》1926 年第 18 卷第 2 号。

费实际支出额只占预算额的 60%,国民政府时期上升为 83%。[1]

　　近代中国从清末开始从西方移植以预算制度,并力图通过宪法规定预算所应遵循的基本原则。但是,教育财政立法过程中也出现快速更替、重复建设的现象;这种现象使近代形成约束各级公共教育经费配置的宪法,很少在具体的实际操作的财政预算中体现出来,使保障教育经费成为空言。因而近代教育财政预算管理制虽已产生,但保障制度得以实施的力量并不强大。这是发展中国家现代化进程中的普遍问题,经济学家冈纳·缪尔达尔称之为"软政权化"问题。近代中国教育财政收支不稳定,各种军事势力、社会分利集团时时侵入教育财政系统,削弱教育财政制度化能力。近代教育财政发展中,在扩大教育财政规模的同时,国家流失了部分对教育财政进行制度化、法制化管理的能力。

三、从财政结构边缘向财政结构核心靠近

　　传统国家教育经费已在国家财政总经费中占有一定的地位,但国家定项定额支出的教育财政总额十分细弱,教育支出处于国家财政支出的边缘。以《皇朝政典类纂》和《清会典》记载的"国用"项下的"岁出之款"中专项用于教育款项:科场经费、学生的廪膳经费、书院的公廉经费三项统计,总额分别约为 34.7 万～37.4 万两;加国子监经费 0.6 万两,再加学官经费 13.3 万两;在科考大比之年,总计国家教育财政经费约为 48 万～51 万两;与国家财政岁出经费 3500 万两相比,国家教育财政经费占国家财政经费岁出的比例约为 1.3%～1.45%。由于受儒家思想影响、历史经验的启迪、现实矛盾的困扰,清代前期国家财政以宽赋为主导,国家财政能力细弱。据王业键估计,清朝全部赋税负担只占国民生产总值的 2.4%。国家通过财政控制教育的能力也相对弱小。社会仍保有自己的独立性,

---

　　[1]　北京政府时期以 1919 年、1924 年、1925 年资料统计,见《财政年鉴》第一编第一章,商务印书馆 1935 年版。国民政府时期以 1931—1937 年资料统计,见财政部财政科学研究所、中国第二历史档案馆:《国民政府财政金融税收档案史料》,中国财政经济出版社 1997 年版。

乡村要自己去处理大量的教育事务。[1]

近代教育财政逐渐走向财政结构的核心,1933 年各级教育财政拨款总额约 17000 万元,占国家财政经费的 11%。[2] 这是中国近代社会发展的成果,有四种方式在拓展中国教育财政能力中起了十分明显的作用。第一,增加地方政府的教育筹资功能。清末国家财政急速膨胀,朝廷不得不允许各省超脱国家财政则例的范畴去觅款,依靠地方在传统的国家财政系统之外自开财源,自筹自用发展地方教育。1911 年预算修正案中,各省地方教育行政经费占各地预算中教育经费总额的 82%,到 1933 年各省地方教育财政经费占教育财政总经费仍保持在 80% 以上。教育财政分权在拓展政府教育财政能力起着十分重要的作用。第二,中国近代各级教育财政经费的增长高于各级财政经费的增长,这种增长态势使教育财政在各级财政分配中的地位提高。从中央教育经费情况分析,1907 年学部经费为 106 万两;1911 年预算修正案中,学部经费上升为 274 万元,学部经费占国家财岁出的 1%;1925 年教育部经费占中央财政经费岁出预算的 1.19%,1935 年上升为 4.8%。从 1914 年至 1937 年,中央教育经费增加 14 倍;而同期中央财政经费只增加 2.4 倍。省教育财政增长也出现与中央教育经费增长相类似的现象。从江苏、浙江、山西、山东、广西、贵州六省分析,在 1919 年至 1934 年间,六省省级教育财政经费平均增长 4.3 倍;同一时期省财政经费只增长 1.8 倍。[3] 第三,通过深化市场机制,各级政府部门通过创办收取学杂费的公立学校,提高各级政府配置教育资源的能力。民国时期国立、省立、县立学校的学费在形式上纳入各级财政预算管理体系。据舒新城估计在 20 世纪 20 年代后期,中国公立学校学费为 900 万元,学费收入占公立学校教育经费的 20%。[4] 第四,随着各级政府财政规模的扩大,政府的教育支出规模也水涨船高。费惟恺认为

---

① 转引自吉尔伯特·罗兹曼:《中国的现代化》,国家社会科学基金"比较现代化"课题组译,江苏人民出版社 1988 年版,第 96 页。

② 据教育部统计室:《全国教育经费统计:二十二、二十三年度》中数据估算,商务印书馆 1937 年版。

③ 参见财政部财政调查处:《各省区历年财政汇览》,1927 年编者刊;台湾文海出版社 1989 年影印。

④ 舒新城:《免费问题》,《教育杂志》1928 年第 20 卷第 6 号。

在 1931—1936 年间,中央和省及地方政府支出占中国国民生产总值的 3.2%～6%。[①] 虽然这一比例低于世界发达国家财政发展水平,但是对于传统国家的财政能力而言,近代政府财政支出比率仍有增加,教育财政支出规模也逐渐加大。

由于近代国家以财政手段介入教育能力的扩展,近代公立教育机构成为吸收教育经费的主要机构,20 世纪 30 年代国立、省立、县立、私立学校教育经费分别占全国学校教育经费的 11.7%、16.5%、44%、27.5%。[②] 这一数据大致反映了国家各级教育财政在学校教育经费中所起的作用。通过教育财政机制筹措教育经费,在近代教育筹资体系中占有相当重要的地位。但是中国近代教育财政规模扩大仍受到很多因素的限制:由于社会政治和经济发展的不稳定,国家财政经费大量用于军事之中;在资源有限的情况下,中国教育财政经费在预算中无法如发达国家那样快速增值。

四、从支持精英教育向支持普及教育过渡

清代前期,国家教育财政经费的主要部分用于地方科举考试和地方官学;清代科场中平民皆可"怀牒自列于州县",通过科举考试,一批批儒学知识分子脱颖而出,成为不同于编户齐民的官与绅。国家与教育之间通过"学而优则仕"联结为一体,国家教育经费投入相应集中于精英教育和选拔精英两个方面,对于基础教育则十分忽视,只拨发如新疆等少数省份的义学经费。

鸦片战争后,在西方挑战的持续冲击下,教育革新成为拯救古老民族危机的手段,近代教育承担着培养各种类型的新式高级人才的职责,也须承担培养新型国民的任务。在发展新式教育的财政压力下,国家开始主动放弃原来承担的一部分教育财政职责。措施之一是在西方国家教育收费制度的示范下,政府取消各级官立学校的公费津贴制度。1904 年颁布

---

① 费正清:《剑桥中国晚清史》上卷,中国社会科学出版社 1985 年版,第 123 页。
② 据《十九年度全国各级学校教育概况总表》计算,见《第一次中国教育年鉴》,开明书店 1934 年版,第 1584 页。

的学制规定除官立模范小学堂之外,各级官立学堂须向学生收取学费。措施之二是科举考试废除后,对于各级学校的毕业生,国家不再提供免其赋税等优厚待遇。与此同时,国家要求原有的教育资产注入新式教育中。如要求将各级书院改为各级学堂;1905年国家开始提取一部分科举考试经费为学部行政经费。国家原有的教育资产向新式教育转移。

　　清末,在资源有限、时间紧迫、人才急需的压力下,政府部门把国家财力集中到最能迅速见效的领域。近代教育财政投资职能由高等教育向普及教育,城市教育向乡村教育不断推进。这种逆向前进的路线表现了后发型国家的特点。张之洞、刘坤一曾明确表达这一兴学策略:"惟经费太绌,师范难求,只可剀切劝谕,竭力陆续筹办,若必待天下遍设数万小学,数百中学,然后升之高等学大学而教之用之,至速亦须十年。时事日棘,人不我待。刻舟胶柱,必致空言误事。今日为救时计,惟有权宜变通,先自多设中学及高等学始。选年力少壮通敏有志之生员迅速教之,先学普通,缓习专门。应各就省城及大府酌量情形,迅速筹办,以资目前之用。"①中国教育财政近代化的起动不是以普及义务教育而是以高等教育优先发展为特征的,教育脱离其自身内部逻辑向前发展。由于城市聚集着众多的人口和财富,也具备动员社会的行政资源,城市兴学见效迅速。国家教育经费的配置向京城、省城、县城聚集,城市抛开广大的乡村孤立发展。

　　随着近代化的深入,在危机形势下形成的应激型的教育财政模式向平衡型的教育财政模式逐渐过渡。北京政府时期,中央教育财政危机四伏,1925年教育界要求国库补助义务教育的提案没有被善后会议批准;但省教育财政开始承担起中等教育的职能,省教育经费支出以中等教育为主。如清末浙江省教育财政经费中,高等教育经费占45%,教育行政占40%;至1924年浙江省教育财政经费中,高等教育经费下降为占36%,中等教育经费上升为占58%。②省教育财政职能由高等教育向中等教育方向推移。20世纪20年代,教育部规定县经费充裕时,酌予补助市、乡、区立之小学校经费,补助事项以教员薪俸为限,补助数目以该校全经费三分

---

　　① 朱有瓛:《中国近代学制史料》第1辑下册,华东师范大学出版社1986年版,第772—773页。

　　② 财政部财政调查处:《各省区历年财政汇览》,1927年编者刊,台湾文海出版社1989年影印。

之一为限。[①]同时,学区明确地成为义务教育经费筹集的基本单位,学校经费一般全由自治区负担。县、市、乡教育财政的发展有利于基础教育的普及。

国民政府时期,政局的稳定为教育财政模式的转型提供了有利条件,社会主义思想中教育平等观念摧毁了原有教育财政模式的合法性,执政党中的三民主义思想和国家主义思想为转型提供了思想基础。1930 年第二次全国教育会议提出"义务教育主尽量推进,中高等教育主充实整理"。具体方法是规定在训政期内,各省已设省立普通高中和职业高中各一所的省份,暂停添设高中;各省省立初中和职业中学以 10 所中学为度。[②] 1935 年,中央政府开始下拨义务教育补助经费;并规定"各省市不能依照教育部规定之数额自行筹足或设词虚报者,中央经费暂不拨付"。在教育部督促下,各省市和地区纷纷自筹义务教育经费。从 1929 年到 1936 年,中国义务教育经费从 6416 万元上升为 11863 万元;已受义务教育儿童的比例从 20.1% 上升为 41.5%。由此可见,公共教育财政的服务内容从追求效率扩展到追求公平上来,平衡型的教育财政模式渐露端倪。这种模式能为社会政治和经济的长期发展建立更广阔、更坚实的基础,但抗日战争的爆发遏止了这一财政模式的成长。

中国近代教育财政经费投资仍处于从精英教育向普及教育过渡的旅程中,与发达国家在近代建立起以公共教育经费向全体国民提供免费的义务教育的体制相比,中国政府尚没有能力承担起这一职责。

审视中国教育财政发展史,如果将传统教育财政称为中央政府的时代、精英教育的时代、超稳定的时代;那么近代教育财政可谓是地方政府崛起的时代,普及教育渐露端倪的时代,在动荡中不断开拓的时代。

传统教育财政具有中央有计划地集权管理、平衡各区域教育发展、缓解经济因素对于教育的影响等特点;传统教育财政使教育被纳入政治轨道,国家在一定程度上控制教育资源,官学教师和学生的名额和待遇都纳入国家财政管理范围;国家通过财政手段控制着教育的收益率,教育成为国家可随意操纵的资源。一方面,国家通过免除官学生员的丁粮间接支

---

① 璩鑫圭、唐良炎:《中国近代教育史资料汇编·学制演变》,上海教育出版社 1991 年版,第 1042 页。

② 《教育界消息:第二次全国教育会议之回顾》,《教育杂志》1930 年第 22 卷第 5 号。

持官学教育；另一方面，国家财政危机之时，通过捐监制度弥补财政困难，捐监的收入成为清朝平衡收支的外围防线的一部分。诺贝尔奖得主 J. 希克斯曾定义传统经济是"指令—习俗"经济。中国传统教育经费投资体制也与之十分相似，由中央集权的教育投资系统和受习俗支配的具有弥散性、随意性特点的民间投资系统结合而成。这种投资格局的形成是因为民众过于弱小，弱小的民间社会通过与皇权联盟构成这一教育经费投资体制。

鸦片战争以降，中国社会在世界现代化浪潮的卷裹之下，被迫踏上近代化的征程。在由传统农业国家向现代工业国家转化过程中，新式教育成为推动国家发展和经济增长的关键矢量。国家通过教育财政投资主体地方化，深化市场机制，扩大财政规模和提高教育财政地位，使教育财政规模渐趋扩大；国家通过取消官学学生的公费津贴，取消国家对于毕业生的待遇，提高普通教育的支出，使教育财政投资结构逐渐调整；教育财政的现代性逐渐增长。

由于中国近代教育财政发展是在内部经济动力不足、新式教育需从西方移植引进、国家财政力量微弱、行政能力有限的情况下艰难崎岖的发展。因而与西方发达国家相比，近代中国教育财政合法化能力仍较弱，预算严肃性不强，教育财政规模较小，教育财政经费分配上仍有缺陷；这些缺陷使近代教育的扩张一直受到教育经费不足的困扰，使近代教育结构的调整受到教育经费的限制，制约着为规范化地、大批量地培养各级各类人才的近代教育的发展。近代教育财政的发展特点反映了与中国几千年来自给自足的封建农业经济基础和封建专制政体相适应的传统教育，逐渐向与资本主义发展相适应的近代新式教育转化的特点。与西方以国家投资教育，尤其是投资普及教育为近代教育的特征相比，近代中国教育财政的历程有着明显的特殊性。

近代商人与教育改革

■ 闫广芬

中国近代教育的变革走了一条十分艰难的路程,这不仅仅是因为几千年来痼弊的传统文化思想的阻滞,更为重要的是教育发展的现实经济基础的缺失。著名学者陈旭麓先生在回顾和总结中国近代化的历程时深刻指出:"近代社会的新陈代谢,上层建筑变化快,经济基础的变化较慢。……基础的变化慢,它不能由意志而催速。因此形成了近代中国社会新陈代谢的脱节和困难。"①这同样是中国教育近代化的症结所在。19世纪60年代洋务教育的产生是中国近代教育萌生的标志,但中国近代教育体制的全面转型起始于19世纪90年代。20世纪初年在清政府实行的新政运动中,教育改革被放在特别显著的地位并取得了重大进展。1904年《奏定学堂章程》的颁布,1905年科举制度的废除,催发了新式教育产生以来全国最大的兴学热潮。然而新学校赖以生长的时代土壤,缺失极端困敝的社会经济。光绪皇帝在上谕中不无悲切地哀叹:"现在国步艰虞,百废待举,而库储一空如洗,无米何能为炊?如不设法经营,大局日危,上

[作者简介] 闫广芬(1964—),女,河北沧州人,1997年考取杭州大学教育系教育史专业博士研究生,2000年获浙江大学教育学博士学位,著有《经商与办学——近代商人教育活动研究》等,现为天津大学教育学院副院长、教授、博士生导师,研究方向为中国近代教育史、教育社会学。
① 《陈旭麓文集》第二卷,华东师范大学出版社1997年版,第190页。

下交困,后患何堪设想。"①同时,兴办近代教育还面临着人才基础的缺失。在中国近代揭幕之时,龚自珍喊出了时代的最强音:"我劝天公重抖擞,不拘一格降人才。"人才问题的确是中国近代社会中带有根本性的问题。这里所谓的人才,相对于中国传统的培养内圣外王的"通才"来讲,是指适合近代发展需要的专门人才。19世纪60年代到90年代,具有近代教育标志意义的洋务派所常伴的旨在培养专门人才的洋务学堂,据不完全统计有34所,其中外语(方言)学堂7所,军事武备学堂15所,科技学堂仅有12所。而当时90年代以前的民用工矿、航运及新式金融企业公有400多家。② 12所科技学堂相对于数百家企业可以说是杯水车薪。何况还有大量的学生并没有进入实业界而流失了。教育发展与困顿的经济基础而举步维艰,经济发展也因缺少适用的人才而困难重重。教育与经济的互动与关联浮出水面,走到历史前台,从而构成了近代化或教育近代化的鲜明主题。

一、商人捐助教育的心路历程

谈到商人,在一般人的眼里都是好利、逐利的代名词。所以商人捐助教育的动因和目的不管是历史的影响,还是现实的存在,大多被一些人简单归为两个字——"营利"。我们只有走进历史的场景,深入商人的内心世界,才能客观、全面地了解商人捐资教育的动因所在。

具有一定规模和影响的商人捐助教育现象出现在19世纪末20世纪初。在这样的时代背景下,商人捐资教育最为重要的推动力源于他们强烈的使命感和社会责任感。救亡图存是近代中国创深痛剧的严酷社会现实下压倒一切的时代主题,它贯穿于近代史的每一环节而构成百年历史的主线。每个有良知的中国人在时代浪潮的鼓荡下,都为此交上了带有自身认识的答卷。近代商人渴望祖国的富强,认为中国只有在自身近代化的过程中,才能真正抵抗侵略者。然而,要实现祖国的富强,就必须发

---

① 朱寿朋:《光绪朝东华录》(五),中华书局1958年版,第1117页。
② 杜恂诚:《民族资本主义与旧中国政府(1840—1937)》,上海社会科学院出版社1991年版,第320、528页。

展工商业；而要振兴民族工商业就必然要有为之服务、献身的人才。著名绅商经元善之所以敢于打破几千年的沉重积习，开女学之先声，是因为在他看来兴女学是中国富国强兵的重要途径。"我中国欲图自强，莫亟于学堂；而学校本原之本原，尤莫亟于创女学。"①张謇以状元身份下海经商，抱定"图存救亡，舍教育无由"②的信念，以兴办师范教育为端始，后兼及普通教育、实业教育和社会教育等各个领域，为我国近代实业教育奋斗了一生。被实业界誉为"棉纱巨子"的穆藕初回顾我国实业发展的历史，也深有同感，"考我国二十年，累办实业，累招致失败之最大原因，莫不以缺乏实业人才"。而"吾国实业人才之缺乏，因平素不知所以发育而储备之。穷原竟委，当归咎于教育之不修"。③

　　近代商人对时代的这种感悟，也成为他们自身不断追求知识结构更新的动力之源。激烈的市场竞争使他们清楚地认识到，"商业之发达，由于开放商智；商智之开通，由于设商学"④。"商业不兴，由于不智，不智由于无学是学堂一项，尤为振兴商业之要著。"⑤自觉追求新知，提高文化素养是近代商人成功的要素之一。短短数十年，从身无分文的钱庄学徒到创千万元基业的近代实业巨头荣德生，他的成功与他善于学习而又精于在商业实践中领悟其中真谛的品质密切相关。他曾苦心钻研西方经济学说，研究西方新式机器设备。他还潜研过法律，为他的企业活动减少了许多阻碍。他常到书店，选购事业可观之书如《事业》杂志、《美国十大富豪传》等。⑥ 1935 年 4 月 1 日他在《梅园豁然洞读书处同学会成立大会上的讲话》中恳切地指出："至于读书一事，亦非仅为在学校时之专业，当将此养成一种素养，即在就事之后，亦不应失其研习之机，仍当孜孜向上，所谓做到老，学到老，凡此莫非成功之要诀，幸诸君共勉之。"⑦孜孜不倦的求知

①　虞和平：《经元善集》，华中师范大学出版社 1988 年版，第 209 页。

②　《张謇全集》第六卷，江苏古籍出版社 1994 年版，第 515 页。

③　《藕初五十自述》，《藕初文录》上卷，商务印书馆 1926 年版，第 122 页。

④　苏州商会档案：第 43 卷，苏州市档案馆藏。

⑤　天津市档案馆：《天津商会档案汇编：1903—1911》上册，天津人民出版社 1989 年版，第 66 页。

⑥　荣德生：《乐农自订行年纪事》，江南大学荣氏研究中心收藏，未刊稿，1935 年。

⑦　《梅园豁然洞读书处同学会会刊》，《荣德生著作、言论、传记选》，江南大学荣氏研究中心收藏，未刊稿，1935 年。

精神在每一位成功的商人身上都有共同的体现。卢作孚靠着坚忍不拔的毅力,走着一条艰辛的自学之路,奠定了他坚实的自然科学与社会科学的知识基础。正如美国《亚洲与美洲》杂志登载的一篇题为《卢作孚与他的长江船队》文章所评:"卢作孚是一个没有受过正规教育的学者,一个没有现代个人享受要求的现代企业家,一个没有钱的大亨。"①他自己在《答刘同仁半日读书之请求》一文中说:"作孚亦穷光蛋,读书之兴趣尤深","工作以外,苟有时间,不拘多少,皆以读书"。② 东方图书馆于 1928 年、1929 年作过一项调查统计,商人阅览人数在 1928 年时仅次于学界居第二位,可是到了 1929 年商界阅览人数跃居第一位。毋庸置疑,代表先进生产方式的民族资本主义工商业求生存图发展,必须学习西方先进的科学技术、科学管理方法,以适应工业化大生产的要求和市场竞争机制。这也正是先进的科技知识赖以生长的近代教育备受商人青睐的重要原因之一。

近代商人中比较普遍的匡助家乡教育事业的现象,在一定意义上说是受儒家"修身、齐家、治国、平天下"伦理观念的影响。荣氏兄弟把父亲临终前的教诲作为立身处事的座右铭:"治家立身,有余顾族及乡,如有能力,即尽力社会。以一身之余,即顾一家;一家之余,顾一族一乡,推而一县一府,皆所应为。"③对于荣德生的抱负与实践,无锡学者钱基厚指出这非常符合孔子"己欲立而立人,己欲达而达人"的宗旨。身居海外的商人,置身于异质文化氛围中,目睹灾难深重的同胞生活和濒于亡国灭种边缘的社会现实,家、国的观念在他们心中具有沉重的分量。对家乡、祖国的报效也显得相当的执着和自觉。被毛泽东誉为"华侨旗帜、民族光辉"的陈嘉庚以倾资兴学著称于世。他坦言:"凡作社会公益,应由近及远,不必骛远好高。""既不能爱乡,何能爱国。"④对出身贫穷的商人阶层来说,尽管并未读过多少儒家经典之作,但社会遗传下来的、世俗化的儒家伦理观念却根植于他们的精神血液之中。不可否认商人捐资教育有着"显亲扬名""光宗耀祖"等因素的影响,但是,这种思想动机却很难滋生出高层次或高

---

① 凌耀伦:《卢作孚集》,华中师范大学出版社 1991 年版,第 7 页。

② 凌耀伦:《卢作孚集》,华中师范大学出版社 1991 年版,第 181 页。

③ 荣德生:《乐农自订行年纪事》,江南大学荣氏研究中心收藏,未刊稿,1935 年,第 25 页。

④ 陈嘉庚:《南侨回忆录》,南洋印刷社 1946 年版,第 318 页。

境界的人格。所以,近代商人的教育关怀更多的是对以上"显亲扬名"层面上的思想动机的超越和升华。荣德生对成功曾作过这样的解释:"吾之所谓成功者,如百工百业,皆可有成,非谓欲群趋于政治之途,以求得达官显贵,然后足称耳。小之能在乡县尽其本位之责任,使乡治臻于健全之境,亦莫非为成就也。诚如《大学》所谓'修身、齐家、治国、平天下'者,盖必欲循序渐进,以一己为始也。"①倾家兴学的著名商人杨斯盛在他的《捐产兴学启》中用带有真切感情的朴实语言表露了他办学的思想感情。"现在我已经老了,我没有其他的希望,只预备在校旁空地,造三间房子,住在里面,常常到校中去听听学生的书声,终我余年,等我死后,就把我的尸骨埋在这里我也就心满意足了!"②他是这样说的,也是这样做的,当他病情加剧时,犹以减轻浦东中学学生学费为念。临殁时,还说浦东中学黑板应当改良。③ 当有人为之办学精神所感动,欲求他的行历以上奏请封时,他说:"我办学的目的,并不是为着沽名钓誉的。"④

在内忧外患的近代社会形势下,实现教育的近代化必须依靠民间的力量,这是当时人们的一种普遍认识。那么,如何调动人们办学的积极性?养成人们普遍关怀教育的情结?综合当时人们的言论大体有两方面的内容:

一是给予奖励。康有为提议:"鼓动绅民,捐创学堂,其能自捐万金,广募地方经费者,赏御书匾额,给以学衔,以资鼓励。其有独捐十万巨款,创建学堂者,请特旨奖以世职。"⑤张謇建言:仿效西方国家官立公立私立三法,鼓舞民间设学,"民立学校之学生,其卒业文凭与应得国家一切优待,与官立同"⑥。奖励是促使商人投资办学的重要驱动力。从施奖一方来讲,无非是要通过奖励这一手段,给人以激励、鼓舞,目的在于养成人心重教的社会风气。但从受奖一方来讲,则颇为复杂,其中功利目的有之,

---

① 荣德生:《乐农自订行年纪事》,江南大学荣氏研究中心收藏,未刊稿,1935 年,第171 页。

② 黄警顽、赵鸣:《杨斯盛与叶澄衷合传》,上海图书馆藏铅印本 1933 年版,第 121 页。

③ 陈景磐、陈学恂:《清代后期教育论著选》下,人民教育出版社 1997 年版,第 315 页。

④ 《张謇全集》第四卷,江苏古籍出版社 1994 年版,第 8 页。

⑤ 《张謇全集》第四卷,江苏古籍出版社 1994 年版,第 68 页。

⑥ 《张謇全集》第四卷,江苏古籍出版社 1994 年版,第 95 页。

但功利目的毕竟有限,只有基于功利而又超越于功利追求时才可能获得巨大的动力之源。因此,如何在更高层次、更为普遍的意义上去鼓励人们形成自觉的教育意识?无疑这和国民素质的提高密切相关。

二是开启民智。在中国近代教育史上,张謇一生对兴办学校有极大热忱。他把能否捐助教育的行为上升到国民资格的高度加以体认。"夫劝捐不足以集事者,民智未开,不知兴学之益也。既欲强迫其子弟及岁从学,安在不可强迫其父兄合力兴学?"建议"召集绅富详明晓谕,确查某绅某富财产若干,应捐若干,公同酌定,捐助建设",并强调指出:捐助教育"以为国民资格之据"。如果悭吝,或倚势不出者,"是无乡土之爱情,即不能有国民之资格,不能有国民之资格,即不能享国民完全之权利"。① 从权利与义务的角度呼吁人们关心教育事业。他坚信:"苟大多数有高尚人格,高尚知识,何患不能教育普。"②1903 年周学熙赴日本考察工商业,看到日本民间设立的大量工场、学校而感慨颇多,真正认识到"开民智"的重要价值。"盖所以开通风气者,必有要领! 其铁路、轮船、电报、得律风(电话)之数者,观之足以大启民智欤!"③

与有识之士的倡导相呼应,教育受到了政府政策层面上的重视。1898 年,光绪帝发布上谕:"各省绅民如能捐建学堂或广为劝募,准各省督抚按照筹捐数目酌量奏请给奖,其有独立措捐巨款者,朕必予以破格之赏。"④1904 年清政府颁布《学务纲要》《奏定初等小学堂章程》《奏定中学堂章程》,对捐资兴学作出了以下规定:(1)奖励:对能捐设或劝设公立小学堂及私立小学堂者分别不同情况给予不同奖励。(2)督导:首先,规定考查地方官的政绩要与其推广学校的实绩结合起来。《奏定学堂章程》规定:地方官有承办本地小学堂之责任。《学务纲要》强调:对于绅商在办学或劝学方面取得一定成绩者,禀请督抚分别奏请给予奖励。其次,规定私立学校学生待遇等同于公立学校。在中国这样一个读书做官、科举思想影响深厚的国度里消除公、私立学校学生待遇的差别,对于促进私立学校的发展至关重要。

---

① 周小娟:《周学熙传记汇编》,甘肃文化出版社 1997 年版,第 24 页。
② 朱寿朋:《光绪朝东华录》(五),中华书局 1958 年版,第 4126 页。
③ 《劝捐学费》,《选报》1902 年第 25 期。
④ 方洪凯、黄炎培:《川沙县志》,民国 26 年铅印本,1937 年。

清朝末年私人捐资兴学获嘉奖、匾额的事例层出不穷。如《选报》载广东省南海县令、顺德县令劝办学捐并发布以下章程：拟捐一万两以上及十万两奏请破格优奖；五千两以上，奏请御书匾额；一千两以上奏请建坊给予急公好义字样或传旨嘉奖；五百两以上大宪书给匾额；一二百两及一百两在学堂泐石以志荣誉。[①] 杨斯盛倾产兴学，全国景仰。1906 年江苏学政唐景崇莅沪视学题赠匾额，其中杨斯盛创办的高等小学校为"精庐萃俊"；师范讲习所为"树人以德"匾。1910 年巡抚程德全又就杨斯盛兴学事专折奏奖，1911 年获准赠盐运使衔，宣付国史馆立传。进入民国以后，北京政府为之铸立铜像。[②] 对叶澄衷斥资兴学督学颁给匾额一方，系光绪帝"御笔""启蒙种德"四字。[③] 鼓励民间办学以人民之力奠定中国近代教育基石，这是中国近代社会形势下切实可行的普及教育方略。

二、近代教育观念的确立

在漫长的封建社会里，人才观是历代政治家、思想家、教育家非常关注的一个问题，人才观的实质就是教育的培养目标。孔子提出的教育目的在于培养"贤才"，荀子主张培养"大儒""雅儒"，王充则有"通人""文人""鸿儒"之别。两千年来，这些贤才、大儒、雅儒的称谓虽有所变化，但其标准却几乎是一成不变的，那就是具有治理人民的本领，人才与统治能力、人才与治才几乎成为同义语。

近代以降，随着中国社会结构的变化，传统的人才观渐次发生变化。近代商人立足于中国社会经济发展的实际，以富强救国、实现国家的现代化为最高鹄的，倡言人才的重要。著名买办商人郑观应认为"横览环球各邦，其国运之隆替，莫不系乎人材，而人材之盛衰莫不关乎教化。其教养有道者，勃然以兴；教养失道者，忽然以亡"。"是故人材众则百事兴。"[④] 他

① 王震：《叶澄衷于澄衷学堂》《上海地方史资料》（四），上海社会科学院出版社 1986年版。
② 夏东元：《郑观应集》上，上海人民出版社 1986 年版，第 480 页。
③ 夏东元：《郑观应集》上，上海人民出版社 1986 年版，第 276 页。
④ 《藕初五十自述》，《藕初文录》上卷，商务印书馆 1926 年版，第 92 页。

笃信"学校者，人才所由出；人才者，国势所由强"①。从国力看教育，从教育看人才，以人才测前途，他的目光何等犀利！张謇深刻洞见人才是立国之本，而人才出自教育，这是古今中外不变之理。民族资本家穆藕初痛心于我国"干济人才之缺乏，培育之力之不足"②的现实，从国家发展、事业需要，多角度、多层次地论述了人才的问题，"人才为国家之元气"，"国无人才国将不国"，"人才为事业之灵魂"。③ 近代商人对人才的呼唤，清楚地昭示出近代社会形势下一种极其严峻的社会现实，包孕了人才观念的重大变革，尤其重要的是它突破了传统人才观念的束缚，把培养适合近代社会发展需要的人才提到议事日程。通观近代商人对人才的论述，所谓人才其实质是指专才，即是掌握专业技术的人才。

郑观应关于人才的见解是相当丰富的，他把人才分为管理型和技术型两类。关于前者，他提出了具体标准，如，"总办为公司领袖，如不熟识商务，则不能知能善任，凡事为人所愚，措置失当"④。关于技术型人才，郑观应指出："工艺一道为国家致富之基。""欲救中国之贫，莫如大兴工艺。"如何兴工艺？他提出了四项方略："一宜设工艺专科，一宜开工艺学堂，一宜派人游学各国，一宜设博览会以励百工。"⑤在"崇义理，轻末技"传统思想影响还很深厚的 19 世纪 90 年代，以上思想无疑是对传统观念的大胆突破，反映了中国经济近代化的紧迫要求。在中国面临生存危机、人民生计异常贫困的情境下，张謇反复强调培养实业人才是当务之急。他指出：西方之所以富强就是因为办教育培养了许多专门人才，中国落后就是因为教育、科学事业落后，人才缺乏。"泰西人精研化学，机械学，而科学益以发明，其主一工厂之事也，则又必科学专家而富有经验者。"⑥要赶上世界发展水平，必须"凡行一政，即取专习此一政之人屡试高等者用之；以觇其能否而进退之"⑦。他将实业与教育相提并论。因为在他看来实业学校

---

① 《藕初五十自述》，《藕初文录》上卷，商务印书馆 1926 年版，第 78 页。
② 《藕初五十自述》，《藕初文录》上卷，商务印书馆 1926 年版，第 181 页。
③ 《藕初五十自述》，《藕初文录》上卷，商务印书馆 1926 年版，第 83 页。
④ 夏东元：《郑观应集》上，上海人民出版社 1986 年版，第 619 页。
⑤ 夏东元：《郑观应集》上，上海人民出版社 1986 年版，第 728 页。
⑥ 《张謇全集》第四卷，江苏古籍出版社 1994 年版，第 130 页。
⑦ 《张謇全集》第一卷，江苏古籍出版社 1994 年版，第 50 页。

"将造就有用人才"①，他在这里所说的有用人才首先是有一技之长的人才，也即专门人才。

近代商人提倡专才，是因为他们深刻体会到科学技术对促进社会生产力发展的巨大动力。可以说，这是一股更为强劲的对传统人才观的现实冲击力。近代商人不仅仅停留于对因现实生产需求一专一技之才的渴求和呼唤，而且放远眼光，直指人才的高远目标：创新人才。郑观应把工艺之人才分为三等，而只有能"新造一器、新得一法为他人所无者"才是上等。②穆藕初高瞻远瞩：我国不仅缺乏专门人才，而且更缺乏"独树一帜之才"。能否培养出独树一帜之人才，是关乎国家命运的大事。为此，在穆藕初看来，所谓实业家应具有"健全之脑力，敏锐之眼光，与灵活之手腕、坚固之信用、雄厚之力量"③。中国近代商人大多是创业型商人，在艰苦创业的过程中，他们深深体会到创新是企业发展的关键所在。银行家陈光甫在总结自己成功经验时说："吾人之精神，完全在于改革，更在于继续不断的改革。……创办而改革，改革而成功，成功再改革，改革又成功，俾创办、改革、成功三事循环不断，周而复始，一直向上进展，此即自强不息也。"④这种富于创造性的、积极向上的精神在近代商人中具有一定的普遍性。

近代商人的人才观念是一种新型的具有近代意义的人才观念。中国古代教育最为理想的目标是培养出"内圣外王"的人才。教育的最高培养目标——君子，君子是不能落于一技一艺的，他首先必须是一通儒，而不是一专才。在这一教育目标下，人才的标准同时还必须具有治理人民的本领。人才结构是"德成而上，艺成而下"。近代中国商人的人才观念正是在这些方面相异于传统的人才观念。近代商人立足于中国社会实际，强调人才必须能够为社会现实服务，突出"实"与"用"这一评价人才的标准。打破了传统的单一结构，从德到艺，从形而上到形而下，近代商人要求的"专才"已非古代只具熟练技艺的匠人可比，是学艺融为一体具有创新精神的近代实用人才。

---

① 《张謇全集》第四卷，江苏古籍出版社 1994 年版，第 165 页。
② 郑观应：《盛世危言》，中州古籍出版社 1998 年版，第 394 页。
③ 《藕初五十自述》，《藕初文录》上卷，商务印书馆 1926 年版，第 97 页。
④ 《陈光甫言论集》，上海商业银行同人励练丛书自印本，1949 年，第 18 页。

在对教育功能的认识上,近代商人立于经济领域,在"尚富强"观念的指导下,积极鼓吹教育救亡政治使命的同时,突出强调教育与经济的互动关联。郑观应是买办商人的突出代表,也是中国近代最早具有维新思想体系的资产阶级改良主义者。他出中学而涉足西学,由书斋而投身市场,商人的务实与知识分子的求变双重特性集于一身,"富国强民"构成他思想的主旋律。"内之积感于寸心,外之眷怀于大局"[①],他孜孜以求于富国强民之道。洋务运动后期的著名代表人物——中国近代企业的开拓者盛宣怀,在对资本主义工商业经营之道进行摸索与尝试的艰辛道路上,也深深地体会到"自强之道,以作育人才为本,求才之道,尤宜以设立学堂为先"[②],并且认为这是中国目前的当务之急,"世变日棘,庶政维新,自强万端非人莫任,中外臣僚与夫海内识时务之俊杰,莫不以参用西制、兴学树人为先务之急"[③]。著名绅商经元善认为"女之宜学,诚亟亟哉。甲午后,创巨痛深,朝野之间竞言兴女学,今议开办女学以冀中国自强本计"[④]。他多次建议,若"深图我国自强,女学真不能不急急兴起"[⑤]。进入 20 世纪初期,欧洲第一次世界大战爆发,中国民族工商业获得了发展的契机。民族资本家的队伍不断发展壮大,其思想认识水平也有了显著提升。他们深刻认识到,实现工业化是国家走向独立富强的必经之路,而教育近代化是实现工业化的前提和基础。如果说此前绅商们对国家富强的认识还是朦胧的,那么到了现在,国家富强的一个非常重要的现实目标——工业化突兀显现在人们面前,并成为第二代民族资本家为之奋斗的目标。荣德生对此有着颇为深刻的感受。他说:"今后我国欲图独立富强,非使国家社会速走向工业化不可。"[⑥]同时,他清醒地认识到:"吾国数十年来贫弱原因,以政治腐朽、生产落后与国际市场之经济侵略,实为主要因素。"但归根到底,"中国所以贫弱,所以无新事业发展,则缺乏人才启发之故耳"[⑦]。

---

① 郑观应:《盛世危言》,中州古籍出版社 1998 年版,第 21 页。
② 陈景磐、陈学恂:《清代后期教育论著选》下,人民教育出版社 1997 年版,第 2 页。
③ 陈景磐、陈学恂:《清代后期教育论著选》下,人民教育出版社 1997 年版,第 9 页。
④ 虞和平:《经元善集》,华中师范大学出版社 1988 年版,第 184 页。
⑤ 虞和平:《经元善集》,华中师范大学出版社 1988 年版,第 211 页。
⑥ 荣德生:《乐农自订行年纪事》,江南大学荣氏研究中心收藏,未刊稿,1949 年。
⑦ 荣德生:《乐农自订行年纪事》,江南大学荣氏研究中心收藏,未刊稿,1949 年。

"棉纱巨子"穆藕初十分珍视知识的价值,他认为苟不欲立国于地球之上则已,如欲立国于地球之上,其权力应属于实业界中有知识者。他呼吁要"储养其学历,锻炼其志行,淬砺其精神",以便"为国效用,以求富强"。

这里近代商人对中国富强的渴望,与知识分子精英阶层"以经营天下为志"、把教育作为他们施展政治抱负的舞台,形成鲜明对比。近代知识阶层十分注重教育政治功能的发挥和实现。如维新教育是在维新变法政治运动推动下发展起来的,有强烈的政治色彩,与政治改革紧密相连,梁启超的"政学主义"就是极好的例证。维新派不仅把教育当作改造社会、实现变法图强的手段,而且倡言国之所患,在于无学,认为要实现民主革命建立共和制,绝对不能用暴力革命,而应当用教育的方法,提高人民的文化程度,养成共和国民之资格。继起的资产阶级民主派颠倒了维新派的主题,认为只有首先通过革命,推翻清王朝的统治,才谈得上教育的革新和发展。在教育和革命的关系上,他们把教育作为改造中国的一个重要手段,教育与革命的紧密相连同样使中国近代教育染上了强烈的政治色彩。近代商人渴望祖国的富强,自强求富以图御侮成为一种自觉意识。旧教育的变革和新教育的产生均以国家富强为旨归。近代商人对国家富强的企盼和求索,使他们的教育观念呈现出紧贴中国社会经济现实的特点。

近代商人还思考着培养对象的问题。甲午战争后,经元善鉴于"强邻环逼,海宇震惊,栋折榱崩,将遭覆压",而广大人民却"犹封其耳目,局其步趋,自安固陋","大都恂恂自守无甚远志,于当世之务鲜所究心"的社会现实,建议在家乡建立劝善看报会,目的在于"扩其识,葆其真","识时务,明义理",一言以蔽之,使人民"思发奋自强,誓雪国耻"。[①] 张謇一生以开民智为职责。在他看来,"举事必先智,启民智必由教育"[②]。他办教育首重师范,即是他的"世变亟矣,不民胡过? 不智民胡? 不学胡智? 不师胡学"[③]的思想认识的反映。张謇的教育视野是广阔的,他始终以社会大众为教育对象,普及教育于民众是他最大的愿望。他对处于社会最困难的人群,老弱妇孺及鳏寡孤独者予以特别的关注。张謇办教育的形式又

---

① 虞和平:《经元善集》,华中师范大学出版社 1988 年版,第 267—269 页。
② 《张謇全集》第四卷,江苏古籍出版社 1994 年版,第 468 页。
③ 《张謇全集》第四卷,江苏古籍出版社 1994 年版,第 72 页。

是多样的。他利用多种社会教育形式以易民俗开民智。设立图书馆、博物馆"以为学校之后盾,使承学之彦,有所参考,有所实验,得以综合古今,搜讨而研论之耳"①。改良戏剧,强调要改变我国社会不良、实业不昌、教育寡效的现状,其重要措施"以戏剧为近"②。卢木斋笃信"救国之危、化民之愚,惟普及教育一策"③。如何实施普及教育? 他从中国的实际出发,提出很多因地制宜的办法,"至若普及之法,不仅限于学校一方面,举凡宣讲之讲演,白话报纸传观,戏曲歌谣之改良,举凡宣音乐之广安,广立图书馆以扩学识,多设陈列所以资竞争,电影幻灯破千年之迷信,公园会所启合群之先声,即玩物嬉戏之微,亦可寓化民成俗之理,使社会之男、女、老、幼、智、愚、贤、不肖,莫不呼吸文明,涤除腐败。阻力既去,蒙昧日开,较之仅注意学校者,尤广博切用而效速"④。卢木斋在这里列举了社会教育的各种形式以及各种形式所产生的作用,这些作用所要达到的目的在于使社会各个阶层、各种不同年龄的人"呼吸文明",涤除社会腐败。把教育散播与社会每一角落,这种对教育的理解,其实质是以提高民族素质为旨归,这是一条强国固本之路。

辛亥革命的胜利,推翻了清政府两百多年的专制统治,结束了在中国延续两千多年的封建专制政体。然而随着袁世凯篡夺辛亥革命胜利果实,在人们心中燃起的希望之火又熄灭。作为实业家的穆藕初此期间正在美国留学,当时留学生们听到辛亥革命成功的消息无不欢欣鼓舞,然而穆藕初却"独不敢欣然喜色",而是陷入了更深沉的思考:"盖以吾人所负之责任,更觉重大耳。""共和国之主权在民,固也,而中国蚩蚩群氓,号称四百兆,试问有知识者有几何? 即使有知识,而醉心于自利者,占去几何人? 即不自私自利而昧于国情暗于时势短于判断力者,又占去几何人? 则主权在民云云者,不过在少数有组织力并有操纵能力者之手中,于人民无与也。故欲实行共和,非普及真正之民国教育不为功,而设施此项普及

---

①　《张謇全集》第四卷,江苏古籍出版社 1994 年版,第 289 页。

②　《张謇全集》第四卷,江苏古籍出版社 1994 年版,第 272 页。

③　刘行宜:《卢木斋、卢慎之兄弟》,《天津文史资料选辑》(17),天津人民出版社 1981 年版,第 110 页。

④　刘行宜:《卢木斋、卢慎之兄弟》,《天津文史资料选辑》(17),天津人民出版社 1981 年版,第 112 页。

教育,须根据我国历史及过敏性之所适宜,除去我国之弱点,采取他国之长处,无觉无私,一以造成高尚之人格为目的,庶能定国是,外睦强邻。造成人类幸福。"①这一段话,剖析了辛亥革命的实质,揭示了辛亥革命胜利后人民仍无权、无知、无识的现实,指出了实施普及国民教育的严峻性以及实施国民教育的目的所在,并从国民性的高度去体认开启民智的重要性。

"开启民智"是一项长期的艰苦工作,尤其是在近代特殊的历史条件下,这项工作更显艰巨和紧迫。近代商人们把教育视线移向社会下层民众,关注他们的生活方式、风俗习惯和价值观念的演变,可以说这是难能可贵的。

三、中国近代教育实践的丰富与发展

近代商人捐资助学的方式有很多种,以资金投入主体来划分,则有个人投资,包括个人独资、个人捐助等;此外,还有以血缘、地缘、业缘为纽带而进行的教育投资等。近代商人以不同的方式,给近代教育的发展注入了资金,也将自己的理想与信念深深地寄托于此。

(一)个人投资

个人投资分为个人捐资办学和个人捐资助学两类。前者指捐资者基本承担了学校的大部分费用。后者则指捐助了一部分资金,或用于维持学校正常工作的运转,或资助不能入学的贫寒青少年入学读书,等等。可以说捐助的方式和途径多种多样。近代许多商人都有过资助学校或学生的义举。如烟草大王简照南兄弟分别捐助了复旦大学、南开大学、武昌大学、暨南大学等高等学府上万元的巨款;又自送欧美留学生 45 名,每名全包 4 年所需费用。② 又如穆藕初于 1920 年捐资 5 万两,派遣学生赴欧美留学,不限省份,不限科目,北大校长蔡元培主其事,教授蒋梦麟、胡适之、

---

① 穆湘玥:《藕初五十自述》上,商务印书馆 1926 年版,第 42—43 页。

② 罗一星:《简照南与南洋兄弟烟草公司》,《中华文史资料文库》第十二卷,中国文史出版社 1996 年版,第 904 页。

马寅初等辅助之。[1] 受惠者有北大学生罗家伦、段锡朋、康白情、汪静熙等人。1930 年，天厨味精厂厂主、化学家吴蕴初鉴于家境清寒者不能升入高等学校，不能享受平等的受教育机会，又有感于我国生产事业不发达归因于人才短缺，特发起成立清寒教育基金会、特定清寒教育基金会章程和"清寒教育基金会"的申请办法。除捐资创办"清寒教育基金会"外，1937 年以前，吴蕴初还先后为爱国女校、上海美专、大公职业学校、民立女中、沪江大学等捐款。抗战期间，在政局动荡、物价飞涨的经济形势下，他仍坚持捐款教育。

(二)以血缘为纽带的投资

义庄是以血缘为纽带投资教育的一个范例。义庄是以义田为主题，以赡养贫困族人为宗旨的宗族共同体。进入近代，这种以赡族之贫为特征的义庄在富庶的江南地区非常兴盛，而更为重要的是被赋予了时代的内涵，大多转变为以义学为主，义田为辅。一些义庄创办者深切感受到世道发展的需要，认识到其以义田养成子弟的依赖性，不如设义学时期子弟读书明理，各自谋生。如荣氏家族在戊戌变法以后，顺应废科举、兴学校的时代潮流，1899 年荣福龄在自己的私宅"亦庐"设馆授业。1903 年，荣福龄又建平房数间，设荣氏公塾，广收本组子弟教读，"长兄(荣吉人)任主教，课程与读书习字外，并授算数及信札等，以我荣氏经商者多，期切于实用耳"[2]。又如浙江湖州府南浔镇丝商中有"四象"之称的刘氏与庞氏所设义庄，对族中子弟的教育富有典型意义。《南浔志》载"刘氏义庄"规定第15 条"励学"和 16 条"习业"对本组子弟入学、升学、毕业、留学等作出了具体的奖励规定。他们这种对子弟教育不遗余力的奖掖，可以说是农业文明向工业文明过渡的时代价值观念的驱动，凸显出教育的价值，也展示了由"养"到"养、教并重"的义庄发展的新趋向。

(三)以地缘为纽带的投资

家族联系以血缘为纽带，乡亲关系以地缘为基础。中国近代商人外

---

①　穆湘玥:《藕初五十自述》上，商务印书馆 1926 年版，第 68 页。

②　荣敬本:《梁溪荣氏家族史》，中央编译出版社 1995 年版，第 70 页。

出谋生第一相信亲属，第二相信同乡。在近代一些通商的大埠中，他们都以同乡关系结成"帮"，如宁波人结成"宁波帮"，广东人结成"广东帮"等等。同乡之间抱成一团，尽可能相互提携、相互帮助。他们为在经济领域以"帮"的力量去应付瞬息万变的商品市场，以稳固、扩展器社会地位和影响。同时，他们十分重视提高本帮弟子的素养，大力兴办学校。如宁波旅沪同乡会自 1914—1937 年，共创办十所小学，[①]他们还以个人或集体名义设立奖学金，如"四明大学奖学金""王伯元大学奖学金"等。一个新式商人或企业家具有近代商业经营理念，但同时又具有浓厚的同乡意识，这是中国近代商人的特点之一。他们为本籍子弟接受教育而创建学校即源于这种乡土观念。虽然这种观念根植于丰厚的传统土壤，但在近代形势下却因此提高了本籍商人的文化素质，增强了同乡之间的凝聚力和在商品市场中的竞争实力。

（四）以业缘为纽带的投资

如果说以学缘、地缘为纽带的教育投资源于传统宗法观念的影响，那么以行业（或企业）为主的教育投资则体现出近代社会经济发展的需要。（1）以行业为单位的投资。如在上海近代教育起步时期，一些同业公所创办的新式学校占有一定的地位。《上海县续志》载：光绪三十二年（1906）水果业公所创办了华实学堂，光绪三十年（1904）麻袋公所创办了义务学堂，梨园公所于光绪三十二年（1906）创办了榛苓小学堂，染业公所于光绪三十三年（1907）创办了染业小学堂，等等。[②] 在其他地方也有行业所创办的学校。如绍兴箔业于民国 5 年（1916）前后创办了箔业小学。后来钱业公会开办了 1 所钱业小学。[③] 行业办学一般来说是受其经济实力的影响，大多限于初等学堂或与本行业相应的初等商业学堂。其目标也多注重艺徒的培养，规模不大。（2）以企业为单位的投资。《滦县志》载，在二三十年代滦县私立中小学大多数由企业创建。5 所私立中学校有 3 所学校的经费由开滦矿务局拨给。14 所私立小学中，有 11 所学校经费由开滦矿务

---

①　李诚：《上海的宁波人》，上海人民出版社 2000 年版，第 203 页。

②　吴馨修《上海县续志》，1918 年。

③　裴振康：《绍兴箔业公所创办的三项公益事业》，《绍兴文史资料》第二辑，内部刊物，年份不详。

局拨给,1 所由华新纺纱公司拨给,只有 2 所学校的经费来源除外。[①]
(3)发放贷款、开设教育储蓄。当时一些银行利用贷款、设立子女教育储金等方式对教师和学生进行资助。例如,抗日战争时期,上海商业储蓄银行为生活清苦的大学教师发放低息贷款。贷到款项的大学教师多达 3000余人。[②] 上海商业储蓄银行还设有学校办事处,吸收学生储蓄。(4)发起奖助优秀清寒学生运动。1937 年 7 月天津市发起奖助优秀清寒学生运动,运动委员会由政界 10 人、学界 20 人和工商界 9 人共 39 人组成。[③]

近代商人所办学校在管理体制上大多实行的是校董会领导下的校长负责制。董事会是学校的最高管理机构,它通常由社会上有名望或学术上有造诣的学界、商界、政界三方人士组成。以杨斯盛创办的浦东中学为例:学校创办初期校董会由下列人士组成:"前广东优贡知县李锺珏(平书)、举人优贡知县姚文枬、举人湖北同知秦锡田、同知衔王文孝、举人黄炎培、副贡生顾次英、美国哈佛大学留学生陈容、附生陆家骥、附生张志鹤、附生孟乃钊等。"[④]从这一构成来看有两个鲜明特色:一是地方士绅占有的比例较大。二是新旧合一。既有留学生又有功名科举者。如校主杨斯盛所说:这些人都是"方廉公正,久为乡里所推崇,尤职生平所钦重"[⑤]。至 20 世纪 30 年代私立斯盛中小学的校董构成有了明显变化,包括以下人员:杜月笙(正始中学创始人)、吴醒亚(上海市社会局局长)、李孤帆(华中营业公司经理)、王延松(绸业银行董事长)、徐永祚(会计师)、张效良(久记木行经理)、张继光(协盛营造厂经理)、吴开先(君毅中学校长)、张啸林(兴城唱片公司董事)、瞿钺(律师)、崔彦宾(国际无限电台事务主任)。[⑥] 可见企业主占有相当大的比例。从以地方士绅为主转向以商人为主的校董会构成,似乎表明学校在其发展的不同阶段有着不同的需求。学校创建初期需要得到社会的认可,这就要把扩大学校的知名度放在首位。然而经过二三十年的发展,尤其是在政局动荡、经济困窘的情况下,

①　袁荣修:《滦县志·教育卷》,1933 年。
②　《中国大资本家传》,时代文艺出版社 1994 年版,第 495 页。
③　《天津市奖助优秀清寒学生运动概况》,内部资料,1937 年,第 38 页。
④　朱有瓛:《中国近代学制史料》第 2 辑上册,华东师范大学出版社 1987 年版,第 465 页。
⑤　朱有瓛:《中国近代学制史料》第 2 辑上册,华东师范大学出版社 1987 年版,第 468 页。
⑥　朱有瓛:《中国近代学制史料》第 2 辑上册,华东师范大学出版社 1987 年版,第 468 页。

想要维持学校的生存与发展,恐怕经费问题成为学校发展中十分突出的问题。又如上海澄衷学堂校董会的构成,大都是颇有实力的各业经理。

近代商人所办学校遴选校长具有严格的要求:(1)较高的文化素养。一般来说校长要经受过比较高深的教育,有相当的理论素养。在近代社会形势下表现为:有的人旧学根底深厚,有的人西学知识广博,有的人学贯东西等等,总是他们必须学有所长。如澄衷学堂初创期历聘的总理(即校长)有安徽候补道翰林院检讨刘维屏,翰林院庶吉士章梫,内阁中书白作霖,举人物敏。[①] 翰林出身的蔡元培曾任总教习。火柴大王刘鸿生创办的定海工学延聘了沪江大学副校长董景安为首任校长,董氏学贯中西,任职六年,使学校粗具规模。继任者为沪江大学文学士方同源。杭州定安中学1913年推举陈柏园为校长。陈柏园为之江文理学院学士,并兼有文采。他安于职守,敬业乐业,治校达20年之久。(2)具有高尚的人格风尚和积极进步的人生追求。作为处于学校管理中枢地位的校长,对学校实施管理,依靠的不是手中的权力,文史渊博的学识、为人的品格以及对教育事业的赤诚而滋生出的感召力和威望。上虞民族资本家陈春澜出资20万元创建了春晖中学,他聘请经亨颐为校长,经治校严格,与时俱进,声望卓著。1919年,任浙江省第一师范学校校长之时,他认定"教育为继往开来之精神事业",将五四革新精神贯穿于学校每一项工作之中,提倡人格教育。天津达仁药厂厂主乐达仁在创办天津达仁女校时,因敬仰马千里先生在五四运动中的爱国热忱,诚恳邀请马千里担任校长。马千里慨然允诺担任达仁女校校长之时提出不领薪水,每月只领十元车马费。(3)有一定的教育经验,忠于教育事业,敬业乐业。如定海中学的董景安在该校任职69年,而继任的方同源任职达10年之久。方同源曾赴日本考察教育,又曾留学美国6年,学识渊博,治校严谨。他吸收了当时国外教育的一些长处,将定海中学四年旧制改为三年制初级中学。安定中学的陈柏园把人生宝贵的20年光阴献给了安定中学。他在任内改学校旧制为新制初中,学程3年。他创建了教职工年功加俸制度和聘任制度。无锡公益工商中学的胡雨人、春晖中学的经亨颐等等本人都是著名的教育家,有丰富的教育管理经验。他们能够知人善任,渊博学识,丰富经验,在学校

① 《上海私立斯盛中国小学卅周年纪念刊》,内部刊物,1933年,第1—2页。

形成强大的凝聚力,大大提高了学校的知名度。可以说,这些学校的声望和这些校长的名字是紧紧联系在一起的。

近代商人办学注重校风的建设,突出表现为两大特点:一是在当时特定的历史条件下,近代商人无不把培养学生的爱国心放在首位,顺应着时代脉搏的跳动。二是回顾自己艰辛的创业历程,离不开"勤俭""诚信"等传统伦理道德的滋养,他们十分注重学生的商人伦理品质的培养,反映着厚重的文化积淀。1908年浦东中学创建初期,杨斯盛在上报地方长官的呈文中表明,学校的办学宗旨在于谋求教育的普及,为地方发展培养人才。他强调指出,学校应教育学生从"个人谋自立,为一个社会谋自立"出发,严格要求自己,做"中国之主人翁","为担当未来中国之一切事业者"。要做到这一点就必须要求学生具有"坚忍刻苦功夫"。他亲自制定学校的校训为"勤、朴"二字。① 商办学校安定中学的校训是"诚、勤、爱"。总之,近代商人极力营造的校园文化环境是要塑造儒商形象,是中国传统文化,特别是儒家文化孕育出来的一种理想商人或商人的理想人格。

商人办学,以其独特的办学风格、严谨的校风和学风、近代化的教学内容和方法赢得了一定的社会声誉。定海中学学风严谨踏实,学校颇负盛名,不仅舟山各乡青年学子咸来"程门立雪",镇海、宁波、黄岩、台州、上海、长沙、武汉等地慕名负笈来学的也不少。杨次江在《舟山中学简史》一文中说:"镇鳌山下,济济群英,弦歌不绝,教师谆谆教导,学生孜孜苦学,教学质量堪称上乘。"② 陈宪清在《记杭州私立安定中学》一文中曾对安定中学做这样的评价:"名噪省垣,负笈来读者云集。"③1920年美国教育家杜威博士特地来杭州参观安定中学,被评为"最经济的学校"。1923年,美国哥伦比亚大学教育博士推士也曾来安定中学考察。乐亭县商办进修中学声誉名扬关内外,京、津、唐、秦及东北的一些大家子弟均慕名前来就读,1935年毕业班同学考试名列全省第一名。多年来,该校毕业生几乎全部升入清华附中、南开中学等名牌高中,或直接考入大学。④ 上海私立

---

①　朱有瓛:《中国近代学制史料》第1辑上册,华东师范大学出版社1986年版,第853页。

②　杨次江:《舟山中学简史》,《定海文史资料》第一辑,内部资料,年份不详。

③　陈宪清:《记杭州私立安定中学》,《杭州文史资料》第二辑,内部资料,1983年。

④　葛辛垦、王占云:《昔日乐亭人经商发迹的历史》,《河北文史集粹》工商卷,河北人民出版社1992年版。

斯盛中小学在 1932 年上海市毕业会考中成绩名列前茅。

学校是培养人才的摇篮，人才是学校质量的最好说明。商人兴办的这些学校正因为培养了一批批人才，影响深远，声誉广布。如杭州安定中学，毕业学生遍布全国，有献身于革命的，有致力于科学、文学、历史、教育、艺术、工农业等各领域的，其中卓有成就者如辛亥革命黄花岗七十二烈士之一的林尹民，文学家沈雁冰，历史学家范文澜，水利学家何之泰，名画家华君武、潘洁兹，体育运动家王禾等，不知凡几。当今蜚声海外的企业家包玉刚、邵逸夫、包从业、叶谋遵等毕业于叶澄衷于光绪三十二年在家乡创办的中兴学堂。著名学者、教授如竺可桢、胡适、卢于道、陈虞荪、丰子恺、王玉润、袁枚子、周扬等都是澄衷学校的校友。胡适在回忆自己的学生生活时说："我在澄衷只住了一年半，但英文和算学的基础都是在这里打下的"，并在这里接受了一些新思想。[①] 经济学家孙冶方、物理学家钱伟长、"在烈火中永生的红岩战士"许晓轩、新四军太湖游击队司令员薛永辉等，早年都是荣德生创办的无锡公益工商中学的学生。可见，商人兴学为国家和社会培养了一批批各行各业的栋梁之才。

归结而言，近代商人参与教育变革是中国教育近代化进程中一道亮丽的景观，感染着时人，也启迪着后人。他们立于经济领域，支持着教育，诠释着教育，进而亲身实践着心中神圣的教育强国梦。他们的教育视野是宽阔的，不仅在自强求富以御侮的自觉意识下把教育的发展紧紧系在社会现代化的链条上，而且也站在人民大众的立场上，洞见启民心智必由教育，其感悟是深远的。同时，他们又从商人的视角，诠释了传统与现代、传统文化与商品经济的关系。近代商人与教育变革这种丰富多彩的关系，也从另一个不被人们关注的视角，为我们全面了解商人这个群体提供了丰富的资料。教育变革离不了商人的参与，而商人的经济价值乃至自我价值的实现，也不能没有文化教育的滋养。展望 21 世纪的教育与经济，机遇与挑战并存，全新的时代背景和市场经济引发我们进一步反观历史，在深入研究的基础上得到新的启迪。

---

① 　朱有瓛:《中国近代学制史料》第 2 辑上册,华东师范大学出版社 1987 年版,第 466 页。

社会教育能否制度化:一个尚未破解的难题

■ 王 雷

中国近代社会教育的兴起是在封建教化失控和西学持续冲击的背景下发生的,面对着内忧外患的形势、天灾人祸的社会和贫、愚、弱、私的"国民程度",近代的教育家和有识之士认识到,中国社会积贫积弱的一个重要原因是"民智"不开、"民力"不足、"民德"不新,因而,"鼓民力""开民智""新民德"就成了近代中国教育发展的"第一急务"。

当我们回顾社会教育在近代的历史进程时,我们处处可以看到:近代中国社会的每一次进步、每一步革新都与社会教育息息相关。当早期改良派思想家,认识到中国"君民相隔"的危害时,他们主张要运用社会教育的手段以实现"军民一体,上下同心";当维新派人士在惨痛的中外交涉教训中,认识到"民智""民德""民力""民气"的作用时,他们大声疾呼要重视社会教育,并用社会教育的手段来"开民智""鼓民力""新民德";当革命派在革命斗争中发现自己势单力薄时,他们看到了通过社会教育可以组织人力,宣传革命思想,所以,他们喊出了"教育就是宣传"[①],"革命教育者,惟有社会教育之可言也"[②]的口号。

[作者简介] 王雷(1963—),男,辽宁朝阳人,1998年考取杭州大学教育系教育史专业博士研究生,2001年获得浙江大学教育学博士学位,著有《中国近代社会教育史》等,现为沈阳师范大学教育科学学院教授,硕士研究生导师,主要研究方向为中国近代社会教育史。

① 孙中山:《宣传造成群力》,《孙中山选集》,人民出版社1981年版,第556页。
② 佚名:《民族主义之教育》,《游学译编》第10册,1903年。

　　辛亥革命成功以后，以蔡元培为代表的教育家，看到了学校以外广大的失学大军，认识到在中国只依靠发展学校教育是不能富国强兵的，他们主张采取社会教育的手段，来激励和满足民众受教育的需求，主张设立社会教育行政，发展社会教育事业；在深刻地认识到"国民性"和"国民程度"问题是制约中国社会进步的滞后因素以后，一些进步的思想家、教育家开始走出校园，走出都市，走向平民，走向乡村，开展起丰富多彩的平民教育、乡村教育和民众教育活动，掀起了中国近代教育史上一幅幅灿烂的篇章；当五四时期的青年学生，认识到"天下兴亡，匹夫有责"时，他们唯一可以采用的方式就是利用社会教育手段来组织团体，进行宣传讲演。马克思曾言："理论在一个国家实现的程度，决定于理论满足于这个国家的需要程度。"[1]近代中国社会教育的波澜壮阔就是在这种国情所急、民情所需、教育所要的背景下澎湃而生。

一、难题的背景："开启民智"的艰难历程

　　近代最早主张"开民智"的是梁启超、严复等维新人士。内忧外患的形势、维新变法的需要，使维新人士看到了"民"的重要。他们在批判洋务派把人才看作是"当务之急""自强之本"的观点中，最先提出了"人才"应该与"民"并重的主张，认为中国社会的自强应该是"风气同时并开，民智同时并启，人才同时并成"[2]；"去千年愚民之弊，为维新第一大事也"[3]。基于这样的观点，他们主张应该"开民智""鼓民力""新民德"，大声疾呼"新民为今日中国第一急务"[4]。在这种思想的指导下，维新人士设报馆、建学堂、组织学会、著书、翻译，一场轰轰烈烈的"开民智"的活动，在这个时期展开。

　　首先，"开民智"活动，是中国近代思想史和教育史上的一场重要的思想启蒙运动。"民智观"和"新民观"的出现，突破了传统的"愚民观"和"治

---

①　《马克思恩格斯选集》第1卷，人民出版社1972年版，第10页。

②　黄珅评注：《新民说》，中州古籍出版社1998年版，第2页。

③　黄珅评注：《新民说》，中州古籍出版社1998年版，第3页。

④　黄珅评注：《新民说》，中州古籍出版社1998年版，第48页。

民观"，是对封建"政教合一"统治思想的一次极大的冲击，是对长期生活在专制统治下的广大民众的一次真正的"智力开发"。"开民智"思想的提出，启发了思想界和教育界，在这种思想的影响下，我国近代的社会教育观和国民教育观开始萌芽。

其次，维新人士所倡导的思想和举办的事业，虽然在这个时期还没有被称作是"社会教育"，但是显然他们倡导的"开民智"思想以及所举办的事业，具有社会教育的性质和意义。这为后来人们在举办社会教育的事业中，继承和发展"开民智"思想奠定了基础，同时也扩大了教育的社会作用，丰富了教育的内容。

最后，维新人士"开民智"的呐喊，虽然声势浩大，但毕竟不是"政府行为"，而且受到清政府的制约与限制，所以其影响社会的效力就十分有限，大多局限在士大夫之间，"无法赢得普通民众"。"梁启超的笔，能够鼓动的主要还是有理想、有抱负的士人之心，他没能去进一步考虑如何满足普通民众的心愿。"①所以其"致命的弱点，即思想和行动不能同步"②。因而维新人士"开民智"的活动，很难在全国建立一个有效的教育系统，而恰恰这个教育系统就是后人十分热衷的社会教育的事业。

维新人士所倡导的"开民智"，虽然思想大于行动，但是"民智"观和"新民"观的出现，却改变了国人认识教育的视角，此后"开民智""作新民"的思想随着社会教育事业的出现，成了各个时期，各种人士发展社会教育的共同声音。

民国建立以后，我国确立了社会教育的行政地位，社会教育行政的确立，使"开民智""作新民"有了组织保障。从民国初期有关社会教育的章程及人士的言论中，可以看出，"开民智""作新民"是社会教育的重要任务。1915 年 7 月 16 日，教育总长汤化龙在呈大总统拟设《通俗教育研究会》文中说："窃以为国家之演近，胥恃人民智德之健全，而人民智德之健全，端赖一国教育之普及。考教育普及之方法，学校以外，尤藉有社会教育，以补其不逮。"③从官方的立场，强调了社会教育对于开启"人民智德"

---

① 黄珅评注《新民说》，中州古籍出版社 1998 年版，第 37 页。
② 黄珅评注《新民说》，中州古籍出版社 1998 年版，第 40 页。
③ 朱有瓛等《中国近代教育史资料汇编·教育行政机构与教育团体》，上海教育出版社 1993 年版，第 363 页。

的重要。

著名教育家蔡元培，坚持设立社会教育司，由他所提出的民国初年的教育方针"注重道德教育，以实利教育、军国民教育辅之，更以美感教育完成其道德"①，是一个贯穿所有教育的指导思想。这个方针的提出，使"开民智"的思想，在教育方面有了更加明确的内容和方向，在以后陆续开展起来的"平民教育""乡村教育"及"民众教育"活动中，许多教育家都展开对"开民智""作新民"的论述。

在平民教育时期，几个重要的平民教育团体，都把开启平民的智德放在重要的地位。北京大学平民教育讲演团设立的目的就是"以增进平民智识，唤起平民之自觉心为宗旨"②。围绕着如何提高"平民智识"，讲演团演讲了大量的有关"公德""国民""生计"等内容的题目。中华平民教育促进总会设立的宗旨是"除文盲、作新民"，其主要代表人物晏阳初更是从"作新民"的目的出发，来论述平民教育及社会教育的作用的。他在《平民教育概论》中说："平民教育，从文字方面，以提高民智，从生产方面，以裕民生。""平民教育运动的使命，在于'作新民'。"③从城市转向乡村以后，晏阳初认识到："中国真正最大之富源不是煤，也不是铁，而是三万万以上不知不觉的农民。"④而农民中最具潜力的是其智慧。他说："要是把农民智慧发展起来，培养起来，使他们有力量自动地起来改造，改造才能成功……建设才会生根……民族才有真正复兴之日。"⑤

不仅平民教育思想和活动如此，在随后发展起来的乡村教育事业中，一些教育家也都十分看重社会教育的这种作用。在美国获得乡村教育博士、回国从事乡村教育的傅葆琛教授，在谈到"为什么要办乡村教育"时说："我们中国现在社会上的种种扰乱，政治上的种种腐败，外交上的种种损失，都是因为民智低下，教育堕落。所以我们要想改造中国，第一步应

---

① 高平叔编：《蔡元培教育论著选》，人民教育出版社1991年版，第1页。
② 朱有瓛等：《中国近代教育史资料汇编·教育行政机构与教育团体》，上海教育出版社1993年版，第492页。
③ 马秋帆：《晏阳初教育论著选》，人民教育出版社1993年版，第33、42页。
④ 马秋帆编：《晏阳初教育论著选》，人民教育出版社1993年版，第71页。
⑤ 马秋帆编：《晏阳初教育论著选》，人民教育出版社1993年版，第71页。

该做的事,就是要提高民智,普及教育。"①

　　他把当今的世界看成是"智力竞争"的世界,认为:"现在中国的情形,从各方面来看,内忧外患,都是因为有'愚论'而无'舆论',有'民国'而无'国民'。""如果中国32000万文盲不赶紧医治,恐怕在现今智力竞争的世界,没有中国立足之地了。"②另一位从事乡村教育的著名教育家陶行知则从"作十万新民"的理想出发,强调应该教育"新民"具有"国民的精神"和"国民的能力"。他说:"现在这种平民教育运动,就是要使平民能够读书,而且要有做人做国民的精神。""这是把公民和读书的精神化合在一处,以培植其做国民的能力。"③

　　社会教育具有"开民智""作新民"的认识,已经成为各个时期从事社会教育的教育家们的共识。无论是"通俗教育""平民教育",还是"乡村教育""民众教育",虽然主张不同,但在对社会教育具有"开民智""作新民"的认识上,却是一致的。社会教育具有"开民智""作新民"思想的提出,是和整个近代中国不断出现的"提高国民程度""改造国民性"等思想相适应的,这是当时社会现实的需要,也是当时民众普遍素质低下的反映。社会教育理论与事业的兴起,使得"新民为今日中国第一急务"的思想有了行政的保障和实践的基础。

二、思想的力量:教育家群体对社会教育的关注

　　自民国教育部设社会教育司以来,社会教育就受到众多教育家关注,涌现出一批研究社会教育学术,发展社会教育事业的教育家,如陶行知、俞庆棠、傅葆琛、雷沛鸿、陈礼江等。在近代色彩纷呈的教育流派中,社会教育成了众多教育家共同关注的一个焦点,从而成为近代教育发展的一个重要现象,这不得不引起我们的重视。

---

① 陈侠、傅启群编:《傅葆琛教育论著选》,人民教育出版社1994年版,第3页。
② 陈侠、傅启群编:《傅葆琛教育论著选》,人民教育出版社1994年版,第3页。
③ 张达扬、李红梅编:《陶行知论普及教育》,安徽教育出版社1986年版,第31页。

(一)陶行知关注创造的社会教育:"解放民众的创造力"

陶行知是"为中国教育寻觅曙光"的人民教育家。他从中国近代国情、民情出发,提出了"作十万新民"的教育主张,强调教育作用要"作新民",并使国民具有"国民的精神"和"国民的能力"。要"作新民"只依靠发展学校教育是办不到的,必须依靠整个社会的力量。为此,他提出了"生活教育"理论,主张"生活即教育""社会即学校"。1945 年发表《创造的社会教育论纲》,提出了关于创造的社会教育主张。

关于创造的社会教育内涵,陶行知指出:"创造的社会教育,是社会所有,社会所办,社会所需的教育。"这是社会教育的社会属性,指出社会教育是一种社会事业,其内涵是教育是整个社会的事情,社会各界都应该办教育。同时,陶行知还认为,社会教育具有教育的属性"有形的社会大学是夜大学、早晨大学、函授大学、新闻大学、旅行大学、电播大学"[1]。他认为社会教育是一种教育事业,社会就是学校,社会有教育的功能与效果。

关于创造的社会教育的作用,陶行知认为创造的社会教育要"解放民众的创造力"。他强调要"承认民众有力量,且有创造力","每一个人都有或多或少之创造力","下下人有上上智"。社会教育的作用就是要"开发人矿、开发人之创造力"。[2]

怎样解放民众的创造力呢? 陶行知认为应该从五个方面进行:"解放他们的头脑;解放他们的口;解放他们的眼睛;解放他们的空间;解放他们的时间。"

关于创造的社会教育的目的,陶行知认为社会就是大学,而"社会大学之道在明大德,在亲民众,在止于大众之幸福"。针对中国社会"君民相隔"的危害,和西方"君民共主"的优势,陶行知从历史与现实出发认为"大学之道,要亲近老百姓。我们认为亲民的道理,比新民的道理来得切。我们要钻进老百姓的队伍里去和老百姓亲近,变成老百姓的亲人,并且要做到老百姓承认我们的确是他们的亲人"。"社会大学之道,是要为人民造幸福。一切的学问,都要努力向着人民的幸福瞄准。"[3]

---

[1]　董宝良主编:《陶行知教育论著选"》,人民教育出版社 1991 年版,第 628—629 页。

[2]　董宝良主编:《陶行知教育论著选"》,人民教育出版社 1991 年版,第 604—605 页。

[3]　董宝良主编:《陶行知教育论著选》,人民教育出版社 1991 年版,第 630 页。

关于创造的社会教育途径与方法，陶行知从国情"穷国的教育"与民情"穷人的教育"的实际出发，认为社会教育应该和民众生活相连，为民众生活服务，丰富民众的生活。社会教育内容应该包括识字教育、生计教育、卫生教育、公民道德教育、体育等。这些内容的教育应该采取民众能够接受，能够受大众欢迎的方式来进行，使"社会大学有群众，并为群众所有"。发动全社会的力量来举办社会教育。

（二）俞庆棠关注扩大的社会教育："推进社会的力量"

俞庆棠是中国近代著名社会教育学家，1932 年倡议成立中国社会教育社并任总干事，中华人民共和国成立后担任教育部社会教育司司长。

在俞庆棠一生的教育生涯中，我们可以看出，她的教育思想和实践都与社会教育有关，无论是对扩充教育的阐述，还是对民众教育的理解，都体现了她的大教育观，即扩大的社会教育理论与事业。

首先，俞庆棠认为扩大的社会教育有助于"开民智"。

她针对近代中国社会的积贫积弱，认为民众智能的低下是一个重要的原因，要建设国家必须改变这种状况，而改变这种状况就必须重视教育，然而，办教育只靠学校教育是力量有限的。为了使民众都能够接受教育，她强调必须发展社会教育事业，社会教育事业可以从更为广阔的意义上"开民智"，她说："教育等于 to enlighten 加 to enliven。to enliven 的意思是：开民智；to enlighten 的意思是：做人的人生观。所以，教育的意义，不但开通民智，更须培养正确的人生观，乃做人之道也。"[1]从这个意义出发，她认为社会教育的最高理想，就是使全民众在整个社会生活中，智能和道德前进和向上。

其次，她认为扩大的社会教育可以改良社会，促进社会的进步与发展。

俞庆棠重视社会教育并非只是摇旗呐喊，她把广泛的社会教育活动与其思想结合起来，在社会教育的实践活动中实现着她的主张。她开辟社会教育试验区，创办中国社会教育社等。社会教育的实践使她认识到，发展社会教育事业可以改良社会、可以促进社会的进步与发展。她说：

---

[1]　茅仲英编：《俞庆棠教育论著选》，人民教育出版社 1992 年版，第 39 页。

"社会教育既建筑于民众生活之上，就应具有推进社会的力量。"①

最后，她认为发展扩大的社会教育可以扩充学校教育的功能。

社会教育事业既然很重要，但其事业由谁来推动呢？人力和物力从何而来呢？俞庆棠赞成由学校来推广社会教育事业的做法。她曾担任过中央大学区扩充教育处处长，在做扩充教育处处长时期，她推崇由扩充教育处来推广社会教育事业，并认为大学扩充教育有扩充社会教育的职能。她说："扩充教育原为大学教育的推广，但是现在扩充教育的意义，不限于此"，"扩充教育的范围，从现在的事实看来，有社会教育，……再从社会的眼光看，扩充教育就是社会教育，……扩充教育以全社会为对象，适应社会各种需要，不择人，不择地，随处可以有教育的设施"。②

（三）傅葆琛关注丰富的社会教育："民众整个的生活"

傅葆琛是中国近代著名社会教育学家，1924 年在美国获乡村教育博士学位。1924 年冬，他应中华平民教育促进会总干事晏阳初的邀请，回国任该会乡村教育部主任，开始从事乡村教育试验活动。

傅葆琛在乡村平民教育试验活动中，十分重视社会教育的作用。他认为社会教育比平民教育的范围和对象要大，发展社会教育可以"开民智"，改良社会，弥补家庭和学校教育的不足，他说："社会教育就是社会的教育，社会化的教育，以社会为对象的教育，它必须努力于社会各分子的健全和整个社会的改造与进步"③，因此，社会教育的内容要丰富、广泛、多样。他说社会教育"它的目标不只是为少数不识字、失学、缺乏生计、不会行使公民权利的人，解决他们的问题，而是要为全国人民谋幸福，为整个民族求解放"④。以往平民教育内容、民众教育内容初期"过于简单，没有照顾到民众整个的生活"，因此平民与民众不能完全适应，发展社会教育应该丰富教育内容，扩展到民众整个的生活。从这个社会教育观点出发，他认为社会教育的内容应根据民众生活和需要来确定，既不能超越民众现实的生活，又要涵盖民众生活的全部。

---

① 茅仲英编：《俞庆棠教育论著选》，人民教育出版社 1992 年版，第 102 页。

② 茅仲英编：《俞庆棠教育论著选》，人民教育出版社 1992 年版，第 6 页。

③ 陈侠、傅启群编：《傅葆琛教育论著选》，人民教育出版社 1994 年版，第 380 页。

④ 陈侠、傅启群编：《傅葆琛教育论著选》，人民教育出版社 1994 年版，第 380 页。

他从当时中国民众生活的全部出发，根据中国民众的实际状况，把社会教育的内容，按重要性和难易性作了试验性分类研究。

社会教育内容确定以后，他认为应该通过两种方式从事民众教育：一种是学校式的民众教育，通过识字学校、补习学校、民众职业学校、民众讲习学校来实施；另一种是民众社会教育方式，通过各式各样的社会教育机构与设施来实施。他说："社会教育具有学校式和社会式两种实施方式。学校式的实施，必须有学校的形式和方法——课程、教师、教材……；社会式的实施，则无一定的形式和方法，随时随地，均可施教，所谓因地制宜，因人而施教也。"①

通过上面的论述可知，傅葆琛论社会教育是一种丰富的社会教育，他把社会教育的内容和社会教育的形式结合起来进行探讨，从而使社会教育的理论与事业结合得更为紧密，更富有成效，便于实施。这种社会教育理论与实践相结合、内容与形式相统一的社会教育试验探索，为我们今天发展社会教育事业，使社会教育和社区教育、成人教育、乡村教育、继续教育等各种教育事业的结合与联合发展提供了有益的启示。

（四）陈礼江关注消极与积极的社会教育：补习与继续相结合

陈礼江是中国近代著名社会教育学家，曾留学美国获芝加哥大学硕士，回国后任武昌高等教育系主任兼教授、江苏省教育厅厅长、国立中山大学教授等职。

陈礼江认为社会教育就是正式学校教育以外的教育，社会教育有消极和积极两方面的意义，他说："就消极的方面说，社会教育是一种补救的教育；就积极的方面说，社会教育是一种彻底的教育"②，"补救的教育"是给一切未受国民基础教育的成年失学民众以补习的基础教育，"彻底的教育"是要给受过基础教育的民众以继续的教育，使教育范围尽量的扩大，真正做到教育社会化、生活化地步。根据这样的思想他给社会教育下了一个完整的定义，他说："社会教育是国家或私人欲使教育范围扩张，在普

---

① 陈侠、傅启群编：《傅葆琛教育论著选》，人民教育出版社 1994 年版，第 378 页。
② 陈礼江著：《社会教育的意义与事业》，正中书局 1937 年版，第 2 页。

通正式学校以外，另办的各种各样的非定式的教育。它包含各种教育机关和事业，应用各种方法和手段，给予一切未受国民基础教育的成年民众以补习的基础教育，及受过教育（无论何种程度）的民众以继续的教育。其目的在扩充教育权利享受的机会及增高社会全体的教育程度，以期社会全民生活的向上和国家社会的改进。"[①]

　　为了更好地使人了解社会教育的任务与特点，陈礼江对我国社会教育和欧美社会教育进行了比较，分析了中国社会教育的特殊性。他认为，欧美的成人教育和我国的社会教育相类似，但二者，存在着明显的不同。他说："欧美各国的成人教育迄于今日，是要使大学教育大众化，并使成人教育大学程度化。所以在他们看来，今日的成人教育，是高等教育的一部分，是高等教育的扩张和继续"，而中国的社会教育，要把最大的力量，用在失学民众补习教育上，"中国目前社会教育的任务，重心在于失学民众的基础教育，并不在于把大学教育大众化"。[②]

　　之所以国内外有巨大的差别，他分析认为，欧美各国的成人教育已经发展了十几年，甚至百年，国民有了相当的教育基础，所以，通过成人教育的方式，来从事继续教育，是为了进一步地提高文化程度。而我们中国，他说："不论是政治、经济、文化都很落后，一切的一切，都落在人家的背后。现在我们国内的教育情形，尚与百数十年前英国开始提倡成人教育的情形相仿佛。我们国内目前尚有百分之八十的民众不知政治为何物，不知团体为何物，没有组织能力，没有民族意识，也不知科学为何事，交通有何用，更不知如何改进生产技术，如何充实国民经济，而且也不会看报、读书、写信、记账。因此，中国目前的社会教育，不得不把大部分的力量用之于如英国百数十年前所推行的民众基础教育，即今日所大声疾呼的失学成年民众的补习的国民基础教育。"[③]

　　正因为如此，他认为我国的教育历史与背景和欧美有很大的不同，所以才构成了我国从事社会教育的特殊性，也正是由于有这种的特殊性，所以才决定了中国社会教育的任务。

---

① 陈礼江著：《社会教育的意义与事业》，正中书局 1937 年版，第 3 页。
② 陈礼江著：《社会教育的意义与事业》，正中书局 1937 年版，第 14 页。
③ 陈礼江著：《社会教育的意义与事业》，正中书局 1937 年版，第 14 页。

三、制度的探索：一个尚未破解的难题

面对近代社会的积贫积弱，面对贫、愚、弱、私的国民程度，近代以来许多教育家认识到只依靠发展学校教育是不能解决这些问题的，因为学校教育的制度化特征，使很多人不能入学读书。而且，中国社会的现实，依靠教育儿童来救国救民，已经来不及了，甚至有人疾呼"我们中国，已经到了绝地。倘若只希望教养小孩子起来挽救，无疑待挹西江水，再苏涸澈之鱼。救国的责任，全在我们的肩上，我们的社会教育事业，如果办不出成绩来，中国恐将不救了"①。"社会教育事业是鉴于学校教育之收效迟缓而起的新事业，社会教育事业是救中国危亡的唯一生路。"②著名教育史家舒新城看到中国自举办新式教育以来，举办者"急功近利"，求学者不忘功名利禄、升官发财的现象，甚至用极端的语言来呼吁人们重视社会教育，他说："我对学校教育，素抱悲观，直到现在我还是主张学校可以全体关门，我们中国有今日的不幸，都是学校教育的罪恶。"③

这种情况下，自民国教育部设"社会教育司"以来，社会教育的地位问题，社会教育能否制度化问题，社会教育与学制系统的关系等问题，就一直受到教育家们的关注。许多人看到了社会教育有其行政职能，但在学制系统上无地位的现象制约着社会教育的发展，影响着社会教育作用的发挥，因而提出了许多解决这个问题的主张，试图把社会教育制度化。在争论中，逐渐形成了四种观点：合流说、并列说、创新说、兼办说。

（一）合流说：学校教育与社会教育合作办学

合流说的主要观点是"于现行学制系统内，加入社会教育系统，彼此联络"④。在中国近代第一个社会教育团体，中国社会教育社第一届年会

---

① 彭百川：《教育与民众》第 4 卷第 2 期。
② 彭百川：《教育与民众》第 4 卷第 2 期。
③ 舒新城：《教育与民众》第 4 卷第 2 期。
④ 刊首语《这一期》，《教育与民众》第 5 卷第 1 期。

上（1932），就有人提出"促成社会教育列入现行学制系统案"①。

提出者认为"社会教育，应列入现行学制系统，已为我社会教育界同人及教育学者一致之主张，切望其早日实现"②，并要求大会议决和广泛征求意见。这种主张一经提出，就形成了大会争论的热点，许多重视社会教育的人士，都十分赞赏这种主张。

著名教育家雷沛鸿就是这种观点的代表人物，他认为"中国的教育设施，通常分为两大类：一类是学校教育；一类是社会教育"。他说："到现在我们感觉到两种教育并立或对立，是不合理的，应该合作起来。"③他分析了两种教育的起源与发展，认为人类最初的教育形态是社会教育，到了后来才出现了学校教育，"学校教育不过是社会教育的一部分"，可是到了后来，学校教育在发展中却出现了"喧宾夺主"和"反客为主的现象"，"一般人都存着教育只限于学校教育的观念"，而"社会上反将社会教育忘弃"，④这种状况对中国教育的发展"发生了很大的流弊"。中国自废科举，兴学制以来，教育的发展"形成了两种现象，一是学校差不多代表教育的全体。二除去学校以外，几无教育可言"。现在人们逐渐认识到"将教育限于学校之内，是不合理的，应将教育范围扩大起来"，因而寻求社会教育的途径来改造学校教育，在学校外办社会教育，但将社会教育与学校教育分开来办，"这样做法，并不足以解决教育上的问题，相反的发生浪费、支离破碎等流弊"。⑤

他分析了当时对社会教育与学校教育关系的"各种调和办法"，提出了"社会教育与学校教育合流的主张"。⑥ 他首先认为，二者的合流在理论上是有根据的，他说："一切社会制度均具有教育的功能，而学校只是社会制度的一种。文化的遗传要靠一切社会制度（如家庭制度、徒弟制度、行会制度等）来传递社会经验、知识技能等，学校既不是传递文化的唯一机

①　刊首语《这一期》，《教育与民众》第 5 卷第 1 期。
②　中国社会教育社编：《中国社会教育社年会小册》，1932 年，第 21 页。
③　韦善美主编：《雷沛鸿文集》下册，广西教育出版社 1990 年版，第 165 页。
④　韦善美主编：《雷沛鸿文集》下册，广西教育出版社 1990 年版，第 168 页。
⑤　韦善美主编：《雷沛鸿文集》下册，广西教育出版社 1990 年版，第 168 页。
⑥　韦善美主编：《雷沛鸿文集》下册，广西教育出版社 1990 年版，第 168 页。

关，所以学校制度应与其他各制度切实联系，使教育透过一切社会制度。"①

他认为把教育分为正式教育和非正式教育，把学校教育看成是正式教育，把社会教育看成为是非正式教育，这种划分"是不合理的"，这样使学校教育"太偏枯"，而使社会教育难以制度化，应该使社会教育与学校教育合流。

雷沛鸿的这些主张和实践基本上反映了社会教育与学校教育合流的观点，代表了当时一些人主张学校教育和社会教育合起来办的意见。

（二）并列说：学校教育与社会教育独立发展

主张社会教育制度与学校教育制度彼此并列的人士认为"于现行学制系统之外，另订社会教育系统，彼此并列"②。

这种主张在第一届中国社会教育社年会上，就曾把它作为一个方案，提交给大会进行讨论，会上决定把此项方案和其他方案一起广泛征求各方意见。1933年2月，国民政府教育部召集各地社会教育与民众教育专家，讨论推行社会教育与民众教育方案，其中把"社会教育在学制系统上之地位"作为当时讨论的问题之一，在会上教育部也提出了这种方案，即"于学校系统外另定一平行之社会教育系统"，③并要求人们广泛讨论。这种方案在当时人们主张改造现行学制为劳动者大众提供受教育机会的背景下，具有一定的吸引力，它代表了当时一些重视社会教育和民众教育人士的意见，也反映了他们主张发展社会教育的强烈要求。"但此事争执多年并无结果，一直到抗战开始，教育部才召集几位社会教育同人，共同讨论，另立教育系统于学校系统之外，但实在仍是办不通，因为我们的人力、财力很有限，不能另行筹划，专办社会教育。"④所以，这种试图建立社会教育系统与学校系统相并列的想法，直至抗战前也没有成功。

这种学校教育和社会教育并列发展的观点，其理论与实践意义在于：第一，社会教育制度应该和学校教育制度一样重要，二者各有各的教育功

---

① 韦善美主编：《雷沛鸿文集》下册，广西教育出版社1990年版，第169页。
② 刊首语《这一期》，《教育与民众》第5卷第1期。
③ 马秋帆编：《梁漱溟教育论著选》，人民教育出版社1994年版，第100页。
④ 韦善美主编：《雷沛鸿文集》下册，广西教育出版社1990年版，第169页。

能和不同的施教领域,不应该厚此失彼,二者应该协调发展。第二,要重视学校以外各种社会教育事业的规划与发展,为劳动者民众提供各种各样的受教育机会。

(三)创新说:学校教育和社会教育不可分

梁漱溟是主张创新一种中国教育制度以包括社会教育和学校教育的代表人物,他拟订的《社会本位的教育系统草案》是这种主张的代表作。

1933年2月教育部召集社会教育专家讨论推行社会教育方案时,梁漱溟不赞成"将社会教育加入现行学制系统",也不赞成"于学校系统外另定一平行之社会教育系统",他主张应"以社会教育为本位而建树一系统,今之学校转在此系统中,求得其地位也"。① 会后他拟订了一个方案,称为《社会本位的教育系统草案》,并于1933年9月对外公布。《教育与民众》第5卷第1期全文转载了这个草案,并介绍说,这个草案"完整合理,堪于苏联之学制相比"。梁漱溟所拟订的这个草案,其基本宗旨,主要是试图以社会为本位来创新一个适应中国国情的教育系统,其要点如下:

第一,"学校教育社会教育不可分。"② 他认为,把教育分成学校教育和社会教育,既无"学理真据",在"形式上亦复有时难辨",由于两者都有不足,学校教育"不完不妥",社会教育"亦为一时的措施",所以二者都不能称为"当事的真教育","真教育"应为"两者之融合和归一"。据此他主张应创新一个"完整合理的一个教育系统",实现学校教育和社会教育的统一。

第二,"教育设施包涵社会生活之基本教育、各项人才之培养训练、学术问题之研究实验等一切而言。其间得随宜运用学校教育、社会教育各种方式,而无分所谓社会教育、学校教育。"③

第三,国家设立国学、省学、县学、区学、乡(镇)学五级。各级学校都有自己的"职能""程度""编制"和"设备",在方式上"兼用社会教育及学校教育两方式"。

梁漱溟这个草案的拟订,是为了矫正"中国三四十年来,学校教育之

①　马秋帆编:《梁漱溟教育论著选》,人民教育出版社1994年版,第100页。
②　马秋帆编:《梁漱溟教育论著选》,人民教育出版社1994年版,第100页。
③　马秋帆编:《梁漱溟教育论著选》,人民教育出版社1994年版,第107页。

大弊在离开社会"的现象,也是为了矫正"视成人教育和社会教育为临时补充枝节应付之事",①在当时来看,无疑是一种创新。对此,俞庆棠曾评价说:"梁漱溟氏曾草拟社会本位的教育系统草案,并拟有社会本位教育系统图,即是一种彻底把教育范围扩大为全民众的教育的意见。"②但是,这种创新的尝试也随着抗日战争的爆发而被终止。

这种创新说的理论与实践意义在于:

第一,构建教育制度必须要根据国情。我国地域广大,劳动者大众占人口的绝大多数,不应该把这些人排斥在学校教育之外,教育制度应该是所有人的教育制度,应该通过多种形式满足和拉动社会各界对学习的需求。

第二,成人教育、补习教育、培训教育、职业教育等多种社会教育形式应该制度化发展,这些教育应该是发展教育的"当务之急",因为它适合国情、民情和劳动者大众的需要。

(四)兼办说:学校举办各种社会教育事业

兼办说的主要观点是指社会教育的事业由各级各类学校兼办,利用学校的人力、物力和场所,来从事社会教育的实践活动。蔡元培是这种观点的提倡者和支持者。

他早在 1916 年《北京通俗教育研究会演说词》中就十分赞赏国外学校的做法,他说:"鄙人在德国时,尝见彼邦之大学生徒,每于校外出其所长,教授一般工人以实用知识或外国语言。至法国则有所谓平民大学,为大学教员所组织,专在夜间讲演,无论何人均得入校听讲,不因贫富年龄之故稍有歧异。"③后来他也曾多次介绍国外学校参与推广教育和扩充教育的经验。他在介绍美国大学教育时曾说,美国的大学不仅"要把个个学生都养成有一种服务社会的能力","而且一切文化事业,都由大学包办,如巡回图书馆、巡回影戏片、函授教育等等"。④ 他还提出了一个设想,在全国设大学区"一区以内的中小学教育,与学校以外的社会教育,如通信

---

① 马秋帆编:《梁漱溟教育论著选》,人民教育出版社 1994 年版,第 113 页。
② 茅仲英编:《俞庆棠教育论著选》,人民教育出版社 1992 年版,第 189 页。
③ 高平叔编:《蔡元培教育论著选》,人民教育出版社 1991 年版,第 68 页。
④ 高平叔编:《蔡元培教育论著选》,人民教育出版社 1991 年版,第 358 页。

教授、演讲团、体育会、图书馆、博物馆、音乐、演剧、影戏……与其他成年教育、盲哑教育等等，都由大学办理"①。

主张兼办说的人士还有一种观点，即认为"使社会教育机关于某种时间、空间、人事相宜和必须时，得兼办学校教育；学校教育机关亦可在时间、空间、人事相宜和必须时，得兼办社会教育。换句干脆的话说：社会教育要学校化，学校教育要社会化"②。

这种社会教育与学校教育互相兼办的想法，具有调和各种主张的作用，而且具有可行性，因此后来得到众多人士的赞成，有人说："学校教育兼办社会教育——这可说是调和办法的最高峰时期。"③教育部后来也采用这种观点，颁布了《各级学校办理社会教育办法》（1943 年 12 月 21 日），并"迭次命令各省，督饬所有学校一律兼办社会教育"④。至此，各级各类学校兼办社会教育事业，成为五四以后教育发展中一个十分重要的教育现象。

兼办说的理论与实践意义在于：

第一，学校具有社会教育功能，应该通过各种开放教育形式为社会各界提供教育服务。通过知识群体的推动，为劳动者阶层提供受教育机会。同时社会也具有各种教育功能，学校应该通过各种教育形式指导和规范社会各界的教育行为。

第二，学校教育和社会教育二者不是孤立发展的，它们互相联系、互相促进、互相制约。在二者的关系中，学校教育应该起主导作用，学校应该开社会进步事业的"风气之先"。

近代以来，社会教育能否制度化的争论，是民国建立以后教育发展中一个十分重要的教育现象。在教育思想方面，社会教育能否制度化问题的提出，是对近代以来发展教育以学校教育为正统观念的一次冲击与突破，它丰富了教育的内涵，扩大了人们对教育的认识，拓宽了教育的范围，使人们从更为广阔的意义上来思考教育问题；在教育制度上，社会教育制度化问题突破了人们观念中的教育制度即学校教育制度的认识，使人们

---

①　高平叔编：《蔡元培教育论著选》，人民教育出版社 1991 年版，第 378 页。

②　周德之：《社会教育和学校教育打成一片的我见》，《教育与民众》第 6 卷第 9 期。

③　韦善美主编：《雷沛鸿文集》下册，广西教育出版社 1990 年版，第 169 页。

④　韦善美主编：《雷沛鸿文集》下册，广西教育出版社 1990 年版，第 169 页。

对建立国民教育制度有了新的思考，对后来国民政府颁布"国民教育制度法"，做了思想上的准备；在教育实践与事业上，关于社会教育制度化的争论，使人们对近代以来出现的通俗教育、平民教育、民众教育以及社会教育等实践活动有了更深的认识，人们试图通过制度化的方式，在更高的层面上来统筹这些教育活动"各自为战"的局面，试图通过社会教育的制度化，以整合"包罗万象"的社会教育事业。

　　社会教育和学制系统关系之争，为我们今天发展教育事业提供了众多的思考点。它启示我们社会教育应该是和学校教育一样并存并重的教育事业，它承继古代的教化传统，吸取了国外优良的教育经验，在近代的教育转型过程中，社会教育承担着许多当时在中国尚处于萌芽状态教育的功能，孕育了许多现代教育因素，如成人教育、继续教育、社区教育、终身教育等。社会教育在近代的实践，扩大了教育的对象，丰富了教育的形式，突破了教育就是学校教育，办教育就是培养人才的狭窄教育工具观。它要求我们要树立大教育观，来思考和解决各种社会及教育问题，要通过制度化的方式来谋取劳动人民的知识化，要引导和发挥社会教育功能来弥补家庭教育和学校教育的不足。社会教育能否制度化的争论是我们的先人在探讨教育如何适应国情的过程中，如何建立自己的教育思想与制度体系的实践中，所作的一次重要的尝试与努力。它告诉我们：中国的国情、民情和教化传统，需要我们必须重视发展和创新社会教育的理论与事业以推动教育事业的整体发展。

民初临时教育会议议员名单及人数考

■ 于 潇

    辛亥革命推翻了晚清政府的统治,中华民国的建立从根本上改变了清末社会的状况,这样就需要在经济、文化等诸多方面予以调整,教育亦不例外。为了更好地推行教育改革,民初教育部于 1912 年 7 月 10 日至 8 月 10 日在北京召开全国临时教育会议,讨论民国教育发展问题。综观已有对这次教育会议的相关介绍和研究成果,学界对议员名单的引用材料较为单一,对于议员人数的认识分歧较大。由于民初临时教育会议在一定程度上推动了中国教育早期现代化的进程,作为这次会议的参与主体,议员发挥了重要作用。由此我们有必要澄清已有关于议员名单及人数的主要观点,即他们得出不同结论的可能性因素;有必要考察出议员名单和人数,以求深化民初临时教育会议的研究。

一、明析已有主要观点

    对于民初临时教育会议议员名单的详细描述较少,只是散见于一些

[作者简介] 于潇(1982—),男,辽宁锦州人,2008 年考取浙江大学教育史专业博士研究生,2011 年获浙江大学教育学博士学位,发表《第一次全国教育会议与国民政府初期教育改革》等论文,现为宁波大学教育学院讲师,主要研究方向为中国近代教育制度史。

著作①和史料汇编②之中。经过查对发现,研究者基本上以"我一"撰写的《临时教育会议日记》(《教育杂志》第 4 卷第 6 期)最后所附议员名单为基准,"……我一撰写的《临时教育会议日记》附临时教育会议议员名单。谓82人,并列有全部名单及简介,当属可信"③。这可能是由于这次教育会议议员队伍未得到足够关注,加之收集和整理相关资料存在一定难度所致。

对民初临时教育会议议员人数的相关描述较多,但说法各异,主要有如下五种观点:

"56 人说":"全国临时教育会议于 7 月 10 日举行,与会者有全国各省及华侨代表共五十六人。"④"1912 年 7 月 10 日,北洋政府教育部在北京召开临时教育会议,出席会议的各省及华侨代表 56 人……"⑤

"58 人说":"在全国临时教育会议开幕式上报告开会宗旨。本日上午 9 时 55 分,大会正式揭幕,到会员五十八人。"⑥

"79 人说":"……由部延请者二十九人,由直辖学校选派者十一人,由各部选派者四人,由各省区推选者三十五人,代表省区:江苏、福建、贵州、浙江、山西、江西、四川、直隶、陕西、奉天、河南、广东、云南、湖南、吉林、北京、湖北。"⑦

"82 人说":"7 月 10 日,中华民国第一次中央教育会议——临时教育会议在北京举行。出席代表共 82 人……"⑧"中华民国第一次中央教育会议,1912 年 7 月 10 日至 8 月 10 日在北京举行,出席代表共八十二人……"⑨

---

① 钱曼倩等:《中国近代学制比较研究》,广东教育出版社 1996 年版,第 161—163 页。

② 薛绥之等:《鲁迅生平史料汇编》第 3 辑,天津人民出版社 1983 年版,第 113—115 页。

③ 金林祥:《思想自由 兼容并包:北京大学校长蔡元培》,山东教育出版社 2004 年版,第 65 页。

④ 周天度:《蔡元培传》,人民出版社 1984 年版,第 55 页。

⑤ 顾明远:《世界教育大事典》,江苏教育出版社 2000 年版,第 512 页。

⑥ 沈云龙:《近代中国史料丛刊》三编十一辑,《第二次中国教育年鉴》,台湾文海出版社 1986 年版,第 58 页。

⑦ 高平叔:《蔡元培年谱长编》上,人民教育出版社 1996 年版,第 467 页。

⑧ 张宏儒:《二十世纪中国大事全书》,北京出版社 1993 年版,第 52 页。

⑨ 中国第二历史档案馆:《政府公报》影印本第 3 册,上海书店出版社 1988 年版,第 401 页。

"86 人说"："其总额为八十六人，会期一月。"①

这些数据多是简单描述，出自于传记、资料汇编、通史著作和工具书等，几乎没有注明数据的出处。因此，我们有必要查清这些数字是如何得出的。

由于中国近代史料浩瀚繁多，加之获取资料条件的限制和每个研究者的关注点各异等多方面因素，就笔者而言，仅基于能搜集到的资料对得出这些数字的可能性原因予以分析，进而使已有关于民初临时教育会议议员人数的结论进一步清晰化。

"56 人说"有可能出自于《政府公报》（1912 年 7 月 19 日第 80 号），"中华民国七月十号午前九点五十五分开议，干事长报告今日到会会员五十六人，先请教育总长宣布开会宗旨"②。如果"56 人说"出自于这份资料，我们进一步分析可以得出，56 人并不是这次教育会议议员总数，因为 1912 年 7 月 10 日上午是这次会议的开幕式，"民国元年七月初十日教育部召开临时教育会议……本日午前开会"③。《大公报》中亦有记载："临时教育会议已于十号开幕，是日原定上午九时开会，延至九点三十分……"④《教育杂志》刊载的开幕时间与《政府公报》的时间完全一致："民国初年初十日行开会式，午前九点五十五分钟振铃开会。"⑤虽然这几份资料记载这次教育会议开幕式的精确时间略有不同，但是可以肯定 1912 年 7 月 10 日上午九时左右举行了民初临时教育会议的开幕式，因此确切地说"56 人"是参加这次教育会议开幕式的议员人数，而不是议员总数。

"58 人说"有可能来自于《时事新报》中的这篇报道，"本月初十日临时教育会开成立大会……首由干事长陈君应忠报告到会议员五十八人……"⑥《申报》也有类似的报道："初十日午前九时教育部召开临时教育会正式开幕，会员到者五十八人。"⑦可见，此处 58 人亦指参加民初教育会议

---

① 中华民国史事纪要编辑委员会：《中华民国史事纪要》（民国元年一九一二年·一至六月份），台湾俊人印刷事业有限公司 1976 年版，第 32 页。

② 施宣圆等：《中国文化辞典》，上海社会科学院出版社 1987 年版，第 477 页。

③ 《中国大事记》，《东方杂志》1912 年第 9 卷第 3 号。

④ 《教育会开幕之精神》，《大公报》1912 年 7 月 14 日。

⑤ 《临时教育会开幕纪事》，《时事新报》1912 年 7 月 17 日，第 2 张第 1 版。

⑥ 我一：《临时教育会议日记》，《教育杂志》第 4 卷第 6 期。

⑦ 《中央教育会开幕情形》，《申报》1912 年 7 月 16 日，第 1 张第 3 版。

开幕式的议员人数。

"79 人说"很有可能出自于《申报》的另一篇报道,这份资料中显示议员数是 79 人,其中包括教育部延请议员 29 人,直辖学校派出 11 人,各部派出 4 人,各省区推选代表 35 人(包括江苏、福建、贵州、浙江、山西、江西、四川、直隶、陕西、奉天、黑龙江、河南、广东、云南、湖南、吉林、北京、湖北等),①已有"79 人说"与这份资料显示的信息完全一致。

"82 人说"有可能源自于《教育杂志》(第 4 卷第 6 期)"我一"撰写的《临时教育会议日记》,这份资料比较全面地回顾了民初临时教育会议的整个过程,曾被学界广泛引用。根据这份资料最后附有的议员名单可以得出 82 人的结论。

"86 人说"则有可能来自于《民立报》关于这次会议的一篇报道:"……其总额为 86 人……"②但是令人不解的是这篇报道最后附有一份 90 人的名单,看来随着当时开会进程的推进,媒介报道的议员名单也在不断更新中。

综上所述,现有几份资料互有出入,现有说法又是研究者从不同资料得出各自结论,虽说具有一定的可信度,但是通过分析亦发现这些说法中存在着描述不清、以偏概全等现象。由于时间相对久远,加之现有的资料互有出入,因此民初临时教育会议议员的确切人数实难确定,于是有的学者采取了约数的办法,"计此次被延请及推选与会者,总额为八十余人"③。

二、考察议员名单及人数

实际上考察议员名单及人数的关键在于确认议员名单,随后议员人数问题便可迎刃而解。因此,我们从考察议员名单着手,基于已经掌握的资料制定考察原则:(1)我们以编号形式列出现掌握的几份代表性较强的资料,采取相互印证方法,得到印证相对多数的名字取之。如若出现相互

①　陶英惠:《蔡元培年谱》上,中外印刷厂 1976 年版,第 350 页。

②　《中央教育会会员题名》,《申报》1912 年 7 月 10 日,第 1 张第 3 版。

③　《临时教育会纪事》,《民立报》1912 年 7 月 17 日,第 4 页。

矛盾的情况，采取其他资料辅证。（2）民初临时教育会议议员系混合性质，共分为四类："甲、由教育总长延请者；乙、由各行省及蒙藏各推举两人华侨一人；丙、由教育总长于直辖学校职员中选派者；丁、由教育部咨行内务财政农林工商海陆军各部派出者。"①据此我们采取分类考察的方法，以便于名单更加明晰。（3）在充分考虑誊录、印刷和记忆等具有局限性的前提下，可能出现三种情况（尽管这三种情况比重很小）：第一，如果考察时出现若干人名中某字是同音异字的情况，大约有两种：一是通假字：如胡钧和胡均，"钧"与"均"可通用，因此取之；二是非通假字：如张缉光和张辑光、舒鸿仪和舒鸿贻等，取得到印证多者列入本类名单行列，少者舍去不再另行论证。第二，若干名字中出现异音异字的情况，但是姓氏相同而余者字形十分相近（如余日章和余日华、夏元瑮和夏之瑮等），由于资料所限，此处仅取得到印证多者列入本类名单，而余者不再另行论证。第三，名单中可能会出现同音同字（重名）的情况，由于客观条件所限，无法允许我们考虑这方面因素。

　　民初临时教育会议议员名单的相关资料主要有八种：①《教育杂志》（第4卷第6期）"我一"撰写的《临时教育会议日记》所附议员名单；②《申报》（1912年7月10日，第1张第3版）刊载的议员名单（此份名单与《时事新报》1912年7月11日，第1张第2版、《时报》1912年7月12日，第3版刊出的议员名单完全相同，有可能是同一出处或是相互参照得出）；③《时报》（1912年7月16日，第3版）刊载的议员名单；④《民立报》（1912年7月17日，第4页）刊载的议员名单；⑤《教育部行政纪要》（民国元年4月至民国4年12月）刊载的议员名单；②⑥根据《政府公报》1912年5月1日至1912年8月31日整理得出各省及蒙古、华侨、北京等地区议员名单；⑦《大公报》（1912年5月29日，第2张第1版）刊载的议员名单；⑧《盛京时报》（1912年6月2日，第4页）刊载的议员名单。需要说明的是：对各类议员名单的考察以前六种资料刊载的名单为基准，因为前六种资料刊载名单的时间或是临近开会或是处于开会过程中或是开会后，议员

---

① 中国第二历史档案馆：《政府公报》影印本第1册，上海书店出版社1988年版，第551页。

② 中国第二历史档案馆：《政府公报》影印本第3册，上海书店出版社1988年版，第331页。

名单调整的可能性相对较小，可信度较高。由于后两种资料刊载名单的时间离开会时间有一个多月之久，有可能出现人员调整的情况，因此这两份名单的可信度相对较低，但可作为辅证资料，除去可佐证的姓名，其余者将不予考虑。考察议员名单的具体情况详见表1至表4及相关说明。

表1　教育总长延请议员名单考察情况

序号	姓名	来源	取舍	序号	姓名	来源	取舍
1	黄炎培	①②③④⑤⑦⑧	取	19	陈榀	①③④⑤	取
2	秦汾	①②④⑤	取		陈幌	②	舍
3	庄俞	①②③④⑤	取	20	沈废鸿	①④⑤	取
4	王劭廉	①②⑤⑦	取		沈叔逵	②	
	王召廉	④	舍		沈废鸿，字叔逵		
5	张寿春	①②③④⑤	取	21	徐炯	①②③④⑤	取
6	汤尔和	①②③④⑤⑧	取	22	侯鸿鑑	①②④⑤	取
7	顾实	①②④⑤⑧	取	23	余日章	①③④⑤⑧	取
8	顾琅	①②④⑤	取		余日华	②	舍
9	张缉光	②④⑧	取	24	黄立猷	①③④⑤	取
10	贾丰臻	①②③④⑤	取		黄之献	②	舍
11	俞子夷	①②③④⑤	取	25	胡均	②④	取
12	伍达	①②③④⑤	取	26	陈衡恪	②④	取
13	刘宝慈	①②④⑤	取	27	王季同	②④	取
14	唐文治	②④⑧	取	28	叶瀚	①④⑤	取
15	章宗元	②④⑦⑧	取	29	海清	①④⑤	取
16	江谦	②④⑧	取	30	胡汝麟	④	取
17	陈毅	①②③④⑤⑧	取		胡汝霖	②	舍
18	胡敦復	②④⑧	取	31	叶翰清	②	待定
			本类议员名单确认者30人；待定者1人				

注：序号"30"的议员名字为"胡汝麟"和"胡汝霖"，两者的印证资料相等，只能取其中一人，此处以刊载时间稍晚者（《民立报》1912年7月17日，第4页）刊载的议员名单为准，因为议员名单调整的可能性较小。

表2　各行省及蒙藏华侨类议员名单考察情况

序号	选区	姓名	来源	取舍	序号	选区	姓名	来源	取舍
1	陕西	李元鼎	①②③④⑤⑥	取	14	吉林	彭清鹏	①②④⑤⑥	取
		刘宝濂	①②③④⑤⑥	取			赵铭新	①②④⑤⑥	取
2	山西	张秀升	①②④⑤⑥	取	15	甘肃	郑宗	①④⑤⑥	取
		兰承荣	①④⑤⑥	取			王煊	①	舍
		兰承荣	②	舍			王烜	⑤⑥	取
3	江西	周慰生	①②③④⑤⑥	取	16	广西	龚鉴清	①⑤	取
		蔡漱芳	①②③④⑤⑥	取			龚长清	⑥	舍
4	直隶	胡家祺	①②④⑤⑥	取			陆大中	①⑤⑥	取
		张佐汉	①②④⑤⑥	取	17	浙江	杜子懋	②	取
5	云南	王用予	①②③④⑤⑥	取			杜子楸	①⑤	
		钱用中	①②③④⑤⑥	取	注："懋"通"楸"					
6	河南	王卓午	①②③④⑤⑥	取			钱家治	①②④⑤	取
		郭景岱	①②③④⑤⑥	取			萧郑宗	②	舍
7	湖南	陈润霖	①②③④⑤⑥	取	18	福建	刘以钟	①②③④⑤⑥	取
		陆鸿逵	①②③④⑤⑥	取			吴曾褆	①③④⑤⑥	取
8	四川	彭兰芬	①②④⑤⑥	取			吴曾祺	②	舍
		谭溶	②④⑥	取	19	安徽	常恒芳	①④⑤⑥	取
		赁溶	③⑤	舍			汪树德	①⑤	取
9	江苏	杨保恒	①②③④⑤⑥	取			汪会德	⑥	舍
		仇采	⑥				徐绍曾	④	舍
		仇琛	③④⑤	取	20	湖北	李步青	①②③④⑤⑥	取
"琛"同"采"							高建埔	①④⑤	取
		仇琛	②	舍			胡柏年	④⑥	舍
		仇(王采)	①	舍			胡栢年	②	
10	黑龙江	马庶蕃	①②⑤⑥	取	"栢"同"柏"					
		马庶番	③④		21	贵州	凌云	①④⑤⑥	取
"蕃"同"番"							凌云映	②	舍

续表

序号	选区	姓名	来源	取舍	序号	选区	姓名	来源	取舍
		郑林皋	①③④⑤⑥	取			朕孝廉	④⑥	舍
		郑　林	②	舍			易尚廉	①⑤	取
11	广东	林葆恒	①③④⑤⑥	取	22	蒙古	贡桑诺尔布	③④⑤⑥	取
		杜葆恒	②	舍			鄂里雅苏	①③④⑥	取
		萧友梅	①②③④⑤⑥	取	23	华侨	白蘋洲	①⑤⑥	取
12	奉天	张国琛	①②④⑤⑥	取	24	新疆	刘寯佺	⑤	取
		莫贵恒	①②④⑤⑥	取			刘儁佺	⑥	舍
13	山东	许名世	①③④⑤⑥	取			刘寯佺	①	舍
		郑锡民	①④⑤⑥	取	25	北京	章桂生	①③④⑤	取
		郑倡民	③	舍			桂　生	②⑥	舍

本类议员名单确认者47人；待定者暂无。

注：序号"20"的议员名字为"李步青""高建墉"和"胡柏年"，后面两者的印证资料数量相等，此处作进一步分析：第一，《民立报》（1912年7月17日，第4页）刊载湖北省三名议员名单：李步青、高建墉和胡柏年。我们已经确认一人："李步青"（六份资料中同时刊载），根据每省议员人数为两人定额，"高建墉"与"胡柏年"应该只有其中一人是议员，所以运用《民立报》（1912年7月17日，第4页）这份资料在此处求证显然不妥，故排除之。第二，刊载"胡柏年"的两份资料时间是开会前或开会早期，而刊载"高建墉"的两份资料时间是会议结束后得出的，出现调整名单的可能性较小，并且其中一份为可信度更高的《教育部行政纪要》专件，所以此处暂取"高建墉"。

序号"21"的议员名字"朕孝廉"和"易尚廉"的印证资料相当，但是"易尚廉"曾出现在议案审查人员名单上，相比而言，可信度高一些，因此之，详见临时教育会纪事，《民立报》1912年8月8日，第7页，临时教育会议第十次记事，《时事新报》1912年8月3日，第2张第1版。

序号"22"的议员名字"鄂里雅苏"，只有《教育部行政纪要》一份资料指出其为西藏议员，而其他几份资料显示其为蒙古议员，此处暂取其为蒙古议员。

序号"24"的议员名字"刘寯佺"的印证资料为《教育部行政纪要》，这份专件形成于会议结束后，出现调整名单的可能性极小，加之教育部专件的可信度较高，暂取之。

序号"25"的议员名字"章桂生"曾出现在议案审查人员名单上。详见临时教育会纪事，《民立报》1912年7月23日，第7页，故此处取之。

由表2可以得出除新疆外各行省和蒙古均为两名议员，华侨为一名议员，这些与临时教育会议议员选举规程一致。新疆本来应该推举两人，但是此处只考察出一人，原因可以通过新疆都督致教育部的公电予以解释："教育部均鉴：新疆人才缺乏，应送教育会议员无人可送，是以电请派令前任学司杜彤为临时学务顾问官。兹查有刘儁佺系新疆师范学堂速成毕业生，且系本籍镇西厅人。此人现在北京，拟请派为新疆教育会议员尚属相宜。除电有刘儤佺知照外，理合电请均部核办。杨增新冬。"①北京当时不是行省，缘何有资格派遣议员参会呢？可以通过这样两条线索表明：第一种是《大公报》的报道："北京学务向不隶属于直隶教育司，此项教育议员似应由本京另行推举，拟由本会呈请学务司转呈教育部，准由本会遵照部定资格推选会员一人届期到会……"②"北京教育会提议由本会推选一人加入中央临时教育会一节，已由该会呈明教育部核准……"③第二种是《政府公报》的记载："为呈报事，据北京教育会呈称本会前因教育部将开临时教育会议，请转呈部酌定北京议员专额一人，按照部定资格推选以便届期到会。舆议当蒙贵局呈部核准，并饬于选定后将被选人员姓名履历先行报部。"④

表 3　教育总长于直辖学校职员中选派者名单考察情况

序号	姓名	来源	取舍	序号	姓名	来源	取舍
1	严　复	①②③⑤	取	7	吴鼎昌	①②③④⑤	取
2	叶可樑	①②③④	取	8	周慕西	①②③④⑤	取
3	姚锡光	①②③④⑤	取	9	王世徵	②③④	取
4	劢　章	①②③④	取	10	吴乃琛	②③④	取
	邵云章	④	舍	11	夏元瑮	②③④⑤	取
5	陈宝泉	①②③④⑤	取		夏之瑮	①	舍
6	洪　镕	①②③④	取	12	夏锡祺	②③⑤	取
	洪　溶	⑤	舍	13	杜　彤	④	舍
本类议员名单确认者 12 人；待定者暂无							

注：序号"1"的议员名字"严复"曾被《民立报》1912 年 7 月 17 日，第 4 页的报道列入"各行省类议员"实为错误。

序号"12"的议员名字"夏锡祺"曾被《民立报》1912 年 7 月 17 日，第 4 页的报道列入"蒙藏及华侨类议员"实为错误。

序号"13"的议员名字"杜彤"被《民立报》1912 年 7 月 17 日，第 4 页的报道列为议员，实为错误。据《政府公报》记载"杜彤"为新疆的临时学务官，不是会议议员，故舍去。详见中国第二历史档案馆整理编辑：《政府公报》影印本第 3 册，上海书店出版社 1988 年版，第 231 页。

①　《提议推举会员案》，《大公报》1912 年 6 月 6 日，第 2 张第 2 版。

②　沈云龙：《近代中国史料丛刊》三编第十辑：教育部行政纪要，台湾文海出版社 1986 年版，第 4 页。

③　《教育会再开临时会》，《大公报》1912 年 6 月 14 日，第 2 张第 1 版。

④　《教育部临时教育会议之议员》，《大公报》1912 年 5 月 29 日，第 2 张第 1 版。

表 4　教育部咨行内务财政农林工商海陆军各部派出者名单考察情况

序号	姓名	来源	取舍	序号	姓名	来源	取舍
1	陶昌善	①②③④⑤	取	4	施作霖	①③⑤	取
2	何燏时	①③④⑤	取	5	舒鸿贻	②③④⑤	取
3	魏宗瀚	①②③④⑤	取		舒鸿仪	①	舍
本类议员名单确认者 5 人;待定者暂无。							

三、结　语

基于现有资料和遵循特定的考察原则,我们已经分别考察出各类议员名单。需要说明的是:第一,查阅已经列出的各类议员名单,最终无法确认者一人:叶翰清(《中央教育会会员题名》,《申报》1912 年 7 月 10 日,第 4 页),这极有可能是由于誊录或印刷等原因所导致。第二,此处考察所得议员名单是一份总名单,它极有可能既包括当时到京参会人员,亦有可能包括最终确认名单后而由于客观原因无法到会的人员,我们认为此类人员与辞退人员、被换人员等有本质区别,他们亦有可能通过代交提案等方式间接实现议员职能。

综上所述,通过对民初临时教育会议议员名单的考察,最终得出由教育总长延请议员数为 30 人;由各行省及蒙古、北京、华侨议员数为 47 人;由教育总长于直辖学校职员中选派议员数为 12 人;由教育部咨行各部派出议员数 5 人,总计 94 人。这一数字也符合相关部门和人员关于民初临时教育会议议员数的最初设想,"教育部定于暑假期内开临时教育会议,拟召集全国教育家意见,以定教育进行方法。兹闻已于前日开会,议决会员名额以百人为限"[1]。由此可见,已有主要观点确有不妥之处,我们以几种代表性较强的资料予以考察,以求丰富对民初临时教育会议的研究,进而深化对中国教育早期现代化的研究。

---

[1]　中国第二历史档案馆:《政府公报》影印本第 2 册,上海书店出版社 1988 年版,第 540—541 页。

《新教育》与中国教育近代化

■ 周　晔

　　在近代中国,教育期刊作为传播教育思想的载体,进行教育讨论的平台,成为推进中国教育近代化的要素之一,对中国教育近代化产生了积极的影响。《新教育》就是一个例证。它作为20世纪"20年代中国影响最大的教育杂志之一"[①],对中国教育近代化产生了相当影响。胡适曾评价说,作为输入学理这方面的典型,我们可以指出《新青年》的"易卜生号""马克思号",以及《新教育》的"杜威号"等。[②]教育界评价它"对于中国教育之改进,功绩甚大"[③]。现代学者也认为:"由于《新教育》的编辑部集中了旧中国教育界的头面人物,它的言论是有高度代表性的,从研究中国现代文化思想和教育思想史的角度来说,它是有一定参考价值的。"[④]本文试对其进行专题研究。

　　[作者简介]　周晔(1969—),男,江苏如皋人,2005年毕业于浙江大学教育学院教育史专业,获教育学博士学位,曾发表《〈新教育〉与中国教育近代化》等论文,现为浙江省杭州市委对外宣传办公室副主任。

① 巴里·凯南:《郭秉文、蒋梦麟、陶行知与新教育改革运动》,周洪宇:《陶行知研究在海外》,人民教育出版社1991年版,第165页。
② 胡适:《新思潮的意义》,《新青年》1919年第1期,第10页。
③ 中华民国教育部:《第一次中国教育年鉴》戊编,开明书店1934年版。
④ 张允侯等:《五四时期期刊介绍》第三集上册,生活·读书·新知三联书店1979年版,第326页。

一、集聚留美背景的教育界名流,成为
"新教育旗帜的中心"

《新教育》的倡设,目的在于"在此新时代中,发健全进化之言论,播正当确凿之学说……以教育为方法,养成健全之个人,使国人能思、能言、能行,能担重大之责任"[①],力图以欧美新教育为模式改造中国传统教育,通过教育改革来改良中国社会。这从《新教育》的编作者等基本情况中可见一斑。

(一)主办单位及覆盖地域

《新教育》"从民国八年二月创刊,到民国十四年十月停刊"[②],即 1919年 2 月创刊,1925 年 10 月停刊,共延续 6 年 8 个月。其中,第一卷第一期(1919 年 2 月)至第四卷第一期(1921 年 12 月),由新教育共进社(江苏省教育会、北京大学、南京高等师范学校、暨南学校、中华职业教育社组成,北京高等师范学校从第二卷第三期起加入)主办,编辑部设在上海市江苏省教育会,蒋梦麟任主干(主编),各主办单位均派出相关人士出任编辑代表。第四卷第二期(1922 年 1 月),由新教育共进社(东南大学加入)主办,因蒋梦麟赴美出席华盛顿会议,改由陶行知(时名陶知行)任主干,编辑部改设南京东南大学教育科(1925 年 9 月移至北京),聘请国内教育家和外国教育家为编辑员。第四卷第三期(1922 年 3 月)至第六卷第四期(1923年 4 月),由中华教育改进社(教育共进社、实际教育调查社、新教育杂志社组成)主办。第六卷第五期(1923 年 5 月)至第九卷第五期(1925 年 1月),因陶行知赴北京任中华教育改进社主任干事,改由徐则陵任主干,后因徐则陵事忙,从第八卷第一期起增聘夏承枫为常任编辑,同时取消编辑员。第十卷第一期(1925 年 2 月)至第十一卷第一期(1925 年 8 月),由中华教育改进社主办,并与初等教育季刊社、中等教育协进社、体育季刊社

---

① 蒋梦麟:《本刊倡设之用意》,《新教育》1919 年第 1 期。
② 王西徵:《从新教育到新教育评论》,《新教育评论》1926 年第 2 期。

等分期编辑,徐则陵、夏承枫等任主编,不设常任编辑。第十一卷第二期
(1925 年 9 月)至第十一卷第三期(1925 年 10 月),编辑部移至北京中华
教育改进社,王西徵任编辑干事。①

《新教育》在全国各地设置代派处发行杂志,代派处主要集中在当时
的大城市和上海周围的城市,最多时曾达 60 个,分布在 35 个城市(包括
香港),覆盖全国,甚至到达海外(日本东京),影响范围较广。

(二)编辑代表及编辑员

各主办单位的编辑代表为:江苏省教育会的沈恩孚、贾丰臻,北京大
学的蔡元培、胡适、陶履恭,北京高等师范学校的陈宝泉、邓萃英、何炳松、
程时奎、王文培,暨南学校的赵正平、姜琦,南京高等师范学校的郭秉文、
刘伯明(又名刘经庶)、陶行知、朱进,中华职业教育社的余日章、顾树森。

《新教育》从第四卷第二期起设置了编辑员。"本社编辑员为分科编
辑、国内教育编辑、国外教育编辑三种"②,共 18 组,67 人(一人多组则重
复计算)。如教育普通问题组为余日章、沈信卿、汪精卫、汪懋祖、孟宪承、
徐甘棠、张伯苓、郭秉文、陈宝泉、刘廷芳、蒋梦麟、郑晓沧(又名郑宗海)、
罗世真,教育哲学组为朱经农、汪懋祖、孟宪承、胡适、许崇清、刘伯明、蒋
梦麟,教育心理组为汪懋祖、凌冰、陆志伟、张耀祥、陈鹤琴、黄希声、廖世
承、刘廷芳。国外教育编辑 4 个组为日本教育组(罗世真)、英国教育组
(罗克士培、陶孟和)、法国教育组(葛敬中)、美国教育组(孟禄、徐则陵、露
素)等。由此可见,《新教育》拥有当时中国几乎所有知名的提倡新教育的
改革家,并有国际级教育大家。

(三)主编情况

《新教育》的主编按时间先后主要为蒋梦麟、陶行知、徐则陵三位。其
中,蒋梦麟(美国哥伦比亚大学哲学及教育学博士,北京大学教授、代理校
长、校长)共主编 16 期;陶行知(1915—1917 年在哥大研习教育,南京高等
师范学校教授、教务长、教育系系主任)共主编 13 期;徐则陵(美国意里若

---

① 王西徵:《从新教育到新教育评论》,《新教育评论》1926 年第 2 期。
② 《新教育杂志社组织纲要·附录》,《新教育》1922 年第 2 期。

爱大学硕士,东南大学教授、历史系系主任,曾赴哥大考察学习,哥大师范学院中国教育研究会会员)单独主编 16 期、联合主编 4 期,共主编 20 期。《新教育》后期,俞子夷(南京高师教授兼附小校长,曾赴哥大考察师范及小学教育)和麦克乐(W．A．Mecall)(哥大、东南大学教授)也曾参与分期专号主编(如"小学教育号")。《新教育》的三位主编和俞子夷等都是留美学生,都由哥大毕业或在哥大学习过,而麦克乐本人就曾是哥大的教授。可以说,《新教育》基本上在哥大毕业生掌控之中。

(四)主要作者

《新教育》共出版 11 卷 53 期,其中包括"杜威号""学制研究号""孟禄号"等 10 个专号,先后设有 39 个栏目,刊登文章 1456 篇,共有作者 378 位(含翻译文章的原著者)。其中发表文章 5 篇以上的作者情况为:陶行知(21 篇,见前),俞子夷(19 篇,见前),蒋梦麟(14 篇,见前),郑晓沧(13 篇,哥大教育硕士,南京高师任教),胡适(12 篇,哥大哲学博士,北大教授、教务长),陈鹤琴(12 篇,哥大教育硕士,南京高师教授、东南大学教务长),郭秉文(11 篇,哥大哲学博士,南京高师校长、东南大学校长),麦克乐(10 篇,见前),推士(G. R. Tuiss)(10 篇,美国俄亥俄州立大学教授),程湘帆(9 篇,不详),朱家治(9 篇,金陵大学毕业),蔡元培(8 篇,民国教育总长、北大校长),姜琦(8 篇,哥大硕士,暨南学校校长),廖世承(8 篇,美国勃郎大学哲学博士,南京高师教授兼附中主任),刘英士(8 篇,清华大学毕业后留美),邹秉文(7 篇,美国康乃尔大学农学学士),黄炎培(7 篇,辛亥革命后曾任江苏省教育司司长),凌冰(6 篇,哥大哲学博士),王文培(6 篇,哈佛大学毕业),徐则陵(6 篇,见前),唐钺(6 篇,哥大毕业),杨鄂联(6 篇,不详),庄泽宣(5 篇,哥大教育硕士),刘伯明(5 篇,美国西北大学哲学博士),汪懋祖(5 篇,哥大教育硕士),陈燮勋(5 篇,不详),陆殿扬(5 篇,留学美国,国立编译馆教学用书部主任),杜威(5 篇,哥大教授),徐澄(5 篇,不详),顾树森(5 篇,东吴大学教育系毕业,中华职业教育社长),程宗潮(5 篇,不详),共有 31 位。

据现有信息,在这 31 位作者中,由哥大毕业或曾在哥大学习过的有 12 位,再加上 2 位哥大教授,共占总数的 45.2%;发表文章数在前 8 位的作者都毕业于哥大或曾在哥大学习过;留美学生和美国学者合计 21 位,占总数的 67.7％。可以说，《新教育》是留美学生，特别是哥伦比亚大学毕业或曾在那里学习工作过的群体的同人杂志。有研究认为，"当时留美归国学生集中于南京高师及后来的东南大学，形成新教育旗帜的中心"[①]，而设在东南大学的《新教育》是起了相当大的作用的。

二、介绍世界教育情况，成为传播国外教育
大家思想的"主要媒介"

《新教育》设有"世界教育"专栏，并在"专论""教育家传"等栏目中积极介绍国外教育近况，开阔时人眼界。读者金洪均在《新教育》第二卷第一期"通信·来函"中说："我定买新教育杂志，就想在此书中，了解世界教育潮流新观念。读了以后，觉得很得益不少……我很希望，贵杂志将来永远有'世界新教育的图画'及'世界体育界新体育'以教国人。"据统计，《新教育》对国外近代教育的介绍涉及的国家超过 14 个，几乎包括了当时所有的发达国家，文章总数超过 102 篇，平均每期 1.81 篇。其中，综合性介绍欧美国家教育的文章 59 篇，占总数的 48.3 ％，如果再加上分国别介绍欧美国家教育的文章则有 84 篇，占总数的 82.3％，而介绍日本教育的文章只占总数的 2％。可见，《新教育》是以介绍欧美国家教育为主要指向的。特别是其对杜威和孟禄教育思想的大力宣传，在中国产生了深远的影响。

（一）传播杜威教育思想

《新教育》创刊伊始就积极宣传杜威（John Dewey）及其教育思想，是国内最早介绍杜威的媒体之一。《新教育》第一卷第二期就刊登了杜威的学生、哥大教育硕士郑晓沧翻译的《杜威氏之教育主义》，介绍了杜威"教育即生活""学校即社会"等教育主张，并加"按语"："今日教育新思潮之领袖，当推约翰·杜威……近闻杜威氏正讲学于东京帝国大学，想其游华之

---

① 阿部洋：《美中教育交流的轨迹：国际文化协力的教训》，日本霞山会，1986 年，第79 页。

日必以不远,因亟译是篇以介绍教育学说于吾国之教育界。"接着《新教育》又出第一卷第三期"杜威号"进行集中介绍。据统计,杜威来华前,报刊上介绍杜威的主要文章有:《介绍杜威先生的教育学说》(陶行知,《时报·教育周刊·世界教育新思潮》第六号),《杜威氏之教育主义》(郑晓沧,《新教育》第一卷第二期),《杜威哲学的根本观念》(胡适,《新教育》第一卷第三期),《杜威之伦理学》(蒋梦麟,同前),《杜威之道德教育》(蒋梦麟,同前),《杜威之论理学》(刘伯明,同前),《杜威的教育哲学》(胡适,同前),《教育与社会》(朱进,同前),《记杜威博士演讲的大要》(潘公展,同前,《时报副刊·学灯》转载),《实验主义》(胡适,同前,《每周评论》第十三期转载),《实验主义》(胡适,《新青年》第六卷第四号),《杜威论思想》(胡适,《新中国》第一卷第二号),《杜威之道德教育》(胡适,《民国日报》副刊《觉悟》1919 年 7 月 6—9 日),《杜威博士对于实业教育之意见》(王文培,《教育丛刊》第一卷第一集)等,共 14 篇,《新教育》上发表的就有 9 篇,占 64.2%。其中尤以胡适的《杜威的教育哲学》最有分量,既抓住了杜威教育学说的精髓和关键,又通俗易懂,被多家报刊转载,产生了广泛影响。杜威来华后,《新教育》继续大量发表有关杜威的文章,成为介绍杜威教育思想的主要刊物。如陶行知的《试验主义之教育方法》《教育研究法》《教育与科学方法》等文章,系统论述了杜威的试验主义。杜威本人的《平民主义》《平民主义的教育》《平民教育的办法》《现代教育的趋势》《理科教育之目的》《学生自治》《教员联合会》《何谓思想》等演讲和文章也陆续在《新教育》第一卷至第三卷各期上发表,在中国教育界及社会引起热烈反响。美国记者评论说:"杜威教授已将其所要说的一切传播向中国千万听众","杜威教授及其思想深入人心"。[1] 特别是 1922 年中国学制改革所依据的标准及学制内容都和杜威的教育思想有十分密切的关系,其"实用主义之体现昭然纸上"[2]。此外,当时各级师范院校及中小学多受"学校即社会"理念的影响,在学校开学生银行,设商店,组织清洁会、慈善团、学生会、自治会、巡察团等,布置"社会环境"。有研究认为,杜威的教育思想曾对世

---

① Barry Keenan. The Dewey experiment in China:Educational reform and political power in the early republic. Cambridge:Harvard University Press,1977:166.

② 史全生:《中华民国文化史》,吉林文史出版社 1990 年版,第 251 页。

界上许多国家的教育产生了影响,但是,"它的最大影响在中国"。[①]　其中,《新教育》功不可没。

(二)介绍孟禄教育改革建议

孟禄(Paul Monroe),是美国著名教育家。早在孟禄来华之前,《新教育》第四卷第一期上就发表了庄泽宣的《介绍门罗博士》一文,向中国读者进行介绍。孟禄在华期间,《新教育》除出版"孟禄号"外,还对其活动全程进行报道,发表孟禄撰写和关于孟禄的专题文章达 48 篇,成为宣传孟禄的主要刊物。《新教育》重点宣传了孟禄对中国教育的改革建议。一是"施共和之教育"。孟禄指出,旧教育只注意少数领袖人才,不开启民智,不普及教育,而新教育则是人民公共的教育;旧教育是要社会不进化、不改变,以前怎样,现在也该怎样,日后亦希望怎样,而新教育则是动的、进化的、向前进的、想上进的。因此,革新旧教育的原动力,就是德谟克拉西的精神,而且"德谟克拉西要求普通人民都得到相当的教育,这是中国当今之急务","中国既为共和国,则当施共和之教育"。二是对学制改革的建议。他提出改革"须定夺教育成绩标准,俾各种教育事业,有所依据;须多留活动余地,俾社会得以施诸实验而臻完善",主张中国应适应世界趋势采用"六三三"学制,并指出新学制草案的优缺点和改进意见。如中等教育由 4 年延长至 6 年,可以克服中学生训练的不足,是新学制的优点。不过,要根据具体情况,特别是在条件简陋的乡村,则不宜强令。三是对各级各类学校教育的改革建议。他对中国初等教育最为称许,对中学教育最不满意,认为"中学最坏""最弱",并提出改革建议。关于教学方法,他指出,"中学教法不根本改良,恐怕就行新制也无益……中国今日的问题是用力修改教育方法的问题",认为教学方法应当注重学生自动,注意实用,从而可以使学生有选择的机会,并得到思维的训练。并举例说,"如学生学法律,不特学法律之理论与否,并须到法庭旁听,研究法庭如何判决",建议中国试行"设计教学法"。关于科学教学,他指出必须加强中学科学课程(生物、物理、化学等)的教学,因为"从政治方面看来,将来使中

---

① 单中惠:《现代教育的探索——杜威与实用主义教育思想》,人民教育出版社 2003 年版,第 345 页。

国完全独立,即在科学……假使中国要享独立的权利,必得养成科学上的专门人才……若不养成种种科学人才,则中国人一切权利必归到外国人手里去"。"中国之困难,不在财政,而在缺乏科学上的人才……假使中国有三数百的科学专家,就比较中国有三数百万军队还要强些!"而中国的科学教学,不给学生实验的机会,学生所得常"空而无用",因此,"最重要的,就是实验",应"注重实用主义"等。孟禄的中国教育调查及《新教育》对他的宣传产生了很大影响,时人评价说:"此次博士之来华,以科学的眼光调查教育以谋教育之改进,实为我国教育开一新纪元。"①

三、开展教育改革讨论,建构推进新教育的"话语空间"

《新教育》积极发表当时教育界人士和社会各界对于教育改革的各种评论和建议,提供教育讨论的平台,形成了推进新教育的"话语空间"。

(一)促进"六三三"学制的形成,倡导"教育独立"运动

《新教育》出版"学制研究号"专号,大量发表有关学制改革的文章,推动了 1922 年"六三三"学制的酝酿和形成。如汤尔和在《现行学制根本改革的意见》中提出,"纵使一国宪法也有顺应潮流改革的时代,何况教育制度本不是一成不变的东西。我要问中国现行制度从哪里来的?取法的是哪个先进国?不用说,简直是明目张胆出卖旧货!况且还是九年前的陈货,连他的出产地都大半不卖了。我们还要陈列在店里,强迫过路的人行销,这真是个笑话。不过讲到改革,要是换汤不换药,仍旧跳不出原来的圈套。纵使结果良好,也不过一时苟安,于社会文化丝毫不生关系,恐怕连这一点希望也远达不到。其结果是改了甲不能不改乙,改了乙又牵动丙。譬如一件衣裳,要不是量好尺寸彻底用新材料来做,拿一件旧袍子改了又改,毕竟不合身,改的七洞八穿,那件袍子的全体差不多也稀烂了。所以,我说非有根本改革计划不可",要"打破铸型的教育!学术公开!!

---

① 汪懋祖:《孟禄与中国教育界同仁在中央公园饯别会之言论》,《新教育》1922 年第 4 期。

废止文凭及各种学校里的实验! 使全国青年中老年自由研究学术!!"蔡
元培在《全国教育会联合会新议决之学制系统草案评》中指出:学制改革
总体上看是较好和可行的,但也存在一些问题。第一,初中修业年限太
少。中学阶段不应实行"三三制",应从学生掌握基本知识、技能的需要出
发,以"四二制"为通则。第二,高专之设实属多余。"高专与大学并立之
弊,日本已深感苦痛。"第三,师范教育序列不清,"实在有思路紊乱之嫌"。
第四,乙种实业学校和甲种实业学校应分别并入"小学后二年级""高级中
学",并在新学制中作出明确规定。而廖世承在《关于新学制一个紧急的
问题》中则说,"新学制中最有精彩的,是中等教育一段",认为蔡元培等人
用以证明"四二制"正确的理由是"不充足"的,并列举了中学采用"三三
制"的优点,如"便于适应个性",增加中学入学率,使大、中、小各级学校衔
接更为密切等,主张中学教育要"以'三三制'为原则"。陶行知在《我国对
新学制草案应持之态度》中提出应抱四个态度,即"虚心讨论,研究实验,
以构成面面顾到之学制";"对于国外学制的经验,应该明辨择善,决不可
舍己从人,轻于吸收";"欢迎新学制出现的时候,也得回过头来看看掉了
东西没有";"学制以后之事业问题,是无穷的。所以学制虽是个重要问
题,但只是前程万里的第一步"。胡适在《关于新学制的感想》中则认为,
新学制中中学修业年限可谓五花八门,"但这个'五花八门性',正是补救
现在这种形式上统一制的相当药剂。中国这样广大的区域,这种种种不
同的地方情形,这种种种不同的生活状态,只有五花八门的弹性制是最适
用的"。

　　《新教育》积极推动的学制大讨论,既是一次声势浩大的学制改革大
宣传,又是一次行之有效的学制草案大诊断。正是因为这场大讨论,使得
社会各界尤其是教育界比较清醒地意识到了中国国情特别是教育实情之
所在,为1922年学制框架奠定了基础。

　　《新教育》还着力发起了中国20世纪20年代的"教育独立"运动。
《新教育》第四卷第三期发表的蔡元培《教育独立议》一文提出,"教育事业
应当完全交与教育家,保有独立的资格,毫不受各派政党或各派教会的影
响",主张教育家办教育,教育要超然于政党,超然于教会,仿行外国的大
学区制,实施超然独立的教育体制等。文章产生了很大影响,为我国近代
教育独立思潮的形成奠定了理论基石。"数年来倡教育独立的,在理论上

无有出其范围者。"①对此，教育界人士多有响应，其中胡适态度最为积极，他对蔡氏的主张极为赞成，奉为圭臬。② 另外，《新教育》还发表了《全国教育独立运动会宣言》和《全国教育独立运动会章程》等多篇有分量的文章。《宣言》指出："'教育事业'，不仅为一国文化之所系，亦即人类精神生活之所寄托者。近年以来，兵祸频仍，政潮迭起，神圣之教育事业，竟飘摇荡漾于此卑污龌龊政治军事之旋涡之中，风雨飘摇，几近破产，此吾人不能不作'教育独立'之呼声，以期重新建设精神生活之工具也。"为此，《宣言》提出三大主张："教育经费之应急谋独立也"；"教育基金之应急谋指定也"；"教育制度之应急谋独立也"，认为"凡此三端，均为吾人精神生活之所关，吾国根本存亡之所寄"。《章程》则明确全国教育独立运动会宗旨为"以运动全国教育经费及学制之独立"。

　　中国自古以来"学在官府"，《新教育》对《教育独立议》及相关文章的发表，宣传了"教育独立"理念，影响了当时的教育政策和实际运作。特别是就其思想价值而言，它凸显了教育尤其是大学教育需要思想学术自由的理念，蕴涵深刻，至今仍有相当的现实意义。

（二）支持五四运动，鼓吹平民教育、国语统一、白话文和文字改革

　　《新教育》积极支持五四学生运动，《教育新精神之利用》肯定运动是新精神的表现，"北京学生爱国热诚勃发后，全国学生界相继而起，振刷精神，与黑暗魔力作战，其成败虽未可逆料，而教育之新精神，已于此时产生矣"。蒋梦麟在《改变人生的态度》中则将五四运动与欧洲文艺复兴相提并论："欧洲文运复兴（Renaissance）的起始，是要求人类本性的权利，后来引到发展自然界的新观念和研究的新方法。""五四学生运动，就是解放的起点。改变你做人的态度，造成中国的文运复兴。解放感情，解放思想，要求人类本性的权利。这样做去，我心目中见那活泼的青年，具丰富的红血轮、优美和乐的感情、敏捷锋利的思想，勇往直前，把中国萎靡不振的社会、糊糊涂涂的思想、畏畏缩缩的感情，都一一扫除。"蒋梦麟在五四后仅一个月就作出这样明确的判断，的确是洞察敏锐。他还希望"集合千百万

---

①　舒新城：《中国近代教育史资料》（三），人民教育出版社 1961 年版，第 234 页。

②　胡适：《今日教会教育的难关》，《胡适文存》（3 集卷 9），黄山书社 1996 年版，第 579 页。

青年的能力，一致作文化的运动，就是汇百川之水到一条江里，一泻千里，便成怒潮——就是新文化的怒潮，就能指导中国腐败社会洗得干干净净成一个光明的世界"①。时为北大代理校长的蒋梦麟，如此热情洋溢地赞颂五四运动，产生了积极的推动作用。

《新教育》大力倡导平民主义的教育。《教育究竟做什么》《军国民主义与教育》《教育上"德谟克拉西"之研究》等文提出："共和的国家就是行平民主义的国家，必须有平民主义的教育。""国家之盛衰，以平民之知识为断"，"强国之道，在乎强民不在乎强兵。民不强而强兵，强兵必杀民"。一旦国民"养成健全之个人"，国家就可以强大，社会就能进化了。反对"把平民都抛弃在一边"的"君子教育"和"把国民尽变了杀人的刀"的"军国民教育"，高呼"二十世纪之世界，为平民主义之世界。你若问二十世纪之教育究竟做什么？我答曰：教人人做一个好公民，使个个平民做堂堂底一个人"。"吾辈从事教育者，正当张旗鸣鼓，竭力鼓吹平民主义，以图最后之胜利"。并提出实行平民教育的手段是普及教育，主张厉行义务教育，延长义务教育年限，使普及教育成为"平民教育的先锋"。还对欧美义务教育制度进行了批评，《教育上"德谟克拉西"之研究》认为："欧美诸国，虽厉行义务教育之普及……然其义务教育之年限，德、美仅为八年，英、法仅为七年，是故小学校以上之教育，仍为少数之中流及上流社会人民所独占。揆之于理，岂得谓平？"显示出不盲从精神。

《新教育》还鼓吹国语统一、白话文和文字改革。《国语统一问题》提出："国语统一问题，现在已经引起了许多人的注意……"，要"用科学的眼光一层一层的看去"。《吾国小学之实际问题》认为："现在中国的教育为什么没有进步呢？老实说一句：就是受着文字的毒，好好的思想都被文字束缚起来，小学课程关于文字的时间，几乎占到三分之二，一天到晚咬文嚼字，哪里说到知识，费了十数年的工夫，国文程度依然不够发表思想，怎能求教育进步？"黄炎培在《小学校用白话文的研究》中列举了白话文易学、省时、便利的优点，蔡元培也在《国文之将来》中提倡白话文，并在《中国的言文问题》中提出造一种新文字代替汉字，还主张采用一种占优势的方言，作为标准语等。此外，《新教育》还积极提倡女子教育和教育实验等。

---

① 蒋梦麟：《新文化的怒潮》，《新教育》1919 年第 1 期。

四、对中国教育近代化的作用

综上所述,《新教育》对中国教育近代化产生了积极的作用。一是成为近代教育改革的思想源。《新教育》积极介绍西方教育近况,传播杜威、孟禄等世界教育大家的先进教育理念,输入"新文化",成为当时教育改革的思想源之一。二是形成教育"公共领域"。哈贝马斯认为,所谓"公共领域"就是指一个国家和社会之间的公共空间,市民们假定可以在这个空间中自由言论,不受国家的干涉,就是指"政治权力之外,作为民主政治基本条件的公民自由讨论公共事务、参与政治的活动空间"。①《新教育》大量发表蔡元培、胡适、蒋梦麟、陶行知等教育名人和社会各界关于教育改革的意见建议,鼓励百家争鸣,鼓动学制改革和"教育独立"运动等,在一定程度上形成了近代有中国特色的教育"公共领域",影响了当时主流舆论和教育政策的制定。三是推动了中国近代教育模式取向的转型。《新教育》的编作者多为留美归国尤其是哥伦比亚大学的毕业生,是典型的"同人刊物",它强力介绍、鼓吹学习美国教育,推动了近代中国教育模式由"模仿日本"向"取向美国"的转型,加速了中国传统教育向近代教育的转轨。四是调适了政府与民间的关系。《新教育》的主办者、编者、作者中有相当一部分是当时的政府官员、大中小学校长和教育界名流等,存在"同质现象"。作为教育界的头面人物,他们掌握着话语权和一定的教育政策制定权,他们通过《新教育》这个"公共领域""中间地带"互动协调,对民间教育改革的意见有所了解、吸收,调适了政府与民间教育改革的诉求,减少了彼此的疏离,形成了一定程度的良性互动状态,推动了中国教育近代化的演进。

---

①　[德]尤尔根·哈贝马斯:《公共领域的结构转型》,曹卫东、王晓珏等译,学林出版社1999年版,第2页。

中国学校德育课程近代化的三个特征

■ 岳刚德

近代以来,中华民族从来就没有停止过对强国之梦的追求。一批又一批中国新式知识分子和启蒙思想家,以严复、康有为、梁启超、陈独秀和胡适等为代表,他们运用西方的学术知识体系解构中国传统文化价值,在如何对待传统道德培育现代国民人格上,不论是在"中体西用"的价值指导原则下,还是在"全盘西化"的社会思潮背景中,其思想力量成为推动中国近代化进程的强大动力。

但是,一个多世纪过去了。近代先进士人追求的"自由""平等"和"民主"至今没有成为现实。正如霍韬晦先生所言:"民主仍未落实、科学还是居于人后。"① 由此可见,中华民族虽然取得革命的成功,但是国人的思想观念、现代意识和道德水准并没有随着时代的前进而与时俱进,相反,中国人在传统与现代之间的反复挣扎与"中西文化"价值冲突形成的张力交织在一起所构成的日常生活方式,已经凸显中国传统道德"修身"功能的软弱无力,而这一现状的延续表明中华民族在全球化的压力下正在逐渐丧失成为现代国民的文化血脉和根基。

[作者简介] 岳刚德(1971—),男,四川雅安人,2007 年获华东师范大学教育学博士学位,2007 年至 2011 年在浙江大学教育学博士后流动站从事近代德育史研究,著有《学校课程发展的伦理审视》等,现为杭州师范大学学科教育研究所副教授,主要研究方向为课程与教学论与德育。

① 霍韬晦:《从反传统到回归传统》,中国人民大学出版社 2010 年版,第 84 页。

　　于是，一个始终困扰我们的问题是：学校德育在重塑国民人格的过程中如何在传承传统文化的基础上建构现代国民性，在超越"中西文化"价值取向的差异与冲突过程中，寻求学校德育在传统与现代之间可能的切入点。当我们回到上上世纪的历史文本中，透过启蒙思想家对传统伦理文化的批判以及西方现代价值的解读、澄清和诠释，使我们对特定历史背景和文化脉络中学校德育课程的近代化特征有了更为精准的认知和把握，尤其是对德育目标的确立、德育内容的选择以及德育教科书编写的历史演进逻辑有着进一步的体认和较为明晰的判断。

一、学校德育"成"人目标由圣贤人格到公民人格

　　从晚清学堂开设修身科到国民政府时期实施公民训练，是学校德育课程目标涉及公民素养维度的最大一次转换。在传统德育的"修身"课程目标中，十分注重个人私德的修养，试图通过"格物、致知、诚意、正心"的修身实践实现"齐家、治国、平天下"的人生理想或个人抱负。因此，传统的孝、悌、忠、信、爱、义、勇、恭敬、勤俭、清洁诸道德德目以及"礼义廉耻"的伦理取向，既是一种属于个人道德修养追求的目标，同时作为一种道德原则或伦理规范，也是维护一个国家稳定的社会基础。

　　以"修身为本"的儒家伦理思想是传统德育课程目标的主流价值取向，旨在追求一种圣贤人格的养成。质言之，这种圣贤人格是以儒家人格为主导范型的传统人格，目的在于实现"内圣外王"的道德境界，直接体现在培养对象——"君子""圣人"和"贤者"的身上。众所周知，君子重义轻利、自强不息，这种内在超越精神通过修身实践一以贯之地贯穿于圣贤人格不断完善的过程之中。尽管在传统道德文化中还存在诸如道家追求的"自然无为的顺天人格"和墨家力倡的"仗义而为的侠士风度"等理想人格范式，但是这些人格理想在专制主义文化的压制下，全部蜕化为缺乏个体独立尊严的依附性人格。这种依附性人格在以宗法制度构建的纲常伦理秩序以及依靠血缘、地缘架构的"家天下"社会格局中，人和人之间应然的平等关系逐渐消逝了，代之而起的是一种主奴关系。这种主奴关系对于个体而言，一种与生俱来的身份从根本上规定了个人的发展前途，文化传

承中的尊卑、贵贱、长幼和上下之规约，直接把人分成主子和奴才，使传统人格被形塑为具有分裂特征的双重人格。显而易见，造成中国国民双重人格形成的根源是几千年来封建皇权专制主义盛行的深厚土壤，这恰恰意味着以修身造就传统人格的德育目标在现代文明嬗变的时代背景中必然走向人格范式的转型。

虽然传统人格不能适应社会和时代发展的需要，但是也并非与现代人格水火不容，它同时具有改铸为现代人格构成之合理元素的可能性。从严复的"鼓民力，开民德，兴民智"[①]之说开启以"独立人格"易"依附人格"风气，提出以传统人格资源的开拓作为塑造"新民"人格的基础条件，到陈独秀以"伦理的觉悟"为标志的新文化运动。陈独秀所谓"伦理的觉悟"，实际上是以"废除奴隶道德"追求个体独立人格，为此他提出人的解放与社会的解放在逻辑上应保持内在一致性，这一主张成为20世纪初以陈独秀为首的新文化运动的巨子们根据国情而开出的救国救民处方。在陈独秀看来，一代新青年要有自由独立平等的近代人格，具有追求进步、敢于竞争、讲求实际的时代精神，具备放眼世界、相信科学的基本素养。而"科学与民主相辅而行，专制与愚昧相依为命。科学是愚昧的克星，民主是专制的死敌"[②]。因此，陈独秀认为必须高举科学和民主两面旗帜，彻底扫清和涤荡专制主义遗留下来的封建毒素，以法律保护的言论自由实现对国民现代思想的启蒙。在经历五四新文化运动之后，科学和民主的价值渐渐深入人心，它们不仅成为人们看待事物的立场，还是人们判断事物的价值标准及合理性依据，而且这些价值观已经逐渐融入人们的日常生活中，成为一种典型的处世态度和社会行为方式。但是，科学和民主是实现现代独立人格的手段和条件，理应不能成为追求中国近代化的目的和价值，因此，国民现代独立人格的形塑绝不是建立在对传统人格彻底否定的基础之上，而是必须在厘清以修身主导的私人领域与政治民主的公共领域的界域的前提下，在传统圣贤人格的血脉中建构现代独立人格。

由此可见，近代以来对独立人格的执着追求，使现代人格的模塑自觉化、系统化、生活化。无数志士仁人希望通过公民教育来改造国民性、养

---

① 严复：《严复集》，中华书局1986年版，第27页。
② 任建树：《陈独秀传——从秀才到总书记》，上海人民出版社1989年版，第121页。

成共和精神和健全国民人格,以确保"国民素质"逐步得到提高,为学校德育课程实现由修身到公民训练的范式转型提供了舆论上的准备。同时,民国之后,由于政体的属性规定,学校德育宗旨涉及要培养一个共和国家、法治国家的合格公民问题,因此,这一时期亟待建立新的道德标准。在传统的"仁义礼智信"和"温良恭俭让"之外,现代公民必须具备的关于家庭、社会、国家、民族调和、国际关系、人类互动以及国民经济等社会伦理方面的知识,处理各种公共关系的行为态度和道德规范,以及参与社会公共事务的技能等等,而这些内容远非传统的"修身"科一门课所能涵盖。因此,学校德育能否合理传承、吸收传统道德教育的合理元素,充分发挥其修身功能,重视对儿童进行个人行为规范训练,提高个人的道德修养,同时向学生传授关于现代国家政治制度、社会法律概念、个人权利和义务等层面的有关"私人空间"和"公共领域"的公民知识,发展儿童健康的自我意识,训练儿童参与公共事务的实践能力,养成儿童健全的、独立的现代公民人格,则关系到学校德育能否在一定程度上实现教育"成"人的功能问题。

从学校德育目标由培养传统圣贤人格到塑造现代公民人格的转变,意味着个人道德训练必然经历由传统修身注重私德修养到现代公民重视公共道德践履能力培养的过程。由于中国古代社会是以自给自足的农业自然经济为基础,它是一个通过地缘和血缘构建而成的宗法社会,为了迎合封建专制统治的需要,以儒家伦理的"三纲五常"为核心准则发展而成的一整套伦理道德规范,呈现出一个显著的伦理政治化特征,表现在:它要求人们以反求诸己的修身方式成为圣人,通过修身实现齐家、治国、平天下的政治理想。但是事实上,由于齐家与治国之间存在巨大的鸿沟,对于绝大多数人而言,一生最后达成的现实目标也不过就实现了齐家而已。

甲午战争之后,国家民族危机日益严重。在此处境下,知识界中兴起了"群学"的思潮,提倡"群重己轻,舍私为公",希望打破家庭、宗族、阶级等小单位的隔阂,为国族利益现身奋斗。在这种背景下,梁启超从日本移植了"公德"概念,成为近代第一个在本土提出"公德"的知识分子。梁启超建构的"公德"概念是基于国家伦理和社会伦理的理论假设,其"公德"概念主要包含两个元素:一是爱国心;二是公共心或公益心。这种公德观背后隐含的民族精神虽然与西方的冲击有很大关系,同时也是中国传统文化脉络中读书人面对民族危机表现出来的一种忧患意识和担当意识,简言之,这种与爱国精神交织在一起的民族精神也是中国传统文化精神的体现,正是在这一精神的激励下,近代以来国人"自强求变",先进士人开始对"国民性"问题进行深刻反思。但是,对于"公德"这一概念在西方政治社会思想中却无法找到一个与之严格相对应的词汇。在西方,所谓的公共道德是一个十分宽泛而庞大的所指,其内容包括了公共领域中所有重要的价值问题,比如自由、平等、人权、博爱、公共服务等等。而上述价值对中国传统道德观念的冲击和挑战恰恰是近代学校德育课程目标嬗变的历史契机。

1911年,资产阶级领导的辛亥革命爆发,推翻了延续两千多年以"一姓之私产"而"家天下"的封建帝制,建立了以"民主共和"为政体的"公天下"——中华民国。由于战乱频仍,百废待兴,人们先前对"民主共和"产生的种种幻想一时还难以兑现,于是演变成一种极端的不满情绪,表现出对"中华民国"彻底的绝望。这种由于价值权威的缺席导致随后尊孔复古风潮的兴起,使得随之衍生而来的帝制复辟闹剧直接把辛亥革命的果实断送到封建军阀的口袋中。"中华民国"只剩下最后一块空字招牌。"国之不存,民将焉附",正如梁启超言之:"国乃积民而成。舍民之外,则无有国。"①没有高素质的国民为基础,何以建设一个富强、民主、文明的国家?同样,没有国家的独立,何以造就具有独立人格的现代国民?

由于认识到"国民"之于国家的意义重要性以及"臣民"普遍存在的现实,以陈独秀为代表的一批有识之士,在更高层次上发动了一场旨在以西方"科学"和"民主"造就新型"国民"的兼顾启蒙与救亡的新文化运动。不难看出,新文化运动中的这批急先锋使得当时中国知识分子又一次受到西方科学民主思想的洗礼,他们以传统读书人的忧患与担当意识,不仅承担着将西方价值移植进入本土的重任,同时还身体力行积极推进为其铺路,以实现对国民现代思想和国民意识的启蒙。但是,也要指出,新文化运动中的先进分子,大多带有一些偏激情绪,尤其是在如何对待传统文化与现代文明价值的看法上,存在着绝对肯定或绝对否定的"非此即彼"倾向,把反传统、反专制、反封建与争取"人权""民主"和"科学"严格对立起来。而且这种思维模式或思想立场一直影响到后来,直到今天。

①　梁启超:《中国积弱溯源论》,《饮冰室合集》专集之五,中华书局1989年版,第16页。

　　正如民国成立之初，由于价值权威的缺席导致复古风潮的兴起和帝制复辟的闹剧一样，五四新文化运动非理性地反传统同样带来专制主义的反扑以及对文化专制主义传统的回归。国民政府成立之后，国民党一方面以"三民主义"作为意识形态，全面推行党治主义的专制统治，妄图通过"清党"政策实现一党独大的"党天下"，可以说是五四新文化运动以来出现的首次历史倒退；另一方面，以传统道德文化中的"礼义廉耻"作为推行"新生活运动"的价值合理性基础，以此重振国民抗战到底的士气和信心，可以算得上一次较为成功的抗战精神总动员。不难看出，传统道德文化中属于私德修养范畴的修身养性，其道德功能的发挥并不与属于公共道德范畴的公民人格相抵牾，相反，传统道道教育所追求的以发展个体的传统人格为目标，其体现出来的一种以忧患和担当意识为精神特质的道德勇气，与现代公民人格中蕴涵的义务感和责任意识乃异曲同工之妙。二者之间能否和谐共生、琴瑟和鸣，取决于在民主与法治框架下的现代政治文明制度是否真正贯彻和落实依法保护个体私权利，同时对国家公权力进行限制和监督的权力分配原则。

二、学校德育内容选择的"中西文化"价值取向

　　自从晚清新政改革以来，学校德育课程在内容选择上，始终围绕如何处理"中学（旧学）"与"西学（新学）"之关系问题，在把握二者关系的基础上，开始对西方"自由""平等"和"人权"等现代核心价值进行反思，在观照传统道德文化的同时，尝试性地提出了"中体西用""全盘西化"等不同的价值指导原则，表明对待传统文化的不同态度以及移植西方现代价值的不同策略或路径。

　　中国传统文化以家族为单位、以社会群体作为价值主体，形成了一种社会本位的价值系统。它把社会群体看作是产生一切价值的最终依据，并以之作为产生文化价值的最终实体。换言之，一切价值和意义皆是由社会群体派生出来；相反，离开了社会群体，一切个体皆没有独立的自己的价值。社会本位的价值取向对个人道德修养提出了相应的规范和目标要求。而以个人为本位的个人主义构成了西方文化价值观念的思想基础

和人文传统。个人主义所强调的是,在个人与整体的关系中,个人是出发点、核心和目的,国家和社会的使命就是要保护个人的权利。在所有的权利中,自由、平等是最基本的权利,因而国家和社会的最高使命和最低职责底线就是要保护个人的自由平等权利。在西方人看来,每一个人都有决定自己生活和前途的自由和权利,正可谓"不自由,毋宁死",对个体存在意义的价值认同形成西方人"对自己的选择负责"的国民意识。因此,自由和平等既是个人主义坚持的核心价值,也是西方社会公认的政治原则。个人本位的价值取向对国家和政府可能损害公民权利的行为通过民主和宪法的机制进行制约。作为西方文化价值观念的思想基础,个人主义贯穿于西方文化价值观念体系的方方面面,体现了西方价值观念的根本性质,它对中国近代化历程产生了深远的历史影响,同时也对学校德育课程内容的选择提供了一个与中国传统道德文化不同的价值标准体系。

晚清新政改革继续坚持"中体西用"的指导原则,在颁行的《癸卯学制》之中,十分强调学堂立学宗旨务必"以忠孝为本,以中国经史之学为基,俾学生心术一归于纯正;而后以西学瀹其智识,练其艺能,务期他日成才,各适实用,以仰副国家造就通才、慎防流弊之意"[①]。在修身科中精选了"朱子的《小学》、刘忠介的《人谱》和《弟子箴言》等蒙养读物"为教科书,强化了读经讲经的教化意义。在注重挖掘传统德育课程中的修身功能外,也逐渐引入了西方德育中关于培养儿童公德意识的观念。这些变化,一方面是洋务派与维新派和革命派之间相互斗争和妥协的结果;另一方面由于受"中体西用"指导原则的制约,在与封建专制统治者的利益不相冲突的前提下,对于中国传统道德文化价值与西方现代文明价值之间形成的张力,在德育课程中按照一定权重的大小和比例的多少纳入教科书而得到消解。当然,在德育教科书的具体编写和课程讲授过程中,其内容的选择还会受到出版商、教科书编写人员个人主观立场的影响,以及教员个人喜好或价值取向的限制。

民国初年,在中华民国教育部颁布的《普通教育暂行教育办法》中,明文要求"一律废止读经",这一政策导向否定了清末"中体西用"的指导思

---

① 璩鑫圭、唐良炎:《中国近代教育史资料汇编·学制演变》,上海教育出版社 2007 年版,第 298 页。

想,而对来自西方资产阶级关于平等、民主和自由的价值情有独钟。教育部在新颁布的教育宗旨中公开否定以"忠君""尊孔"为核心的前清教育宗旨,力倡军国民教育、实利主义教育、公民道德教育、世界观教育与美感教育等"五育并重"的教育方针。事实上,由于"忠君"并不等同于"爱国",所以否定"忠君"体现了民国共和精神的进步特征;但是,如果不对儒家伦理道德思想进行全面认真的盘点和检视,就全盘否定"尊孔",则有可能陷入以反传统为标志的激进主义泥坑,造成整个社会价值权威的缺席,最后又必将回到专制主义的文化传统中去。

随着袁世凯亲手导演的帝制复辟闹剧的发生,代之而起的是愈演愈烈的复古狂潮,尤其是对以孔子为代表的儒家伦理道德价值产生了强烈的回归愿望。这种像钟摆一样在"中国传统与现代"价值之两极之间的反复和摇摆,使得以陈独秀、高一涵、胡适、鲁迅等为代表的现代知识分子对封建专制主义文化的毒瘤有着非同一般的清醒认识,他们高举"科学"与"民主"大旗,投入到反封建、反专制、反传统的五四新文化运动潮流中,对中国封建专制主义与儒家伦理教育传统进行激烈批判和彻底清算。这种以中国传统读书人"铁肩担道义"的忧患意识为核心的道德勇气,承担了新式知识分子对国民进行现代思想启蒙的社会责任,从而为真正意义上的中国现代德育课程体系建构与探索奠定思想基础。虽然五四新文化运动以"科学"和"民主"作为诊治国民愚昧和封建专制主义的处方良药,但是由于这场运动多少带有激进主义的色彩,显得冲动有余理性不足,没有对传统文化的构成元素进行全面盘点和清理,而让其消逝在一浪高过一浪的反传统口号声中。由此可见,近代意义上的中国德育课程价值的演进是在"中西文化"价值冲突和观念博弈中得以渐次生成与发展,是在复古与反复古的思想斗争中得到沉积并广泛传播。学校德育课程体系中公民科的设置正是在这种历史背景下应运而生,在取代了传统的修身科之后,在"中西文化"的张力中与时俱进地迎接社会发展提出的挑战,重新厘定了学校德育课程的内容选择。

公民课在学校课程体系中的设置并不意味着公民教育的思想观念和行动在公民参与的现实生活中立即兑现。在南京国民政府成立后,执政的国民党根据"训政"需要,在学校开始推行党化教育,极力推行三民主义思想,同时,当局在《中小学课程暂行标准》中要求将公民课与三民主义课合并为党义课,从而取消了公民教育。这种把一个人或一种思想神圣化,属于极权主义国家的典型特征,其目的就是让国民变成不会思考的工具,成为专制特殊利益集团的奴隶,从而又一次通过强权把国民驱入"从臣民到公民再回到臣民"的历史怪圈中。面对这种局面,以胡适、任鸿隽为代表的自由知识分子采取了坚决抵制的态度,他们纷纷撰文表达了公共知识分子的声音:一方面对党化教育的危害进行了深刻的批判;另一方面从学理上分析了公民教育与党化教育的本质区别。由于遭到社会各界的强烈反对,当局很快又在学校恢复了公民课。

1931年,"九一八"事变爆发,面对来自民众日渐高涨的抗日呼声和日军的得寸进尺,以蒋介石为首的国民政府顿时在政治上陷入了"内忧外患"被动。为了迅速破解时局难题,蒋介石发起了旨在恢复传统道德的"新生活运动",标榜以"礼义廉耻"之四维作为维护国家稳定的中心原则。

由上可见,中国的近代化历程始终伴随着"中西文化"之间的冲突和融通,而且这一过程与国人对传统落后元素的不断否定以及对现代西方文化的核心价值的认同和追求交织在一起。学校德育课程的历史演变就发生在上述时代背景和历史脉络中,它在内容选择中必然通过价值标准体系的传承和更新不断对历史和时代作出回应。因此,当我们为了构建和谐社会重新对中国传统道德所倡导的"仁义礼智信"和"温良恭俭让"进行认真检视和深刻反思之时,在以个人主义为核心的西方现代文明价值和政治智慧的观照中,我们会发现,"中西文化"在自然人性的框架下完全可以开诚布公地平等对话,重新诠释"仁义与公义""礼治与法治""求真与较真""诚信与信心""克己与自治"和"知耻与奋进"等德目之德育价值和意义,并以"己所不欲,勿施于人"和"己欲立而立人,己欲达而达人"的忠恕之道作为维护世界和平伦理秩序的中国道德智慧或地方性知识传统。

三、学校德育教科书的近代化
——从《修身》到《公民》

自从晚清引入西方学校制度以来,修身被正式确定为学校课程科目。随着新式学堂数量激增,对教科书的需求增大,教科书出版的竞争加剧,对教科书的编写质量提出较高要求。这一时期修身教科书的编写，主要依据德目主义和人物主义来展开。

德目主义是指把人类道德经验高度概括和凝结为德育内容，并罗列为各种"德目"，像"正直""守时""勇气""公益"等，以此作为传递道德经验的抓手，借助于专门德育教师的课堂讲授，使被教育者识记、理解和掌握这些"德目"，试图以此达到道德教育的目的。德目主义是一种源远流长的德育模式，依据德目主义编写的教科书具有以下三个特点：一是德育内容在整个学校教育中自成体系，具有相对独立性和德育知识系统的完整性；二是强调直接性或直观性，由教师直接讲授、灌输、注入的各种道德行为规则和社会规范，可以直接或直观地通过德目编写来体现；三是具有高度概括性和理想主义的色彩，由于德目用语简洁、凝练，十分抽象，因此，教科书在编写中为了取得较好的德育效果，常常采用图画、图文结合或者故事编写的方法组织德育内容。但是，由于德育教学中，德目内涵的知识权威和价值判断被德育教师掌控着，教师成为德育的主体，是德育知识的主动传授者，而学生成为被动的德育知识接受者，学生始终处于受支配、从属、服从的客体地位，德育过程成为一个纯粹的德育知识从主体流动到客体的单向传递过程。因此，以德目编写而成的德育教科书难以克服自身的弱点和不足。

人物主义是指将中外著名的道德典范人物的故事选编成具有德育价值的文本，通过教师向学生进行叙述、阐释、澄明和评价，利用榜样示范作用实现道德教化的德育目的。人物主义对于儿童的模仿学习是一种有效的德育模式，在教科书编写中具有以下特点：一是选编的人物要具有相当的知名度，能够承担道德权威的德育功能；二是选编的人物故事发生的情境具有可移植性，主人公或当事人与德育对象应属于同龄人或年龄相差不多；三是选编的道德榜样具有示范性，易于儿童模仿和学习。由于选编的人物及其故事发生的背景与儿童生活的时代背景有一定距离，因此，这类教科书在实际使用过程中往往由于代际鸿沟，难以达到预期的德育效果。

从清末到民初，这一时期修身教科书的编写基本上采用了德目主义与人物主义相结合的方式进行，对于不同年级采用不同层次的教科书，除了课文篇幅的长短、体裁的选择、陈义的深浅等方面有所差别外，教科书编写的核心思想都体现以教师和伦理知识为主导,在实际德育课程实施过程中显现出其致命的弱点:一是以伦理知识承载德育价值的德目,属于抽象的、书本上的道德,在没有标准的前提下不分年级而采纳,难以适应儿童的个性发展和学习程度;二是以教训式的伦理关系组织的德目大多基于人性恶的假设,在教授中容易使儿童感到压抑;三是以古代和国外人物为道德典范进行德育教化,在时间跨度上和文化语境上脱离了儿童的现实生活;四是伦理知识的教授方法以传统的讲授为主,而没有实际情境的道德训练,使儿童内心难以产生对道德的需求。因此,一些知识分子对传统的修身科教科书提出了批判,指出应加强以游戏、体操以及待人接物作为实际的训练方法,使儿童道德的本能在活生生的情境中渐渐显现出来并得到发展,从而激发儿童在日常生活中的道德意义感。

民初之后,教育界一直致力于德育教科书改革,但是,在编写中基本上与清末商务印书馆的《最新修身教科书》(1907—1911)的模式相近,把德目主义和人物主义结合起来,只是在主题立意、题材选择等方面进一步体现了国民教育的需要。本期修身教科书具有以下特征:一是教科书在内容题材选择上注重中外古今道德的汇通,教科书的德目绝大多数都是采集于中外历史故事、中国传统道德和西方现代文明的核心价值观;二是注重个人道德修养和现代公德意识的培育,在教科书中保留了像"戒谨""报本"和"行仁"等大量的传统德目,同时增加了诸如独立、自由、自尊、平等、守法和纳税等体现现代国民意识的德目,而且即使采用了传统的德目,却在文字叙述中从现代的立场进行阐释;三是教科书采用圆周法编写,"温故而知新",符合儿童的认知特点,并针对不同年龄儿童对同一德目采用不同表达方式,比如针对同一个德目的编写设计,在一、二年级可能是一幅图片,在二、三年级可能是图片与文字共用,四、五年级则全部采用文字叙述。

随着五四新文化运动的兴起,以高一涵、陈独秀等为代表的知识界纷纷著文,开始对国民进行现代思想的启蒙,国家观念和公民意识渐渐深入人心,这些内容也被选择纳入教科书的编写中。这一时期虽说公民教科书种类繁多,但其学科内容的知识框架,基本上是按照"群己关系""公民常识"和"社会问题"三个方面编排的。而且教科书在编写过程中,既注重吸纳传统道德的修身功能作为合理元素,同时也表达了对现代文明社会提倡的平等、权利、自由、法治等核心价值的诉求。由于这一时期学校德育普遍倾向于以全面主义取代德目主义和人物主义，使得学校德育的范围大大拓展、德育途径日渐多样化，这对德育教科书的编写提出严峻的挑战。其间，虽然教育部颁布了课程标准纲要，教科书的编写变得有据可查。但是，深受平民主义、实验主义和民治主义等教育思潮影响的学校公民教育，实现了由公民知识的讲授到公民技能训练的课程范式转型，这对公民教科书的编写产生了深远的影响，学校德育教科书又一次面临时代和历史的变迁。

因此，自从《壬戌学制》正式确立学校公民科课程之后，公民教科书的演变经历了三个主要阶段：一是深受五四新文化运动的影响，教科书中有大量关于公民常识介绍、良好公民习惯养成和公民自治能力训练的内容。为了考虑儿童的可接受性和易理解性，教科书在编排形式方面顺应儿童的学习心理，内容组织上由浅入深，编排形式上随着儿童年龄的增长，由低段的以图画为主、图文结合到高段的以故事为主兼图画说明，体现了德育教科书的近代化的演进逻辑。二是在国民政府成立之初的党治时期，以三民主义作为指导思想贯穿学校德育全过程，导致公民教科书一度被党义教材取缔，虽然不久恢复了公民科的课程设置，但是在公民教科书的编写中，教科书坚持"以党治下的公民为立足点，以三民主义为中心材料"的编写原则，在涉及公民知识的内容选择上仍然受到三民主义思想的制约，因此，在这一时期的公民教科书中基于培养"能知能行"的健全公民的考虑，已经意识到增加公民实际训练内容的必要性。三是从1932年颁布《中小学暂时课程标准》到1936年颁行《修正中小学课程标准》，笔者把这一时期简称"课程标准时期"，公民教科书编写发生在"从党义科的取消到新生活运动的广泛开展"这一时期，教科书在如何对待传统道德与现代公民身份之资格要求，着实下了一番功夫：一方面，注重选取使学生由实际生活体验群己关系以养成修己待人之善良品性的内容，使学生了解我国传统道德之意义，确立复兴民族道德价值之基础；另一方面，介绍三民主义之要旨及政治、经济、法律与地方自治之基本知识，培养儿童健全之公民资格，使儿童认识到个人在民族、国家和社会中的地位、作用以及个人应该承担的公民责任。

由上可见，学校德育教科书经历了从晚清的《修身》到国民政府时期的《公民》的演变历程,在教科书编写指导思想上由于受到"中体西用""读经复古"以及"全盘西化"思潮的影响,德育内容的选择经历了从重视传统道德价值的传承到试图将西方价值移植到本土的一个反复过程;在确立教科书编写依据上,从德目主义、人物主义到二者相结合,使得德育价值的确立过程在力求超越"中西文化"之间差异性的视野中,在传统与现代的历时态演变过程中维持教科书近代化的一种微妙的平衡。

第三部分　思想、观念与人物

田老师与杭州大学教育史专业 1995、1996、1997 级博士生谢长法、别必亮、商丽浩、刘正伟、阎广芬和博士后肖朗访问绍兴柯岩（1997 年）

杜国庠:左翼文化运动的一位导师

——以艾思奇为中心的考察

■ 董 标

杜国庠恪守"墨家人格",是"真正拒绝名利于门外的人"。他"有哲学家的严谨和谦恭",精神境界"超尘脱俗","臻于完美"。[①] 今人常称"墨者杜老"。墨者杜老,因严谨谦恭而未显于当世,因超尘脱俗而不为人熟知。

杜国庠是一位独具慧眼的"伯乐",他能发现"千里马",并为其架设通往成功之路的桥梁。艾思奇即其一例。[②]

"风雨凌空一叶飞,师生邂逅即天机。"本文即以艾思奇(原名李生萱,1910—1966)为中心,窥探"天机",用"左翼文化运动的一位导师"的断言,试探评说杜国庠一个方面的独特贡献及其所以然。

艾思奇与杜国庠的缘分,基于文化启蒙和民族自救的风云际会。其中的某些看似偶然的因素,最终把这种联系实际地建立了起来,进而开辟了思想文化建设的新天地,创造了理论知识的新成就。描述和揭示这些联系,是探求思想文化的新天地何以开辟、理论知识的新成就何以取得的

[作者简介]　董标(1961—),男,江苏徐州人,2005 年毕业于浙江大学教育学院,获教育学博士学位,著有《毛泽东教育学》(香港)等。现为华南师范大学教育科学学院教授、博士生导师,主要研究方向为马克思教育学、中国现代思想史。

①　侯外庐:《韧的追求》,生活·读书·新知三联书店 1985 年版,第 131、189—191 页。

②　广东省政协文史资料研究委员会编:《广东文史资料》第 64 辑,广东人民出版社 1990 年版,第 8 页。

问题。推究这些问题，一可能修补思想谱系；二可能还原理论足迹；三可能触及文化创新机理。一举多得，值得一试。

一、教员老李

一位上祖属于色目人的蒙古族哲学家，年方 24 岁时，因创造了"大众哲学"而震古烁今、名高天下，他就是云南省腾冲县和顺乡人艾思奇。[①]

云南与多国接壤，近代成为西方国家经海路入南亚而进中国内地的便道。结果，大好河山，极乐世界，遂不幸成福兰克（法国）、萨克孙（英国）两族相争之焦点，一试其虎狼毒威，而倒云南之屏藩；再逞其鬼蜮狡计，而食云南之边疆。萨克孙得志长江流域，福兰克乃更肆意吞噬。强索铁路，云南之腹心溃；攘夺矿权，云南之命脉绝。教语言以收人心，屯重兵以胁官吏。[②]

云南民族众多，其中的 16 个民族是跨境居住的。云南是与境外宗教文化交流和宗教活动交往最频繁的省份，也是宗教种类最多的省份。[③] 诸宗教与民族、社群、文化融合，在国际关系的分化中，在国内政局的演变中，形成了极具特色的"滇云文化"。1924 年，梁启超却断言云南无"文化"：

> 云南自宋至玉斧画江后，几为外化。元明清以来，政治上皆在半羁縻的状态之下，无论文化也。[④]

英国设领事馆于腾越（1899），清政府置腾越海关（1902）。和顺，既是丝路重镇，又是华侨之乡。光绪三年（1877），和顺乡旅缅华侨李经山发起成立咸新社，筹集经费，在家乡建立书报阅览室。1928 年，再由华侨集

---

① "我父亲去世后，三叔来京，他说，我们家是色目人。"艾一梅（艾思奇、王丹一之女，美国佛罗里达州立大学教授）告诉笔者，2012 年 4 月 25 日，广州。其实，色目人不一定是蒙古族。但"蒙古族哲学家"一说已通行，目前无法证伪。另有"白族"说，存而不论。腾冲县，1913 年定名。明代起始有"极边第一城"之称，1912 年为腾越府。

② 张枬、王忍之：《辛亥革命前十年间时论选集》第 2 卷上册，生活·读书·新知三联书店 1977 年版，第 559 页。

③ 谢本书：《腾冲史话》，云南人民出版社 2002 年版，第 2 页。

④ 张品兴主编：《梁启超全集》，北京出版社 1999 年版，第 4275 页。

资,建成和顺图书馆(胡适题匾额)。和顺,有"文化之律"的美誉,"在中国乡村文化界堪称第一"。①

"文化之律"说,再次挑战梁启超的无文化说。"咸新"一词,寓意深远。它或是精准预见了、或是真切反映了"图救时者言新学,虑害道者守旧学"时代的到来。沿边而非沿海的云南,有如沿海而非内地的情势和危局。云南民众,不乏沿海居民的感受、情绪和思想、追求,但多民族共处、多宗教并存的人口结构、信仰定向和地理特征等赋予之的,是沿海和内地的多数省区所没有的。这似可用来从宏观上解释,一个边陲省份,为什么在现代革命史和思想文化史中扮演了如此重要的角色;在辛亥革命后的民主政治建设中,为什么云南省最为出色;"为什么护国起义能够在人们眼中地瘠人贫、发展落后的边远省份首先爆发"。②

艾思奇的父亲李曰垓(1881—1944),字子畅,亦写作子峁或梓畅,"生而异颖,沉默寡言",③"天南一枝笔"(章太炎),曾任"西藏宣慰使"(1913)。1908年毕业于京师大学堂,次年即奉委为总理云南永(昌)顺(宁)普(洱)镇(边)厅沿边学务中书科中书。李曰垓自京城取道香港,经缅甸,回腾越。在缅甸,由黄兴、李敬贤介绍,加入刚刚成立的仰光同盟会支部,遂"与胡汉民、汪精卫共筹策略,分头负责,进行革命"。回腾越,到永昌,兼永昌中学教习,筹办少数民族学校(土民学塾,简作土塾)。先后创立土塾128所,共有二十几个民族的3974名学生入读。④ 办学期间,足迹遍及滇西、滇南,解决实际困难,联络爱国人士,宣传反清思想,组织秘密活动。作为"重九起义"(1911年10月30日)的重要领导人,李曰垓出任了"大汉云南军都督府"军政部次长。李根源为军政部总长。

李曰垓生四子:生莊、生萱、生苋、生蒨,"俱树立宏达"。李曰垓"与蔡

---

① 云南省政协委员会文史资料研究委员会编:《云南文史资料选辑》第21辑,云南人民出版社1982年版,第195页。1877年成立咸新社,存疑。
② 周立英:《晚晴留日学生与近代云南社会》,云南大学出版社2011年版,第181页。
③ 方树梅辑纂:《续滇南碑传集校补》,云南民族出版社1993年版,第106页。
④ 李昕东(艾思奇、王丹一之子)的未刊稿:《"大众哲人"艾思奇——回忆"新启蒙运动"晨曦中的父亲》,2013年3月,北京。对李昕东的访谈,2012年3月7日,广州。对李昕东的电话访谈,2013年6月19日。参见腾冲县政协文史资料编辑委员会编:《腾冲文史资料选集》第2辑,云南人民出版社1990年版,128—129页;谢本书:《腾冲史话》,云南人民出版社2002年版,第53—54、73—54、97页。

锷将军结义"，艾思奇（生萱）是蔡锷的"义子"。① 艾思奇曾在香港的教会学校接受一段时间的初等教育，后回昆明上中学。其间，参加宣传革命的文化教育活动，包括演话剧、编报刊和开夜校等。那时候，他"从教师的口里听到"过，"是国民，便当爱国"的道理。② 这道理，艾思奇刻骨铭心。年少明大义，凛凛有生气。在"三一八"惨案后的昆明学潮中，艾思奇是骨干分子之一，唐继尧闻讯后立意捕杀，艾思奇亡命他乡。1927 年早春，一度滞留在兄长李生莊身边，在南京东南大学中学部就读。

李生莊（1904—1945），1923 年考入东南大学，修哲学，兼从章太炎学经史，加入中共秘密组织。在东大，艾思奇因误被认作其兄李生莊而遭孙传芳部逮捕，幸赖居苏州的李根源斡旋获释。李根源，与李曰垓有金兰之交，与章太炎气谊笃深，与梁启超在护国运动期间共事，与张謇、章太炎、丁文江等人，出任过孙传芳的浙闽苏皖赣五省联军顾问。1927 年 3 月下旬，北伐军占领南京。据此推定，艾思奇被捕之事，必发生在此前。事后，李曰垓、李生莊、艾思奇父子三人，在苏州与李根源生活了一些日子。③

军阀未除，党争兴妖作怪，国共分裂对决。艾思奇负笈扶桑。1928 年夏，因病从日本返回昆明。第一次留学，历时大约一年。知情者说：

> 在我的印象里，他的头发总是老长老长也不理，衣服总要过了很久才换洗，为的是多挤出一些时间学习。他买回来的马列主义书籍，是德文原著，他就学德文，买回日译本，就学日文。
>
> 思奇埋头自学的勤奋精神是惊人的，进步之快也是超群的。④

---

① "俱树立宏达"，后跟"为社会主义服务"字样，不确。方树梅辑纂：《续滇南碑传集校补》，云南民族出版社 1993 年版，第 107—108 页；云南省文史资料研究委员会：《云南文史资料选辑》第 17 辑，云南人民出版社 1982 年版，第 337—338 页。对李昕东的访谈，2012 年 3 月 7 日，广州。

② 艾思奇著作编委会编，艾思奇著：《艾思奇全书》第 1 卷，人民出版社 2006 年版，第 8 页。

③ "梓畅并其文郎生莊生萱尝偕余居。"（李根源：《民国李雪生先生根源自撰年谱》，台湾"商务印书馆"1981 年版，第 128 页。）

④ 刘惠之：《忆艾思奇同志》，《社会科学辑刊》1980 年第 5 期。昆明市文史资料委员会编：《昆明文史资料选辑》（第 17 辑），昆明市文史资料委员会，1991 年，第 6 页。

二次东渡(1930 年年初),艾思奇进了福冈高等工业学校。[①] 学工科,习哲学,文理兼修。"九一八"事变,激起留学生回国潮。"至 10 月底,留日学生几乎全部返国。"[②]岁末,艾思奇回到昆明。这时,他志在赴德留学,研究马克思。几经努力,均告失败。1932 年年初,他开始在上海独自谋生。不久,加入了中共领导的上海反帝大同盟(简称上反),任教于上海泉漳中学,参与中共秘密活动。住昌班路万宜坊,离学校很远。[③] 这年,艾思奇 22 岁。认识他的人,常叫他"老李"。开会时,他往往沉思,不大发言。

泉漳中学是福建泉漳会馆(1757 年成立)创办的,面向闽南生徒,也有一些华侨子女就读,厦门人庄希泉(1888—1988)、泉州人王雨亭(1892—1967)曾任董事长。泉漳中学在国共合作期间已有共产党的活动,是"有革命传统的学校",是被称为"红色摇篮"的学校。泉中实际上就

---

①　出自国人笔下的几乎所有相关文献,都说艾思奇进福冈(高等)工业(专门)学校学习。福冈工业学校确实有较早接受中国留学生的记录,田正平师的研究显示,1907 年,该校有 10 名中国留学生在读。(田正平:《留学生与中国教育近代化》,广东教育出版社 1996 年版,第 84 页)实藤惠秀却说,夏衍和艾思奇都出身于九州明治专门学校。([日]实藤惠秀著:《中国人留学日本史》,谭汝康等译,生活·读书·新知三联书店 1983 年版,第 125 页)九州明治专门学校确实在福冈,但不是福冈工业学校,而是现今"九州工业大学"的前身,其演变过程是:私立明治专门学校(1909 年 7 月)——官立明治专门学校(1921 年 3 月)——九州工业大学(1949 年 5 月)。夏衍对私立明治专门学校的管理、课程和学生生活等各个方面,描述详细。(夏衍:《懒寻旧梦录》(增补本),生活·读书·新知三联书店 2000 年版)私立明治专门学校,在 1909 年 4 月 10 日开始招生("开业")。根据这些情况看,1907 年即接受中国留学生的福冈工业学校,不是现在九州工业大学的前身。但只从这一结论,推断不了实藤惠秀说的对错。

②　沈殿成主编:《中国人留学日本百年史(1896—1996)》(上册),辽宁教育出版社 1997 年版,第 472 页。

③　1931 年年底,丁玲生男儿小平(祖麟)出院后,也住在万宜坊,1932 年 1 月 18 日,迁居西门路西门里李达家。(王周生:《丁玲年谱》,上海社会科学院出版社 1997 年版,第 33—35 页)艾思奇和丁玲没有毗邻而居的缘分。在上海,艾思奇和丁玲有时间上的交集和业务上的交点。丁玲主编(1931 年 6 月起)的《北斗》(9 月出版创刊号)、发表艾思奇文章的《正路》,都是湖风书局印行的。但尚未发现那时丁玲、艾思奇直接交往的史料,诸年谱也未提及。在延安,他们不迟于 1939 年 11 月起共事,1940 年 1 月起,同为陕甘宁边区文协副主任。文协的日常事务,多是丁玲打理的。从无缘毗邻而居到得以协同文化创新,他们相知渐深。

是中共的一个秘密基地，[①] 1924 年，李立三曾在这里执教。1928 年至 1929 年，校内建立了教师党支部。1929 年 11 月 18 日，中共江苏省第二次代表大会在泉漳中学举行，会期 9 天。周恩来等参加会议，李立三代表中共中央作《政治报告》。[②]

艾思奇在泉中任教的科目，与鲁迅刚回国时承担的教学任务相近，是高中物理和化学。老李"很受欢迎。同学们很喜欢和他接近"，但老李并不快乐。泉中不能稳定地办学，上海教育当局不予注册（1933 年 4 月），警察当局逮捕学生，最后封校（6 月）——老李是"唯一把学校善后工作做到全始全终的"。[③]

这段教学职业生涯，看上去与创造"大众哲学"的关系不大。实际上，教学，对艾思奇直接了解和切实掌握青年学生的知识程度、情感模式、理想追求和困惑征兆，及其与社会状况的关系，至关紧要——特定读者群已经钻进了艾思奇的心——读者创造作者，读者先于文本。抑或，这就是《大众哲学》奇迹的秘密。

艾思奇想专心研究哲学、突破思辨域界，在文化疆场搏击风雨，在理论海天凌空翱翔。中共领导的上反等群众组织，飞行集会，抛头露面，散发传单，慰劳前线，激烈冒险，行动频繁。鸿渐之翼，困于燕雀。一叶飞，重溟远，难如愿。身不由己，有些日子很沉默。"沉默""沉思"的艾思奇，没有提出参加社联的要求。这似父子两人"沉默寡言"性情的真确呈现，亦与中共组织的秘密性有关。获得高度评价的论文《抽象作用与辩证法》，就是在这种情况下写成并发表在《正路》上的。

《正路》副主编蔡馥生回忆说，在筹备《正路》半月刊过程中，

　　文总决定把艾思奇从上海反帝大同盟调到社联，时间该在 1933

---

①　史先民：《中国社会科学家联盟资料选编》，中国展望出版社 1985 年版，第 84 页；金丁：《往事与文化人》，中国人民大学出版社 1988 年版，第 12、14 页；对李昕东的电话访谈，2013 年 6 月 19 日。

②　中共上海市卢湾区委党史研究室编：《老话上海法租界》，上海人民出版社 1994 年版，第 209 页。高红霞：《上海福建人研究（1843—1953）》，上海人民出版社 2008 年版，第 94 页。

③　金丁：《往事与文化人》，中国人民大学出版社 1988 年版，第 51—52 页。

年上半年。社联派我去接艾思奇同志的关系并向他组织《正路》半月刊的稿子。他一口答应并如期交稿。[①]

《正路》创刊号"编后的话"，写于1933年5月17日。据此推断，艾思奇正式加入社联的时间，是在这年春天。

1933年5月，即"一·二八"事变一年后，艾思奇集中发表一些作品，如《现象·本质》《谈谈"直译"》和《飞机到哪里去了？》。《现象·本质》以"言论是人类的中间行动"开篇，归为"怕死是不自由中之最不自由！"在学术上，是论启迪了"言语行动理论"，惜后无来者；在思想上，反讽艺术女神的那些"忠顺奴仆"，无视"帝国主义的枪炮的火药臭和地狱下的劳苦人民粗暴的反抗声"。《谈谈"直译"》说的是翻译问题，立场十分明确：为着"中国文字能于适应精密的思想"，"我总相信着鲁迅"。《飞机到哪里去了？》则宣泄忧愤：在"急迫的国难时期"，但见"不战而逃的汤玉麟"，舞池"寻乐"的张学良，难觅全国人民的"飞机捐"之踪影。[②] 几篇文章，立意敞亮，情发理昭。思捷而才俊，循理而清通。

"君子居其室，出其言善，则千里之外应之，况其迩者乎？"（《易传·系辞上》）正是在"上反"和泉中表现的心魄文思、立场观点，艾思奇为杜国庠关注、发现、赏识并提携——"安得淳厚又秀慧，与之共话人间事"（宋·邵雍）。

大约是在1933年初，杜老在一次同我（许涤新）谈论当时左翼的青年理论家的时候，就提到老艾，并称赞老艾的哲学水平。那时，老艾是"上海反帝大同盟"的盟员，因为"上反"经常忙于写标语，散传单，搞飞行集会，这种情况对于老艾的做好理论研究，是有影响的，因此，杜老通知我，要把老艾的关系从"上反"转到"社联"来。1934年冬，杜老问我："艾思奇已经入了党么？"我说："还没有。"他要我催促"社联"党团快一点解决这个问题。

心中有读者地位、有思想关切、有社会担当的艾思奇，"沉默寡言，是

---

① 上海市哲学社会科学学会联合会编：《中国社会科学家联盟成立55周年纪念专辑》，上海社会科学院出版社1986年版，第104页。

② 艾思奇著作编委会编，艾思奇著：《艾思奇全书》第1卷，人民出版社2006年版，第1—9页。

一个善于思考的学者"①。这是许涤新对他的第一印象。在日本、在上海，艾思奇给人的印象，都是沉默寡言的。在延安，也是。

> 艾思奇"属于'含蓄'一派的人，方方的脸儿，不露什么表情。沉默的时候多，开口的时候少"②。

在高士其的笔下，艾思奇同样沉默寡言，不过性格更丰富，形象更丰满：

> 艾思奇给我最深刻的印象是：他沉默寡言，言必有物，喜深思，洞察力强，勇于解剖自己。③

艾思奇集中发表上述创作的时候，丁玲被捕。20 世纪 70 年代末，丁玲自"下放地"回京后，王丹一多次去看望她。王丹一说：

> 我为什么要去看望她呢？因为，一方面我很同情她。少年时代，我是她的粉丝，我经常读她的东西，觉得我们女同志出了这么一位文学家，值得骄傲。但另一方面，她受了那么多不公正的待遇，所以，我也想探望她。她跟艾思奇同过事。我约她，她说："我们自然要谈到艾思奇。"当时，她写了一篇很简短的文章，结尾说："艾思奇，不是一阵风一阵雨的人，不是一阵热一阵冷的人。像他这么正直的人，在延安也是不多的。"④我当时还不完全理解她最后说的话。在我的心目中，在延安，正直的人应该是很多的。丁玲虽然就这么几句话，但是很到位的几句话。⑤

在不同时期、各种场景，艾思奇给人留下的种种印象中，有一个共同点：沉默、沉着和稳健。难怪 20 岁出头，就被熟人叫"老李"。沉稳的艾思奇，也有热情、幽默的另一面：

> 我（季羡林）曾请乔冠华给北大学生做过一次报告。记得送他出

---

①　艾思奇文稿整理小组编：《一个哲学家的道路——回忆艾思奇同志》，云南人民出版社 1985 年版，第 42 页。

②　赵超构：《延安一月》，南京新民报馆 1946 年版，第 145—146。

③　艾思奇文稿整理小组编：《一个哲学家的道路——回忆艾思奇同志》，云南人民出版社 1985 年版，第 48 页。

④　与丁玲 1981 年 6 月的原作有文字出入："他不是一阵热、一阵冷的人，也不是一阵风、一阵雨、随风转舵的人。像他这样正直的人，即使在延安，也并不是普遍的。"（丁玲：《回忆艾思奇同志——〈论文化和艺术〉前言》，《新文学史料》，人民文学出版社 1983 年版，第 116 页。

⑤　对王丹一的访谈，2012 年 3 月 4 日，广州。

来的时候,路上遇到艾思奇。他们俩显然很熟识。艾说:"你也到北大来老王卖瓜了!"乔说:"只许你卖,就不许我卖吗?"彼此哈哈大笑。[①]

沉默、沉着和稳健的艾思奇,热情、幽默和易、淳厚。他曾在华北大学第四部(河北正定)任副主任,兼中国近代思想史研究小组组长。副组长赵俪生,虽"不懂人情世故",却"懂"艾思奇:

> 天性淳厚,从来不见他刻薄过人,也从来不见他用坏心眼考虑过人,他总是拿好心对人,以厚道待人。[②]

毛泽东说艾思奇是天下数一数二的大好人。此言不虚。好人,必正直,必淳厚,必诚实。艾思奇具有以诚实为基点、以内敛与奔放为两翼的鲜明特征:

> 解放后的头一年多的样子,我接触最多的是艾思奇同志。我非常之喜欢他,也非常之佩服他。

> 艾思奇同志是最好的榜样。他实事求是、公正、和蔼可亲,好像根本没有一丝一毫的先进于马、列的感觉。而这也就是当其时最需要的。我当时就作了下面的对联:

> 少奇同志,思奇同志;
> 湖南一人,云南一人。[③]

二、左翼组织

1928年2月,共产国际执委会专门出台一个《中国问题决议案》。4月30日,中共中央发出44号通告,宣示接受并执行这个决议案:

> 为了"工农总暴动的胜利",必须"加紧的执行城市工人中之群众工作及宣传"。"党只有组织并教育劳动群众,以造成革命斗争之胜

---

① 刘中海、郑惠、程中原编:《回忆胡乔木》,当代中国出版社1994年版,第23页。

② 赵俪生、高昭一:《赵俪生高昭一夫妇回忆录》,山西人民出版社2010年版,第297、125页。

③ 金岳霖、刘培玉整理:《金岳霖回忆录》,北京大学出版社2011年版,第139页、14页。

利及建立全国苏维埃政权之必要的条件。"[①]

这是一个包含深层矛盾的"通告"。它一方面认定,现阶段的中国革命,是"资产阶级的民权革命(土地革命)";另一方面要求,加紧"在艰苦斗争之中锻炼真正布尔塞维克的思想"。[②] "真正布尔塞维克的思想",可大可小。往小处说,是列宁主义;往大处说,是共产主义。无论其大小,它都不应是土地革命的指导思想。但事实上却相反,所以,其效应也是可以预估的。

中共六届二中全会(1929 年 6 月,上海)后,中宣部设立"文化工作委员会",通常简称文委。文委的设立,是执行 44 号通告的重大实际行动之一,固然出于"加强共产主义思想的宣传"的强烈愿望,亦有"加紧马克思列宁主义教育工作"的客观需要。文委的工作中心,是进行"事实上和理论上反三民主义与反改良主义的宣传"。具体职责是,"指导全国高级的社会科学的团体,杂志,及编辑公开发行的各种刊物书籍"。[③] 这时,中共进入"李立三时代"。1931 年 9 月,上海成立"临时中央",秦邦宪(博古)"成了事实上的总书记",[④]这有了随后的"王明路线"。

先后担任文委书记的,有潘汉年、朱镜我、冯雪峰、阳翰笙,后来是周扬。在潘汉年领导的文委中,成员"先后有:杜国庠、彭康、王学文、夏衍、田汉、钱杏邨、钱亦石"[⑤]。1935 年 10 月,在与中央失联的情况下,周扬、章汉夫、钱亦石、李凡夫、夏衍商定,组建新文委,五人都是文委成员,周扬

----

① 中央档案馆编:《中共中央文件选集》(第 4 册)(1928 年),中央党校出版社 1989 年版,第 175—176。着重号是原用的。

② 中央档案馆编:《中共中央文件选集》(第 4 册)(1928 年),中央党校出版社 1989 年版,第 174、177 页。

③ 中央档案馆编:《中共中央文件选集》(第 4 册)(1928 年),中央党校出版社 1989 年版,第 203、237、254、273 页。着重号是原用的。

④ 中共党史资料征集委员会编:《中共党史资料》第 3 辑,中共党史出版社 1982 年版,第 181 页。

⑤ 阳翰笙:《阳翰笙选集》第 5 卷,四川人民出版社 1989 年版,第 151 页。周扬的任期起点,参照《周扬集》(中国社科院科研局组织选编,周扬著:《周扬集》,中国社会科学出版社 2000 年版,第 395 页)。其他资料显示,吴黎平、李一氓、杨贤江、王学文等,亦是文委委员。李一氓按先后次序排出的文委委员有:潘汉年、朱镜我、冯雪峰、阳翰笙、杜国庠、彭康、钱杏邨、田汉、夏衍、李一氓。(李一氓:《模糊的荧屏》,《李一氓回忆录》,人民出版社 1992 年版,第 116 页)这与阳翰笙的排序差异不小。

继续当书记。①

文委书记和委员都进进出出、变动不居。他们"一方面要做领导工作,一方面要写文章取得稿费作为生活费用,同时还要躲避敌人的搜捕,他们的处境是很险恶的,工作是很繁重的"②。他们的任职有长短,彼此的交往有疏密,相互间的联系是单线,个人的名号也常换。以杜国庠为例。字守素,在日本时以之作笔名发表《经济浅说》一文。③ 1928 年到 1934 年间,常用"林伯修"名,并用伯修、林柏、伯川、杜惑等。在不同时期,还见用吴啸仙(这是专门为被捕预备的名字,以之先行出版了一本书,被捕后真的派上了用场)、林素庵、吴念慈、红棉屋、素园、赭庐等。④

文委成立前,上海文化界最引人注目的理论争辩,发生在创造社、太阳社与鲁迅之间,主题是普罗文学(文化)的定位定性。这场争论,受发生在北半球许多国家,特别是俄国(苏联)、日本和美国的"无产阶级"文化思潮的激励,已经进行了几年时间。俄国的"无产阶级文化派"及其拉普文学,与其他国家的各种文化思潮显著不同。它"**臆造**新的无产阶级文化","**臆造**自己的特殊的文化,把自己关在与世隔绝的组织中",用"实验室的道路"来创造"纯粹无产阶级的"文化。⑤

1926 年,鲁迅早有同创造社组成"联合战线"的愿望,未果,反而引起更大的文笔之争。后期的创造社,"独尊普罗文学"。⑥ 早先,这场争论似无关乎中共。1928 年,"4 月底(或 5 月初),因郭沫若、成仿吾即将出国",周恩来派阳翰笙、李一氓到创造社,"充实和发展这块阵地,开展文艺战线

---

① 《章汉夫传》编写组著:《章汉夫传》,世界知识出版社 2003 年版,第 33—34 页。

② 王蒙、袁鹰主编:《忆周扬》,内蒙古人民出版社 1998 年版,第 29 页。

③ 守素:《经济浅说》,《学艺》(日本),丙辰学社出版社 1917 年版,第 87—91 页。

④ 参见陈玉堂编:《中共党史人物别名录(字号、笔名、化名)》,红旗出版社 1985 年版,第 53—54 页;广东省文史资料研究委员会:《广东文史资料》第 64 辑,广东人民出版社 1990 年版,第 9 页。

⑤ 华东师范大学教育系编:《列宁论教育》(修订本),人民教育出版社 1990 年版,第 258、437 页。黑体字是原用的。

⑥ 黄淳浩:《创造社:别求新声于异邦》,社会科学文献出版社 1995 年版,第 151、190—199 页。参见鲁迅博物馆、鲁迅研究室编:《鲁迅年谱》第 3 卷,人民文学出版社 1984 年版,第 34 页。

的革命斗争"。① 是时，值中共中央发出 44 号通告之际。有人说，文委成立后要做的第一件事，就是要把左翼文化人联合起来，解决（平息）漫长的争论。② "左联"——中国左翼作家联盟——就是在这样的情况下成立的（1930 年 3 月）。李一氓敏锐地觉察到，"这个联盟的名字很带日本味道，三个名词'左翼'、'作家'、'联盟'都是日本词语"③。左翼文化运动与日本的关系，恰是"东风万里送香来，上界千花向日开"（唐·广宣）。

随后，成立了"社联"（1930 年 5 月 20 日）、"美联"（美术家联盟）、"剧联"（戏剧家联盟）、电影小组、音乐小组等。这"四联两组"，是文委直接领导的。1930 年 10 月，组建中国左翼文化界总同盟，简称"文总"。

担任过上海左联党团书记的，有潘汉年、冯乃超、阳翰笙、钱杏邨、冯雪峰、叶林（原名张眺，笔名耶林）、丁玲、周扬。④ 周扬任党团书记期间，杜国庠代表中共党的上级机关（文委），主持左联的三人常委会（杜、周和周文），决策重大事项。⑤ 见诸文献的上海社联党团书记有：朱镜我、马纯古、杜国庠、许涤新、钱亦石（代理）、沈志远、史一乘（史存直）、陈处泰、张庆孚（张琴抚）、王学文、郑彰群（张启夫）、胡乔木（胡鼎新，应是末任。浙江大学开除他的时候，左联行将解散）。1935 年 10 月的"新文委"成立后，钱亦石任社联党团书记，李凡夫（原名郑锡祥）任行政书记。

---

① 中共中央文献研究室编：《周恩来年谱（1898—1949）》（修订本），中央文献出版社 1998 年版，第 143 页。这段记述，一错一疑。郭沫若出国时间错。两个版本的《郭沫若年谱》，（王继权、童炜钢：《郭沫若年谱》（上），江苏人民出版社 1983 年版，第 242 页；龚济民、方仁念编：《郭沫若年谱》，天津人民出版社 1982 年版，第 188 页）记郭化名吴诚出走日本的时间一致，是 1928 年 2 月 24 日。所谓一疑，据龚济民、方仁念编《郭沫若年谱》（1982 年版，第 179 页；1992 年版，第 216 页），早在 1927 年 11 月上旬，为加强创造社，郭沫若就"发动了李一氓和阳翰笙来参加"。是郭沫若先发动了李一氓和阳翰笙，还是周恩来后指派了李一氓和阳翰笙进创造社？二者的性质不大一样。前者还是文化性质、个人性质的，后者是政治性质、中共组织的。不管怎样，此后，创造社成员与鲁迅之间的笔墨之争，变得激烈起来。这一错，是本不该的。这一疑，不免使人好奇，在鲁迅与创造社之间，中共组织当初发挥了什么作用？

② 中共上海市委党史研究室：《1921—1933：中共中央在上海》，中共党史出版社 2006 年版，第 303 页。

③ 李一氓：《模糊的荧屏》，《李一氓回忆录》，人民出版社 1992 年版，第 116 页。

④ 排序按阳翰笙的回忆，见阳翰笙：《阳翰笙选集》第 5 卷，四川人民出版社 1989 年版，第 51 页。

⑤ 李浩：《周文画传》，上海社会科学院出版社 2007 年版，第 41 页。

社联、左联等左翼团体的行动,总方向是一致的,经历的主要阶段,也大体相同,只是少量的业务内容,有所不同。

　　社联的活动有对社会科学的研究、学习,也有与文总下面各个联共同进行的政治活动。后者占主要地位。在社会科学方面,上层是一些社会科学家(如艾思奇、柳湜、冯定等)的活动;下层是通过组织读书会、报告会、办夜校、图书馆等开展活动。我(林淡秋)记得的有艾思奇的报告,胡乔木来辅导我们学习恩格斯的《自然辩证法》等。①

这段回忆涉及的当事人及其活动,是社联中后期、乃至末期的一些情况。社联初期的活动,与左联一样,主要是隔三差五的街头运动——飞行集会、散传单、贴标语,有一阵子(1930年5月),“几乎每周不断的飞行集会,贴标语,散传单……不管具体情况,规定凡是盟员都必须参加”②。

飞行集会,是目前“最好的一种鼓动群众而带有行动的集会方法”。要使“飞行集会易于转变为群众的示威行动”③。这是“共产国际”唤醒民众战略的实际体现,是对《中国问题决议案》的创造性执行。所以,用飞行集会“教育劳动群众”,是有尚方宝剑的。

怎样进行飞行集会? 李凡夫对此很在行:

　　首先通知各区负责人,指定集合的时间地点,摔电灯泡为记号,高呼“打倒帝国主义”、“打倒国民党”、“拥护苏维埃”、“拥护红军”,散发传单,就分散各自绕道回家,事后我到各区检查有无被捕的。另外还组织到街头写标语。④

书写、阅读、宣讲、表演、展示,这些动作,发生在学校里、课堂上,是教育。发生在课外校外,同样是教育。前者叫学校教育,后者叫社会教育。按年龄说,前者叫儿童教育,后者叫成人教育。文艺家都是教育者,当然他们受过教育,也在运动中受教育。文化运动,以文艺为内容,以教育为

---

① 上海市哲学社会科学学会联合会:《中国社会科学家联盟成立55周年纪念专辑》,上海社会科学院出版社1986年版,第198页。

② 夏衍:《懒寻旧梦录》(增补本),生活·读书·新知三联书店2000年版,第102、121、103—104页。

③ 中共中央党校出版社编:《中共中央文件选集》(第5册)(1929年),中共中央党校出版社1990年版,第306页。

④ 史先民:《中国社会科学家联盟资料选编》,中国展望出版社1986年版,第112—113页。

形式。目的是教育的，不是文艺的。文艺转化为教育，为教育服务。艾思奇，与无视"帝国主义的枪炮的火药臭和地狱下的劳苦人民的粗暴的反抗声"的文艺女神的"忠顺奴仆"的对决，恰如其分地反映了这一点。女神即自我。为文艺而文艺，即为自我而文艺。"自我的文艺"，当然无视火药臭和反抗声。

严格说来，左翼文化运动，就其形式和途径而言，是广义的、以非正规教育为特色的左翼教育运动。就其行动方向、思想属性和前景展望而言，它是无产阶级的阶级意识主导下的自我组织、自我动员和自我推广。左翼文化运动，即无产阶级教育运动或共产主义教育。

> "左联"、"社联"成立的那一年，鲁迅 49 岁，杜国庠 41 岁，郑伯奇 35 岁，茅盾、郁达夫 34 岁，田汉 32 岁；党的领导人周恩来 32 岁，瞿秋白 31 岁。我们这些人年少气盛，不了解中国国情，又缺乏实际的斗争经验。[①]

五烈士殉难（1931 年 2 月）是左联由盛而衰的模糊时间节点。从成立到这时大约一年的时间，算是左翼文化运动的兴起阶段（早期）。丁玲的缧绁之忧和中共中央撤离上海，是左翼文化运动的一个转折点。从 1931 年 2 月到 1933 年 5 月约两年的时间，是左翼文化运动的转折阶段（中期）。此后两年，左翼文化运动进入衰退阶段（后期）。

> "'左联'的一些老盟员消极了，不愿意参加组织活动"。"这个时期，地下党的活动已不在采用飞行集会或在马路上写标语之类的反式，而主要是写文章、开座谈会和报告会等，用半公开的方式宣传党的方针政策。"[②]

1935 年 2 月，杜国庠、阳翰笙、田汉等一批人遭铁窗斧钺之险，左翼文化运动顿失中坚，人才陨陷。最后，进入了解散阶段（末期）：1935 年 11 月，在新文委刚成立不久，莫斯科发来的一封主张（指示）解散左联的信，到了当事人手中。

1936 年，左翼文化运动的上海中心，不存在了。一年半之后，即从 1937 年下半年开始，延安（陕北）成了新的、唯一的中心。江西的"中共苏

---

① 文化部党史资料征集工作委员会编：《中国左翼戏剧家联盟史料集》，中国戏剧出版社 1991 年版，第 415 页。

② 《章汉夫传》编写组著：《章汉夫传》，世界知识出版社 2003 年版，第 36 页。

区"，一度算得上是与上海中心并存的左翼文化运动中心，但到 1934 年年底，也不存在了。若从 1931 年年底算起，则作为左翼教育运动另一个中心的中共苏区，大约持续了三年时间。这比上海中心存在的时间（1930年年初到 1936 年年初）短了三年。时间是物质财富和精神财富积累的先决条件，以上海为中心的左翼文化运动所取得的成就，应充分注意。处境不同，文化运动的重心和焦点就有所不同。比如，上海中心几乎没有介入小学教育，而中共苏区的小学教育却创见良多，到处都有"列宁小学"。从总体上说，上海中心的成就主要体现在思想、理论和文艺及其社会教育方面，苏区中心则以政治建设、军事教育和小学教育成就见长。过去，主流媒体以及它的学界，过誉中共苏区的左翼教育运动，遮蔽十里洋场的左翼文化创新。若非如此，所谓"修补思想谱系""还原理论足迹"之说，从何谈起？

在中国左翼文化界总同盟的"四联两组"中，左联和社联对中国思想文化方面的"影响最大"，社联在理论方面的贡献"更大"一些，也是"最早受王明打击的一个组织"。[①] 它的盟员范围比较广，知名人士也较多。社联尝试了教育创新的种种途径和手段，长久地刻画并维系了教育观念、价值模式和文化实践。

三、墨者杜老

20 岁出头的艾思奇被叫"老李"的时候，"研究哲学、政治经济学的"杜国庠刚过 40 岁，却已是公认的"杜老"：

> 杜国庠同志在我们一群中，年纪是最长的，我们都尊之为"老大哥"而不名。我个人对他的关系，就是放在师友之间。他对我们的学习和工作，有很多的帮助。我就跟他学过几个月的日文。[②]

阿英（钱杏邨）是杜国庠的入党介绍人之一。他的师友关系说，是一个比较准确的定位。说杜国庠"研究哲学、政治经济学"，也符合实际。在

---

① 夏衍：《懒寻旧梦录》（增补本），生活·读书·新知三联书店 2000 年版，第 106 页。
② 阿英：《阿英文集》，生活·读书·新知三联书店 1981 年版，第 803 页。

北京居"赫庐"四合院期间,与李春涛、李春炜兄弟,有时柯柏年(原名李春蕃)等也在,一起探讨政治问题和哲学问题。杜国庠对比自己小16岁的李春炜说:"你必须学一点哲学。懂得哲学,你才能明辨是非,才能正确地认识自然、认识社会。"①

杜国庠的出生地澄海,晚清属于潮州府。"潮州府各属,民情素称强悍,同治以前,焚杀相寻,几同外化。"②

又是一个"几同外化"的地方。"强悍"和"焚杀",未必"外化"使然。很难理解张文襄公的外化逻辑。比起他的高足梁卓如的云南"几为外化"说,此议更加牵强。

目前,仅见杜国庠忆其青少年时代的一件可靠书面材料:

> 我年轻的时候,在考试上很吃了些苦。从前清考秀才起,大大小小的考试至少经过三十次以上。我觉得考试简直是一种剥削,不仅是精神上的剥削,甚至还是肉体上的剥削。③

原来,杜国庠曾是"害怕"剥削的叛逆青年。考试压迫、精神摧残和科举不中,往往是养成叛逆性格的直接根源。叛逆性格是复杂的,叛逆方式是多样的,但总与对解放和自由的体认联系在一起。自然,终极的解放,不是可以轻易把握的,真正的自由,远比孤立的个人想象丰富。叛逆性格,不足以充分体认和表达解放与自由。积极行动,是必由之路。

杜国庠虽幼失庭训,但发蒙甚早。基础厚实、志气高昂的杜国庠,自发爱国,志强智达,为地方硕儒吴贯因(原名吴贯英)发现并赏识,收为门生(1905)。吴先生带杜国庠到澄海县城,"学习现代知识"④。后来,吴又收李春涛为学生。1906年,吴贯因赴日留学。1909年,以"揭櫫立宪主义"为宗旨,创办《宪法新知》。⑤ 1912年,回国任职北洋政府。1907年起,杜国庠负笈东瀛12年,主修经济学,1919年7月毕业,获京都帝国大学学

---

① 广东省政协文化和文史资料委员会等编:《纪念杜国庠诞辰120周年座谈会论文集》,2009年,第252页。

② 苑书义等编:《张之洞全集》第1册,河北人民出版社1998年版,第744页。

③ 社会大学同学会编:《社会大学》,北门出版社1946年版。

④ 政协澄海县委员会文史资料工作委员会:《澄海文史资料》第20辑,2001年,第35页。

⑤ 黄福庆:《清末留日学生》,台湾"中央研究院"近代史研究所,1975年,第195页。

士学位。①

京都帝大是在 1919 年 5 月才设立经济学部的。河上肇 1908 年来当讲师，1915 年成为法科教授。京都帝大，因河上肇"以当时最先进的学说"（马克思主义）授课而对许多中国学子和日本青年，有很大吸引力。杜国庠"听了河上肇先生讲马克思主义的政治经济学，由此接触并信仰了马克思主义"②，也改变自己的专业志趣。

一些材料说，杜国庠留学期间，结识鲁迅、李大钊、周恩来、郭沫若等。料必有据，但直接的、可靠的书面记录，相对较少。例如，鲁迅在 1909 年 8 月（或 6 月）就回来了，杜国庠与之的时间交集很短，活动中心不一。杜国庠与郭沫若的结识，有郭诗"东游共席推心腹，西狩同舟沥胆肝"为证。③他们同席聆听一佛学大师讲《大乘起信论》。当时，杜国庠"既不轻易言笑，也不轻易交朋友，但是他是很和易的一个人，从来没有看见过他对谁动过声色。"④

杜国庠与李大钊相识相知的文献资料，比较可靠。1915 年 2 月 11 日，"中华民国留日学生总会"重新组织，通过总会章程，成立经费、文事两委员会。高一涵被选为文事委员会委员长，李大钊被选为编辑主任，杜国庠为文事委员，⑤编印会刊《民彝》，1918 年，周恩来"受到河上思想和人格的影响，想报京都帝国大学"，但未参加入学考试。1919 年 4 月上旬，回国途中经停京都。⑥ 不能断定，这是杜、周初次相见的确切时间，但存在他们不迟于这时结识的可能。

――――――――――――

① 王永祥、［日］高桥强主编：《留学日本时期的周恩来》，中央文献出版社 2001 年版，第 187 页。中国留学生在日本获得学位者，向来不多。获得高级学位者，更是寥寥无几。"论其学习程度，似距留学理想尚远"。（黄福庆：《清末留日学生》，台湾"中央研究院"近代史研究所，1975 年，第 314 页）

② 中共汕头市委党史办公室等编：《杜国庠同志诞辰一百周年纪念专辑》，1989 年，第 15 页。

③ 《杜国庠文集》编辑小组编：《杜国庠文集》郭沫若序，人民出版社 1962 年版。

④ 《杜国庠文集》编辑小组编：《杜国庠文集》郭沫若序，人民出版社 1962 年版。

⑤ 北京大学图书馆、北京李大钊研究会：《李大钊史事综录》，北京大学出版社 1989 年版，第 120—121 页。《敬告全国父老书》，收录于全国李大钊研究会编：《李大钊全集》第 1 卷，人民出版社 2006 年版。

⑥ 中共中央文献研究室编：《周恩来年谱（1898—1949）》（修订本），中央文献出版社 1998 年版，第 29 页。

　　对丙辰学社在政治经济、思想文化、科学技术等方面的贡献，学界近年的认识和评价趋于切实和公道。但目前可见的材料，不太支持这样的说法或类似的说法：杜国庠与李大钊等，"筹组（组织）丙辰学社，进行反袁斗争"①。《学艺》创刊号（1917 年第 1 卷第 1 期），发表杜国庠的文章《经济浅说》。1923 年 5 月，设"学艺丛书委员会"于北京大学，举陈大齐为委员长，陈启修、吴虞、许崇清、杜国庠、杨树达、郭沫若、范寿康等为委员。这表明，在学社发起时，他起过重要作用；在学社活动中，他参与重大事项。

　　杜国庠自京都帝大毕业之际，吴贯因、李大钊都在北京供职。从 1919 年 9 月起，杜国庠任教北京大学，兼职其他院校和内务部编译处编辑，与文化旗手共事，住吴贯因家。1920 年 3 月 12 日，陈大齐、李辛白、李大钊、胡适、蒋梦麟，为北京大学"教职员会"事，致函恭请 16 位"热心公益，肆应才长"的本校先生，出任"筹备选举委员"，一起办理选举事务，入职不久的杜国庠便是受邀请者之一。② 1921 年 10 月，张竞生受聘北京大学。他因刊布"性史"及系列化的"性论"，名声大振。张竞生推荐杜国庠兼任朝阳大学教授，③是为杜国庠的初次教授经历。

　　1922 年暑假，李春涛赴京，与杜国庠一起住在吴贯因家。后来，他们移居地安门内慈慧殿南月牙胡同 13 号四合院，以"赭庐"名之。此间，杜、李合作，创办《社会问题》杂志，出一期，遭封杀。1923 年 9 月，每星期天下午，杜国庠给李春铧等人讲两小时的哲学。教学方式是，先阅读文献，后提出问题；上课时讨论，课后提新要求。后来，又给他们讲《资本论》，指导他们做社会调查。杜国庠讲课时，空手来，空手去，不带书本和讲义，"引用原文，一字不差"。好奇的年轻人惊异先生的记忆力。先生说："我有终身记忆法。"④

　　1924 年 1 月，杜国庠、李春涛发表《社会主义与中国经济现状》一文

　　① 邱汉生：《杜国庠传略》，《史学史研究》1984 年第 3 期；广东省政协文史资料研究委员会编：《广东文史资料》第 64 辑，广东人民出版社 1990 年版，第 2 页。

　　② 北京大学图书馆、北京李大钊研究会编：《李大钊史事综录》，北京大学出版社 1989 年版，第 246 页。又见李大钊：《李大钊全集》第 5 卷，人民出版社 1978 年版，第 346 页。

　　③ 政协饶平县委员会张竞生史料征集小组编：《张竞生博士纪念专辑》，1984 年，第 11 页。

　　④ 广东省政协文化和文史资料委员会等编：《纪念杜国庠诞辰 120 周年座谈会论文集》，2009 年，第 262—265 页。

（《孤军》第 2 卷第 2 期），"以社会生产力为标准"，"主张社会主义已能实现于现代之中国"。[①] 他们认为，中国经济的出路是"科学的社会主义"[②]，认定马克思主义是应当推广的天下公器，自信"是马克思主义者"。杜国庠很早就把握了"实行的"而非"空想的"社会主义的历史方向——"非由愿望要求而来，乃由事势驱迫而得"。[③]

　　"绛帐笙歌户外传，师生唱和有新篇。"（清·林朝崧）1925 年 2 月 1 日，李、杜把一个译稿交由《学艺》发表。[④] 这是根据德文原文、参照英译文、日译文，重译的马克思对唯物史观的经典表述（见《政治经济学批判序言》，1859 年）。此前，已经有了诸家主要根据日文转译并流播的白话文，但"人自为译，迄无定文"，歧义纷呈，颇多不便。他们比较各家，以文言文译出，供知识界推求。可见，李、杜的"生产力标准"说和"科学的社会主义"取向，既非无源之水，也非道听途说，不是鹦鹉学舌，不会慌悚踌躇。

　　国民革命军第一次东征期间，周恩来进驻揭阳。1925 年 3 月 6 日，"同中共秘密党员杨嗣震（曾用名志白）谈话"[⑤]。另一文献对这次谈话作了合情合理的发挥：

　　　　周恩来："志白兄，李春涛先生现在在哪里？"

　　　　杨嗣震："他还在北京，不久前给我和阿湃（澎湃）来信，说准备在五月份同杜国庠南归，参加'活动'。"

　　　　周恩来："杜国庠，是不是留学日本 12 年，学识卓越、人品高尚的那位杜先生？"

　　　　杨嗣震："对了，就是他！他留日的同乡王鼎新，还是去年我进榕江中学教书的介绍人呢！"

　　　　周恩来："你说的杜、王两位，我在日本时同他们有一面之缘。如果我能尽快向他们三位当面领教，那就好了！"[⑥]

①　杜国庠、李春涛：《社会主义与中国经济现状》，《孤军》1925 年第 2 期。
②　《杜国庠文集》编辑小组编：《杜国庠文集》，人民出版社 1962 年版，序 2。
③　杜国庠：《由空想的社会主义到实行的社会主义》，《社会科学季刊》1924 年第 2 期。
④　李春涛：《唯物史观公式》，《学艺》（日本）1925 年第 6 期。
⑤　中共中央文献研究室编：《周恩来年谱（1898—1949）》（修订本），中央文献出版社 1998 年版，第 77 页。
⑥　蔡超：《秋风一凤向南飞》，中央文献出版社 1998 年版，第 83 页。

4月18日,周恩来抵达潮州。修书一封托人转交,拟请杜国庠出任国民党澄海县部筹备主任。8月,杜国庠受聘澄海县立中学校长(实际任职到1926年1月),革新校政。10月初,蒋介石总指挥启动二次东征,6日出师,11月5日得胜。13日下午,蒋介石等出席金山中学举行的欢迎仪式,蒋发表题为《学生是学校的主人》的演讲。[1] 11月中下旬,周恩来在汕头约见杜国庠、王鼎新(王心民、王慎名)等人,听取澄海情况介绍,讨论农运、学运问题。[2] 12月9日,周恩来派杨嗣震等到金山中学,"开'解决金中学潮'大会"。24日,杜国庠布告云:

> 为通告事:现奉国民革命东征军总指挥蒋,国民党党代表汪,委任状开:'委任杜国庠为金山中学校校长,此令。'等因;奉此,遂于本日到校视事,特此通告。[3]

1926年1月11日,周恩来"视察"金山中学。3月,恽代英来讲青年的需要问题。4月,澎湃来作农民运动的报告。[4] 杜国庠主持金中,施展才艺,推动教育民主、学生自治,"学生直接选举自治组织的负责人"[5],体现了"学生是学校的主人"的先进思想。

1927年的"四一二"期间,李春涛罹难党祸,杜国庠险遭不测。几个月后,周恩来、叶挺、贺龙等率南昌起义余部南下,9月23日进驻潮州。大革命失败之际,杜国庠当面向周恩来表示,"我希望党允许我加入,给我更多的教育"。战事吃紧,未果。此间,杜国庠虽被任命为潮阳县县长,但周恩来建议他去上海避风。[6]

杜国庠辗转赴沪。先在创造社,后进太阳社,再起我们社,加入中共(1928年2月),又翻译、著述、发表、出版,东成西就。杜国庠身兼数职,一

---

① 中国第二历史档案馆编:《蒋介石年谱初稿》,中国档案出版社1992年版,第453、458—459页。蒋介石演讲的标题,根据汕头市金山中学校史编纂委员会编:《金山中学简史》,2007年,第9页;也见李勇:《蒋介石年谱》,中共党史出版社1995年版,第99—100。
② 澄海市政协文史资料委员会等编:《澄海中学校史资料特辑》,2000年,第57页。
③ 广东汕头市社联、陈汉初主编:《周恩来在潮汕》,中央文献出版社2004年版,第295页。
④ 广东省政协文化和文史资料委员会等编:《纪念杜国庠诞辰120周年座谈会论文集》,2009年,第190—191页;陈楚金:《到汕头老街寻找革命旧址》,《汕头特区晚报》2011年1月17日。
⑤ 汕头市金山中学校史编纂委员会编:《金山中学简史》,2007年,第7页。
⑥ 邱汉生:《杜国庠传略》,《史学史研究》1984年第3期。

身多用。除了文委、左联、社联的工作外,杜国庠还是中宣部干事,中央机关刊物《红旗日报》(三日刊)的编辑,代表社联审阅一些稿件,还被派到国军做工作。有时进行飞行集会,"杜国庠老人也被分配去散发('共产主义'的)传单"——

> 在一条小巷里,他首先看看有无机会张贴出传单,他听见有一间屋里的人们在搓麻将,他就走前去张望了一下,看见门是拴紧的,于是他把传单糊上浆糊,贴贴实实地贴到门上去。不料这时,门内的人突然开门出来,看见这个老人在门上张贴东西,杜老不敢说话,就赶快逃跑。①

杜国庠无怨叹,不勉勷,"不求闻达"②,为中共地下组织担负艰险任务。忘我践行职分,岂知疲于津梁:

> 1932 年 2 月,周文"入党的第一天组织委派'左联'党团书记丁玲向周文讲解了入党须知,第二天由彭莲清向周文讲解党史,第三天是上海地下党文化工作委员会(文委)成员林伯修(杜国庠)向周文讲解国际问题"③。

上海滩事机迭出,吉凶朝夕。"狭巷短兵相接处,杀人如草不闻声。"(明·沈明臣)杜国庠磨而不磷,涅而不缁,应机化导,有口皆碑。他对社联事务,尽心极思;为社联网罗人才,不遗余力:

> 1930 年我(蔡馥生)考进上海邮政储金汇业总局工作,许涤新同志经常星期天同马纯古同志和劳动大学几位同学到我的住所座谈,并请杜国庠同志做指导,回答我们的许多问题,给我们亲切而有效的指导。1930 年中国社会科学家联盟(简称社联)成立。1931 年杜老(许涤新的入党介绍人之一)便介绍我们参加社联。④

> 在杜老的指导下,我也为南强书局写了一本《计划经济》,主要介

---

① 黄药眠:《动荡:我所经历的半个世纪》,上海文艺出版社 1987 年版,第 94—95 页。
② 许涤新:《南国老树——怀杜国庠同志》,《学术研究》1981 年第 1 期。
③ 李浩:《周文画传》,上海社会科学院出版社 2007 年版,第 35 页。周文夫人郑育之由团转党的手续(1934 年 5 月),也是杜国庠操办的。
④ 薛暮桥:《傲霜集》,中国展望出版社 1989 年版,第 78 页。

绍苏联的五年经济计划的成功,……写了一本《动荡中的中国农村经济》。[1]

这令人联想,在京城"赭庐"四合院,杜国庠引导青年学子学哲学、学《资本论》、学做社会调查的情形。"阙里师生博约深,朱弦三叹有遗音。"(宋·陆游)循循善诱的杜老,任贤擢材的杜老,是慧眼识珠的杜老。

> 圣人者,事无辞也,物无违也,故能为天下器。(《墨子·亲士》)

四、摩诘稀声

杜国庠发现、栽培了一批年轻人,艾思奇为其中影响最大者。杜国庠凭什么发现了艾思奇,艾思奇凭什么被杜国庠发现?杜国庠、艾思奇的缘分,在内为学养和涵养铸就,在外因事势之流成全。试申论之,借以窥探"文化创新机理"。

杜国庠、艾思奇的出生地,虽然东西各别,但比中国内地的绝大多数地区,潮州和腾冲,先联通于外,早思变于内。革命的第一策源地在广东,革命的第一继发地在云南。李家父子,在哲学与革命之间,审悉无哲学即无革命的道理——哲学救国,就像杜国庠深刻体会到的那样,哲学使人明智,但哲学不止于达成明智的个人:

> 不义不处,非理不行,务兴天下之利,曲直周旋,〈不〉利则止。

(《墨子·非儒下》)

艾思奇的家学渊源,杜国庠的广师求教,无不有益于他们探索、养成、传播和光大"实事求是、经世致用的精神"。[2]"天下之为学者众而仁者寡。"(《墨子·法仪》)杜国庠终日乾乾,夙夜匪解,先学修齐治平,后习时新理论。前者属于旧学,后者视作新学。旧学以为安身立命之本,新学为了经邦济世之用。看似中学为体、西学为用,实则以新学统旧学,变旧学为实学,化君子为战士。一统二变三化,是空谷传声的自强韵律。杜国庠在新学中重哲学,于旧学中崇墨学。哲学用来审时度势,墨学以为立己爱

---

① 上海市哲学社会科学学会联合会:《中国社会科学家联盟成立 55 周年纪念专辑》,上海社会科学院出版社 1986 年版,第 104—105 页。

② 《杜国庠文集》编辑小组编:《杜国庠文集》,人民出版社 1962 年版,第 593、597 页。

人。杜国庠重哲学中的新哲学,崇墨学中的行为本——"士虽有学,而行为本焉"(《墨子·修身》)。学问以识字为先,虽说识字不是识世。杜国庠古文修养深厚,精通日语,兼识德语、英语,故可博可专、可近可远、可洋可土,可上可下。"英雄四海眼,道义百年心。"(宋·于石)参加左翼文化运动者,推进左翼教育运动者,多少足与比肩?

艾思奇庭训有方,异地游学,贤者关爱,兄长提携。香港小学的洋气,成都中学的生气,家传的京师经学,自习的百家新学,释读的多种外文,所有这些,使他成为一位可博可专、可近可远、可洋可土、可上可下的后起之秀。在个人学问发展的种种可能性上,艾思奇能与杜国庠齐声——巴人虽下里,白雪唱阳春。

上海滩左支右吾争持文权,两哲人启蔽发蒙澡雪精神。杜国庠、艾思奇都在年轻时被人与"老"字连在一起,一为杜老,一为老李。杜老之"老",固有老成持重、令人信赖之意,但一般不称40岁左右的人为老人。杜老之为杜老,只能被理解为,左翼文化运动,是一种在险恶处境中不断探索的新型教育形式,发生在一个需要并磨砺出自己的导师的创新时代。五湖心事背容容,爱国忧民有古风。(宋·曾巩)杜国庠兼爱实行,"爱人利人,顺天之意"——"圣知也,仁义也,忠惠也,慈孝也"。(《墨子·天志中、下》)杜国庠博学多识,肆应才长,信念坚定——"原则性极强,看人看事,入木三分"。[①]"聚敛天下之善名而加之"(《墨子·天志下》),恰恰满足了特殊情境对新型导师的特殊需要——集向导、学者、战士于一身的、稳健进取的仁人志士。

两位天才的年轻教育家杨贤江、钱亦石,兰摧玉折,俱不永寿。杜国庠从任教京城、辞去教职、回到潮汕、再赴上海,前后十年。这十年,积累了全面的教育经验。北大教学,赭庐授徒,澄海治校,金山改革,创造社、太阳社、我们社推进大众文化。所有这些,或是正规教育和非正规教育,或是高等教育和初等教育,或属个别指导、班级授课、学校改造和教育管理,或属国民党的和共产党的教育工作。左翼文化运动中叱咤风云的精

[①]　侯外庐:《韧的追求》,生活·读书·新知三联书店1985年版,第189—191页。对杜国庠的"原则性极强",有相反看法。例如胡风说杜国庠曾"容忍""叛党行为"。(胡风:《胡风回忆录》,人民文学出版社2005年版,第3页)对胡风看法的合理分析,见张永义:《学者·墨者·革命者:杜国庠》,广东人民出版社2009年版,第47—50页。

英们拥有的教育经验,似无人比杜国庠更丰富。

杜老之"老",实为老实人之"老"。正是老实人的本色和实事求是的精神,把艾思奇与杜国庠无形地联系在一起。即,艾思奇与杜国庠的缘分,不仅表现在他们个人学问发展的可能性一致,更鉴于他们思国、爱国、忧国。思国之安者,积其德义。爱国之切者,尽其心魄。忧国之困者,济其厄劫。"蒲柳之姿,望秋而落;松柏之质,经霜弥茂。"(《世说新语·言语第二》)他们心气相应、摩诘稀声,淡泊、淡定、淡净,"若日之光,若月之明,与天地同常"(《墨子·尚贤中》)。他们拘谨自好,沉默寡言,笃信"诡遇非吾志","无有是吾乡"。车如流水马游龙,心有灵犀一点通。(宋·宋祁)内敛、沉稳、热情、幽默的杜老和老李的仁人之缘,应了古人的"同心之言其臭如兰"说。

因崇高的理想、健全的知识、反叛的精神、超越的境界和"外化"的环境等共同要素结缘,着实少见。

英雄所见自然有限,造化发育固难测稽。国共分裂,事势危迫。为信念而战的角力过程,产生了自我壮大的内在压力。出于世界风潮、特别是共产国际的左翼文化运动的自行定位,因"九一八"事变遭到挑战:是重置信念以同仇敌忾,还是固步自封以纯化思想?新教育家推行的民众教育,在对象和形式上,与左翼文化运动有交集,惟后者的内容恒定、目标划一、理想偏远。左翼文化运动遭遇险恶处境,不是因为它的对象和形式。昨日之是,今日之非,或者反之,固然可商。左翼教育运动走到了十字路口,"一二八"再鸣警钟。及至西安事变、七七晓月,危局已深,事势明朗。短短几年间,左翼文化不时因政治变局和国家危亡而求生存、谋壮大。有组织、有系统、有中共的上海左翼文化运动历经的各个阶段(兴起—转折—衰退—解散,1930年3月至1935年11月),艾思奇全程介入。杜国庠具体领导的前三个阶段(1930年3月至1935年2月),当然是左翼文化运动的主要阶段。《哲学讲话》的问世,则是左翼文化运动最光彩夺目的振奋时期。《哲学讲话》改名《大众哲学》,新兴学说震撼大众视听。艾思奇,飞扬英华之声,腾驰茂盛之实。

杜国庠是走在时代前列的人,是文化先锋队的一位旗手。但不会因此说,杜国庠是一位"在真理上"完美无缺的导师。这与"君子无所不用其极",不仅没有矛盾,反而相得益彰。这里,回到左翼文化运动"发生在一个需要并磨砺出自己的导师的创新时代"的论点,十分必要。正是在这样的意义上,才可以说,在左翼文化运动中,在新型教育形式上,杜国庠的导师地位,无论就信念、思想、理论、知识而言,还是在年龄、阅历、经验、性情、人格上说,都是十分明确的。杜国庠,"从平淡之中见出深沉,从自然的言笑之中显出矩范"①。没有他,左翼文化运动黯然失色,新型教育形式质料匮乏。联系到过誉苏区教育运动、遮蔽洋场文化创新的流弊,愿强调这一点,不属累赘。

　　志谢——

　　王丹一老人、李昕东先生审定了本文有关艾思奇部分的一些史实。广州市社联主席顾涧清研究员创意、支持了这一研究。素不相识的广东省社科院工作人员林雅娟女士无偿提供了重要文献。广州市第 113 中学曾素珍老师帮助作者获得了金山中学的一些史料。博士研究生童想文、牛国兴和李振军,先期搜集了部分基础材料。

---

① 邱汉生:《杜国庠传略》,《史学史研究》1984 年第 3 期。

梁启超与中国近代国学教育

■ 朱俊瑞

梁启超是以呼唤变法图强的改良派政治家形象登上历史舞台的,作为政治家的梁启超曾演绎出公车上书、变法维新、再造共和等风波跌宕的历史画卷,其生命辉煌的人生应置于烈火炎炎的民族悲壮场景才足以烘托其救国先驱者的崇高造型,但对 20 世纪中国思想界影响更深远的还是他的学术教育思想。作为政治家的梁启超早已作古,作为思想家的梁启超风采依然。"古来大伟人,其身虽死,其骨虽朽,其魂气当已散失于天壤之间,不再能搏聚凝结。然其生前之志气德行、事业文章,依然在此世间发生莫大之作用。则其人虽死如未死,其魂虽散如未散,故亦谓之神。"①这段话完全可以用来形容梁启超在近代国学教育史上的影响。

一

倘若从事中国近现代国学教育史的研究,梁启超无疑是最佳的切入点。教养、学识、才情、勤奋、毅力等各种因素的耦合,促成了梁启超 30 岁就

[作者简介] 朱俊瑞(1965—),男,山东昌邑人,2001 年获浙江大学历史学博士学位,2003 年进入浙江大学教育学博士后流动站从事中国近代国学教育研究,著有《梁启超经济思想研究》等,现为杭州师范大学政治与社会学院院长、教授、硕士研究生导师,主要从事中国近代史、中共党史研究。

① 钱穆:《灵魂与心》,广西师范大学出版社 2004 年版,第 12 页。

具备了对传统文化"从头说起"的魄力和胆识,这一年开始写作的《论中国学术思想变迁之大势》,贯通今古、旁揽西学,把中国几千年的学术演变写得波澜壮阔、气势恢宏。文章的发端部分更是大气磅礴,如重槌击鼓,催人奋进:

> 立于五洲中之最大洲,而为其洲中之最大国者谁乎? 我中华也。人口居全地球三分之一者谁乎? 我中华也。四千余年之历史未尝一中断者谁乎? 我中华也。我中华有四百兆人公用之语言文字,世界莫能及。……西人称世界文明之祖国有五:曰中华,曰印度,曰安息,曰埃及,曰墨西哥。然彼四地者,其国亡,其文明与之俱亡。今试一游其墟,但有摩诃末遗裔铁骑蹂躏之迹,与高加索强族金粉歌舞之场耳。而我中华者,屹然独立,继继绳绳,增长光大,以迄今日。此后且将汇万流而剂之,合一炉而冶之。於戏! 美哉我国! 於戏! 伟大哉我国民! 吾当草此论之始,吾不得不三薰三沐,仰天百拜,谢其生我于此至美之国,而为此伟大国民之一分子也。
>
> ……故合世界史通观之,上世史时代之学术思想,我中华第一也。(泰西虽有希腊梭格拉底、亚里士多德诸贤,然安能及我先秦诸子?)中世史时代之学术思想,我中华第一也。(中世史时代,我国之学术思想,虽稍衰,然欧洲更甚。欧洲所得者,惟基督教及罗马法耳,自余则暗无天日。欧洲以外更不必论。)惟近世史时代,则相形之下,吾汗颜矣! 虽然,近世史之前途,未有艾也。又安见此伟大国民不能恢复乃祖乃宗所处最高尚、最荣誉之位置,而更执牛耳于全世界之学术思想界者?[①]

这篇文章发表时间是 1902 年,20 世纪刚刚开始。世纪更替,强化了时间流徙和历史变迁在人的心灵中的投影。跨越世纪,常常伴随着人们审视历史、民族和自我角度的重新调整。

20 世纪的钟声刚刚敲响,梁启超就以"少年中国"为题,写就了回肠荡气的《少年中国说》,"少年中国"说一扫"面皱齿尽,白发盈把"的老大帝国形态,展示了一个充满生机与活力的新中国形象。在"少年中国"身上,我们看到的是一种创世纪的激情、精神和力量,一种创造生命和"挟山移

---

① 梁启超:《论中国学术思想变迁之大势》,《饮冰室文集》(第一集),云南教育出版社
2001 年版,第 215 页。

海"的国家形象。① 作为探索"少年中国"生命创造的一部分，梁启超发现了从国学中可以汲取国人自信力和爱国心的力量源泉。因为"学术思想之在一国，犹人之有精神也。而政事、法律、风俗及历史上种种之现象，则其形质也"，"故欲觇其国文野强弱之程度如何，必于学术思想焉求之"。《中国学术思想发展之大势》集中反映了他在国学问题上的最初思考。他引领国人看到的是一个可以与世界之文明相激、相射、相交换、相融合，绽放五光十色之异彩的中国学术文化，看到了区别于"政治世界"的一个学术世界。在学术世界的时空中，梁启超为中国学术的辉煌而鼓舞，抑制不住弘扬国学的兴奋和冲动：

> 吾欲草此论，吾之热血，如火如焰；吾之希望，如海如潮；吾不自知吾气焰之何以溢涌，吾手足之何以舞蹈也。於戏！吾爱我祖国，吾爱我同胞之国民。

> 生此国，为此民，享此学术思想之恩泽，则歌之舞之，发挥之光大之，继长而增高之，吾辈之责也。……则虽欲歌舞之，乌从而歌舞之？区区小子，于四库著录，十未睹一，于他国文字，初问津焉尔，夫何敢摇笔弄舌，从事于先辈所不敢从事者？虽然，吾爱我国，吾爱我国民，吾不能自已。吾姑就吾所见及之一二，杂写之以为吾将来研究此学之息壤，流布之以为吾同志研究此学者之筚路蓝缕。天如假我数十年乎，我同胞其有联袂而起者乎，伫看近世史中我中华学术思想之位置何如矣？②

正是中国学术思想的这种独特魅力，以及梁启超这种对于本国学术的自尊、自爱和自信的态度，推动着他毫不动摇地走上了国学教育之路，承担起"播种之义务"：

> 顾吾侪今日，只能对于后辈而尽播种之义务，耘之获之，自有人焉，但使国不亡，则新政府建立后二十年，必将有放大光明、持大名誉于全世界学界者，吾诹诸我先民，吾能信之！③

---

① 按：这一青春创造的时代命题深深地影响了五四新文化运动的领导者，引起了他们的共鸣和回响，尤其是五四时期的少年中国等概念的流行。

② 梁启超：《论中国学术思想变迁之大势》，《饮冰室文集》（第一集），云南教育出版社2001年版，第215页。

③ 梁启超：《论中国学术思想变迁之大势》，《饮冰室文集》（第一集），云南教育出版社2001年版，第284页。

虽然，吾更欲有一言，近顷悲观者流，见新学小生之吐弃国学，惧国学之从此而消灭；吾不此之惧也，但使外学之输入者果昌，则其间接之影响，必使吾国学别添活气，吾敢断言也。但今日欲使外学之真精神，普及于祖国，则当辇输之任者，必邃于国学，然后能收其效，以严氏与其他留学欧美之学僮相比较，其明效大验矣！此吾所以汲汲欲以国学为我青年劝也。

不言而喻，民族主义立场和爱国主义情怀，是梁启超从事国学研究和国学教育的主要原因，这是本文题中应有之义，原不必需要做太多的解释。

二

承担西学传入者固然应有"邃于国学"的基本功，进行国学研究和从事倡导国学教育更必须具备"邃于国学"的修养。梁启超虽然多以"区区小子""难以胜任"自况，也有对自己学术上"病在无恒"自责，但刚刚而立之年的他写就的《论中国学术思想变迁之大势》，"实第一部有统系之中国学术史，一气呵成，前无凭借，非有绝伟之识力，其曷能与于斯？"①世人赞叹这种对中国学术"从头说起"的气魄，也惊叹他学术功力之深厚和笔力之雄健。从1920年欧游归来到1922年双十节前仅仅用了两年半的时间，除在清华、南开担任功课及各地巡回讲演外，著述（主要是国学方面）累积约有一百万字。他自己曾在《梁任公近著第一辑》的序上统计过："已印布者，有《清代学术概论》约五万言，《墨子学案》约六万言，《墨经校释》约四万字，《中国历史研究法》约十万言，《大乘起信论考证》约三万言。又三次所辑讲演集约共十余万言。其余未成或待改之稿有《中国韵文里头所表示的情感》约五万言，《国文教学法》约三万言，《孔子学案》约四万言。又《国学小史稿》及《中国佛教史稿》全部弃却者各约四万言。其余曾经登载各日报及杂志之文，约三十余万言，辄辑为此论〈编〉，都合不满百万言。两年有半之精神，尽在是矣。"②后人评述说，梁启超之著述"势气的阔大，规模的弘博"，堪称是学术上"一位虎视眈眈的野心家"，"他要论中国的学

　　①　张荫麟：《近代中国学术史上之梁任公先生》，《大公报》1929年2月11日，转引自夏晓虹编：《追忆梁启超》，中国广播电视出版社1997年版，第106页。

　　②　转引自丁文江、赵丰田编：《梁启超年谱长编》，上海人民出版社1983年版，第966页。

术，便写了一篇《中国学术思想变迁大势》，要论中国的民族，便写了一篇《历史上中国民族之观察》，要对于'国学'有所讲述，便动手去写一篇《国学小史》，要对于中国民族的文化有所探究，便又动手去写《中国文化史》。这些都是极浩瀚的工作，然而他却一往无前地做去"；"最可骇人的还有他的《中国文化史》的计划"。[①]

在国学教育方面，梁启超也有过创设国学院的宏大规划：

第一，编著国学丛书。以百种为一集。其中分为"校理阐发先哲某家某派之学说为主"的学术思想；以"诠述批评前代作家或作品为主"的文艺；以及各种历史和社会现状方面的著作。

第二，编辑近代学术文编及国学海外文编。仿照贺松岭的《经世文编》，广搜清初以来的学者专集及杂志中所发表凡研究国学有价值之文章。

第三，编制大辞书。包括百科总辞书和分科专门辞书。

第四，校理古籍。拟于五年内将最重要之古籍校理完竣。

第五，续辑《四库全书》。搜集（四库）未收书，及乾嘉以后名著，编定目录，撰述提要。

第六，重编佛藏。精择各宗派代表之经论，删伪删复，再益以（续藏）中之主要论疏，约列成三千卷，各书附以提要。[②]

这种气吞万象的魄力以及在国学方面"绝伟之识力"，在民国初年的教育界"其声望所归如万流仰镜"，使梁启超有足够的理由和勇气宣告：

启超确信我国儒家之人生哲学，为陶养人格至善之鹄，全世界无论何国，无论何派之学说，未见其必，在今日有发挥光大之必要。

启超确信先秦诸子及宋明理学，皆能在世界学术上占重要位置，亟宜爬罗其宗别，磨洗其面目。

启超确信佛教为最崇贵最圆满之宗教，其大乘教理，尤为人类最高文化之产物，而现代阐明传播之责任，全在我中国人。

启超确信我国文学美术，在人类文化中有绝大价值，与泰西作品

---

① 郑振铎：《梁任公先生》，《小说月报》1929 年第 2 号，转引自夏晓虹编：《追忆梁启超》，中国广播电视出版社 1997 年版，第 93—97 页。

② 王森然：《梁任公先生评传（节录）》，转引自夏晓虹编：《追忆梁启超》，中国广播电视出版社 1997 年版，第 36—37 页。

接触后,当发生异彩,今日则蜕变猛进之机运渐将成熟。

　　启超确信中国历史在人类文化中有绝大意义,其资料之丰,世界罕匹,实亘古未辟之无尽宝藏,今日已到不容局镼之时代,而开采之须用极大劳费。

　　启超确信欲创造新中国,非赋予国民以新元气不可,而新元气决非枝枝节节吸受外国物质文明所能养成,必须有内发的心力以为之主。以上五事,实为其芽种。

　　启超确信当现在全世界怀疑沉闷时代,我国人对于人类宜有精神的贡献,即知识方面,亦宜有所持以与人交换。以上五事之发明整理,实吾侪对世界应负之义务。

　　启超确信欲从事于发明整理,必须在旧学上积有丰富精勤的修养,而于外来文化亦有相当的了解,乃能胜任。今日正在人才绝续之交,过此以往,益难为力。启超虽不敢自命为胜任,然确信我在今日,最少应为积极负责之一人;我若怠弃,无以谢天下。[①]

评述梁启超的国学著作,不是本文的主题,也不是作者笔力所能及。但从梁启超"我若怠弃,无以谢天下"的告白中可以看出,他对国学的"发明整理"含有登高一呼的强烈愿望和执着追求。换言之,梁启超的国学研究带有鲜明的教育和启蒙色彩。他甚至在《清代学术概论》中毫不掩饰地和盘托出:

　　其一,可见我国民确富有"学问的本能"。我国文化史确有研究价值,即一代而已见其概。故我辈虽当一面尽量吸收外来之新文化,一面仍万不可妄自菲薄,蔑弃其遗产。

　　其二,对于先辈之"学者的人格",可以生一种观感。所谓"学者的人格"者,为学问而学问,断不以学问供学问以外之手段。故其性耿介,其志专一,虽若不周于世用,然每一时代文化之进展,必赖有此等人。

　　其三,可以知学问之价值,在善疑,在求真,在创获。所谓研究精神者,归著于此点。不问其所疑、所求、所创者在何部分,亦不问其所得之巨细,要之经一番研究,即有一番贡献。必如是始能谓之增加遗

产；对于本国之遗产当有然，对于全世界人类之遗产亦当有然。

　　其四，将现在学风与前辈学风相比照，令吾曹可以发现自己种种缺点。知现代学问上笼统影响凌乱肤浅等等恶现象，实我辈所造成。此等现象，非彻底改造，则学问永无独立之望，且生心害政，其流且及于学问社会以外。吾辈欲为将来之学术界造福耶？抑造罪耶？不可不取鉴前代得失以自策厉。①

　　一般来说，国学研究偏重考证，与情感洋溢的国学教育似乎冰炭霄壤，但是，梁启超的国学研究著作却让我们看到了二者的水乳交融，看到了国学研究的冷峻理性与国学教育的人间关怀之间的相互促进、相得益彰。梁启超的国学论著在国学教育热的今天所以能为众所瞩目，就在于在他理性的分析背后通过酣畅淋漓的语言表达出的一种育人的激情。阅读《中国近三百年学术史》或《清代学术概论》，我们面对的不仅仅是在这个专题领域有其特长的学者，而在他的著作里，在他繁复征引和绵密演绎的深处，有着超越于史事论证的对人生、对社会、对中华学术未来的深刻思考，他对学术人格的剖性和对国学中科学精神的礼赞，总会让人感到一种无形的人格力量，又能受到做学问的一种极难得的启示和陶镕。这样才使得国学研究蕴含一种"秋冬之际""山阴道上"的眷恋情怀，又能有一种"仲春令月，时和气清"的舒朗气息。在这种意义上，不正是一种成功的国学教育文本？显然，研究梁启超的国学思想，以通常的考据学功夫评述梁启超国学研究上的得失，固然不失为一种可行的方法，但略过他特定的"国学教育"意图恐怕难得要旨。发掘梁启超国学研究中的教育内涵，应当成为梁启超国学思想研究的重要内容。

　　当然，这里首先有必要说明，就梁启超对本国学术地位的崇高赞美而言，很容易被视为文化守旧主义者。但梁启超对待中国学术的态度上绝不是守旧主义，更不是传统主义。他在对待国学的态度上一直抱有开放的态度，这种开放包括自我批判和对不同文化传统的开放，既反对保守主义者的固步自封，也时刻防范对本国学术文化上的虚无主义：

　　凡天下事，必比较然后见其真，无比较则非惟不能知己之所短，并不能知己之所长。……今世所称好学深思之士有两种：一则徒为

----

　　①　梁启超：《清代学术概论》，《梁启超全集》第五册，北京出版社 1999 年版，第 3108 页。

本国学术思想界所窘,而于他国者未尝一涉其樊也;一则徒为外国学术思想所眩,而于本国者不屑一屠其意也。夫我界既如此其博大而深赜也,他界复如此其灿烂而蓬勃也,非竭数十年之力于彼乎,于此乎,一一撷其实,咀其华,融会而贯通焉。①

三

梁启超是公认的百科全书式国学大师,甚至被誉为 20 世纪的学者,这并非因为他在这个世纪生活了 29 年,主要是因为他的学术思想在这个世纪产生了经久不息、无可回避的影响。"腾为口说而播为声气",民国时期国学教育终于呈现一时的辉煌,成为今天从事国学教育无法绕开的话题。除了离不开梁启超的呐喊呼吁,民国教育史上的几个标志性的事件也都有梁启超的背影。以南开大学文科的发展为例,当代的南开学人高度评价说:"不容否认,梁启超给南开带来过的流光岁月,也曾使之及时迎来过与其他高校争辉的第一个历史性的发展机遇,这自然是学坛佳话,在南开初年的校史上写下了浓墨重彩的一笔。"②

最值得称道的是梁启超对清华大学国学教育的贡献,清华大学当时能成为全国"学校之模范",而"清华人文科学崛起的奠基人"正是梁启超:

> 梁启超不仅给清华带来了"国学",而且影响着清华教育的走向。20 年代,清华正处在改制过程中。他指出,清华应缩减留美经费,筹集财力,办成一所完全的大学。他主张纠正教学的西化偏向,告诫学生不要醉心美国文化:"美国物质发达,她是时代的娇儿,她的经济毛病最重……所以影响到一切。她的教育过于机械的,实利主义太深了,所以学校教学生总是以'够用了'做标准。只要够用便不必多学,所以美国的学问界浅薄异常,没有丝毫深刻的功夫。……我以为清华学生应当谋这些极端的贯通融洽,应当融合东西文化,不要只代一面做宣传者。"这针对了当年的清华学风,可谓振聋发聩,而且对全国

---

① 梁启超:《论中国学术思想变迁之大势》,《饮冰室文集》第一集,云南教育出版社 2001 年版,第 215—216 页。

② 关于梁启超对南开文科的贡献,详见彭小舟:《论梁启超与南开大学文科的初期发展》,载李喜所主编:《梁启超与近代社会文化》,天津古籍出版社 2005 年版,第 506 页。

教育界有启发意义。[①]

在清华国学研究院成立后，在四位国学大师中，梁启超有了更多的薪火传递者：

> 几位导师的影响并非一样，梁启超、王国维尤为重要。第一届学生32人中，梁启超指导14人，王国维指导16人，陈寅恪、李济各指导1人。……
>
> 梁启超成为真正的学术、文化宗师。他的学生（多为清华的本科生和国学研究院的研究生），如吴其昌、陆侃如、周传儒、姚名达、王力、高亨、谢国桢、余永梁、刘节、罗根泽、张荫麟、张其昀、梁实秋、徐中舒、蔡尚思、杨鸿烈、姜亮夫、陈守实、黎东方、冯国瑞、何士骥、吴金鼎，……，其后造诣深厚，著述宏富。这里有史学家、文学家、语言学家、哲学家等等，其成就或多或少是梁启超学术体系的延伸和发展。梁实秋谈到走上文学道路时说：大约1922年，梁启超在清华讲"中国韵文里头所表现的情感"。这是"一篇动人的演讲"，"我个人对中国文学的兴趣就是被这一篇演讲所鼓动起来的"。[②]

其实，梁启超在当时的影响并不限于他所从教的几所学校。他的国学论著不知让多少读者受惠。

陶希圣在《潮流与点滴》中回忆他五四前在北大预科时，以一种《明儒学案节本》修养锻炼自己人格的情形：

> 我在预科三年级，先读梁任公《明儒学案节本》，再读《明儒学案》原书，然后读《宋元学案》。这时候读这两部书，并不是单纯的求知，而是深切的悔悟。一个乡村青年，进了首都北京，渐染一种"大爷"的习气，由习气转入悔悟的过程中，宋、明两代，二学案给予我莫大的启示。[③]

在北大任教的梁漱溟也在《我的治学小史》留下一段深受梁启超思想影响的文字：

---

① 罗检秋：《新会梁氏——梁启超家族的文化史》，中国人民大学出版社1999年版，第191页。

② 罗检秋：《新会梁氏——梁启超家族的文化史》，中国人民大学出版社1999年版，第192—193页。

③ 陶希圣：《潮流与点滴》，台湾《传记文学》1964年，第320页。

我那时自负要救国救世，建立功业，……具有实用价值的学问，还知注意，……对于人格修养的学问，感受《德育鉴》之启发，固然留意，但意念中却认为"要作大事必须有人格修养才行"，竟以人格修养作方法手段看了。①

在梁启超的点拨下，不知有多少人领悟到国性嗣续的根据和理由。余英时曾记录过乃师钱穆的经历和自己的心得：

钱先生自能独立思考以来，便为一个最大的问题所困扰，即中国究竟会不会亡国？他在新亚书院多次向我们同学讲演，都提到梁启超的"中国不亡论"曾在他少年的心灵上激起巨大的震动。这篇文字主要是以"沧江"和"明水"两人一问一答的方式写成的。"明水"提出种种论证指出中国随时有灭亡的危险，而"沧江"则逐条反驳，说中国绝无可亡之理。两人的问答一层转进一层，最后说到了中外的历史，中国的国民性，直到"明水"完全为"沧江"所说服才告结束。后来我们读《饮冰室文集》，才知道"沧江"是梁启超，"明水"是汤觉顿。……梁启超这篇文字在当时激动了无数中国青少年的国家民族的情感。后来我读到左舜生的《我的少年时期》，也提到他和一位同学夜读这篇两万四千字的长文，至于欲罢不能而热泪长流。但是钱先生和大多数青少年读者不同，他读了此文之后没有走上政治救国的道路，而转入了历史的研究。他深深为梁启超的历史论证所吸引，希望更深入地在中国史上寻找中国不会亡的根据。钱先生以下八十年的历史研究也可以说全是为此一念所驱使。

钱先生又屡次说过，他非常欣赏梁启超所用"国风"这一源于《诗经》的名称。……对于"国魂"、"国粹"（借自日文）、"黄帝魂"等流行观念是同样能够欣然接受的。②

在今天，梁启超的著作也为越来越多的人所理解和接受。2000年东方出版社重版的民国学术经典，在《思想史类丛》11种著述中，在梁启超名下的就有3种。而在国学热的今天他的不断被再版的事实，既显示出梁启超学力之雄健已传之后世，也足以证明他在当代国学教育中的地位。

---

① 梁漱溟：《我的治学小史》，《梁漱溟教育论文集》，台湾龙田出版社1979年版，第21页。

② 余英时：《钱穆与中国文化》，上海远东出版社1994年版，第20—21页。

梁启超的《治国学杂话》《最低限度必读书目》《国学入门书要目及其读法》《要籍解题及其读法》仍然是高校从事国学教育的启蒙读本。"现代中国知识分子和整个文化遗产的关系，不能简单地等同于保守主义与激进主义的问题。二十世纪中国文化的危机所涉及的问题，超出了这种非此即彼的二分法。在特定的历史条件下，人们无法预料，究竟传统的抑或反传统的思想，会有保守的或激进的后果。"①美国学者本杰明·史华慈的这番评述，无论是因西方的"现代化"困境而由衷感言，还是基于一种历史的关照，都是成立的，也是对梁启超国学教育思想价值的中肯评判。

四

梁启超不属于有严密理论体系的教育家，即使在后期专心从事国学教育完成的《治国学杂话》《国学入门书要目及其读法》等论文和演讲也多为随感而发。换言之，梁启超在国学教育问题上，并没有预先设定理论框架，而后逐步演绎出国学教育的宗旨、原则、内容、关系、方法，等等。但有关国学教育的"杂话"，却是出自他对人生、教育的深切领悟，并把这种领悟带入自己擅长的国学研究著作中。因此，从事梁启超"国学教育"思想的研究可以按照"法从例出"的思考方式，从解读梁启超的国学研究的经典著作中，可以整理出梁启超国学教育思想的丰富内涵。

在民国时期的国学大师中，他不属于那种将生命捻成思辨的或训诂的语丝式的纯粹学者，而是直接用热血去鼓舞时代的教育家，在他国学著作中，始终在坚韧地期待国学的春风：

> 吾对于我国学术界之前途，实抱非常乐观。盖吾稽诸历史，征诸时势，按诸我国民性，而信其于最近之将来，必能演出数种潮流，各为充量之发展。吾今试为预言于此，吾祝吾观察之不谬，而希望之不虚也。
>
> 一、自经清代考证学派二百余年之训练，成为一种遗传，我国学子之头脑，渐趋于冷静缜密。此种性质，实为科学成立之根本要素。我国对于"形"的科学（数理的），渊源本远，根柢本厚；对于"质"的科

---

① ［美］本杰明·史华慈：《论五四前后的伪文化保守主义》，韩华、张克文译，高力克校，载《五四：文化的阐释与评价——西方学者论五四》，山西人民出版社1989年版，第163页。

学(物理的),因机缘未熟,暂不发展。今后欧美科学,日日输入,我国民用其遗传上极优粹之科学的头脑,凭借此等丰富之资料,瘁精研究,将来必可成为全世界第一等之"科学国民"。

二、佛教哲学,本为我先民最为珍贵之一遗产,特因发达太过,末流滋弊,故清代学者,对于彼而生剧烈之反动。及清学发达太过,末流亦敝,则还元的反动又起焉。适值全世界学风,亦同有此等倾向。物质文明烂熟,而"精神上之饥饿"益不胜其苦痛。佛教哲学,盖应于此时代要求之一良药也。我国民性,对于此种学问,本有特长,前此所以能发达者在此,今后此特性必将复活。虽然,隋唐之佛教,非复印度之佛教,而今后复活之佛教亦必非复隋唐之佛教。质言之,则"佛教上之宗教改革"而已。

三、所谓"经世致用"之一学派,其根本观念,传自孔孟。历代多倡导之,而清代之启蒙派晚出派,益扩张其范围。此派所揭橥之旗帜,谓:学问有当讲求者,在改良社会增其幸福,其通行语所谓"国计民生"者是也。故其论点,不期而趋集于生计问题。而我国对于生计问题之见地,自先秦诸大哲,其理想皆近于今世所谓"社会主义"。二千年来生计社会之组织,亦蒙此种理想之赐,颇称均平健实。今此问题为全世界人类之公共问题,各国学者之头脑,皆为所恼。吾敢言我国之生计社会,实为将来新学说最好之试验场;而我国学者,对于此问题,实有最大之发言权,且尤当自觉悟其对此问题应负最大之任务。

四、我国文学美术,根柢极深厚,气象皆雄伟,特以其为"平原文明"所产育,故变化较少。然其中徐徐进化之迹,历然可寻,且每与外来之宗派接触,恒能吸受以自广。清代第一流人物,精力不用诸此方面,故一时若甚衰落,然反动之征已见。今后西洋之文学美术,行将尽量收入,我国民于最近之将来,必有多数之天才家出焉,采纳之而傅益以己之遗产,创成新派,与其他之学术相联络呼应,为趣味极丰富之民众的文化运动。

五、社会日复杂,应治之学日多,学者断不能如清儒之专研古典。而固有之遗产,又不可蔑弃,则将来必有一派学者焉,用最新的科学方法,将旧学分科整治,撷其粹,存其真,续清儒未竟之绪,而益加以精严,使后之学者既节省精力,而亦不坠其先业。世界人之治中华国学者，亦得有藉焉。①

　　这种"夹叙夹议"国学研究所彰显的教育命题，是梁启超把原本"为学术而学术"国学研究转化为"学术致用"的通用风格。为了有利于把国学研究转化为教育资源，梁启超把国学分为"文献的学问"和"德性的学问"，主张分别用"客观的科学方法"与"内省的躬行的方法"去研究，②把国学教育的视野扩展到几千年的中国传统学术领域，以"淬厉其所本有"的姿态，"辨章学术，考镜源流"，通过对国学内涵的重新诠释，梳理出矫正近代以来西学教育畸形发展和挽救道德沦丧学风的营养元素。特别是他后期潜入清代学术不厌其烦地赞美清代学者"非功利"的严谨治学精神，但另一只眼始终不离开生活在现实中的学界文人和青年学子。他未能具备乾嘉学派的治学风格，在学术上或许是梁启超的不幸，③但把国学研究和国学教育紧密联合，梁启超出色地完成了自己的使命。从教育学的意义上看梁启超的国学研究，梁启超是成功者，也使他真正走出了"乾嘉时代"。

　　对于自己过渡时代之人物的定位有清醒意识的梁启超，完好地向我们传递了包孕在 20 世纪初而影响及于 21 世纪的学术讯息，以觉世始而以传世终。这便是他在近现代国学教育史上应有的形象和历史地位。所以，以客观的态度整理梁启超的国学教育思想，不应被误解成"为守旧主义者辩护"。同时，梁启超的志气德行、事业文章早已"力透纸背"，如"溪水之自山谷陡降也，气势雄健，一往无前，波跳浪涌，水声雷轰，一切山石悬岩，皆只足助其壮威，而不足以阻其前进"，④也绝不会因后学的浅薄而损耗其分毫的价值。

五

　　于 20 世纪中国学术，梁启超也应算作少数几位奠基者之一。20 世纪

---

　　① 梁启超：《清代学术概论》，《梁启超全集》第五册，北京出版社 1999 年版，第 3108—3109 页。

　　② 梁启超：《治国学的两条大路》，《饮冰室文集》第六集，云南教育出版社 2001 年版，第 3343 页。

　　③ 按：对于梁启超学术的不严谨，学者包括梁启超自己多有论述，此不赘述。

　　④ 郑振铎：《梁任公先生》，《小说月报》1929 年第 20 卷第 2 号，转引自夏晓虹编：《追忆梁启超》，中国广播电视出版社 1997 年版，第 83 页。

在他看来,是东西"两文明结婚之时代",也标志着中国学术复兴时代的到来。对于梁启超所开启的国学研究新路的教育意义,胡适所言最具说服力:"我个人受了梁先生无穷的恩惠",其一即是《论中国学术思想变迁之大势》"给我开辟了一个新世界"。尽管以后的学术见解多有相左,胡适在30年代写作的《四十自述》中,却坦承梁作"是第一次用历史眼光来整理中国旧学术思想,第一次给我们一个'学术史'的见解",而其未完成形态,又埋下了胡适"后来做《中国哲学史》的种子"①。这种学术因缘,后人看到了两代学者的前后相承。但对于梁启超而言,撰写一部完整的《中国学术史》的计划刚刚开始,留下了有志未偿的遗憾。

> 志未酬,志未酬,问君之志几时酬?志亦无尽量,酬亦无尽时。世界进步靡有止期,吾之希望亦靡有止期。众生苦恼不断如乱丝,吾之悲悯亦不断如乱丝。登高山复有高山,出瀛海复有瀛海。任龙腾虎跃以度此百年兮,所成就其能几许?虽成少许,不敢自轻,不有少许兮,多许奚自生。但望前途之宏廓而寥远兮,其孰能无感于余情。吁嗟乎,男儿志兮天下事,但有进兮不有止,言志已酬便无志。②

1923年梁启超在《中国近三百年学术史》中论述清代学者在历算学方面的特殊贡献时,也有"志未酬"的感喟:

> 吾叙述至此,惟忽有别的小感触,请附带一言。清代算学家多不寿,实吾学界一大不幸也。内中梅定九寿八十九,李壬叔寿七十,二老岿然缠一代终始,差足慰情。自徐若焦里堂仅五十八,戴鄂士仅五十六,王寅旭、戴东原皆仅五十五;邹特夫仅五十一,邹叔绩仅四十九,马远林仅四十八,汪孝婴仅四十六,李四香、夏紫笙皆仅四十五。尤促者,熊韬之仅三十九,孔巽轩仅三十五,董方立仅三十三,左壬叟、曾栗诚卒年未详,大抵皆不逾四十。呜呼!岂兹事耗精太甚,易损天年耶?何见夺之速且多也。夫使巽轩、方立辈有定九寿,则所以嘉惠学界者宜何如哉?……又洪杨之乱,学者多殉,而算家尤众。徐君青以封疆(江苏巡抚)死绥,固宜矣。乃若罗茗香、马远林、邹叔绩、

①　胡适:《四十自述》,《新月》1931年第3卷第7号。
②　梁启超:《志未酬》,《梁启超全集》第九册,北京出版社1999年版,第5425页。

戴鄂士、顾尚之、凌厚堂(堃)、张南坪(福禧)皆先后及难。其余诸家遗著投灰烬者且不少。呜呼!①

梁启超在国学教育实践中的过度投入使自己的身体过早透支。1918 年秋天,他著《中国通史》时劳累过度,曾咯血大病,经医治后康复。他不在意,欧游、著书、讲学,工作热情丝毫未减。1922 年年底,又因心脏不好,被医生、朋友劝回家后却"静而不养"。每天用尽心思读深奥的《成唯识论》,又发奋著《陶渊明年谱》。1924 年,夫人李蕙仙因病去世,他并未在巨大的精神创痛中消沉下去,不久就"拼命著述",忙于讲学。后来,他被查出来患有尿血症,因尿血严重住进协和医院,医生错误地给他施行右肾切除手术,尿血症未消失,著书、讲学仍不辍。1927 年,他仍扶病登坛讲课,给清华学生授"中国历史研究法"(补编),因无力撰稿,只得指定学生速记,由他校阅后印成讲义。这年夏天,他因"学校暑期前批阅学生成绩太劳,王静安事变又未免大受刺激",旧病复发。医生对人说:如果百日内不看书,一定能痊愈。不幸这只能是假设。逝世前数月,他仍不顾病体,要写一部《辛稼轩先生年谱》,因得《信州府志》等资料,狂喜出院,回津续撰,编至辛稼轩五十二岁,因病重搁笔。1929 年 1 月 19 日病逝于协和医院。《辛稼轩先生年谱》竟成为绝笔!

梁思成等子女记曰:

> 先君子曾谓"战士死于沙场,学者死于讲座"。方在清华、燕京讲学,未尝辞劳,乃至病笃仍不忘著述,身验斯言,悲哉!②

悲哉!伤病之为国学厄,有如是也。正当梁启超引领新国学教育走向成熟、创作力如日中天之时,自信能活到 80 岁以上的他却不幸以 60 岁不到的年寿过世。继王静安先生之后,近代中国又丧失一位重要的国学教育导师。近代国学教育的重心清华大学国学研究院亦由此而衰落。以目前的粗略统计,梁启超已经完成的国学论著与他的写作计划相较,距离何止千里!许多著作都因健康因素而中断,详见下表。③

---

① 梁启超:《中国近三百年学术史》,《梁启超全集》第八册,北京出版社 1999 年版,第 4607 页。

② 丁文江、赵丰田:《梁启超年谱长编》,上海人民出版社 1983 年版,第 1201 页。

③ 转引吴铭能:《梁任公的古文献思想研究》,台湾学生书局 2001 年版,第 282—283 页。

名称	未完成部分	原因
中国历史研究法补编	五种专史的做法 1.人的专史(人表的做法未做) 2.事的专史(完全未做) 3.文物的专史(社会科学史、自然科学史、文学史、美术史的做法未做) 4.地方的专史(完全未做) 5.断代的专史(完全未做)	健康
古书真伪及其年代	仅讲完经部,子部未讲。	健康
中国学术史	1.先秦学术(大致都完成) 2.两汉六朝经学及魏晋玄学(完全未做) 3.佛学史(完成部分,后收集名为《佛学研究十八篇》) 4.宋明理学(大多未做,仅讲王阳明知行合一之教) 5.清学(大部分完成,有《清代学术概论》、《中国近三百年学术史》、《近代之学风的地理分布》,而《清儒学案》及《章实齐之史学》均未做)	1.健康 2.范围太广
辛稼轩年谱	后七年未做	健康
中国之美文及其历史	周秦时代只完成《诗经》之篇数、续集及年代考证。 完成古歌谣、乐府、汉魏诗歌之作者真伪、五七言诗之起源。 其余均未做。	健康
中国政治思想史	仅讲完先秦,汉以后则均未讲	健康
陶渊明	仅完成年谱,原拟新作《陶集私定本》未完成	健康
中国图书大辞典	簿录之部:官录及史志一册(已完成) 跋释及鉴别(完全未做) 藏目及征访(完全未做) 部分别录(完全未做) 战籍掌故(完全未做) 史部:谱传类年谱之蜀一册(已完成,未见) 金石书画部:丛贴之蜀一册(已完成) 史部:亲史类晚明之蜀一册(已完成) 其余未做	1.健康 2.范围太广
中国图书索引	完全未做	1.健康 2.范围太广

　　以身殉道、以身殉业者可歌可泣,但又让世人增添多少感伤?"当兹世界文化大通之会,不通国学,不可以读外国之书;通国学而费一二十年光阴焉,则老矣。国学畴如烟海,无门径真无以入,故不能不有赖于整理之人。假令天假先生以年,则今后国家虽乱,其以学术惠我国民者,岂浅鲜哉?呜呼!不料人事所能为力者,天亦靳之。先生年仅五十六,竟以逝世闻也。天之罚中国,何其酷耶!既坏乱其政治,使人民不得一日之安;复夺其学术界之重心,使学者旁皇失所。呜呼!已矣!"①"梁先生竟然以身殉学术了,这真是我国学术界的大不幸啊!犹忆前岁王静安之丧,清华大学《国学论丛》为出专号,梁先生的序里说:'……先生没齿仅五十有一耳,精力尚弥满,兴味飙发,曾不减少年时;使更假以十年或二十年,其所以靖献于学者云胡可量!'大约这回因梁先生之溘然长逝因而起这样相同感想的人们,一定不是少数呢!"②

　　天假其数十年,中国近代的国学教育又会是怎样?

<hr />

　　① 伍庄:《梁任公先生行状》,中国宪政党驻美国总支部印送,1929 年 3 月,转引自夏晓虹编:《追忆梁启超》,中国广播电视出版社 1997 年版,第 6 页。

　　② 郑师许:《我国的学者和政治生活》,《新闻报》1929 年 2 月 17—18 日,转引自夏晓虹编:《追忆梁启超》,中国广播电视出版社 1997 年版,第 113 页。

马相伯与张謇交谊述评

■ 薛玉琴

马相伯(1840—1939)和张謇(1853—1926)都是近代社会转型时期出现的开风气人物。一个长期出入"圣""俗"世界,以传播神的救灵事业为职志,领导中国近代宗教改革运动,同时不懈地追求民主政治;一个以末代状元身份投身实业而享誉东南,之后,又在政治变革中竭尽全力,二人虽然所致力的事业有所不同,年龄也有很大的差距,但是,他们同为江苏籍士绅,自 19 世纪 80 年代在朝鲜相识以后,相交、相知近半个世纪,在清末民初重大的政治及社会活动中,始终保持着较为一致的思想及行动,尤其是在倡导和推进新式教育,谋求政治变革方面,二人携手并肩,互相支持,不但开创了东南新政事业的新局面,而且其交谊也成为近代社会转型时期的一段佳话。追溯二人交谊活动,既可以从一个侧面窥测近代社会转型时期各项改革之艰难及曲折,也可以反映近代有识之士为推进新式事业所作出的历史性贡献,以及他们独特的人格魅力、思想情操和理想诉求。

[作者简介] 薛玉琴(1968—),女,江苏淮阴人,2002 年获华东师范大学历史学博士学位,2004 年进入浙江大学教育学博士后流动站从事近代教育思想研究,著有《近代思想前驱者的悲剧角色——马建忠研究》《马相伯》等,现为杭州师范大学人文学院教授、硕士生导师。

一、相识于"壬午兵变"之后

据笔者所掌握的文献看,马相伯与张謇最初相识于 1883 年的朝鲜。"壬午兵变"被平定以后,朝鲜国王为实施新政,向清政府求援,希望派遣参与平定"壬午兵变"及促成朝鲜政府与美国签订外交协议的马建忠前往襄助,李鸿章以马建忠公务甚繁,不克分身为由,推荐马相伯前往。因为此前朝鲜方面与马相伯已有接触,并有良好印象,因此,欣然接受李鸿章建议,同意"舍弟而取兄"。① 1882 年年底,马相伯以"统理军国事务衙门"赞议身份来到了朝鲜,担任朝鲜国王新政顾问。次年四月,张謇因为处理"壬午兵变"之善后事宜,随吴长庆军重返朝鲜,帮助吴长庆处理机要文书。曾经一同前往朝鲜的王伯恭后来对此事曾有如下记述:"光绪壬午之冬,余奉合肥相国奏派,偕马相伯舍人往朝鲜,应其国王之聘。时吴军门长庆率六营驻防汉城,书记朱曼君、张季直诸人,皆与余相得,曼君尤笃。"②

以上简述不难看出,马相伯与张謇之所以来到朝鲜都与 1882 年发生的"壬午兵变"有关。1882 年 7 月 23 日,朝鲜汉城发生了士兵和下层民众反对日本侵略和朝鲜封建压迫的起义,起义被阴谋夺权的国王生父李昰应利用,从而演变成了一场骚乱,史称"壬午兵变"。在骚乱中,起义士兵和市民焚毁了日本驻朝使馆,杀死七名日本军官,日使花房义质仓皇返回日本国内。为防止日本政府的干涉与报复,朝鲜国王恳请清朝政府出兵援助。在万般紧急的情况下,时任北洋大臣、署理直隶总督张树声命令北洋海军提督丁汝昌、候补道员马建忠迅速开赴朝鲜处理这一事件,同时派吴长庆率领五艘军舰、二千淮勇紧随其后。张謇作为吴长庆的机要幕僚随即来到朝鲜。

在平定"壬午兵变"中,马建忠一面叮嘱朝鲜方面与日使在外交上相周旋,一面与丁汝昌、吴长庆设计诱捕大院君,在他们的共同努力下,"壬

---

① 权赫秀:《马相伯在朝鲜的顾问活动(1882 年 11 月至 1884 年 4 月)》,《近代史研究》2003 年第 3 期。

② 王伯恭:《光绪甲申朝鲜政变始末》,《蜷庐随笔》,无冰阁本。

"午兵变"得以迅速平定。马建忠处理此次事变所表现出来的灵活外交策略及才干博得张謇的好感。他在代吴长庆拟致张树声函中表示："眉叔所筹因应花房义质等语,及与仁川府使笔谈,极是极是。度此君才,果可与共事也。"①虽然,张謇对马建忠的才具流露出钦佩之意,但是,他对马建忠实执行李鸿章的"息事宁人"的外交路线又极为不满。作为对"壬午兵变"日方损失的补偿,朝鲜政府最终与日本签订了《仁川条约》,其内容之一是赔款五十万元,分五年还清。虽然此事主要责任不能归咎于马建忠,但张謇认为,作为朝方谈判代表的幕后策划与指导者马建忠罪责难逃。他不但抨击马建忠在外交方面所执行的妥协政策,而且还批评马氏兄弟为朝鲜内政提出的举借外债,开采矿山的建议。1882 年 8 月 19 日《张謇日记》记载："闻赵宁夏辈有请于其国开矿事,此真庸奴。"第二天又记道："闻赵宁夏辈有借债五十万事,息八厘,六岁后归偿,此则悉仿日本所为,自弊而已。然度此等举动,必马氏兄弟蛊之。"②

与马建忠等人主和的外交策略不同,张謇一直坚持对日强硬的态度。早在 1882 年 8 月 3 日日记中,他就写道："日使花房义质谒延陵(吴长庆——笔者注)。日兵甚弱,行不成列,吾甚惜朝人以五十万元款之为失计也。"③对朝鲜在《仁川条约》中赔款五十万元深表叹息。在他看来,当时日军的实力并不足以与北洋水师及庆军相抗衡,激愤于此,不久,他撰写了著名的《朝鲜善后六策》一文,坚决主张对日采取强硬的态度。他的这一篇著名时论,声震朝野,名扬天下,不但京城一帮清流党引以为同道,也博得了"北京权要"潘祖荫、翁同龢等以及湘系官员左宗棠、彭玉麟等的激赏。而马建忠就远没有张謇那么幸运,因为《仁川条约》朝鲜赔款日本一事,他背上了卖国的"黑锅",遭到清流派首领张佩纶等人的弹劾,后经李鸿章多方奏保,才算平息了事。

张謇、马建忠对朝鲜问题认识的分歧,固然与他们对中日军事实力了解及认识不同有关,也与他们认识这一问题时所依赖的思想资源不同有联系。马建忠在敦促朝鲜与美国签订有关条约后,为其开出了一系列发展政治、经济和教育等方面的药方,这些建议大多基于发展资本主义考

---

① 曹从坡等编:《张謇全集》第一卷:政治,江苏古籍出版社 1994 年版,第 6 页。
② 曹从坡等编:《张謇全集》第一卷:政治,江苏古籍出版社 1994 年版,第 206 页。
③ 曹从坡等编:《张謇全集》第六卷:日记,江苏古籍出版社 1994 年版,第 204 页。

虑。比如，在经济上，他建议仿效西欧资本主义国家与日本明治维新的举措，通过借外债举办各种近代化事业，开采矿山即是其中之一项事业。在马建忠看来，利用外资发展资本主义，这在西方资本主义发展中是一件很通行的做法，但是，这在 19 世纪七八十年代的中国无疑是一惊世骇俗之论。无论从中国，还是朝鲜的情况看，它所实施的条件都还没有成熟。在外交上，马建忠既有运用西方近代外交理论来处理中外交涉事务的积极性一面，但也表现出过于相信西方外交理念，轻视自身实力等书生"迂腐"的一面，这当然与他所受的教育背景有关，而这恰恰是一向接受儒家正统文化教育的张謇所不能接受的。然而，马建忠对清流派以及一些御史、学士们不切实际、一味强调主战而不考虑国家实情的批判也颇不以为然，他在 1882 年评论说："今之论者则不问可否，不计成败，惟战是求。至问其所以能战，所以求胜之具，亦不过掇拾三代之遗文，补葺汉唐之故事，以为区区之论可鞭倭俄而答英法。甚有老成宿将，探讨夫人己之长短，事理之曲直，不敢逞意气之私，不敢为孤注之掷，委曲求全，亟欲养元气以维大局。而好为名高者，方幸得遂其虚骄之气，放言高论，务为骇世。师船尚未备也，则哗然而起曰，何不一逞于东？将士尚未练也，则又哗然而起曰，何不一逞于西？局外之訾议横生，即局中之牵掣日甚。今日辟一议，明日进一辞，阅数十年仍无成效，抑何不思之甚哉！"[①]实质上，对一批与马建忠持相同外交识见者，如郭嵩焘、王韬、薛福成、郑观应等来说，其目的主要是在如何保全国体，保存国力，为洋务新政事业创造一个和平稳定的环境，实现国家自身的富强问题。所以，绝不能简单地因主和即斥责其不爱国。

不可否认，淮军内部的矛盾也使张謇与马建忠在一些重大问题的认识上产生了重要分歧。吴长庆军虽属淮军，但长期处于两江总督曾国藩、沈葆桢等人的直接管辖和控制之下，实际上，并没有构成李鸿章淮军嫡系。吴长庆对日强硬态度一开始即引起李鸿章的反感，李鸿章甚至产生过把进驻朝鲜的吴长庆军转交给马建忠的设想。此事张謇在 1882 年 8 月 5 日日记有记载："李相以延陵军属马建忠，益叹马前书生之语，然因此离异，亦延陵之

---

　　①　马建忠：《上李伯相复议何学士如璋奏设水师书》，《适可斋记言》卷三，辽宁人民出版社 1993 年版。

幸也。不然,天下后世谁能亮其心迹哉! 为之慨然无已。"①这些复杂的派系矛盾,不能不影响到张謇对马建忠兄弟的态度及评价。

马相伯1882年12月12日抵达汉城后,在朝鲜一年半时间内,曾经为朝鲜政府提出过两项重要建议:(1)编练新军,改用西洋操法;(2)帮助整理朝鲜的外交。马相伯因此一度曾经受到朝鲜国王高宗很高的评价:"引见数次,已谙性度耿直,事务明达,悉如函内辞意,不徒嗣后会同应接有裕,亦惟目下经济赞画为多。"不久,根据马相伯的提议,朝鲜政府模仿清政府总理衙门体制,设立总理衙门以掌管对外交涉事务。此外,马相伯还为朝鲜国王设计了一个国家整体改革的方案——《上朝鲜国王条陈》,包括省刑法、定刑典、广取材、恤奴婢、求富庶、慎疾疢、兴工艺、兴学校、正经界等新政举措。然而,由于清政府内外的阻碍及过度牵掣,以及朝鲜政府因循守旧,陈陈相因,马相伯朝鲜国王顾问的职责不断被削减,很多建议多"与朝鲜政府不合",最终辞职归国。

1884年,吴长庆病逝,张謇在庆军中已无所作为,便选择了归隐乡里。在以后的十年里,张謇除了在家乡组织一些改良经济活动外,主要精力都投入了科举的准备中,直到1894年状元及第,一举成名,张謇的人生轨迹开始发生转折,进入了人生的巅峰。

二、携手新式教育:以江苏省教育会为中心的考察

就马相伯、张謇交谊论,清末十多年间是二人从相识走向相知、相互信任,互为支持的一个重要时期。蒿目时艰、强烈的社会责任感,以及对清朝封建统治之顽固、腐败,因循苟且弊端的种种不满与批判,使他们共同选择了投身教育事业。19世纪80年代以降,西方列强对中国的侵略和蹂躏进一步加剧,中法战争、中日甲午战争、八国联军侵华战争,给中华民族带来了深重的灾难。"深重的灾难同时又是一种精神上的强击"②,尤其是甲午战败深深刺激了中国知识分子,激发了其救世情怀,并促使他们在

---

① 曹从坡等编:《张謇全集》第六卷:日记,江苏古籍出版社1994年版,第205页。
② 陈旭麓:《近代中国社会的新陈代谢》,上海人民出版社1992年版,第154页。

更深的层次上思考国家、民族的出路问题。张謇曾有一段话表述了他的这一心迹。"马关约成，国势日蹙，私忧窃叹，以为政府不足责，非人民有知识，必不足以自强。知识之本，基于教育。然非先兴实业，则教育无所资以措手。"①在这一思想的引领下，张謇毅然放弃了一名科举状元的仕途前程，而投身于实业，致力于新式教育的推进，提出了著名的"父教育、母实业"的救国思想。张謇自述，他之所以与耻于为伍的商人打交道，之所以创办实业，积累利润，目的就是为了发展教育，普遍提高国人的素质，推动社会的进步与发展。与张謇不同，马相伯从朝鲜回国后，曾经参与李鸿章举办的一些重要洋务事业及活动，然而，甲午战争则使他看到洋务派自强求富之梦的破灭。他一度选择了重返教会，不过，强烈的社会责任感最终还是促使他投身教育，以实现他深藏于内心的救世的目的。

如果说民族救亡的使命感是促使二人投身教育的直接动因的话，那么，对封建统治，特别是对封建官场腐败黑暗、虚与委蛇、因循苟且种种弊端的洞悉，则使他们深切地认识到，依靠自身力量独立创办新式教育的重要。如前所述，马相伯在近 20 余年的游幕生涯中，深悉封建官场的腐败与苟且，他在所参与的一些重要洋务活动中的许多积极的建议曾经因此而付之东流。于是，他不得不感叹道："清政府的寿命已不得长久，旗人的脑满肠肥已万不足与有为，于是就决计摆脱宦场。"②张謇指出："自逊清光绪中叶以来，蒿目维艰，于京朝官及疆吏，尝粗有议论贡献，迄不获听，知不可为。"③与张謇通过大力创办实业兴办新式教育不同，马相伯以宗教家的情怀投身于教育事业，他毁家兴学，捐献巨额家产创立震旦学院，表现出强烈的救赎精神。

在投身于新式教育事业中，马相伯与张謇相互支持，结下了深厚的情谊。其中有几件事件可以见证他们之间的交往及情谊之一斑。第一件事是马相伯积极支持和声援张謇首创师范的壮举；第二件事是张謇支持和帮助马相伯创立复旦公学，并担任董事；第三件事是马相伯以镇江学会会

---

① 张謇：《垦牧公司第一次股东会演说公司成立之历史》，曹从坡等编：《张謇全集》第三卷：实业，江苏古籍出版社 1994 年版，第 384 页。

② 朱维铮主编：《马相伯集》，复旦大学出版社 1996 年版，第 1096 页。

③ 张謇：《张季子九录·自治录》，曹从坡等编《张謇全集》第一卷：政治卷，江苏古籍出版社 1994 年版，第 15—16 页。

长身份参加张謇创立的江苏省教育会,并多次受学会委托与派遣,处理一些"棘手"的事件。

1901 年,张謇从日本近代兴学经验中获得了启发,提出了兴学重教,师范为先的命题,并向时任两江总督的刘坤一建议,在省城江宁创立高等师范学堂,以开创新式教育事业的局面,刘坤一因同僚的反对没有采纳张謇的建议,张謇愤然于次年在家乡南通创设南通师范学校,这一举动不但揭开了江苏省师范教育的序幕,而且首开国内私人创办师范学堂的先河。在他的影响下,两江总督于 1903 年在省城设立三江师范学堂。马相伯非常赞同张謇的这一开先河之举。他不但予以积极关注与舆论支持,而且在许多重要场合强调师范教育对于提高国民素质,以及促进整个教育事业发展的作用。1905 年,马相伯考察日本教育归来后,在《上江督禀》一文中强调,师范教育在国家的整个事业发展中具有先导性作用。他说:"日本致强自谓一由政治、二由水陆军,而其母则在学校。学校之母,又在师范。范方则方,范圆则圆。为范不善,不可为陶冶。故陶冶国民必以师范为基础。"①

1903 年,马相伯"慨自清廷外交失败,国人不知公法,又不知制造,故创设震旦以救之"②。马相伯创立震旦学院时,出于师资及学校管理上的考虑,将自己名下的全部家产捐献给天主教会江南司教,实际上是委托天主教耶稣会办学,然而,不久,马相伯就与教会方面在办学理念及管理上发生了严重冲突。马相伯为了捍卫办学的自主权,最终与教会分道扬镳,另创复旦公学,以实现教育救国的抱负。其时,因许多设施还留在教会,不能带出,因而,复旦公学的办学极为困难,特别是经济上的困窘。正如于右任所说:"故复旦公学初创时,经济颇为拮据,经先生艰辛挹注,积诚感众,始克有成。"③就在这时,张謇向复旦伸出了援助之手。1905 年 2 月 24 日,他为即将面世的复旦公学筹集款项万余元。张謇在日记中不无沉痛地写道:"为震旦已散学徒筹款得万元。"④这一万元筹款,不仅反映了张謇对马相伯事业的支持,而且也表明中国近代教育先驱对各种外国势力践

---

　　①　马相伯:《马观察良上江督禀》,《江苏学务总会文牍》初编(上),商务印书馆 1906 年版,第 124 页。

　　②　宗有恒、夏林根:《马相伯与复旦大学》,山西教育出版社 1996 年版,第 165 页。

　　③　宗有恒、夏林根:《马相伯与复旦大学》,山西教育出版社 1996 年版,第 92 页。

　　④　曹从坡等编:《张謇全集》第六卷:日记,江苏古籍出版社 1994 年版,第 548 页。

踏和掠夺中国教育主权的斗争。在以后的岁月中,张謇不但担任复旦公学的董事,而且多次为复旦在关键发展阶段筹谋划策,关心、帮助复旦的发展。郑孝胥日记中就多次记载张謇参观复旦的情况:"季直邀赴吴淞观渔业屋界,遂观复旦学校,同行者陈伯潜、王季樵、樊时勋、赵竹君、王旭庄、刘步溪等。在复旦晤马相伯。"①这也可以说明张謇与马相伯之间的深厚情谊。

1905 年,江苏省教育会成立以后,马相伯与张謇二人的交往及合作更为密切,二人的情谊亦在共同的事业追求中越加稳定和深厚。"学所以御世变,会所以谋公益也。"1905 年,科举制度废除伊始,为保护与促进新式学堂的创立与发展,"研究本省学务之得失,以图学界之进步",江苏省教育界联合全省同仁在上海创建了国内第一个具有近代意义的省级教育会社——江苏学务总会(不久改为江苏省教育会)。张謇被推举为总理(后改为会长),马相伯则以丹阳学会会长身份当选为干事员。江苏省教育会成立以后,对于推进全省新式教育做了大量工作。"各属学务官绅龃龉则操苦心以调停之,民学隳突则运实力以震慑之,经费之支绌,则筹良法以补助之,科目之看乱则循定章以厘之……"②身为干事员,马相伯积极参与江苏省教育会的活动,恪尽职守,履行一个干事员应尽的义务,他不但与张謇一道研究和探索学会的义务与权利,提高教育学会组织性和凝聚力(如 1906 年马相伯即就教育会的义务和权利展开讨论。1906 年 9 月22 日,张謇在日记写道:"答昨日马相伯问学会义务权利,谓自成团体,不予人以破坏之为权;共图教育进步,得尺则我之尺,得寸则我之寸之为利"③),还多次接受江苏省教育会指派,处理省内外教育事端,提高江苏省教育会的社会影响力,维护学会利益,支持张謇所领导的新式教育事业。

江苏省教育会成立不久,即遇到两起风潮。第一起是 1905 年 12 月初,南京各学堂学生为争学堂名额之数而发生罢课事件,马相伯受江苏省教育会派遣赴宁处理。经马相伯慨切陈词,"诸生等乃相悦以解",平息了事。④ 第二起是同年年底,在日留学生为反对日本政府取缔外国留学生规则

---

① 劳祖德整理:《郑孝胥日记》(二),中华书局 2005 年版,第 1018 页。
② 《江苏学务总会文牍·跋》初编(上),商务印书馆 1906 年版。
③ 曹从坡等编:《张謇全集》第六卷:日记,江苏古籍出版社 1994 年版,第 580 页。
④ 《学界纪闻:纪苏绅范宁劝谕学生事》,《时报》1905 年 12 月 11 日。

而发生的声势浩大的抵制运动。[①] 马相伯受两江学务处及江苏省教育会会长张謇所托,奉命赴东处理此事。马相伯终不负所托,妥善处理了此次学潮。

日本之行,马相伯在处理学潮一事上并没有费多少周折。在他抵达日本之后,在日留学生已决定自行恢复上课。经过调查访问,马相伯了解到导致风潮的真正原因是留学生误传所致。随即,马相伯深入学生及日本学校中间,开始了细致的调查、说服与考察工作:第一,深入接触留学生,了解其思想动向,勉励留学生"爱国不忘读书,读书不忘爱国![②]"正月14日,马相伯在江苏省留日学生举办的同乡会上发表演说:中国在日留学生 8000 余人,岁费 500 万元,花费巨款的目的是培植人才,他反问学生道:"留学归来,现在与将来,其价值果然能值此巨大价值否?"他语重心长地劝告大家,在日学习与生活,要讲究实际,不要"徒尚空谈"。在尔后召开的中日学生联合会上,马相伯又提出忠告,出国留学,要团结合群,破除国内"省界、府界、县界之见",把主要精力投入学问的研求上,"学问者,宙世之光。光与光相照,但相辉映,无甲乙光界之可分"。第二,广泛考察日本的高等教育。他先后考察了京都、东京、大阪、神户等地日本高校,对对方的高等学校建设称赞有加。他认为,日本的高等学校有两点重要经验值得学习:一是善学。"学欧美则去其奢靡,学中则去其简陋,无事无学无人不学。"[③]二是牢牢掌握教育发展的自主权。在日本高等学校,即使聘请外国人,不过相助为理,"其教育之权则不予操之"。马相伯在与日本学界的接触中,发现日本当时为留学生设立的许多专门学校大多"拉杂授

---

① 自 1905 年 8 月同盟会在日本东京成立以后,革命思潮蓬勃而起。清朝政府为防止革命颠覆其封建专制统治,即要求日本政府驱逐留日之革命党,并严加督察所有留日中国学生。这一年,留日学生人数骤增至 8000 余人,其中难免良莠不齐。日本文部省便用对待朝鲜学生的办法颁布了取缔中国留学生的规则。中国留学生感到备受侮辱,便群起反对,其中激进派如秋瑾等人便组织留日学生联合会,主张全体归国,一时间归国学生络绎不绝。两江总督周馥下令两江学务处办理此事,后经与张謇商量,即派遣马相伯与李宗棠二道赴日本处理此事。

② [日]实藤惠秀:《中国人留学日本史》,谭汝谦、林启彦译,生活·读书·新知三联书店 1983 年版,第 405 页。

③ 马相伯:《马观察良上江督禀》,《江苏学务总会文牍》初编(上),商务印书馆 1906 年版。

课",水平极低下。"盖此等学校注意在博取华人学者学费,其教育则非精神之教育也。"日本一些所谓友好人士联络、拉拢我国留学生,也别有用心,表面上采取"阴柔手段",实质上包含"并吞"我国之祸心。"故彼国教其学生,事事皆讲服从,如服从义务,服从宪法等语,皆为教育之宗旨,独语我学生则平等自由,排满革命之说,日相侵灌。"马相伯在日一个月的考察活动,感触最深的是,中国留学日本的盲目与泛滥。许多留学生在没有任何学术基础及外语基础情况下就"漫然游学",结果到日本后,要花费很多时间进入各种补习学校,有的留学生甚至因为无法通过语言关无功而返。

马相伯从日本东京大学设立第一高等学校预科体制中获得启发,他建议,为提高我国留学教育质量,最好在国内为"通国出洋学生"设立一所高等学校预科,综合数省之人力、财力办好它。当时,国内一些省份虽然也设立了这样的学校,但基本以本省为界,"日月无定,程格无定,学科无定,苟且分班而已"。"盖高等者,新学自有一定课程而于象数理化尤重也"。马相伯认为,设立高等学校预备科具有两种功能:一为出洋留学做准备;二可以为国内高等学校提供一个示范,并为新式学堂提供优良师资。他为这所高等学校预科设计的方案是,学制 3 年,以教授普通科学及外国语课程为主:一是高等象数学;二是高等理化学兼动物植物学、地质、矿质学;三是高等致知学;四是外国文字兼历史、地理、音乐、图绘、声绘、兵式体操等。准备出洋的留学生可以根据专业选修某些相关课程及外国语,"然后各按程度、学期分遣出洋学习"①。马相伯认为,南京就很适合创设这样一所高等学校。

在江苏省教育会成立初期,马相伯与张謇便联合学会中的一些成员以及社会上热心教育人士发起组建中国图书有限公司,编辑出版教科书,一是为了满足普及教育对课本教材的急需,同时也是为了杜绝外国侵略者对我国教育利权之觊觎。公司招股章程即开宗明义阐述此宗旨:"本公司以巩护我国教育权,驱策文明之进步,杜绝外人之觊觎,消弭后来之祸患为宗旨。"②

---

①　马相伯:《马观察良上江督禀》,《江苏学务总会文牍》初编(上),商务印书馆 1906年版。

②　朱维铮主编:《马相伯集》,复旦大学出版社 1996 年版,第 65 页。

从清末到民初，就教育问题而论，马相伯与张謇有着很多的共识。他们经常采取联手行动，共同致力于各项新式教育的推进，从通俗教育、职业教育、科学教育的发动与发展都可以看到他们二人共出入、同进退的身影。1912年5月，马相伯与张謇联合章太炎、于右任等人共同发起成立通俗教育研究会。该会总机关设于上海，其宣言称："革命未成之前，当注力于通俗教育，而期多数人民之能破坏，革命成功而后，当注力于通俗教育，而期多数人民之能建设。"该会宗旨"以研究通俗教育设施方法，为普通人民灌输常识，培养公德，并发启有关社会教育之各事物为宗旨"。该会还提出了"注重卫生、谋生、公众道德、国家观念四主义"的通俗教育方针。①此外，他们二人还积极支持黄炎培所倡导的职业教育运动。1917年马相伯与张謇共同参与发起成立了中华职业教育社，还多次应邀为中华职业教育社年会发表演说，倡导在中国发展职业教育。二人对科学教育也十分热心。1918年，他们二人同时被聘请为中国科学社董事。马相伯作为科学教育的先驱对中国科学社的成立及活动曾经给予重要支持和帮助，中国科学社骨干对此曾经给予很高的评价。而张謇为了使中国科学社有一个固定的活动场所，还出面再三商请江苏省政府给予支持与帮助，为科学社提供房屋、地址及实验室。

民国初期，马相伯与张謇的交游更加密切，特别是同被袁世凯邀请北上期间，马相伯担任总统府高等政治顾问，张謇进入以熊希龄为首的"名流内阁"，出任农商部总长，二人的思想都很矛盾。他们既寄希望于改良中国封建专制政治，又洞悉袁氏之用心，因而，一度他们只能寄情于山水。当袁世凯帝制自为时，他们又是洪宪帝制的坚决反对者。张謇在日记中记载下了他们这一阶段一起出游与会晤的情况，其中一些文字也透露出了他的心态。如1913年12月30日，《张謇日记》记载："午刻偕马相伯、张相文、管石臣等由玉泉山至香山静宜园女子初等小学校。校长英敛之华。"次日，"晨起与马（相伯）、张、管、许遍游园内诸胜"。1914年2月29日，"院会议后诣马相伯"。像这样的记载还有很多。共同的事业、理想追求，不但为江苏省各项新式教育事业的开展积聚了思想及组织力量，也更进一步地加深了二人的情谊。1919年3月25日，马相伯八十岁生日，张謇特制联祝寿，"扶

---

① 《发起通俗教育研究会宣言》，《民立报》1912年5月7、10日。

风设教,声闻上寿;伏波忘老,矍铄是翁"①。既是对马相伯献身教育事业的高度评价,也饱含了张謇对二人深厚情谊的肯定及认同。

三、谋求政治变革:思想轨迹与制度设计

与二人在新式教育上的共同追求及合作相比,清末民初,马相伯与张謇在政治变革上的趋同及密切合作,不仅是二人交谊活动的重要构成,而且是维系其情谊的思想基础,是他们致力于新式教育事业的根源和动力。因为,说到底,教育的变革依赖于政治的修明,用马相伯的话说,"善政"方能"善教",用张謇的话说,"政因而业果"。② 所以,无论是张謇还是马相伯,作为社会活动家,其一生涉足领域很多,实际上,又都可以从他们孜孜以求的政治变革的抱负中获得解释。

在政治变革方面,马相伯与张謇二人都经历了从主张"君主立宪"到拥护"民主共和"的变化。然而,由于家庭背景、所受教育及对政治认识的差异,张謇对民主政治价值的认识要晚于马相伯。

维新运动时期,张謇与马相伯在一定程度上都同情和支持这场资产阶级变革运动,1894 年以后,张謇先后参与了营救康有为,列名强学会,支持创办《时务报》,在上海创设中国第一所女子学堂,撰写《论农会议》、《论商会议》等重要维新活动,强调变法以"吏治民生是务"③;马相伯虽然这一时期重返教会,但他仍然与维新派领袖人物保持十分密切的联系。除义务教授梁启超、汪康年等人学习拉丁文外,他还为维新人士创办报馆、设立学堂、组织学会、选译西书等出谋划策,有的甚至还提供直接的指导。《时务报》创刊后,他多次驰书主编汪康年,敦促其明确办报宗旨,尤其注意宣传整顿吏治,改革律法制度,"变法救民"。④ 不过,这一时期他们二人对维新变法的理解及支持是有区别的:张謇主张"去官毒"以"保君权",他主张的"变法"内容重

---

① 曹从坡等编:《张謇全集》第五卷:艺文·下,江苏古籍出版社 1994 年版,第 528 页。

② 曹从坡等编:《张謇全集》第六卷:日记,江苏古籍出版社 1994 年版,第 514 页。

③ 虞和平主编:《张謇——中国早期现代化的前驱》,吉林文史出版社 2004 年版,第 299—301 页。

④ 朱维铮主编:《马相伯集》,复旦大学出版社 1996 年版,第 12 页。

在经济、教育等方面，而对政治制度的改革则持保留态度，实质上，其思想仍然植根于封建主义。而马相伯则更多地倾向于"伸民权"。他对"变法救民"的诠释且不说，1900 年，他参加了唐才常等人在上海组织的"中国议会"即可见他的政治变革主张。由于唐才常"自立军"起义的失败，"中国议会"虽然成立未满一月即告解散，但从中可以看出马相伯对英、美议会民主制度的向往。

　　由于上述原因，这一时期二人之间并没有什么重要的交谊活动。直到 1903 年下半年，张謇在对日本进行为期 70 天的考察回国后，一变而为立宪政治的坚定鼓吹者和领袖人物。两人之间拥有了共同的政治抱负及思想追求，其交往亦拉开序幕，并越来越频繁。张謇对日本的考察访问，感觉受到很大刺激。他在比较中日两国近代发展的不同遭遇时曾经大发感慨："一则致力实业、教育三十年而兴，遂抗大国而拒强国；一则昏若处瓮，瑟缩若被执，非必生人知觉之异也。"张謇认为，导致两国发展不同结局的根本原因是政治制度的不同："一行专制，一行宪法，立政之宗旨不同耳。"[1]1904 年日俄战争中，日本战胜，更加坚定了张謇政治制度改革的决心，确切地说，是对立宪政治制度的诉求。所以，自 1905 年至 1911 年立宪运动兴起与发展的过程中，马相伯与张謇从对立宪政治理论的诠释与宣传，到制度的设计，再到组织的发动，二人建立了极为密切的呼应与合作关系。这期间，张謇策动与联络地方开明督抚及朝中大臣采取一致行动，共同敦促清廷实行君主立宪。马相伯积极响应，他先后多次应邀为时任江苏巡抚后任两江总督的端方讲解宪政知识；1906 年，清廷"预备立宪"上谕颁行后，马相伯率先作出回应，发起成立了主要具有学术性质的上海宪政研究会，出版《宪政杂志》，阐述宪政理论，介绍外国立宪政治之实施，以便给国内立宪政治的推行提供借鉴与参考。张謇则随之发起成立了具有政治结社性质的立宪团体——预备立宪公会。之后，他们积极谋求与国内外各立宪团体的沟通与交流，以便推动立宪运动在全国范围内的开展。1907 年 12 月，马相伯应邀出任梁启超在日本创设的立宪团体政闻社总务员，张謇则通过马相伯等人的关系，与政闻社取得了联系。[2]

---

① 曹从坡等编：《张謇全集》第六卷：日记，江苏古籍出版社 1994 年版，第 522 页。
② 章开沅：《开拓者的足迹——张謇传稿》，中华书局 1986 年版，第 188 页。

1908 年,张謇与马相伯不仅联合了预备立宪公会、政闻社、宪政公会、上海宪政研究会四大立宪政治团体筹备成立领导全国请愿运动的临时组织——国会期成会,还共同发动并组织了全国范围的三次大规模的国会请愿运动,把建立国会制度作为立宪运动中一个重要的政治目标,而且宣传并推动各地成立研究谋划立宪政治的学术团体——谘议局研究会及地方议政机关——谘议局。1908 年,江苏省谘议局研究会成立,张謇与马相伯分别当选为正、副会长。江苏省谘议局正式建立后,张謇被举为议长,马相伯则充任议员。在江苏省谘议局成立的两年多时间,马相伯、张謇二人配合得非常默契,无论是提议办理各种新政事宜,还是在议会与各种封建保守势力作斗争,马相伯都甘作张謇的干将及助手,为推进立宪政治竭尽所能。

时代的风云际会以及共同的思想认识使马相伯与张謇在政治理想上先后选择了君主立宪道路,但他们对革命又抱有极大的同情态度,尤其是马相伯,他曾公开抨击封建专制统治为绝对的恶政治。"何谓绝对的恶政治?……质而言之,则曰专制。专制政治,束缚人人之神我,使不得申,故有国家曾不如其无。"①所以,马相伯把排除专制视为唯一之义务。基于此,马相伯虽然在清末钟情于立宪政治,但对革命派始终持同情态度,早在 1904 年,马相伯担任震旦学院校长期间,就收留了当时被清廷追捕的反清革命志士于右任,并免其学膳费。复旦公学创立以后,他的许多学生,如于右任、邵力子、马君武等纷纷加入了同盟会,为日后革命高潮的到来提供了重要支持,当然,也为不久马相伯从拥护立宪政治转向共和打开了思想通道。较少封建名教思想的束缚,目睹清王朝冥顽不化、昏庸无道的种种丑恶行径,以及革命高潮的迅速到来,使马相伯的思想转向要比张謇迅速也顺利得多。事实上,早在武昌起义前,即 1911 年 6 月,马相伯即已在"俄侵伊犁,英占片马,法强索滇矿"的民族危机触发之下,参与发起中国国民总会,并被推举为副会长。该会主要由上海地方精英和留学日本的同盟会会员组成,以反抗列强侵华相号召,广泛吸收各阶层赞成革命的同志参加。由于朱少屏、傅梦豪、章梓、陈其美等一批同盟会骨干成员在国民总会各个部门担任要职,该会实际上已成为一个革命团体。马相伯参加此会表明,他已经从政治上的立宪派转向了拥护共和革命。

---

① 朱维铮主编:《马相伯集》,复旦大学出版社 1996 年版,第 73 页。

　　当然,在清末倡导推进立宪政治时,张謇的思想也不是铁板一块。他在宣传改造封建政治制度,实行君主立宪制度时,与革命派始终保持着接触,甚至给予支持。他对当时地方督抚暴力镇压学潮及学生一直持反对态度。1907年,于右任等革命派在上海创办《神州日报》,张謇非但给予赞助,且亲书报眉。[①]其实,无论是君主立宪,还是民主共和,都是资产阶级政治制度的一种形式,它们都体现了依法治国、权力制约、民主参与、政治公开等共同要素。换言之,两种政体本身都含有摆脱专制的共通性,都是对封建专制制度的一种否定。正是这种共通性,成为马相伯,也成为张謇顺应历史潮流,抛弃狭隘的忠君爱国思想,在动荡的时局变化中思想转向的内在原因。

　　张謇从主张君主立宪到转向民主共和是在上海光复以后。一经转向,张謇即与马相伯联手合作,以江苏省议会及地方士绅名义欢迎江苏的光复,维持地方社会秩序的稳定,从而支持辛亥革命。1911年,江浙联军攻克南京之后,张謇即公推省议会议员、时任江浙联军外交部部长的马相伯与凌文渊以江苏省议会名义送牛50头、酒千瓶,犒劳革命军。[②]此外,张謇还以通海实业公司名义送6000元、面千袋、布千匹,欢庆南京的攻克。[③]南京临时政府成立以后,张謇不孚众望地被推举为实业总长,不仅说明他在资产阶级革命派心目中的地位,同时,某种程度上也是对他给予资产阶级革命支持的一种肯定。当然,张謇之转向革命并未就此停止,张謇与马相伯的交谊亦未就此画上句号。20世纪20年代,面对北洋军阀的封建割据,张謇又与马相伯一道鼓吹地方自治,在上海设立"中华模范地方自治讲习所",并身体力行,马相伯则以耄耋之年亲任中华模范地方自治讲习所所长,致力培植推行地方自治的骨干力量。总之,强烈的爱国主义情怀以及与时俱进的民主价值诉求既是张謇思想变化的核心,也是马相伯与张謇半个多世纪交谊与合作的基础。这一点,马相伯的评价极中肯。他说:"就只张季直,虽是状元,还算是通的。他还爱国,还赞助革命。"[④]

---

　　① 冯自由:《革命逸史》第2集,中华书局1981年版,第243页;傅学文:《邵力子生平简史》,《文史资料选辑》第67辑。

　　② 曹从坡等编:《张謇全集》第一卷:政治,江苏古籍出版社1994年版,第194页。

　　③ 曹从坡等编:《张謇全集》第一卷:政治,江苏古籍出版社1994年版,第195页。

　　④ 黄炎培:《我所见一百一龄马相伯先生之生平》,载朱维铮等著:《马相伯传略》,复旦大学出版社2005年版,第287页。

"新文化派"的分道扬镳:学术与政治的不同取向

——以大学教师为中心的考察

■ 吴民祥

1915 年前后,来自不同地区、具有不同知识背景与信仰的中国近代新式知识分子们,面对中国社会全面而深刻的危机,汇聚在"救亡图存"这一目标之下,高举"民主"与"科学"的大旗,掀起了轰轰烈烈的五四新文化运动。

20 世纪 20 年代以后,社会和政治意识形态的要求逐渐增长,加上革命组织再度崛起,新文化运动的代表人物之间产生了分歧。围绕着对中国现代化道路的不同选择,自由派与激进派之间展开了论争——"问题"与"主义"之争。其结果,新文化运动的代表人物选择了不同的人生道路:有持"教育救国"与"科学救国"的自由主义者;有信仰马克思主义而走上革命一途者;有追随"三民主义"而走进国民政府官僚机构者。这种知识分子的大分化,引起了大学教师的流动。

到 20 世纪 20 年代末至 30 年代中期,中国高等教育进入了一个"定型化"与"建立规范"的时期。特别是在南京国民政府基本完成了全国的统一后,"国民党'以党治国'的模式,强化了思想控制,渗透了独裁精神。

[作者简介] 吴民祥(1965—),男,安徽贵池人。2002—2005 年在浙江大学教育学院攻读教育史专业博士学位,著有《流动与求索:中国近代大学教师流动研究(1898—1949)》等,现为浙江师范大学教育科学学院教授、硕士研究生导师,主要研究领域为中国高等教育史、中国现代学术史。

反映到教育上，便是强调集权与统一，并通过教育立法和制度建设，把国民教育纳入国民党一党专制的轨道"①。在这种情况下，一方面，蔡元培主持的北京大学那样的相对独立的民间知识分子的自由集合体已不可能存在，大学（包括北大）已不再为中国追求独立、自由的知识分子提供一个五四时期曾经提供过的自由的精神空间；另一方面，大学教授随着教育本身的体制化，也逐渐被吸纳到体制内，而日益显示出保守性的文化品格。在这种情况下，更具有独立意识、自由意志，坚持民间批判立场的知识分子，就必然与体制化的大学、体制内的知识分子发生冲突，自觉处于体制之外（或边缘地位），发生了活动空间的转移：由校园转向市场。鲁迅由北京高等学府里的教授而成为上海大商埠里的自由撰稿人，正是这种转移的代表与象征。②

　　本文从以下几个方面论述"新文化派"分裂后知识分子的分道扬镳——学术与政治不同道路的选择所引起的大学教师的不同流动趋向：（1）以大学为中心的自由主义知识分子；（2）信仰"马克思主义"走上革命道路；（3）追随"三民主义"而进入国民政府官僚机构；（4）由"校园"走向"市场"。

一、知识分子思想的多元化与五四后的分裂

　　近代中国在西方资本主义扩张狂潮的冲击下，传统社会的政治、经济、文化秩序陷于崩溃。求新知于世界，成为中国先进人士挽救中国危局、拯救中华民族的主要途径。在此历史境遇下，五四时期，各色各样的"主义"蜂拥而入。在短短的几年之内，从新实在论到尼采主义、国家主义，从柏格森、倭铿、杜里舒以及康德的先验主义到马赫、孔德以及英美经验主义、实验主义，从资产阶级启蒙时代的民主主义、自由主义、个人主义、人文主义到旨在救治资本主义社会避端的社会主义学说，……都曾化为众多中国人的言谈和文章。它们展示了当时世界的各种主要思潮，为

---

①　李华兴主编：《民国教育史》，上海教育出版社1997年版，第11页。
②　钱理群：《二十世纪中国文学与大学文化》丛书序，广西师范大学出版社2002年版，第11页。

中华民族提供了一个比较与选择的机会。[①]

　　五四新文化运动主要是由跻身于大学与学术机构的归国留学生发起的,留学生群体构成了五四新文化派的主导力量。由于近代中国留学生留学国别的差异、师从对象思想流派的多样性以及留学生个人不同的学识、经历、人格等多种因素,归国留学生们形成了不同的价值观,进而影响到他们对中国现代化道路应选择何种模式的不同取向。在启蒙与救亡双重历史任务的重压下,取自于西方的各种学说与"主义",成为中国近代知识分子改造中国的主要思想源泉,实验于近代中国的历史舞台上。

　　作为五四新文化运动口号的"民主"与"科学",新文化运动的健将们对它们内涵的理解并不相同。陈独秀把近世文明归结为人权说、生物进化论和社会主义,而在他看来这一切都来自法兰西革命,前者出自拉飞耶特(Lafayette)(他甚至认为美国独立宣言亦其所作),后者"本诸法兰西人拉马尔克(Lamrk)",次者则有巴贝夫(Babeuf)、圣西孟(Saint Simon)和傅里耶(Fonrier);[②]李大钊则认为,法兰西革命是"立于国家主义上之革命,是政治的革命而兼含社会的革命之意味者也。俄罗斯之革命是二十世纪初期之革命,是立于社会主义上之革命,是社会的革命而并著世界的革命之采色也",因而他呼唤"吾人对于俄罗斯今日之事变,惟有翘首以迎其世界新文明之曙光,倾耳以迎其建于自由、人道上之新俄罗斯之消息……";[③]胡适则崇拜美国式的民主制度,"美国独立檄文,细细读之,觉一字一句皆扪之有棱,且处处为民请命,义正辞严,真千古至文……"[④]他把杜威"实验主义"作为"生活和思想的响导""自己的哲学基础";[⑤]鲁迅在倡导"科学"的同时,对"议会制"却存在着怀疑态度。正如学者汪晖在《中国现代历史中的"五四"启蒙运动》一文中所指出的:这种对于某种表面看来"共同的"价值理想的不同理解必然而且事实上导致他们的严重分歧,一旦偏离他们一度共同拥有的批判和否定的对象,这种分歧将会以更加尖

---

　　① 陈旭麓:《近代中国社会的新陈代谢》,《陈旭麓文集》第1卷,华东师范大学出版社1996年版,第565—566页。

　　② 陈独秀:《东西民族根本思想之差异》,《新青年》第1卷第4号。

　　③ 李大钊:《法俄革命之比较观》,《李大钊文集》(上),人民出版社1984年版,第572页。

　　④ 胡适:《藏晖室札记》卷1,上海亚东图书馆1939年版,第13页。

　　⑤ 胡适:《胡适口述自传》,台湾传记文学出版社1981年版,第91—92页。

锐、甚至相互对立的方式呈现出来。①

　　促使具有多元价值取向的五四新文化知识分子聚集在一起的机缘，只是源自启蒙的诉求，在这个意义上，各种具有不同学术兴趣与思想观念的知识分子能够暂时相安无事。② 但随着新文化运动的发展，新文化人物不同的学术兴趣与思想观念逐渐发生了分裂。有研究者指出：作为新文化运动主阵地的《新青年》杂志，其早期的主流和基调可谓之英美自由主义的"洛克时代"；而俄国十月革命后世界思潮转换，卢梭式的法国启蒙思想对新文化运动产生深刻影响，自由主义的"洛克传统"很快向"卢梭传统"过渡。短短几年间《新青年》也经历了从英美经验主义到欧陆唯理主义思潮的流变过程。③ 张灏在研究五四思想时，也指出其中所包含的一些对立发展的趋势："就思想而言，'五四'实在是一个矛盾的时代：表面上它是一个强调科学，推崇理性的时代，而实际上它却是一个热血沸腾、情绪激荡的时代，表面上'五四'是以西方启蒙运动主知主义为楷模，而骨子里却带有强烈的浪漫主义色彩。"④因此，五四思想中所包含的两歧性：理性主义与浪漫主义、怀疑精神与宗教精神、个人主义与群体意识、世界主义与民族主义，为五四后新文化派的分裂埋下了不和谐的种子。

　　基于不同思想背景与价值取向的新知识分子们，五四以后思想的裂痕逐渐扩大，最后导致分道扬镳。正如周策纵所说，在"五四事件"后那几个月中，知识分子间盛行的那种联合精神只是表面现象，几乎没有什么证据表明他们是同心协力的。从西方输入中国的思想从一开始就是芜杂纷纭的。当中国传统的思想和体制出现动摇的时候，各种西方思想诸如民主、科学、自由主义、实用主义、人文主义、无政府主义、社会主义等等，一齐涌入了一个思想的自由市场。当从与传统秩序的一致敌对转入寻找正面解决方案时，他们便面对各种不同的社会哲学和模型。因此，1919 年以后，新知识分子首先在思想上，继而在行动上的不一致就与日俱增，以

---

① 汪晖：《中国现代历史中的"五四"启蒙运动》，许纪霖编：《二十世纪中国思想史论》（上），东方出版中心 2000 年版，第 39 页。

② 章清：《"胡适派学人群"与现代中国自由主义》，上海古籍出版社 2004 年版，第 53 页。

③ 高力克：《〈新青年〉与两种自由主义传统》，《二十一世纪》1997 年总第 42 期。

④ 张灏：《重访五四——论"五四"思想的两歧性》，《开放时代》1999 年 3、4 月号。

致在以后的年代里这个运动产生了巨大的分裂。① 罗志田还从"西方分裂"的角度审视了《新青年》同仁在后五四时期的分化:从整个现代这一中长时段看,可以说新文化运动既是西潮在中国的巅峰,也是其衰落的开始。早期的《新青年》尚处在西方整体观的余荫之下,故胡适敦促大家多谈问题少谈主义,各种人也还大体能结合在一处。五四以后即渐分,表面是分裂为激进与稳健两派,实则与"西方"的分裂有很直接的关联。故学界思想界均有所谓英美派、法日派以及尚不明显的俄国派之分。② 新文化派们早已存在的思想分歧随着政治话语慢慢浮出水面,潜埋的分歧随即暴露出来。

　　第一次世界大战后人们对欧洲文化的反思、苏俄的革命、国内民族主义运动的勃兴以及经过五四新文化运动启蒙后的民主革命形势的高涨,这一切都成为五四后期中国知识分子重新审视中国文化、中国发展道路的诱因。五四后期,中国思想界掀起的"问题"与"主义"的论战、东西方文明的论争、科学与玄学之争正是五四知识分子分化在思想上的表现。周策纵将新式知识分子分为四个主要派系:自由主义者、左派分子、国民党部分党员、进步党部分党员。随着左派分子热衷于社会主义的研究和宣传而自由派专注于对实际问题的恰当解决,五四的各种改革朝着两个对立的方向发展的趋势变得更加明显了。由胡适为一方、社会主义者和某些进步党成员为一方的一场辩论("问题"与"主义"之争),使这种论争公开化。与此同时,自由主义分子倾向于避免政治纠葛,鼓吹应通过教育和文化运动实现改革,而社会主义者和国民党更多的是从政治的角度考虑问题,进步党则处于两者之间。③ 关于这种分裂及其影响,20 世纪 30 年代研究新文化运动的学者就注意到,回应西潮冲击达于巅峰的新文化运动,因尊西的新派分裂为实验主义与马克思主义两派④,中国思想文化界

---

① 〔美〕周策纵著:《五四运动:现代中国的思想革命》,周子平等译,江苏人民出版社1996 年版,第 304 页。

② 罗志田:《西方的分裂:国际风云与五四前后中国思想的演变》,《中国社会科学》1999年第 3 期。

③ 〔美〕周策纵著:《五四运动:现代中国的思想革命》,周子平等译,江苏人民出版社1996 年版,第 305—307 页。

④ 这里的实验主义与上文提到的英美派、稳健派、自由主义者所指大致相同;马克思主义派与激进派、俄国派、左派内涵相当。

就"失去了重心"①。失去重心的思想界将面临力量的重新组合。

二、"新文化派"分裂后大学教师不同道路的选择

前文已论及新文化派的核心人物，大多为归国留学生，他们回国后大多任教于中国著名学府，其中尤以北京大学为甚，北京大学几乎成为这一群体的"纽带"。五四之后，新文化派的分裂直接影响到作为大学教师这一群体的分化与重新组合，导致大学教师的不同流动趋向。

（一）以大学为中心的自由主义知识分子

以胡适为代表的信奉欧美（主要是美国杜威实验主义）民主价值观的自由主义知识分子，基本上仍以大学为中心，逐渐形成了所谓"学院派"知识分子。《新青年》分裂后，②现代中国的自由主义知识分子聚集在胡适周围，形成了所谓的"胡适派学人群"③。"胡适派学人群"基本以《努力周报》《新月》《独立评论》为依托，发表他们的学术与政治观。

1922 年 5 月创刊的《努力周报》，其核心成员 16 人中，有 13 人在各著名大学任教，具体情况为：胡适（北京大学教授）、张慰慈（北京大学教授）、高一涵（北京大学教授）、陶孟和（北京大学教授）、任鸿隽（北京大学、东南大学教授）、陈衡哲（北京大学、东南大学教授）、朱经农（北京大学教授）、沈性仁（北京女子师范学校）、蒋梦麟（北京大学教授）、蔡元培（北京大学校长）、王征（前北京大学教授）、徐志摩（北京大学）、顾颉刚（北京大学研究所）。

1928 年 3 月由南迁上海的自由主义知识分子创办的《新月》月刊，其

①　陈端志：《五四运动之史的评价》，生活书店 1936 年版，第 339 页。转引自章清：《"胡适派学人群"与现代中国自由主义》，上海古籍出版社 2004 年版，第 55 页。

②　1920 年 1 月陈独秀离开北京到了上海，同时将《新青年》带到上海编辑出版。

③　章清先生在《"胡适派学人群"与现代中国自由主义》一书中，通过考察《努力周报》《新月》《独立评论》等杂志成员的构成，分析这些具有相同利益的自由知识分子在现代中国的政治力量平衡中，显示出怎样的影响力，以及是否如他们所愿那样成功地构成一个压力集团。作者重点关注聚集起来的"胡适派学人群"，如何通过对"学术社会"的建构，表达对培育中国社会重心的看法，以及由此所拓展的"论述空间"和"权势网络"。

主要成员 31 人，其中 24 人为大学教师，他们是：胡适（中国公学校长）、徐志摩（光华大学、东吴大学法学院、中央大学）、罗隆基（光华大学政治系主任）、潘光旦（光华大学文学院院长、中国公学大学部社会科学院院长）、梁实秋（光华大学、暨南大学、青岛大学）、闻一多（第四中山大学副教授兼外文系主任）、余上沅（暨南大学教授）、饶孟侃（复旦大学、暨南大学）、沈从文（中国公学教员）、陈源（武汉大学教授兼文学院院长）、凌叔华（武汉大学）、陈衡哲（北京大学史学系教授）、杨端六（武汉大学教授兼经济系主任）、叶公超（暨南大学外文系主任、中国公学教授）、吴泽霖（大夏大学教授兼社会历史系主任、光华大学教授）、刘英士（东吴大学、暨南大学、中国公学教授）、唐庆增（中国公学、上海商科大学、光华大学）、丁西林（中央大学物理系教授）、全增嘏（中国公学、大夏大学、光华大学）、吴景超（金陵大学、清华大学）、王造时（光华大学、中国公学教授，光华文学院院长兼政治系主任）、梅汝敖（武汉大学教授）、宋春舫（东吴大学教授）、颜任光（光华大学教授兼理学院院长、副校长）。

1932 年 5 月开始出版的《独立评论》，其重要社员 25 人均任职于各著名大学：胡适（北京大学文学院院长）、丁文江（北京大学地质学研究教授）、蒋廷黻（清华大学历史系教授兼主任）、傅斯年（北京大学教授）、任鸿隽（中央大学教授、四川大学校长）、陈衡哲（北京大学、四川大学教授）、翁文灏（清华大学代校长）、吴景超（清华大学社会学系主任）、何廉（南开大学经济学院院长）、周炳琳（北京大学法学院院长）、陈之迈（北京大学、清华大学教授）、张奚若（清华大学教授兼政治系主任）、周诒春（燕京大学代校长）、陶希圣（北京大学政治系教授）、汪敬熙（北京大学教授）、萧公权（清华大学政治系教授）、陈岱孙（清华大学教授）、顾毓琇（清华大学工学院院长）、吴宪（北京协和医学院教授兼院长）、张忠绂（北京大学法学院政治系教授）、徐炳昶（北平师范大学校长）、张佛泉（北京大学政治系教授）、陈序经（南开大学教授）、董时进（北京大学教授）、郑林庄（燕京大学教授）。[①]

由以上三个时期"胡适派学人群"的名单中可以看出，他们当中既有

---

①　以上《努力周报》《新月》《独立评论》核心成员名单来源于章清：《"胡适派学人群"与现代中国自由主义》，第一章，上海古籍出版社 2004 年版，第 49—117 页。

老一辈的五四新文化健将[①],如蔡元培、胡适、傅斯年、任鸿隽、陈衡哲、张慰慈、高一涵、陶孟和等;也有五四新文化运动以后加入自由主义知识分子行列的,如罗隆基、徐志摩、潘光旦、张奚若等。

　　这里要强调的是,在《努力周报》时期,中国正处在北洋政府统治之下,政局混乱、社会剧烈动荡,社会力量纷纭复杂,"胡适派学人群"也包含了各种色彩。南京国民政府成立后,中国政治势力得以重组,形成了一个消解了其他政治势力的"统一"政府。《新月》时期,以胡适为中心聚集于上海的自由知识分子,更具备了较为单纯的学院式知识分子的角色身份,他们仍是以留学欧美的学者为主干,几乎都是光华大学、中国公学、暨南大学、大夏大学等上海各著名大学的教授(没有了政治身份)。诞生于"九一八"民族危机中的《独立评论》,聚集了一批自由知识分子,他们基本集中于北方的著名大学:清华大学、北京大学、燕京大学、南开大学(有确知身份的 135 位作者中占 100 位左右),其他则星散于中央政治学校、中央大学、山东大学、中央研究院、北平社会调查所、武汉大学、北平师范大学、北平协和医校、辅仁大学、岭南大学、中山大学、暨南大学等。[②] 因此,《独立评论》实际成为北方学人,尤其是清华、北大、燕京、南开等校园知识分子议政的中心。[③]

　　值得一提的是,还有一批积极参与五四新文化运动的大学教师,他们在"新文化派"分裂后,虽未加入"胡适派学人群",但他们仍然任教于大学,如:周作人、朱希祖、沈兼士、林损、钱玄同、刘半农、沈尹默、杨昌济、王星拱等。

(二)信仰马克思主义:走向革命之途

　　马克思主义是与十月革命和列宁主义一起,被中国当时一部分知识分子所欢迎、所接受、所传播、所信仰。1918 年至 1919 年年初,李大钊连续发表了《法俄革命之比较观》《庶民的胜利》《Bolshevism 的胜利》,表示

---

①　他们都是《新青年》的主要撰稿人。

②　章清:《"胡适派学人群"与现代中国自由主义》,上海古籍出版社 2004 年版,第 83、93 页。

③　邵铭煌:《抗战前北方学人与〈独立评论〉》,1979 年台湾政治大学历史研究所硕士学位论文,1979 年,第 70—71 页。转引自章清:《"胡适派学人群"与现代中国自由主义》,上海古籍出版社 2004 年版,第 93 页。

了对俄国十月革命的赞赏、支持。1919 年 5 月，李大钊发表了《我的马克思主义观》，这可说是第一篇真正介绍马克思主义学说的长文，也标志着中国最早一批进步知识分子对马克思主义的接受和理解。[①]

1919 年 7 月，作为中国自由主义主要发言人之一的胡适，在《每周评论》上发表了一篇题为《多研究些问题，少谈些主义》的文章，引发了与作为中国共产党创建人之一的李大钊针对"问题"与"主义"的一次甚具意义的辩论。这次辩论，使新文化派的思想分歧逐渐表面化，"被看作是分裂的信号"[②]。

随着自 1920 年起思想方面冲突的加剧，知识分子在行动上出现了相应的分裂。这种分裂是基于对北京政府的不同态度以及对社会政治、文化改革和对革命的不同愿望而产生的。一方面自由派和保守派徒劳地要求在军阀统治下实行温和的改革；另一方面左派分子和民族主义者在苏俄与日俱增的影响下加速了他们的组织活动。[③] 作为大学教师的李大钊、陈独秀等人，由于信仰马克思主义而逐渐走上了用革命手段破坏一个旧世界、用强力推行一种新制度的革命之途，从而引起了中国大学教师的一种新流向。

作为北京大学文科学长的陈独秀，是五四新文化运动的主要发起人与领导者之一，与胡适的思想带有浓厚的稳健性、伦理性和自由性色彩不同的是，陈独秀的思想个性呈现出明显的激进、刚强、道义的一面。他始终是一个壮怀激烈的革命家，其思想是法俄大革命的浪漫主义精神与中国民族民主革命的激进主义思潮奇特结合的产物。[④] 俄国十月革命后，陈独秀开始信仰马克思主义，并逐渐将《新青年》转变为一个马克思主义的刊物，1920 年 5 月 1 日出版的《劳动节纪念号》，标志着《新青年》已成为马克思主义的思想阵地。1919 年 3 月，因受社会各方攻击与来自"上谕"的

[①] 李泽厚：《试谈马克思主义在中国》，许纪霖编：《二十世纪中国思想史论》（下），东方出版中心 2000 年版，第 456 页。

[②] ［美］周策纵著：《五四运动：现代中国的思想革命》，周子平等译，江苏人民出版社 1996 年版，第 307 页。

[③] ［美］周策纵著：《五四运动：现代中国的思想革命》，周子平等译，江苏人民出版社 1996 年版，第 332 页。

[④] 欧阳哲生：《新文化的传统——五四人物与思想研究》，广东人民出版社 2004 年版，第 125 页。

压力,陈独秀被解除了北大文科学长的职务。[①] 1919 年 6 月 11 日,陈独秀因散发反对北洋政府的传单而被军阀政府逮捕,后经多方营救获释。1920 年年初,陈独秀结束了北京大学教授生涯,而南下广州,用胡适的话说,"陈独秀便与我们北大同人分道扬镳了"[②]。

具有"南陈北李"之称的北京大学教授李大钊,是最早在中国传播马克思主义理论、中国共产党的创始人之一。由于从事激进的革命活动,李大钊曾多次被军阀政府通缉,并于 1927 年 4 月 6 日,在东交民巷俄使馆被奉系军阀逮捕,4 月 28 日在京师地方看守所处死刑。

张申府(原名崧年,1893—1986),北大数学系毕业后任助教,与李大钊、陈独秀皆为五四风云人物,留法时加入中国共产党。1932 年任清华大学哲学系教授,教数理逻辑,授课时常讲时事,宣传辩证唯物论和历史唯物论,鼓励清华继承五四战斗精神。1936 年 2 月底夫妇两人(其妻留法时也由他介绍入党)被捕入狱,出狱后,清华评议会以"因某种关系,请勿庸尸位素餐"而解聘,离开大学讲坛。[③]

由信仰马克思主义而走向革命之途,从而离开大学讲堂的中国近代大学教师,人数不是很多,但他们代表了大学教师的一个重要流向,其影响不可低估。

(三)由"议政"走向"参政":融入国民政府官僚机构

知识分子议政与参政,在中国有着深厚的历史传统,近代中国现实政

[①] 1919 年 3 月 26 日,大总统徐世昌指令教育总长傅增湘致函蔡元培:"时论纠纷,喜为抨击,设有悠悠之词,波及全体,尤为演进新机之累。"在这之前,徐世昌也召见过蔡元培。见朱洪:《陈独秀传》,安徽人民出版社 2003 年版,第 112 页。1919 年 3 月 26 日晚,蔡元培、沈尹默、马叙伦三人到医专校长汤尔和家讨论辞退陈独秀事。胡适将此视作"不但决定北大的命运,实开后来十余年的政治与思想的分野"的大事。汤尔和乃当事人,胡适因此感慨地说:"此夜之会,先生记之甚略,然独秀因此离去北大,以后中国共产党的创立及后来国中思想的左倾,《新青年》的分化,北大自由主义者的变弱,皆起于此夜之会。独秀在北大,颇受我和孟和(英美派)的影响,故不致十分左倾。独秀离开北大之后,渐渐脱离自由主义者的立场,就更左倾了。"见胡适:《致汤尔和》,1935 年 12 月 23 日,《胡适来往书信选》中册,中华书局 1979 年版,第 283—284 页。

[②] 朱洪:《陈独秀传》,安徽人民出版社 2003 年版,第 138 页。

[③] 苏云峰:《从清华学堂到清华大学(1928—1937):近代中国高等教育研究》,上海三联书店 2001 年版,第 193 页。

治的丑恶、社会的黑暗,更使中国知识分子无法保持沉默。"在变态的社会之中,没有可以代表民意正式机关,那时代干预政治和主持正谊的责任必定落在知识分子的肩膀上。"[①]早在 1920 年 8 月,由胡适领衔,北大教授蒋梦麟、陶孟和、王征、张慰慈、李大钊、高一涵等联名发表了《争自由的宣言》,要求北京政府废止一切侵害自由的条款,对于言论自由、出版自由、集会结社自由、书信秘密自由,"不得在宪法外更设立限制的法律"。[②]1922 年 5 月 14 日,胡适等在《努力周报》第 2 期上发表了《我们的政治主张》,提出由"好人"管理政府,依靠专家解决专门问题,建立一个"好人政府"的主张,得到教育界人士的积极回应。[③] 1922 年 8 月,在《我们的政治主张》宣言上签字的大学教师王宠惠、罗文干、汤尔和三人被任命为内阁成员,参与实际政治,分别担任总理、财政部长和教育部长,时人称之为"好人内阁"[④],但不久即全体辞职。

南京国民政府成立之后,中国政局发生了巨大变化,各种社会力量进行了新的分化与组合。由于国民党将孙中山的"三民主义"(当然是经过改造了的"三民主义")作为治党与立国的基本纲领,因此,信仰"三民主义"、有国民党背景的知识分子,逐渐融入到国民政府政治与思想体系之中。作为知识分子群体重要组成部分的大学教师,其中的一部分人则由议政而直接走上了参政的道路。

一些与国民党有历史渊源的大学教师,在南京政府成立后不久即率先涉足政坛,如蒋梦麟、马寅初、杨端六、谢冠生等。此后,由议政而走上参政道路的大学教师有多人,其中尤以清华、北大教授为多,如翁文灏、蒋廷黻、吴景超、周诒春、陈之迈、张忠绂、张其昀、陶希圣、何廉等。翁文灏1935 年出任行政院秘书长,抗战期间出长经济部并兼资源委员会主任委

---

① 胡适:《这一周·蔡元培以辞职为抗议》,《努力周报》1923 年第 38 期,引自章清:《"胡适派学人群"与现代中国自由主义》,上海古籍出版社 2004 年版,第 141 页。

② 胡适等:《争自由的宣言》,《晨报》(增刊)1920 年 8 月 1 日。

③ 《努力周报》第 3 期上就刊登了关于《宣言》的"赞成人",包括李建勋(北京高等师范学校校长)、毛邦伟(北京女子高等师范学校校长)、王家驹(北京政法专门学校校长)、俞同奎(北京政法专门学校校长)、周颂声(北京医学专门学校校长)、吴宗植(北京农业专门学校校长)、郑锦(北京美术专门学校校长)等,均为北京教育界的重要人士。

④ 在北洋政府中,"好人"只不过是"武人政治"的一枚棋子,这个内阁始终没有得到曹锟的支持,"好人政府"仅存在了两个月零六天便全体辞职。

员。蒋廷黻、吴景超 1936 年随翁文灏入阁，前者任行政院政务处处长（后任驻苏大使），后者任行政院秘书（后任经济部秘书）。周诒春 1936 年接受实业部长之职，按胡适的说法，是入政府的第四人。1936 年 10 月何廉又出任行政院政务处处长，[①]接替蒋廷黻调任后的空缺。傅斯年、任鸿隽、张奚若等抗战期间也进入国民参政会任参政员。[②]

国民党在内忧外患中开始倾听专家的意见，接受"专家政治"的主张，也是促发知识分子进入政界的重要原因。由于"中国之有成伟大专家希望者，多数当系集中于各大学"[③]，因此，20 世纪 30 年代，是大学教师参政较为频繁的时期。

（四）追求思想独立与意志自由：由"校园"走向"市场"

北洋政府时期武人当权的"人文真空"状态，为大学的自由化发展提供了可能。[④] 但到 20 世纪 20 年代后期，随着中国政局的急剧变化，意识形态加强了对知识分子的控制，政治也加快了对大学的干预。身处大学校园的知识分子发生了分化：一部分随着教育本身的体制化，被吸纳到体制内，而逐渐"学院化"；一部分由于信仰某种"主义"，走上政治之途；另一部分与体制化的大学、体制内的知识分子发生冲突，更具有独立意识、自由意志、坚持民间批判立场的知识分子，走出大学校园而自觉处于体制之外（或边缘地位），即由校园转向市场。在追求思想独立与意志自由方面，鲁迅的思想、人格特征与人生经历具有典型的象征意义与代表性。

有的研究者将鲁迅的思想特征与胡适作了对比，指出：一个是相信进化论与尼采学说的，故峻急超拔、孤傲阴冷；一个则是实验主义的信徒，将

---

① 何廉在受邀"出山"时曾犹豫不决，但他所在南开大学校长张伯苓及南开经济研究所的两位董事，却都建议他接受任命。张伯苓提到的理由之一便是，南开在办学过程中正遇到巨大困难，如果何廉能在政府工作，就可以通过政治关系，处于有利地位来协助南开办学。参见何廉著：《何廉回忆录》，朱佑慈等译，中国文史出版社 1988 年版，第 85—90 页。

② 参见章清：《"胡适派学人群"与现代中国自由主义》，上海古籍出版社 2004 年版，第 93 页。

③ 《学术界与国家问题》，《大公报》1935 年 3 月 21 日。

④ 参见张晓唯：《蔡元培与胡适（1917—1937）——中国文化人与自由主义》，中国人民大学出版社 2003 年版，第 12 页。

美式的文化模式看成灵丹妙药,因此通达乐观、果敢持重。①由于两人思想的差异,再加上经历与文化背景的不同,他们的分道扬镳便在所难免:胡适逐渐由学术而走上参政、议政之途,成为政界与学界"两栖人";鲁迅则离开政治权力中心,融入于社会的底层,成为边缘化的人,以民间在野的身份,深深关注国民精神的启蒙与心灵深处的变革,自居于社会的批判者角色。鲁迅后来形容自己的这种心境时说:"后来《新青年》的团体散掉了,有的高升,有的隐退,有的前进,我又经验了一回同一战阵中的伙伴还是会这么变化,并且落得一个作家的头衔,依然在沙漠中走来走去……"②

与胡适所持的大学观(大学的职责就是培育"专门的技术人才"和"领袖人才"、为"专家政治"服务的精英教育)不同的是,鲁迅期待大学在准备"思想革命的战士"上发挥特殊作用,一如五四时期的北京大学那样。③ 鲁迅特别强调大学的精神应该是一种"向上"的"活"的精神,是"常为新的,前进的运动的先锋"并"常与恶势力抗战"。④ 正是因为感到走向制度化的大学正逐渐"失去精神",于是就有了 20 世纪 30 年代鲁迅与当年北大同事、《新青年》里的战友之间的决裂(在此之前,20 年代中期北大教授内部就有了"语丝派"与"现代评论派"的论争与决裂):鲁迅尖锐地指出:"当时的白话运动是胜利了,有些战士,还因此爬了上去,但也因为爬了上去,就不再为白话战斗,并且将它踏在脚下,拿出古字来嘲笑后进的青年了。"⑤并因此得出北大"失精神"的结论;而北大也不再容纳鲁迅,鲁迅终于"卷土而去",到校园之外去寻找新的精神空间。⑥

在致许广平的一封信中,我们可以看出鲁迅在教书与写作之间所作选择时的心态:"但我对于此后的方针,实在很有些徘徊不决,那就是:做

---

① 孙郁:《鲁迅与胡适——影响 20 世纪中国文化的两位智者》,辽宁人民出版社 2000年版,第 243 页。

② 《鲁迅全集》第 4 卷,人民文学出版社 1981 年版,第 456 页。

③ 钱理群:《与鲁迅相遇——北大演讲录之二》,生活·读书·新知三联书店 2003 年版,第 221 页。

④ 参见鲁迅:《我观北大》,载《鲁迅全集》第 3 卷,人民文学出版社 1981 年版,第 157—158 页。

⑤ 鲁迅:《"感旧"以后》(下),《鲁迅全集》第 5 卷,人民文学出版社 1981 年版,第 334 页。

⑥ 钱理群:《二十世纪中国文学与大学文化》丛书序,广西师范大学出版社 2002 年版,第 9 页。

文章呢，还是教书？因为这两件事，是势不两立的：作文要热情，教书要冷静。兼做两样的，倘不认真，便两面都油滑浅薄，倘都认真，则一时使热血沸腾，一时使心平气和，精神便不甚困惫，结果也还是两面不讨好。看外国，兼做教授的文学家，是从来很少有的。"①

鲁迅最终选择了需要热情的"作文"，走上了与校园内知识分子不同的远离大学、远离政府的人生路向。

20世纪20年代末至30年代，走出校园成为自由文化人的还有郁达夫、林语堂、郭沫若等人。

由于"新文化派"思想观念的多元化与个人人生阅历的差异，面对20世纪二三十年代中国社会的剧变，他们提出不同的救亡图存之道，导致了思想的分裂，进而走向了不同的人生道路。这种分裂的趋势反映到大学校园中，表现为大学教师的不同流动趋向：持教育与学术救国、逐渐融入体制化的大学，这部分教师仍留在高等学校中；信仰马克思主义而走上革命之途、信仰三民主义而实际参与国民政府官僚机构以及走向市场而成为自由文化人的大学教师，都走出了校园，导致大学教师的流失。就中国高等教育的近代化而言，这种教师的流失，其影响显然是负面的。这也是中国近代知识分子面临"启蒙"与"救亡"的两难选择，在大学教师群体身上的反映。

---

① 《鲁迅全集》第11卷，人民文学出版社1981年版，第184页。

从"忽视儿童"到"以儿童为本"

——现代小说近代中国儿童教育观念的变革

■ 陈桃兰

在中国传统社会中,儿童被视为是"小大人"或"成人的附属物",他们的天性往往被忽视,历代小说也大都表现了以成人意志塑造儿童的历史面貌。近代是中国儿童观念变革的重要时期。清末,梁启超倡导少年中国学说,儿童成了国家民族未来希望的承载者,儿童教育被提高到了救国救民的高度。随着外国教育小说、教育理论著作的翻译与传播,西方进步的教育理念和教育方式被陆续引进,对忽视儿童天性的封建教育产生了有力的冲击。五四时期,鲁迅发出"救救孩子"的强烈呼声,儿童及其教育问题逐渐成为文学舞台上备受关注的对象。此后,随着个体价值的进一步推崇和西方自然主义、儿童本位论等观点的影响,国人开始全面关注与探讨儿童天性与儿童教育问题。现代小说家用小说的形式记录了近代中国儿童教育观念的变革过程,并表达了时人对于儿童教育的理想诉求。

[作者简介] 陈桃兰(1978—),女,浙江磐安人。2005 年至 2009 年在浙江大学教育学院就读,获教育学博士学位,著有《观念世界的教育变革——现代小说中的教育叙事研究》,现为杭州师范大学教育科学学院讲师,主要从事中国近现代教育史研究。

一、对旧儿童教育的批判：忽视儿童

近代中国，传统教育的解体与新教育的发生、发展几乎同时进行，作为儿童教育的主要教育机构之一的私塾也逐渐被新式学堂所代替。新式学堂的创办，改变了过去儿童教育中过于单一的知识结构、过于死板的教学方法，但是小说家在为新学的兴办欢欣鼓舞的同时，用他们独具的慧眼，发现了新学校中"换汤不换药"或"新瓶装旧酒"式的教育对儿童的戕害，批判了旧教育对儿童个性的压抑以及对儿童想象力、创造力的扼杀。

小说家对于传统儿童教育的批判最为严厉的莫过于机械的"背书"与严厉的惩罚。如《某私塾》（剑）描述了不曾被新教育普照的穷乡僻壤，一名冬烘先生仍在设帐授徒的画面：先生一声拍案："阿三，背书。"一个五六岁的拖鼻儿童呐呐地背起书来，因把老师教的"关"（"阙"字之音）读成了经父亲纠正的"缺"音，换来老师以戒尺连连击头如寺僧之敲木鱼。"戒尺"是传统儿童教育中教师惩罚儿童的一道刑具，郭沫若在《我的童年》中写出了儿童对于惩罚的恐惧以及身心遭遇的蹂躏：沈先生的刑教很严，"他的刑具是一两分厚三尺来长的竹片。非正式的打法是隔着衣裳、隔着帽子的乱打；正式的打法是打掌心，打屁股。……儿童的全身的皮肉是怎样地在那刑具之下战栗哟！儿童的廉耻心、自尊心，是怎样地被人蹂躏到没有丝毫的存在了哟！"[①]新式学校虽然形式上代替了私塾，但很多教师依旧承袭了旧式教育方法，一如既往地要求他们背书，而且规矩严厉，不允许他们有丝毫的逾越。如《冰教师》（南村）中那位德高望重的桑塔布先生是塞北一学校的老师，他"冷严如冰柱，为人三十年如一日"，"规矩之严利于斧钺"。天性纵逸的牧羊子弟入学后所见所闻"如嚼枯蜡，头疼脑胀"，这样的教育久了"性灵渐失"。对"刑教"的恐惧和"背书"反感，许多现代作家都有切肤之痛，成年之后仍记忆犹新。如在萧乾的回忆中，其童年求学经历无论是在私塾还是在新式学堂，都是机械死板、枯燥乏味的。在私塾求学时："每个学生面前都摊着一本《四书》，好像解闷似的，从早到晚我

---

① 郭沫若：《我的童年》，《郭沫若作品经典》第 5 卷，中国华侨出版社 1997 年版，第 32 页。

们就扯着喉咙'唱'着经文。'"'老师动不动就用烟袋锅子敲我的脑袋,板子也越打越重。说是'《大学》、《中庸》,打得屁股哼哼',可我才念了半本《论语》,身上就给打成青一块紫一块的了'"。上了新式学堂之后,在新学校里"倒是不再念'子曰',改念'马牛羊,鸡犬豕'了"。"课本是新式装帧,还可以嗅出印刷的油墨气味。可是照旧上一段死背一段,照旧扯了喉咙'唱'。"①很多作家都把这些求学经历写进了小说,李劼人的《儿时影》、老舍的《牛天赐传》、废名的《莫须有先生坐飞机以后》等记录的也正是这些痛苦的体验。显然这种片面、粗暴的教育,不利于儿童的健康成长。

如果说以上小说只是重点描写了机械的教育方式及严厉的惩罚对儿童身心的伤害,叶圣陶在小说中则在批判儿童教育的同时,开始思考如何教育儿童的问题,突出表现了学校教育对儿童天性的忽视与压抑。陆根元(《小铜匠》)是高等小学的插班生,因为家庭的困顿、学业程度的差距,使他在同学中显得有些"低能":语文课上不能说出一句完整的短句,算术更是没有一次算对,算术老师断言他一辈子也学不会算术。陆根元成了全校教师眼中的"低能儿",最终退学成了一名小铜匠。陆根元或许有些无知,但他并不愚笨,学校老师之所以没法教好他,是因为根本不曾去真正地关心他的心灵、了解他的处境,给他正确的教育。正如其级任老师说的:"像根元这一类的孩子,我们不能使他们受一点影响,不如说因为我们不曾知道关于他们的一切。我们与他们,差不多站在两个国度里,中间隔着一座又高又厚的墙,彼此绝不相通。我们怎么能把他们教好呢!"②《一课》则描写了一个活泼好动、爱自然、爱幻想的孩子在枯燥的课堂里浮想联翩,他念念不忘匣子里的小蚕,想着和好朋友在湖上荡舟的乐趣。小说含蓄地批评了旧式教育方法和教学内容对儿童天性的漠视。此外,还有沈从文的小说《福生》,揭示了教育有悖于儿童身心自然发展的弊端。《儿童节》(罗洪)描写四月四日儿童节,学校举行隆重而沉闷的庆典,教员为了会情侣而不愿带学生到野外采集生物标本,遂使会场上"儿童神圣"的演讲和实际中忽视儿童的行为,成了一幅令人忧虑的讽刺画。这些小说都从不同角度揭露了学校教育对儿童天性发展的忽视、阻碍与压制。

---

① 萧乾:《一本褪色的相册》,《这十年》,重庆出版社1990年版,第219—220页。
② 叶圣陶:《小铜匠》,《叶圣陶小说精品》,中国文联出版社2000年版,第334—335页。

除了学校教育,现代小说家还意识到:家庭教育的缺失或不当,往往成为扼杀儿童天性的帮手甚至是罪魁祸首。《祖母的心》(叶圣陶)中以祖母为代表的封建家长,不相信新式学堂可以教育好儿童,依旧延请先生在家里进行旧式教育,自己也时刻不忘督促孙子反复地读书、背书。这种死板、机械的教育方法使得原本应该快乐活泼的儿童显得日渐呆滞、落寞,散失了应有的生机和活力。《低能儿》(叶圣陶)描述了一个八岁男孩阿菊的凄苦家境及上学第一天的经历与感受。阿菊的父亲是给人家做仆役的,每天干完活回到家时,阿菊早已睡熟了。阿菊的母亲则从早到晚,总像机器一样坐在那里一动不动地搓着草绳,似乎她的入世只为着那几捆草绳而来。父母忙于生计,完全忽略了阿菊的存在。当阿菊的父亲把他送入学校的第一天,在这个与"狭窄又龌龊"的家迥别的宽阔世界里,他变得怯弱、恐惧与不安了,与同龄的孩子相比,他成了"低能儿"。贫穷又沉闷的家庭、忙碌又冷漠的父母,是导致他成为"低能儿"的主要原因。《一个朋友》(叶圣陶)叙述了其朋友一生按部就班的生活,儿子七八岁时,"他们俩便送他进学校。他学些什么,他们俩总不过问。受教育原是孩子的事,哪用父母过问呢!"孩子高等小学肄业便做了新郎。那位朋友眉开眼笑地说:"干了今天这一桩事,我对小儿总算尽了责任了。将来把这份微薄的家产交付给他,教他好好地守着,我便无愧祖先。"[①]小说总结道:"他无意中生了个儿子,还把儿子按在自己的模型里。"[②]家庭不重视教育,只不过在简单地复制下一代,可见,父母的教育观直接影响了孩子发展的限度。同样表现家庭对儿童教育的忽视或对儿童个性压抑的,还有叔文的《小还的悲哀》、萧乾的《篱下》等作品。家庭是儿童出生后接触的第一个生活环境,儿童通过家庭生活、家庭教育获得最初的人生体验、思想观念、行为习惯,并形成个性。尽管随着年龄的增长,学校和社会对儿童发展的影响会逐渐增加,但家庭对个体发展的影响是长期而深刻的。这些小说从各个方面批判了旧家庭对儿童教育的漠视,对儿童天性的扼杀。

教育是一种复杂的社会活动,儿童的成长往往是家庭教育、学校教育、社会教育的综合结果。现代小说对儿童教育进行了全方位的批判,在

---

① 叶圣陶:《一个朋友》,《叶圣陶小说精品》,中国文联出版社 2000 年版,第 244 页。
② 叶圣陶:《一个朋友》,《叶圣陶小说精品》,中国文联出版社 2000 年版,第 245 页。

批判学校教育的同时，往往把矛头同时指向家庭、社会。叶圣陶的《义儿》描写旧家庭和学校教育对儿童个性的双重制约，使其美好性情得不到健康发展。义儿的痴迷于画画不仅老师觉得他愚笨懒惰，他母亲更是几乎每天打骂他，想令其把心思转到正经学业上去。"明明是很有趣，很能自己寻出愉快的小孩，但社会上一定要把他们的生趣和愉快夺去了，甚至于最爱他的母亲，也受了社会上的暗示，看着他的生趣和愉快，反而惹起了她的恼怒和悲感。"①儿童天性的张扬与自然流露无论在学校还是在家里，都受到压抑和惩罚。这些小说揭示了旧家庭和学校教育在扼杀儿童天性的背后，更多地隐藏着封建礼教和传统文化的阴影。老舍则从社会和教育入手，深沉批判了儿童教育问题。《猫城记》写了猫国的儿童教育。"我"在猫国看到了两个非常荒唐的场景：一是猫国的小孩第一天上学就可以得到大学毕业证书；一是幼稚的小孩居然凶残到解剖自己的老师。社会的黑暗渗透到学校里，把"猫小孩"变得残暴、丑陋，学校成了斗争的场所、混文凭的机关。在这样的社会背景和教育环境下，儿童完全散失了应有的善良天性。教育的失败造就了残暴的儿童，残暴的儿童则使国家彻底失去了希望，老舍正是从国家发展角度表达了对儿童教育的担忧。

儿童有不同于成人的独特心理和行为方式，有其独立的意义与价值。在忽视儿童个性、忽视儿童个体价值的年代里自然不可能存在真正适合儿童的教育。正如郑振铎所说的说："对于儿童，旧式的教育家视之无殊成人，取用的方法，也全是施之于成人的，不过程度略略浅些而已。他们要将儿童变成了'小大人'，那种'小大人'，正像我们在新年的时候在街上看见走过的那些头戴瓜皮帽（帽结是红绒的），身穿长袍马褂，足登薄底缎鞋的，缩小的成人型的儿童一般无二。"②为了拯救儿童，小说家们在批判旧儿童教育的同时，开始"发现"儿童的纯美天性，并对理想的儿童教育进行了探索。

---

①　顾颉刚：《〈火灾〉序》，刘增人、冯光廉编：《叶圣陶研究资料》，北京十月文艺出版社1988年版，第359页。

②　郑振铎：《中国儿童读物的分析》，《郑振铎全集》第13卷，花山文艺出版社1998年版，第46—47页。

二、提倡教育应尊重儿童天性：以儿童为本

在传统社会中，儿童虽然"终日在大人们的眼前，甚至如几道严复先生所说，充满街巷，辗转于车尘马迹间"，但是人们总是视而不见，"直至很近的近世，而且还在夷地，这才被人家发现，原来世上有一种所谓儿童的物事"。① 西方儿童观念的传入，也使国人开始重新审视儿童。在晚清启蒙语境中，清末民初小说家塑造了一系列爱国儿童、勇毅少年的形象，但是这些儿童形象大多承担着国家重任，其个性特征尚未引起重视。随着五四个性解放的呼声，人们开始关注、探索儿童的纯美天性，并对教育如何保持儿童天性问题进行了初步探索。20 世纪 30 年代前后，随着西方儿童教育思想的传入，尤其是杜威和卢梭的儿童教育思想在中国的传播，为国人探讨儿童教育问题提供了新的理论支点和参照模式，现代小说家在他们的作品中纷纷提出了"以儿童为本"的教育思想。

在五四前后，冰心是一位较早关注童心的作家。在五四落潮期，她用"爱的哲学"塑造了一系列"天使儿童"的形象，并以他们纯美的童心救治了许多患有"时代病"的苦闷青年。叶圣陶在批判传统儿童教育的同时，也开始关注童心，认为在儿童天性中寄寓着"爱、生趣、愉快"，这些是"世界的精魂"。正如顾颉刚指出的："人心本是充满着爱的，但给附生物遮住了，以致成了隔膜的社会。人心本是充满着生趣和愉快的，但给附生物纠缠住了，以致成了枯燥的社会。然而隔膜和枯燥，……只能逼迫成年人和服务于社会的人就它的范围，却不能损害到小孩子和乡僻的人。这一点仅存的'爱、生趣、愉快'，是世界的精魂，是世界所以能够维系着的缘故。"② 叶圣陶试图用童心去拯救他眼中的隔膜、枯燥的社会。

叶圣陶和冰心都注意到了童心的可贵，认为儿童是拯救世界的"天使"，在他们身上潜藏着世界的"精魂"，良好的教育则可以使这些"精魂"

---

① 周作人：《蒙氏教育法的研究序》，钟叔河编：《知堂书话》上册，岳麓书社 1997 年版，第 1412 页。

② 顾颉刚：《〈火灾〉序》，刘增人、冯光廉编：《叶圣陶研究资料》，北京十月文艺出版社 1988 年版，第 361 页。

觉醒并伸展。叶圣陶在《地动》《小蚬的回家》《低能儿》中探讨了如何正确引导儿童天性的问题。在《地动》中，父亲给儿子明儿讲故事。当故事讲到因为地震，一个孩子无法回家与母亲团聚时，明儿身上潜藏着的同情心和爱心被激发了出来，他伤心地哭了。接着，父亲继续编故事：一位陌生人在孩子的额头贴上邮票，把他寄回了家，孩子终于和母亲团聚了。陌生人的善举使故事有了大团圆的结局，父亲用这种方式延展了儿童的爱心。在《小蚬的回家》中，当父亲发现孩子模仿大人剖鱼的样子杀死一只小蚬时，父亲告诉孩子：小蚬也是有母亲的，小蚬死了，小蚬的母亲也会难过。父亲的循循善诱使孩子身上潜藏的爱的"精魂"觉醒了，于是他把那只自己珍爱的小蚬放回了河里。由此，儿童的爱心扩大到了自然万物。《低能儿》中叶圣陶则让阿菊那些潜藏的"世界的精魂"在"爱"与"美"的教育中苏醒。当穷孩子阿菊由贫穷、狭窄、昏暗的"家"来到广阔、光明的学校时，温柔的女教师、动听的琴声、优美的舞蹈和歌声，使他忘掉了自己穷苦的生活，感受到从没有过的"爱、生趣、愉快"。然而，忠实于现实主义的叶圣陶在小说的结尾又不得不让阿菊回到他那个黑暗贫穷的家中，白天经历的一切像个梦境。叶圣陶注意到，在现实社会中要激发并保持儿童的纯美天性，仅靠"爱"与"美"是不够的。这不仅仅是教育的问题，更是社会的问题。对于学校教育应该如何尊重儿童天性问题，叶圣陶还开出了"以儿童生活为本"的处方。叶圣陶接受了杜威的实用主义教育思想，并付诸实践，《倪焕之》正是以自身及同事的教育实践为基础创作的。在小说中，倪焕之和蒋冰如都主张教育应从儿童的生活实际出发，把学校组织成一个微型的社会，让学生在这个微型的社会中，通过实际观察和亲身历练来学习。他们试图通过这样的教育，改变儿童在教育过程中的消极被动地位，拉近教育与儿童生活的距离，使儿童成为教育过程的积极参与者。他们的教育改革方案和实践使儿童的兴趣、爱好、才能在教育过程中得到了极大的关注，充分体现了杜威的人本主义教育思想。

经由五四作家对童心作用的重视，以及对儿童教育的初步探索，到20世纪三四十年代，现代小说家更清楚地意识到儿童身上所具备的独特个性，他们在作品中惟妙惟肖地描绘了童心、童趣，表现了儿童的率真和纯朴。凌叔华以特有的细腻，在《小英》《弟弟》等小说中描写了大量儿童形象，他们的心灵率真，未经雕琢，无论是对美的喜爱与向往，还是对丑恶的憎恶和恐惧都毫不掩饰。沈从文的《三三》、林徽因的《吉公》也都对儿童天性进行了赞美,希望成人关注儿童天性,正视、善待儿童。废名在其自传体小说《莫须有先生坐飞机以后》中明确提出"每个儿童都有他的世界",教育者应尊重儿童本有的世界。他认为:儿童有不同于成人世界的个性爱好、思维习惯,父母或教师在教育过程中应尊重儿童天性,并在了解其个性的基础上加以适当的引导。在教育子女的过程中,莫须有先生践行了这样的教育方法。他经常自觉地沉入儿童世界,设身处地地从儿童视角来观察、思考和理解问题,并从儿童的经验和思维特点出发给予引导和教育。如有一次莫须有先生问纯:叶子有几种形状?当莫须有先生问这个问题的时候,脑海里浮现了荷叶,想起了"池荷贴水圆""荷叶似云香不断"等优美的句子。纯却回答道:"松树的叶子奇怪,像针!"莫须有先生本以为小孩会"童话"般地驰骋想象,却不料听到如此经验性的答案。但莫须有先生并没有批评纯缺乏想象力,他反省道:或许因为小孩子正在接受经验,以经验为稀奇,所以才处处以经验为比喻。这么一想,莫须有先生不禁赞叹起小孩子的"无处不用心"了。接着,莫须有先生从松叶的联想出发,用启发式问答引导纯认识了植物的叶子、秆子及其区别,并得出"世上的东西都有一定的规矩"的道理。[①] 在小说中,相似的教育片断还有许多,莫须有先生每次都以"灵魂探险"的心情来观察、了解和教育儿童。

　　卢梭的《爱弥尔》传入中国后,那"'返归自然'底一大狮子吼,……对于虚伪,怠惰,束缚,蔑视儿童底我国教育界,无异投下一颗爆弹"[②]。他的自然主义教育思想不仅在教育领域引起巨大反响,文学界也深受其影响,老舍的小说创作即是明证。卢梭主张保护儿童善良纯洁的天性免受社会习染,认为教育要顺应自然,尊重儿童的天性,重视儿童的需要、兴趣与能力。老舍在《牛天赐传》和《新爱弥耳》中,用反例证明了顺应儿童天性、按照儿童自然发展的要求和顺序去进行教育的重要性。《牛天赐传》提供了一个与爱弥儿相反的教育个案。卢梭把爱弥儿放到自然环境中,牛天赐则一出身就置身于一个世俗、污浊的社会环境中。卢梭反对把婴儿包裹

---

　　① 废名:《莫须有先生坐飞机以后》,《废名选集》,四川文艺出版社 1988 年版,第 520—521 页。

　　② 卢梭:《爱弥儿》,商务印书馆 1923 年版,序。

在襁褓里,认为这样有损婴儿的健康和性情。牛天赐的"手脚可都被捆了个结实,一动也不能动,像一根打着裹布的大兵的腿,牛老太太的善意,使他成了罗圈腿"①。卢梭主张教育要让儿童自由成长,可是天赐一出生就感到:生命便是拘束的积累。他自己要往起长,外边老有些力量钻天觅缝地往下按。卢梭主张要把儿童看作儿童,不然会造成一些"少年博士"和"衰老儿童",牛老太太则把牛天赐打扮得"有时候像缩小的新郎官,有时候像早熟的知县"②。卢梭关心儿童真正的幸福,反对大人强迫儿童去做他们不愿意做的事。可牛老太忽视儿子的好恶,逼着他读书。学校里的老师也只会用打"脖儿拐"的方式强迫学生遵守各种违反儿童心性的规矩。卢梭主张依据儿童身心发展的规律来安排教育的内容,反对强行给儿童灌输那些难以理解的概念。《牛天赐传》中的小学生则在"提倡国货,提倡国术,提倡国医,提倡国语","他们提灯,他们跑路,他们喊口号,他们打旗,他们不知道是怎回事"。③后天的教育使牛天赐善良美好的天性日渐沦丧,他"越来越倾向于他个人所属阶级的轻浮冷酷的作风",身心双畸,混迹于上等社会。《新爱弥耳》则是"牛天赐式"教育的进一步强化。爱弥耳从出生开始,"我"就以造就一个钢铁战士的方式对他进行全面改造。"我"的教育使他拥有了最正确的知识、绝对的理性,没有个人情感、不会哭笑、没有想象力。但不幸的是爱弥耳活到八岁就死了。小说中牛天赐和爱弥耳的教育都是一种培养"出窝老"式的教育方式,教育者在教育过程中无视儿童生长的自然规律、天然本性,主观教条、专横武断。老舍在用牛天赐和爱弥耳的故事反面例证了卢梭自然主义教育观正确的同时,希望学校教育和家庭教育能革除那些摧残儿童身心的内容和方法,使儿童天性得到自由、健康的发展。老舍在其他作品如《小坡的生日》《小铃儿》和《四世同堂》中也都表现出其以儿童为本的教育思想。

　　现代小说通过无数儿童形象的塑造及其儿童教育故事的讲述,批判了旧教育对儿童身心的摧残。鲁迅曾指出,中国儿童往往缺少外国儿童的那份"轩昂活泼",常常是"衣裤郎当,精神委靡,被别人压得像影子一

---

　　①　老舍:《牛天赐传》,《老舍作品经典》第 3 卷,中国华侨出版社 1999 年版,第 177 页。
　　②　老舍:《牛天赐传》,《老舍作品经典》第 3 卷,中国华侨出版社 1999 年版,第 214 页。
　　③　老舍:《牛天赐传》,《老舍作品经典》第 3 卷,中国华侨出版社 1999 年版,第 242 页。

样"。① 造成这种状况的原因不外乎对儿童个性的忽视,不合理的家庭、学校教育,及弥漫于整个社会上的那种怯懦、保守、自私、冷漠的风气。随着儿童纯美天性的"发现",现代小说家逐渐揭开披在儿童身上的成人外衣,塑造出了一批具有独立个性特征和本体价值的儿童形象。他们还从不同角度对儿童教育进行了探讨,希望教育能让儿童那些纯朴、善良、真挚的天性得以发扬,而不是以虚伪的成人世界或教育来误导孩子的成长。对传统教育的批判,对以儿童为本的教育思想的提倡,是现代小说中体现的儿童教育思想的主流。现代小说以种种故事证明:无论是家庭、学校还是社会,只有以儿童为本,关心他们的天性、注重他们的人生和幸福,才有可能培养出健康、活泼的儿童。现代小说对于儿童纯美天性的本体性探索和以儿童为本的教育思想的倡导,推动了儿童观和儿童教育思想在近代中国的变革与发展。

---

① 鲁迅:《上海的儿童》,《鲁迅全集》第 4 卷,人民文学出版社 2005 年版,第 580 页。

清末袁世凯督直期间的实业教育活动及影响

■ 夏益军

　　近代以来,中国积贫积弱,庚子之后,这一形势尤为严峻,因而,新政期间,振兴实业、发展实业教育成为朝野所共同倡导的富强之策。1904年12月,有人在《东方杂志》上撰文指出:"实业之效,在一家则生活之途宽,在一邑则游惰之人希,在一省则岁入之款饶,在天下国家则并可以转弱为强,化贫为富。"[①]1906年7月12日,学部在通咨各省举办实业学堂时强调:"实业教育,所以振兴农工商诸实政。教养相资,富强可致。中国地利未尽,工艺未精,商业未盛,推求其故,由于无学。"[②]袁世凯的实业教育活动正是在这一时代背景下展开的。

一、袁世凯的地方实业教育活动

　　督直期间,鉴于直隶"民生困敝"的情形,以"辟利源""资生计"为宗

　　[作者简介]　夏益军(1972—),男,江苏东台人,2008—2011年在浙江大学教育学院教育史专业攻读博士学位,现在安徽师范大学教育科学学院从事中国近代教育史的教学和科研工作。

　　①《东方杂志》1904年第12期。
　　②《学部通行各省举办实业学堂文》,朱有瓛:《中国近代学制史料》第2辑下册,华东师范大学出版社1989年版,第6页。

旨,以设立农、工、商各局为入手途径,按照农、工、商一体发展的思路,在借鉴各国发展实业经验的基础上,袁世凯全面展开了农业、工业、商业三方面的实业教育活动。

(一)袁世凯在直隶地区的农业教育活动

1902 年 8 月 5 日,袁世凯在省城保定设立农务局,委任道员黄璟管理局务。此后,为发展直隶农业教育,在结合本省情形、借鉴国外经验的基础上,袁世凯做了诸多准备,主要有聘订日本农学士楠原正三来直隶考求种植之法;要求农务局在直隶各地劝办农会;组织人员翻译国外农学教科书 13 种;于保定城西设立农事试作场一所;派黄璟偕同楠原正三前赴日本购办农学器具,就场试验,设学教授,并查考该国农务各新法回直仿行。①

在积极进行农业教育准备的基础上,为系统学习农学理论、培养农业人才、广开兴农风气,袁世凯于 1902 年 12 月在农务局附设农务学堂。

直隶农务学堂分速成、预备两科,速成科学制 1 年,传习种植蚕桑及制造糖酒等农业技术,首批招录 20 人入学,并有"俟头班学生毕业后,续收二班 20 名,旗生 10 名,山东附学 8 名"的规划;预备科学制 5 年,招生规模为 40 人,开设算数、理化、地理、历史、金石、动植物学及各种农学课程。与速成科相比,预备科"科目较备,讲习较精"。②

直隶农务学堂创办后,袁世凯亲手题书"儒通天地人技近道矣,学纵亚欧美艺以贯之"的对联悬挂于学堂正厅。在办学过程中,他还不断札饬直隶藩司切实考查学堂的办学成效、学生学习情况及与地方农业发展的关系等。③

为增加实习及试验场所、提高农业教育成效,除将省城西郊旧有桑秧二百余万株、小站营田旧有稻田四百数十顷并归农务局经理外,袁世凯积极推广种植面积,增加饲养种类,提倡农业改良。此外,他还招垦天津以

---

① 袁世凯:《省城设立农务局片》,沈祖宪:《养寿园奏议辑要》,台湾文海出版社 1966 年版,第 398—399 页。黄璟对日本农业发展状况进行了详细的考察,并将考察见闻逐日加以记载,编为《游历日本考察农务日记》,参见孙雪梅:《清末民初中国人的日本观:以直隶省为中心》,天津人民出版社 2001 年版,第 34 页。
② 朱寿朋:《光绪朝东华录》,中华书局 1958 年版,第 5111 页。
③ 《直督饬知藩司考查农务札文》,《大公报》1905 年 1 月 1 日。

东一带荒地，"以兴地利"。在农务局内"加筹商股，设立烟草公司，仿造烟卷"，鼓励"官商合办，冀收利权"，[①]在一定程度上奠定了直隶农业教育发展的物质基础。

因创办之初就有"农学高等程度"的要求和标准，所以，在办学后的两年内，直隶农务学堂办学层次不断提升，分科逐渐完备，课程内容日益丰富，招生规模持续扩大，1904 年，袁世凯将直隶农务学堂更名为直隶高等农业学堂。

表 1 　直隶农务学堂与直隶高等农业学堂科别、招生规模及课程内容之比较[②]

学堂＼项目	科别	招生规模	课程内容
直隶农务学堂	速成科	20	种植蚕桑及制造糖酒
	预备科	40	算数、理化、地理、历史、金石、动植物学及各种农学
直隶高等农业学堂	高等农学本科	41	英文、桑蚕、农政、三角分析、财政、农产制造等
	中等农学本科	41	英文、代数、养蚕、气象、肥料、作物、化学、土壤、病害、体操等
	中等农林本科	67	修身、国文、英文、算学、历史、地理、矿物、造林、植物、动物、气候、图画、体操等
	林业、农业讲习科	44	不详

由表 1 可知，与直隶农务学堂相比，直隶高等农业学堂科别较为完善、招生规模较大、课程内容更加丰富。科别方面，直隶农务学堂仅有 2 科，而直隶高等农业学堂则有 4 科。招生规模方面，直隶农务学堂速成、预备两科共 60 人，而直隶高等农业学堂 4 科合计达 193 人，是前者的 3 倍有余。课程内容方面，直隶高等农业学堂还开设课程 26 门，是直隶农务学堂课程数的 2.6 倍。

在进行正常农业教育教学工作的同时，直隶高等农业学堂还注重科学研究及农业科学技术的推广。科学研究方面，以蚕桑专业为例，除改良

---

① 袁世凯：《省城设立农务局片》，沈祖宪：《养寿园奏议辑要》，台湾文海出版社 1966 年版，第 489—490 页。

② 沈祖宪：《养寿园奏议辑要》，台湾文海出版社 1966 年版，第 488—491 页。朱有瓛：《中国近代学制史料》第 2 辑下册，华东师范大学出版社 1989 年版，第 177 页。

本国蚕种外,直隶高等农业学堂积极从日本、法国引进 9 类优良品种进行培育、研究,并将研究成果及时推广,应用于蚕桑实践,有效地促进了直隶蚕桑业的发展。为鼓励农学理论的讲求和推广,袁世凯还于 1904 年 9 月 3 日批令进一步改良以蚕桑为代表的种植方法,"华种往往有胜于日种者,蚕桑皆然,可见吾国地方本佳,但少人工新法耳,仰仍认真讲求,加意培养,以开全省风气"①。农业科学技术推广方面,以振兴农业,开通民智为宗旨,直隶高等农业学堂于 1905 年创办了《北直农话报》,设有肥料、蚕学、土壤、森林、畜产、作物、农艺化学、农产制造、气象、园艺、植物病理、病虫、格致、博物、算学等门类,面向全国发行。为提高农学普及效果,该报规定"凡报内各门均演成白话,俾阅者易晓"②。此外,还印发《栽桑捷法》《育蚕捷法》等资料,采用先进技术对土壤成分及农作物进行检测、鉴别,设立农产品陈列所,定期举办农产品评审会,有效地促进了农业科学技术的推广。

直隶高等农业学堂为直隶农业发展培养了为数众多的农学人才,推动了直隶农业经济的发展。办学上的成功为招生及人才招聘提供了便利。

生源方面,除正常招收普通学堂学生外,一些科举出身人员也愿意赴直隶高等农业学堂就学,见表 2。

表 2　科举人员及地方官员就学直隶高等农业学堂科别列举③

姓名	籍贯	入学前出身	就学科别
张凌云	高阳	监生	速成科
张钟瑀	狄县	监生	速成科
王国藩	清苑	监生	速成科
张　泽	房山	监生	速成科

---

①　《高等农业学堂造送比较栽桑捷法成绩分数清折详文并批》,甘厚慈:《北洋公牍类纂》卷 23,台湾文海出版社 1967 年版,第 1727 页。

②　《北直农话报开办简章》,《大公报》1905 年 10 月 21 日。

③　朱有瓛:《中国近代学制史料》第 2 辑下册,华东师范大学出版社 1989 年版,第 177 页。

续表

姓名	籍贯	入学前出身	就学科别
于兰田	博野	附生	速成科
石蒸岚	完县	附生	速成科
赵书楹	深州	附生	速成科
高廷贵	甫鹿	附生	速成科
夏克勤	满城	附生	速成科
陈　震	浙江	北河主簿	速成科

据统计，1902 年直隶农务学堂首届招考时仅有 198 人报名，到 1904 年直隶高等农业学堂时期各地报考者多达 1600 余人，以致因学堂空间狭小，不得不暂借淮军公所作为考场。[①]

人才招聘方面，直隶高等农业学堂不仅将本学堂毕业生留校任职，而且还广泛延聘各类中外专门人才来堂任职，如表 3 所示。

表 3　1909 年直隶高等农业学堂教职员信息[②]

姓名	籍贯或国籍	职务	履历、出身或教育背景
王树善	不详	监督	附贡，候用道
刘元风	山东	庶务长	举人，分省库大使
何文辉	湖南	监学	附贡，候补县丞
张凌云	高阳	会计	监生，直隶高等农业学堂速成科毕业
舒恩庆	浙江	管器具	候补府经历
于兰田	博野	管器具	附生，直隶高等农业学堂速成科毕业
王国藩	清苑	管器具	监生，直隶高等农业学堂速成科毕业
石蒸岚	完县	管器具	附生，直隶高等农业学堂速成科毕业
张钟瑀	狄县	管器具	监生，直隶高等农业学堂速成科毕业
陈　震	浙江	管器具	北河主簿，直隶高等农业学堂速成科毕业

---

①　参见《大公报》1903 年 1 月 3 日，1904 年 9 月 2 日，1904 年 9 月 6 日。

②　朱有瓛：《中国近代学制史料》第 2 辑下册，华东师范大学出版社 1989 年版，第 177 页。

续表

姓名	籍贯或国籍	职务	履历、出身或教育背景
赵书楹	深州	编报	附生,直隶高等农业学堂速成科毕业
张泽	房山	管场	监生,直隶高等农业学堂速成科毕业
高廷贵	甫鹿	管园	附生,直隶高等农业学堂速成科毕业
唐廷选	清苑	医官	监生
周远波	湖南	杂务	监生
夏克勤	满城	杂务	附生,直隶高等农业学堂速成科毕业
黄立猷	湖北	农业教习兼教务长	农科举人,小京官
范裕章	深泽	汉文教习兼教务长	举人,拣选知县
梁奎龄	天津	英文教习	北洋大学堂毕业生
王德涵	蠡县	测量教习	廪生
宋如璋	祁州	理财教习	举人
成振春	江苏	汉文教习	日本农林毕业
王蕃清	清苑	图画教习	直隶高等农业学堂本科毕业
冉杭	清苑	助教习	直隶高等农业学堂本科毕业
马德润	不详	体操教习	北洋陆军速成学堂毕业
高桥太吉	日本	蚕桑教习	日本蚕桑传习所毕业
酒井亲辅	日本	种艺教习	日本骑兵中尉
米仓又记	日本	农学教习	农学得业士

由表3可知,直隶高等农业学堂教职员以直隶籍为主且来源较为广泛。在国别上,学堂教职员中日兼备。在省份上,学堂教职员广泛来源于直隶、山东、江苏、浙江、湖南、湖北等省,当然,直隶籍人数比重较大,占该学堂教职员总人数的64.3%。从教育背景看,学堂教职员毕业于直隶高等农业学堂、北洋大学堂、北洋陆军速成学堂、日本蚕桑传习所等多所教育机构。直隶高等农业学堂跨国、跨省、跨校引进人才的举措,有利于提高教育成效。

事实上,来直隶高等农业学堂任教的日本教习远不止上述3人,据统计,先后在直隶高等农业学堂任教的日本教习多达11人,见表4。

表 4　直隶高等农业学堂日本教习简明情况①

姓名	职务	教育背景	学位	工作经历
楠原正三	总教习		农学士	
山中寿弥	正教习		农学士	福井县农业技师
木下米一	副教习			东京农业大学助手
酒井亲辅	种艺教习	东京高等师范学校毕业		农商务省农商试验场技师
米仓又记	农学教习	盛冈高等农林学校毕业		
高桥太吉	蚕桑教习	东京蚕桑讲习所毕业		岩手县立农学校教员
指宿武吉	教习		农学士	
岩田次郎	教习		农学士	
楢崎一良	教习			
木原金一	教习			
山崎隆一	教习			

袁世凯在直隶地区的农业教育活动特别是创办农业学堂的活动在中国近代农业教育史上产生了积极的影响。

袁世凯的农业教育活动促进了直隶农业教育的发展,其发展水平居于全国领先地位(见表 5)。

在袁世凯的重视和推动下,直隶各地农业教育机构得以次第创办,截至 1911 年,直隶已创办各类农业学堂 11 处。除农业学堂外,还成立了诸多各类农业教育机构。如 1907 年天津种植园附设农业练习所,河间府设农业讲习所,1909 年顺天府设京师蚕业讲习所,1911 年肃宁县设蚕桑讲习所等。毋庸置疑,直隶地区各类农业教育机构的涌现,为该地农业发展培养了为数众多的农业科学技术人才。②

与此同时,在袁世凯兴办农业学堂、讲求农学知识活动的影响下,直

---

① 汪向荣:《日本教习》,中国青年出版社 2000 年版,第 80—81 页。朱有瓛:《中国近代学制史料》第 2 辑下册,华东师范大学出版社 1989 年版,第 177 页。

② 这可从直隶地区农业教育机构的招生状况中窥见一斑:直隶农务学堂从 1902 年至 1904 年共招生 100 名。从 1904 年 7 月至 1911 年,直隶高等农业学堂前后共招收各类学生 487 名。天津种植园农业练习所自 1907 年开始招生,每年招生 20 人。顺天府中等农业学堂从 1909 年开始招生,每年定额 100 名,学生数仅次于直隶高等农业学堂。据不完全统计,1906 年直隶全省共有农学堂在堂学生 180 人;1907 年 235 人;1908 年 274 人;1909 年 372 人。参见《大公报》1906 年 6 月 26 日;清学部总务司:《第一次教育统计图表(1907)》,《第二次教育统计图表(1908)》,《第三次教育统计图表(1909)》。

隶各地兴起一股讲求农学之风。例如,香河县令唐某"就县城设立阅报公所两所,并购农学新书数十种,分交两所传观,以开民智"[①]。高阳王毓斌"设夜课以教农家子弟"[②]。栾城县文大令"就各处学堂讲室分设宣讲所,即以五区劝学所学员轮流宣讲各报及奉发农学各书,并令乡农于树艺苟有心得皆可互相考究,以换智识,又于高等小学堂内设阅报处,置备各报,任人观览"[③]。丰润县令马为瑗"因公下乡,见有产棉者均不得其法,遂会商乡耆,细为根究底蕴,测其地理,辨其土性,度其形势,劝谕绅耆随时讲谕……并购有农话报册,设立宣讲所,延请学术勤奋、通晓农学者数人,用白话文逐日讲说,并设有长条木凳,任农夫野老坐而观听"[④]。此外,省城保定大慈阁宣讲所内每星期三试办演说,演说有关发展农业的新理、新法,"以唤起农民改良进步之思想"。农学的讲求和推广,以及对农业科学技术的普及,有效地促进了直隶地区的农业改良。

表5　1907—1909年直隶高等农业学堂、学生数及其在全国的比重及位次[⑤]

年份	学堂数	占全国总数比例	学生数	居全国位次	占全国总数的比重(%)
1907	1	1/4	135	1	29.4
1908	1	1/5	142	1	28.8
1909	1	1/5	149	1	28.1

(二)袁世凯在直隶地区的工业教育活动

"各国致富之源,胥由商务,而非讲求工艺无以为商务之先驱。"[⑥]在发展农业、兴办农业教育的同时,袁世凯也注重发展工业、致力于直隶工业教育的兴办。

---

① 《东方杂志》1904年第8期。

② 《东方杂志》1907年第4期。

③ 《东方杂志》1907年第9期。

④ 《丰润县马令为瑗详覆种植情形暨送棉花奖单文并批》,甘厚慈:《北洋公牍类纂》卷23,台湾文海出版社1967年版,第1796页。

⑤ 琚鑫圭等:《中国近代教育史资料汇编·实业教育·师范教育》,上海教育出版社1994年版,第51—63页。

⑥ 袁世凯:《胪陈筹办工艺渐著成效折》,沈祖宪:《养寿园奏议辑要》,台湾文海出版社1966年版,第673页。

1902 年督署移津后，为统筹管理直隶全省工业，袁世凯筹设工艺局，委派道员周学熙"综理局务"。同年，以培养工业人才为宗旨，袁世凯聘日本工学士藤井恒久及徐田、孙凤藻等人厘定课程，拟订《工艺学堂暂行章程》，饬令天津道员凌福彭由直隶银元局拨银 25000 两作为开办经费，选定天津旧城东南角草厂庵为校址，筹建直隶工艺学堂。

1903 年 2 月 16 日，袁世凯批准凌福彭呈交的《天津府凌禀开办工艺学堂章程经费文》，禀文称："现已将草厂庵旧有房屋一面赶紧修葺，一面招考学生 30 名。"预计"开办经费约需 36000 余金，常年经费每岁约需 23000 余金"。①

1903 年 3 月 19 日，直隶工艺学堂开学典礼得以顺利举行，周学熙任总办，张柢为会办，藤井恒久为教务长，赵元礼任庶务长，单晋和任董理，教员有徐田、孙凤藻等人。

直隶工艺学堂招生规模限额 120 名，开设化学、染织及普通各科课程，分正科、速成两科，其中正科招收中学堂毕业生，学制 3 年，英文授课，设有应用化学、机器学等专业。速成科招收小学堂毕业生，学制 2 年，日文授课，设有制造化学、意匠图绘等专业。根据学生的年龄及资质分高等、寻常两级进行教学，"其秀颖者，课以精深之理法，庸钝者，授以浅近之技能"②。

为开阔师生视野，袁世凯于 1903 年 5 月委派藤井恒久率领教员、学生 19 人赴日本长崎、神户、大阪、京西、东京等地游历，考察学堂、工厂并参观了大阪博览会，历时两个月。③

1903 年 9 月，京旗练兵处咨送八旗学生 37 名附学。11 月，直隶工艺学堂又招新生 70 余名，在校生规模达 130 余名，中外教员 13 人。

在袁世凯的努力下，直隶工艺学堂学科门类日益齐全、课程内容不断丰富，学制年限逐步延长，1904 年，直隶工艺学堂迁址河北窑洼后正式更名为直隶高等工业学堂。

---

① 转引自丁德全：《承德石油高等专科学校志》(1903—2003)，石油工业出版社 2003 年版，第 10 页。

② 袁世凯：《直隶筹办农工诸政情形折》，沈祖宪：《养寿园奏议辑要》，台湾文海出版社 1966 年版，第 490 页。

③ 参见甘厚慈：《北洋公牍类纂》卷 20，台湾文海出版社 1967 年版，第 1499—1501 页。

表6　直隶高等工业学堂学科门类、课程内容及学制年限一览①

学科门类		应用化学科、机器科、图绘科、化学专科、图绘专科
课程内容	应用化学科	人伦道德、应用化学、电气化学、电气工学、制造用机器实修、三角术、图画、汉文、体操
	机器科甲班	人伦道德、应用力学、机器学、代数、几何、三角术、立体几何、解析几何、英文、英读本、化学实修、汉文、体操
	机器科乙班	人伦道德、应用力学、机器学、代数、几何、三角术、用器画、英文、化学实修、汉文、体操
	图绘科	人伦道德、水彩画、写生画、毛笔画、用器画、雕塑、美术史、植物、动物、日文、英文、汉文、体操
	化学专科	应用化学、分析化学、机器学、算学、代数、日文、汉文、实修、体操
	图绘专科	毛笔画、水彩画、写生画、用器画、雕塑、教授法、解剖学、三角术、化学、日文、机器学、体操
学制年限		正科4年;速成科3年

随着办学层次的提升,袁世凯对直隶高等工业学堂的师资建设也提出了更高的要求,他设法充实和优化师资队伍。这可从1909年直隶高等工业学堂的教职员名录中窥见一斑,见表7。

由表7可知,直隶高等工业学堂教职员广泛来源于直隶、河南、安徽、浙江、湖北、广东、广西、贵州等省,外省人数多达11人,占直隶高等工业学堂教职员总数的42.3%。这一方面说明,袁世凯广延人才的努力获得了较大的成功;另一方面也说明,直隶高等工业学堂因办学颇具成效而广泛吸引了各省人才的加盟。此外,在国别上,直隶高等工业学堂外籍教职员的延聘范围由以往的日本一国扩充至英、美、日三国,这无疑有助于广泛地学习国外先进工业技术。

---

① 沈祖宪:《养寿园奏议辑要》,台湾文海出版社1966年版,第488—491页;朱有瓛:《中国近代学制史料》第2辑下册,华东师范大学出版社1989年版,第178页。

表 7　1909 年直隶高等工业学堂教职员信息[1]

类别	姓名	籍贯或国籍	职务或执教科目	履历、出身或教育背景
职员	周学熙	安徽	总办	举人,天津海关道
	邢　端	贵州	监督	翰林院检讨
	施肇祥	浙江	坐办	工科举人
	俞象颐	大兴	斋务长	盐大使衔
	孙凤藻	天津	庶务长	育才馆毕业
	张　斌	献县	文案	廪贡
	王自行	湖北	学务官	附生
	李开瑾	天津	会计	府经衔
	周　鼎	广西	掌书	候选州同
	籐田语郎	日本	医士	医学专门毕业
	郭春泽	天津	杂务	监生
	丁瀚章	天津	书记	文童
	于凤桐	天津	书记	监生
	郭宗汉	天津	书记	不详
教员	顾　琅	河南	教务长	翰林院庶吉士
	卜　郎	美国	化学	大学毕业
	葛类姆	美国	机器	大学毕业
	袁　翼	浙江	化学制造	日本高等工业毕业
	赵济舟	浙江	博物	日本师范毕业
	松长长三郎	日本	图绘	美术学校毕业
	徐　田	广东	英算	北洋大学毕业
	何贤樑	广东	英算机器	福建船政学堂毕业
	武鸿勋	广东	体操	日本体育会毕业
	杜大麒	静海	英算物理	广东水陆师学堂毕业
	李鹤鸣	天津	汉文	附生
	王映庚	保定	汉文史地	举人,师范毕业

1904 年 8 月,直隶高等工业学堂考选学生 13 名分入日本农、工学校学习。1908 年 9 月,又选派化学、机器速成科学生 19 人分往日本京西、大

---

① 朱有瓛:《中国近代学制史料》第 2 辑下册,华东师范大学出版社 1989 年版,第 178 页。表中两位日本教习姓名疑有误,在《日本教习》一书中,"籐田语郎"写作"藤田语郎","松长长三郎"写作"松永长三郎"。此外,除这两位日本教习外,直隶高等工业学堂尚聘有长岛忠三郎、宫崎良荣、驹井於菟、中泽政太等人。参见汪向荣:《日本教习》,中国青年出版社 2000 年版,第 84 页。

阪等处各工厂实习。[①]

　　为了提高工业教育成效,袁世凯还在筹设工艺局、兴办工艺学堂的基础上陆续开办了考工厂、教育品陈列馆及实习工场,详见表8。

表8　1902—1905年袁世凯开办考工厂、教育品陈列馆及实习工场情况[②]

	宗旨	启发工商智识	
考工厂	依据	日本章程	
	措施	收采本省、外省、外国各货品,依类陈列,纵人观览	
	人事设置	分设会计、庶务、度设、考察、图绘各司主其事	
	月活动	每月演说工商各要理,试验理化各用法,以广人见闻	
	年活动	每年访求各处工业制品,比赛优劣,以鼓舞奖励之	
	经费开支	开办经费、楼房、货品各项用银	2.8万两
		常年经费需银	2.4万两
		派员调查及续购品物需银	1万两
		尚须添建房合、增置图书需银	3万两
教育品陈列馆	宗旨	浚发学识、教育实验	
	陈列物品	中外各种教科书籍、仪器、标本、模型、图表	
	陈列方式	分科陈设,标签贴说以备各学校管理者考览谘询	
	措施	应用教育品,即令渐次仿制,并派员分驻外洋查考最新品物,随时购运	
	附设机构	藏书室及讲堂	
	用途	俾各学堂教员、学生休息期内来馆讲习	
	经费开支	开办经费用银	2万两
		常年经费需银	0.8万两
		此后每年添购品物,增厂房舍需银	0.5万两
实习工场	宗旨	传习手艺,提倡各项公司	
	性质	备高等工业学生之试验场兼参仿艺徒学堂章程,为各公司取才之地	
	工徒规模	额设200名	
	分设科目	分染色、织布及木、金、缝纫及化学制造各科	
	措施	每一科艺成,即劝谕绅商集股设立公司	
	成效预期	现天津织染、缝纫公司业经集股开办,外属各州县亦多领机试办,并送徒来津学习,以后公司愈多,商力日厚,当有成效可观	
	经费开支	开办经费用银	1.5万两
		常年经费需银	3.6万两
		此后续增厂舍、添置机器需银	3万两

---

　①　天津社会科学院历史研究所:《天津历史资料》,1981年,第9页。

　②　沈祖宪:《养寿园奏议辑要》,台湾文海出版社1966年版,第488—491页。

由表 8 可知，考工厂、教育品陈列馆及实习工场各有宗旨、各具效用，而且均有工业教育的显著特征，其中考工厂重在启发商人智识，使其于"工之良窳，价之贵贱，货之销滞，皆可一一研究，以资感发"①，有利于促进商品的完善，间接推动工业教育的发展。教育品陈列馆重在陈列教育所需的各类用品，供学校管理者"考览谘询"，借以"浚发学识"，有利于促进教育用品生产工艺的改良，满足各类学校教育发展的物质需求，其意义已经超出了工业生产范畴并扩大至教育领域。实习工场则侧重于工业试验，是工业教育的实践场所。通过实践历练，学生们可以深入理解所学工业理论，使理论与实践相得益彰，有利于提高工业人才培养的质量。整体来看，无论是考工厂还是教育陈列馆，均较为注重吸取国外经验，不仅体现在实物的引进与仿制上，而且反映于章程的参照与借鉴上。总之，考工厂、教育陈列馆及实习工场的开办，拓宽了工业教育的途径，扩大了工业教育的场所，提高了工业教育的成效，它们在一定意义上成为直隶工业教育必要而有益的补充。

以考工厂为例，该机构一经开办随即引起了民众的广泛关注，"天津考工厂系于正月初六日开场，任人入览，计至正月底止，共发优待票三百五十七名、普通入场票四千七百二十九名，星期妇女入观者四千八百五十九人，该场陈列品之售出者共一百四品，其中以天津习艺所为多"②。不仅如此，天津考工厂还采用开办劝业展览会的方式吸引民众及工商界人士的注意，"丙午冬季天津考工厂设立内国劝业展览会，自十月初七日开会至十五日止计九日，到会观览者约十五万余人，各工商家售入货价约共三万余金。嘻盛矣！计到会出品陈售之工商业各店号约一百数十家，分陈十二场。"③应该说，作为民众了解、关注工业教育的重要窗口，天津考工厂有效地推动了直隶工业教育的发展。

袁世凯的上述活动在较大程度上促进了直隶地区工业教育的勃兴，促使直隶地区工业发展水平位列全国前茅。

在直隶工艺学堂、直隶高等工业学堂办学成效的影响及袁世凯的支

---

①　袁世凯：《直隶筹办农工诸政情形折》，沈祖宪：《养寿园奏议辑要》，台湾文海出版社1966 年版，第 490 页。

②　《东方杂志》1905 年第 5 期。

③　《东方杂志》1907 年第 5 期。

持和倡议下,直隶各地兴起了一股发展工业教育之风(见表9)。

表9　清末新政期间直隶各地工业兴学状况概览①

时间	地区	兴学人	兴学内容
1904.11	天津	津绅穆云湘	创办民立第三半日蒙学堂工艺厂,专择民立第三半日蒙学堂中学生年纪稍长者,教以织布等艺,使之半日读书,半日习艺
1905.3	天津	当地绅商	集资创立工艺学堂,在太义门、朝阳观两处分别建设
1905.3	天津	严修	假津郡城隍庙开办教育品陈列场,陈列理化仪器博物标本多种,供人观察
1905.9	保定	地方官	设习艺所,将城乡流氓乞丐除老弱残疾不能习艺另送善堂收养外,其余悉令入所学习工艺,以恤穷民而兴实业
1906.1	清苑县	不详	特设一艺徒学堂,学习造纸、作白墨等艺
1906.10	天津	张席臣等人	在天津河东民立第六半日小学堂内附设铅笔工厂,招生学习,半日授课,半日练习
1906.12	长垣县	地方官	设立罪犯习艺所,聘用工师教以织布、织带、编席等艺,并于工暇授以浅近文字,演讲国民必读息讼歌各一段,以化刁顽
1906.12	天津	高树南	在天津河北地方广济补遗址筹建民立第二艺徒学堂,教育鳏妇之子
1906.12	天津	石元士	筹款在天津县属杨柳青地方设立校舍,名曰天津民立第三艺徒学堂
1907.1	磁州彭城镇	不详	创设瓷业试验场,规定凡瓷行中人,均可入内观览
1907.6	天津	当地官商	集资三万元创办北洋讲艺有限公司并附设学堂一所,专以开风气、杜漏卮为宗旨
1907.9	邢台县	龚大令彦师	就试院基址创办实业学堂一所,其功课先以就地所有料物入手
1907.11	景州	牧令严以盛	在城内设宣讲所,附设半夜学堂,以便贫家子弟得于营业之暇入学肄习
1907.11	大兴县	当地官员	筹款创办工艺学堂一区,每日昼班学习各种手工,夜班学习体操、算学、识字三门

在直隶工艺总局的倡导和直隶工艺学堂、直隶高等工业学堂以及实习工场的示范下,直隶全省工业局、工业学堂及各类工厂大量涌现。

---

① 《东方杂志》1904年第4期。

工业局所方面,截至 1907 年,在直隶一百四十二府、厅、州、县中开办工艺局、所、厂等八十五处,资本总额(除十八个场、所不详外)为库平银四十二万五千二百余两。[①] 据统计,截至 1907 年,直隶各类工业局所多达二百十五处,详见表 10。

表 10　1907 年全国各省工业局、所数概览[②]

省份	工业各局	工业各种传习所	劝工场	公、私建设各工厂	合计
直隶	165	3	2	45	215
奉天	5	12		5	22
吉林	1	6		1	8
黑龙江	1	7		1	9
江苏	2	8	1	21	32
安徽	1	1	1		3
山东		116	1	14	131
山西	1			8	9
河南	1			12	13
陕西	14	12	1	12	39
甘肃	6	49		6	61
新疆		5			5
浙江	19	20		12	51
江西	7	76	4	10	97
湖北	1	7		26	34
湖南	1	2		2	5
广东	2	21	1	41	65
广西	1	14			17
云南		83		10	93
贵州				2	2
福建		8		10	18
四川		73		7	80
合计	228	523	11	247	1009

由表 10 可知,1907 年直隶工业局数、劝工场数、公私建设各工厂数及

---

① 周小鹃:《周学熙传记汇编》,甘肃文化出版社 1997 年版,第 345 页。
② 彭泽益:《中国近代手工业史资料 1840—1949》第 2 卷,中华书局 1962 年版,第 576 页。

工业局所总数均位列全国之冠,分别占全国总数的 72.4％、18.2％、18.2％和 21.3％。事实上,以直隶为中心的河南、山东、山西等北方省份的工业局所总数多达 368 处,远远超出以湖北为中心的南方诸省。这表明,袁世凯在直隶地区的工业教育活动推动了北洋地区工业及工业教育的发展。

工业学堂方面,从 1907 年至 1909 年,直隶高等、初等工业学堂及学生数均位居全国前列,如表 11 所示。

表 11　1907—1909 年直隶高等、初等工业学堂、学生数及其在全国的比重及位次[①]

项目	高等工业					初等工业				
年份	学堂数	占全国总数比例	学生数	居全国位次	占全国总数的比重（％）	学堂数	居全国位次	学生数	居全国位次	占全国总数的比重（％）
1907	1	1/3	154	2	34.3	11	1	321	2	19.4
1908	1	1/7	97	5	8.2	11	1	356	2	15
1909	1	1/7	94	6	8.3	8	1	258	3	10.1

(三)袁世凯在直隶地区的商业教育活动

除大力发展农业、工业教育外,袁世凯还较为重视发展直隶商业教育,这可从直隶学务处关于设立商业教员讲习所的呈文中获悉:

> 为呈复事,案奉宫保札开:照得《学务纲要》内开,各省宜速设实业学堂,如通商繁盛之区,宜设商业学堂等因。天津为北洋巨埠,亟宜创设此项学堂;且直隶农工两项学堂业已开办数年,独商学尚付阙如,亦合埠巨商之耻也。定章:商业学堂有高等、中等、初等之别,又有补习、普通学堂以为阶,立法颇为简易。应按照定章科目,酌量程度,专设此项学堂。查商务总会禀定章程第二十七条,本有筹费设学等语。须知商战时代,非力学自强,则智识技能不足抗外力而图内治。仰该会筹定经费,条议章程,商同该处延聘教员,复核呈夺。除

① 陈学恂:《中国近代教育史教学参考资料》,人民教育出版社 1987 年版,第 298—299、316—317、333—334 页。因清末教育统计图表对直隶 1907 年、1908 年、1909 年的中等工业学堂数及学生数未作载录,因而无法对此进行分析。

分行外,合行札饬。札到该处,即便查照,此札。等因。①

以上呈文说明,袁世凯主张在天津设立商业学堂,发展直隶商业教育。按照袁世凯的要求,直隶学务处于1905年制订了发展天津商业教育的思路、步骤及措施:

> 伏思津郡为北洋巨埠,此项商业学堂自应亟为筹设,惟现今通晓商学者甚鲜,欲组织高等商业学堂,非一时所能骤致;惟先从初等、中等入手,以期循序渐精,而尤以预储实业教员为第一要义……应即由本处商同天津商务总会,查照《奏定学堂章程》,先于津郡筹设商业教员讲习所,以养成商业教员。一面设立商业补习普通学堂,为商业教员讲习所实地练习之助,且以补各半日学堂教育之不及。②

1906年7月,天津中等商业学堂在长芦育婴善堂旧堂乙部废址上顺利开办。开办之初,袁世凯随即要求在堂内附设实业教员讲习所,以便快速造就商业教育所需要的师资,"所需教员,即从讲习所遴选派充"③。如此,将培养中等商业人才与造就商业教育师资有机地结合起来。

因天津中等商业学堂的商业属性及毕业生的商业领域去向,天津商会主动承担起筹措办学经费的任务。事实上,早在其成立之初,天津商会便在《津埠商会试办章程》中表达了筹款设学的愿望:"商学不讲,率多遇事牵制。本会拟妥筹经费,设立商务学堂,造就人才,以维商务。"④据统计,在天津商会的倡议和组织下,从1906年至1911年,天津商界共向天津中等商业学堂捐款32笔,计现洋32000余元。⑤ 其中学堂"每年经费6000余元,除由芦纲公所纲总诸君每年公捐2000元外,其余4000元概由

---

① 《本处议设商业学堂先就商埠设立商业教员讲习所储教员呈请示遵禀并批》,琚鑫圭等:《中国近代教育史资料汇编·实业教育·师范教育》,上海教育出版社1994年版,第162—163页。

② 《本处议设商业学堂先就商埠设立商业教员讲习所储教员呈请示遵禀并批》,琚鑫圭等:《中国近代教育史资料汇编·实业教育·师范教育》,上海教育出版社1994年版,第162—163页。

③ 《本处议设商业学堂先就商埠设立商业教员讲习所储教员呈请示遵禀并批》,琚鑫圭等:《中国近代教育史资料汇编·实业教育·师范教育》,上海教育出版社1994年版,第162—163页。

④ 天津档案馆:《天津商会档案汇编1903—1911》上册,天津人民出版社1989年版,第48页。

⑤ 王兆祥:《天津商会与商业学堂教育》,《历史档案》2008年第8期。

王观察竹林（商会总董）本身捐助"①。

为加强管理，参照《直隶中学堂暂行章程》，天津中等商业学堂制定了《考试章程》《学生履历册》《功课分数册》《请假旷课册》等各项规章。招生方面，天津中等商业学堂主要以各行商子弟为对象，增强了教学活动的针对性。学堂分设简易、完全两科，学制分别为 2 年和 5 年。教学方面，天津中等商业学堂采取分班授课的方式，每班规模控制在 30 至 40 人，开设读经、修身、商业地理、珠算、英文、体操等课程，内容不能算多，但对商业教育来说，均较为必要。毕业考试方面，主张"简化手续"，规定商会派员"莅堂监视"，毕业文凭须"加盖商会关防"。② 强调商会的监督与管理，有助于从整体上促进教育教学质量的提高。毕业之时，天津中等商业学堂将学生或推荐至本校完全科及其他高等商业学堂继续深造，或保送至本地各行号、派赴津外各盐务，或鼓励其自行创业，方式多样，渠道多元。截至 1910 年，天津中等商业学堂已毕业学生 100 余名。据统计，该校 1908 年、1910 年的毕业生，许多直接分配到天津的各家商号，如德瑞号、万丰号、合泰号、洽源号、复合真、志诚银行、瑞林祥钱铺等，而 1910 年一届毕业生分配到敦庆隆绸缎庄的就有 5 人。这些毕业生在各自的商业岗位上发挥了自己的学业专长。③

天津中等商业学堂创办后不久，为完善直隶商业教育体系、实施既定的商业教育发展规划，袁世凯要求筹办初等商业学堂。为此，天津商会专门向商部提出了设学申请："惟学堂有中初之别，学业有深浅之分，既设商业中学，自应举办初等，以备升进之阶。"④在天津商会的"广为劝导"下，王永泰等绅商呈请筹款创办民立初等商业学堂，"所有常年经费，除由庙租酌提外，统由职等筹摊。应俟款项有余，再为扩充"⑤。他们的呈请得到天津商会的支持，并积极为其禀请立案。农工商部批复道："该商等热心公

①　天津档案馆：《天津商会档案汇编 1903—1911》上册，天津人民出版社 1989 年版，第 189 页。

②　王兆祥：《天津商会与商业学堂教育》，《历史档案》2008 年第 8 期。

③　王兆祥：《天津商会与商业学堂教育》，《历史档案》2008 年第 8 期。

④　天津档案馆：《天津商会档案汇编 1903—1911》上册，天津人民出版社 1989 年版，第 176 页。

⑤　天津档案馆：《天津商会档案汇编 1903—1911》上册，天津人民出版社 1989 年版，第 177 页。

益,创办初等商业学堂,以为升入中学之基础,殊堪嘉许,详核所拟章程,亦属妥协,自应准其立案。"[1]

在袁世凯的敦促、天津商会及王永泰等绅商的努力下,天津民立初等商业学堂于 1907 年 11 月 29 日在后天宫成功开办。

天津民立初等商业学堂以造就商业人才为宗旨,"开办经费及常年经费由创办人及天后宫住持道人筹措","学堂一切开支清册,年终送商务总会审核,随后由商会转商部存档",[2]学费"概不收取",具有显著的"官督民营"性质。学堂以小学堂毕业生为教育对象,定额 40 人,规定"如各小学毕业生不敷额数,由他处招生考取"[3]。开设读经、修身、商业地理、新关则例、珠算、笔算、尺牍、中外簿记、习字、英文、体操等课程。聘有中文教师 2 名,外语、体操教师各 1 名,庶务兼书记 1 名,外聘名誉经理、名誉监学各 2 名。学生三年毕业,毕业后经考验合格,"愿在商业学堂进求实学者,保送中等商业学堂;意欲就业谋生者,保送各洋行习学行务"[4],兼顾了学生升学与就业两方面的不同需要。

天津民立初等商业学堂的创办及正常运作,在培养初等商业人才的同时为天津中等商业学堂提供和输送生源,保证了商业教育活动的延续性,形成了初等、中等贯联一体的商业教育体系。

为扩大商业人才培养规模,在商埠天津发展商业教育的同时,袁世凯还在教育基础较好的保定发展商业教育,保定商业学堂因此应运而生。

1906 年 6 月,袁世凯任命冯国璋为督办、廖宇春为监督,延聘中外教员,在保定开办商业学堂。

为节省开支,开办之初,保定商业学堂先行借用院署东官厅开办。开办经费 3400 两,常年经费 6000 两,均由武学官书局筹拨。学费概不收取。学堂每年招录 50 名小学堂毕业生入学,另行招考新生 50 名,定额

---

① 天津档案馆:《天津商会档案汇编 1903—1911》上册,天津人民出版社 1989 年版,第 179 页。

② 天津档案馆:《天津商会档案汇编 1903—1911》上册,天津人民出版社 1989 年版,第 177—179 页。

③ 天津档案馆:《天津商会档案汇编 1903—1911》上册,天津人民出版社 1989 年版,第 77 页。

④ 天津档案馆:《天津商会档案汇编 1903—1911》上册,天津人民出版社 1989 年版,第 178 页。

100 名,开设商业道德、商业通论、商业泛论、法律概论、经济学、理财学、簿记学、商品学、商业经营法、商业要项、商业算学、国文、格致、绘图、理化学、历史、中国实业史、地理、函读规则、英文、东文、体操等课程。

作为实业教育的重要组成部分,袁世凯在直隶地区的商业教育活动在中国近代商业教育史上产生了较为重要的影响。

保定商业学堂、天津中等商业学堂等商业教育机构的创办及正常运作在较大程度上促进了直隶各地商业教育的勃兴,使得该地区商业教育发展水平位居全国前列,见表 12、表 13。

表 12　清末直隶各地商业教育机构统计①

创办时间	机构名称	校址	创办者	办学规模（人）
1906.6	保定商业学堂	保定	袁世凯	100
1906.7	天津中等商业学堂	长芦育婴堂	天津商会	40
1906.7	秦皇岛商业补习学堂	秦皇岛	秦皇岛商会	
1906.10	天津商务半夜学堂分校	城隍庙	天津商务半夜学堂教职员	60
1906	天津商业劝工会	天后宫	天津商会	
1906	天津第一商务半夜学堂	西宣讲所	天津绅商	60
1906	天津半日营业学堂	西马路	天津商会	100
1906	高阳初等商业学堂	高阳	高阳商会	40
1906	磁州商业宣讲所	磁州	磁州商会	
1907.11	天津民立初等商业学堂	后天宫	王永泰等人	40
1907.11	天津第一初等商业学堂	过街阁	天津商会	
1907.11	唐山华英商务学堂	唐山郭家庄	职商陆茂光	
1907	天津第四商务半夜学堂	药王庙	天津绅商	44
1907	天津广育第一半夜学堂	施馍厂	天津商会	75

---

①　王守恂:《天津通志》下册,南开大学出版社 1999 年版;《东方杂志》,1906—1909 年;天津档案馆:《天津商会档案汇编 1903—1911》上册,天津人民出版社 1989 年版,第 77 页。

续表

创办时间	机构名称	校址	创办者	办学规模（人）
1907	天津广育第二半夜学堂	过街阁	天津商会	40
1907	天津广育第三半夜学堂	西方庵	天津商会	20
1907	磁州商业半夜学堂	磁州彭城镇	磁州各行商	
1908	天津私立钱业补习学校	鼓楼北	天津绅商	
1909	高阳中等商业学堂	高阳	高阳商会	100
1909	顺德商人研究所	顺德	顺德商会	
1910	天津民立第五半日学堂	天后宫	天津绅商	21
1911	天津华商工会小学堂	紫竹林	天津绅商	

表 13　1907—1909 年直隶中等、初等商业学堂、学生数及其在全国位次①

年份\学堂	中等商业学堂				初等商业学堂			
	学堂数	位次	学生数	位次	学堂数	位次	学生数	位次
1907	2	2	100	5				
1908	2	1	127	3	4	1	225	1
1909	3	1	130	5	4	1	169	3

二、袁世凯地方实业教育活动的影响

作为直隶地方新政的重要内容，袁世凯农业、工业和商业教育活动主要具有以下两个方面的影响：

其一，在整体上推动了直隶实业教育的发展，取得了领先全国的教育成就（见表 14）。

---

① 琚鑫圭等：《中国近代教育史资料汇编·实业教育·师范教育》，上海教育出版社1994 年版，第 51—53、56—58、61—63 页。之所以选择中等、初等商业学堂作为考察对象，是因为从 1907 年至 1909 年直隶高等商业学堂尚属阙如。1911 年，直隶总督陈夔龙奏请将北洋师范裁并直隶师范学堂，就其校址开办直隶高等商业学堂。

表 14 1907—1909 年直隶实业学堂、学生数及其在全国的位次①

年份	学堂数	居全国位次	学生数	居全国位次
1907	20	2	810	3
1908	23	3	1079	4
1909	23	3	1023	6

可见，从学堂数及学生数两个指标看，1907—1909 年直隶实业教育发展居于全国先进水平，学堂数及学生数是衡量教育发展水平的重要指标，表 14 的统计结果是在综合分析清末学部系统调查全国实业教育状况基础上得出的，比较客观地反映了袁世凯对直隶实业教育发展的重要贡献。

其二，对清末各省实业教育发展及中央实业教育章程的制订起到了一定影响和促进作用，从而在整体上推动了清末实业教育的发展。

袁世凯在直隶地区的实业教育活动起步较早且卓有成效，因而其实业教育经验和实践不仅为全国多数省份所效法，而且受到了中央相关部门的关注和重视。

蓬勃发展的实业教育使得直隶一时成为清末新政的"权舆之地"，以致"各行省咸派员视察，藉为取法之资"。②例如，湖南巡抚岑春蓂在奏请扩充农业学堂、添设农、林两科时曾明确提出借鉴直隶的办法，"至学堂系以中等农业标称，程度当占优势，科目即当求完备，议定于原有蚕桑之外，添设农林两科，遴员分赴直隶、湖北等省考察办法"③。1905 年 9 月，商部在遵旨开办艺徒学堂时主张考选艺徒、遣送北洋学习技艺，"艺徒学堂拟即作为初等工业学堂，附属高等实业学堂内办理，即于该堂左近建筑工场，考取艺徒二百名，聘订技师，分科教授，并于其中遴选聪颖艺徒二十名，资遣北洋等处工厂学习，俟学成调回，备充班长之选，于教授艺徒尤有

①　陈学恂：《中国近代教育史教学参考资料》下册，人民教育出版社 1987 年版，第 298—299、316—317、333—334 页。

②　甘厚慈：《北洋公牍类纂续编》序，台湾文海出版社 1990 年版。

③　《湖南巡抚岑春蓂奏扩充农业学堂情形折》，琚鑫圭等：《中国近代教育史资料汇编·实业教育·师范教育》，上海教育出版社 1994 年版，第 108 页。

裨益"①。1906 年，鉴于袁世凯在直隶实业教育中所取得的巨大成就，御史王步瀛奏请推荐其负责筹办直隶、山西、山东、河南、陕西五省实业学堂：

> 实业不兴，民穷必涣，受害尤切……为今之计，惟有会同直隶、山西、山东、河南、陕西五省，速在河北合立一实业学堂，期以收利权而厚国基……顾兹事体重大，规模必须壮阔，创始颇难其人，非公忠体国不能破畛域之见，非勇敢有为不能收利益之实。臣久蓄此志，蕴而未发，迨见直隶督臣袁世凯器识宏远，心力果毅，其发谋出虑，类思为国家永求治安，以之办理此事，必可成效在握……应请旨饬下直督臣统筹大局，注重京畿，罔辞怨劳，力任艰巨，速在河北设立五省实业学堂一所，可否即命曰拱北实业学堂，举凡一切创办事宜，胥归主持。②

事实上，袁世凯的实业教育活动及成效不仅受到各省督抚及农、工、商部的青睐，而且引起了清廷学务大臣的关注和重视，并在拟订实业教育章程时加以借鉴和吸收。

无论是直隶农务学堂还是直隶工艺学堂，其创办时间均比奏定实业学堂章程的颁布要早。③ 直隶为"近畿之地"，其各项新政改革措施在客观上会迅速对京师产生影响。此外，除担任直隶总督兼北洋大臣外，袁世凯还兼任中央多项要差，与张百熙、荣庆、张之洞等学务大臣们过从甚密，这些均为他们在拟订实业学堂章程时借鉴直隶实业教育经验与实践提供了可能。例如，学务大臣们在拟订奏定中等、高等工业学堂章程时就从办学宗旨、招生、分科、专业设置、课程安排、学制年限等方面借鉴了直隶工艺学堂、直隶高等工业学堂的办学经验，详见表15。

---

① 《商部奏遵旨添设艺徒及中等工业学堂并酌拟办法折》，璩鑫圭等：《中国近代教育史资料汇编·实业教育·师范教育》，上海教育出版社 1994 年版，第 122—123 页。

② 《御史王步瀛奏请饬直隶山西山东河南陕西合办实业学堂折》，璩鑫圭等：《中国近代教育史资料汇编·实业教育·师范教育》，上海教育出版社 1994 年版，第 79 页。

③ 直隶农务学堂、直隶工艺学堂皆创办于 1902 年，奏定实业学堂章程颁布于 1904 年。

表 15　直隶工艺学堂、高等工业学堂、奏定中等、高等工业学堂章程的办学宗旨、
招生、分科及专业设置、学制年限规定之比较[①]

学堂或章程	直隶工艺学堂	直隶高等工业学堂	奏定中等工业学堂章程	奏定高等工业学堂章程
办学宗旨	培养工业人才	培养高等工业人才	以授工业所必需之知识技能,使将来实能从事工业为宗旨	以授高等工业之学理技术,将来可经理公私工业事务,及各局厂工师,可充各工业学堂之管理员、教员为宗旨
招生对象	速成科:小学堂毕业生;正科:中学堂毕业生	中学堂毕业生	已习高等小学之毕业学生	已习普通中学之毕业学生
分科及专业设置	正科:应用化学、机器学;速成科:制造化学、意匠图绘	正科:应用化学科、机器科、图绘科;速成科:化学专科、图绘专科	本科:土木、金工、造船、电气、木工、矿业、染织、窑业、漆工、图稿绘画;预科	应用化学科、染色科、机织科、建筑科、窑业科、机器科、电器科、电气化学科、土木科、矿业科、造船科、漆工科、图稿绘画科
课程安排	化学、染织及普通各科	人伦道德、代数、几何、汉文、外国语、体操、应用化学、分析化学、电气化学、电气工学、应用力学、机器学、图绘等	修身、文学、算术、格致、外国语、体操、应用化学、应用机器学、应用力学、电气工学、发动机大意、机织法、染色法、制图及绘画等	人伦道德、算学、物理、英文、体操、应用机器学、机器制图、应用化学、应用力学、染色学、制图及绘画法、电气工学、发动机、制造用机器等
学制年限	速成科 2 年;正科 3 年	速成科 3 年;正科 4 年	预科 2 年;本科 3 年	预科 2 年;本科 4 年

　　由表 15 可知,办学宗旨方面,直隶工艺学堂培养工业人才及直隶高等工业学堂培养高等工业人才的既定目标分别成为奏定中等、高等工业学堂章程立学总义的重要来源。招生对象方面,直隶工艺学堂及直隶高等工业学堂招收中、小学堂学生入学的办法成为奏定中等、高等工业学堂章程招生规定的借鉴内容。分科方面,直隶工艺学堂及直隶高等工业学堂的速成科、正科之设分别成为奏定中等、高等工业学堂章程规定中、高

----

① 沈祖宪:《养寿园奏议辑要》,台湾文海出版社 1966 年版,第 488—491 页;琚鑫圭等:《中国近代教育史资料汇编·实业教育·师范教育》,上海教育出版社 1994 年版,第 455—465 页。

等工业学堂分设预科、本科的主要参考。专业设置方面，直隶工艺学堂、直隶高等工业学堂的应用化学、制造化学、机器学、图绘等专业内容成为奏定中等、高等工业学堂章程关于专业设置的核心内容。课程安排方面，直隶工艺学堂的化学、织染及直隶高等工业学堂的人伦道德、外国语、体操、化学、工学、机器学、力学、电气学等课程大致框定了奏定中等、高等工业学堂章程的课程内容。学制年限方面，奏定中等工业学堂章程的预科、本科分别与直隶工艺学堂的速成科、正科完全吻合。奏定高等工业学堂章程的预科、本科与直隶高等工业学堂的速成科、正科基本吻合。

第四部分　区域教育近代化

田老师偕李笑贤老师与王建军、谢长法、阎广芬同游花港观鱼（2005 年）

论江苏教育近代化

■ 刘正伟

近代化是指从农业社会到工业社会的转变过程及其所引起的整个社会各个层面的变化。教育近代化是中国近代化的重要内容和组成部分,而且,可以说是关键部分。因为没有近代化的人,就难以建成近代化的社会。所谓中国教育近代化,"它指的是与几千年的自给自足的封建农业经济基础和封建专制政体相适应的传统教育,逐步向与近代大工业生产和资本主义发展相适应的近代新式教育转化演变的这样一个历史过程。换句话说,它指的是近代资本主义兴起之后,通过多次的教育改革,学习、借鉴西方教育经验,改造、更新传统教育,努力赶上世界先进教育水平的历史过程"。①

就整个中国教育近代化研究而言,区域教育近代化研究是其中的重要内容。正如罗荣渠先生所说:"如将中国这样一个地广人众的大国的近代化进行整体考察,的确很难看出其巨大变化,但如果分解为不同区域和不同层面审视,则变化还是相当可观的。"②事实上,从某种意义上说,中国教育近代化研究首先应该建立在区域近代化研究基础之上,只有通过一

---

① 田正平:《中国教育近代化研究》丛书总前言,田正平主编:《中国教育近代化研究》丛书,广东教育出版社 1996 年版。

② 罗荣渠:《现代化新论》,北京大学出版社 1993 年版,第 296 页。

个个富有代表性区域教育近代化模式的研究,才能丰富和更为准确地把握中国教育近代化演进的轨迹和特征。江苏作为中国教育近代化的最为典型和先进的区域之一,研究其教育近代化的历程,具有更为重要的意义和价值。

关于江苏教育近代化的研究,海内外学术界已取得了一些富有影响的成果。这些成果大致可分为两类:一类是有关江苏及其周边地区的区域近代化的整体研究和专题研究,其中不少内容涉及江苏教育近代化的层面;另一类是有关教育近代化或江苏教育近代化的专题研究。这些研究成果,无疑具有一定的开拓性意义和较高的学术价值。但不必讳言,由于其本身研究重点主要不在江苏教育的近代化,因此,如果以江苏教育近代化为视角加以考察就会发现,以上研究仅仅涉及江苏教育近代化的一个侧面,还没有从整体上揭示江苏教育近代化演进轨迹及其特点。因此,其不足之处也相当明显。第一,专题研究受到重视,成果迭出,人物研究和学校研究尤为突出,但缺乏对江苏教育整体性深入观照。也就是说,没有就江苏教育近代化的整体走向和各个阶段的发展水平作出综合研究。因此,在以上的成果中,我们很难触摸到江苏教育近代化的整体演进路径和特征。第二,在考察和研究江苏教育近代化进程时,往往以现代江苏区域的眼光,而非从近代的、历史的角度从政治、经济、文化诸方面揭示其对江苏教育近代化的影响,其中最为典型的是,常常把上海拒之于江苏版图之外,割裂地研究江苏的教育近代化问题。事实上,从行政上看,从晚清到 1927 年南京国民政府成立,上海一直是江苏省之一邑。在近代江苏教育的兴起中,上海作为近代教育的重要发源地、西学的最早传播窗口,它在江苏教育近代化进程中发挥了举足轻重的作用。上海还是江苏教育近代化推动力量的重要汇集之地,以其中最有影响的江苏省教育会为例,自1905 年在上海创设,直到 1927 年被取缔,一直活动于上海。上海在很长时期内成为全省乃至全国教育近代化理论研究、实践改革的中心,因此,撇开上海研究江苏教育近代化,不但会失去其区域的完整性和历史的本来面目,也无法真正揭示出江苏教育近代化的进程、整体水平及动力。

二

宾德说："在历史过程中，有一个中心点，自此以后，事物才有歧异发生。此点称之为起点。它可以是单一事件或一大堆事件。"①江苏教育近代化发轫于 1861 年。1861 年是江苏新旧教育转型的一个重要界标，是近代教育的起点。这一年，冯桂芬写成《校邠庐抗议》。在这部书里，他提出了"以中国伦常名教为原本，辅以诸国富强之术"的社会变革思想纲领。这一思想纲领后来成为洋务运动"中体西用"之先声。冯桂芬相当长时期在苏州、江宁等地的著名书院执掌教席，因此，他对江苏封建教育的改革有着深刻的认识并且给予相当的关注。他提出的在封建传统教育体系内改革科举，设立学堂，采行西学的主张，充分体现了时代的要求。这些主张奠定了洋务运动时期江苏新式教育发展的思想理论基础。作为这一思想的具体体现，冯桂芬向江苏巡抚李鸿章积极建议，在上海设立广方言馆，采行西学等，得到了李鸿章采纳，并于 1863 年付诸实施，以洋务学堂为主的江苏新式教育次第开办。不难看出，冯桂芬变革传统教育的思想主张，对江苏教育近代化的启动，具有直接作用和影响。显然，在江苏新旧教育的嬗变中，这一年就是宾德所称的历史进程转化的中心点，从此，江苏教育开始走向了背离传统教育的不归之路，因此，把它确定为江苏教育近代化的起点，应该是较为恰当的。

把江苏教育近代化研究时段的下限确定在 1927 年，原因主要有两个方面。第一，从行政区划上看，自 1861 年到 1927 年江苏行政版图相对完整，对这一时期江苏教育近代化的考察，更能把握其全局性；1927 年南京国民政府成立后，南京、上海先后被划分为特别市，江苏省的版图发生了较大的变化，其原教育近代化格局与进程被迫中断。第二，从中央和地方的关系看，自 19 世纪 60 年代以后，因太平天国运动及外敌入侵，清王朝逐渐形成了所谓内轻外重的政治格局。督抚江苏的行政大吏，从曾国藩、

---

① 宾德：《政治发展的危机》，转引自湖北大学中国思想文化研究所主编：《中国文化的现代转型》，湖北教育出版社 1996 年版，第 82 页。

李鸿章、刘坤一到北洋政府时期直系军阀盘踞该省，江苏地方行政权力一直处于膨胀时期。地方政权膨胀的一个重要影响是，使江苏教育近代化在中国教育近代化进程中能够保持着相对独立性和超前性，从而体现出江苏教育近代化的个性和特色。1927 年南京国民政府成立后，国民党政治上推行一党专政，实行独裁统治，江苏地方政治势力被削弱，江苏教育发展亦被强行纳入全国一体化的轨道，其独特性黯然失色。基于上述考虑，把研究的下限截断至 1927 年。

江苏教育近代化从 1861 年发轫到 1927 年，其间主要经历了三个阶段。第一阶段，1861—1898 年为江苏教育近代化的起步时期；第二阶段，1898—1911 年为江苏教育近代化开展时期；第三阶段，1912—1927 年为江苏教育近代化的推进时期。

任何近代化都离不开传统。长期以来，江苏作为文风鼎盛之邦，形成了崇文重教、经世致用的优秀学风和传统。明清时期，江苏的封建教育在全国举足轻重，科第人才常常甲于他省；著名的书院分布于大江南北，如南京的钟山书院，苏州的紫阳书院，扬州的梅花书院、安定书院，江阴的南菁书院等，与各府、州县的儒学及义学构成了较为发达的江苏传统教育体系。显然，这一较为发达的体系中含有浓厚的封建性和保守性成分，甚至有些因素构成江苏教育近代化的阻力，但需要指出的是，在外敌入侵与太平天国运动的接连冲击下，这一封建教育体系也发生了变化，其中一些因素则转化为江苏教育近代化的启动因子。

康内尔认为："现代化是探索性和创造性思想态度的发展，它既是个人的思想态度，也是社会的思想态度。"①冯桂芬的《校邠庐抗议》是在江苏传统教育思想、体制和秩序占据绝对地位时孕育而生的；因此，他的思想不仅是个体性的，也是社会政治的反映。冯桂芬及其前后的江苏教育界有识之士所作出的种种反应，从根本上说是社会变革推动的必然结果。尽管从新式教育机构考察，洋务运动时期江苏境内的新式学堂寥寥可数，与当时社学、义学、书院、官学等构成的强大封建教育体系无法相提并论，但它是在内忧外患极其动荡的时局下所作出的反应，而且是与军事近代

---

① 转引自湖北大学中国思想文化研究所主编：《中国文化的现代转型》，湖北教育出版社 1996 年版，第 32 页。

化联系在一起,因此,这种变化虽是局部性的,却为江苏教育的变迁与演进确立了近代化的指向。江苏教育近代化的起步正是在像冯桂芬那样具有近代化取向的文化精英及曾国藩、李鸿章等开明的地方督抚双重力量的影响下开始的。1895 年,由于甲午战败的刺激,短短 3 年时间内,江苏教育近代化的速率加快,从课程内容、学校形式、价值取向到体制改革,迅速表现出离异传统教育的趋向,尤其是教会学校的创办,对传统学校构成了挑战,江苏境内初等小学堂、中学堂也相继出现,成为 1898 年之后江苏教育变革的前奏。

清末新政时期是江苏新旧教育转变的关键时期,也是新式教育格局初步奠定的时期。这个时期江苏教育近代化得到了进一步的开展。刘坤一、张之洞联合上奏的《江楚三折》为江苏教育近代化的开展拉开了序幕,端方、张謇、罗振玉、李瑞清等官绅为这个时期江苏各类新式教育的谋划、发动与兴起起到了重要的推动作用。为推进新式学堂的普遍开设,江苏省先后设立三处省级教育行政机构——学务处。1906 年全国省级教育行政制度建立后,江宁、苏州省城仍然设置了两处省级教育行政机关——学务公所,并分别设立提学使,成为推动新式教育的重要行政力量,这种情况在全国绝无仅有。“兴学育才,师范为先。”江苏不仅涌现出张謇的私立通州师范学校,开全国私立师范教育之先河,而且创设了以培养三省师资为目标的三江师范学堂,等等。优先发展师范教育成为新政时期江苏兴学的突出问题。与此同时,各类新式学堂亦相继兴办,形成了以初等小学堂为基础,中等、实业和专门学堂三足鼎立的格局。值得注意的是,作为清末预备立宪运动的组成部分,江苏地方自治的兴办,使这一时期江苏的义务教育和法政学堂迅速发展,后者甚至到了失控的地步。

从辛亥革命到南京国民政府建立,是江苏教育近代化推进时期。这一时期,江苏省始终被控制在直系军阀势力范围之内,从这一角度说,江苏的政局相对稳定。历史学家常把这一时期称为民族资本主义发展的黄金时代。江苏作为中国近代民族资本主义的摇篮,其相对稳定的政局给江苏工商业的发展无疑带来了历史性机遇,并为江苏教育近代化客观上创造了有利的条件。20 世纪 20 年代前后是江苏新知识分子群体形成与崛起的时期,他们从幕后走向前台,形成了一股变革旧教育的合力。从教育行政制度的创立、教育经费体系的制定,到社会教育与职业教育的发动,并在全国独领风骚;从近代教育科学理论的传播与教育实验活动的开展,到中等教育形成"与实业相联络""与社会相沟通"的特点,以及高等教育异军突起,江苏教育近代化的模式逐渐形成,这就是教育变革与时俱进、不断创新,以理论和制度的输入为基础,以中、高等教育发展为重心的模式。

三

江苏地处东南沿海,特殊的地理位置,以及江苏士绅群体对于教育变革的敏感使江苏成为中国教育近代化的理论发源地。前面说过,早在洋务运动时期,冯桂芬就提出以"中国之伦常名教为原本,辅以诸国富强之术"的思想,对江苏乃至全国教育近代化起步发生了重要的影响。从洋务运动时期兴办外语学堂和军事学堂,到清末新政前后在全国率先倡办义务教育和师范教育,再到北洋政府时期以东南大学教育科和江苏省教育会为两大阵地,不断地输入西方教育理论,开展教育实验,鼓吹职业教育、中等和高等教育,可以说,江苏一直是中国教育近代化主题不断创新的省份。虽然,它在一定程度上反映了中国教育近代化在不同阶段主题深化的必然性,但就全国各省情况看,江苏教育近代化主题的转换往往具有超前性。换句话说,江苏常常是中国教育近代化的先驱,以主题变革和不断创新而引领全国学界。这一特点是江苏士绅群体长于理论的介绍引进以及对教育变革有较强的敏感性特点所决定。民国以后,江苏大批留学生学成归国,其中不少是专门学习教育学的,这种优势其他省份无法企及。

江苏士绅群体对近代教育理论的输入与吸纳始终保持着相当高的热情。如果说罗振玉早年创办的《教育世界》主要是通过日本及时地向江苏及全国输入了许多可资借鉴的教育制度及理论的话,那么,20世纪20年代前后,许多活跃于江苏学界的留学生,尤其是留美学生,则把这种输入教育理论的热情推向了高潮。从大学到中小学甚至幼儿园,从教育思想观念、教学内容到教学方法,江苏学界学习和实验以美国杜威实用主义理论为中心的热潮广泛而持久,一定意义上可以说,江苏由此而成为20年代全国引进和学习西方教育理论的先导。江苏教育近代化的动力主要来自士绅群体,它缺乏像湖北和山西等教育近代化先进省份那样强有力的行政力量,因此,常常期望通过建立制度体系来保障教育近代化的进行。例如为保障教育经费的筹集,在江苏教育界不懈地努力下,江苏建立了独立的教育经费制度。再以推行义务教育为例,20年代初江苏一些县市即开征义务教育亩捐,随后全省各地正式开征普及教育亩捐,江苏是率先在全国建立合法化和制度化义务教育经费体制的省份。湖北和山西在这方面虽或多或少有所作为,但在全国的影响和特点很难与江苏相比。

江苏教育近代化的重心偏向于中、高等教育的整体结构。江苏在近代化起步阶段,其结构与湖北等省较为相似,从高等学堂、专业学堂开始,但进入教育近代化开展阶段则逐渐开始重视初等教育。江苏省是全国较早地提出并实施义务教育的省份之一。与此相关,确立了优先发展师范教育的策略和方针。但20世纪20年代前后,情况却发生了变化。一方面,江苏这一时期经济发展较为迅速,尤其是工商业的较快发展增强了江苏的经济实力,为江苏中、高等教育的投入创造了条件;另一方面,经济发展以及一些城市的崛起,客观上对教育培养的人才提出了更高的要求,因此,江苏教育结构发生了较大的变化,初等教育虽仍占相当大的比重,但在全国的地位和影响已让位于中、高等教育。1923年统计,以学生数为例,全国各级各类教育中,小学生占学生总数96.8%,中学生和大学生分别占2.69%和0.51%,可以说,中、高等教育在其中比例很微弱。江苏小学生占学生总数94.75%,低于全国的平均数近2个百分点,在全国占第6名;中学生占学生总数达到4.14%,高于全国近2个百分点,位居全国各省之冠;高等教育占1.11%,正好是全国高等教育学生平均数1倍,排名仅次于北京地区。不难看出,民国前期江苏教育近代化形成的结构重心在中、高等教育,这与湖北、山西等省份差异十分明显。[①]

江苏教育近代化的模式也暴露出许多突出的问题。第一,理想与现实之间的反差较大。江苏教育近代化的推动力量主要来自士绅群体。这个群体以理论的传播和研究见长,富有理想,在积极吸纳先进教育理论的同时躬行实践,这种特点给江苏教育发展带来了许多崭新气象。但问题

---

① 陶行知:《中国之教育统计》,《陶行知全集》第1卷,湖南教育出版社1983年版,第311页。

另一面是,因为富于理想和注重主题创新,因此各种教育思潮纷至沓来,一时间眼花缭乱,如义务教育、职业教育、社会教育、平民教育,主题不断转换,甚至陷入了一味骛新的误区,加之缺乏强有力的行政力量参与,致使全省教育实施和推广缺乏全局观点,并妨碍了教育变革所应达到的广度与深度。一些士绅划定区域和范围,以专家自任,虽富有改革教育的理想,但理想主义色彩过于浓厚,实际上各自为政。尤其是江南一带,某种程度上恰恰又是他们把全省教育体系分割得支离破碎,导致强制性不够,从而决定了江苏的教育虽然稳步发展,但难以形成高潮。当时有人对江苏教育界状况曾大发慨叹:"苏常通沪之教育状况,则研究教育之人较多,学校亦较发达……其甚焉者,置身学界,自命为通知教育之人太多,故校自为风,人自为学,意见龃龉,任事者时多棘手。"[1]第二,普及教育困难重重。江苏教育近代化的模式偏重于中、高等教育,从教育内部结构及与江苏经济发展对教育的需求来说,有一定的合理性,即初等教育的发展规模注意与中、高等教育保持适当的比例,从而避免了像山西教育那样严重结构性偏差,但放在一个相当长的时期观察,就会发现这种取向却造成了江苏初等教育推广与普及的困难,最终在深层制约着全省教育近代化的水平。江苏虽然一直注意扩充初等教育,规模及普及率却一直处于低迷状态。1923年山西的儿童入学率已达83%,而直到1930年江苏入学儿童数仅为624,240人,全省学龄儿童为4,620,406人,入学率为13.55%。[2]与山西相比,其普及教育可谓困难重重,遥遥无期。第三,江苏南北之间教育发展的不平衡性加剧。前面分析了江苏经济发展对教育近代化的影响。应该说无论是湖北,还是山西,其境内经济发展的不平衡对教育的影响都十分显著,但一则因为上述两省教育近代化进程中地方行政领导人物发挥了较为显著的作用;二则因为其境内经济发展的悬殊没有江苏那么大,因此,就江苏而论,江南、江北及城市与农村之间的经济悬殊,加剧了江苏境内教育的不平衡性。在江南及城市地带,经济繁荣,中、高等教育呈现郁勃生机,而经济相对薄弱的江北及农村地区,不仅中、高等教育乏善可陈,而且初等教育也受到严重制约。如近代民族工业的发源

---

① 侯鸿鉴:《对于江苏教育现状之感论》,《教育杂志》第8卷第2期。
② 教育部:《第一次中国教育年鉴》丙编,开明书店1934年版,第486—487页。

地——上海、南通、无锡等地的教育称得上是江苏乃至全国最为发达地区,而江北的沭阳、江都等地教育经费常常捉襟见肘,教员为索薪罢教之事屡有发生,其总体水平相当低下。

教育负担与清末乡村教育冲突

■ 陈　胜

　　经费匮乏是制约近代乡村教育发展的一个重要因素。清末民初,由于各级政府对乡村教育的经费支持极为有限,就地筹款成为乡村教育经费筹集最主要的方式。但是,这一政策却遭到乡村社会的强烈抵制,由此而引发的乡村教育冲突事件更是层出不穷。然而从乡村实际情况来看,与上述政策配套征收的教育经费给乡村民众增加的负担其实非常有限。乡村教育经费的征收受到民众抵制的主要原因在于这一政策自身存在的一些问题及其对乡村民众的心理与生活习惯的冲击,这一点过去很少有人论及。

一、清末民初乡村教育负担

　　1901 年,在清政府的推动下,新式教育进入乡村社会,中国乡村早期教育现代化由此拉开了帷幕。但是,新式教育却遭到了乡村民众的强烈抵制。它不仅要面对乡村中以私塾为主体的传统教育的挑战,甚至也不

　　[作者简介]　陈胜(1974—),男,安徽萧县人,2004—2008 年在浙江大学教育学院就读,获教育学博士学位,著有《中国教育早期现代化问题研究——以清末民初乡村教育冲突考察为中心》等,现为浙江大学教育学院讲师,主要研究方向为中国乡村教育史。

为普通乡民所认同。围绕着新式教育进行的乡村教育冲突事件更是层出不穷。笔者通过对《东方杂志》《教育杂志》《顺天时报》《盛京时报》等当时报纸杂志上有关报道的查阅和对一些方志资料的整理,初步梳理出清末各地乡村发生的毁学事件共计 170 起。而有关教育问题诉讼案件的报道,更是充斥于清末的报刊和杂志。以浙江为例,1908—1911 年经浙江提学司批饬的乡村教育诉讼案件即达 256 起之多。这意味着在这三年中,每年都有近百起乡村教育冲突事件需要通过提学司这一省级教育行政机关来裁决。按照中国人的习惯,当产生纠纷时,人们一般不会轻易采用诉讼这种方式解决争端,而是尽可能地通过民间调解的方式予以化解。清末乡村教育冲突的激烈程度由此可见一斑。

　　清末民初的乡村教育冲突不仅为数甚多,很多教育冲突的规模也是十分惊人。1904 年江苏无锡县由于县中新学日渐发展,公费不足。杨模等提出将县中米业原来按每石抽取 4 厘的庙捐改作办学之用,遭到米业及社会上封建势力的反对,"肇事者煽动群众 2000 余人,将埃实、东林等 3 校捣毁,并两次焚烧杨模住宅"①。在 1910 年江西宜春发生的毁学事件中,全县百姓都被鼓动起来,导致"各乡学堂被毁者十余区,停办者七八区,乡学一无所存"②。同年,因户口调查引起的毁学风潮席卷了江苏、浙江、安徽等省 20 余县,约有数 10 万乡村民众参与到破坏乡村新式学堂的暴动之中。③

　　在这些大规模的教育冲突中,参与者绝大多数是些普通乡村民众。乡村民众参与教育冲突的动机十分复杂,不少人可能仅仅出于一种从众心理,还有一部分是出于被迫。如在广东连州发生的毁学事件中,"(组织者)在附近州城之大庙备酒百余席,邀请各村居民,买领竹牌,以为抗订门牌符号,并勒令各拆本处学堂及驱逐绅士。其不附从者,即指为内奸"④。但是,这种情况毕竟很少见,大多数乡民参与到教育冲突之中,主要是因为乡村教育经费的征收,严重损害了他们的切身利益。在清末的最后十年间,由新式教育的经费问题所引发的教育冲突事件占全部乡村教育冲

---

① 《无锡匪徒毁学始末记》,《警钟日报》1904 年 8 月 30 日,第 3 版。
② 《江西袁州乡民暴动余闻》,《东方杂志》1910 年第 11 期。
③ 参见《申报》1910 年 4—11 月相关报道。
④ 《广东连州乡民滋事续闻》,《东方杂志》1911 年第 11 期。

突事件的绝大多数。据笔者统计,在清末发生的 170 起毁学事件中,有 94 起由教育经费问题引起;而在清末浙江发生的 256 起乡村教育诉讼案件中,也有 162 起与教育经费有关。

清末民初乡村教育经费大致有以下几个来源:一是科举时代遗留下来的教育经费,如各地乡村的宾兴费、考试费、乡村书院的经费等;二是乡村公产,包括部分寺产、祠产,乡村中用以迎神赛会和演戏的费用等;三是新增教育捐税。

在乡村新式教育经费的这几个来源中,第一项科举时代遗留下来的教育经费大多为乡村绅士所把持,它们的使用与乡村普通民众基本上没有关系;第二项乡村公产也同样掌握在乡村绅士手中,它们的征收使用虽会对部分乡村民众的生活产生一定影响,但总的来看,影响不是太大;与大多数乡村民众生活息息相关的是第三项教育捐税的征收。为解决经费不足问题,清末各地纷纷开征教育捐税并且种类繁多,如浙江定海厅以学捐为名征收的教育捐税就有"米捐、茶叶捐、牛捐、猪捐、石宕捐、缠脚捐、放脚捐、婚书捐"等数十项之多。[①] 学捐的收取往往是面对全体村民,一所新式学堂的经费有时需要由一区甚至全县范围内的民众负担,如直隶邯郸县,"城乡共计官立一所,公立六十所(初等小学),每年费津钱万缗,均出自地亩,是担学费者已及全境,而入学堂者仅止数村"[②]。教育捐税的征收损害了千家万户的利益,它遭到乡村民众的激烈反抗。在教育冲突方面,由新增捐税引发的占很大比例。据笔者统计,在清末浙江发生的 256 起教育诉讼案件中,有 90 起与教育捐税直接相关。而在清末发生的 170 起乡村毁学事件中,有 62 起因教育捐税的征收而起。

那么,教育捐税为何会引发如此之多的教育冲突呢?一般认为,教育捐税的加收,给乡村民众带来沉重的经济负担,造成他们生活的困顿。事实果真如此吗?教育经费的征收是否对乡村民众的生活产生很大影响?是否已超出他们的负担能力?要回答这些问题,首先需要弄清楚清末乡村教育负担的实际情况。在此,我们以教育冲突最为频繁的清末十年间乡村教育经费征收的情况为例,做一实地考察。

---

① 《舟山乡民事变记》,《申报》1907 年 8 月 5 日,第 1 张第 12 版。

② 《省视学张主良弼查视邯郸市县、大名乡学务情形报告》,李桂林、戚名琇、钱曼倩:《中国近代教育史资料汇编》,上海教育出版社 1995 年版,第 112 页。

　　从清末各地具体情况来看,乡村学堂的经费由以下两部分组成:开办费和常年运行费。开办一所乡村小学,最基本的条件是要有几间教室、若干桌凳以及书籍课本等。校舍是花费最大的。但乡间的祠堂和寺庙很多,几乎是无村无之。以清末各地的情况看,乡村学堂十有八九是借用寺庙、祠堂或民房改造而成,为开办一所新式学堂而建设新校舍的也有,但在乡间极为罕见(见表1)。因而,对绝大多数乡村学堂来说,这一大笔开支可以节省下来。

表 1　清末浙江省部分县份乡村学校校址

校址	松阳县	金华县	遂昌县	平阳县	诸暨县	总计
宗祠	4	18	4	19	24	69
寺院	8	3	2	18	5	36
民房	1	7	1	12	5	26
新建校舍				1	2	3
总计	13	28	7	50	36	134

　　资料来源:《浙江教育官报》1908 年第 1 期;1909 年第 8 期、第 9 期、第 13 期、第 14 期;1910 年第 21 期。

　　教室里的设备,桌椅和黑板一般是要有的,这是一笔必需的开支。贫穷一点的地方,桌椅便让学生从自家搬来,连这点经费也省下了。黑板多是在墙上涂些石灰,再加上些黑素或是烟灰,抹光滑了便是一块好黑板。粉笔在乡间是缺乏的,有的就拿灰代替。黑板擦是没有的,找块破布效果是相同的。书籍除几本教科书外,其他如参考书、仪器、杂志一般是没有的,标本等更是罕见。此外就是一些笔墨纸算盘一类的,所费也是不多。至于操场,可借助于教室前的空地,体育器材也难以看到。再者由于清末乡村学堂的规模普遍偏小,学生人数多在 40 人以下,这些支出所用不多,在 150 元左右。[①] 再加上其他一些杂项支出,一般说来,如果找到合适的教室,200 元便可以建一所像样的乡村小学了。

　　乡村学堂的常年经费主要用于教师的薪金和杂费。教师的薪金,各

──────────

　　① 清末各地教育经费的货币单位不同,有以元计,有以银两计,有以钱文计等。为方便叙述,本文统一采用“元”。一元约合白银一两。对以其他货币形式收取的教育经费,按当时的情况进行适当折算。

地情况大不相同。以清末浙江松阳与平阳两县为例。1908 年松阳县 13 所乡村小学共有教师 28 名,每名教师一年的薪金约为 39.2 元;[①]同年平阳县 50 所乡村小学共有教师 134 人,教师一年的平均薪金为 67.7 元,高出松阳县甚多。[②] 浙江经济及社会发展在清末应属于中等偏上水平,如教师薪金以最高的每人每年 70 元计,每所乡村学堂的教师人数以学堂章程规定的一正教员两副教员计,一所乡村小学一年的薪金支出约一般不会超过 210 元。杂费支出主要是用以添置一些教学必需品、房屋修缮,以及招待上级检查等。粗略估计,每所乡村小学的杂费支出每年至多需要 150元。也就是说,维持一所乡村小学正常运转的常年经费大致在 360 元左右。

据此,我们大致可以估算出清末的一所乡村小学一年的教育经费,在开办年份大约为 560 元(开办费加上常年经费),其余年份大约为 360 元。

我们可以把这一估计与清末乡村学堂实际的经费状况对比一下。在清末,浙江各地乡村学堂实际需要的经费数在全国处于较高水平,[③]即使如此,在有较翔实统计资料的遂昌、平阳等六县中,乡村学堂的年教育经费大多在 200 元以下(参见表 2)。如果按乡村学堂实际所需教育经费统计,大致情形如表 2 所示。

表 2　清末浙江省部分县份乡村学堂实际教育经费情况

	诸暨	浦江	金华	松阳	平阳	遂昌	总计	所占比例(%)
100 元以下	1	2	1	2	8	1	15	10.86
101～200 元	2		12	4	18	5	41	29.71
201～300 元	6	3	5	4	13	3	34	24.64
301～400 元	7	1	6		5		19	13.77
401～500 元	4		3	1			8	5.80
501～600 元	2				4		6	4.35
601～700 元				1			1	0.72

---

① 《松阳县各学堂调查表》,《浙江教育官报》1909 年第 8 期。

② 《光绪三十四年平阳县各学堂统计表》,《浙江教育官报》1909 年第 13 期。

③ 清末浙江无论在新式学堂数量上,还是在教育经费规模上,均处于全国前五位左右。详见学部总务司编:《全国第一、二、三次统计图表》。

续表

	诸暨	浦江	金华	松阳	平阳	遂昌	总计	所占比例（％）
701～800 元	2			1			3	2.17
801～900 元	2						2	1.45
901～1000 元	1				1		2	1.45
1001 以上	5	1			1		7	5.07
小计	32	7	27	13	50	9	138	100

　　注：浦江、遂昌两县为 1908 年上学期统计资料，其余为 1909 年上学期统计资料。其中遂昌县有一所乡村学堂缺少经费资料未予统计。各乡村学校经费数为各学堂实际经费支出数，与学堂的实际收入数有差距。

　　资料来源：《浙江教育官报》1908 年第 1 期；1909 年第 8、9、11、12 期。

　　表 2 显示，从实际的教育经费支出数看，在 6 县 138 所乡村小学中，年实际教育经费支出在 200 元以下的有 56 所，占总数的 40.58％，400 元以下有 109 所，占总数的 79％，600 元以下的有 123 所，占总数 89.1％。总的来说，清末浙江绝大多数乡村学堂一年实际所需的教育经费应在 600 元以下，这与我们上文的估计大致相当。就全国来说，乡村小学的年教育经费应当不会超过此数。

　　再看一县的新式学堂数量。一般说来，清末民初各地乡村教育规模普偏小，新式学堂的数量极为有限。以清末浙江省为例。该省为东部沿海省份，新学的开办也较一般省份为早，新式教育发展也较快，同时亦是清末教育冲突最为激烈的省份之一。据浙江提学司统计，1908 年，在该省 75 个县级行政区划内，共有各类学堂 1413 所，平均每县有新式学堂 18.8 所。[①] 乡村学堂数应低于这一平均数。清末浙江教育水平在全国居中上地位，考虑到乡村教育不断发展的态势，以此推算，就全国而言，一个 20 万人口的中等县，1911 年前新式小学堂的数量应当在 30 所左右。

　　综合以上各点，1911 年前，一个人口 20 万人左右的中等县，一年的教育经费大致在 2.0 万～1.0 万元之间。所需经费以最高的 2.0 万元计，纳税人口以总人口之 20％（居民中成年男子的比例）计，人均教育负担大致在 0.5 元左右。一个六口之家的农户，一年负担的教育经费应在 2 元以下。如果考虑到乡村教育经费还有其他来源，这一数字应该更低。

---

　　① 《光绪三十四年浙省普通学堂统计表》，《浙江教育官报》1909 年第 15 期。

再来看一下清末乡村民众的收入情况,学者们的估计出入很大。据严立贤估计,1912 年前后中国农民人均收入约为 39.8 元;[①]据国外学者巴斯蒂塔估计,清末农民的人均收入约为 12～15 元。这可能源于统计的地域等不同所致。但总的说来,清末农民的人均收入应在 15～40 元之间。每户农民以六人计,每个农户的年收入约在 100～250 元之间。以此推算,在清末,教育支出在农户收入中所占比例应在 2％之下。

表 3 江苏省江宁县 286 户农家全年教育费支出

教育费(元)	家数	百分比	教育费(元)	家数	百分比
无	187	65.38	5.00—5.99	9	3.15
1.00 以下	2	0.70	6.00—6.99	4	1.40
1.00～1.99	13	4.55	7.00—7.99		
2.00～2.99	19	6.64	8.00—8.99	2	0.70
3.00～3.99	24	8.39	9.00—9.99		
4.00～4.99	14	4.90	10.00 元以上	12	4.2

资料来源:言心哲:《农村家庭调查》,李文海主编:《民国时期社会调查丛编》乡村社会卷,福建教育出版社 2005 年版,第 583 页。

我们可以把上述估计与民国时期的一些调查资料相比较。表 3 是言心哲等人于 1934 年在江苏省江宁县对 286 家农户全年教育经费状况进行调查的结果,其中有教育费支出的为 99 家,平均每家每年为 4.21 元。若以 286 家平均计算,每家平均为 1.46 元,每人 0.45 元。而该年度每户农家平均年支出约为 228.15 元,教育支出仅占全年总支出的 0.51％,只是其中极小的一部分。[②] 而同一年李景汉在河北定县对 34 户农家的调查结果是平均每家教育支出仅为 0.54 元,约占家庭总支出的 0.22％,[③]这与我们对清末乡村教育负担的估计很接近。可以说,清末乡村教育捐税的征收给农民带来的直接经济负担非常有限。

从以上的分析可以看出,清末新式教育在乡村中的推行,给乡村民众

---

① 严立贤:《略论近代中国工业化的农业条件》,《近代史研究》1999 年第 3 期。

② 李景汉:《北平郊外之乡村家庭》,李文海主编:《民国时期社会调查丛编》乡村社会卷,福建教育出版社 2005 年版,第 223 页。

③ 李景汉:《定县社会概况调查》,上海世纪出版集团 2005 年版,第 294 页。

直接带来的经济压力很小。那么，又如何解释围绕着教育经费而产生的乡村教育冲突呢？笔者认为，问题主要在于清末乡村教育财政制度自身的缺陷及其对乡村民众日常生活造成的冲击所致。

二、清末乡村教育财政体制及其缺陷

由于中央及各级地方政府财政能力极为有限，政府所能给予乡村新式教育的财政支持非常有限，乡村教育经费主要由民间自筹。"就地筹款"是清末民初解决乡村教育经费问题的基本政策。1904 年由张百熙、荣庆、张之洞制定的《学务纲要》指出，由于"各省经费支绌，在官势不能多设；一俟师范传习日多，即当督饬地方官，剀切劝谕绅富，集资广设"①。规定了乡村教育经费由地方自筹的原则。1904 年清廷发布上谕指出："一切学堂工艺有关教养之事，但当为剀切劝导，应由绅民自行筹办，不准籍端抽派，致滋苛扰，各督抚务当督饬属员。"②进一步明确了乡村教育由绅民自行筹办的原则。1906 年《学部奏定劝学所章程》中，正式规定学堂经费由村董就地筹款，继之颁布的《学部札各省提学使分定学区文》更明确提出："教育之兴，贵于普及，而兴办之责，系于地方。东西各国兴学成规，莫不分析学区，俾各地方自筹经费，自行举办。"③上述规定正式确立了乡村教育经费由地方自筹的政策。

乡村教育"就地筹款"这一政策的出台，有其历史和社会原因。在传统社会里，地方政府很少过问乡村教育事务，分散于乡村社会的最主要教学机构——私塾，其经费均是由办学者自筹。私塾的设立与否，完全取决于乡村社会本身，地方政府不会加以过问，也不会承担筹集乡村教育经费的责任。此种做法历时已久，相沿成俗。"就地筹款"之所以能够在各地乡村被接受，与这种传统有很大关系。

---

① 张百熙、荣庆、张之洞：《学务纲要》，舒新城编：《中国近代教育史资料》上册，人民教育出版社 1981 年版，第 199 页。

② 《东方杂志》1904 年第 12 期，"上谕"。

③ 《学部札各省提学使分定学区文》，朱有瓛等编：《中国近代教育史资料汇编·教育行政机构及教育团体》，上海教育出版社 1993 年版，第 63 页。

"就地筹款"政策最主要的依据是西方与日本的成例。王国维在《教育杂志》上撰文所指出的"'就地筹款'四字,固东西通行之成规,亦至当不易之办法,以受教育者为村民之子弟,则任负担者宜子弟之父兄,势所固然,理亦宜尔"①。清末赴欧美各国考察教育的大臣田吴绍也说:"今中国民固贫也,官力亦有不给,为必行普及教育计,只有行地方自治之法,就地筹款,为兴学之基本金,再节省中等以上学堂之经费,以为补助小学之用,除此别无良法,盖用地方之款项教地方之子弟,人虽至愚,亦当知为应尽之义务。"②这一政策是东西方教育发达国家通行的做法,财力匮乏的中国理当效仿,地方教育经费由地方自筹。

"就地筹款"这一政策实施的基本原则是"责成村董,官不经手"。如《直隶学务处各属劝学所章程》中规定:"劝学员于本管区内调查筹款兴学事项,商承总董拟定办法,令各村董或村正副切实举办。此项学堂经费皆责成本董或村正副就地筹款,官不经手。劝学员但随时稽查报告于劝学所。"③也就是说,乡村教育经费的筹集是一种民间行为,由民间自为。具体筹款事项由劝学所责成村董办理,地方政府与劝学所不介入其中。于是,在清末乡村教育经费筹集体系中,就形成这样一条链条:官府督察劝学所,劝学所责成村董,村董动员绅民,绅民议定后,由官府核准,绅士经办。即使是一县之学务机关——劝学所,一般也只有核查权而无征收权。下面一则事例有助于我们理解这一政策的实施情况。1910 年在浙江衢州府的一项教育纠纷的批文中,浙江提学使指出:"学堂抽捐,原非得已,必须禀由地方官查明,果系众情允洽,别无窒碍,批准立案抽取,方免流弊。"但是"劝学所有辅助地方官筹款兴学之责,并无直接厘局饬收捐之权"。因而裁定,该府劝学所总董周岱设局收捐,明显为不守权限之行为。④

由于缺乏统一的教育经费管理机关,清末乡村教育经费的筹集与使用大致可分为两种情形:(1)包捐。捐税的承办人通过向学堂认捐若干,

---

① 王国维:《论普及教育根本方法》,《教育世界》1906 年第 20 期。
② 田吴绍:《游历欧美考察教育意见书》,《东方杂志》1908 年第 3 期。
③ 《直隶学务处各属劝学所章程》,《东方杂志》1907 年第 1 期。
④ 《本署司袁批衢州府禀查尊孔学堂堂带抽橘捐情形由》,《浙江教育官报》1910 年第 19 期。

从而获得捐税的收取权。收税者扮演着代理人的角色,由他们具体负责学费实际的征收工作。除去上缴给学堂的那部分,剩下的经费归承包者个人所有。如浙江仁和县茶捐由乡绅黄联芳包收,按月递解至劝学所。至于捐款的使用,包税者一般无权过问。① 这一做法可能源于田赋征收中的包税制度。(2)由学董出面,以学堂名义设局收费。在这种情形下捐税的征收权与使用权掌握学堂与学董手中,即谁立项谁收费,谁收费谁使用,收费者与使用者常常是同一主体。如浙江诸暨县郭襄卿以办学为名,抽收牛捐、茶捐、竹捐、亩捐、户亩、普通捐及人捐种种名目,并"大张旗鼓,设立明伦堂为收捐之地"②。再如浙江仁和县赵理定办理辅仁小学,赵亲自出面设局收取牛船捐、乡船捐、埠捐以及粪捐等作为学堂经费。③ 从以上可以看出,无论何种方式,地方官吏一般不会插手教育经费的征收与使用情况。

清政府之所以对地方官员在教育经费征收与配置过程中的行为做出如此限制,可能源于以下几方面的考虑,首先,它通过禁止地方官吏插手乡村教育经费事务,可以防范教育经费征收与使用过程中可能出现的地方官吏层层盘剥等腐败行为,从而保证这一政策的顺利实施,最大程度把经费使用到乡村教育上。其次,把教育经费的筹集权完全交由地方绅士,可以激发乡村绅士筹款的积极性,充分发挥绅士阶层在乡村社会中的领导作用,有效地减少教育经费筹集过程中的阻力。最后,由于绅士阶层是本乡本村人,对乡村情况比较熟悉,与乡村有着很深的渊源关系,把乡村教育财政权交给绅士,可以充分发挥他们自身优势,为乡村新式教育筹集更多经费,同时也使教育经费能够最大限度地使用到乡村教育上,促进乡村教育发展。

但是,这一政策在具体实施过程中,却出现了很多问题。大致而言,有以下几个方面:

(1)由于地方官吏不参与教育经费的筹集与配置过程,乡村教育经费

---

① 《本司支批茶董黄联芳禀请饬严追欠捐并分设学堂文》,《浙江教育官报》1908年第4期。

② 《本署司袁批诸暨王辛桂等禀郭襄卿藉学苛捐由》,《浙江教育官报》1910年第23期。

③ 《本署司袁札饬仁钱劝学所湖墅辅仁小学教员赵理定藉端把持分别确查斥退禀文》,《浙江教育官报》1910年第23期。

完全交由地方绅士及办学人员办理，乡村学堂与办学绅士不得不直接面对乡村社会，二者之间缺少必要的缓冲，这就很容易发生冲突。

美国学者白凯在对清末江南地区赋税及地租的研究中发现，新政时期，由于绅士过多地直接介入到新政费用的征收过程中，越来越与田赋紧密地联系在一起，使"此前唯一只以国家为靶子的农民抗税斗争，扩大到将精英纳入攻击的目标"。"各地成群结队的土地所有者，为数数千至上万之众，他们袭击学堂、警察局，自治局、绅董的住宅有时甚至于个人。"由此他得出结论，"新政的推行及其导致的精英在公共领域内作用的扩张，将一种明显的反精英因素导入了清朝最后 10 年农民抗税运动"①。

这一结论同样可用于教育冲突领域。乡村教育经费的筹集者多为地方绅士，甚至一些学堂也加入到这一过程中，再加上清末乡村教育经费的征收与使用普遍缺乏透明度，很多时候收费者与使用者为同一学堂或个人，乡民们往往易于认为这是个别乡绅或学堂借兴学谋取私利的行为。作为学款受益者的地方办学人士和新式学堂，容易成为乡村民众仇视与报复的对象。我们看到，在清末最后十年间，地方绅士越来越多地直接介入到乡村教育财政之中，乡民们也越来越倾向于把愤怒迁移到乡村办学绅士及新式学堂身上，导致针对新式教育与办学人员的教育冲突事件频频发生。

（2）地方政府和官员在放权给地方绅士时，缺乏相应的监督机制，使这一政策受制于绅士的个人素质。由于整个清末民初乡村绅士阶层整体素质的下降，清末教育经费筹集和使用过程中的腐败现象十分严重。努力筹措资金、认真经办新学者确实大有人在，但是以办学为名横征暴敛、中饱私囊、鱼肉百姓、祸害乡里，使地方上"未受其利，先受其害"的也不乏其人。如浙江嘉兴县徐婆寺镇某绅士利用寺产设立胥山学堂，却借机抽收茶捐、酒捐、米厘、鲜肉捐、蚕种贩用捐等。② 河南济源县"乡村学校常年经费多赖庙产暨社会基金，惟该县庙产及基金盖系以该地绅董会首办理该地学校，以致百弊丛生，学校有名无实，而经费仍为绅董会所把持"③。

---

① ［美］白凯著：《长江下游的地租、赋税与农民的反抗斗争：1850—1950》，林枫译，上海书店出版社 2005 年版，第 225 页。
② 《本司支批嘉兴县详徐婆寺镇官小学改公立文》，《浙江教育官报》1909 年第 8 期。
③ 河南省教育年鉴编辑委员会编：《河南教育年鉴》下编，河南省教育厅，1933 年。

在清末民初各地乡村借兴办新式学堂实施敲诈勒索的绅士也不在少数。在福建厦门金门岛"有小学堂一所,由大绅许姓主持,经费不敷,多资罚款。近因国丧,借违制之名勒罚款项者不一而足。月初卢姓童养媳乘小轿过门,许教员赞虞指为违制私婚,勒洋百二十元;近日挑夫偶然薙发,许亦罚洋六元;更有一村妇阿姓身穿红布裤外罩青裙,许饬丁勒罚洋,如此之类,不一而足"①。钱塘县吴锡章等抽肉、豆两业捐钱兴办小学,但吴又"擅自拟章,凡遇乡民肩肉自售,每斤抽钱四文,又另有学捐庙捐各项名目"②。办学人员及土豪劣绅的这种做法,无疑会加剧乡村社会与新式教育的紧张关系,成为诸多教育冲突的导火索。

(3)这种财政制度与乡村传统做法有很大差别。政府在移植西方有关教育财政政策时忽略了这一政策是建立在西方现代公民理论基础之上的这一不同点。这一理论认为,教育是国家和社会的公共事业,每一个公民都有接受教育的权利,同时亦有负担一定教育经费的义务,无论家中有无子弟接受教育。在这里,公民的权利与义务是统一的,对每一个公民都是公平的。正如《警钟日报》上一篇社论所指出的那样,地方人民"既有入学之权利,必有担任学费之义务,此世界极公平之法。推之乡镇郊野亦仿此法推行"③。

但是,这一政策与中国乡村的传统做法有明显区别。清末兴学之前,乡村教育基本上为私塾所垄断。儿童达到就学年龄,有能力的家庭或把儿童送到塾师开办的私塾,或延揽塾师在家设馆,基本上是谁受教育谁出钱。受不受教育,缴不缴学费,完全出于自愿。对于绝大多数乡民而言,由于没有受教育的机会,也就不存在缴纳学款的问题。新式教育要求村民普遍纳税的做法,在大多数乡村民众看来是极不合理的,尤其是对那些没有受教育儿童的家庭,这种筹款机制更是不公平。

当然还应该看到,乡村民众反对这种教育财政政策有着更为现实的理由。尽管入学与否完全出乎乡村民众的自愿,尽管法律上规定每个乡民都有受教育的权利,但实际上,由于乡村社会的普遍贫困,只有那些中

---

① 《金门学界之怪象》,《申报》1908 年 12 月 19 日。

② 《本司支批钱塘县民人徐玉和等控吴锡璋藉端勒捐禀》,《浙江教育官报》1908 年第 5 期。

③ 《警钟日报》1904 年 4 月 20 日。

等之上的家庭才真正有能力送其子弟接受教育。"各省学堂之设,大都富家子弟乃得收录,贫民不得与焉。"①然而,一所新式学堂的学费却需要一区甚至全县范围内的百姓共同承担筹集,对大多数乡村民众来说,由于受教育权利得不到根本保证,而只有承担教育经费的义务,以大多数人资财供少数人(富家子弟)读书,这自然没有什么公平可言,这就难怪他们会把缴纳学捐看成一种额外增加的负担而加以反对。

(4)乡村教育财政政策的实施打破了乡村惯常的生活秩序,导致乡村民众的心理严重失衡。如前所述,清末的教育捐税种类繁多,涉及乡村民众生活的方方面面。尽管从绝对数量上看,它给乡村民众带来的经济压力不是太大,但却给乡村民众的日常生活带来很多不便,乡村民众的正常生活受到极大干扰,也给他们的心理造成巨大的冲击。如迎神赛会、演戏等活动,本是乡村中最为常见的群众性活动,千百年来,它们已成为乡民日常生活中不可或缺的一个组成部分。清末为了筹集兴学经费,乡村中本来用于这些活动的费用,被部分甚至全部抽收为新式学堂的经费。这些活动或被取消,或难以正常开展,乡民们惯常的生活方式被打破普遍感到不适,对新式教育的反感自然而生。乡民们之所以易于参与反对新式教育的活动,与日常生活状况被打破所造成的心理不适有很大关系。

从绝对数字上看,新式教育给乡村社会带来的压力,可以说并不是很重的。但由于新的教育财政体制的不健全,官方在教育经费筹集过程中持续缺位,再加上筹款方式本身给乡村民众的心理和日常生活方式带来的巨大冲击,使乡村社会普遍感到不适,乡村民众心理失调,在某种外界因素的刺激下,就会出现仇视、破坏新式教育等冲突事件的发生。

对于清末乡村教育财政政策出现的问题,一些地方官员也有所认识。1910年浙江提学使袁树谷在一份文告中即指出:这种筹款方式"即使涓滴归公,已难免积怨生衅之势。况又有假公济私,鱼肉乡井,侵吞入己,挥霍为豪。一旦决裂,势成玉石同尽,殃及无辜。受捐者毁,非受捐者亦毁,抗捐者欲得而甘心,非抗捐者亦随声附和"。本应该减少阻力"而反生筹款之阻力"。② 但是,清政府还未来得及解决这一问题,其在全国的统治即

---

① 《论中国学堂程度缓进之原因》,《东方杂志》1905年第6期。

② 《本署司袁通饬各属抽收办学捐款须禀经地方官核准文》,《浙江教育官报》1910年第22期。

已寿终正寝。

　　民国时期,政府加强了对乡村教育经费的管理与监控,一定程度上起到了缓解乡村教育矛盾的作用。如民国初年浙江省民政厅规定"各县县税参酌本县收入多寡至少须划定十分之四充兴办小学及补助小学经费",具体办法由各县县政府和县议会决定。[①] 再如山东省汶上县的做法为:"丁银附捐(约占全部教育经费收入四分之三)前由县政府经征处直接征收,结束后再拨归教育局,其余杂捐由教育局直接征收。"县教育局再以补助的形式把这些经费拨作乡村小学的经费。[②] 地方政府的介入,不仅可以减少部分绅士从中渔利等腐败行为的发生,为新式教育筹集更多的经费,更重要的是在乡村办学人员、新式学堂与乡村社会之间,起到了一种缓冲作用,使乡村新式学堂和办学绅士不必直接面对乡村社会,由此二者发生冲突的几率大为减少。同时,地方政府的介入在一定程度上也可以减少不同学校之间在教育经费上相互竞争。就民国初年的情况来看,教育冲突的强度与规模都较清末有所减缓,部分原因应归结为乡村教育财政政策上的这种调整。

---

　　① 《维持教育经费之方法》,《教育周报》1913 年第 10 期。
　　② 廖泰初:《动变中的中国农村教育:山东省汶上县教育研究》,燕京大学,1936 年,第53 页。

20 世纪 30 年代江南新型知识精英与乡村改造

——基于萧山湘湖区域的样本分析

■ 李 涛

研究乡村社会的学者经常面临这样一个挑战,即如何区别典型乡村生活之地域模式与全国性大趋势。中国地域辽阔,各地条件千差万别。但清末和民国转型时期,各地乡村确实具有一些共同点,例如清晚期均程度不同地实行了保里甲制度;国家总倾向于依赖士绅精英实现社会控制;20 世纪 30 年代"国家政权建设"多少增强了国家对农村社会的影响力,同时也加重了农民赋税负担。因此,要在乡村社会变迁方面得出一些全国性结论,并非不可能;特别是当我们聚焦于新型知识精英的楔入和国家权力自上而下渗透时,更有这种可能。当我们把目光转向乡村变迁实际时会发现,由于生态和社会环境不同,各地乡村改造实践呈现出多样性。因此,要从总体上得出一幅中国乡村变革的可靠画面,首先须扎实地理解各类新型知识精英的理论主张和其在地域乡村间的实践差别。[①]

鉴于新型知识精英在乡村改造的外源性,民国时期乡村改造往往是与旧士绅之间既合作又对抗的复杂过程。那时外来改造者基本倾向争取

[作者简介] 李涛(1972—),男,陕西长安人。2001 年至 2004 年就读于浙江大学教育学院教育史专业,获教育学博士学位,著有《借鉴与发展:中苏教育关系研究(1949—1976)》,现为中共浙江省委党校社会学文化学部(浙江省舆情研究中心)副主任,主要研究方向为中外教育交流史、中共党史。

① 李怀印著、遂有生译:《近代中国乡村治理之再认识》,转引学术中国网,http://www.xschina.org/ 2008—08—12。

他们的支持与合作。梁漱溟就说:"利用地方领袖组织校董会,目的是在拉他们聚在一起,到我们圈子以内,可以使他们不会发生破坏事情……如果拉他们进来,那才走得通。"①在乡村改造运动,早期马克思主义者、改良知识分子群体和国民党官方乡村自治官僚,在与传统旧势力碰撞中艰难曲折地推动着基层社会的近代化嬗变。与传统士绅不同,他们大都接受西方高等教育,在学术界、政商界享有盛誉,具有较广泛的舆论和资源动员能力。当传统士绅精英在农村社会破产中逐步恶质化,无法促成地方社会转型时,这些新型知识精英群体引进革命理论、现代教育技术、社会合作自治制度,推动了地方社会继续向现代化社会迈进。在这一过程中,必然会出现新旧社会精英的矛盾与对抗,而这种冲突在 20 世纪 30 年代萧山湘湖区域表现得尤为典型。

一、中国传统地方精英的近代化嬗变

作为近代乡村社会发展的重要力量,地方精英的政治地位和作用一直是基层社会、国家和民众关系中一个最引人注意的问题。西方学界对社会精英研究比较成熟,马克斯·韦伯从经济实力、政治权力和社会威望三个维度对社会阶层的划分理论,米尔斯对美国社会权力精英阶层的研究都成为经典之作。②尽管国内学者对精英概念仁者见仁,但在内涵上都比较认同意大利社会学家 V. 帕累托的界定:是指那些具有超常才能、在权力、智识、声望和财富方面占有较大优势的个人或群体。从我国乡村社会变迁历程看,地方精英并非组织严密、目标明确、行动一致,而是包含了不同利益层次及道德水准、影响力大小有别的个体和群体。③他们常在当地政治经济资源、文化水平、社会关系方面具有相对优势,并对乡村发展具有较大影响,是本区域中拥有一定地位和支配能力的重要人物。近代以来乡村社会的重建基本是一个走向现代化的过程,作为铺筑于乡村社

①　慕冬:《介绍给农村师范第二班同学的几段话》,《深光》1933 年第 1 期。
②　[美]查尔斯·米尔斯著:《权力精英》,许荣译,南京大学出版社 2004 年版,第 147 页。
③　[法]莫里斯·迪韦尔热著:《政治社会学》,杨祖功、王大东译,华夏出版社 1987 年版,第 123 页。

会与外部世界的联结桥梁,地方精英往往出没于两个世界之间,扮演着推动乡村社会近代转轨的重要角色。在过去研究中最受重视的是传统士绅阶层,费孝通"双轨政治"、张仲礼"士绅社会"、杜赞奇"内卷化"模式均从不同角度分析了他们在国家与社会中所扮演的特殊角色。[①] 在国家权威失落、政治土崩瓦解,社会普遍陷入无政府状态下,一些新型知识精英开始回流关注农村,参与各种类型的乡村改造,建设不同实验区,并以此为舞台,与国家权力和地方旧势力讨价还价,逐步改变了传统基层的政治文化权力结构,在重建农村社会方面做出了不少努力。[②]

清末传统乡村是"绅治"的,且在民初仍较长时间延续。[③] 按照国外精英循环理论(Victor Nee ,1989),精英更替是一个新陈代谢过程,新精英产生和旧精英退出是相伴相随的两个方面。清末"新政"后,随着百姓税费剧增,在土地贫瘠、村社涣散的华北地区,传统士绅阶层纷纷辞职,退出"边缘"地带乡村政治舞台,大量地痞无赖趁机上台,导致民怨沸腾。但在经济发达的江南,以宗族为纽带的自愿合作制度继续存在,旧式精英集团并未完全退出,就像一个原始胚胎,在社会转型催化下,孕育出了不同类型的知识精英。1905 年废科举后,士农工商四民意识渐废,精英概念逐渐涵盖传统士绅、新学之士、乡村教师或退役官员在内的多种群体。新涌现的知识精英通过参与政治,把持农会、教育会等社团组织,取代了那些落伍旧精英,实现社会利益的控制。辛亥以后扩张的地方自治,使许多传统非制度性权力,如地方办学、卫生、农工商务、社会救济等自治事务得到正式确认。据此,笔者认为可基本把 20 世纪 20 年代从城市回流地方、参与乡村改造的知识精英分为早期马克思主义者(参与政治革命与基层暴力动员)、改良知识分子(投身乡村教育,参与地方文化建设)和官方乡村自治官僚(参与地方行政,把持局部政权与武装)三类,他们要么脱胎、要

① 陈世荣:《国家与地方社会的互动:近代社会菁英的研究典范与未来的研究趋势》,《"中央研究院"近代史研究所集刊》2006 年第 54 期。

② 李怀印:《华北村治——晚清和民国时期的国家与乡村》,中华书局 2008 年版,中文版序。

③ 黄宗智:《华北的小农经济与社会变迁》,中华书局 2004 年版,第 242 页。

么与家族地主和商人构成的旧地方精英有着千丝万缕的联系。[①] 可以说，民国时期乡村地方精英的变动，既有新精英对旧精英的替代，又有旧精英集团内部的嬗变和转换。

二、革命、改良到自治：湘湖区域的乡村改造模式

作为江南乡村改造典型区域，位于浙江北部、杭州湾南岸的萧山湘湖地区，为我们了解民国时期的中国乡村，提供了一个全新视角。该县地处萧绍平原，河港纵横，人口稠密，是江南"宏观区域"（macro region）的一个中心（core）。从许多方面看，这一区域村社生存环境，介于浙西北（如衢州山区）那些多灾、低产边缘地区和浙东南（宁绍地区以水稻种植为主、经济繁荣）地区之间。钱塘江水带来泥沙，形成了大片富饶土地。但在形成新土地时，也有土地不断被江水冲走。[②] 由于运河在这里与西小江交汇，沿途有许多繁荣的稻米集散市镇直达杭州湾而成为盗贼、土匪和绑票者横行之地。据日本学者田中忠夫《中国农业经济研究》（上海大东书局1934 年译本）抽调，20 世纪 20 年代萧山农民离村情况非常严重。统计的10355 人中，被迫离村到外地谋生者达 795 人，离村率达 7.58％。[③] 对萧山湘湖进行研究优势明显：大片可灌溉土地，发达的运河网络把众多河流湖泊连接在一起，宗族组织实际上代替了乡村制度，乡村精英活跃，中心区域的村社凝聚力较强；自然灾害、争夺土地的械斗和盗贼、土匪和绑票者横行，使得这些鱼米之乡的辛勤劳作农民如詹姆斯•C. 斯科特所讲，生活悲惨，只要一阵细浪，就可将水深到颈的他们淹死。因而，对二三十年代该区域发生的乡村改造活动进行深入考察，有助于更好理解新型知识

---

① 王先明：《近代绅士——一个封建阶层的历史命运》，天津人民出版社 1997 年版，第255 页。

② 沈定一在《坍江片影》中描写充满苦难的乡村："潮风过去，一浪，半个竹园没了；一浪，几陵桑园没了。在浪声、风声，有时雨声中的坍江声，拆屋抢命的喧哗声"；穷人们"吃也精光，穿也精光，哪有东西交点王（'王'字加一点即，'主'，指田主）"。

③ 池子华：《农民"离村"的社会经济效应——以 20 世纪二三十年代为背景》，《中国农史》2002 年第 4 期，第 62 页。

精英对基层社会变迁的参与，以及其不同主张在国家和乡村之间关系的运作。

（一）早期马克思主义者的衙前农民运动

中国共产党建立前，早期马克思主义者们首先以主要力量领导工人运动，同时开始关注农村工作。浙江省立第一师范学校的进步学生，就曾去萧山衙前教农民识字，传播革命道理。1921年4月，左派知识分子沈定一从广州回到家乡湘湖，开展农民运动。经历五四洗礼的沈定一，将城市通过夜校组织工人的做法移植到家乡。他邀集了杭州"一师风潮"好友、文学家刘大白，学生领袖宣中华、徐白民、唐公宪，参与基层政治革命与暴力动员，推动了以衙前为中心的湘湖地区农民斗争。

沈定一，字剑侯，号玄庐。出身于官僚地主家庭，曾任云南广通知县、武定知州和云南巡警总办等职。后留学东京，加入同盟会；辛亥革命时任中华民国学生军团长，参加光复上海之役。1912年，任浙江省首届议会会员，袁世凯篡权遭通缉后，避居日本、南洋；1916年任浙江省议长，将家里农田分送佃户，实行"耕者有其田"。期间，筹办省立二、六、九师范学校，普及乡村教育；五四运动后，提倡文学革命；1920年5月，发起"马克思主义研究会"，宣传革命思想。8月，成立上海共产党小组，是中共最早党员之一。

作为"革命动员型"知识精英，沈的乡村改造，从筹办衙前农村小学校入手。他创办小学，教育贫苦农民子女，为农民动员和文化解放创造条件。他们通过访贫问苦，动员穷苦农民将子女送到小学读书。此后，沈定一联络开明人士，成立萧山东乡教育会，"不到半年，农会林立，较大村庄遍设学校"。各校以夏令营形式，宣传马克思主义，培养了杨之华、叶天底、王贯三等一批骨干党团分子。1921年8月，沈定一等先后到衙前、凫山、航坞、山北等地演讲。他头戴毡帽、操当地方言，听者从百十来人骤增至数千人，周围二三十个村农民都起来听讲。"衙前小学，实在是鼓吹社会革命的东南根据地"[①]，在新式力量不断进入乡村宣传革命氛围中，农民

---

① 张介立、朱森水：《萧山衙前农村小学》，杭州市政协文史委：《杭州文史丛编》教育卷，杭州出版社2002年版，第219页。

无疑是精明的小生产者,只要有新组织引导,很快会分化,形成新的不安定因素。短短一两个月,萧山、绍兴、上虞 3 县 80 多乡村相继成立农民协会,10 多万贫苦农民成功被动员。实际上,此时湘湖地区的乡村反抗已走上了与实践革命结合的边缘。抗租暴动,参加者都在百人以上,多者达五六千人,男女老幼皆有。地域往往不限于一村、一乡,而是数村、数十村"全部动员",不光攻击催租的保甲长、村长、乡长及其建筑物,还对抗将枪口对准农民的保安队或警察。① 1922 年 12 月,反动政府派出大批武装军警进行镇压,500 余人被捕,李成虎等被刑虐致死。犹如黑夜中的明灯,衙前农民运动给沉睡中的江南农村带来了一线光明。1926 年冬,中共江浙农民运动委员会认为"一九二一年,萧山农民正式组织农民协会,反抗地主,实为全国农民运动历史上最先发轫者"②。

　　作为较早重视农民运动的马克思主义者,沈定一无疑是"20 世纪中国第一个号召农民与地主斗争的政治领导人"③。曹聚仁在《衙前那一群朋友》中写道:"这位最为绍兴乡绅所头痛的沈老爷,和他的泥腿朋友平起平坐,颇有旧俄民治派风度。"④针对守旧士绅诬指农民运动是"过激主义",他在《民国日报》上发表《代农民问官吏》,提出三条质问,并限省长八日予以答复。可以说,作为当年横跨江浙党政两界的显赫人物——沈定一所主张的乡村改造就是"以阶级斗争为武器,锋芒直指地主、富农这些传统阶级及其他旧秩序的代表人物如保长之类"。在他看来,当革命改造将传统精英打倒以后,就应按照新政治标准,来寻找和型塑村庄精英,其确切含义就是乡村精英评价标准和精英群体的整体革命重建。⑤

---

　　①　为何目前看到资料中有关抗租统计,绝大部分集中在素有"天堂"之称的杭州地区?夏明方在《民国时期自然灾害与乡村社会》(中华书局 2000 年版)中认为,这里除了接近当时政治新闻中心外,还有租佃关系发达、定额租占绝对统治地位的经济因素。

　　②　叶炳南:《新型农民运动的"最先发轫者"》,《党史研究》1984 年第 1 期,第 143 页。

　　③　[美]萧邦奇著:《血路——革命中的沈定一传奇》,周武彪译,江苏人民出版社 1999 年版,第 95 页。

　　④　蔡惠泉:《曹聚仁的萧山情结》,中国人民政治协商会议浙江省兰溪市委员会文史资料委员会:《兰溪文史资料》第 12 辑,1999 年 12 月(内部印刷),第 58 页。

　　⑤　吴毅:《村治变迁中的秩序与权威》,中国社会科学出版社 2002 年版,第 80 页。

(二)"浙江的晓庄"——湘湖乡村师范学校

在精英知识界呼吁"到农村去"背景下,1927 年 3 月,陶行知在南京燕子矶创办了一所乡村师范——晓庄师范。1928 年 10 月,在蔡元培、蒋梦麟支持下,浙江省立乡村师范学校正式开学,培养"健康的体魄、农人的身手、科学的头脑"的乡村教师。1933 年 8 月,改为省立湘湖乡村师范学校。湘湖师范创建伊始,即贯彻陶行知生活教育思想,在湘湖定山农村办了 14 所小学,学生多达 862 人。[①] 学校还在湘安、石岩等村组建工学团,扫除文盲;开办"湘湖医院",为农民治病;成立生产合作社,防治姜片虫病。因校长操振球、方与严是陶行知学生,学校被称为"浙江晓庄"。

1932 年,金海观出任校长,在湘师东石岩村创办东乡生活改造区。[②]1933 年 8 月,改造区扩为 33 个村、1036 户、4843 人,比中华职教社徐公桥试验区还大。[③] 改造区以全区为学校,除各种民众教育设施外,还添设中心小学,辅导私塾改良,组织信用合作社、豆腐合作社,提倡养鸡、养鸭、养蜂,设立布袜工厂、改良果树栽培;联络地方人士组成湘湖东乡改进委员会,推行乡村医院、短期农民夜校及农民教育馆、敬老会等。这些事业,可概括为文字、健康、生计、公民四种教育。时人评价称"在湘湖各村落里所做工作,着重于整个乡村社会改造,而不偏于局部的教育",是乡村教育发展的新动向。

知识分子从事乡村改造,有一个自身要求问题。湘湖师范社会改造全部依靠师生,几无专职人员,各项事业主要由学生轮流操作。1933 年上半年所办 6 所小学,3 所全由学生负责,没有一位教职员参与。1937 年上半年所办 14 所乡村小学也只请了 24 位教职员,专职干事仅有一二人。学生们参加乡村小学工作和其他文化改造,就是做、学、教合一的实践。无论对于管理乡村的传统士绅,还是普通群众,他们都是外来者。他们

---

① 操震球:《出发后》,《乡教丛讯》1928 年第 2 卷 15 期。

② 金海观(1897—1971),浙江诸暨人,1917 年入南京高师,师从陶行知。1932 年任浙江省立乡村师范校长。其担任湘湖师范校长 25 年,14 年生活在农村,住山腰茅屋,草顶泥地。在乡村建设人物中,他是居住在乡村从事教育工作时间最久的一位。

③ 江恒源:《中华职业教育社之农村工作》,章元善、许仕廉编:《乡村建设实验》第 1 集,中华书局 1934 年版,第 40 页。

必须借助县域政权和原有治理力量,才能进入。在入乡之前,要同区乡级政权沟通,请他们向村民做解释工作。为此金海观提出,乡村工作者应该转变意识,彻底"农民化"。师生"要脱去西式服装,插身民间;我们说话,要使农民能懂能听"。就基层社会而言,除了乡绅族长外,作为农民"知识领袖"的乡村教师,亦是改良者所期待的精神合作者。经过多年努力,湘师培养了大批有志于乡村教育的教师,对改变试验区社会落后面貌产生了很大作用。

湘湖师范东乡改造实验区,基本属金海观和湘师一人一校民间行为,加上社会结构未变,实验本身力量有限,许多设施未能在乡村生根而延续下来。作为一个孤立试验,每个项目都要列于年度校务计划报经教育厅核准,试验区计划要经省政府核准,否则不能拨款。由于没有涉及县政及同其他村落关系,其命运当然不确定。这群改良知识精英进入乡村,一方面广泛联络乡村各层人士,"从一丝一缕表现出特殊功能",同时还要警惕乡村"恶腐势力","一味和少数新旧土劣联络,以求得表面的事业进行顺利"。① 学生终究要毕业离校,乡村改造如何在外来者离去后由乡村自我主导持续下去,依然是未解决的课题。但实验毕竟为湘湖附近世代为贫困、愚昧折磨的千百乡村百姓改善了教育、医疗和谋生条件。其摸索出的乡村建设思想,如教育革命和乡村建设相辅、乡村教育建设应遵循简化原则,工作者应该农民化、贵在实干等主张,至今仍有借鉴意义。

(三)沈定一的萧山县立东乡自治区

20 世纪 20 年代末,部分官僚精英开始把眼光转到农村,提倡乡村自治。他们提倡"到乡村去""复兴农村""建设农村",创办了大量实验区。据国民政府实业部调查,全国乡村工作团体有 600 个,先后设立各种实验区 193 处。在浙江,各地对乡村建设提倡不遗余力,涌现出一些著名实验区,例如"民国十七年(1928)沈玄庐注重自治工作的萧山县立东乡自治筹备会,二十年中华职教社与鄞县合办自治乡村改进区,二十三年桐乡县政府南日晖乡新农村试验区及永嘉农村合作实验区、杭县凌家桥民教实验

---

① 《金海观全集》编纂委员会:《金海观全集》,方志出版社 2003 年版,第 203、226 页。

区等,均属颇著成效者"①。

萧山东乡是钱塘江南岸一个农耕乡,三分之二地面凸出钱塘江,北海塘横贯其间,分塘外、里坂二部,沿江为面积无定的极大沙丘。据1929年调查,全乡15个行政村,面积144平方里,53032户、241237人、识字者25294人。自治区创办者是主持过衙前运动的前共产党员沈定一。革命失败后度过亡命生活的他,"四一二"政变后任过浙江省议长、国民党中央委员。1928年年初,在感到国民党中央政事"已无可为"后,他毅然辞去一切职务,"要罄毕生力,从事于乡村自治","从萧山东乡做起点,为国民党政治找出一条大道来"。

东乡自治区实行乡村两级自治体系,即乡自治(萧山教育委员会东乡分会)、村自治(东乡自治会范围内15个行政村)。乡自治会为最高权力机关,受区党部直接指导;村自治会为基本组织。自治会成立初,设设计、总务和调查三股,后增设户籍、教育、实业、财业、水利、道路各局。自治事项包括:清查户口财产;筹备乡村经济组织,测量土地、修筑道路;垦殖荒山旷地,改良农田水利、建设学校等。至1929年,共有衙前、钱清、瓜沥、南阳等11个行政村成立村自治会。村自治会由3人组成执行委员会,下设统计、建设、教育三股,负责办理户籍地籍、增加教育设施、改良蚕桑、倡办合作社、修筑道路等事项。东乡自治给人留下的是大刀阔斧改良社会、民生的深刻印象,沈定一曾为自治会题词:"填海底,削山头,把大地打匾(扁)锤圆,请自乡始!扫文盲,换穷骨,为群众谋生设教,不让人先!"在自治会领导下,"农民情绪紧张,高至极点,一种从来未有的热烈空气,布满衙前"。②

民国现代国家政权建设无疑是回应西方挑战的重要步骤,核心包括建立一个现代官僚系统,和向下渗透的基层组织,从农村抽取用于现代化的资源。吊诡的是,其政权建设的基层表现,却是通过"乡镇自治"展开的。从东乡自治看,它既以自治会为未来政府雏形,又以国民党为"保姆",具有显著的"以党训政"特点。其虽还打着自治旗号,实际却已丧失独立性,完全纳入国家政权体系。沈定一明确表示:"组织自治会是民众

---

　　① 乔启明:《中国农村社会经济学》(本书据商务印书馆1947年影印),周谷城主编:《民国丛书》第四编"社会科学总类",上海书店出版社1989年版,第443页。

　　② 林味豹:《衙前印象记》,《中国农村》1935年第1卷第7期。

党化、主义民众化"，力主国民党员下基层、入民间，组织民众团体。东乡
自治与国民党萧山党部密不可分，全乡成立 2 个区党部、11 个区分部，党
员 200 余人；举办 3 期党务班，训练了青年 200 人，一时造成党治浩大声
势。时人描述："高竿上飘扬的党旗，粉墙上及旧式牌坊上许多青天白日
党纲、标语和口号，随处都是青白色写的民众团体牌子和机关，甚至河里
小船前后都画着青天白日：一切都显着一个党治底下的模范区域。"①

作为一个资深国民党员，沈对东乡自治倾注了大量心血。"不管你是
哪里来的访问者，一遇到沈定一先生，他就会滔滔滚滚地和你谈他们施行
自治的经验和计划。……他能叫你听两三点钟忘了厌倦。你见他兴致勃
发地谈到如何把地方自治由那弹丸之地的一个乡村扩充到全省全国，你
真可误认他是初出茅庐的青年。"②东乡自治建设没有完全依赖乡村原有
长老政治、士绅组织，而是以国民党网络为基础。其以现代政权为目的向
下渗透的基层组织建设为转折点，自治会自设机关，垄断行政、教育、财政
和司法诸权，在地方政治、经济方面逐渐发挥作用，成为地方主宰。传统
士绅在乡村开始边缘化，加上东乡自治与浙江省政府有关法令不合，遭到
一些人怀疑反对，新旧矛盾终于爆发。1929 年 8 月 27 日，沈定一应戴季
陶、张继之邀到莫干山谈论地方自治，第二天下山，在衙前汽车站遭暗杀
身亡。③沈死后，省政府应东乡自治会请求准续办一年。1930 年期满，东
乡一切民众组织被省政府取消，自治会改为区乡镇制，轰轰烈烈的自治运
动随人亡而政息。

三、乡村改造：地方精英、国家现代化场域中的角力

中国近代乡村是几千年儒家精华沉淀的缩影，士绅群体秉承了道统

---

① 孔雪雄：《中国今日之农村运动》，中山文化教育馆，1935 年，第 340、337 页。
② 周一志：《萧山衙前农村考察记》《再造旬刊》1928 年第 11 期，第 42 页。
③ 据陈功懋《沈定一其人》《浙江文史资料选辑》第 21 辑）回忆，沈的死因，当时揣测不
一。主要有四种说法：一是疑为蒋介石指使杀害；二是疑为地主联合进攻；三是疑为某东岳庙
祝私人报复；四是疑为嵊县蚕种商人暗算。其被刺地有戴季陶亲题"沈定一先生被难处"八
字。1935 年，柳亚子游浙东途经题诗一首："一塔巍然踞道旁，玄庐才气不寻常，恩仇牛李成
何事，化鹤归来费忖量。"

文化的仁德精神,强调孝道与家道,承担着教育文化在农村发扬传承的功能。他们进城为庙堂大夫,回乡则为乡村士绅。进城及出外游历,士大夫相互切磋砥砺,塑造着主流人文话语及伦理动向;回到乡村,则把这些知识伦理适用于乡里,提振乡村人文道德。[1] 然而,随着科举废除及新学普及,精英人才大量流出使得乡村传统的优秀部分面临后继无人的危机挑战。传统文化的承袭对继承学习者往往有如领悟力强、善于观察并实践的素质要求。因此,乡村社会文化传承是一个需要新型知识精英参与的过程。当这些知识精英外流为城市一分子而不愿反哺农村时,乡村社会进步就失去了它的承袭主体。"传统与现代之间碰撞迹象不断出现,看得出传统虽然活着,但过去的风俗和信仰已经四面楚歌。"[2]

自清末以来,面对民族危亡,中央与地方、改良群体与革命者都在探索现代化道路,但在实际操作中却并非相互协调合作,而是充满了矛盾冲突和激烈碰撞。杜赞奇认为,这个过程中始终存在着两种现代化路径:一是中央政府强调国家优先;二是新型知识精英参与社会改造。除革命者外,多数知识精英意识到,乡村仅靠自下而上的教育改造工作难以胜任,必须借助政府力量推动。农村建设需要足够政治力量支持,政府也需借助社会力量完成农村复兴,朝野双方达成了共识。改良精英在萧山农村构造了一种公共事务实行统一管理的虚拟乡镇行政组织,在权力层面与士绅展开了话语争夺。湘湖师生在改造过程中无形而广泛地侵蚀着士绅权力空间,他们的改造,包括拒毒禁赌、修桥铺路、婚丧互助,触角渗透到村庄家族内部,从民俗习惯、休闲娱乐、公共事业、村庄管理方面吸引村民,对士绅领袖角色和领导权提出了严峻挑战。为了回避矛盾激化,面对庞大士绅集团,东乡试验区更多选择技术、组织层面提出解决方案,如推广良种、改进技术,组织合作社等。这些措施对提高农村生产力、缓解社会矛盾有一定作用,但并非彻底解决之道。

20世纪20年代末,一批爱国教育改良团体试图用社会改造办法,发展农民教育,促进农业生产发展和社会进步,实现民族振兴。他们开办农

①　张英魁:《农村精英人才流失与新农村人力资源再造的路径选择》,《华南农业大学学报》(社会科学版)2008年第2期,第8页。
②　[美]唐兴:《美国学者在中国西部百姓生活札记》,寿国薇译,广西教育出版社2000年版,第154页。

村改进试验区,"从农村入手,划定区域,从事实验,期以教育之力改进农村一般生活,以立全社会革新之基"①。以往研究多从参与者、改造内容角度分析此类实验,对乡村改造外来冲击及社会影响缺少关注。乡村改造中的社会矛盾更是基于此因而被轻忽漠视了。作为一场"除文盲、作新民"的社会改造,其进行的系列农村组织创新,有效推动了乡村改进,改变了基层社会固有权力文化结构。但这一结果"每每吃力不讨好",往往激化了传统士绅与外来改造者的矛盾,并引起了舆论轩然大波和流血刺杀事件。从早期马克思主义者蜕变到官方地方自治官僚,沈定一不能代表每一人或每一个革命者,他必须解决的身份问题在其他中国精英身上或多或少存在,即便仅是为了与社会改造发生联系。沈定一之谜与此身份问题相关,他的生死际遇昭示了这一观点:身份是一过程,也是一种结果,更是一种即时性产物。这个痛苦的乡村嬗变过程,必然会出现新旧社会精英的冲突对抗。一场本为阻遏农村解体的改造运动,却在阶级矛盾和冲突激化中,酝酿着社会革命新因素,正如 20 世纪 30 年代萧山湘湖区域表现的那样。

　　民国乡村是一个"双轨政治"社会,地方自主性较强。从现代化主体角度看,相对国家政权而言,革命者、湘湖师生、沈定一都属新型知识精英代表。而后二者都倾向与国家合作,希望能通过改造完成乡村现代化。表面上看,湘湖区域乡村改造出现的矛盾是革命者、改革阶层与旧势力矛盾,背后折射出地方精英与中央政权的矛盾,是二者对地方领导权的争夺。萧山湘湖乡村改造基本以外来革命者、改良知识分子、党务官僚和一些家族地主为主,广大农民是其争取对象。改造过程中,新旧力量合作愉快部分大体在教育文化领域,紧张冲突部分在政治经济领域。基本而言,改良者与旧势力合作愉快,而革命动员则造成乡村关系紧张。通过 20 世纪 30 年代江南农村改造分析可以发现,乡村冲突隐含制度缺失的结构性问题。不解决土地问题,所谓农村改造、县政自治,根本无从谈起。由于国家无意改变土地制度,土地占有身份和农村领袖权势不可撼动,改造只好采取包容、迂回的态度,继续争取他们的支持与合作。当激烈改革触动

---

　　① 黄炎培:《中华职业教育社奋斗三十二年发现的新生命》,《人民日报》1949 年 10 月 15 日。

了士绅深层利益，必遭其反对，外来者要么采取暴力手段，要么采取守势回避，其改造能力大打折扣，这就为实验失败隐埋了伏笔。

四、结　语

20 世纪 20 年代以来，随着知识精英在农村社会发展作用的日益凸显，农村问题研究逐渐实现了从国家与社会二维框架向国家—知识精英—社会三维框架的范式转换。民国乡村改造兴起原因之一是当时中国农村的凋敝与破产。除革命者外，大多新型知识精英认为，农村落后根源是愚、穷、弱、私。所以其改造都以"政教养卫合一"为手段进行农村改良。所谓"政"就是与政府合作，办理乡村自治和自卫；"教"就是乡村教育；"养"就是生产技术改进、农作物改良及合作事业推广；"卫"就是乡村卫生和地方病防治。近代中国的乡村实验者志存高远，其改造范围涉及组织农会、户口调查、壮丁编练和社会秩序维护，试图以教育为主导，通过教育农民、改进乡村实现改造全国，达到富民强国的最终目标。乡村改造实验活动基本贯穿上述目的和手段，只是各自侧重点不同。湘湖区域是民国乡村改造缩影，对恢复农村经济、改变农村文化风貌、破除旧习有一定作用。

民国萧山湘湖区域乡村改造，参与者多为村庄外部精英、以"化缘"或"输血"方式提供。这些外部精英的牺牲奉献及其掌握的社会资本虽可在短期内推动乡村公共产品供给；但因缺乏长效动员机制和村民参与激励，往往会因孤军无援、力量薄弱而出现志愿失灵现象。湘湖区域乡村改造表明，在特殊历史环境下，新型知识精英能够推动地方的现代化，但由于自身不足和力量的弱小，他们推动地方现代化十分有限。国民政府控制下的新型知识精英，并非不能够建设一个现代化的新农村，但却只是国家权利扩展到基层的一个层面。普通农村大众的动员和全体乡民的支持，这是除革命者外，国民政府、地方精英所无法实现的。历史表明，无论是保守地方精英，还是国民政府都不能担负起乡村现代化的重任。面对恶劣的外部环境、不断的天灾人祸，濒临崩溃的经济、乡村文化的荒漠化及低效运转的国家机器，只有通过革命手段、合理优化国家权政，最大限度地依靠民众,才能实现乡村社会的现代化转型。

地方精英与国家权力的矛盾,是乡村改造中普遍存在问题。国民政府推行地方自治,目的在于"加强其政治统治"。萧山湘湖精英以削弱国家控制为前提,在地方建设中排斥国家权势介入,强化乡村内源性自我控制,进行独立政府之外的地方改造,必引发地方精英与国家强权公开较量。外来精英、传统势力在乡村强力冲突,导致湘湖区域实验只能在不触动生产关系情况下改善教育文化、生产技术,反映了弱势国家中政权、革命、改良三方难以相互协调以推动农村重建的困境。[①] 在今日强势国家语境下,湘湖区域的经验还是能够给我们以一定借鉴。在目前农村本身造血恢复能力逐渐丧失过程中,如何探索一条中央、地方、民间相互配合,以制度、组织创新、生产技术开发为方法,拓展农村内生力和知识精英回归,变封闭型为外向型农村,提高农民市场抵御风险能力,这或许是未来新农村建设的唯一选择。

---

① 宣朝庆:《地方精英与农村社会重建——定县实验中的士绅与平教会冲突》,《社会学研究》2011 年第 4 期,第 102 页。

现代学校与民众传统信仰空间的现代转化

——以 20 世纪上半期的浙西南山区为例

■ 叶哲铭

　　学校是人类基本的文化传承机构,而现代学校所包含的文化特质又与传统的私塾、书院、官学等有很大的不同。一些人类学研究者就把清末以来乡村中兴办现代学校放在中国建设现代民族国家的背景中,将现代学校视为政府用公民文化替代传统社区文化的工具。比如王铭铭就认为,"在传统社会中,教育是社区生活的一部分,社区的仪式和传统是教育的主要内容。但民族国家兴起以后,产生了'国民教育'的概念,使教育成为全民的事,导致社区以外的文化和知识取代社区的传统。乡村新学校的成立,反映的就是这个过程"①。正是这种区别,使乡村民众在接受现代学校教育过程的同时,也成为一个接受现代国家民族观念、用超地域的公民文化取代传统社区文化的过程。

　　在乡村民众的传统社区文化中,宗族文化和宗教文化是最为常见且深入民众生活的文化形态。乡村民众在日常生活中除了胼手胝足从事生产劳动以获取基本的生存资料之外,还需要有精神信仰以寄托希望和慰

　　[作者简介]　叶哲铭(1973—),男,浙江松阳人,2009 年毕业于浙江大学教育学院,获教育学博士学位,著有《底层视野:现代学校教育与乡村民众生活》等,现为杭州师范大学继续教育学院副院长、副教授,主要从事中国教育史的教学与研究、教师专业发展规律与培训模式研究等工作。

　　①　王铭铭:《溪村家族——社区史、仪式与地方政治》,贵州人民出版社 2004 年版,第 84—85 页。

藉心灵。对于乡村民众来说,他们最主要的信仰是祖先崇拜和多神崇拜。前者可以使他们获得族群认同感和安全感,后者则可帮助他们"恃不同职司之神,护佑其生活中不同情状之痛苦疑难"[①]。这些信仰需要有相应的活动空间——"祠堂庙宇"——来实现。祠堂是祭祀祖宗或先贤的地方,以祭祀祖宗的宗祠为主;庙宇则是宗教崇拜场所。我国民众的宗教信仰是典型的多神崇拜,所以庙宇数量庞大、种类繁多。然而,现代学校的出现,使宗祠庙宇这些传统信仰空间逐步发生了现代转化。本文以20世纪上半期的浙西南山区为例对这个转化过程进行描述,并在此基础上对其中的历史意义进行分析。

一、20 世纪以前浙西南山区的祠堂庙宇

浙西南山区是一个区域地理概念,具体而言是指浙江省西南部由仙霞岭、洞宫山和括苍山西段所包围的区域。从行政区划上说,在明清时期主要是指处州府所辖的丽水、缙云、青田、云和、松阳、宣平、遂昌、龙泉、庆元、景宁10县,旧时简称"处属十县";现在则主要是指丽水市所管辖的莲都区、缙云县、云和县、遂昌县、松阳县、庆元县、青田县、景宁畲族自治县、龙泉市9个区、县、市。[②] 全市土地面积17298平方公里,其中山地占88.42%,耕地占5.52%,溪流、道路、村庄等占6.06%,是个"九山半水半分田"的区域。[③]

祠堂的主体是宗祠,宗祠是宗族的象征,也是展开宗族活动的公共空间。宗族自三代就有,但是在魏晋到唐末时期经历了长期的衰退过程,直至北宋,乡村社会又开始重建宗族制度。在浙江,宗族制度的重建过程可以追溯到南宋时期,并一直延续到明清时期。到了明万历年间(1573—

---

① 王尔敏:《明清时代庶民文化生活》,岳麓书社2002年版,第12页。

② 另外,明景泰三年(1452)设置的宣平县于1958年被撤销,大部分划入位于金衢盆地的武义县,少部分划入现在的莲都区。但是从区域地理角度来看,该县全境都属于属于瓯江支流宣平溪流域;在语言和民俗上也属于浙西南山区范围;从明清到民国时期一直是"处属十县"之一。

③ 丽水市人民政府官方网站,http://www.lishui.gov.cn/xsls/lsgl/。

1620),宗族建祠堂、祭始祖已成为一种流行的社会风尚。浙西南地处山区内陆,宗族势力较强,建祠祭祖之风尤其炽烈。据记载,当时的处州府民间"春秋聚族合祭于家庙,生辰讳日各祭于家,新岁寒食祭于墓,虽极贫不敢弛"。其中的松阳县"人崇信义,家置祭田,建祠宇,兢兢乎报本追远之风";遂昌县"各建家祠,有古立宗法崇祭祀之意"。① 作为宗族活动空间,宗祠所扮演的角色是多样的,除了最重要的祭祖场所之外,祠堂还是议事场所、办学场所(族学)、民间娱乐场所等。为了维持宗族公共活动的展开,许多宗族还置办了大量族田,这些族产成为在教育体制新旧转轨之际乡村办理现代学校的经济基础,一些宗族的祠堂也由此开始了转化为现代教育空间的历史进程。

庙宇是宗教崇拜场所。我国佛、道两教虽然源远流长,寺庙道观也为数甚多,但我国民众的宗教崇拜向来兼收并蓄、以实用为旨归,故除了正规的寺庙道观之外,还有大量的祭祀民间杂神的庙宇。此外,官方还有正祀系统,像社稷、日月、先农、孔子、关公、城隍、土地等都是官方祭祀的对象,因此都有相应的庙宇。明清以来,浙江省各府、州、县均有由官府兴建的社稷坛、风云雷雨山川坛、厉坛、孔庙、城隍庙、关帝庙等;民间信徒筹资兴建的寺、观、庵、堂、宫、殿等随处可见。这些官方和民间的宗教建筑为民众的多神崇拜提供了实施空间。具体到浙西南山区,宗教的传入也很早,孙吴赤乌元年(238),松阳县就建有普慈寺(在今丽水市莲都区北 30公里)。到东晋南朝时期,松阳县成为永嘉郡见于方志记载佛寺最多的地方。② 隋唐时期佛寺道观等宗教场所则更多了。到明清时期,一个山区小县有几十、上百所佛寺道观也不足为奇。比如据同治十三年(1874)《丽水县志》记载,丽水城乡共有庙宇 61 处;③据乾隆版《龙泉县志》载,龙泉城乡共有大小寺院宫庙庵堂 120 座。而自乾隆至光绪年间,又增加了 67 座;④另据光绪三年(1877)《庆元县志》载,全县有寺 23、庵 47、堂 26、宫 12、殿

① 陈剩勇:《浙江通史·明代卷》,浙江人民出版社 2005 年版,第 91—95 页。
② 王志邦:《浙江通史·秦汉六朝卷》,浙江人民出版社 2005 年版,第 494—495 页。
③ 《丽水市志》编纂委员会:《丽水市志》,浙江人民出版社 1994 年版,第 95 页。
④ 丽水市政协文史资料委员会:《丽水文史集粹》下册,浙内图准字(2004)第 137 号,2004 年,第 34 页。

14、观 1，合计 123 处宗教场所。^① 到了近代，这些宗教崇拜场所也成为创
办现代学校的重要资源。

二、20 世纪上半期宗祠庙宇改为现代学校的情况

清末兴学以来，由于政府财力严重不足，"族产兴学""庙产兴学"成为
在乡村推行现代学校教育的主要策略，很多宗祠和庙宇被改设为学校，它
们所拥有的田产（族产、庙产）被充为办学基金。浙西南山区的乡村当然
也不例外，除了一批利用旧有书院作为校舍之外，其他大多将祠堂庙宇改
为校舍。我们来看一下光绪三十四年（1908）松阳县各学堂的校舍情况
（见表 1）。

表 1 松阳县光绪三十四年（1908）各学堂校舍调查^②

校名	校址	校舍间数
官立两等小学堂	城北明善书院	6
公立古市初等小学堂	古市镇朱文公祠	26
官立初等小学堂	佳溪刘氏宗祠、禹王庙左厢	28
商会公立养正初等小学堂	城西药王庙	9
公立育英初等小学堂	城东朱文公祠	12
公立明达初等小学堂	赤寿延庆禅院	12
私立世珍初等小学堂	城北毛氏宗祠	10
僧立贯一初等小学堂	古市镇永宁禅院	18
僧立尼宗初等小学堂	城西东琳禅院	9
私立益智英算专修学堂	城东仓圣庙	不详
公立震东女子二等小学堂	佳溪刘家	8

---

① 庆元县政协文史资料研究委员会：《庆元县志》（清光绪三年）注释本，内部发行，1985
年，第 331—337 页。

② 《松阳县教育志》编纂委员会：《松阳县教育志》，西安地图出版社 1994 年版，第
250 页。

续表

校　名	校　址	校舍间数
公立仑西初等小学堂	山下阳张氏宗祠	8
公立崇正初等小学堂	东阁垄赖氏宗祠	17

在表 1 所介绍的松阳县 13 所学堂中，以庙宇为校舍的 5 所，以祠堂为校舍的 6 所，以旧书院为校舍的 1 所，以民宅为校舍的 1 所。邻县遂昌的情况也大致如此。这一年（光绪三十四年）遂昌全县有小学堂 13 所，其中以庙宇为校舍的 4 所，以祠堂为校舍的 6 所，以原有书院为校舍的 2 所，以民房为校舍的 1 所。[①] 这两个县的 26 所学堂中，以祠堂庙宇为校舍的共有 21 所，占学校总数的 80.8%。

民国时期，校舍仍然沿用以祠堂庙宇和租用民房为主的方式来解决，新建校舍寥寥无几。比如 1926 年，松阳县有小学 118 所，校舍设在祠堂的有 56 所，占 47.4%；设在佛殿、宫、庙、寺、庵、院、观等宗教场所的有 55 所，占 46.6%；设在社屋、公馆的有 4 所，占 3.4%；设在民房的有 3 所，占 2.5%。[②]

抗日战争全面爆发后，一批学校在战火逼迫下先后迁入浙西南山区，同时大量迁入这一区域的政府机构、团体也在驻地开办新学校。为了安置这些外来学校，更多的祠堂庙宇被利用为校舍（详见表 2）。

表 2　抗战期间浙西南山区部分外来学校利用祠堂庙宇情况[③]

学校名称	时间	地点	所用祠堂庙宇名称
国立浙江大学龙泉分校	1939 年创办	龙泉县坊下村	庆恩寺
省立英士大学	1939 年创办	丽水县城及郊区	三岩寺

---

① 遂昌县教育局：《遂昌县教育志》，西安地图出版社 1994 年版，第 279 页。

② 《松阳县教育志》编纂委员会：《松阳县教育志》，西安地图出版社 1994 年版，第 250 页。

③ 《丽水地区教育志》编纂委员会：《丽水地区教育志》，内部发行，2002 年，第 597—601 页。另据《浙江近代著名学校和教育家》(1991)、《浙江省教育志》(2004) 以及相关地方教育志、文史资料选辑等文献补充，不再一一注明。

续表

学校名称	时间	地点	所用祠堂庙宇名称
省立湘湖师范	1937 年迁入	松阳县古市镇	广因寺、城隍庙、卯山上观、太保庙、三清殿
省立临时联合师范学校	1938 年迁入	丽水县碧湖镇三峰村	关帝庙、夫人庙
省立金华师范学校	1941 年迁入	宣平县溪口乡	冲真观
省立锦堂乡村师范学校	1942 年迁入	缙云县壶镇雅湖村、沈宅村	赵氏宗祠、沈氏宗祠
省立宁波高级工业职业学校	1942 年迁入	云和县赤石村	天后宫
私立杭州大陆高级测量科职业学校	1943 年迁入	遂昌县城	周氏宗祠、叶氏宗祠、王氏宗祠
私立永康崇实初级农业职业学校	1944 年迁入	遂昌县石练村	刘氏宗祠
省立临时联合高级中学	1938 年迁入	丽水县碧湖镇	龙子庙、广福寺、胡公庙，1943 年迁青田县刘基祠
省立临时联合初级中学	1938 年迁入	丽水县碧湖镇	沈家祠堂、土地堂、洞主殿。1942 年曾迁往景宁县城郊敬山宫、潘家祠堂办学
私立杭州安定中学	1938 年迁入	缙云县壶镇	吕氏宗祠、赵氏宗祠
杭州私立树范中学	1939 年迁入	龙泉县城	孔庙
省立温州中学	1939 年迁入	青田县水南村	栖霞寺
私立绍兴稽山中学	1942 年迁入	景宁县预章村	刘姓宗祠、仙姑庵
杭州私立清华中学	1942 年迁入	宣平县桃溪村	庆恩寺
省立浙东第二临时中学	1942 年创办	宣平县三港乡	普照寺、小陶村祠堂
浙江邮村初级中学	1943 年创办	龙泉县查田乡	长生殿、关帝庙
战区中学生进修班	1943 年创办	云和县局村	浣云庵
省立湘湖乡村师范学校附属小学	1937 年迁入	松阳县古市镇	叶氏宗祠
省立临时联合师范附属小学	1938 年创办	丽水县碧湖镇	叶氏宗祠

续表

学校名称	迁入或创办时间	迁入或创办地点	所占用的祠堂庙宇名称
晓声学园	1939 年创办	云和县小顺村	夫人殿
浙大龙泉分校附属芳野小学	1939 年创办	龙泉县坊下村	曾氏族宗祠
省立温州中学附属小学	1939 年迁入	青田县鹤城镇	夫人庙
浙江地方银行员工子弟小学	1942 年创办	龙泉县南秦乡	剑池庙
私立培本小学	1942 年迁入	龙泉县城	金沙寺
省立建国小学	1943 年创办	云和县城及古坊	天后宫
私立武德小学	1943 年创办	云和县赤石村	孤魂寺

从表 2 可见，在抗日战争期间，在原有的本地学校利用祠堂庙宇为校舍的基础上，一批外来学校又将浙西南各地的祠堂庙宇加以利用，有些规模较大的学校往往要占用多处祠堂寺庙，才能勉强安顿下来。而且由于浙西南各县的县城都很小，资源有限，这些外来学校大多只能在更偏僻的乡村寻找祠堂寺庙作为校舍。可以说，在浙西南山区现代学校的发展史中，对祠堂庙宇的利用就没有停止过，绝大多数学校校舍利用的都是祠堂庙宇。除了将祠堂庙宇改为校舍这种直接方式之外，更为普遍做法是虽不占用祠堂庙宇，但是抽拨其所拥有的田产作为办学基金这种间接方式。比如缙云县在民国期间，除景云寺、栖真寺、昌国寺、福昌寺、黄龙寺、定心庵、普渡庵、正觉庵、霁雨庵等庙宇尚有常住僧尼外，永宁寺、正等寺、天寿寺、鹤鸣庵等田地山林，均为县款产委员会掌管，拨补为中小学经费；广严寺、仙岩寺、九松寺、普化寺、定名寺、福云庵内则直接办学。[①]

三、民众传统信仰空间向现代教育空间的转化

在祠堂庙宇中办学，从学校的角度来看当然很不理想也很无奈。且不说现代学校的空间布局需要有教室、操场、办公室、会议室、礼堂等满足特定教育目标的功能分区，仅就教室而言，也至少需要光线充足、空气流

---

① 《缙云县志》编纂委员会：《缙云县志》，浙江人民出版社 1996 年版，第 599 页。

通。但是祠堂庙宇本是祭祀崇拜场所，其内部结构所要达到的功能与学校是有很大区别的。所以将祠堂庙宇作为校舍，从学校卫生学的角度来看大多是不合格的。比如，宣统元年（1909）省督学范晋到松阳县视察学务时就发现，该县地位最高的官立毓秀高等小学堂的教室就大多不合格，"该学堂讲堂五处，内有两处无透明之光线，颇碍视力；一处系借天后宫大殿充用，虽与本堂联属，究欠便利……"①这种情况不但在清末时期如此，整个民国时期也在各地普遍存在。另外，学生整日与神共舍、与佛同堂、与棺为伴（很多祠堂庙宇允许临时寄放亡人棺木），学习的是科学文明、看到的是泥胎木偶，内心总有些抵触感乃至荒诞感。比如，一位在20世纪40年代曾在丽水县华雨小学求学的学生回忆中，就提到"学校就在上真殿，一出教室见到的便是大尊小尊的菩萨，使人心寒。……我最怕学校里那些青面獠牙的菩萨"②。但是，如果我们从公共空间性质转变的角度来看这一现象，则会发现这实际上是一种乡村民众传统文化的现代转化过程。

现代学校的确立，是现代性（modernity）生成的重要组成部分。作为正式的社会化空间，学校在现代中国文化的自我改造过程中扮演着十分重要的角色；现代教育空间在中国现代文化变迁历程中所起的作用，也是一个不争的事实。③ 学校作为一种现代教育空间，其外在的物质表现形式就是校舍或曰办学场所，而大量宗祠、寺庙被改设成学校，其文化实质就是民众传统的祖先崇拜、多神崇拜等信仰空间逐渐被现代教育空间所挤压乃至取代，从而开始其现代转化的过程。

最受现代教育空间挤压的传统信仰空间是庙宇，无论是将庙宇改设学校这种直接方式，还是抽拨庙产用作办学基金（而保留庙宇）这种间接方式，对于民众传统的多神崇拜活动来说影响都是巨大的。庙宇改设为校舍之后，为了满足学校教学的需要，其空间布局必然要改变，首当其冲的就是被民众崇拜的各种神佛偶像。这些偶像轻则被移到边上或一个房

---

① 范晋：《松阳县各学堂调查表》，《浙江教育官报》1909年第8期。
② 丽水县政协文史资料委员会：《丽水文史资料》第7辑，内部发行，1990年，第72—73页。
③ 王铭铭：《教育空间的现代性与民间观念——闽台三村初等教育的历史轨迹》，《社会学研究》1999年第6期。

间集中安放,重则被摧毁,从而让民众彻底失去崇拜对象。比如 1926 年松阳县创办"县立初级中学"时,选定的校址是县城东郊的东福寺。开学后,校长带领师生一起动手,敲掉庙内所有菩萨,改建教室和办公室。甲班设在大殿观音堂,乙班设在大殿邮亭,办公室设在大殿偏房。[①] 另外,庙宇拥有的田产被抽拨为办学经费来源是一种釜底抽薪式的挤压,经费来源减少再加上民国时期时局动荡,庙宇最后往往因无法维持基本的宗教活动而衰废。与 19 世纪相比,20 世纪上半期浙西南山区很多县的庙宇数量急剧下滑,民众的多神崇拜空间日渐萎缩。比如丽水县在清同治年间有庙宇 61 座,到了抗战时期只有 30 余处;[②]缙云县在清光绪年间有庙宇 80 余座,到 1952 时仅剩 27 座[③];云和县在清同治年间有庙宇 98 座,到 1936 年时仅剩 20 座。[④]

与庙宇一样,祠堂特别是宗祠及其所象征的祖先崇拜空间也受到了现代教育空间的挤压。宗祠被辟为学校后,大量的宗族活动就无法在祠内经常举行,否则会影响学校正常的教学秩序。族田等公产收益被用作办学后,传统的宗族活动比如祭祀祖先、迎神赛会等就无法得到足够的资金进行,从而被迫压缩规模。但是相比于庙宇,宗祠及其所象征的祖先崇拜空间所受到的现代教育空间挤压并不是很严重,宗祠和学校之间还有合作的可能。

首先,族田在传统上本来就可以被利用来办理族学,所以将族田收益用于创办现代学校,在本质上与以前并没有区别。在一些地方文史资料的记载中,由宗族出面办的现代学校往往会用"不但招收本族子弟,而且兼收非本族子弟"的话语来标榜办学的社会公益性,"兼收"二字恰恰证明了其学生主体是本族子弟,其办学的首要目的是为本族子弟的出路服务。其次,利用宗祠办学还有可能维持或扩大宗族的影响力。比如在缙云县的壶镇,吕氏、赵氏均为地方望族,族人吕逢樵、赵舒等为辛亥革命先驱。抗战期间杭州私立安定中学于 1938 年秋迁到缙云壶镇,得到了吕、赵两

---

① 丽水市政协文史资料委员会:《丽水文史集粹》下册,浙内图准字(2004)第 137 号,2004 年,第 222—223 页。

② 《丽水市志》编纂委员会:《丽水市志》,浙江人民出版社 1994 年版,第 95 页。

③ 《缙云县志》编纂委员会:《缙云县志》,浙江人民出版社 1996 年版,第 599、602 页。

④ 《云和县志》编纂委员会:《云和县志》,浙江人民出版社 1996 年版,第 367 页。

族的大力支持,吕氏宗祠规模很大,可大量招生,该校第一次初一新生就招 6 个班。次年,学校又在赵姓宗族的支持下创办高中部,不但赵氏宗祠让出供其办学,赵氏族人还在赵舒的发动下在宗祠前购地兴建校舍 30 间捐给学校。在两大宗族的支持下,缙云县出现了有史以来第一所完全中学,两姓的宗祠也转变成当地教育重镇。私立安定中学在缙云办学 7 年,为当地培养了大批中学生。1946 年 10 月迁回杭州时还留下分部在缙云继续办学,成为壶镇中学的前身。[①] 吕、赵两姓在战乱年代支持一所外来的私立中学在当地办学,这一行为既有利于当地教育水平的提高,无形中也提高了两姓宗族的声誉。实际上在抗战期间,这种地方宗族支持外来学校,让出宗祠供其办学的情况不仅在缙云县存在,其他各县也有。比如在丽水县碧湖镇办学的省立临时联合初级中学借用的就是当地的沈家祠堂和叶家祠堂,据当事人回忆,学校从未向两个宗族交过租金,也未听说他们有什么意见。[②] 最后,通过利用宗祠以及族产兴办现代学校,可以维护本族的凝聚力,帮助本族子弟适应时代变迁、完成其现代转型。比如松阳县佳溪村的刘氏宗族,早在 1906 就由宗族内首位留日学生刘厚体创办了"私立震东女子两等小学堂"和"公立震东初等小学堂"。两校于 1925 年合并为一校,一直办学到 2002 年。在漫长的办学过程中,学校为刘姓宗族士绅子弟完成了从传统儒生向现代专业人才的转变,当地普通民众子弟获得文化启蒙和身份变化,特别是为当地女性的身体解放与职业获得提供了必不可少的机会。[③] 总之,宗祠及其所象征的祖先崇拜空间,固然受到了现代学校的冲击,但是由于宗祠、族产自身所具有的公共特征和宗族内部开明人物的引领,民众的宗族生活虽受到影响和限制但并未因此而消亡。

---

① 《缙云教育志》编委会:《缙云教育志》,内部发行,1988 年,第 4—5 页;杭州市政协文史资料工作委员会:《杭州文史资料》第 2 辑,内部发行,1983 年,第 36—37 页。

② 丽水市政协文史资料委员会:《丽水文史集粹》下册,浙内图准字(2004)第 137 号,2004 年,第 121—122 页。

③ 详见田正平、叶哲铭:《现代新式学校与乡村民众生活——以佳村震东小学为个案》,《华中师范大学学报》(人文社会科学版)2009 年第 5 期。《中国人民大学复印报刊资料·教育学》2010 年第 2 期全文转载。

四、民众传统信仰空间现代转化的历史辩证

在现代学校进入乡村社会的过程中，乡村民众传统的信仰空间（特别是多神崇拜空间）受到了现代教育空间的强大挤压，他们的祖先崇拜、多神崇拜等传统文化活动都在不同程度上受到这种挤压的影响，乡村传统文化由此也开始了现代转化过程，并最终被现代文化所取代。这个过程是艰难曲折的，对乡村民众文化生活所产生的影响也是复杂的。这一点尤其表现在现代教育空间取代多神崇拜空间的过程中。

从现实层面来看，现代学校要在几乎没有政府财政投入的情况下在贫穷的乡村开办，利用庙宇、庙产等现成的公共资源虽不得已但又是必然的；从理念层面来看，现代学校所象征的科学、文明与庙宇所象征的神秘、愚昧之间也"天然"地存在冲突。因此从中国现代化发展的立场来看，现代学校的"毁庙兴学"无可厚非也是势在必然。但是我们同样必须理解的是，在贫穷落后的乡村，民众受到的各种苦楚需要有寻求精神安慰和宣泄的渠道，各种生活中的疑难也必须有求得解答的地方。在没有现代学校的古代乡村社会，民众靠求神拜佛来寄托希望、解疑答惑，靠参与庙会来获得娱乐放松、宣泄痛苦，虽然不符合现代科学、文明精神，但也聊胜于无。这是一种生活的需要，不能一概以愚昧落后视之。何况，中华民国成立之后，"宗教信仰自由"是一项基本民权，乡村大规模的毁庙兴学虽于情可原也迫不得已，但于法则未必有据，于理也未必完全站得住脚。另外现代学校在进入乡村之初，办学质量不高、入学率很低，而且大多得不到民众的认同，科学、民主、文明的"火炬"并不能迅速照亮民众原有的充斥着神佛鬼怪的精神世界。因此现代学校出现在乡村后的相当长一段时间里，乡村民众的精神世界陷入了一个旧的信仰正在被摧毁、新的信仰却一时无法建立起来的尴尬乃至痛苦境地。而乡村社会现代化事业也举步维艰，无法在短时间内改善民众生活，减轻民众苦楚。因此，现代学校在乡村的毁庙兴学确实一度给民众带来了精神信仰缺失的痛苦。这种精神痛苦再加上物质财富的损失（如庙产的流失、学捐的摊派等），往往会引起民众的不满乃至激烈反抗，清末民初时期各种乡村教育冲突多少都与这种

痛苦有关。比如清宣统二年(1910)秋,遂昌县就爆发了大规模的"赖驼子造反"毁学事件,民众相信当地的江湖人物赖驼子是"白鹤星下凡",能带领他们反抗学捐摊派和恢复原有的庙宇祠堂,结果摧毁了当地多所新式学堂和学董住宅。① 这种精神信仰缺失的痛苦只有在乡村社会的现代化初步取得成效,学校所提倡的科学、民主、文明的理念开始深入人心之后才能缓解乃至消失。

张鸣曾提出过一个乡村民众心态转变临界点的观点。他认为"中国农民基本上是在被近代化抛弃的情况下"走完了 80 年(1840—1920)心路历程的,到 20 世纪 20 年代,"他们的心态终于进入了近代化的临界点……从抗拒转为顺从",从而具有了接受现代化的可能性。② 就本文所关注的浙西南乡村民众传统文化生活的现代变迁而言,到了 20 世纪二三十年代,那种激烈地抗拒现代教育空间对传统信仰空间的挤压和取代的现象确实减少了;学校和宗祠庙宇之间那种"你死我活""东风压倒西风"的情形逐渐开始转变为相互利用乃至和谐相处的关系。尤其是到了三四十年代,在抗日战争爆发、同仇敌忾的心理背景下,一些地方还出现了民众主动提供宗祠或允许学校在庙宇中办学的情况。前文已有一些例子说明了这一情况,这里再来看一段省立临时联合师范学校学生的回忆文字作为本文的结束③:

> 学校总部离碧湖镇约 3 里许。这是一个美丽而幽静的小山村,四面青山环抱,一泓江水曲折东流。村的东头有 2 株大树:一株是 100 年的大樟树如绿伞擎盖,树下有关帝庙,这就是男同学的宿舍;距庙约百丈之遥,另有一株枫树,高耸入云,粗可合抱。离枫树向西约 50 米处,有一座祠堂,就是我们女同学宿舍。在祠堂、庙宇之间的平地上,修筑茅屋数排,围成长方形作为教室,中间是课间活动的平地。课间休息时同学们特别爱好打排球、踢毽子、跳绳等活动。校门

---

① 遂昌县政协文史资料研究委员会:《遂昌文史资料》第 6 辑,内部发行,1989 年,第83—88 页。

② 张鸣:《乡土心路八十年:中国近代化过程中农民意识的变迁》,上海三联书店 1997年版,第83—88 页。

③ 丽水市政协文史资料委员会:《丽水文史集粹》下册,浙内图准字(2004)第 137 号,2004 年,第 114 页。

正对着碧湖镇，校门外有块大操场，场中央是绿地如茵的足球场，南面是一条通往村中的大路，东面是农田，西面是大沙坑，北面有棵大枫树。树旁有水井，同学们在运动后常在树下乘凉休息，用凉爽的井水洗面浴身，也是一种难得的享受……

排除人类记忆所常有的将过去经历"美好化"的过滤功能，上述文字中所描述的 20 世纪 40 年代学校与乡村传统信仰空间的和谐仍然给后人一种田园诗般的感受：庙宇祠堂改为宿舍，茅屋数排当作教室，运动设施在农田之间，大树水井供人休憩。遥想之下，当年村中的儿童，当也常常来到这个不设围墙的学校，看着学生们打排球、踢毽子；田间耕作的农夫，直起腰来，便可欣赏学生们足球场上的身姿。现代学校所表现出来的文化特质，就这么不知不觉地与乡村民众传统的信仰空间融为一体了。

20世纪前期基层新学教育所面临的一个困境

——以山西省为中心的考察

■ 郝锦花

清末民初教育制度的改革是中国政府有计划、有目的、有组织地模仿、引进和吸收外来文化教育制度的一种重要举措,"照常理判断,两个不同背景的文化相遇时,往往是敌视的"①。而且清末政府废科举兴新学的这一文化改革举措属于一种强制性社会变迁,其力度之大、速度之快,使长久闭塞于乡间的大多数百姓一时难以接受。于是在兴学过程中,出于对"旧制"的怀念或其他方面的原因,往往对"新制"持有敌视和怀疑的态度。与全国各地一样,自清末新政以来,山西的新学教育经过三十多年的发展,取得了一定成效,尤其是义务教育,不仅在相当长时期引领全国,而且还被各省视为样板。这是以往有关著作所关注的热点。其实,山西新学教育在发展过程中也如全国其他地方一样面临的一个困境即民众对于新学的抗拒与冲突,而这一点却很少有人研究。民众对新学教育的抗拒与冲突的主要表象在民众对新学的敌视与诋毁、抵制与争夺、观望与漠视,有时甚至引发命案和毁学事件。

[作者简介] 郝锦花(1975—),女,山西五寨人,2004年获山西大学历史学博士学位,2005—2008年在浙江大学教育学博士后流动站从事中国近代教育史研究,发表《新旧学制更易与乡村社会变迁》等著述,现为中国民航大学人文学院副院长、教授,主要研究领域为中国近代教育史、社会史。

① 《中国现代化的区域研究(代序)》,张朋园:《湖南现代化的早期进展(1860—1916)》,岳麓书社2002年版。

一、敌视与诋毁

千余年来的科举取士教育制度不但支配着人们的思想与行动，而且还影响着民众的日常生活，人们对科举制度的特殊情感久已积淀成为科举情节。新学教育的推行，使得既得利益阶层和一般顽固乡民对学校持有敌视心里。

光绪二十七年(1901)清廷颁布《钦定学堂章程》的一个月后，刘大鹏在其日记中写道：

> 国家取士以通洋务、西学者为超特之科，而孔孟之学不闻郑重焉。凡有通洋务、晓西学之人，即破格擢用，天下之士莫不舍孔孟而向洋学，士风日下，伊于胡底耶？[1]

光绪三十一年(1905)9月2日，清廷诏令科举考试废止。刘大鹏在阴历九月十一日的日记中写道：

> 现在出洋留学者纷纷，毕业而归即授职为官，其学孔孟之道并一切词章家，俱指为顽固党，屏之黜之。近又停止乡、会、小考等试，世道亦可见矣。[2]

同年10月17日，他又记：

> 甫晓起来心若死灰，看得眼前一切，均属空虚，无一可以垂之永久，……[3]

刘大鹏是旧学利益的既得者，他的认识代表了当时山西一般旧学士子的思想水平及对新学教育的看法。一些抱残守缺的民众，出于利益、观念或其他原因，公然对新学教育进行诋毁。他们认为，四书五经才是圣人书，要读书就得读这种，升官食禄也只有这些才是正途；新式学校其实就是洋学，这简直是要不得的东西，一些野孩子，不好好读书，乱叫乱跳，书本里又满是一些猫儿狗儿都会说话的骗人把戏；学者来自田间却不能归于田间，更不为乡间所赏识，等等。这些都成为守旧的乡民们攻击的靶

---

① 刘大鹏：《退想斋日记》，山西人民出版社1990年版，第102页。
② 刘大鹏：《退想斋日记》，山西人民出版社1990年版，第145页。
③ 刘大鹏：《退想斋日记》，山西人民出版社1990年版，第146页。

子。光绪三十一年(1905)洪桐县高等小学堂由玉峰书院改设,当年录取新生 30 名,定为正课生,每月补贴膏火费 1500 文。待遇相当优异,但却招来一片负面的社会舆论:"有的说,入了学堂,是随教会了;有的说,入了学堂还要留洋外国;有的说,入了新学,必须剃发改装;有的说,当了洋学生,还要说外国话。等等。"①洪桐县在山西属于文化教育发达之区,当地民众尚且有如此认识,其他地区更可想而知。直至 1919 年,兴学已十余年,山西灵石县仍以重修文庙公然与新学作对,称:"方今异说争吟,独能修宫作泮是务,则洋墨息而孔道著,经正民兴在此役也。"②同年沁源县也重修文庙,王之卿作记云:

> 沁源圣庙再四迁徙,今日山基冲击崩陷矣,内外殿庑渗漏、倾斜矣。倘若风雨飘摇即不堪妥神明而昭祀典。设厅堂廊之腐败,又将无以系国脉而培人心。……神庙渐归于乌有,则圣教必沦为子虚。吾县皇子孙何所持而保种、保国以绵延世界而不蹈衰微乎?③

可见,当时山西一般民众观念之守旧,以至视新学为异端邪说,难以延圣教而保种、保国。

清末民初时期,由于教育经费短缺,山西各县常将地方迎神赛会的款项截留,充作新学教育经费,或将寺庙改作学堂。对于社会民众而言,这是对民间传统信仰的一种迫害,也遭到部分民众的反对。山西五台地区有民谣讽刺阎锡山之兴学校:

> 初三、十三、二十三,河边出了个阎锡山。阎锡山,灰拾翻,剃了辫子留了洋,扳了神庙立学堂。④

介休也有类似的民谣:

---

① 《洪桐县志》编纂委员会编:《洪桐县志》,山西春秋电子音像出版社 2005 年版,第 242 页。

② 李凯朋修,耿步蟾纂:《灵石县志》,成文出版社,1968 年据民国 23 年(1934)铅印本影印,卷十,碑文,第 43 页。

③ 孔肇熊、郭蓝田修,阴国垣纂:《沁源县志》,成文出版社,1976 年据民国 22 年(1933)刊本影印,卷七,碑碣考,第 833 页。

④ 山西文史资料编辑部:《山西文史精选·阎锡山其人其事》,山西高校联合出版社 1992 年版,第 180 页。

阎锡山,胡拾翻,搬倒神像立学堂,老天爷怪罪谁承担?[①]

可见,底层民众在新学初期对新学一些举措是相当反感的,因此,对它的敌视与诋毁并不罕见。

二、争夺与抵制

乡村社会并不肥沃的教育园地里萌生了两种功能相近的教育组织——新学堂和私塾。很显然,旧式私塾的存在影响着新学教育的发展,而政府支持的新式小学堂的发展也必然严重威胁着私塾的生存。私塾与新学堂之间的竞争常常集中在对学生的争夺上。

清末民初,山西社会整体是贫困的,能够上得起学的学生极为有限。自丁戊奇荒以来山西的经济就一蹶不振,[②]尤其是进入 20 世纪以后,山西商业渐渐走向衰落,[②]商民失业者纷纷。光绪二十七年二月十一日(1901年 3 月 30 日)刘大鹏在日记中写道:

> 今岁商贾失业者纷纷,年岁告凶,家人饥馁已不堪矣。在外之人又失业归家,其困不又甚乎?闻太谷城中商贾于正月散归者四五千人,一处如此,他处亦可概见矣。[③]

进入民国时期,山西虽曾一度成为全国的模范省,但民众生活状况并没有明显好转。山西民众的贫困是有目共睹的,"食物滋养不充分,三十年来尤甚"[④]。山西作家西戎在《我是山里娃——忆童年、少年时代》中说,他生于山西蒲城县东五十里的一个小村庄,全村共 28 户人家,能够一年四季不断炊的人家,好说也只有那么七八家。儿时就听流传这样一首民谣:

---

① 张帆:《"六政三事"在介休》,《山西文史资料》,总第 60 辑,第 79—80 页。"灰拾翻""胡拾翻"均为地方土话,意为乱折腾。

② 晋商衰落的原因很多,大体来讲主要是:外国银行之介入,苏俄十月革命之成功,辛亥革命各省之战乱,晋商之不思进取,等等。

③ 刘大鹏:《退想斋日记》,山西人民出版社 1990 年版,第 93 页。

④ 刘文炳:《今期之教育对象》,刘文炳:《徐沟县教育志》,1942 年手抄本,第 10 页。

石山土盖头,河水向西流,家无隔年粟,清官不久留。①

据国民党经济部档案(4)3297 统计,1932 年从山西调查的 2 个县 7076 户农民中,负债户 3485 户,占总户数的 49.11%,负债总额 324848000 元,平均每一负债户负债 93.213 元。② 有人统计,1933 年,山西农村中,借债户占 61%,借粮户占到 40%。③ 据 1935 年中央农业试验研究所的统计,山西农家将近有一半以上的农家在负债度日,而且比全国的平均状况还要糟糕。④ 1935 年国民政府的报告中也承认:"年来山西农村经济整个破产,自耕农沦为半自耕农,以至十村九屯,十家九穷。"⑤

由此可以看出,普遍贫困的山西乡村社会,能够上得起学的学生是相当有限的。既然如此,新式学校多一个学生,就意味着旧式私塾少一个学生,说穿了就是少一笔收入,尤其对开门聚徒那一类私塾更是如此。另一方面,政府对学校的学额一般均有硬性规定,如 1932 年公布的《小学法》规定,新式学校学生每级应以 40 人为度,至少为 25 人,否则予以取缔。尽管这一硬性规定一定程度上是对新式学校的支持,但这更容易造成"洋学"和"汉学"互抢学生的局面。永济县就曾出现过私塾与新式学校长期争夺学生的事例:⑥

> 光绪二十八年(1902)北陶村何家,聘请永宁村庠生陈兆凤(字毓占)先生到何家办私塾,专教何家两个孩子何韩、继韩。陈先生带来他的孩子和何家孩子共 3 个学生。不久,村中小学慕陈先生的声望,也把小学全部合并到何家私塾。学生最多达 40 多人,到民国七年(1918)村中又恢复了国民学校。大部分学生又回原校,直到民国十八年(1929)陈先生病逝,堡里侯彩荆先生接替了陈先生,过了一段时间,停办了私塾,学生一律合并到村中国民学校。

尽管私塾有这样那样的缺点和弊端,但是其乡土性和实用性特点在

---

①　《山西文史资料》,1998 年第 3—4 期,总第 117—118 辑,第 63 页。

②　山西地方志编撰委员会:《山西金融志》(初稿)上册,1984 年,第 137 页。

③　武静清、陈兴国:《十九世纪末二十世纪初叶山西财政与经济》,中国财政经济出版社 1994 年版,第 172 页。

④　实业部中央农业实验所农业经济科:《农情报告》1937 年第 5 卷第 7 期,第 229 页。

⑤　武静清、陈兴国:《十九世纪末二十世纪初叶山西财政与经济》,中国财政经济出版社 1994 年版,第 172 页。

⑥　山西省永济县教育志编纂办公室编:《永济县教育志》,1987 年,第 14 页。

乡村社会久已被老百姓接受和认可。在没有新式学校的村庄，私塾完全是横行无忌的，他们决不允许学生到有新式学校的庄子上学。塾东、邀东们与塾师站到一边，①这些人大多是地方上有权有势的豪绅、地主、失业的乡学究，建筑起社会层次，把持一切。阳城县知县郭学谦曾在给政府的调查表中说："私塾者官学一大阻力。"②因此，新学堂要在乡间站得稳，凑足学生，真是不容易。

新学堂借政府的名义去压抑私塾，办私塾者也利用地方的势力予以反击。旧学鄙夷新学"文义不通"，新学反讥旧学塾师"顽固不化"。③ 新学堂教员看不起私塾，正如塾师、塾东们看不起新学堂一样，互相冲突，互相攻击。宣统元年(1909)，为办理各村模范小学堂，徐沟县劝学所总董刘赋都，聘请省城接受过新教育者到农村教学，结果"所聘教员，村有拒者"，在省一级的行政干预下，教员才得以进入。④ 再如稷山县在 1918—1919 年，"各村小学校教员，虽说由县委派，但实行不通。县上委派的教员，村中不同意，一不退委任状，二不请教员，把教员两耽起"⑤。

与此同时，面对来自官府的改良或取缔法令，一部分办私塾者还利用一种消极的方法抵制：你来我退，你退我来，由明办而偷办，由偷办而明办。就这样，许多私塾在政府的禁令之下，近乎秘密结社的形态。没有塾名，没有招牌，更没有招生广告。私塾设在院子的最深层，曲折环旋，叫人莫辨东西，或设在极其不让人注意的民房里，十来个塾生，几把破椅桌，长短大小全不一律，东西南北杂乱地摆在屋子里。大体看来，私塾的设备究属简单，可以随时迁徙搬移，如遇查学者，可在一两个小时之内迁徙完毕。1932 年刘容亭对山西太原附近阳曲县狄村、西流村、享堂村三村进行社会调查时，发现西流村有一所私塾，对外守秘密，有学生 40 余人，并非全

---

　　① 塾东是指举办私塾的东家，大多是私塾学生的家长。邀东是塾东与塾师之间的中介人，他们的主要职责是帮助塾东联系塾师或者有时帮助塾师联系学生，塾东还经常替塾师讨要学生应纳的费用。

　　② 山西学务处：《山西教育官报》1907 年 4 月第 2 期，第 1—2 页。

　　③ 山西谘议局：《山西谘议局第一届常年会议议决案》，第二项"庶政类"，第 12—23 页。

　　④ 刘文炳：《设学以来分年大事记》，《徐沟县教育志》，1942 年手抄本，第 79 页。

　　⑤ 中国人民政治协商会议山西省稷山县委员会文史资料组编：《稷山文史资料》第 1 辑，1985 年，第 118 页。

系该村学生,亦有由附近各村前往者。皆背诵五经四书,学习作文写字。①

　　在山西地方社会,许多民众甚至从事新学教育者,也往往出于种种原因对政府的政策阳奉阴违,消极抵制。如清末,在山西很多初等小学堂基本上以传统旧学课程为主。民初,实际执行政府规定的教学内容及指定教科书的也只是部分学校,许多学校进行了变更。阳泉县西中佃村"学校也有课程表,每周语文、算术、画画、音乐、体操应有尽有,但那是个样子,是准备让查学的督学看的。国语、算术等国家规定的课本,多数学生都买着,那也是准备应付查学的。真正念的书是杂字和四书。老师和家长都认为课本上的字太少,人呀、狗呀、识不了多少字,不如念《杂字》上的字实用。因而,每个学生都有新旧两套书,平时念旧的,听说查学的来,就藏起旧书念新书"。② 太原地区之乡村小学,直到 1921 年学生仍偷读四书五经。③ 壶关县第一高等小学在 1922 年取消"读经课",改设"课外公民训练"课,但由于民众受封建思想影响较深,认为"官学课"没有用途,所以仍偷设"读经"一科。④ 20 世纪 20 年代末,马烽童年就读的孝义县东大王村国民初级小学,亦是有名无实,搞私塾的那一套:

　　　　(学校)设在村东南的关帝庙里。门口挂的牌子是"国民初级小
　　　　学校",念的书却是《三字经》、《百家姓》、《论语》、《孟子》一类的古书,
　　　　教室墙上挂的也是孔夫子的画像。全校只有一位从外村请来的老先
　　　　生,还有一位是看庙的"老社养"。"老社养"除了看庙,捎带还给先生
　　　　烧水做饭。这老先生只管教学生们认生字,写大楷,背书。从来不上
　　　　课,也不开讲。不过每个学生的学费照例是要收的。每逢过时过节,
　　　　每个学生还要孝敬应时食物。诸如端午节送粽子,中秋节送月饼,腊
　　　　月初八送腊八粥等等。这些食物送来,先在孔夫子像前摆一摆,然后
　　　　就由"老社养"收起来,供先生享用了。⑤

---

　　① 刘容亭:《山西阳曲县三个乡村农田及教育概况调查之研究》,《新农村》创刊号,1933
年 6 月 15 日,农村教育改进社发行,第 207—231 页。

　　② 中国人民政治协商会议山西省阳高县委员会文史资料研究委员会编:《阳高文史资
料》第 2 辑,1987 年,第 107—108 页。

　　③ 刘大鹏:《退想斋日记》,山西人民出版社 1990 年版,第 286 页。

　　④ 中国人民政治协商会议山西省壶关县委员会文史资料委员会:《壶关文史资料》第 3
辑,1993 年,第 132 页。

　　⑤ 《山西作家的创作之路》,《山西文史资料》1998 年 3—4 期(总 117—118 辑),第 44 页。

凡此种种都可以看作是传统旧学和民众抗拒、抵制新学即新旧矛盾的表现。

三、命案与毁学

新学教育推广过程中，新旧冲突难以避免，有时甚至引发为命案。如徐沟县行刺县视学刘赋都案。[①]

宣统元年二月二十八日（1909 年 3 月 19 日）夜，劝学一整天的徐沟县视学兼劝学总董刘赋都，乘车归家途中，在城西北渠甬道，忽然有人从堰后崛起，左右挟持长矛直刺车窗。当时刘赋都因劝学劳累，仰卧车中，幸而未中。之后，该县劝学所人员集体辞职。省学务处派视学慰留劝学所人员，并命令全县各学校即日开学。该县郭县令因此获谴。郭不服，用夹单密禀冀宁道巡抚、布政使、按察使、学使，声称此项风潮为刘赋都劝学行为不当所致。郭指责刘主张按亩摊钱，行迹如同加赋，违背"滋生人丁，永不加赋"的祖训，还指责刘赋都之兴学，偏重科学，故意摧残中本西末之部训，还指责刘对于责黑板、桌凳等琐细之事，必定尺寸，近于装潢形式，不求实际。郭县令要求撤换办学人员，平息纠纷。结果，以上各衙门均批由提学使查办，而提学使查办的结果仍是慰留劝学人员，严谴郭县令。十二月，因刘赋都劝学有方，提学使汪怡书嘉奖通省。这个例子生动地说明，徐沟县引发的命案，是新旧矛盾激化的结果。

如果说，敌视与诋毁、抵制与争夺为民众抗议新学的一种消极行为，更积极者则表现为前文所述的命案和进攻性的"毁学"运动。如高平、长治的干草会事件[②]，长子县的烧先生事件[③]和浑源县的菜农毁学事件[④]。

---

① 刘文炳：《徐沟县教育志》，1942 年手抄本，第 79—80 页。

② 山西省政协文史资料办公室：《山西文史资料全编》第 1 卷第 4 辑，1998 年，第 272—275 页。

③ 郭裕怀主编：《山西社会大观》，上海书店出版社 2000 年版，第 353—359 页。

④ 1912 年 5 月，山西浑源县菜农由于不满官绅的欺压和官府的剪辫政策，将"培养土豪劣绅"的中学堂焚毁。

参与暴动的乡民们打出的口号是："打倒新官吏，消灭土豪劣绅，烧掉洋学堂。"见郭裕怀主编：《山西社会大观》，上海书店出版社 2000 年版，第 360—362 页。

　　高平的干草会事件发生在宣统三年(1911)。辛亥革命爆发之后,农历九月初九日太原光复,初十日消息传到高平一带,苦于学堂捐税、警政捐税的农民开始发生暴动。当时高平县东乡等地有鸡毛传单,内言:

　　　　鸡毛传单快如飞,三日传遍全高平。二十二日同进城,东关河上是大营,进城先剿洋学堂,以后再杀巡警兵。四十八家吊主见(上写四十八家绅士姓名,事先有无名揭帖贴在高平城街),糊涂狗官把他们听。加小粮,加杂税,害得百姓不得生……①

　　十月二十二日之后,四乡群众进城,先将巡警局剿毁,再将高等小学堂剿焚,然后将高等小学堂教员郜家珍家内捣毁,放火烧房,烧死 3 人。二十三日早晨,群众往北乡,将王报村绅士王之骅家捣毁,烧毁厅房 4 间、楼房 4 间。次日将南乡北陈村绅士董佩钧家捣毁,烧楼房 1 间,古书 1 万余卷。还有下井村绅士唐之恭、东宅村绅士牛应信、朱家庄秦家槙、冯村李近仁等家都被捣毁。"被剿的绅士家尚多,不能细述"。"各村学堂家具桌凳等物,凡所经之村也被焚烧无遗"。因为群众所到之处,手持木棒,随带干草,黑夜行路,手持火把,因此称为"干草会"。

　　长治干草会与高平干草会类似。长治县当时分为 4 个乡,即太平乡、五龙乡、八谏乡、雄山乡。辛亥革命首义成功的消息传至长治,雄山乡干草会会首苏小兴、铁锤等人,迫于县衙催捐紧急,率先用鸡毛信召集群众,以干草焚烧绅士房屋。八谏乡会首申双喜等人,因聚众赌博被乡约吊打,②照雄山乡的方式焚烧士绅房屋。后干草会进城,在东西南北各街,焚烧士绅房间数十间,连同太平、八谏、雄山 3 乡,共焚烧士绅 112 家。③

---

　　①　山西省政协文史资料办公室:《山西文史资料全编》第 1 卷第 4 辑,1998 年,第 272—275 页。

　　②　传统中国在县衙以下的基层社会,存在着三个非正式的权力系统在运作:其一,是附属于县衙的职业化吏役群体。如清代州县吏役人数,大县逾千,小县亦多至数百名。其二,是里甲、保甲等乡级准政权组织中的乡约地保群体。这一群体每县亦有数十数百人不等。其三,是由具有生员以上功名及退休官吏组成的乡绅群体。据张仲礼研究,19 世纪前半期中国士绅总数已达到 100 余万,平均每县有六七百名。在官民之间的三个中介群体中,衙门吏役和乡约地保均是社会边缘人物,社会地位低下。但他们常能利用自身的职位作为盈利的工具。

　　③　山西省政协文史资料办公室:《山西文史资料全编》第 1 卷第 4 辑,1998 年,第 272—275 页。

　　高平和长治的干草会事件爆发的根本原因在于,政府因兴办教育、警政等"新政"加征捐税过重引起民众不满。据时人回忆,当时"各乡人民群众,因赋税繁重,感到喂一头牲口给自己种地,每月要出牲口捐;安一磨盘,磨些白面、豆面自吃,每月也要出若干磨捐;其他如婚书、印花和零星剥削尚多。一年辛辛苦苦打下的粮食,除了完粮出捐外,多数人家不够开支,而且经常受官吏、士绅、乡约等欺压"①,因此,百姓对绅士、新政恨之入骨。从干草会的发起人来看,可以说大多数都是新政的"受害者",如高平典史席元耀、拔贡吴丕烈、秀才张崇德、高平刑房吏目宋炳文,均为旧官吏或旧学教育制度下的士子。

　　毁学是新旧教育冲突激化的最高表现形式。而就笔者所收集到的资料来看,清末民初山西的毁学事件或因兴学而引起的民变并不多见。日本学者阿部洋对清末的毁学暴动曾做过详细研究,在他收集的1904—1911年全国的190件毁学事例中,山西省的毁学事例也只有2件,②是毁学事例最少的省份之一。

　　根据邱秀香的分析,江苏、浙江等省份是毁学事件发生频率最高者。因为这些省份属于经济富庶之区,同时也是中央摊派额度最高的省份,各项摊派致使人民遭受重重剥削,贪污的情形也愈来愈严重,因此人民反弹的力量也就愈强。③ 据此推论,山西省的摊派额度相对要低得多,因此人民反弹的力量较弱。也就是说,山西一般民众对于新学教育所抱的不满程度与其他如浙江、江苏等省相比并不是特别高。姑且不论邱秀香的推论是否合理,不可否认的是清末民初山西的毁学事件或因兴学引起的民变确实不多,新旧矛盾冲突之下民众对新学所抱的态度更多的是观望与漠视,尤其是进入民国之后。

---

① 　山西省政协文史资料办公室:《山西文史资料全编》第1卷第4辑,1998年,第272—275页。

② 　邱秀香:《清末新式教育的理想与现实——以新式小学堂兴办为中心的探讨》,台湾政治大学历史学系,2000年,第108页。

③ 　邱秀香:《清末新式教育的理想与现实——以新式小学堂兴办为中心的探讨》,台湾政治大学历史学系,2000年,第58页。

四、观望与漠视

在清末民初的兴学大潮中,固然许多有识之士对于新学教育的提倡不遗余力,而且也不乏对于新学教育充满期望者。他们主动转向能够获取新的社会资本的新式学校,或捐资兴学,或送子弟入新式学堂读书,或躬身进入新学教育系统,以适应时代的趋势。如兴县城内第一高等小学(1912 年创建),北坡二高(1913 年创建),都是在绅士的支持和倡导下创建的。① 民国年间的《山西日报》曾经连续介绍了这方面的典型。如文水县南庄镇村长副杜崇山、孙秉绥各捐一宅,立两所国民学校,不索分文房租。② 灵石县枣岭村村长胡文治,捐洋 30 元创办女子国民学校,其媳刘女士充任教员,纯尽义务。③ 方山县北里村村长林大茂捐款组织贫儿夜学校。④

但在兴学初期,山西的一般社会大众对于新式学堂是抱着负面的观点,不予积极支持。民众对于新学的兴趣,从私立学校的多寡即能明显看出。新式学校分为三类:一是官立学校,经费主要以官府地丁、赋税收入为主,由官方建立,如省立、县立高等、中等、初等学校;二是公立学校,主要指乡镇村一级学校,经费主要来自乡村一级的社会活动经费,来源于市场、田赋或按照人丁所抽捐赋;三是私立学校,私立学校的建立,更多的是依靠基层民众的参与。一地私立学校之多寡,能看出一地民众对新学的兴趣和信任程度。光绪三十年(1904)山西全省 96 所新式学校中竟然没有一所私立学校,光绪三十一年(1905)全省共有各种学堂 202 所,私立学校仅 1 所,光绪三十三年(1907)全省学堂数达到 673 所,其中官立学校304 所,公立学校 353 所,私立学校仅 16 所,⑤所占比例不到 2.3%。1913

---

① 贾佩珍主编:《兴县教育志》,山西人民出版社 1991 年版,第 71 页。
② 俊乙:《热心教育之村长副》,《山西日报》1919 年 8 月 23 日。
③ 夷丙:《村长热心公益》,《山西日报》1919 年 9 月 22 日。
④ 夷丙:《捐款组织贫儿夜学校》,《山西日报》1920 年 1 月 24 日。
⑤ 学部总务司编:《第一次教育统计图表》(1907 年),台湾文海出版社 1986 年版,第37 页。

年 8 月至 1914 年 7 月,山西共有学校 6725 所,私立学校仅 539 所,约占全省新式学校总数的 7%。低于全国的平均数 29%。[①] 另据实业部中央农业实验所 1935 年 9 月所做的一份调查,被调查山西 89 个县中,私立中学数量占所有中学总数的 20%,低于全国的平均数 24%。[②]

从捐资兴学情况来看,据《第一次中国教育年鉴统计》,1912 年以前山西省捐资兴学在一千元以上者无一人。民国以来才间有捐资兴学千元以上者,而且从捐资的人数来看,在全国也属于较少的。到 1931 年为止捐资千元以上者共有 42 名,只占全国捐资兴学总人数的 1.9%,在全国各省市中排名第 14,远远低于江苏、浙江、山东等省,甚至低于河北、新疆和蒙古。[③]

一般来说,有能力投资于新教育的阶层,无非当地士绅与商人。当时山西汾太地区的商业虽已呈衰落之势,但商人在社会其他方面还有出色的表现,理应对于新学教育有所贡献。但事实却是,山西商人对新学教育似乎没有太多的兴趣,投资于新学教育者寥寥无几,只有榆次车辋常家、祁县乔家和渠家设立的私立学堂在晋中有一定影响,尚可值得称颂。然亦不能与江浙商人盛宣怀创办南洋公学、张謇创办通州师范学堂、经元善创办上海桂墅里女学堂、侨商陈嘉庚捐资助学的社会影响相提并论。在虞和平统计的 1922 年前的商会及其所属行业所创办的 27 所实业学校中没有一所是山西商会创办的。[④] 阎锡山在 20 世纪 20 年代会见美国教育家孟禄时也承认:"本省尚缺少事业家捐助经费办理教育、慈善及社会福利实业。"[⑤]

总之,在清末民初的兴学大潮中,新旧矛盾不断,尤其在兴学初期,甚至有激化的表现。只是就全国范围内而言,山西民众对于新式学堂的不满程度较之他省为弱,新旧矛盾也较为缓和。当然,山西不乏对于新学教

---

① 教育部编:《教育部行政纪要》,台湾文海出版社 1986 年版,第 70—74 页。

② 实业部中央农业实验所农业经济科:《农情报告》1936 年第 4 卷第 7 期,第 241 页。

③ 捐资人数超过山西省的有:江苏 339 人,浙江 248 人,安徽 97 人,江西 103 人,湖北 85 人,湖南 99 人,新疆 142 人,广东 152 人,河南 53 人,河北 186 人,山东 250 人,辽宁 106 人,蒙古 62 人。

④ 虞和平:《商会与中国早期现代化》,上海人民出版社 1993 年版,第 241—242 页。

⑤ 山西省政协文史资料委员会:《山西文史资料全编》,第 5 卷第 50—60 辑,1999 年,第 1173 页。

育充满期望者,热心兴学者并不少见,只是一般民众对于新学的兴趣并不高,尤其是曾经辉煌一时的晋商并未如当时的江浙商人或侨商那样成为山西乃至全国有影响的兴学中坚力量。

　　当然,随着新学教育在乡间的逐步发展和壮大,人们的观念多少有些转变,对新学的仇恨日渐淡漠,热心于新学的人士也逐渐增多。① 诚如埃森士德(E. S. Eisenstard)所说,传统与现代性的冲突,当视为现代化的准备。腐败蜕化引起抗议,抗议引起变迁,这就是现代化进程的开始。

---

　　① 　关于这一问题将在另文中加以论述。

民国时期乡村基层教育督导实际困难考察

■ 刘崇民

民国教育督导实行分级制,从中央到地方建立起三个等级的视导机构,分别由部督学、省督学、县督学组成,称为三级视导网络。一般而言,部督学因人数所限,视察重点主要是高等教育以及处于省垣等交通便利之地的中等教育和社会教育,对基层教育实则鲜少涉足。广大县乡基层的教育督导工作,主要由省、县两级督学承担;尤其是县督学,担负起了基层教育督导的绝大部分工作。基层教育督导的开展,对当地教育的兴废改革、推进农村教育现代化起了较大的影响。无论是对于推行教育法令政策、还是反馈教育情形,督学都起到了非常积极的作用。但不可否认的是,基层教育督导工作同样面临着种种困难。考察这些实际困难,能使我们更为深入地认识这一时期基层教育督导和乡村教育的实际。

一、地方不靖

民国自成立至 1949 年,党派和军阀之间的争斗接连不断,兵连祸结。终其民国一代,一直战乱不休,几无宁日。一方面,战乱本身带来动荡和不安,导致交通中断,督学无法到达各校视察;另一方面,因战乱而困顿流离的人们以及离开军队的散兵游勇,啸聚山林,成为盗贼和土匪,杀人剪

[作者简介] 刘崇民(1976—),男,江西瑞金人,2003—2009 年于浙江大学教育学院教育史专业攻读博士学位,曾发表《民国时期 1912—1937 县教育局长群体构成分析》等论文,现为广东省韶关学院教育学院教育系主任、讲师,主要研究领域为中国近代基层教育行政等。

径,阻断交通。无论南北,盗匪到处可见。往往一县之中,除县城之外,皆无宁土。如安徽省盱眙县"民风强悍,全县除城区一部分治安较有保障外,四乡皆有土匪出没之所"[①]。福建省宁德县"除第一区之一大部分外,几无处不受匪害,今天东路某乡被匪,甲校生正走个真光,呈报停课一星期,明天西路某乡被匪,乙校员生又逃避一空,呈请停课一两礼拜;任凭你报纸上登载得怎样肃清,其实三四十名的散匪,总是在境内出没无常,这种现象已经有很多年了,也不是从现在才有的。根本人们的生命还没有保障,哪里能够安心办教育和受教育呢"[②]?

地方不靖给基层教育督导带来严重影响,因为无法保证起码人身安全,督学下乡至各校视察次数减少甚至多年不敢下乡。福建省"因受连年兵事之影响,各地盗匪之充斥,致省督学未能出发调查者已十年"[③]。该省的一位县督学视察完安定之县区后,本想再深入匪患区视导,但"竟以头颅重要,形势不佳,两足不敢负责",只得"废然而返县城"。若有督学不顾危险下乡视察,要么必须抱着为教育事业牺牲的精神置个人安危于度外,如福建省建瓯县督学,在下乡视导土匪出没之区后曾赋诗感叹他的视察行程是"不惜鸿毛等此身,羊肠虎口去来频";要么必须派武装人员保护,如建始县督学在视察该县花果坪区、双土乡、官店口乡、珠耳乡时,因地方不靖,遂由各乡派两名武装人员全程接力护送,以保安全。[④] 下乡视察要冒着"不惜此身"的危险、要派兵丁武装护送,风险实在太大,因此大部分督学选择了留在相对安全的城区,不安定乡区的教育督导陷于停顿,这些地方的教育也就处于自生自灭的状态。

二、经费不足

经费不足可分为两个方面,一为视导经费困难。视导经费为督学视

---

① 夏庚英:《视察盱眙县地方教育报告》,《安徽教育行政周刊》1931年第10期。

② 《二十一县科长督学对于县教育推行之困难及改进意见》,《闽政月刊》1937年第1期。

③ 福建省教育厅:《督学视察报告》序一,1928年。

④ 柴增恺:《建始县南岸三乡视学记》,中国人民政治协商会议鄂西自治州建始县委员会文史资料研究委员会:《建始文史资料》第4辑,1992年。

察期间的差旅费，主要为舟车食宿等支出。部督学及省督学的视导经费较为充裕，可在规定的范围内实支实销，基本不会拖欠挪用，相对而言县督学的视导经费则要困难得多。民国时期教育部对县督学的旅费并无确切数目范围规定，仅在《县视学规程》第十二条中规定县督学旅费由"省教育行政长官定之"①，而各省规定颇不一致，有的规定具体数目，如安徽省，按照各县教育经费数目把县教育局分为六等，不同等级的教育局从高到低可支用最多 360 元至 150 元不等的旅费及调查费，"督学所需旅费，即在旅费及调查费项下开支"②。有些是依照县教育经费预算决定，如江苏省金山县，"县督学俸给旅费，由本局依照呈准预算支给之"③。更多的省份未见明文规定，多由县政府教育局自定之，如湖北省"县督学旅费之标准及服务细则，由县教育局长拟定，呈由教育厅核准备案"④。其结果是经费充裕者旅费则多，经费拮据者旅费则寡。而一省之中，经费充裕之县实属寥寥，县督学之视导费用自然难以保证，视导费用遭挪用的事件也就屡屡发生。如安徽省当涂县督学鲁昭武、胡增庆向教育厅呈文申诉该县教育局藉词经费支绌，将旅费挪作别用，导致督学整年未下乡视察。⑤江西省南丰县督学抱怨："视导要旅费，县政府的旅费往往全被县长支配无余，分给视导人员的就少得不能再少，视导人员既然无法出发，视导工作怎样能推行呢？"⑥江西省教育厅舒石林亦承认："视导旅费未能按照实际需要发给，除省视导人员按照规定标准核发外，县以下各级，多未能按照实际需要发给，往往因旅费短少，减少视导日期。"⑦二为督学收入相对微薄。清末民初，劝学员、视学多为地方兴学热心士绅，生活较为优裕，薪水非其生活主要来源，即使把督导工作当义务职不支薪水，生活仍可维持。后来

---

①　《教育部公布县视学规程令》，中国第二档案馆编：《中华民国档案资料汇编》，江苏古籍出版社 1991 年版。

②　《安徽省教育局经费支用标准》，《安徽教育行政周刊》1930 年第 39 辑。

③　《金山县督学办事细则》，《金山县教育年报》（第一期），1935 年。

④　《湖北县督学暂行规程》，《第一次中国教育年鉴》乙编，台湾传记文学出版社 1971 年版。

⑤　《训令当涂县教育局为据该县督学鲁昭武胡增庆呈请核发视察旅费由》，《安徽教育行政周刊》1932 年第 17 期。

⑥　熊先栻：《视导生活的回忆》，《国民教育指导月刊》1944 第 2、3 合期。

⑦　舒石林：《本省教育视导制度之检讨》，《国民教育指导月刊》1944 年第 1 期。

随着传统士绅的没落以及对督学资格要求的逐渐提高,具有新式教育背景的县督学比例不断上升,其收入远不如传统士绅,薪酬问题日显重要。民国时期县督学薪酬前后变化较大,各省标准亦不统一。总体来看,被称为民国"黄金十年"的 1927—1937 年期间是督学收入最好的时期,我们来看看这一时期县督学的实际收入如何。1933 年,马鸿述曾对广东、广西、浙江、安徽、福建五省督学月薪进行调查,结果见表 1。

表 1　督学月俸统计

	广东	广西	浙江	安徽	福建	总计	百分比
10～20 元			1			1	0.23
20～25 元	17		4	1	3	25	6.05
25～30 元	3	1	2	2	1	9	2.17
30～35 元	11	16	25	4	5	61	14.50
35～40 元	14	95	13	12	6	140	33.89
40～45 元		2	13	18	12	45	10.89
45～50 元	18	46	12	2	4	82	19.85
50～55 元			11	5	9	25	6.05
55～60 元					3	3	0.75
60～65 元	3		4	7		15	3.63
65～70 元			1			1	0.23
70～75 元			1			1	0.23
75～80 元	2					2	0.48
……							
120～125 元	2					2	0.48
义务	1					1	0.23
总数	71	160	87	51	44	413	
中数	36.6	38.31	39.42	41.77	42.91	38.94	

资料来源:马鸿述:《县教育局行政组织研究》,民智书局 1934 年版,第 229—231 页。

从表 1 可知,督学的月薪大多数为 35～40 元。五省中收入最好的为福建省,中数为 42.91 元,最差的为广东省,中数为 36.6 元,省际差别并不太大。但就一省而言,收入高低相差甚巨,如广东省最低者仅 20～25 元,最高者 120～125 元,两者差别竟有 5、6 倍之多,薪酬差距过大,低收入者难免消极怠工。再与教育局其他职员待遇相比较,据马鸿述调查,同一时期这五省教育局长的月薪中数为 66.83 元,课长的月薪中数为 44.16

元,①而督学仅为 38.94 元,与局长相比,相差近半。若论工作量,督学与局长及课长相比,并不相差太远。若论工作艰苦程度,因为要经常下乡视察,督学则要超过局长和课长。薪酬对比悬殊,难以激发督学的工作积极性。

三、交通食宿不便

督学下乡视察所用交通方式,主要有步行、坐轿、骑马骑驴、自行车、汽车等几种。汽车数量较少,价格昂贵,不易得到。加上民国时期各地交通不便,大部分县城仅有一条简易公路与外界联系,崎岖难行,许多县即使这样的土路也不通,对于基层督导来说,乘车下乡,实属不能;坐轿子一来经费花费大,二来容易引起视察对象的反感,所以在乡间亦不常见;骑马骑驴代步在北方较为多见,但前提是教育局愿意并且购置得起马匹毛驴;自行车亦不是每个县教育局都能够置办的,而且乡间小道高低不平,骑车旅行"常常得在半推半骑半扛的状态中进行"②。所以,实际上,督学下乡最为常见的方式就是步行。1940 年湖南省调训各县督学,规定"督学下乡视察,以步行为原则,凡自揣不能日行六十里者"③,不必参加调训。然而步行"费时费力,费一日之力,亦未必能遇到二三处学校,此校和彼校常常是相隔二三十里地的,冬夏两季都不合宜,携带笨重的行李更属不便"④。体力好的,步行惯了,多走些路也不觉得有什么,体力差的,步行了五六十里崎岖山路,便弄得踵趾破裂,⑤实乃苦不堪言。

吃饭也是个难以解决的问题。到得乡间,吃饭的地方难以找寻。"除非是六七百人的村庄,是绝对没有吃饭的地方,卖酒的地方容易找,卖饭的地方可难了。"⑥即使找到饭铺,也可能因种种短缺带来不便,如江西省督学赵可师赴永新视察,吃饭时"饭铺有饭无肴(尚有数家,即粗粝之红糙

---

① 马鸿述:《县教育局行政组织研究》,民智书局 1934 年版。
② 廖泰初:《动变中的中国农村教育》,作者个人刊印,1936 年。
③ 《湖南省各县督学调训补充办法》,《湖南教育月刊》1940 年第 1 辑。
④ 朱希仁:《视导赣北七县教育回忆录》(中),《江西地方教育》,1938 年。
⑤ 朱希仁:《视导赣北七县教育回忆录》(中),《江西地方教育》,1938 年。
⑥ 廖泰初:《动变中的中国农村教育》,作者个人刊印,1936 年,第 82 页。

米饭,亦属无有),一切均须自备,所幸豆芽,鸡蛋,俱为当地土产,尚可购得,惟食盐与油,经种种设法,始获少许,有钱无处买,真使余等为难"①。若到学校吃饭,一则"吃人嘴软,拿人手短",不利于督导工作的开展;二则学校教师生活清苦,"他们每月弄几块钱,这饭无论如何吃不下肚子去的"。要解决吃饭问题最好是找农村集市。在中国农村,若干个村庄之间总会有一个定期开放交易商品的市场,南方叫圩北方叫集,"凡是集会的地方是保险找到饭吃的"。不同的集市开放的时间一般根据农历一四七、二五八、三六九等日子间隔开来。这样,督学下乡视察,若"先查看日历,计算好了日子,打听清楚什么地方有集会,然后再安排路线,什么时候该到什么村庄,这样准不会出乱子"②。但是,农村集市聚得晚散得早,上午八九点钟才开始下午两三点钟就散了,早饭和午饭不成问题,晚饭无处购买,只得另图他法,吃饭仍成问题。

住宿同样是个不小的难题。因为乡村路途遥远,交通不便,下乡视察很难当天往返,乡村亦不可能有专门的旅店提供住宿。督学要么自带行李铺盖,要么住在学校或各乡镇区部。若自带行李铺盖,则要雇脚夫或随从,行李铺盖须肩挑手提,因为辛苦且碍于身份和脸面,少有督学愿意亲自背着铺盖下乡视察,这样雇员随从的酬金也是一笔不小的开销,对于经费拮据的县教育局而言,是难以负担的。若住在学校和区分部,夏天还好,各处的学校"准可凑几条凳子出来给你睡觉",虽说蚊虫叮咬,但还可以忍受,若是冬天,则"铺盖实在不好找"。大多数的乡村小学规模都比较小,仅有一两名教师,教师吃饭和住宿也常常要靠所教学生家庭轮流分派,很难找到多余的被褥供督学使用。即使费尽辛苦找来了,也常常是"黄一块、黑一块,一股子怪味儿真教你难受,心里难受,嘴里还得说好;他们也实在给你挑了最好的来了;先不说卫生问题,严冬夜里,温度就保不住"③。此外,民国时期各地乡村学校的校舍多为庵堂庙宇、家祠宗祠等古旧建筑,有的还供奉着神像、牌位,一到夜里阴森可怖。因为是寺庙和祠堂,有些学校还兼作停枢所使用,如浙江省一个小学,"大大、小小、新新、旧旧的棺材,分列两行,中间留一条路。好像两排卫队,天天站在那里迎

① 赵可师:《赣西收复区各县考察记》(四),《江西教育行政旬刊》1934年第8辑。

② 廖泰初:《动变中的中国农村教育》,作者个人刊印,1936年,第82页。

③ 廖泰初:《动变中的中国农村教育》,作者个人刊印,1936年,第82页。

送五六十个小学生和三个先生的来去"[1]。在这样的地方寄宿,督学不仅需要为教育奉献的精神,还需要相当的胆量才行。

四、县督学名额不足

关于县督学的名额的规定,各地有着差异。1918 年教育部《县视学规程》规定,每县设督学 1 人至 3 人,1928 年《湖北县督学暂行规程》规定每县设督学 2 人至 4 人,1930 年《修正四川省市县督学规程》规定,每县设督学 1 人至 3 人,1931 年《山西省各县教育局组织规程》规定每县设督学 2 人,1931 年《河南省县教育局组织规程》规定每县设督学 1 人或 2 人,1931 年《察哈尔省修正各县教育局组织规程》亦规定每县设督学 1 人或 2 人。[2]

由上可见,各地督学名额范围在 1 至 4 名之间,大多规定为 1 人至 2 人。实际情形如何呢? 表 2 为 1933 年马鸿述对广东、广西、浙江、安徽、福建五省督学实际名额进行调查的结果。

表 2 督学名额

地名\数额	广东	广西	浙江	安徽	福建	总计	百分比
1	15	19	33	10	27	104	42.80
2	14	36	20	21	9	100	41.15
3	8	14	4	2		28	11.52
4	3	6				9	3.70
5		2				2	0.83
总局数	40	77	57	33	36	243	
总人数	79	167	85	58	45	434	

资料来源:马鸿述:《县教育局行政组织研究》,民智书局 1934 年版,第 199—200 页。

从表 2 中可以看出,多数县仅设 1 名县督学,其次为 2 名,设置 3 名

---

[1] 丰子恺:《丰子恺文集·5 文学卷》,浙江文艺出版社 1992 年版。

[2] 《察哈尔省修正各县教育局组织规程》,《第一次中国教育年鉴》乙编,台湾传记文学出版社 1971 年版。

以上督学之县为数甚少,五省平均每县不到 2 名督学。

对多数省份而言,每县仅设 1 名督学并未违反法规,但就实际而言,每县仅设 1 至 2 名督学远不能满足需要。随着新式教育的不断发展,学校的数量在不断增加,如湖南省"各县学校,少者有数百校,多者达二千校以上",数量如此多的学校视察工作靠 1 名或 2 名督学来完成,显然是十分困难的。依当时的交通条件,周历一遍尚且不易,要悉心视察和指导更属奢求。对此情形,一位教师致信《教育杂志》提出了尖锐的批评:"因为学校多,视学少,所以视察不能周到,于是视察的时间也只得缩短了。大概每一个视学员到一个学校里去视察,至多耽搁两小时,就走了;而且大部分时间,都费在敷衍和抄一览表上。至于参观教授,简直可以说是走马看花。"[①]学校多督学少任务重,其消极后果是带来工作的马虎和敷衍。

五、督学职责范围太广

县督学的职责,1918 年教育部《县视学规程》规定为:督察各区教育法令施行事项、督察学务计划进行事项、查核各区教育经费及学校经济实况、查核各区学龄儿童就学及出席实况、视察各校设备编制及管理状况、视察各校课程教授及学业成绩实况、视察各校训育学风及操行成绩状况、视察各校体育卫生及学生健康状况、视察社会教育及其设施状况、视察幼儿教育及特殊教育设施状况、视察学务职员执务状况、视察主管长官或省视学指定之事项、宣达主管长官指示之事项。共十三项。其后各省各县制定的督学规程中,对县督学职责范围的规定大体一致。

由此可见,督学的职责范围极广,笼统繁重,举凡教育行政、教育设施、教育经费、学校行政、课程教材、教学训导等等均须负责。由此带来的困难也是明显的。首先,如前所述,各县督学名额太少,多为 1~2 人,如此少的人数,要担任如此多的任务,难免顾此失彼,无法周全,督学自然就拣容易之事来做。因此,许多督学的视察重点就放在对校舍建筑、学校卫生、仪器设备等等方面,而学校教育中存在的真正问题则往往被忽视,所

---

① 何心冷:《一个比检定小学教员还要重要的问题》,《教育杂志》1923 年第 9 期。

以其视察报告中常常充斥着千篇一律的"教室光线太暗，空气不足。学校图书太少、卫生太差"等空泛之语。其次，就教学视导而言，督学必须对学校的各门学科进行视导，还须作出相应的评语，这些评语往往决定着教师的待遇和奖惩。而各县督学本身能力有限，要使其对所视导的各门学科的理论与实施都有相当的或深刻的了解和丰富的经验，事实上也是难以做到，评语自然难以起公正评判、鼓励先进鞭策后进之效用，因而常常招来教师的愤懑和不满："我听见人说：有个视学员到某校去视察，正遇见一位先生在那里上代数，黑板上写着不少 XY，那个视学员问领导的人道：'这位英文先生姓什么？'这岂不是笑话？因此我们觉得现在的视学员简直不配对于小学教员下什么批评"①，"说句笑话，如果即刻召集各级视导人员，考查其对于全部小学教育的理论与实施的了解程度和实践成绩，其手忙脚乱的程度，比较小学教师和校长屡受视导员考察的表现，定然更有趣"②。对此情形，有识之士呼吁增加督学人数，缩小督学职责范围，实行分科视导，但直至民国结束，基层教育分科视导也未见施行。

中国绝大部分地区是乡村，乡村的面貌决定着中国的整体面貌，乡村基层的教育状况决定着中国教育的整体状况。民国时期，教育救国思潮泛滥，教育被视为救国救民的最根本途径，政府颁布了大量的法令法规，力图振兴农村教育，改变农村"愚、弱、病、私"的状况。乡村基层教育督导在推进新式教育、改变乡村落后的教育面貌上起着十分重要的作用，被誉为教育机关的耳目和喉舌，为保证督导工作的顺利进行，政府亦出台了大量相关政策和法规。但是，基层的教育督导并非在理想的真空之中进行，其面临的种种现实困难，极大削弱了其所起的作用。这一方面表明了中国基层教育近代化行进的步履维艰；另一方面也表明，欲使新式教育的枝繁叶茂的美好愿望实现，仅仅靠法令法规的制定和颁布是远远不够的，种种现实的困难，常常使这些规定在推行中变形和走样，难以达到预期的效果。

---

① 何心冷：《一个比检定小学教员还要重要的问题》，《教育杂志》1923 年第 9 期。
② 朱振之：《对于小学视导制度改进之商榷》，《中华教育界》1936 年第 5 期。

从山西大学堂看山西教育近代化的起步

■ 赵清明

　　教育史专家田正平教授曾经指出:"所谓中国教育的近代化,是指一种历程。即是说,它指的是与几千年来自给自足的封建农业经济基础和封建专制体制相适应的传统教育,逐步向与近代大工业生产和资本主义发展相适应的近代新式教育转化演变的这样一个历史过程。"传统教育如何改革,新式教育如何确立,并不是一蹴而就的事情,而是一个需要"通过多次的教育改革,学习、借鉴西方教育经验,改造、更新传统教育,努力赶上世界先进教育水平的历史过程"[①]。由于近代中国内忧外患的特殊时代背景,传统教育向新式教育的转化也变得复杂多样,这一过程不仅包含制度方面的变革,同时也包含思想层面的变革;不仅包括传统向近代的转化,同时也包括国人自己创办的学校与外国传教士创办的学校之间的抗争。创办于1902年的山西大学堂不仅因其为我国第一所设于内地的近代大学而著名,更因为其创办之初"中西斋并设"的创举而独具特色。山西大学堂从最初中西分斋到末期中西合璧的发展历程,也正是中国传统教育向现代教育转变的一个缩影。从中我们不仅可以透视中外有关教育主权之间的争夺,同时也可以体味到传统书院向近代大学堂蜕变的艰难历程。

　　[作者简介]　赵清明(1963—),男,山西兴县人,2010年获浙江大学教育学博士学位,出版《山西大学与山西近代教育》等专著,现为山西吕梁学院教授、吕梁贺昌中学校长,主要研究领域为中国近代教育等。
　　① 田正平:《留学生与中国教育近代化》序言,广东教育出版社1996年版。

一、国人管理抑或西人管理:教育主权之争

　　山西大学堂的创办源于山西教案的处理。1900 年义和团的爆发迅速遍及中国北方,山西是义和团运动的"重灾区"。"耶稣教被杀教士一百五十余命,被毁教会医院七十余座"[①],使山西面临八国联军陈兵娘子关的态势。为解决危机,1901 年年初上任的山西巡抚岑春煊电邀在山西传教和赈灾(丁戊奇荒)的英国传教士李提摩太(Timothy Richard)协助解决教案。作为基督教教育的积极推进者,李提摩太认为"山西教案之发生,不能把过错都加诸山西人之上,而英国人也不能辞其责。因山西人文化落后,风气闭塞,是英国没有善于诱导和帮助",因而提议英国政府将五十万两赔款分为十年归还,"每年五万两捐山西创建一个西学专斋,培养学生二百名,授以科学知识"。[②] 这是设立山西大学堂之最初动议。

　　李提摩太协助解决山西教案是应清政府官员之邀,但是提议创办西式学堂的目的,更多还是企望借助新式学堂传播"基督福音"。所以,当岑春煊要求在大学堂章程中加上在学校中永远不教授基督教的条款时,李提摩太称:"我是绝对不同意这种建议的,因为我觉得,如果我接受这样的条款,这就意味着传教士所传授所信仰的东西,对这所大学毫无价值,也就等于承认对传教士和本地基督教的屠杀是正义的。"[③]经过一再磋商,双方最后达成妥协,西方教习不在公开场合传教,但"敦崇礼先生却因能有机会在文化讨论中讲述基督教的好处而非常满意。而且在每个礼拜六,学校里的职员都可以在学校的房子里举行一次礼拜仪式,传教士可以自由地在学生中传教"[④]。

────────

　　①　《关于山西大学堂创办西学专斋的奏折与合同》,《山西文史资料全编》第十七辑,第406 页。

　　②　朱有瓛:《中国近代学制史料》第 2 辑上册,华东师范大学出版社 1987 年版,第1012 页。

　　③　李提摩太:《亲历晚清四十五年》,李宪堂、侯林莉译,天津人民出版社 2005 年版,第283 页。

　　④　李提摩太:《亲历晚清四十五年》,李宪堂、侯林莉译,天津人民出版社 2005 年版,第285 页。

在学堂的管理权之归属上,中外双方也进行了多次交涉。作为学堂创设的提议者,李提摩太坚持学堂应由西人经理,但岑春煊认为"订课程聘教习选学生,均由彼主政,未免侵我教育之主权",并"一再电饬周之骧极力磋商"。最终,一方面李提摩太"虑不如此,不能竟其志,是以持之甚坚";另一方面岑春煊也担心"晋省耶稣教案极巨,若与决裂,必致收束为难",只得委曲求全,称"彼时实以迅了巨案为心,并非真冀收育才之效也"。① 但是在最后双方签订合同中,还是加上了"西人则由李提摩太推荐,商明巡抚","西学专斋遇有商改课程及应办事件,由西学总教习随时与总理督办会商改订。惟课程无论如何商改,均不得与第七条所列各学科稍有违背,及于此外增立别项名目"等诸类限定。② 从这些措辞中可看出国人维护教育主权的良苦用心,同时也看到了外力胁迫下国人的无奈。

李提摩太最初提议创设学堂定名为"中西学堂",而由"中西学堂"改为"山西大学堂西斋",同样反映了中外教育主权之争。对于李提摩太提出的由西人经理学堂的提议,岑春煊和当时不少官员都颇有微词,不希望教育权旁落外人,因而当清政府于1901年9月颁布"兴学诏"之后,岑春煊等闻风而动,根据清政府谕令将山西原令德堂与晋阳书院合并为山西大学堂。1902年李提摩太偕同敦崇礼(Moir Dunkan)、新常富(Nystrom)等聘用之中西大学堂中外教习抵达太原府时,李提摩太"发现有人正在大张旗鼓地筹建一所官立大学,和我筹建的大学很相似,并且被置于一位排外的官员的控制之下"。"考虑到在同一个城市里建立两所竞争的学校在实践上是不可行的",李提摩太提议将两所大学合并为一所。③ 由此,山西大学堂形成了创举性的中西两斋并设,"一校两制"的模式。

而到10年合同期满时,时任山西巡抚的丁宝铨随即是奏将山西大学堂收回自办,并通知李提摩太践履前约。1911年,李提摩太从上海到达山西,依约履行了移交手续,并"不得不把西斋总教习苏惠廉和其他外国

① 陈学恂:《中国近代教育史教学参考资料》下册,人民教育出版社1987年版,第245页。
② 陈学恂:《中国近代教育史教学参考资料》下册,人民教育出版社1987年版,第250页。
③ 李提摩太:《亲历晚清四十五年》,李宪堂、侯林莉译,天津人民出版社2005年版,第283页。

教员都带走"①。自此,山西大学堂才完全置于国人管理之下。

二、从中斋、西斋并设到中西合璧:传统教育模式的艰难改革

山西文化教育唐宋时期素来发达。但明清之后,尤其是近代以来,因地处内陆,缺乏近代化变革的"刺激因素"而较为落后。清末民初生活于山西省城太原近郊徐沟县的绅士刘文炳指出:"中国之教育制度在十九世纪之后半为转型时期。最初始于曾李左之主派留学生出国求学。吾县感受此转变时在于清末学部奏立学章之施行。则县教育之前后改良,在此划一异线。"②山西各地接触到西式教育大都是在清末新政之后。在这样一个风气闭塞、缺乏教育近代化气息的省份,创办于 1902 年的山西大学堂开启了山西教育近代化发展的先河,成为山西教育近代化起步的最早试验者。山西大学堂特殊之处在于,一方面,它既是传教士以西方办学模式为母本的新式学堂的创办,积极推进传教活动的产物;另一方面,它也是因清政府推行"新政",书院改学堂的产物。因而,从其创办之初就体现了新旧教育模式交织、彼此影响的特点。

山西大学堂创办之初,中学专斋从课程设置、授课形式等方面,仍然沿袭令德堂旧制。在课程设置方面,分经、史、政、艺四科,每月初八公布课题一道,史论或者是经义。学生仍重视经史考据,主要钻研十二经、前四史(史记、汉书、后汉书、三国志)、诸子著作(尤以庄子、韩非子为主)、古文辞类纂、唐宋大家等;在授课形式上,中斋授课不分班,最初统一在贡院上大课,课无定时。上课时,学生由书记唱名从前门入,教习从后门入。教习全体出席,按品第坐中央暖阁之前,学生分坐东西两侧,学生与教习必须顶褂整齐。据时人记载当时上课的情景:"高老师是红顶花翎,缎袍补褂,冬皮夏纱,还带有朝珠。谷老师是蓝顶蓝翎。陈老师是水晶顶蓝翎,贾、田二老师是黄顶无翎,而长袍短褂则都是缎料制成。学生则是铜

---

① 朱有瓛:《中国近代学制史料》第 2 辑上册,华东师范大学出版社 1987 年版,第 1008 页。

② 《徐沟县教育志》第 8 页。

顶布大褂。高、谷二老师用的是长竿(二尺多长)旱烟袋,贾、田二老师用的是水烟袋,各有差役一名,专为执掌烟袋,立在屏门后边,静候主人用眼指挥。"①可以看出,当时中斋的教学仍不出旧书院的窠臼。

西学专斋在西人管理下,课程设置、授课形式等照搬外国(英国)模式,学生也专门学习西学。在课程设置上,西斋开设有英文、算学、物理化学、历史(世界史)、地理(中外地理)、图画、体操等课程。各科无中文本,由外国教员讲授,中国人任翻译,学生笔记,下课后互相对证。"课程以英文、算学为主要科目,没有国文,完全把英国教学整套移来。"在授课形式上,西斋按照学生学习程度、基础状况之不同分为不同班级进行授课,课有定时,每星期上课三十六点钟,星期日休息。②

中、西两斋虽然同处一个学堂之内,却是"显分楚越"③,这不仅表现在两者课程设置、授课方式等方面,同时也表现在两斋学生的相互对立上。中斋学生看西斋学生,认为他们师生无别,操场蹦跳,语言无忌,是"数典忘祖","舍己之田而耘人之田",将来不免为后人所唾骂,视为名教中之罪人。而西斋学生则鄙视中斋学生"科甲为荣",昧于世界大势。④

然而,在西方文化的强力冲击下,即便是偏处内地的山西大学堂中斋也再难保持其原有的传统教育模式。1904年新学制颁布后,较开明的宝熙任职山西提学使,对山西大学堂,尤其是对中斋进行全面改革。宝熙仿照西斋办法,在课程设置方而,在中斋原有经、史、政、艺四门科目中,只保留经学。另外增加了英文、日文、法文、俄文、数学、物理、化学、地理、历史、博物、图画、体操等课程。在教员方而,加聘傅岳棻、汪翎銮(湖北人)、小金龟次郎(日本人)、王俊卿(文水县)、张友桐(代县人)、段洙(河北人)、温某(巡抚卫队长)等分任各科教员。在授课时间上,每星期上课24节,每日上下午各两节,星期日休息。中西两斋学生学习科目,渐趋一致。在

---

① 朱有瓛:《中国近代学制史料》第2辑上册,华东师范大学出版社1987年版,第1014页。

② 朱有瓛:《中国近代学制史料》第2辑上册,华东师范大学出版社1987年版,第1015页。

③ 朱有瓛:《中国近代学制史料》第2辑上册,华东师范大学出版社1987年版,第1012页。

④ 行龙:《山西大学百年记事》,中华书局2002年版,第17页。

服饰上，给学生每人发蓝洋缎操衣操裤各一件，皂布操靴一双，统一了中西两斋学生的着装。这样，原中斋教学中封建习气一扫而尽。至民国元年两斋取消前，尽管山西大学堂仍有中、西两斋名义之分，却已无区分之实。

三、从敌视到接纳：国人思想观念的艰难转变

制度的改革可以通过政治的强制手段来推进，而观念层面的转变却非强制推行可以达到目的。作为内陆省份，传统思想观念在山西有着根深蒂固的影响。山西徐沟县绅士刘文炳在《徐沟教育志》中称："每岁冬至，塾无不祀神，中孔子，右文昌，左魁星。书生谓之夫子爷爷，文昌爷爷，魁星爷爷。师与诸生换次进香。直至光绪二十年后，才知文昌等神诞妄，师有讲导以明者。"[①]刘文炳所在地方徐沟距省城甚近，故而光绪二十四年的变法，此地颇有震动。而晋省其他地方则不然，甚至民国 8 年（1919年），现代学校制度已经建立多年之时，山西灵石县竟然又重修县文庙，"本县文庙残毁处甚多，自裁教官后无人过问。城乡绅士赵子瑷等呈明山西省长，将蓄水池余款拨修文庙，省许可。民国 8 年（1919）开工，工竣，又置礼品悉照古式。每年丁祭仪制秩然，大有可观"[②]。甚至到民国 22 年（1933），灵石县士绅张玉林、杨长懋募捐重修魁星楼，所谓"翠峰岭上文昌庙，西北有魁星阁，为一邑风脉所关，多年失修，折断通天柱。……"[③]可见传统教育的影响，何等深远。

在这样一个传统思想根深蒂固的内陆省份，山西大学堂在创办之初，无论是学堂学子，还是晋省士绅，对待这所最早创办于内陆省份，尤其是设有专门西学斋的大学堂都抱有观望、甚至仇恨的态度。"山西大学堂初成立时，人们都以洋学堂看待，青年士子犹多存观望态度，不肯投入，尤其是不肯入西斋。"后经首任中学专斋总理谷如墉多方设法，如通过私人函说、以令德堂高才生崔廷献、刘绵训等投进学校为号召等，中、西两斋才凑

---

① 《徐沟县教育志》第 38 页。

② 《中国方志丛书·灵石县志》，成文出版社 1983 年版，第 925 页。

③ 《中国方志丛书·灵石县志》，成文出版社 1983 年版，第 933 页。

足一班学生之额。① 即便进入新式学堂,学生依然以科举为业。在光绪二十八年(1902)和二十九年(1903)的两次科举中,山西大学堂中学专斋就有 70 名以上学生中举,并退学转为官吏。导致中学专斋不得不另行招生补足空额。② 而中学专斋学生对西学专斋学生"数典忘祖""将来不免为后人所唾骂,视为名教中之罪人"的批评,也足见传统思想在这些学生头脑中的深刻影响。事实上,不仅中学专斋抱有唯科举是从的观念,即便是西学专斋学生也不免有"以研讨科学为名义,而以升官进级为目的"之人。尤其是在李提摩太坚持要给予西学专斋毕业生举人资格的要求获准后,西学专斋学生更是视中学专斋学生"为同路人"。③ 然而新思想的种子既已播种,其发芽抽枝是指日可待的。1904 年宝熙对山西大学堂一番改革后,中学专斋学生思想意识已渐起变化,鄙视西学专斋的空气也日益淡薄。到 1906 年山西争矿运动爆发,中西两斋学生推举代表,根据公法向英人交涉,特别是西斋学生代表崔廷献等据理力争,使英人理屈词穷,无言应对,中斋学生对西斋学生之态度更趋亲密。"中斋学生因此对西斋学生之坚持正义,始终不变,力争到底,完成护矿事业,益加亲热,加以保送留日学生对争矿运动全力帮助,特别是对西斋学生的忧国热诚,尤为感激和拥护。中西两斋学生经过这一运动,团结益固。"④

山西教育近代化的艰难转变也可以从当地士绅身上得到印证。清末民初生活在山西太原县晋祠镇的绅士刘大鹏在其 1902 年的日记中写道:"今岁省城将一切书院改为大学堂,选才华秀美者入堂肄业,每月给薪水,所学以西法为要,有主教有助教,以通西法者为之,此外又延洋夷为师(刻下尚未延来),在堂助教者,问洋夷为师而告退之者数人,可谓有志气者矣。"⑤当时大学堂刚刚成立,刘大鹏头脑中还有很深刻的"华夷大防"的观

---

① 朱有瓛:《中国近代学制史料》第 2 辑上册,华东师范大学出版社 1987 年版,第 1007 页。

② 朱有瓛:《中国近代学制史料》第 2 辑上册,华东师范大学出版社 1987 年版,第 1016 页。

③ 朱有瓛:《中国近代学制史料》第 2 辑上册,华东师范大学出版社 1987 年版,第 1016 页。

④ 朱有瓛:《中国近代学制史料》第 2 辑上册,华东师范大学出版社 1987 年版,第 1017 页。

⑤ 刘大鹏:《退想斋日记》,山西人民出版社 1990 年版,第 111 页。

念。但到了同年九月二十日（10 月 21 日），刘大鹏的小儿子"暄儿于黄昏后归言，应考大学堂，业经取入校士堂，每月给薪水银二两"①。刘大鹏已经默认了大学堂的存在。到光绪二十四年正月二十九日（1908 年 3 月 1 日），刘大鹏亲自到省城，"在省游览山西大学堂、师范学堂、陆军学堂、测绘学堂、农林小学堂，概均极雄壮，街修马路，巡警兵宵夜轮站，又到承恩门外看火车及火车站"②。从一个简单的用词——"概均极雄壮"，不难看出刘大鹏对待西方文明态度之转变。

中国内陆省份教育近代化的启动不仅时间上远远晚于沿海地区，启动的步伐也迈得极为艰辛。这从内陆省份近代大学堂之代表山西大学堂身上不难看出。究其原因，一方面，内陆省份交通不便，信息闭塞，传统教育思想在这里根深蒂固，对新事物的接纳自然缓慢；另一方面，中国教育近代化的启动是在西方炮火的威逼下被动展开的，对新事物的接纳自然带有抵触心理。然而，社会政治、经济的巨变要求教育必然作出相应的变革，在这种浪潮不可抵挡之时，只有主动适应、顺从社会的发展轨迹，才不至于落后。作为内陆省份，山西近代教育在启动上远落后于沿海地区，在其启动之初也是一波三折、步履沉重。值得庆幸的是，堪称山西近代教育开拓先锋的山西大学堂能够及时作出调整，从而使山西近代教育发展尽快跟上了时代发展的步伐。

---

① 刘大鹏：《退想斋日记》，山西人民出版社 1990 年版，第 115 页。
② 刘大鹏：《退想斋日记》，山西人民出版社 1990 年版，第 167 页。

冯玉祥与民国时期河南大学的发展

■ 杨　涛

引　言

2012 年是河南大学百年华诞。在百年历程中,河南大学在各个方面推动河南社会发展的同时,也有很多人物从各个方面为河南大学的发展作出了积极的贡献,而冯玉祥则是其中值得铭记的一位。民国时期,冯玉祥曾于 1922 年和 1927—1930 年两次督豫,冯两次主政河南,给河南大学带来了两次发展机遇,在一定程度上促成了河南大学的发展和壮大,也为河南大学在民国时期跻身于全国高校的前列奠定了重要基础。

1922 年冯玉祥第一次督豫时,正是著名学者梁启超在开封提出"河南自己当办大学"的建议之时。梁离开开封不久,冯旋提议河南省政府用查抄前河南督军赵倜的大部分财产作为创办河南大学的资金,把河南留学欧美预备学校升格为河南中州大学。河南知识分子立即积极响应并付诸实际行动,河南中州大学于 1922 年 11 月正式创办,1923 年正式招生,从而使河南省拥有了现代大学,也为河南现代高等教育的发展奠定了基础。

1927 年河南中山大学的创办也是在冯玉祥的强力干预下实现的。河南中山大学的创办标志着河南省开始拥有了多学科的综合性大学,一

[作者简介]　杨涛(1974—),男,河南南阳人,2007—2011 年在浙江大学教育学院教育史专业攻读博士学位,发表《冯玉祥与民国时期的河南社会》等论文,现为河南南阳师范学院发展规划处高等教育研究室主任、南阳师范学院学报编辑部编辑,主要研究领域为中国高等教育史。

定程度上也为河南大学以后的持续发展铺平了道路。

可以说,在河南大学百年历史的两个重要发展"拐点"上,冯玉祥功不可没。

一、采纳梁启超建议,支持河南知识分子
创建河南中州大学

直到 1922 年,河南虽然有私立焦作矿业学院以及一些专科学校,但还没有一所真正具有现代意义的公立大学,在河南建立一所河南人所创办的公立大学是当时河南众多先进知识分子的梦想。正在此时,著名学者梁启超莅临河南省会开封,他在开封的演讲为日后冯玉祥推动河南大学建立起到了关键性的助推作用。梁氏于 1922 年 9 月 12 日抵达开封,并在开封逗留了一周左右时间。此时,正是冯玉祥第一次督豫期间,冯玉祥在各个方面对梁进行了周到的款待并与梁晤面。[①]

在一周的时间里,梁启超分别于 9 月 16 日和 9 月 17 日对河南政界和知识界做了两场演讲。针对河南封建文化浓厚、新式教育薄弱、具有现代意义的大学处于空白境地的状况,对河南教育提出了三点希望:办大学,建博物馆,用新教育、新思想做模范。

一方面,梁氏从教育普及和提高之间的关系上阐述了河南发展现代教育、提高办学程度的重要性和必要性。他说:

> 自海禁大开,沿海各地,逐渐发展,河南以僻居腹地,交通不便之故,文明程度,一落千丈。自有河南以来,文化之衰歇,未有甚于此时者也。此不仅河南之不幸,实为全国之不幸。现在道路交通,文明中心又渐移归内地,京汉陇海两路,交贯河南中心,此宜输入文化之利器。陇海路完全修成后,不独为中国东西大干路,实为欧亚沟通之大干路。届时河南必将加大发展,为我中国文化放一异彩。……现在教育界之论调,大致约有两派:甲说主张先求普及,乙说主张提高程度,皆持之有故,言之成理。我以为一方面当力谋教育之普及,一方

---

① 晨报记者:《梁启超已到开封》,《晨报》1922 年 9 月 12 日。

面又要提高程度,如专谋普及而我不谋提高,结果必甚平常,……教育专言普及而不知提高,其弊甚多。我以为每省应将中等以上学校设法提高,注重人才教育,如果经费困难,当设法将每种办学程度较高的,用新教育新思潮去做模范,此是我对于河南教育之第一希望。①

另一方面,在强调提高河南办学程度的同时,梁启超明确提出河南应当拥有自己的大学,对举办河南留学欧美预备学校是否经济也提出了自己的想法:

> 我当希望我国各省均要办一个大学。唯他省须尚可缓,可代表我国五千年文化之河南,则万不可缓。以文明最古之地,连一个大学都没有,宁不令人失望?我很希望于各专门之外,赶紧办一个大学。如无经费,即将现在之专门学校合起来。组织一完备大学校,聘请有名教授,造成人才。又外国留学生,如在美国,每人最少年需两千元,若四五年毕业,最少须耗在万余元,我国在外留学生约去万人,年费不赀,极不合算。假使以全国所耗之留学经费(年约50万元),在中国办大学,延聘中外名人为教授,养成的人必然很多。日本人外出留学必大学毕业后,再研究几年,继续派出去考察若干年。我国派出留学生,循例补送,无目的,无限制,不讲需要,随便求学。归国后或干县知事,或谋一团差,即是结果。河南偏又郑重其事,特设一留学欧美预备学校,试问留学欧美,必要如此预备吗?我以为最好将这不经济的教育费合在一起,办成一个大学。②

虽然梁启超在河南逗留的时间不长,但依他在学术界的地位和身份,其言论的分量自然是影响极大。梁启超关于河南留学欧美预备学校升办大学的演讲不仅使一直渴望本省拥有大学的河南部分知识分子受到了极大鼓舞,在一定程度上也推动了当时主豫的冯玉祥及河南政界其他人士很快把创办大学这一事件提上了日程。

1922年冯玉祥第一次督豫时候曾经查抄了前督军赵倜在河南的全部巨额财产。在梁启超离汴后不久,该年10月2日,时任河南省长的张凤台拜访冯玉祥,向冯提出计划筹措一笔款项来办些公益事业。冯玉祥认为,可

---

① 梁启超:《对于河南教育之三点希望》,《晨报》1922年9月17日。
② 梁启超:《对于河南教育之三点希望》(续),《晨报》1922年9月18日。

以把所没收的赵倜逆产,在开封办一所大学,这样的话,不仅可以把河南人民的脂膏归还给河南人民,而且还可以起到百年树人的功效,对河南人民本身就是个善举。① 也正是这个月,冯玉祥所倚重的亲信、接替李廉方出任河南省教育厅厅长的凌冰把创办河南大学作为重要事件列入他的工作计划:"现冯督军准将赵督遗产之一部拨为大学基金,俟省议会通过后,河南大学即日开办。"②而后,河南省议会议决把河南留学欧美预备学校校址作为预科校址,把该校的经费作为预科经费,筹办河南大学。作为河南大学筹备专员,河南留学欧美预备学校校长张鸿烈向河南省教育厅上报了筹办大学的计划书,对于升格为大学后的预科、正科、招生及其他事宜提出了详细的建议。

张鸿烈认为,可以把预科分为甲乙两部。甲部主要以文科为主,通过招考省内中学毕业生为大学文科的预科生,预备年限为二年半;乙部以理科为主,把英文科五年级改为乙部,学生在预科就读一年半后进入大学本科学习。以后每年连续招考一班直至高级中学成立、学生毕业程度与大学衔接为止。针对当时河南省议会立刻创办大学本科文理两科的提案,张鸿烈提出,由于建筑、设备、师资聘用等不是在短时间内就能做到的,而且学生学业程度比较低,除了预科利用原来留学欧美预备学校的办学经费外,正科经费还不太明确,仓促创办大学本科可能只是图务虚名而不求实际。因此,可以在开办大学预科的同时筹备本科办理事宜。这样一来,因为甲乙两部计划招生的预科学生在 1923 年秋季入学,1925 年预科期满后都可以升格为大学正科学生,加上以后新生的连续招收,就能保持大学本科生源的持续性。同时,为了保证生源的持续性,张鸿烈在报告中建议开办附属中学。另外,张认为,随着学校各种机构和师资的不断完善,农科、工科、法科等学科也可以次第举办。③ 张鸿烈的这一计划得到了河南省教育厅厅长凌冰的认可。凌冰于 1922 年 11 月 1 日以河南省教育厅的名义向河南省政府呈请"以河南大学筹办专员、留学欧美预备学校校长张鸿烈为河南大学校长在案,并恳

---

① 冯玉祥:《冯玉祥日记》,江苏古籍出版社 1992 年版,第 231 页。

② 凌冰:《凌厅长教育计划》,《河南教育公报》1922 年第 1 卷第 1 期。

③ 河南省教育厅:《呈第 410 号:呈省长大学筹办员张鸿烈呈计划说明书请鉴核并恳速委校长》,《河南教育公报》1922 年第 2 卷第 2 期。

即于查核实行"①,当时河南省政府立即回复批准。

　　嗣后不久,根据冯玉祥的建议,河南省政府把赵倜的产业"灵宝县房产 21 处,枣园 53 亩,田地 9 顷 21 亩 7 分 9 厘,开封县房产 23 处,田地 37 顷 27 亩 8 分 7 厘 9 毫又地 16 亩 2 分 9 厘 8 毫,信阳田产 88 担,房产 1 处,汝南房产 9 处,地 25 顷 55 亩 1 分,确山地 58 亩 1 分 3 厘,许昌房产 3 处,天津奥界房产 1 处,共计田产 88 担,地 67 顷 32 亩 2 分 1 厘 5 毫,房产 58 处,经先后分别查存在案。除将汝南县属地 53 顷零 4 亩拨充河南女中学校经费,北京汪芝麻胡同一处拨归豫籍国会议员招待所外,所有查存田地房屋等产"②悉数拨归河南大学,"留作固定基金以为根本之计"③。北京政府教育部认为,河南省创办的大学如果用了赵倜的这笔资金,必须在大学前面冠以"中州"二字方为合法。经河南省议会合议,决定将学校定名为"河南中州大学"。④ 1922 年 11 月,河南省议会正式任命张鸿烈为中州大学校长,以河南留学欧美预备学校的校址和原来的师资力量为基础,创办河南中州大学。同时,为了加强管理和保障学校的顺利运转,学校仿照京沪等公私立大学的成例,成立了由李时灿担任董事会会长,王敬芳、李敬斋、张嘉谋、张藻、黄炎培、蔡元培、张伯苓、郭秉文、河南教育厅厅长、河南实业厅厅长以及河南教育会会长⑤等担任董事的中州大学董事会。⑥ 1923 年 3 月 3 日,中州大学举行了开学典礼。1923 年 8 月,中州大学进行了第一次招生,⑦1924 年进行了第二次招生。⑧

---

　　① 河南省教育厅:《呈第 410 号:呈省长大学筹办员张鸿烈呈计划说明书请鉴核并恳速委校长》,《河南教育公报》1922 年第 2 卷第 2 期。

　　② 河南省教育厅:《咨第 384 号:中州大学校长奉督、省令发赵氏地契约及清册请查由》,《河南教育公报》1922 年第 2 卷第 3 期。

　　③ 河南省教育厅:《咨第 384 号:中州大学校长奉督、省令发赵氏地契约及清册请查由》,《河南教育公报》1922 年第 2 卷第 3 期。

　　④ 陈明章主编:《国立河南大学》,南京图书出版公司 1981 年版,第 4 页。

　　⑤ 关于河南省教育厅厅长、河南省实业厅厅长、河南省教育会会长这三个职务后边的具体姓名,在原材料上没有出现。笔者认为,可能当时考虑到这些职务的更替因素,只要谁担任这三个职务谁就自动成为董事会成员。

　　⑥ 河南省教育厅:《呈第 420 号:呈省长拟组织中州大学董事会缮具章程并拟聘董事名单请鉴核聘定》,《河南教育公报》1922 年第 2 期。

　　⑦ 教育杂志记者:《河南教育现况》,《教育杂志》1923 年第 23 卷第 15 期。

　　⑧ 河南大学校史编写组主编:《河南大学校史》,河南大学出版社 2002 年版,第 17 页。

　　众所周知,民国建立后至 1927 年的十数年间,政府对于大学的设置和发展,没有严格的规定和要求,因此,这一时期出现了专科学校升格为大学或者各省创办大学的一个"小高潮"时期。翻检当时的材料可以发现,在这股创办大学的浪潮中,河南中州大学在创办时间上处于很多高校的前列。也正如河南大学校友后来回忆所言:"河南大学之创立,又为各省之先驱。[①]"虽然出于校友情结把河南大学称为各省大学创立的"先驱"未免有些夸大,但从创办时间上看,也基本属实。1922 年河南中州大学正式创办以前,全国所有公私立大学共计仅有 36 所,中国人自己办理的大学仅仅为 21 所,而省立大学则仅仅 3 所。因此,从创办时间上看,河南大学的确走在了中国很多省区的前列。

表 1　1922 年 11 月河南中州大学开学典礼前中国公私立及教会大学一览

大学类别	大学名称	所在城市	序　号
国立大学	北京大学	北　京	1
	交通大学	北京、上海、唐山	2
	北洋大学	天　津	3
	东南大学	南　京	4
	上海商科大学	上　海	5
省立大学	山西大学	太　原	6
	鄂州大学预科	武　昌	7
	云南东陆大学	昆　明	8
私立大学	民国大学	北　京	9
	中国大学	北　京	10
	朝阳大学	北　京	11
	平民大学	北　京	12
	南开学校大学部	天　津	13
	河北大学	清　苑	14
	复旦大学	上　海	15
	大同学院	上　海	16
	南通大学农科	南　通	17
	仓圣明智大学	上　海	18
	厦门大学	厦　门	19
	中华大学	武　昌	20
	明德大学	汉　口	21

---

①　陈明章主编:《国立河南大学》,南京图书出版公司 1981 年版,第 1 页。

续表

大学类别	大学名称	所在城市	序　号
教会大学	燕京大学	北　京	22
	齐鲁大学	济　南	23
	圣约翰大学	上　海	24
	东吴大学	上　海	25
	金陵大学	南　京	26
	震旦大学院	上　海	27
	沪江大学	上　海	28
	三育大学	上　海	29
	协和大学	福　州	30
	之江大学	杭　州	31
	文华大学	武　昌	32
	雅礼大学	长　沙	33
	华西协和大学	成　都	34
	岭南大学	广　州	35
	夏葛医科大学	广　州	36

　　资料来源:国民政府教育部教育年鉴编纂委员会主编:《第一次中国教育年鉴》丙编:教育概况·上(影印版),台湾传记文学出版社 1971 年版,第 9—25 页;上海商务印书馆主编:《最近三十五年之中国教育》,上海商务印书馆 1931 年版,第 99—100 页。

　　需要指出的是,从河南留学欧美预备学校升格为河南中州大学的过程可以看出,在冯玉祥第一次督豫期间,对河南中州大学创办起到了至为重要的作用。对于任何一所大学而言,如果在发展过程中没有地方主政者的支持,即使是再好的设想与规划也许只能是泡沫而已。冯玉祥在各方面办的有力的支持是河南中州大学得以创建的有力保障。而从冯的经历看,他的这一举动并非偶然。

　　冯玉祥祖籍安徽巢县(今巢湖市)竹柯村,1882 年出生于直隶青县兴集镇,儿时在保定长大,出身贫寒。父亲冯有茂本来是个泥瓦匠,曾一度作雇工,后来为生活所迫投军行伍。[①] 在这样贫穷的家庭里面,能够读书在冯玉祥看来是"一个天外飞来的福音"[②]。1892 年年底冯顶替哥哥进入私塾念书,由于买不起纸笔,只有用一根绑着一束麻的细竹竿蘸着稀黄泥在砖头上练字。因为家庭贫寒,1894 年,年仅 12 岁的冯在父亲军营一个

---

　　①　冯玉祥著:《我的生活》,岳麓书社 1999 年版,第 1 页。
　　②　冯玉祥著:《我的生活》,岳麓书社 1999 年版,第 19 页。

苗姓管带的关照下借补充兵员缺额的机会而进入军营,从此结束了共计只有一年零三个月的受教育生涯。① 冯玉祥对自己这段匆匆结束极为短暂的教育经历终生难忘。② 正是因为这些辛酸经历,使冯在长期的戎马生涯里,每到一地,总是一贯地关注当地的教育事业。1921 年冯玉祥担任陕西督军时候,就曾经将陕西督署办公经费的一半拨发给各个学校充作教育经费,从而使陕西很多学校的必要设备在一定程度上得到了保证。③他主政陕西的时候曾经恢复西北大学,并改建为西安中山大学;主政甘肃时候亦曾经筹建兰州中山大学。④ 因此,冯对河南中州大学创办的支持也不是偶然而为之的事情。

冯玉祥 1922 年 5 月 15 日正式担任河南督军,1922 年 10 月 31 日担任陆军检阅使,这是他第一次督豫,时间不足半年。⑤ 但在这不足半年的短暂时间里,冯对河南高等教育日后的发展走向产生了难以低估的影响。

一方面,对河南高等教育发展而言,河南中州大学的成立堪称是河南高等教育史上的一个创举。它不仅改写了民国时期河南省没有省立的、真正意义的现代高等院校的尴尬局面,使民国时期河南高等教育开始在全国高等教育体系中初步占有一席之地,而且,对于以后河南高等教育的继续发展,在一定意义上起到了奠基性的作用。

另一方面,从促进中国现代高等教育体系均衡发展和内陆地区高等教育发展的角度看,河南中州大学的成立亦不无意义。由于中国现代新型大学创办的时空布局一直与"近代以来西方资本主义列强入侵和西方文化教育冲击浸润的总态势是大致相合的"⑥,即大部分集中在沿海沿江的口岸城市和内陆的中外交通枢纽城市。而这种分布态势,也造成了中国现代新式教育和高等教育在地域分布上极不均衡的布局。在冯玉祥的大力支持下,由河南留学欧美预备学校升格而成的河南中州大学,虽然在

---

① 冯玉祥著:《我的生活》,岳麓书社 1999 年版,第 20—22 页。

② 冯玉祥著:《我的生活》,岳麓书社 1999 年版,第 22 页。

③ 冯玉祥著:《我的生活》,岳麓书社 1999 年版,第 325 页。

④ [美]薛立敦著:《冯玉祥的一生》,丘权政、陈昌光等译,浙江教育出版社 1988 年版,第 300 页。

⑤ 蒋铁生主编:《冯玉祥年谱》,齐鲁书社 2003 年版,第 57—58 页。

⑥ 田正平主编:《中国教育史研究·近代分卷》,华东师范大学出版社 2001 年版,第 85 页。

当时中国高等教育体系中不会占据太重要的地位,但却继山西大学和云南东陆大学等之后,进一步打破了大学主要分布在沿海沿江等口岸城市的格局,从客观上推动了具有现代意义的高等教育向内陆地区的延伸,在促进河南高等教育起步和发展的同时,也促进了中国现代高等教育在地域分布上相对均衡地发展。

可以说,冯玉祥第一次督豫无疑给河南中州大学创办提供了良好的政治环境,正如当时在河南的一位外国人所言:"学校比我到这个城市以来的任何时候都办得好。"①正是在这一相对良好的政治环境下,河南中州大学才得以顺利创建。

二、推动河南中山大学成立,为河南大学成为学科门类居于全国前列的综合性大学奠定基础

1927年南京国民政府成立,河南中州大学也已经走过了四年多的岁月。从现在眼光看,1927年在河南大学发展史上可以说是相当关键的一年,因为,正是在这一年的7月,以中州大学为主体,中州大学与河南法政专门学校、河南农业专门学校合并,成立了河南中山大学。而河南中山大学的成立,则为民国时期河南大学发展成为学科门类相对齐全的综合性大学奠定了重要根基。河南大学的这一关键发展节点,也与冯玉祥的支持有着密切的联系。

据民国时期国民政府教育部《第一次教育年鉴》记载:"1927年6月,中央政治会议开封分会议决,合并前中州大学及农业、法政两专门学校为国立开封中山大学,嗣经河南省政府重行决议改称河南省立中山大学,设置文、理、法、农各本科预科及农业推广部,十一月正式成立开学。"②由于中州大学本已存在着文、理两科,加上与法专、农专合并后对法专和农专

---

① 〔美〕薛立敦著:《冯玉祥的一生》,丘权政、陈昌光等译,浙江教育出版社1988年版,第150页。

② 国民政府教育部教育年鉴编纂委员会主编:《第一次教育年鉴》丙编·教育概况·上(影印版),台湾传记文学出版社1971年版,第17—19页。

的学科专业又进行了整合,从而已经拥有了文、理、法、农四个学科。[1] 河南中山大学的成立无疑为民国时期河南大学成为一所学科门类相对齐全的综合性大学奠定了必要的基础。而河南中山大学的成立,与冯玉祥第二次督豫时候所提供的相对有利的政治环境也有着密切的关系。当时有人在《河南教育周报》上对 1927 年上半年和下半年河南政治环境变化给河南教育发展带来的影响做如下描述:

> 河南地处腹心,文化闭塞,教育事业尤为落后,而十六年一年之内,时局变迁,最为急剧,其影响于教育者,尤为显著。当夫春季河南先后为直鲁军阀所盘踞,教育成绩,固无可言;迨国民革命军第二集团军于六月间到豫,始厉行党化教育,惟因军事倥偬,未能立时实现。厥后河南残余军阀渐次肃清,地方秩序亦日渐恢复,于是省政府得以全力注意于政治之改进,而教育为政治之首要,尤当积极进行,数月之间改革扩充,颇有长足之进步,综此一年中观之,六月以前为河南教育界最纷乱之时期,六月以后,为最进步之时期,盖经此次改革后,而河南以前教育界因循之气象,为之焕然一新,实为河南教育改革之大纪元也。[2]

时人的评述反映了 1927 年河南政治环境变化对河南教育发展影响的部分事实。其实,国民革命军第二集团军正是由冯玉祥部队改编而来,而冯玉祥本人则担任着国民革命军第二集团军总司令一职。

1927 年是民国时期政治形势比较微妙和关键的一年。宁汉分流后,1927 年 4 月 18 日,蒋介石在南京另立国民政府,至此,宁汉国民政府正式彻底分裂。是年,在中国的政治舞台上,出现了以蒋介石为首的南京国民政府、以汪精卫为首的武汉国民政府和以张作霖为首的北京奉系军阀政府所形成的"三足鼎立"的格局。而当时河南主要被武汉国民政府的部队和冯玉祥的部队所分别占据。其中,冯玉祥占据着河南大部分区域并担任河南省政府主席,控制着平汉铁路和陇海铁路,地处军事要塞,加之当时他的军事力量相对雄厚,因此也成了宁汉双方拉拢的重要对象。武汉国民政府为了拉拢冯玉祥,向他开出了三个优惠条件:第一,成立开封政

---

① 国民政府教育部教育年鉴编纂委员会主编:《第一次教育年鉴》丙编·教育概况·上(影印版),台湾传记文学出版社 1971 年版,第 17—19 页。

② 王绍宣:《十六年的河南教育之回顾》,《河南教育周报》1928 年第 16 期。

治分会,以冯为主席,指导陕、甘、豫等省党务;第二,武汉国民政府任命冯为河南省政府主席,并以冯部将刘郁芬为甘肃省政府主席,与冯关系密切的于右任为陕西省政府主席;第三,冯玉祥的第二集团军扩编为七个方面军。武汉国民政府将河南地盘让与冯军,命令唐生智、张发奎各部退回武汉,以此交换冯的合作。① 与此同时,南京国民政府也向冯玉祥"频送秋波"。作为从底层一步步走上来的军阀,冯玉祥深谙平衡之道。他不像其他军阀那样倒向一方而毫不妥协地反对另一方,而是呼吁双方和解,强调分裂对革命、对国家都不利。② 并且和双方都保持着频繁的接触。

因此,在冯玉祥二次督豫期间的 1927 年,由于当时南京国民政府的势力在实质上并没有延伸到这里,加上冯玉祥本人担任着河南省政府主席一职,河南省大部分政策都是在冯玉祥的直接干预下制定的,冯第二次督豫期间对河南采取的部分措施无疑又一次推动了民国时期河南大学的发展。

冯的平衡策略具有保存自身实力的性质,而宁汉双方对他的拉拢则无疑使他有精力来做自己感兴趣的事情,1927 年,开封政治分会的主持者正是冯玉祥本人。"他在河南扩大中州大学,增设科系,改为开封中山大学,并召回教育家凌冰长校。"③当时直接参与筹办河南中山大学的一些重要人员,大多是冯玉祥所倚重的精通教育和财政的亲信。

据《河南大学校史》记载:1927 年 6 月,冯玉祥为河南省主席,河南省政府在开封成立。在国民党中央政治委员会开封政治分会委员的提议下,开始筹设"国立开封中山大学",并委任徐谦、顾孟余、薛笃弼、凌冰、李静禅等 5 人为筹委会筹备委员。经过多次磋商,决定以中州大学为基础,将河南公立法政专门学校、河南省立农业专门学校合并于内成立"国立第五中山大学"。1927 年 7 月,国立第五中山大学宣告成立。虽然在成立之初存在着把大学办为国立的初衷,而且,最初也是以"国立开封中山大学"来命名的,④然而,在成立的当月,就立即改名为"省立中山大学"。

---

① 李泰棻著:《国民军史稿》,台湾文海出版社 1971 年版,第 415—425 页。

② 李泰棻著:《国民军史稿》,台湾文海出版社 1971 年版,第 408—415 页。

③ [美]薛立敦著:《冯玉祥的一生》,丘权政、陈昌光等译,浙江教育出版社 1988 年版,第 300 页。

④ 丁致聘主编:《中国七十年来教育纪事》,南京国立编译馆 1935 年版,第 105 页。

在《河南大学校史》中提到的这 5 个筹备委员会的委员，除了李静禅外，其余都和冯玉祥交情甚笃，而且大部分本人就是教育专家和理财高手。

徐谦（1871—1940），近代著名法学家、政治活动家。字季龙，晚年自署黄山樵客。安徽歙县徐村人，出生于江西南昌。徐谦是清末最后一届科举考试的进士，后进入翰林院仕学馆攻读法律。1907 年毕业以后，先后任翰林院编修和法部参事职务，主持制订全国的新式法律。中华民国成立后，1912 年 3 月，任内阁司法部次长。1917 年南下广州，任孙中山广州军政府秘书长。1919 年被聘为天津《益世报》主编。1920 年 9 月，冯玉祥在汉口期间，孙中山派徐谦和钮永建到汉口慰问冯部，这是两人的初次见面，徐谦与冯"握手言欢，相见恨晚"①。1921 年任孙中山政府最高法院院长。1922 年任北京政府王宠惠"好人内阁"司法总长。1923 年任岭南大学文学系主任，并创办了《评议日报》。同年，应冯玉祥之聘进京，任中俄庚款委员会主席，同李大钊成为好友。1926 年，徐谦和后来执掌国民政府教育部的朱家骅一道在中山大学担任大学委员会委员，②而后在该年陪同冯玉祥夫妇出访苏联。访问苏联使徐谦和冯玉祥之间的关系进一步升温，是两人关系进入新阶段的标志。③ 1927 年 6 月，郑州会议召开，在会议上决定成立开封政治分会，以冯玉祥为主席，徐谦为分会政治委员之一。④ 1926 年到 1927 年是徐政治生涯上的辉煌期，"煊赫之势，一时无两"⑤。也正是在徐政治生涯的顶峰期，被他的老朋友冯玉祥任命为"国立开封中山大学"筹备委员会委员。徐谦和冯玉祥交情甚笃，并不是一般的泛泛之交，"两人过从甚密，交情颇深，乃至互相影响，共进共退。在大革

---

① 阎团结、梁星亮著：《冯玉祥幕府与幕僚》，浙江文艺出版社 2010 年版，第 211—212 页。

② 国民政府教育部教育年鉴编纂委员会主编：《第一次教育年鉴》丙编·教育概况·上（影印版），台湾传记文学出版社 1971 年版，第 27 页。

③ 阎团结、梁星亮著：《冯玉祥幕府与幕僚》，浙江文艺出版社 2010 年版，第 211—212 页。

④ 阎团结、梁星亮著：《冯玉祥幕府与幕僚》，浙江文艺出版社 2010 年版，第 211—212 页。

⑤ 上海书店主编：《民国世说》，上海书店出版社 1997 年版，第 105 页。

命时期冯玉祥经历了几次大的转变，……都能找到徐谦的影子"①。徐谦虽然不能称为是专攻教育的教育专家，但从其经历看，对教育相当内行。

凌冰（1892—1986）字济东，少年时号庆藻，河南省固始县郭陆滩乡太平村人。1915 年从清华学校毕业，以名列全国第三的成绩被选拔赴美留学。1919 年在美国加利福尼亚大学获教育心理学博士学位。该年受聘回国，任南开中学大学部第一任教务长，还动员一大批留学人员回国到南开中学大学部任教。从事教育之余，凌冰通过很多渠道筹集款项，为南开大学发展做出了巨大贡献。北京政府时期担任过天津市教育局局长。从凌冰的经历看，凌冰本人就是一个教育专家。凌冰与冯玉祥有着极其深厚的交往，其兄长凌钫是冯玉祥滦州起义的战友。虽然凌冰比冯玉祥年轻很多，但冯在很多场合提及凌冰，必以"先生"相称，冯玉祥对凌冰的尊重和信任当时在冯的部队中几乎也是人所共知的。② 早在 1922 年冯玉祥第一次督豫时候，冯玉祥任命凌冰担任河南省教育厅厅长，③凌对河南留学欧美预备学校升格为河南中州大学做了许多卓有成效的工作，有效地促成了河南中州大学的建立。凌冰 1928 年任国民政府外交部条约委员会委员。1929 年 11 月，任驻古巴全权公使。后去台，曾任"立法院"第四届"立法委员"、"行政院"驻美全权代表、纽约商爱罗公司董事长等。1986 年逝于纽约，享年 94 岁。④

在顾孟余丰富多彩的一生中，从其早年经历看，也和中国近代高等教育的发展有着密切的联系。顾氏原籍浙江，于 1888 年生于河北宛平（现属于北京市）。后留学德国，毕业于柏林大学。1917 年 31 岁回国，任北京大学教授兼经济学系主任，为北大著名教授之一。⑤ 1925 年遭北京政府通缉乃南下广州，⑥该年 11 月，被广东国民政府任命为广东大学（国立中

---

① 阎团结、梁星亮著：《冯玉祥幕府与幕僚》，浙江文艺出版社 2010 年版，第 211—212 页。

② 从冯玉祥的自传《我的生活》以及冯玉祥的日记《冯玉祥日记》中，可以看到冯玉祥和这些人之间的交情。

③ 晨报记者：《豫人驱逐教厅长之风波——张凤台为李步青维持，冯玉祥交名单令觅继任》，《晨报》1922 年 8 月 29 日。

④ 凌培学：《著名教育家凌冰先生传略》，《固始文史资料》1987 年第 2 期。

⑤ 贾逸君主编：《民国名人传》，岳麓书社 1992 年版，第 198 页。

⑥ 贾逸君主编：《民国名人传》，岳麓书社 1992 年版，第 198 页。

山大学前身)大学委员会主席,后来改为校长制后,又被任命为该校校长。1926年2月,为了纪念孙中山,广东国民政府决定把广东大学改组为中山大学。该年10月任命顾孟余为中山大学委员会副委员长。[①] 1927年任武汉国民政府委员兼教育部部长。[②]

薛笃弼,字子良,山西解县人。早年毕业于山西省立法政学校。1912年,被任命为山西河津县地方审判厅审判官。同年调任临汾县地方审判厅厅长。1914年,被冯玉祥聘为秘书长兼任军法处长。1918年,冯玉祥部队移驻常德,被冯玉祥委任为军警联合督察处处长。1919年又被冯委任为常德县县长。1921年冯玉祥任陕西督军,委任薛为延长县县长,该年冬季升任陕西财政厅长。1922年冯玉祥第一次督豫,薛被冯委任为河南财政厅长。1924年,冯玉祥推倒直系后,委任薛为京兆尹,旋即担任黄郛(膺白)内阁中的司法次长。1925年秋,薛被冯玉祥委任为甘肃省省长。1927年,冯玉祥担任河南省政府主席时候,薛担任河南省政府委员兼民政厅长。薛笃弼赋性勤俭,遇事负责,且有计划、有条理,尤其擅长理财……故冯玉祥对他极为赏识。[③]

就冯玉祥个人当时在河南的地位而言,与其第一次督豫已经完全不同。在第一次督豫期间,冯玉祥只在河南短暂逗留了五个半月,因此也导致很多措施没有来得及实施。而这次督豫,由于当时宁汉纷争,而冯玉祥雄居中原,居于关键性的地位,具有左右大局的实力,以至于当时国民党政要胡汉民等给他发电时候甚至恭维他在河南是"一柱擎天"。[④] 可以说,冯玉祥的支持以及冯所延揽的"国立开封中山大学"筹备委员的角色构成在客观上是"河南中山大学"成立的重要保证。

民国的大部分时间里,由军阀割据而造成了军阀对所统治区域各项事物的干涉,也就是史家通常所说的"军阀干政"。实际上,在南京国民政府建立以前,由于不同省区军阀林立,除了实力雄厚的大军阀具有掌控中

---

① 国民政府教育部教育年鉴编纂委员会主编:《第一次教育年鉴》丙编·教育概况·上(影印版),台湾传记文学出版社1971年版,第27页。

② 贾逸君主编:《民国名人传》,岳麓书社1992年版,第198页。

③ 贾逸君主编:《民国名人传》,岳麓书社1992年版,第193页。

④ 季啸风、李文博主编:《台港及海外中文报刊专辑》,书目文献出版社1987年版,第185页。

央政府的能力而对当时国家的事物进行干涉外,占据不同省区的军阀为了生存和保存实力,则会对所在地方的事物进行干涉,即形成军阀干政的另外一种形式——地方军阀干预地方政事,所在区域的地方官员在一定程度上成了摆设。当时占据着很多省份的地方军阀,无论是后人对其评价是正面的还是反面的,都存在着干预地方政事的一面,其对地方各种建设的决策权力远远大于地方政府官员。军阀对地方政事干涉的一个最大特点是几乎无所不包,这种干涉势必会对地方社会文化教育事业能否发展以及发展的方向产生极大影响。

军阀干政对一个地方高等教育事业的发展影响具有两面性。一般而言,如果军阀不重视教育,就会在文化教育上投入甚少,把钱用来扩军和扩大地盘。较为典型的反面例子就是我们比较熟悉的军阀张宗昌,他在主政山东时候,曾有一次对部属演讲说:"他们说带兵的要大学毕业,什么鸟大学? 我老子是绿林大学毕业的! 他们又说打仗要看什么军事学,什么鸟军事学? 我老子全不懂!"[1]相对而言,冯玉祥虽然在 20 世纪 20 年代也为一介军阀,但对教育的重要性还是有着比较清醒的认识。在他四十岁的时候,曾经自我反省到:"曾文正公云:'百种弊病皆由懒生。'又云:'天下古今之庸人,皆以一惰字致败。'嗣后定当自己考问,不假他人。原予以不纯不诚不静不详,皆读书太少之故。"[2]在戎马倥偬之中,甚至还习字和学习英文。[3] 从这个角度考察,冯玉祥第二次督豫支持"河南开封中山大学"筹备委员会也在情理之中了。

正是在冯玉祥的大力支持以及冯玉祥所倚重的诸多精通教育和财政的亲信的积极工作下,1927 年 7 月,河南中州大学与河南省立农业专门学校以及河南公立法政专门学校合并成立为河南省立中山大学。

从 1927 年 7 月到 1930 年 8 月,以河南省立中山大学命名的河南大学共存在了 4 年零 1 个月的时间。由河南中州大学、河南法政专科学校以及河南省立农业专门学校的合并而成立的省立中山大学,不仅在一定程度上增加了当时中国高等教育的力量,也使民国时期的河南首次拥有了第一所真正意义上的综合性大学,为以后河南大学成为当时全国学科

---

① 上海书店主编:《民国世说》,上海书店出版社 1997 年版,第 24 页。
② 冯玉祥著:《冯玉祥日记》第一册,江苏古籍出版社 1992 年版,第 5 页。
③ 冯玉祥著:《冯玉祥日记》第一册,江苏古籍出版社 1992 年版,第 17 页。

门类比较齐全的大学奠定了基础。1927年的三校合并使河南中山大学已经拥有文、理、法、农四个主干学科。1928年,学校又增设了医科及附属产科、护理学校等,拥有了文、理、法、农、医五科。[①]

如果说在冯玉祥的支持下所成立的河南中州大学是民国时期河南大学发展史乃至河南高等教育发展史上一个转折点的话,那么,冯玉祥所推动成立的河南中山大学对于民国时期河南大学和河南高等教育的发展则是一次质的飞跃,这种质的飞跃主要从学科和专业设置上表现出来。

从学科设置的角度看,在任何一所高等院校中,"主宰学者工作生活的力量是学科"[②]。高等院校本身是以一个学术系统而存在的,"学术系统中的核心成员单位是以学科为中心的,……院校中的每一个学科单位都拥有不证自明的和公开承认的首要地位"[③]。正是因为学科在高等院校发展中的重要性,使得学科设置被看做是所有高校能否持续发展的"核心竞争力"因素。

作为民国时期河南省的最高学府,河南大学自河南中山大学开始所形成的多学科局面,提升了民国时期河南大学在全国高等教育体系中的核心竞争力,从而不仅适应了1929年南京国民政府所颁布的对大学要求相对严格的《大学组织法》的要求,为河南大学在民国时期的持续发展提供了坚实的平台和奠定了坚实的基础,也使河南大学在学科设置上居于民国时期全国所有高等院校的前列。

如前所述,河南中州大学在建立的时候,主要分为文理两科。当时,由于中央政府更迭频仍,对大学的设立没有严格标准,在1922年所颁布的《壬戌学制》中规定:"大学设数科或一科均可。其单设一科者称某科大学校,如医科大学校,法科大学校之类。"[④]因此,大学在数量上得以迅速发展。据统计,"民七至民十六,公立大学增加十倍,私立大学经政府认可者亦增加二倍。北京一处在十三四年间,全城大学由十二增至二十九,为世

① 河南大学校史编写组主编:《河南大学校史》,河南大学出版社2002年版,第34页。
② [美]伯顿·R.克拉克著:《高等教育系统:学术组织的跨国研究》,王承绪等译,杭州大学出版社1994年版,第35页。
③ [美]伯顿·R.克拉克著:《高等教育系统:学术组织的跨国研究》,王承绪等译,杭州大学出版社1994年版,第38页。
④ 钱曼倩、金林祥著:《中国近代学制比较研究》,广东教育出版社1996年版,第281页。

界各城冠。推原其故,当由新学制对大学设立之规定极宽。故前之专门学校,纷纷升为大学。且私人鉴于开办大学之易,均纷纷设立"①。

河南留学欧美预备学校升格为河南中州大学之后,虽然其只有文理两科,但与北京政府所颁布的任何规定并无抵触之处。在相对宽松的制度下,和其他一批大学一样,河南中州大学得到了一定的发展。

然而,南京国民政府建立以后,随着国家的形式统一和中央政府权威的增强,国民政府以及教育部的权力也能相对有效地贯彻到各个省份。在这种情况下,1929 年 7 月 26 日,南京国民政府颁布了《大学组织法》,从学科设置的角度对大学资格作出了相对严格的规定:"大学分文、理、法、教育、农、工、商、医各学院。凡具备三学院以上者,始得称为大学。不合上项条件者为独立学院,得分两科。"②在这一相对严格的规定下,很多此前创办的大学要么被停办,要么被降格。以甘肃中山大学为例,1927 年甘肃省政府准备设立大学,其后,针对以前甘肃公立法政专门学校进行了改组,于 1928 年 4 月组建并成立了甘肃中山大学。1930 年改名为甘肃大学。1931 年 12 月,根据南京国民政府 1929 年颁布的《大学组织法》,南京国民政府教育部命令将该校教育系隶属于文科,同时,在理学院成立以前,降格改称甘肃学院。③ 而在 1929 年因为不符合《大学组织法》而停办的则有贵州大学。④ 到 1931 年的时候,西安中山大学由于只有高级中学一、二年级 5 个班,专门部法律科、政治经济科两班,在这种情况下,因为不符合《大学组织法》的要求,西安中山大学主动向国民政府教育部申请降格为陕西省立高级中学。⑤ 在《大学组织法》这一严格的制度下,如果当时河南大学仍然固守着原来的文理两科的格局,势必难以逃脱如其他一些大学相似的命运,果真如此,河南大学的发展可能甚至又回到原

① 国民政府教育部教育年鉴编纂委员会主编:《第一次中国教育年鉴》丙编:教育概况·上(影印版),台湾传记文学出版社 1971 年版,第 17 页。

② 宋恩荣、章咸主编:《中华民国教育法规汇编(1912—1949)》,江苏古籍出版社 1990 年版,第 416 页。

③ 国民政府教育部教育年鉴编纂委员会主编:《第一次中国教育年鉴》丙编:教育概况·上(影印版),台湾传记文学出版社 1971 年版,第 68、81 页。

④ 金以林著:《近代中国大学研究:1895—1949》,中央文献出版社 2000 年版,第 188 页。

⑤ 国民政府教育部指令第 1199 号:《令陕西省教育厅呈报改组西安中山大学为陕西省立高级中学校情形请备案由》,《教育部公报》1931 年第 3 卷第 15 期。

点了。

可以看出,《大学组织法》颁布后,河南中山大学在学科设置标准更加严格的情况下能够发展成为民国时期学科门类比较齐全的综合性大学,与1927年冯玉祥第二次督豫期间所促成的三校合并,从而使河南大学形成多样化的学科和专业设置的格局有着至为密切的关系,1928年医学院的设立无疑又为其学科门类的进一步发展增添了力量。

随着《大学组织法》的实施,河南中山大学将原有的文、理、法、农、医五科改为文、理、法、农、医五个学院。自20世纪30年代初开始,河南大学又向着多学科综合性大学迈出了坚实的一步。由河南中山大学时期所形成的五个学院的格局,几乎一直持续到抗战胜利复员以后。到1947年时,河南大学已经形成了文、理、法、农、医、工六个学院的格局。当时,在全国55所综合性公私立大学中,拥有六个学院以上的综合性大学仅有十所,而河南大学则在这十所之列。

表2　1947年全国综合性大学拥有六个学院以上的院校

校名	校址	所设学院	学院数目
中央大学	南京	文、理、法、师范、农、工、医	7
北京大学	北平	文、理、法、农、工、医	6
中山大学	广州	文理、法、师范、农、工、医	6
浙江大学	杭州	文理、法、师范、农、工、医	6
四川大学	成都	文、理、法、师范、农、工	6
河南大学	开封	文、理、法、农、工、医	6
贵州大学	贵阳	文、理、农、工、法、商	6
云南大学	昆明	文、法、理、农、工、医	6
长春大学	长春	文、理、法、农、工、医	6
台湾大学	台北	文、理、法、农、工、医	6

资料来源:国民政府教育部教育年鉴编纂委员会主编:《第二次教育年鉴》第五编,上海商务印书馆1948年版,第90—91页。

从学科设置的角度看,河南大学在当时的中国高等教育体系中,已经发展成为学科门类比较齐全的高等院校,走在了很多高校的前列。河南大学在发展中之所以能取得这样的成就,可以毫不夸张地说,与冯玉祥第二次督豫期间推动河南中山大学的成立有着密切的关系。

结　语

可以说,冯玉祥堪称是河南大学百年史上的一个关键人物。河南大学发展过程中的两个关键阶段均与冯玉祥的强力介入有着密切的关系。从冯玉祥对河南大学发展的影响看,民国时期一个地区主政权威型人物的介入有时候可以给大学的发展提供重要机会,冯玉祥对河南大学发展的影响清晰地反映了这一规律。正是1922年冯第一次短暂督豫时期的大力支持,河南留学欧美预备学校才得以在1923年升格为河南中州大学。河南中州大学与河南法政专门学校、河南农业专门学校于1927年合并为河南中山大学的过程中,冯玉祥也功不可没。如前所言,正是在冯玉祥的推动下促成河南中山大学的成立,使河南大学在发展过程中开始真正步入了多学科综合性大学的行列,为河南大学以后的发展进一步奠定了基础。

冯玉祥对河南大学发展的影响显示出现代大学发展中地方知识分子与主政权威型人物之间互动的这样一个逻辑,即在兵戈扰攘、军阀割据的民国时期,地方知识分子对发展大学的强烈诉求,只有通过主政地方权威型人物的积极支持与回应才可能产生真正的效果。正是在冯玉祥的支持下,河南部分先进知识分子做出迅速的反应,才使河南中州大学得以顺利建立,当河南中州大学开学时,冯早已经离开河南。由此可见,在河南先进知识分子的响应下,冯玉祥在河南大学发展关键阶段的支持在一定程度上演变为河南大学以后发展的持久性动力。比如,由于冯玉祥第一次督豫时间不足半年,在这极为短暂的时间内,如果没有冯玉祥的大力支持,河南知识分子也就不可能抓住这一稍纵即逝的机会把河南留学欧美预备学校升格为河南中州大学,河南大学乃至河南高等教育以后的发展走向就不得而知了。

总之,在民国时期河南大学的发展壮大过程中,冯玉祥为河南大学的发展作出了不可磨灭的贡献,在河南大学百年发展历程中,冯玉祥对河南大学发展的积极影响应当永远值得我们铭记。

博士生杨晓、李涛、杨云兰、覃延华、赵清明、陈胜在武夷山参加第九届
全国教育史学术年会留影（2004 年）

第五部分　中外教育交流

田老师与浙江大学中外教育现代化研究所同仁张彬、周谷平、肖朗、商丽浩教授以及刘华、朱宗顺等在一起(2003 年)

世界博览会与近代中外教育交流

■ 肖 朗

一、教育和科学的盛会：近代国人认识的嬗变

作为工业文明的产儿，世界博览会（以下简称世博会）在其最初的几十年中，以机器为中心的工业产品扮演了历届会展的主角，成为众人瞩目的"明星"。例如，拿破仑首倡工艺博览会于巴黎，其初衷即为提高法国产品的竞争力，进而与英国展开全面的经济竞争；而1851年英国举办伦敦万国博览会（即世博会）的宗旨，也主要在于通过展示工业革命的成果来宣扬"大英帝国"的国威及其世界霸主地位。但从19世纪70年代开始，世博会为促进教育的普及和交流提供了重要的窗口和平台，此后其展示重心逐渐向教育转移，并更多地关注人类精神生活的层面。1873年维也纳世博会开风气之先，将"文化与教育"确定为主题，瑞典提供的"模范学校"样品展示了从课桌设计、教材丛书到办学计划的系列展品，使观众真切地了解到公共教育的重要性。1876年费城世博会已把"教育与科学"列为七个大类之一。1900年巴黎世博会分为18个组、121个大类，首次将"教育与教学"列为第一组。1904年圣路易斯世博会延续了"教育"这

[作者简介] 肖朗（1958—），男，江苏苏州人，1997年获日本名古屋大学教育学博士学位，1997—1999年在浙江大学教育学博士后流动站从事中外教育交流史研究，主编《世纪之理想：中国近代义务教育研究》等著作，现为浙江大学教育学院教授、博士生导师，主要研究领域为中国教育史及中外教育交流史等。

一全球性主题，"教育与社会学馆"将课堂教学的真实场景生动地呈现在观众眼前。1915 年旧金山巴拿马太平洋世博会以及 1926 年费城世博会上的"教育与社会经济馆"同样引人注目。进入 20 世纪 30 年代，美国为了突出自身在全球科技领域内的主导地位，大胆地尝试用"一个世纪的进步"作为贯穿 1933 年芝加哥世博会的主题，有的外国学者指出：该主题"基于科学是进步的决定性因素这一理念上"。① 会展采用模型或娱乐的方式，展示发生在人们日常生活中的化学反应、物理效应和生理现象的奥妙，遂将世博会变成了科普教育的大课堂，使"科学"的精神渗透到观众的脑海之中。

　　世博会主题和理念的变迁也体现在近代国人对其认识变化的轨迹之中。伴随着中国社会现代化的进程，近代国人对世博会的认识存在一个观念调适和逐步加深理解的过程，总的来说是从最初的盲目无知逐渐过渡到以商业竞争为导向，继而又发展到以"文明开化"为导向，教育普及、科技传播和文化交流逐步凸显为时人关注的主题。当早期世博会在欧美各国举办时，由于当时的国人尚停留在把西方的科技看作"奇技淫巧"的认识水平，故通常称之为"炫奇会""赛珍会"，即使是主管外交的总理衙门也认为世博会不过是"赛珍耀奇"的无益之举。尽管早在 1851 年伦敦世博会上就曾出现一个名为"希生"的广东人的身影，另有在上海经商的徐荣村也曾携带"荣记湖丝"参展，但清廷官方却长期对世博会抱着冷漠轻视的态度，致使海关总税务司、英国人赫德（R. Hart）多年包揽了中国参加世博会的有关事务。及至甲午战争前后，经过三十余年的洋务运动，中国的民族资本主义经济有了一定的发展，随着从重视"兵战"到提倡"商战"的转变，朝野有识之士开始认识到世博会对推进工商业所具有的重要意义。早期维新派的代表人物陈炽认为中国的当务之急不在"强兵"，而在"富国"；1894 年，他撰写《庸书》主张发展资本主义工商业，并指出："西人之心计工矣，其维持商务也至矣。其始，莫亟于开博览之会，所以开其先也。""泰西博览之会，五载十载，辄一举行，商务振兴，不遗余力。日本亦仿立农桑、工艺诸会，讲明而切究之，国势日强，民生日富。"②改良主义

<hr>

① 吴建中：《世博文化解读》，大学出版社 2009 年版，第 6 页。
② 赵树贵、曾丽雅编：《陈炽集》，中华书局 1997 年版，第 94—95 页。

思想家郑观应是著名的"商战"论者,他在其代表作《盛世危言》中写道:"泰西以商立国,其振兴商务有三要焉:以赛会(指博览会——笔者注)开其始,以公司持其继,以税则要其终。""故各国当赛会之后,其民之灵明日辟,工艺日精,物产日增,商务日盛,此利国利民之见于后日也。"①进而提出"欲富华民,必兴商务;欲兴商务,必开会场(指博览会——笔者注)"的主张。②戊戌变法时,无论是维新派的领袖康有为,还是洋务派的后期代表人物张之洞,都曾上书清廷,力陈举办博览会对促进工商业的发展有重要意义。在上述言论的主导及影响下,国人对世博会的认识及其观念逐渐发生变化,世博会的正面形象得以在公众心目中树立,其积极意义也得到了社会的普遍认可和重视。

19世纪末20世纪初,随着中外文化教育交流日趋频繁,也由于国人所掌握的世博会信息日渐增多,世博会在教育普及、科技传播及文化交流方面的作用和意义也受到了广泛的关注。早在甲午战败后,就有人撰文从"联交谊""扩物产""奖人才""察商情""广贸易""增关税""兴商地""除积习"等八个方面来说明世博会的意义和价值,其中就"奖人才"即培育人才一项写道:"今夫中国之积习,守旧好古,固千百年来矣,苟借此会(指世博会——笔者注)以开其始,使天下一孔寡识之士,与夫虚骄自是之徒,闻所未闻,见所未见,使知天地间尚有如此之事业,而不至瞠目变色,鄙西学为荒诞矣。"③强调了世博会对国人摒弃旧知、接受西学所具有的启示作用和意义。清末常在《商务官报》上发表"经济时评"的杨志洵认为博览会的功效之一在于"集世界文明之制品于一堂,知识藉以交换,人文藉以启发"④,即试图从一个特定的角度来揭示世博会具有"交换知识"、播扬文明的教育功能。而清末国人在其所说的"西学""知识"中最看重的则是所谓"格致"之学,即西方近代自然科学技术知识,他们也有意识地突出世博会是传播西方科技知识的重要窗口。例如,1908年刊于《东方杂志》的《论今日宜急开内国赛会以兴工商》一文曾指出:"西人工商之进步,出于格致,之精益求精,实出于赛会之有加靡已。格致内也,赛会外也。赛会者,

① 夏东元编:《郑观应集》上册,上海人民出版社1982年版,第730—731页。
② 夏东元编:《郑观应集》上册,上海人民出版社1982年版,第732页。
③ 乔兆红:《百年演绎:中国博览会事业的嬗变》,上海人民出版社2009年版,第457页。
④ 《万国博览会之效果》,《商务官报》(合订本),1908年8月第3册第20期。

所以提全欧之精神,而使之一振,所谓登高一呼,众山皆应也。"[1]生动地说明了世博会与科技知识表里、内外之辩证关系。关于世博会具有普及教育、传播科技的间接价值及长远功效这一问题,出使英国大臣汪大燮曾分析道:"在开设会场(指世博会——笔者注)之国罗致各国物产制造,以供研究,使其工商人等通知各该国之学识理想好尚及其历年程度之比较,以开发其进步思想。在赴赛之国,亦藉其会场以增长见闻阅历,为扩充久远之图,皆不仅计较一时盈亏已也。"[2]南洋劝业会所编的《观会指南》中也写道:"赛会者,试验产业进步之最要机关也……一方面固可改良其制作品,他方面则以奖励产业之发达而立国家富强之基矣。且其效力尚不止此也。凡人参观之时,尝可唤起兴味,实于精神上施以实物之教育,而养其兴业殖产之观念。此赛会最大之功效也。"[3]

　　进入民国后,世博会及普通博览会"交换知识"、普及教育的深层意义经时人反复强调而渐成共识。民初,有人从下述两方面来概括世博会的功能:"一、推广海外交易,以销售国货……值此赴赛之盛举,我国民亟应踊跃从业,各输出大宗物品,以炫耀世界人之眼帘,以争比赛制胜之光荣";"二、交换知识以期本国之实业改良。物产之优秀,表示于比较,比较之方法,莫善于赛会。罗万国之珍馐,以供各国民之批评,知识既可交换,且能诱起失业之竞争"[4]。这里,前者说的是世博会促进国际贸易的经济功能,后者则强调了世博会具有传播知识的教育功能。曾任旧金山巴拿马太平洋博览会中国赴美赛会监督陈琪也曾断言:"博览会者,商战之舞台,工商之研究所……不惟于商业谋发达,尤当以学术启新机。"[5]担任过民国工商部次长和代总长的向瑞琨则就世博会的宗旨较为全面地总结道:"盖博览会之宗旨,一曰生计之竞争;二曰世界之教育;三曰国家之盛

---

①　上海图书馆编:《中国与世博:历史记录(1851—1940)》,上海科学技术文献出版社2002年版,第239页。

②　上海图书馆编:《中国与世博:历史记录(1851—1940)》,上海科学技术文献出版社2002年版,第298页。

③　南洋劝业会编:《观会指南》,1910年,第96页。

④　《民国经世文编》(实业),台湾文海出版社1973年版,第4578页。

⑤　陈琪主编:《中国参与巴拿马太平洋博览会纪实》,刊印者不详,1916年版,第91页。

典；四曰国民之外交。"①

　　特别值得一提的是，梁启超于 1902 年写了政治小说《新中国未来记》，其背景设计为上海举办"大博览会"即世博会。"这博览会却不同寻常，不特陈设商部、工艺诸物品而已，乃至各种学问、宗教皆以此时开联合大会（是谓大同）。各国专门名家、大博士来集者，不下数千人。各国大学学生来集者，不下数万人。处处有演讲坛，日日开讲论会，竟把偌大一个上海，连江北，连吴淞口，连崇明县，都变作博览会场了（阔哉阔哉）。"而博览会的主角则设定为"专尽力于民间教育事业，因此公举为教育会长"的"孔老先生"，他要演讲的题目为"中国近六十年史"。②尽管上述描写在当时只是作者的想象，但体现了身为启蒙思想家、教育家的梁启超对世博会宗旨、意义及功能的理解及其对祖国教育事业的深厚情怀，也标志着近代国人对世博会的认识达到了一个新的水准和境界。

二、从近代国人的世博会亲历记看中外教育交流

　　鸦片战争后，国门洞开，伴随着"西学东渐"的时代潮流，近代国人也相继跨出国门，远涉重洋，开始了"走向世界"的历史进程，其中有些人还在欧美国家参观、游览了正在那里举办的世博会，并留下了若干"亲历记"。在这些近代出国的人们中间，有的是身着清朝官服的驻外使节，有的是求知异域的青年学子，有的是出国从事文化交流或教育考察的文人学者，也有的是受命政府组织参会工作的民国官员，不同的身份和阅历使他们对世博会产生了不同的观感并付诸文字。但有一点大致相同，即当时他们利用参观、游览世博会的机会，将自身的所见所闻悉数记录下来，不仅使自己有意无意地接受了欧美近代文明的洗礼，也使国人通过阅读他们的"亲历记"而了解了世博会乃至他国文明的状况，并进而可对中外文化作一番比较考察。引人注目的是，这类"亲历记"中还记录了世博会上所展示的中外各国的教育展品以及与教育相关的种种见闻，尽管这类

　　①　上海图书馆编：《中国与世博：历史记录（1851—1940）》，上海科学技术文献出版社 2002 年版，第 218 页。

　　②　林志钧主编：《饮冰室合集》专集之八十九，中华书局 1934 年版，第 3 页。

记载为数甚少、不成系统,但倾注了近代国人对祖国教育事业的关注之情,并可使后人从中观察到近代中外教育交流的若干重要史实。

(一)从李圭《环游地球新录》看费城世博会上的教育交流

李圭,字小池,晚清江宁(南京)人,在浙海关税务司做案牍(文书)工作10年有余,经东海关税务司德璀琳(G. Detring)的推荐,海关总税务司赫德委派他赴美考察1876年费城万国博览会,他所担负的任务是"将会内情形,并举行所见闻者,详细记载,带回中国,以资印证"①。李圭衔命考察,终不负使命,他不仅认真参观了博览会,而且详细记录,回国后撰成《环游地球新录》,李鸿章为之作序,上报总理衙门,给资印行三千部。晚清"想求新知的士大夫争相购买,坊间也相率翻版。郭嵩焘在使英期间,便翻阅过这部书,记入了日记。康有为也是在读了这本书和其他一些介绍世界形势的书以后,才开始走上了向西方寻找真理的道路"②。

《环游地球新录》主要记载了李圭参观费城世博会的所见所闻,其中包含了对会展所陈列的教育展品的介绍。书中写道:"南窗下起楼六间,各三层。列通国学校、书院教习各法程,并生徒课稿。皆分别学习年份多寡,订为册本,比较优劣。俾生徒各自观省,勤者有以劝,惰者有以警,益自勉奋,日进于学。鼓励人材,洵是法良意美。"③在此描写了当时欧美各国学校教学所用的教材、学生所做的作业,李圭认为西方近代学校教育分学年授课,奖勤惩惰,确为鼓励学生上进、培养人才的好方法,故称赞道"法良意美"。博览会特设名为"女工院"的展馆,引起了李圭的注意,他入该馆细加考察,后在《环游地球新录》中专门介绍道:"院在耕种院之东,基广五亩有奇,纵横各一百九十二尺。八面作卷棚式,为门亦八。中楼高八十尺。……凡妇女所著各种书籍、绘画、图卷、针黹之物,并各各巧计妙法,悉萃于此。另一室用陈女塾器具、女师法程。即居院执事之人,亦尽选妇女为之。圭游至院,见天文、地理、格致、算学并女红、烹饪等书,分别排列。其精巧器具物件亦甚多。向其询问,皆乐为人道,娓娓不倦。举止

---

①　陈占彪编:《清末民初万国博览会亲历记》,中华书局2010年版,第70页。

②　钟叔河:《走向世界:中国人考察西方的历史》,中华书局1985年版,第153—154页。

③　陈占彪编:《清末民初万国博览会亲历记》,中华书局2010年版,第38页。

大方,无闺阁态,有须眉心。心甚敬之,又且爱之。"①生动地描述了欧美近代女子教育的现状和成就。

饶有趣味的是,费城世博会举办之际,正值容闳带队的中国留美幼童在美留学之时,而且他们也曾赴会参观。《环游地球新录》先是记载了博览会上展出的有关这批幼童的教育展品,即"我国幼童课程窗稿亦在列。尝见其绘画、地图、算法、人物、花木,皆有规格。所著汉文策论,如《游美记》《哈佛书馆(即哈佛大学——笔者注)记》《庆贺百年大会序》《美国地土论》《风俗记》,亦尚通顺。每篇后附洋文数页,西人阅之,皆啧啧称赞"②。后又记载了李圭在博览会上与前来参观的幼童亲切交谈的情况。③ 从这批幼童身上,李圭自信发现了西方教育的优点所在,那就是"不尚虚文,专务实效。是以课程简而严,教法详而挚,师弟间情洽如骨肉。尤善在默识心通,不尚诵读,则食而不化之患除;宁静舒畅,不尚拘束,则郁而不通之病去。虽游览也,必就所见闻令作为文。是不徒游览,正用以励学,而审其智识也"。最后,李圭得出的结论是"西学所造,正未限量"。④ 从而充分肯定了西方近代教育较之中国传统教育具有优越性。

(二)世界观察了解中国教育的重要窗口

中外教育交流历来是双向的,世博会则成为沟通这种双向交流的有效渠道,因为它既可使国人藉以了解世界各国的教育,又为世界提供了观察中国教育的重要窗口。早期世博会的中国展品中除传统的文具如毛笔、砚台等,是否有教育展品,限于史料难以考证,但据现有资料,至少在1904年美国圣路易斯世博会上已展出中国的教育展品。例如,当时的留美学生张继业在《记散鲁伊斯(即圣路易斯——笔者注)博览会中国入赛情形》中描述道:"翰林一、进士一、举人一、秀才一(皆过四尺高,弯腰弓臂,极形文弱腐败之态)……各省学堂小照数十块、各口岸教会学堂小照数十块(功课皆备),以上列教育馆。"⑤为了正确评估圣路易斯世博会展出

---

① 陈占彪编:《清末民初万国博览会亲历记》,中华书局 2010 年版,第 61 页。
② 陈占彪编:《清末民初万国博览会亲历记》,中华书局 2010 年版,第 38 页。
③ 陈占彪编:《清末民初万国博览会亲历记》,中华书局 2010 年版,第 64—65 页。
④ 陈占彪编:《清末民初万国博览会亲历记》,中华书局 2010 年版,第 65 页。
⑤ 陈占彪编:《清末民初万国博览会亲历记》,中华书局 2010 年版,第 124 页。

的上述中国教育展品,有必要简要回顾近代中国教育改革和发展的历程。众所周知,鸦片战争后中国教育走上了现代化之路,但中国教育的现代化是伴随着"西学东渐"的潮流而开始的,在不平等条约保护下西方列强获得了在口岸城市通商、办学和传教等特权,于是教会学校成为中国新式教育的"头生子";从 19 世纪 60 年代起,随着洋务运动的兴起国人创办了洋务学堂,但与封建传统教育相比洋务学堂所开展的新式教育不过是汪洋大海中的孤岛,直到戊戌变法前后全面改革传统教育、创立近代教育才成为朝野上下普遍关注的课题,而正是在 1904 年中国第一部比较完备的近代学制才得以颁布实施,但科举制却迟至 1905 年才被废止。因此,虽然张继业对该届世博会上中国馆之丑陋陈设深以为耻,并指责道:"各教会学堂小照,西人竟以之列于上首。上悬教会白旗,以识别之。中国各学堂小照,则随便放置。"[1]但客观地说,这种科举学堂并列、新旧杂糅的奇特画面再现了当时中国教育的真实面貌。

如果说圣路易斯世博会上的中国教育展品体现了新旧过渡时代教育的特点,那么旧金山世博会上的中国教育展品则反映出民国建立后中国新教育的巨大进步。1915 年,美国为庆祝巴拿马运河通航和旧金山建立,举办旧金山巴拿马太平洋万国博览会。据称,此届世博会规模宏大、盛况空前,时人盛赞为"萃宇宙之精英,冶古今之文化,合黄白棕黑之人类,集哲人名儒之心血"。当时的北京政府将参会视为中国走向国际舞台的大事,农商部专门成立了筹备巴拿马赛会事务局,各省相应成立巴拿马赛会出口协会,制定征集展品章程;征集展品大致分为教育、工矿、农业、食品、工艺美术、园艺等,征集范围从工矿企业、学校、机关直到普通农民。[2] 由于赛前组织工作较为得力,包括教育展品在内的中国展品较为丰富,这一点也体现在屠坤华的《1915 万国博览会游记》和范永增的《参观巴拿马博览会记》中。

屠坤华,安徽宣城人,早年留学美国攻读药学博士学位,1914 年应直隶赴旧金山世博会代表严智怡之请参与直隶参会事宜并于次年抵美。他以"局内人"的身份,躬逢盛会,兼赅始终,在此基础上写下了《1915 万国

---

[1]　陈占彪编:《清末民初万国博览会亲历记》,中华书局 2010 年版,第 124 页。

[2]　俞力主编:《历史的回眸——中国参加世博会的故事(1851—2008)》,东方出版中心 2009 年版,第 54—55 页。

博览会游记》并于 1916 年由商务印书馆出版。该书专列"六、教育馆之中华出品"一节，其中记载道："我国初等教育出品，分线绣、丝绣、假花、图画、模型、标本等。中等教育，分语文成绩、油水图画、博物标本、手工物品、蚕丝纸货、刺绣刻工等。高等教育，分博物标本、讲堂成绩、解剖图、标本物等。实业教育，分罐头、渔船、丝绸、织绣、手册、试卷等。中以上海徐家汇孤儿院刻屏、雕像、牌楼、塔宇、炕床、几凳、台架、箱橱为最精细。……直隶水产学校船网模型、罐食出品，俱为佳制。北京清华学校，另辟专区，作文成绩，所在多有，游人在此，恒喜休息。美之还我庚子赔款，建此学校，年送游美学生，数以百计。"①范永增，中国留美学生，曾在旧金山世博会期间以《参观巴拿马博览会记》为题，发表其观感并连载于《申报》，文中对"教育及群益馆"的展品介绍道："外国之陈设，以中国、日本、阿琴丁为最多。……我国占地不少，上海工业学校、清华学校、山西大学等俱有试卷、课本、图画及制造品。其他学校之画颇多，佳品满目，惟未见有图表征说。……各女校之绣货及手工品，异常精美，惟陈设稠密而又少西文标注，未免可惜。"②世界各国观众通过参观上述展品，无疑将会了解到中国初等教育、中等教育、高等教育及实业教育进步的情况，尤其会对民国留学教育和女子教育的发展留下深刻印象。

此后，历届世博会上大都有中国教育展品的展出，如曾被聘为 1926 年费城世博会展品鉴定专家的恽震在《费城赛会观感录》一文中介绍了该届世博会中的"五大陈列馆"，其中"第三馆为 Palace of Education and Social Economy（即'教育与社会经济馆'——笔者译），其中所陈列者，大半为儿童教育、科学教育、公益事业、慈善机关，外国教育之加入者，仅中国、日本两国而已"③。据统计，在该届世博会上中国荣获"甲等"（一等）大奖计 199 项，教育占 12 项，其中大学有国立东南大学、国立北京大学、清华大学、厦门大学、北京师范大学，政府机关有山西教育厅，教育社团有中华教育改进社，教育出版部门有商务印书馆，其他学校有浙江工业专门学校、江苏省

①　上海图书馆编：《中国与世博：历史记录（1851—1940）》，上海科学技术文献出版社 2002 年版，第 177 页。

②　上海图书馆编：《中国与世博：历史记录（1851—1940）》，上海科学技术文献出版社 2002 年版，第 177 页。

③　陈占彪编：《清末民初万国博览会亲历记》，中华书局 2010 年版，第 239 页。

立第一工业专门学校、江苏女子蚕业学校、安徽省立女子职业学校。[①]

当然总体而言,近代历届世博会上的中国教育展品相对较少,在国际上的影响也较有限,这种状况也曾引起国人的关注。例如,商务印书馆创始人、著名教育出版家张元济曾于 1910 年作环球考察,在旅欧途中顺道参观了比利时布鲁塞尔世博会,并撰写了《中国出洋赛会预备办法议》一文。从篇名即可看出,该文不同于一般的参观记或游览记,旨在对中国参加世博会提出意见和建议。它首先结合作者对世博会的见闻和观感,指出:"赛会不仅为振兴商务而已。若武备,若交通,若教育,凡有关系之物,无不可以与会。……教育为诸事本源,视一切为尤要。"接着,文章举例道:"伦敦英日博览会至列为专部,而比京德国会场,教育一门最见特色。观者无不啧啧称羡。"最后,文章强调:"至于教育,搜集尤易。校舍之建筑,生徒之功课,所用之图书、仪器,无不可以与赛。讲堂教授之情景可用写真,教育行政之统计可作图表。西人尝谓吾国无教育,苟能为之,亦可以塞其口。以上数事为吾国从来赴会出品所不及,然至足以表彰国力,固未可以轻易视也。"[②]可谓表达了有识之士共同的心声。

(三)世博会与黄炎培引介导入美国教育

黄炎培是中国近代著名教育家,也是职业教育的创始人。如前所述,1914 年北京政府农商部正忙于组织筹备参加巴拿马太平洋世博会的工作;与此同时,农商部还决定趁此机会组织派遣中国实业考察团赴美考察,为此致函北京、天津、上海、汉口、广州的商会,要求各推荐一名熟悉实业情形、素有声望的实业家作为团员,"共襄盛举,扩见闻于异域,收福利于将来"[③]。黄炎培便作为上海的代表随考察团于 1915 年 4 月上旬赴美。在美期间,他通过考察各级各类学校及其他教育机构固然比较全面地了解了美国教育的状况,[④]但参观世博会也有助于他把握美国教育的整体面

---

① 俞力主编:《历史的回眸——中国参加世博会的故事(1851—2008)》,东方出版中心 2009 年版,第 54—55 页。

② 陈占彪编:《清末民初万国博览会亲历记》,中华书局 2010 年版,第 327 页。

③ 农商部编:《中国游美实业团报告》,商务印书馆 1916 年版,第 1 页。

④ 黄炎培考察美国各级各类学校及其他教育机构的情况,可参阅黄炎培《新大陆之教育》,见《黄炎培教育文集》第 2 卷,中国文史出版社 1994 年版。

貌。回国后,黄炎培撰写了《巴拿马万国博览会之教育馆》一文,并以"抱一"的笔名发表在《申报》上。文章开宗明义地指出在美国教育服务于经济已成为明显的趋势,"此次教育与社会经济合设一馆,为从事研究者首宜注意之事。盖教育久已公认为社会之事业,自不得不根据社会之现象以定趋向,自世界竞争日剧,万矢一的,群注于经济之一点,教育因而与之为种种之关系。简言之,虽谓教育上重要关系唯求解决社会经济上种种困难问题可也"。出于对这一趋势的重视,黄炎培在美国重点关注和考察的是职业教育,《巴拿马万国博览会之教育馆》一文也着重介绍道:"职业教育成为全国上下研究之烧点。此次陈列品属于职业教育者,几于无省(指美国的州——笔者注)无之,而以马赛区思省(指马萨诸塞州——笔者注)为最详明,所有历年计画与其经过状况、提倡方法、组织机关等,编列无遗。"该文还列举了美国政府历年下拨的职业教育补助费。

　　上述文章介绍的另一个重点是美国的社会教育。文章以世博会展示的一所名为"乡村生活学校"的中小学合设的学校为例,指出该校"别设社会教育部,其职务为农业演讲,为模范食堂及厨房,为模范庭园,为公共游戏运动,为轮回图书馆,而以其校舍为地方聚会机关"。至于美国图书馆所开展的社会教育,文章又介绍道:"别有全国图书馆联合会出品种种,其注意通俗者之推行方法甚多,或附设于人家,或邮局,或商店,或教堂,或医院,或药局,或火车站,或学校,皆有照片种种。"最后,文章列举了1913年美国新建的图书馆数。[①] 黄炎培以教育家的慧眼和睿智参观巴拿马太平洋世博会,并结合其考察美国教育的见闻,敏锐而准确地捕捉到当时美国教育发展的新趋势和动态,在此基础上他将这些趋势和动态作为美国教育改革的成就和亮点导入中国,这对国人及时了解和把握美国教育改革和发展的现状具有十分重要的意义;而且,其中有些信息对近代中国的职业教育有一定的借鉴价值,日后遂成为黄炎培指导中国职业教育事业的思想资源。

---

① 陈占彪编:《清末民初万国博览会亲历记》,中华书局 2010 年版,第 191—192 页。

三、世博会对近代中国教育改革的意义和影响

　　概而言之，世博会是现代化的产物，也是现代化成果的一个缩影。而现代化则是一个贯穿于人类社会生活方方面面的综合性的系统工程，伴随着人类物质文明和精神文明的进步，现代化的意义和影响不仅体现在经济、政治、军事领域，而且体现在文化、教育、卫生等领域；与此相应，世博会也必然地以反映和再现上述各个领域的现代化成果为根本宗旨。早在 19 世纪 90 年代初，留法学人陈季同在法国演讲时就发表了他参观 1889 年巴黎世博会的深刻感想："19 世纪，通过其科学代表作，通过铁路和电报、轮船和热气球、电话和留声机，消弭了距离和时间，全世界人民每一天都被一种共同的信念团结在一起，人类在世界的精神之都（指的是举办万国博览会的巴黎——原注）欢庆智慧的胜利，这些胜利是在人类的劳动和技术的伟大圣殿中实现的。"[1]近代世博会对世界各国教育现代化成果的展示，使人们通过参观琳琅满目、丰富多彩的教育展品，生动而形象地观察和了解到世界各国教育的进步及其成就，进而有力地促进了国际教育的交流和互动，这对近代中国教育的改革具有不可忽视的意义和影响。

　　世博会对近代中国教育改革的意义和影响首先表现在它荟萃世界各国教育展品并提供了一个相互比较的平台，从而促使近代国人通过观察、了解欧美、日本等先进国家的教育而反思、检讨自己国家的教育，发挥了"他山之石"的作用。如果说，晚清文人王韬在游览 1867 年巴黎世博会的旧址后留下了"重楼复阁，邃室密房"的印象，[2]清廷驻英公使兼驻法大使郭嵩焘参观了 1878 年巴黎世博会后写下了"百物罗列，奇光异采，焜耀夺目"的观感，[3]这些记录尚停留在西方文明的外在"器物"层面；那么，李圭在 1876 年费城世博会上接触了留美幼童后认识到西方教育"不尚虚文，专务实效"的优点而驳斥那些认为留美是"下乔木而入幽谷"的迂腐之

---

①　陈季同著：《吾国》，李华川译，广西师范大学出版社 2006 年版，第 2 页。

②　王韬：《漫游随录》，社会科学文献出版社 2007 年版，第 72 页。

③　郭嵩焘：《郭嵩焘日记》第三卷，湖南人民出版社 1982 年版，第 493 页。

论,①通过参观"女工院"的欧美各国教育展品发现西方国家"男女并重"、振兴女学的益处而批评中国"女子无才便是德"的论调是"尽误女子",②这些识见已远远超出了"器物"层面,而开始触及西方近代文明的内在"精神"层面,足以启发近代国人对传统教育理念、内容和方法进行全面的反思。③ 如前所述,1915 年旧金山巴拿马太平洋世博会上所陈列的中国教育展品可使世界各国观众看到民国初年新教育的进步,但较之欧美各国、日本等国的教育展品,屠坤华认为"吾国自相形见绌",他还写道:"国中两等校生不过一百六十余万,为千分之四,予每念此,心滋戚焉。"④黄炎培也参观了这届世博会,他虽未提及中国教育展品,但专文介绍了美国的教育,而且即使在参观卫生、医学方面的展品时仍注意到"美国有一种露天学校",据他记载,这种学校"系从研究卫生之结果讲,学校儿童昼课夜宿皆宜露天,使常得清新空气,芝加高(即芝加哥——笔者注)有之,加利福尼省(即加利福尼亚州——笔者注)有之,其出品则饰为旷野儿童露宿状,上有说明"。⑤ 黄炎培的这类介绍显然不是为了"猎奇",而是针对中国教育的现状或不足,无疑对当时中国教育的改革深具参考价值。从这个意义上来说,世博会好比一面"大镜子"、一座"大天平",无论什么,只要用它照一照、称一称,就不难评判其真实的价值,教育自然也不例外。

　　从历史上看,世博会对近代中国教育改革的意义和影响还具体地表现在下述两个方面:

　　其一,世博会的展品中包含教育展品,这一模式为近代中国提供了可资借鉴的蓝本,在近代中国曾仿效这一模式举办过多次大型展览会。例如,被誉为"中国近代博览会之嚆矢"的 1909 年武汉劝业奖进会,分为天产部、工艺部、美术部、教育部、古物部等五部,其中教育部凡是以教育为目的而与实业相关的均包含之,陈列了教育用具、理化器械、图画等五类

---

① 陈占彪编:《清末民初万国博览会亲历记》,中华书局 2010 年版,第 61—63 页。

② 陈占彪编:《清末民初万国博览会亲历记》,中华书局 2010 年版,第 63—65 页。

③ 有关李圭及其《环游地球新录》对中国传统教育的反思和批判,可参阅钟叔和著《走向世界:中国人考察西方的历史》(中华书局 1985 年版)和陈占彪编《清末民初万国博览会亲历记》(中华书局 2010 年版)中关于《环游地球新录》的"编后草"。

④ 陈占彪编:《清末民初万国博览会亲历记》,中华书局 2010 年版,第 239—240 页。

⑤ 陈占彪编:《清末民初万国博览会亲历记》,中华书局 2010 年版,第 307 页。

941 种展品。① 1910 年在南京举办了南洋劝业会,有的专家指出它"是清末中国最大规模的商品博览会,在中国民族资本主义发展史上占有重要历史地位"。博览会会场工程恢弘,共设农业、医药、教育、工艺、机械、美术等九个展览馆和一个劝业场,②教育馆陈列的教育展品显示了 20 世纪初"清末新政"以来新教育的发展,其中特别是实业教育和师范教育的成就获得了来访的日本实业考察团的好评。③ 民国时期,中国的博览会事业有了进一步的发展,就教育而言尤以 1934 年举办的南昌新生活运动展览会影响较大,据专家的考察研究,"这次展览会搜集物品十分丰富,历时十多天,参观民众先后不下百数十万人,颇极一时之盛,广泛地灌输了民众新生活知识"。展览会分革命纪念堂、生产部、教育部、卫生部、新生活部、儿童部、体育部等十二个部门,教育部则分民众教育、社会教育、军事教育三类。④ 近代中国举办的展览会与世博会相比,其规模和影响自然不可同日而语,但它们大抵秉承了世博会的理念和传统,对中国教育的改革和发展起到了推波助澜的作用。

其二,从本质上讲,世博会与近代博物馆、美术馆、科技馆等一样,既是文化设施,也是社会教育的设施,它们在通过展览来发展社会教育以提升公众文明程度方面具有共通性,⑤而且许多世博会结束后就为社会教育作出了突出的贡献。例如,1851 年伦敦世博会闭幕后,主办方宣布赢利 18.6 万英镑,这笔钱后被用来建立维多利亚和阿尔伯特博物馆、科学博物馆和自然历史博物馆,取名"Albertopolis",还有帝国研究所,其余的盈利则用来建立教育信托基金。⑥ 此外,许多旧日世博会的主要建筑物都被

---

① 乔兆红:《百年演绎:中国博览会事业的嬗变》,上海人民出版社 2009 年版,第170 页。

② 乔兆红:《百年演绎:中国博览会事业的嬗变》,上海人民出版社 2009 年版,第208 页。

③ 乔兆红:《百年演绎:中国博览会事业的嬗变》,上海人民出版社 2009 年版,第 216—217 页。

④ 乔兆红:《百年演绎:中国博览会事业的嬗变》,上海人民出版社 2009 年版,第 294—295 页。

⑤ 作为社会教育的设施,包括世博会在内的博览会与博物馆、美术馆、科技馆等的区别主要在于:博览会有固定的展出期限,而博物馆、美术馆、科技馆等则是在一个固定的场所中长期展出。

⑥ 孙宝传编著:《世博徽:世博会的历史变迁与历届纪念章》,文汇出版社 2009 年版,第 14 页。

改建为美术馆、艺术馆等，成为开展社会教育的重要设施和场所，如 1893 年的芝加哥艺术宫（后又改建为科学与工业博物馆）、1904 年的圣路易斯艺术宫、1915 年的旧金山美术宫等。[1] 近代中国的有识之士受此启发和影响，也曾致力于博物馆、美术馆等社会教育设施的建设。严智怡即为其代表人物之一，他曾任民国直隶商品陈列所所长，在任期间就有志于建立一所新式博物馆，为此他在参观巴拿马太平洋世博会的同时参观了美国的博物馆，对世博会及博物馆的陈列技术、内容等作了详细考察和记录，一回国即投入"天津博物院"的建设工作，一年半后博物院建成，1918 年 6 月 1 日至 7 月 31 日还举办了"天津博物院成立展览会"，仿照巴拿马太平洋世博会，除陈列展出外，还附设游艺馆、武术馆、演说坛等。[2] 而这方面的典型例子，则莫过于著名实业家、教育家张謇，1904 年他赴日参观了大阪博览会和东京帝国博物馆，深受启发，回国后一方面积极组织民间力量参加国际大型博览会，另一方面则上书张之洞请求在京师建立博物馆。他指出："夫近今东西各邦，其所以为政治学术参考之大部以补助于学校者，为图书馆，为博物苑，大而都畿，小而州邑，莫不高阁广场，罗列物品，古今咸备，纵人观览。"[3] 本着这种认识，他用创办实业所获得的资金在通州师范学校河对岸营造博物苑，经过不懈的努力，到 1914 年已建成天然（自然）、历史、教育、美术四部，其中教育部包括科举、私塾、学校三类。[4] 该博物苑不仅成为当时南通地区社会教育的重要设施，而且为全国博物馆事业树立了榜样。尽管在近代中国，出于经济、政治及社会环境等多方面的原因，诸如博物馆、美术馆、科技馆等社会教育设施的建设十分有限，但世博会在其中所发挥的作用和影响却不可忽视。

---

① ［美］阿尔弗雷特·海勒著：《文明的进程：世博会的发展与思考》，吴惠族等译，上海科学技术文献出版社 2003 年版，第 24 页。

② 乔兆红：《百年演绎：中国博览会事业的嬗变》，上海人民出版社 2009 年版，第 199—120 页。

③ 张孝若编：《张季子九录·教育录》卷二，中华书局 1931 年版，第 8 页。

④ 章开沅：《开拓者的足迹——张謇传稿》，中华书局 1986 年版，第 341—342 页。

碰撞与转换:关于近代中日教育关系研究的方法论探索

■ 杨 晓

近代中日教育关系研究是中外教育交流史的一个重要组成部分,中外教育交流史是教育史学科建设中拓展的新领域,其研究深受国际上各种相关研究的方法论影响。本文尝试着建构"碰撞—转换"的理论架构,作为研究近代中日教育关系的分析框架,这种建构以批判地吸收"冲击反应论"和"内源性发展论"这两种理论框架为起始点。

一、美国费正清为代表的"冲击—反应"论及其衍化

美国哈佛大学东亚研究所费正清(Fairbank Joho K.)教授主持的中国近代史研究项目,其成果汇集成《剑桥中国晚清史》上下卷,这是外国人研究中国近代史的集大成之作。全书贯穿的中心思想是西方的冲击使中国发生了变革,研究者们坚信正是西方的介入使中国走向了近代。

[作者简介] 杨晓(1953—),女,江西萍乡人,1999—2003 年在浙江大学教育学院教育史专业攻读博士学位,出版《中日近代教育关系史》等著作,现为辽宁师范大学教育学院教授、博士生导师,主要研究方向为中外教育交流史等。

（一）"冲击—反应"论的建构

费正清教授说："西方的近代中国史在很大程度上是外国与中国的关系史，这是外国人特别容易研究中国的一个方面。"①从客观立场出发，费正清等的中国近代史研究，力求既抛开西方中心主义，又打破中国中心主义。他们认为：此前，运用"帝国主义"与"现代化"两种理论框架，通过类比将中国经验与其他民族经验联系起来，是"超历史范围"的，是将"现代的"升级为"现代化"。这两种理论框架下的研究，都无法全面反映中国近代历史的复杂性，并有可能导出"中国继续对它的过去做出反应"的研究。因此，提出"冲击—反应"论，作为分析中国近代史及中外关系史的理论框架。

"冲击—反应"论的逻辑起点为：中国中心主义。其基本假设是：西方的冲击导致中国中心主义的崩溃。费正清等认为在西方没有介入中国之前，中国与外国的关系具有两大特征：

其一，"中国人和非中国人的关系上被染上了中国中心主义和中国人优于其他民族的偏见。"其二，"在中国与非中国种族集团关系的漫长历史中，和平主义一般都占上风，因为不注重肉体的强制性的思想已经深深地扎根于儒家的传统之中。"②

在这里，他们既否定"中国中心主义"的文化自大心理，又否定中国"强制性的思想传统"，致使其对近代中国的研究建立在中华民族妄自尊大、中国文化空疏无用、根本无法与近代西方文明抗衡的理论预设之上。他们自信中国近代发展的动力来自于西方，而并非产生于传统社会的内部活力。其具体论证概括如下：

1840—1860 年，中国对西方冲击的"最初的反应"是复苏"经世致用"思想。其代表性文本有：关天培《筹海初集》、梁廷枏《合众国说》、魏源《海国图志》、徐继畬《瀛环志略》。这些著述一是消除以中国为中心的观点，二是提出"师夷长技以制夷"的中外关系策略。然而此时中国对西方的认

---

① ［美］费正清编：《剑桥中国晚清史》下卷，中国社会科学院历史研究所编译，中国科技出版社 1985 年版，第 2 页。

② ［美］费正清编：《剑桥中国晚清史》下卷，中国社会科学院历史研究所编译，中国科技出版社 1985 年版，第 168 页。

识有严重的误会与极大的惰性。其误会表面上产生于中国人与西方人相貌上的差别，实际上源于中国人在商业贸易方面的无知与错误判断。其惰性则反映在思想和制度上，中国当权者仅着眼于经济关系，没有认识到政治关系，拒不考虑外国的现实情况，没有形成危机意识，丧失了迎接西方挑战的历史机遇。

1860—1895年，中国面对"西方力量和财富冲击"的反应是文化危机意识的形成。体现于中国上层绅士及部分当权者（包括王韬、郑观应、李鸿章、郭嵩焘、奕䜣等）的反应方面：一是承认变局。这一认识基于中国《易经》中"穷则变，变则通"，以及源于中国的宿命论观点——理学中的"运会"。其中郭嵩焘的认识别具一格，他认为西方的冲击是双刃剑，既是灾难，又是机遇，要把握机遇就要向西方学习。二是寻求和平外交，反对战争。这无疑是遵循孔子"柔远方人，则四方归之"，"言信忠，行笃义，虽蛮貊之邦行矣"思想的一种外交策略。中国不失时机地开展洋务运动，称之为"自强新政"，是对中西关系出现危机的反应，产生了文化意识的新觉醒，如变革、新学、留学、富民、富国、强兵……

此时，面对变局中国人在中西关系方面形成的基本共识是："中学为体，西学为用。"这种认识具有心理意义，它"便于中国实行现代化，而不致丧失其文化特性"①。但是，却导致中国对中西关系的认识充满了矛盾。学习西方的动机与排外主义的兴起；主战的对外政策与恐惧西方列强的怯懦；坚持民族文化主义与中国中心主义的崩溃等，不一而足，思想上的矛盾引起行为上的彷徨，再度贻误了发展时机。

"冲击—反应"论原本想说明，有什么样的刺激，就会有什么样的反应，但是他们首先发现的却是：中国对西方冲击的反应无力。关于这一点，不仅反映在上述近代中国错过了两次历史转折时机，而且体现在中国文化精英凭借传统文化理解西方学说产生的文化误读方面，以下述两种研究为例。

本明杰·史华兹（Benjamin Schwartg）的《寻求富强：严复与西方》，是20世纪60年代以"冲击—反应"论为理论框架，研究中国近代史的代表作

---

① ［美］费正清编：《剑桥中国晚清史》下卷，中国社会科学院历史研究所编译，中国科技出版社1985年版，第230页。

之一。史华兹力图说明严复是以中国传统文化为背景对西方文化作出反应的。表现在严复对西方文化精神的理解、阐释,将培养"个人能力"转移到了"集体目标"上,进而把"公心"置于自由主义的中心位置。他认为,这种对西方文化认识的偏离与歪曲,是中国传统文化的谬误所致。然而,尽管严复凭借中国传统文化误读了西方思想,但史华兹认为严复思想认识的改变,仍然是西方冲击下的产物,只不过他对西方的反应既不够全面,也不够准确而已。他说:"严复对西方的反应,并不是对整个西方实体的反应,而只是对 18、19 世纪的西方思想体系中的某几种有影响的思想的反应。"[①]

张灏(Hao Chang)的《梁启超与中国思想的过渡》,是 20 世纪 70 年代以"冲击—反应"为理论框架,研究中国近代史的一部重要著作。梁启超被视为中国思想过渡的典型代表,这一思想过渡发生在传统思想演变与西方思想冲击相互影响的过程之中。张灏指出:其一,梁启超的养性思想起源于儒学,但不等同于儒学,它是西方冲击引起的一种文化蜕变,最终渗透到内在的儒家思想领域的一种反映;其二,梁启超的政治思想论及大众参与,这已超出了反专制主义的水平,实现这样一种超越,无疑是西方民主思想影响的一种结果;其三,梁启超论述人力胜于命运是接受西方经验主义的一种反应。由此,张灏将梁启超的思想转变完全置于受西方影响的事实之中,视梁启超的思想转变为传统儒学在某些方面可以与近代西方思想融合的一种依据。他的结论是:"西方的某些思想和价值观念不仅支配了他(指梁启超)的社会政治思想,而且还撞击着他的道德观和人格理想。对于一个总以自己是世界文明中心为自豪的中国士大夫来说,这样一种来自外部的思想冲击必然具有令人震撼的效果,并产生文化认同上的问题。"[②]一句话就是:"西方冲击"是梁启超思想变化的主要动力源泉。

美国历史学家的"冲击—反应"论强调中国凭借传统文化对西方冲击作出反应,有两点理由:其一,"同治中兴反映出中国社会内部失调以及复

---

① [美]本杰明·史华兹著:《寻求富强:严复与西方》,叶凤美译,江苏人民出版社 1996 年版,第 4 页。

② [美]张灏著:《梁启超与中国思想的过渡》,崔志海、葛夫平译,江苏人民出版社 1995 年版,第 81 页。

苏的迹象,中国的经济与军事体制虽然古老,但却远远没有停滞"①;其二,"中国的力量必定来自于内部。对于以古代经典培养出来的学者来说,鼓舞他们寄希望于中国未来的主要力量仍然来自于它的过去。"②以力求揭示中国对西方冲击的反应具有主体性,然而,他们却发现:凭借中国传统文化对西方冲击作出反应是毫无活力的,其回应能力更是极其有限的。由此得出"外部影响对晚清的历史起了空前重大的作用"③的最终结论。

笔者认为,正是由于他们以西方文化作为价值判断的标准,才未能发现近代中国发生变革的内在机理与活力,只能夸大西方近代文明在改变中国历史进程中的作用,这使他们又回归到了西方中心主义的立场。

(二)"冲击—反应"论的衍化

20世纪七八十年代,美国学者柯文(Paul A. Cohen)指出:"'冲击—反应'论的一大缺陷,即它夸大西方的角色,或者以更加微妙的方式错误地解释这个角色,从而歪曲了中国的历史。"④为了修正这种因"种族中心主义造成的歪曲",柯文提出"在中国发现历史",否定"只要有冲击,就一定会产生强度相同的中国回应"。"从鸦片战争开始,西方文化与中国各种事物的强烈对比,几乎一夜之间就可以改变了中国思想界的中心主题。"⑤这一基本假设,认为这是哈佛大学东方研究所得出中国近代史缺乏主体性这一错误结论的源头,具体理由如下:

一是近代西方自身也在变化之中,因此不可能以西方的价值观念作为衡量东方变化的尺度。二是中国人心中的西方是西方的某些形象,中国人接触到的只是传教士、不平等条约、租界地等,并不是全貌。三是中国的回应并不是单纯指向西方的冲击,相当部分是对内部问题作出的回应,如太平天国革命及其被镇压。四是中国的改革,如戊戌变法,在不同

---

① 〔美〕费正清编:《剑桥中国晚清史》下卷,中国社会科学院历史研究所编译,中国科技出版社1985年版,第7页。

② 〔美〕费正清编:《剑桥中国晚清史》下卷,中国社会科学院历史研究所编译,中国科技出版社1985年版,第7页。

③ 〔美〕费正清编:《剑桥中国晚清史》下卷,中国社会科学院历史研究所编译,中国科技出版社1985年版,第4页。

④ 〔美〕柯文著:《在中国发现历史》,林同奇译,中华书局1997年第3版,第1页。

⑤ 〔美〕柯文著:《在中国发现历史》,林同奇译,中华书局1997年第3版,第60页。

程度上也是针对中国内部挑战而产生的一种受西方影响的回应。五是"清议"——表面上与西方有关联,但主要是中国人自己的事,它是向儒教的信奉者而不是洋人要求维护儒教的纯洁性。六是政治性的排外主义更多地直接对中国政治作出反应,较少地对西方作出反应。

柯文并非否定"冲击—反应"论这一框架本身,他只是发现在冲击与反应之间,存在强度不对等,以及反应不对称的现象,一方面近代中国对西方反应能力偏弱;另一方面,近代中国发生的许多变革只是对中国内部问题的反应,或者说是在西方影响下对中国内部问题作出的反应。基于这样一种认识,柯文对"冲击—反应"论进行了修正与补充。笔者将柯文的重构称之为"冲击—反应"层次论。

所谓重构是指柯文放弃了将西方文化作为衡量中国近代价值尺度的立场,却没有放弃"冲击—反应"这一基本架构。所谓层次论,即指柯文将近代中国对西方冲击的反应分为三个层次:"首先,是最外层带(所谓'最外'是就其地理或文化含意而言)包括晚清历史中那些显然是对西方入侵作出的回应,或者是入侵产生的后果。其次,是中间层带,它所包括的历史侧面不是西方的直接产物,而是经由西方催化或赋予某种形式与方向的事物。最后,是最内层带,它所包括的晚清文化与社会侧面,则不是西方入侵的产物,而是在最漫长的时间内最少受到西方入侵影响的方面。"[1]为弥补前辈"冲击—反应"论的缺陷,柯文特别关注最内层带,强调最内层带蕴藏着文化属性,本土思想,宗教与审美的表现形式;中国农民的生活方式与风格,以及古老的社会、经济和政治的风俗习惯与制度;等等。通过"在最内层带中寻找并辨认出中国社会与文化长期变化的模式"[2]。这就是柯文"在中国发现历史"的方法论思想内涵。

基于柯文"在中国发现历史"的研究,他提出了关于中国内源性发展具有可能性和中国传统文化内在活力具有现实性的这两种假说,并试图通过具体研究加以证明。《在传统与现代性之间——王韬与晚清改革》可以说是"在中国发现历史"研究的一大成果。然而,他的研究证明了西方冲击对王韬与中国文化模式决裂的相关性,"历史环境与人物经历的独特

---

① [美]柯文著:《在中国发现历史》,林同奇译,中华书局1997年第3版,第40—42页。

② [美]柯文著:《在中国发现历史》,林同奇译,中华书局1997年第3版,第41—42页。

汇合,能使一个人与熟悉的文化模式决裂,而寻求新的道路。由于王韬比其他同代人对西方的挑战有更直接的了解。生活在上海和香港、到欧洲和日本旅游、与西方人一起密切工作等等,都使他能较为超然地对待自己的文化并发现变化的必要,同时他对西方文化又十分熟悉,使他能够发现使变化成为现实的手段"①。但是,却没有证明他关于近代中国发展的两种假说。因为,柯文同时发现:王韬在当时的中国只不过是一个在中西两种文化夹缝中艰难生存、备受压抑的边际人。他所提倡的深受外来文化影响的改革,在中国社会的合法化非常困难,且大部分都难以实现。因此,柯文"在中国发现历史"的研究尝试,最终揭示的仍然是:中国传统文化对西方冲击的反应极具惰性,极其无力!

综上所述,无论是在"冲击—反应"论,还是"冲击—反应"层次论框架下的研究,只要是深入到中国社会的事实层面,就会发现:西方的冲击并没有引起中国社会自上而下的震动与变化,这一刺激对中国社会的影响是有限的,"中国中心主义"的坚固,恰恰是中国社会进步缓慢的原因。作为反证,他们得出:正是因为"中国中心主义"滞后了中国社会的发展,西方的冲击才显得更加突出与重要,所以没有西方的冲击,中国不可能走向近代的结论。其原本意图是改变西方中心主义的立场,而其实际研究却没能改变西方文化优于东方文化的偏见,反而强化了中国无力与西方抗争这样一种认识。所以离开西方他们就不知道中国近代应该从何说起。

二、日本学者的"内发性发展"论及其分化

日本的近代史研究学者为了摆脱"脱亚入欧"带来的日本文化身份模糊的窘态和精神忧郁,开始尝试从前近代母体来发现日本的研究范式,这直接影响到日本学者将对中国近代历史研究的重心指向中国内部,并在"内发性发展"这一理论框架下,形成了两种不同的研究中国近代史的视角与思路。

---

① [美]柯文著:《在传统与现代性之间》,林同奇译,江苏人民出版社1995年版,第78页。

（一）三石善吉的"传统的重构"

内发性发展这一概念同样源自西方。在日本首倡这种理论的是鹤见和子，以鹤见和子关于内发性发展的定义和西川润对内发性发展的界定为基础，三石善吉将"endogenous development"译为内发性发展，"以此特指后发国家尊重传统，并创造性地转化外来模式谋求发展的路线"[①]。他将此概念运用于对中国近代历史的研究，从土著的、固有的自我发展路线考察近代中国的内发性发展，并将这种发展定义为"传统的重构过程"。

在三石善吉看来，19世纪西方的冲击对中国社会的近代发展而言，仅仅造成了中国社会诸矛盾总爆发这一引起传统文化裂变的历史契机。即从鸦片战争起至甲午战争止，绝望状态下的"内发性"中国，由传统主义的开明者，开拓出一条"内发性发展"的道路。其发展路线是：从"中体西用"到"儒学千年王国"，以中国近代史上三个重要文本为一条基本线索：

一是魏源的《海国图志》肯定了新技术的中国化。"师夷长技以制夷"是在"夺造化，通神明"的传统思想框架下的一种"传统的重构"。这种以夷为师、取其精华寻求发展的思想，得到了奕䜣、李鸿章、曾国藩等人的认同并付诸实践，他们理所当然地成为这条道路上的先行者。

二是冯桂芬的《校邠庐抗议》强调了全方位地学习西学对中国发展的重要意义。他从西学中源说导入近代西学；从荀子、司马迁、武灵王等那里找寻向外夷学习的理论依据。他这种凭借传统文化的张力，将外来文化转化为自己东西的探索，又在日本明治维新时期提倡的富国强兵、脱亚入欧的影响和刺激下，在清朝统治者"安内攘外"的格局中，转换成文化国家武装化的政策及其实践。

三是薛福成的《筹洋刍议》明确提出了儒学千年王国论。以两千年为时段来认识时势的变化，三代为文明之天下——秦代至清代中期为华夷隔绝之天下——清末为中外联属之天下。他的思想反映了以回归三代为文化价值取向，强调近代中国正是凭借传统文化活力导入西方文化进行体制内改革，才造成了近代工商业在中国兴起与发展的态势。

---

① ［日］三石善吉著：《传统中国的内发性发展》，余项科译，中央编译出版社1999年版，第4页。

从三石描述的这条"内发性发展"路线看,"中国是以国家的存亡为赌注,经过崎岖的艰苦的摸索过程,渐渐地才把外来文化转化为自己的东西的"①。这个过程就是"传统的重构过程"。那么,"传统重构"的内在机理是什么?三石说,"传统的重构是指伴随科举的制度化,确立以文为重选举观的过程","学问即权力"是"传统重构"的重要机理。

"传统的重构"是在中国特异的时空观念及其制度化在科举中实现的。首先,"学问通往权力"是封建社会中国知识分子信奉尧舜孔孟之道,通过克己慎独等具有主体性意义的律己活动接近古圣贤,在"学而优则仕"的道路上乐此不疲地追求的实质。其次,中国特异的时空观念造就出一代又一代的"同空间者",即"唐虞三代孔孟等价值观念跨出物理性的时间,而与现存的思考者发生即自关系。这种古代人与现代人的即自结合,用德国的社会、政治学家穆勒(Adam Muller)的话说就是同空间者。因为时间被转换为空间,所以死人和活人不仅在同一空间共存,也在同一时代里共生"②。正是在传统的重构中,造就出"这种把自己拉到包含古老的理念等的过去这一同一时空观念中去的"追求圣贤的知识分子。"传统的重构"的实质是:继承传统的知识分子一代又一代在同一模式中被复制出来,养成了他们无止境地继承传统的内在冲动。

三石善吉将近代中国的"内发性发展"局限于鸦片战争后至甲午战争止的五十年时间内,因为甲午战争中国的失败,意味着近代中国"内发性发展"的终结。在他看来,"传统的重构"是近代中日关系易位的真实原因,即中国落后于日本的真正原因。换言之,他认定中国曾经过这样一条"内发性发展"道路,却否定了中国建立在"传统的重构"基础上的"内发性发展"这一道路的现实可能性。

(二)沟口雄三的"以中国为方法"

沟口雄三从"内发性发展"的视点出发,认为"日本和中国之间根本没有必要以'欧洲'为媒介",基于日本与中国前近代社会的差异性,他进一

---

① 〔日〕三石善吉著:《传统中国的内发性发展》,余项科译,中央编译出版社1999年版,第12页。

② 〔日〕三石善吉著:《传统中国的内发性发展》,余项科译,中央编译出版社1999年版,第129页。

步否定了长期以来关于中日"同文同种"关系的简单化认识,以及中国"取道日本学习西方"的"自我中心式的日本认识",提出:"以中国为方法"的中国近代史分析框架。

沟口雄三"以中国为方法"的逻辑起点是:否定"自我否定式的憧憬式结构"。因为"建立在与'中国的近代'关系上的自我否定式的憧憬式结构,使得我们反脱亚、反近代主义的、也是亚洲主义的主体,成为一种主观的、因此也就是脆弱的东西"①。沟口雄三批判"自我否定式的憧憬式结构",在本质上仍然是西方中心主义。它源于将欧洲的近代当作普遍的价值标准,并单方面地向其归属的反历史倾向。

他论证:"对中国近代的自我否定式的憧憬,归根结底也是对'非'欧洲的憧憬。"②他说:"这种对'非'欧洲的憧憬,与欧洲式的主张互为表里,缺乏独立性,是主观的。因此'非'欧洲的憧憬越强,同时也就越产生出对主观认定式的欧洲的否定。其结果是无法将中国和日本作为各自独立的客体进行比较相对化,即二者各自异于欧洲的特殊性没有相对化,或是因一方'非'欧洲而认为其落后,另一方不是'非'欧洲而认为其先进,或是相反,因一方不是'非'欧洲而认为其落后,另一方是'非'欧洲而认为其先进,但无论哪种看法,都是以欧洲的视角来看待中国和日本。"③沟口雄三正是在否定这种中国近代史研究的欧洲视角基础上,走向研究独特的、自生性以及自发性的近代与前近代中国的道路。

沟口雄三认定,"事实上,中国的近代既不是超越欧洲的,也并不落后于欧洲。它从开始就历史性地走了一条与欧洲和日本都不相同的独特的道路"④。而中国自认的"守旧—洋务—变法—革命"的阶段论,原则上还

---

① 〔日〕沟口雄三著:《日本人视野中的中国学》,李甦平、龚颖、徐滔译,中国人民大学出版社 1997 年第 2 版,第 3 页。

② 〔日〕沟口雄三著:《日本人视野中的中国学》,李甦平、龚颖、徐滔译,中国人民大学出版社 1997 年第 2 版,第 20 页。

① 〔日〕沟口雄三著:《日本人视野中的中国学》,李甦平、龚颖、徐滔译,中国人民大学出版社 1997 年第 2 版,第 17 页。

③ 〔日〕沟口雄三著:《日本人视野中的中国学》,李甦平、龚颖、徐滔译,中国人民大学出版社 1997 年第 2 版,第 18 页。

④ 〔日〕沟口雄三著:《日本人视野中的中国学》,李甦平、龚颖、徐滔译,中国人民大学出版社 1997 年第 2 版,第 7 页。

是西方冲击反应论理论框架圈定的一种思维方式与研究范式。因为其根本参照系是西方的"落后与先进"结构。

落后与先进结构的立论前提是，中国封建社会是腐朽没落、停滞不前的，因为停滞所以落后。这种被外部的"落后"看法左右的丧失主体性的落后意识的形成，支配着"守旧—洋务—变法—革命"这种"阶段式"的假设结构，并以这个结构表示"中体"崩溃的过程，实际上仍然是用欧化的程度表示对旧中国的否定程度，即与旧中国的决裂程度。日本的一些学者接受了这种中国近代的结构假设，造成了战后中国近代研究的方法论问题。"革命在近代论中被当作对落后的克服，在人民论中被当作应有的理念，在超近代论中被当作与'落后'相辅相成的自我扬弃的理念，都各自被先验地当作终极点。"①沟口雄三并不是简单地否定这种假说，而是想重新审视这个假说的可靠性。从中国固有的发展视角出发，他提出了中国基体论，以求在把中国作为客体认识的基础上，建立起真正的研究主体，将"近代"这一扭曲了的价值世界，拉回到单纯的事实世界中来。

中国基体论校正的是"落后与先进"结构的偏差。"由于将非西欧追随型的'非'从无的角度看作是'欠缺''虚无空白'，并认为这种'无'转而成为'转化'的动力，从而忽视了'无'的反面，即本来就存在的东西。"②由此，形成一种与传统断绝而不是继承的研究重点，同样是一种非客观化的主观性研究。从这个"本来就存在的东西"出发，探讨中国特色的近代的自生性发展，沟口发现了从孙中山到李大钊、毛泽东建构的大同式的社会革命道路，否定了把中国近代当作被动承受西方冲击载体的认识。他说："就日本与中国而言，'西方的冲击'并没有破坏近代以来的结构，也没有使其崩溃，而只是促成了各自前近代的蜕变至多使其有些变形而已。"③他更为极端地指出，中国并不存在一个旧中国的解体过程或"中体"的"西体

---

① 〔日〕沟口雄三著：《日本人视野中的中国学》，李甦平、龚颖、徐滔译，中国人民大学出版社 1997 年第 2 版，第 36 页。

② 〔日〕沟口雄三著：《日本人视野中的中国学》，李甦平、龚颖、徐滔译，中国人民大学出版社 1997 年第 2 版，第 7 页。

③ 〔日〕沟口雄三著：《日本人视野中的中国学》，李甦平、龚颖、徐滔译，中国人民大学出版社 1997 年第 2 版，第 38 页。

化"过程，"应该将其理解为'旧中国'的蜕皮过程，蜕皮即是一种再生"。①

沟口"以中国为方法"，无论对中国还是对日本而言，都具有积极意义。这是一种客观看待中国近代史的理论框架。是对西方文化冲击带来的东方主体丧失的一种挽救，在打破"自我否定式的憧憬式结构"的同时，建立起的是真正的近代史研究主体。

沟口与三石都以"内发性发展"为理论框架研究中国近代史，但是，其具体路线却极其不同。三石是从继承传统的"重构"来说明中国的内发性发展道路，沟口是从与传统决裂的"革命"来论证中国的内发性发展道路。他们的一致性在于否定以西方为标准，正视中国近代的主体性，将中国的近代发展看成是以内因为发展契机的辩证发展。

"冲击—反应"论与"内发性发展"论这两种研究中外关系史的理论框架，从不同方面给笔者以深刻启示。本文以吸收这两种理论的合理内核和扬弃这两种理论的缺陷为前提，尝试建构一种近代中日教育关系研究的理论框架。

三、"碰撞—转换"：研究近代中日教育关系的分析框架

冲击反应论、内发性发展论这两种理论框架虽然反映出不同的文化立场，但其着眼点却都指向近代中国社会发展的动力来源问题，即究竟是殖民化、现代化、西方化还是本土化，决定了近代中国社会的发展道路。本文在批判地继承这两种理论框架的基础上，提出"碰撞—转换"的理论框架，以研究与分析中日近代教育关系。

(一)建构"碰撞—转换"的文化立场

"冲击—反应"论的合理因素在于它说明了西方资本主义发达后，在殖民扩张的过程中，对后发达国家资本主义发展前的原生态发展条件的侵袭与破坏，导致后发达国家无法避开这种冲击的影响，在纯粹原生态下

---

① ［日］沟口雄三著：《日本人视野中的中国学》，李甦平、龚颖、徐滔译，中国人民大学出版社 1997 年第 2 版，第 37 页。

自发性发展，从而否定了后发达国家自我封闭式发展的现实性。其理论缺陷在于："西方冲击"这一概念的前提是，"西方"面对"非西方"是一个已知量。然而问题的实质却在于西方与东方是两个庞大的变动不居的未知变量，是疑窦丛生的两个不同的人类实践区域。以西方为东方变化的尺度，把中国作为西方冲击的被动载体，导致中国近代成为西方文化影响下的一种历史客体，抹煞了中国历史的独立性，造成了中国近代历史主体性的缺失。

"内发性发展"理论的合理内核在于，它印证内因是变化的根据，外因是变化的条件这一马克思主义基本原理；强调了中国近代的历史主体性和发展主动性。其理论缺陷在于：无论是"双重自然化"作用下"传统的重构"，还是通过否定、决裂的革命方式对中国传统体制的继承，都无法涵盖中国近代发生的全部变化。"传统的重构"导致体制内知识分子不断被复制出来，并没能保守住儒家学说在中国社会的权威地位与最后尊严；急风暴雨式的革命也没有带来中国传统文化心理结构的彻底改变，中国前近代母体对近代促进与抑制的双重作用，仍然是一个沉重的历史包袱。中国近代是如何甩掉这个"沉重历史包袱"的现实置换过程仍然是一种"谜思"。

"冲击—反映"论与"内发性发展"论的共同缺陷是，对文化教育变迁中，外部因素与内部因素的功能发生了偏执。"冲击—反映"论过分强调外部因素的刺激作用，"内发性发展"论过分强调内部因素自我转换的作用，而本文将提出"碰撞—转换"理论则寻求外部因素与内部因素在促进文化教育变化发展过程中的平衡支点，强调两者在文化教育变迁中同样具有重要的功能。也就是说，我们承认外来文化影响对改变本土文化发展方向的"决定性作用"，同时也承认本土文化的本质对制约外来文化影响带来的变革的"根源性作用"。文化本质虽然不是历史的，但是当外来文化影响，对动摇特定文化区域内的一种社会秩序发生某种作用时，这种文化间的功能关系，就具有了历史的特殊意义。历史上无论是由战争、迁徙，还是宗教传播等因素，导致不同文化发生碰撞时，文化之间的冲突与融合，都在打破不同文化间的绝缘状态，文化间的比较与竞争也就不可避免地展开了。正是这种发生在不同文化碰撞中的文化比较与竞争，形成了特定历史机遇中的文化教育变迁，促进了历史的变化与发展。

就近代中日教育关系而言，"冲击—反应"论强调有西方冲击才有东方进入近代的反应。这一理论至少不能回答，同处于东方的中国与日本，为什么同时面对西方的冲击，反应却不尽相同这一历史事实。正是中日文化的不同本质，决定了中国与日本，面对西方冲击时的不同反应。"内发性发展"论则无法说明中国的近代转换为什么以鸦片战争为起点；中国近代教育为什么不是建立在传统儒学重构的基础之上。中日近代教育关系将从一个方面证明：中国近代教育的形成与发展恰恰是在本土文化与外来文化发生功能关系时，由外部因素与内部因素共同发生作用的结果。

中日教育关系易位以中日之间在近代化中的差距为起点。"同文同种"并不是中国学习日本的决定性条件，日本在近代化过程中超越了中国，才是中国学习日本的根本条件。日本文化教育的近代转换，构成了中国近代教育转换以日本为发展模式的前提；日本的迅速崛起，构成其对中国文化反哺的条件。然而，中国学习日本教育的结果，并没有走上日本教育的发展道路。中日近代教育关系的历史演变过程，揭示出中国教育从清末以日本为发展模式，到第二次世界大战结束时走上了与日本完全不同的教育发展道路。中国与日本同样受到西方的影响而走向近代，但是发展道路却不同，这受制于文化本质属性。从中国清末学习日本提倡具有普遍意义的国民教育，到民国以后批判日本的军国主义教育，提倡工农教育走上社会主义道路，反映了中国新民主主义革命在教育上的投射。这一选择是由中国文化的本质决定的，不是由西方冲击决定的。同样，李大钊接受了西方的民主思想，却赋予民主以道德力量，是受制于中国文化的本质，而不是受制于西方民主的本质要素。这就是所谓外来文化的影响可能引起本土文化在发展方向上的转换，但却并不能决定本土文化特质的含义。

同处于东方的中国和日本，在与西方文化相碰撞之后，发生转换的契机不同，转换后的道路也不同，取决于中国与日本文化本质的不同。正是文化本质制约着社会文化变革的方向，这就是"碰撞—转换"理论架构的真实意义所在，也是笔者建构"碰撞—转换"理论的文化立场。对任何一个国家的历史进步而言，根源性文化都是不可逾越和置换的内在因素。在开放的世界中，不同文化之间发生了交互影响，对每一种文化而言，都只存在着外来文化的本土化过程，而不存在相反的过程，也就是说，西方文化可能成为中国文化中不可分割的一部分,但是中国文化不可能完全西方化。中日近代教育关系研究,旨在阐明近代中国教育的形成,是在与外来文化发生碰撞的契机下,由本土文化内部发生转换的结果。中国教育只有将外部刺激转换为内部动机肯于自动改革时才会真正进步。

(二)"碰撞—转换"的原点与功能

在人类发展的历史进程中,不同文明之间碰撞引起的反应,会产生改变原有生活方式中某些成分的作用,甚至会改变其变化的方向。也就是说,人类生活方式不只是遵从机械的规律,由内部因素决定其变化的方向。当不同文化发生接触时,往往外来的影响,有时仅仅是一种新的观念或一种新方法,都会引起发展方向的改变,以至产生新的创造。① "碰撞—转换"就建立在这个理论原点之上,它强调的是:人类生活方式的改变,外在因素与内在因素同样具有促进人类文化教育演变的功能。

中国近代是在本土文化与外来文化发生接触,由外来文化的直接影响引起社会转型的过程中发生的。阿克顿(J. E. E. D. Acton)在总结西方走向近代的经历时指出:"近代并不是通过正常的延续过程从中世纪走了出来的。它没有合法的继承者的外在标记。它没有前奏,而是完全依据创新的法则建立起了一套新的事物的程序,并瓦解了连续性的古老统治。"② 诚然,西方走向近代依据的创新法则,不是凭空而来的,而是工业文明的产物。中国在工业文明还未产生之前,就被西方的扩张破坏掉了资本主义发展的原生态条件,而其农业文明的发展又走到了末路,加之中国专制社会的极度僵化,以儒家学说为代表的统治思想,使中国困厄在自我重复的传统生活方式中,难以产生创造性的历史进程。因此,外来文化就成为处于文明衰落阶段的中国文化重新确立文化规范的直接参照系。这是中国走向近代的特殊性所在,也是"碰撞—转换"理论架构形成的基本前提。

鸦片战争打开了中国封闭的大门,在西方的扩张下,西方的工业文明向东方的农业文明发动了猛烈进攻,中国败落下来是农业文明衰退的必

---

① 此为苏秉琦先生的一种观点,他对中国考古学长期以单线演化论为主导提出了质疑,强调文化系统的大幅变化,外在因素的重要性不逊于内在因素。
② 何兆武主编:《历史理论与史学理论》,商务印书馆 1999 年版,第 340 页。

然结局。在中国仍然凭着自然法则获取财富的时候,西方已在自身工业发展的基础之上,凭着精神法则获取财富。对此反应最为敏感的中国教育认识是:西方是强于学而非强于兵。西学之强对中学产生了极大的吸引力,"西学东渐"就是在这种背景下展开的。中国靠导入外来的工业文明,逐步瓦解了古老的统治,走上了农业文明向工业文明过渡的阶段。也就是说,中国文明与西方文明发生碰撞,为中国社会发生近代转型提供了重要契机。因为,文化碰撞引起了文化竞争和文化比较的过程,没有这种竞争和比较,一种文化就不能发展自己的个性,并使自己的发展具有普遍意义。

　　然而,在近代中国西学东渐的路径是曲折和复杂的。中学与西学发生的强烈碰撞,使中国产生了抗拒的文化心理。完全异质的东西方两种文明最初的接触所产生的种种矛盾,如:以白银外流和腐蚀中国人为代价的不平等的鸦片贸易、基督教渗透、武装侵略等等,导致中学与西学发生了激烈冲突。对于"西学东渐"的探路者——传教士来说,严重排斥西方宗教文化的"中国的形象使西方大为震惊,致使他们在这个复杂的文化面前不知所措,而当他们开始懂得一点中文和经典作品时,这些西方知识分子和天主教徒却遇到了更大困难:他们不知道也无法将中国纳入自己的体系之中"①。由此,西方在殖民扩张过程中,不仅贪图中国的物质资源和财富,而且充满了从精神上征服中国的强烈欲望,他们极力想通过基督文化的输入来改变中国传统士大夫的儒学信仰。这引起了中国教育对西学相当程度的抗拒(1881 年留学美国中途夭折就与幼童断发西装、皈依基督密切相关),中体西用思想正是在西学功能的强势面前,既要吸取西方文化有利于中国发展的方面,又欲保守中国文化固有特性的一种思想防御武器。这一思想作为教育的指导思想,直接造成了中国留学美国教育受挫的结果和洋务教育的失败。

　　与此相反,日本在近代全盘接受西方文化,导致日本明治维新教育的成功。日本这一学习西方成果的不断扩大,带来了甲午战争日本战胜中国的戏剧性结果。中日之间在引进西学方面反映出来的极大差异,是中

---

　　① ［美］Spence(史景迁):《北大讲演录:文化的类同与文化利用——世界文化总体对话中的中国形象》,廖世奇等译,北京大学出版社 1990 年版,第 32 页。

国走上以日本为发展模式的重要文化原因。中国对日本学习西方日益强盛的倾慕，对"同文同种"的日本文化转换成功的认同，以及戊戌变法与新政改革都选择君主立宪制的政治取向，说明中国对日本的文化利用与中国社会的性质及所面临的问题息息相关。中国学习日本，既求事半功倍地学到日本吸收消化了的西学，又欲减轻中国人背弃儒学传统的思想负担，消除中国人恐惧被西方同化的心理障碍。这种选择，是对中国文化与西方文化发生碰撞并产生冲突的一种自我调适。日本的近代化模式成为中学与西学冲突的一个缓冲地带和中国学习西学的文化中介，中国取道日本学习西方是"西学东渐"的一条迂回道路。

近代西方文化与中国传统文化的碰撞，撞破了中国封建社会的坚硬外壳，使其出现了裂缝，顺着这些裂缝，由外力向内部作用，最终使内部发生了裂变，这种内部裂变，成为中国主体近代转换的根本，致使中国封闭的社会在主体自我转换的基础上日益向世界开放。实际上，在日益开放的社会系统中，正视本民族发展与世界趋势的内在联系是生存的必需。每个国家都必须从自己与世界的关系中，去认识社会生态环境的变幻，去把握自己未来的生存条件，在世界中寻求共同生存与共同发展的道路，而不是相反。对于古老的中华帝国而言，近代伴随着西方炮火的打击与鸦片的腐蚀不期而至，在它还未形成改变旧的生产方式的新法则时，就在外国列强的威逼下走上了近代转换的轨道。在这个转换过程中，外来文化与模式构成了一种解脱的力量，带动中国跨越过去的羁绊，去创设全新的法则与结构。日本正是在中国社会发生这种转换过程中扮演了极其重要的文化中介角色。确认日本文化教育是中国从传统向近代转换中的一种文化中介，取决于两个方面：一是对"碰撞—转换"的理论假设进行阐释；二是对中国教育从传统向近代转换的文化特质进行剖析。

文化碰撞是指各种不同文化之间接触时发生冲突的过程。文化转换是指一种文化在外来文化影响下发生裂变、更新或再生成的过程。文化碰撞是文化冲突的前提，但文化冲突不是文化碰撞的必然结果，因为文化碰撞的结果还存在着另一种形式，就是融合起来形成一种新的文化。无论出现哪一种结果，文化碰撞都是文化发展的主要动力。"冲击—反应"论的假设前提是：近代以降，西方文化是强势文化，中国文化是弱势文化，因此，只能是西方的强势文化冲击中国的弱势文化，中国作出的只是弱势者的无力反应。

　　"碰撞—转换"理论则强调，西方现代文化之强与中国传统文化之强相撞，凭借时代的选择，导致中国传统文化发生向近代文化的转换。日本成为中国从传统向近代转换的文化中介因素，首先，是因为日本学习现代西方文化产生了融合的结果，而中国接触西方文化时产生了抗拒的心理。以日本为中介可以缓冲中学与西学的冲突，减弱和消解中国人的抗拒心理。其次，是因为受制于中国从传统走向近代的文化特性。这是指中国教育在超越传统时必须面对过去，它隐含着现代并不意味着与传统的分裂、或者是与传统的对立，而更多的是对传统的转化。在传统与现代之间，"在拒绝旧事物以寻求新事物"与"在新事物之中利用旧事物"之间，存在着"原始的"和富有"创造性"的张力，正是这种张力决定着近代超越了，实际上是转化了传统而非完全拒绝它，这决定了中国传统文化向近代转换的可能性。日本为中国提供的是既保持民族文化特色，又完成民族文化心理结构从传统向现代转换的模式。它预示着中国超越传统走向现代，也必须建立在深层次民族文化心理结构变迁的基础之上。以此作为近代中日教育关系的分析框架，是否可以改变忽视中国近代主体性的局限，接近中国近代转换的历史真相，我们将拭目以待。

日本近代工程教育模式的特点与经验

■ 汪 辉

日本近代化的成功被公认为教育的成功。除了义务教育的普及外，工程教育等专业与职业教育体系的完整与系统持续为日本社会经济的快速成长批量供给高素质人才，成为日本近代化的成功的关键性因素。日本近代工程教育从明治维新初期兴起到 20 世纪初期基本定型止，前后经历了三个阶段，其模式形成与演变的特点深刻反映了日本社会及教育近代化的基本状况。

一、明治前期高等工程教育的创建

日本近代学制的构建始于 1872 年。由于财力有限，加上学习借鉴的是法国模式，在学制初期文部省的施政重心侧重于基础教育的普及，对实业教育无力顾及，包括工程教育在内的专业实业教育由各所属业务主管部门统辖。

早在学制实施之前，为了推进"殖产兴业"的近代产业政策，日本政府

［作者简介］ 汪辉（1967—），男，江苏常熟人，2003 年获日本广岛大学教育学博士学位，2003—2005 年在浙江大学教育学博士后流动站从事研究工作，代表作为《日本近现代工程教育研究》《日本教育战略》，现为浙江大学高等教育研究所副研究员，主要研究方向为高等教育、比较教育。

于 1870 年设置工部省,主管工业与工程建设。在明治维新全面展开的 1870 年代,正逢欧洲第二次工业革命高潮,产业结构的重心由机械及纺织业等转向铁路、钢铁、电气及化工等重化工业领域。而此时的日本尚处于农业社会。明治政府期望通过殖产兴业政策的实施引进最新的工业技术,这与当时日本社会发展的实际状况及传统产业间存在巨大的技术落差。在日本国内,工业化所需的各类技术人才几乎完全空白。因此在日本工业化之初,工厂、矿山、铁路、电信等新兴的近代工业的各个领域都急需大量的工程技术人才。主导殖产兴业重任的工部省不仅需要在日本引进及兴办近代化的工业项目,同时还负有培育大批工程技术人员的职责,以此确保日本工业化的顺利进行。工部省的机构设置中一直设有工学寮的机构,负责工程教育事务,其事务章程条目中也明确规定"启蒙工学教育"等内容。

工部省于 1873 年设置的工学寮工学校(1877 年改名工部大学校)是日本第一所综合型的正规工程学校,代表了明治早期日本工程教育的最高水准。

工部大学校设预科、专门科及实地科,学制各为 2 年,总计 6 年。

预科的课程:第 1 学年为英语、数学、理科、日语、制图及理科实验;第 2 学年除上述课程之外,增加化学及实验实习。

专门科:按专业设置,须通过预科的最终考试方能升入。专业设置包括土木学、机械工学、造船学、电气工学、造家学(建筑)、应用化学、矿山学、冶金学等八学科。

实地科:科目包括矿山测量、工程现场实习、实地野外作业等,主要在当时日本最新式的国营工矿企业实习。开设实地科的目的在于强化学生的实践实习。

从课程设置及教学安排看,工部大学校的工程教育主要具有以下特点:一是比较重视基础教育,土木、机械等主要学科均开设了高等数学、高等物理等专业基础课,说明该校工程教育的目的并非培养一般的技术人才,而是具有较高学术素养的技术精英。二是各科的课程设置中测量、制图以及实验等实用性科目占了较大比重,反映该校的工程教育是以应用型技术人才培养为导向。而学术素养与应用能力正是明治前期明治政府对技术官僚最基本的素质要求。

　　除了工部大学校外,文部省于 1877 年创建东京大学。新成立的东京大学由法、理、文、医 4 个学部组成,其理学部下设化学科、数学物理天文学科、生物学科、工学科及地质采矿学科等 5 个学科,其中工学、采矿学以及化学科第三、四年级时所设的应用化学方向等 3 个学科与工程教育有关。

　　与工部大学校相比,东京大学的工程教育更侧重学理的传授,而非实践教育。与同时期的工部大学校的课程设置相比,东京大学的科目数量虽然较多,但大部分课程多为纯理论课程,而实验实习内容较少。4 年中前 3 年为理论学习,仅最后 1 年为实验。除了采矿冶金学科的矿山巡视课以外,再无其他实习课程。与工部大学校安排两年的实习教育相比,东京大学的侧重点一目了然。另外,外语和汉文学等非专业课程的设置反映东京大学更注重的是综合性人才而非工程专业人才的培养。

　　从学科设置看,相比工部大学校的 7 个学科,东京大学理学部在创设之初仅设 3 个学科。直到 1879 年,才在工学科的最终学年分设机械与土木两个方向,1885 年应海军省的要求增设造船学科,并将化学科分成纯正(理论)及应用两个学科,从而逐渐扩大了规模。不过到与工部大学校合并为止,其工科领域的毕业生仅 50 余名,不及工部大学校的四分之一。另外,东京大学理学部的毕业生一律授理学士,与工部大学校毕业生授工学士相比,东大培养的更像学者而非工程技术人员。[①]

　　总体而言,工部大学校与东京大学代表了日本高等工程教育自创建以来即存续至今的两种模式:工程应用型教育与工学教育。虽然,在学科与课程设置等方面存在诸多差异,不过从毕业生的就业趋向而言,两校的定位具有高度的趋同性。

　　根据统计,到 1886 年止,工部大学校共培养 211 名毕业生,东京大学共毕业 58 人,总计 269 人。从学科分布看,土木专业有 75 人,采矿冶金有 69 人,机械 46 人,应用化学 30 人,电气 21 人,建筑 20 人,船舶 8 人。土木与采矿两专业占了全部毕业生的 54%。工部大学校的各学科学生分布较为平均,但土木及采矿两专业也相对较多,占了全部毕业生的 46%;

---

　　① 大淀昇一:《明治期日本社会における先導的技術者養成機関の意義と変容(二)》,《島根大学教育学部紀要》第 22 集,1988 年。

而东京大学的这两个学科更占了 80％以上。[①]

从这些毕业生的就业状况看,根据 1903 年出版的《学士会员名簿》的统计,1886 年前毕业的工部大学校及东京大学学生,除去死亡及行踪不明,共有 188 人(工部大学校 129 人,东京大学 59 人)的供职去向较为明确。从这些具有学士学位的高级专业人员的供职领域看,政府部门 39.3％,民间企业 29.2％,学校教师 23.4％,政府部门所占比率最高。[②]

从各学科的就业分布看,土木、电气、应用化学、建筑 4 个学科的学生大部分就职于政府部门,采矿冶金则主要供职于民间企业,机械和造船则两者各占一半。东京大学毕业生主要供职于政府部门,与该校工科主要为土木及应用化学有一定关系。而在民间企业供职的 46 人中 31 人分布在矿山,11 人在私营铁路部门,造船及纺织两大民间支柱行业仅有 4 人就职。充分说明明治初期的高级工程教育主要以满足国家需要,培养技术官僚为主。

1886 年,森有礼出任文部大臣。在他任内,日本完善了近代的学制体系,并创办了帝国大学作为培养国家精英的最高学府。帝国大学以德国研究型大学为蓝本,整合当时日本顶级的各类专业教育机构,设置法、医、文、理、工等 5 个分科大学。东京大学理学部的工学科与工部大学校即于此时合并成东京帝国大学的工科大学。新成立的工科大学虽然以工部大学校的教师为主,但在教学方针上继承了东京大学工学科的工学教育理念,注重培养技术官僚与学术精英,成为此后日本近代高等工程教育发展的模板。

综观明治前期日本工程教育的发展状况,其最大特点是将发展重心集中在高级工程技术人才的培养上。无论是工部省系统的工部大学校还是文部省系统的东京大学,其培养的主要是政府部门的技术官僚及国营工矿企业的高级技术管理人员,而非生产一线的基层技术人员。在 1890 年代之前,日本的工业近代化正处于起步阶段,企业整体的技术水平及设备状况处于较低状态;民间企业屈指可数,且大部分为机械化水平较低的

---

① 天野郁夫:《産業革命期における技術者の育成形態と雇用構造》,《教育社会学研究》第 20 集,1965 年。

② 天野郁夫:《産業革命期における技術者の育成形態と雇用構造》,《教育社会学研究》第 20 集,1965 年。

轻纺工业,技术水平及设备较为先进的均为国营的重化工业企业。日本工业近代化的上述现状使得日本工业界能够对高层次的规划及管理人才产生一定的需求,但却抑制了对生产一线的技术操作人员及基层技术管理人员的需求。实际上,除上述两所高等工程教育机构之外,培养中下级工程技术人员的仅东京开成学校制作教场及东京职工学校两所。前者建校不久即因招生困难而停办,后者虽一直延续,但也同样因生源不足而多次濒临生死存亡的危机。以培养中下级工程技术人才为主的中等工程教育机构面临生源不足的严峻事实,正反映出 1890 年代之前日本工业界对中下级工程技术人才的需求严重不足。

此外,明治前期文部省学制政策的导向也抑制了中等及初等工程教育的发展。自 1872 年《学制》颁布以来,文部省学制建设的重点始终在于推广与普及基础教育。森有礼于 1885 年出任文部大臣以后颁布了从《小学校令》至《帝国大学令》止的一系列学校法令,最终基本定型了日本近代的学制体系,但其中并未对包含工程教育在内的实业教育有所涉及。学校制度的缺少一定程度上也影响了中等及初等工程教育的发展。

总之,明治初期工程教育兴起与发展的总体特征是:高等工程教育兴起且发展顺利,而中等及初等工程教育的发展因面临多重困境而严重缺失,工程教育几乎等同于高等工程教育。这实际上也是日本由国家主导、自上而下的工业近代化发展轨迹的必然反映。

二、甲午战争前后中等工程教育的振兴

根据日本的学制,工业专门学校是培养中坚技术人才的中等工程教育机构。第一所工业专门学校是 1882 年创办的东京职工学校(1891 年更名东京工业学校,今东京工业大学),以培养企业一线的技术人员及基层管理人员为主。但中等工程教育机构在甲午战争之前,仅此一所,且发展艰难。直到甲午战争之后,中等工程教育才得到快速发展。

中等工程教育在甲午战争前后得以发展的主要原因是明治政府殖产兴业政策经过 10 余年的努力在 19 世纪 80 年代中后期收到了明显的成效。通过八九十年代的工业化发展,日本在纺织业及铁路机械领域普及

了机器化生产,由此企业对生产一线的技术人员及管理人员的需求急剧上升,这成为促进工程教育发展的现实基础。另一方面,1893 年出任文部大臣的井上毅所采取的一系列实业教育振兴政策也对中等工程教育的发展产生了积极的作用。井上毅的基本施政思路在于"社会已进步到由产业主导国家发展的阶段","为了发展国力,有必要将科学、技术及实业进行结合,以对国民子弟进行教育"。① 基于上述思路,井上毅在出掌文部省不久,即于 1893 年和 1894 年分别制定了《实业补习学校章程》及《徒弟学校章程》《实业教育费国库补助法》等一系列促进实业教育发展的法律规章。

甲午战争以后中等工程教育发展主要表现在:一是此前已创办的东京工业学校的规模有所扩大,甲午战争后的 7 年间共计毕业 425 人,超过战前 13 年毕业生总和;另一方面企业就业比例从甲午战争前的不足 26%猛增至甲午战争后的 58%。② 工业化发展所引起的技术人才需求明显改善了中等工程教育的发展环境。二是新的中等工程教育机构不断增设。

第一所新增设的工业专门学校是 1896 年创建的大阪工业学校。文部省创建该校的目的主要是认为东京工业学校对矿山开采领域的中层技术人员培养十分薄弱,因此应在大阪创办一所新的工业学校以培养机械工程人才,同时还应设置应用化学及矿山开采等专业,以适应国家工业化进一步发展的需要。③

文部省的意图在大阪工业学校的学科设置中得到非常明确的反映。1896 年创办之时,学校主要设机械工艺部(下设机械科)和化学工艺部(下设应用化学、染色、酿造、陶瓷及冶金五科),1899 年增设造船部(下设船体及构造两科),与仅设机械、染色、化学、陶瓷四学科的东京工业学校相比,大阪工业学校的综合性工业技术人才培养的特点显露无遗。

除了大阪工业学校外,甲午战争以后新增设的中等工程教育机构还有第三高等学校及第五高等学校的工学部。高等学校为森有礼时代所设的官立(国立)教育机构,其定位为帝国大学预科,主要进行通识课程教育,学制三年。根据区域合理分布的要求,明治时代文部省在东京、京都

---

① 文部省实业学务局:《实业教育五十年史》,日本文部省,1934 年,第 229 页。

② 东京工业大学:《東京工業大学百年史/通史》,東京工業大学,1985 年,第 1064、1075 页。

③ 《明治文化资料丛书》第八卷,东京風间书房 1961 年版,第 222 页。

等地前后设立八所高等学校。第三高等学校设于京都,一度称为大学分校,在当时地位明显高于除东京的第一高等学校之外的其他高等学校。1890 年,学校设置法学部,1894 年撤销大学预科,设置法、医、工等 3 个专业学部,强化专业教育。三高工学部学制 4 年,比东京及大阪的官立工业学校学制均多 1 年,下设土木、机械两科,1898 年培养出第一批 27 名毕业生。

五高工学部创设于 1897 年。根据《熊本高等工业学校沿革史》,时任校长的中川元出力甚多。他在 1896 年任熊本第五高等学校校长时,曾制定草案,建议文部省在熊本设置土木机械专门学校,在仙台设置农林专门学校,而在金泽设置采矿冶金专门学校。他将此计划提交高等学校校长会议讨论,并说动当时的文部大臣西园寺公望首先在熊本设置工学部[①]。五高的工学部下设土木及机械两科。当时日本政府正计划在以福冈为中心的北九州地区建设日本第三大重工业区,第三个中等工程教育机构设于九州与日本政府的产业发展计划不谋而合。

上述中等工程教育机构的培养定位从其毕业生的就业趋向可窥一斑。根据 1906 年的《东京工业学校一览》对全部 493 名毕业生(除去死亡及去向不明者)就业状况的统计,51.9% 就职于民间企业,在政府部门就业的仅及其半数的 27.2%,与工科大学的情况正好相反。其中,染织、陶瓷及应用化学 3 学科的毕业生供职于政府部门及民间企业的比例基本各占一半。不过这些与传统工业关联密切的学科的毕业生主要被寄予革新行

表 1　1886—1898 年东京工业学校毕业生就业状况　　　　单位:人

	机械	染织	应用化学	陶瓷	行业总计	比例(%)
学校	19	20	4	4	47	9.5
政府机构	77	32	17	8	134	27.2
自营业	28	6	9	4	47	9.5
民间企业	200	25	20	11	256	51.9
海外	6	2	1		9	1.9
学科合计	330	85	51	27	493	100.0

资料来源:《東京高等工業学校一覧》,明治 39 年度。

---

①　熊本高等工業學校:《熊本高等工業學校沿革史》,熊本高等工業學校,1938 年,第 39 页。

业技术,推进产业近代化的重任,因此其所供职的政府部门多为地方的试验场及讲习所等。在上述 134 名供职于政府部门的毕业生中,国营铁路成为机械科毕业生的主要就业部门,其次是陆海军兵工厂,两者合计占了该学科毕业生的 39.5%。在染织学科,各地的试验场、讲习所及税务所成为毕业生的主要供职场所。与工科大学相比,即使是政府部门就业,两校的特点也非常鲜明。东京工业学校的毕业生更多的是在一线从事实际工作,而工科大学毕业生则多进入高层机构承担技术指导。

再看在民间企业就业的领域分布状况,256 名毕业生中机械科占了压倒优势,达 200 名之多。具体供职去向为民营铁路 15.2%、纺织工厂 12.1%、机械制造 9.4%,这 3 大领域就业者数量相对较多,但总体而言就业领域分布的集中度不高。与此相比,工科大学的毕业生主要集中于铁路、矿山及造船等军工及国家战略支柱行业,上述 3 领域就业者高达 60.6%。相反,东京工业学校的毕业生进入上述 3 领域者仅 28.8%,其余大部分主要供职于纺织、机械等民生行业。与以技术理论训练为主的工科大学培养的技术人员不同,东京工业学校的毕业生更加重视的是实践、实际能力的训练,因此他们成为这一时期民间工业企业的主要技术核心。

三、日俄战争前后初等工程教育机构的普及

日俄战争前后日本工业化得到进一步的发展,其特点一是重化工业得到迅猛发展,二是在国内形成了六大工业区域。工业化的发展及大工业区域的形成对工程教育起了一定的刺激作用。不过 1900 年以后日本工程教育的发展更重要的原因在于法制体系的逐渐完善。1899 年 2 月,明治政府以赦令的方式颁布了《实业学校令》。《实业学校令》规定,实业学校的宗旨是给予从事工业、农业、商业等的实业者以必要的知识传授及技能训练。[①] 实业学校法律地位等同于中学校,包括工业学校、农业学校及商业学校等。在颁布《实业学校令》的同年,文部省又颁布了与此相关

---

① 日本文部省:《学制百年史资料编"实业学校令"》:http://www.mext.go.jp/b_menu/hakusho/html/hpbz198102/hpbz198102_2_120.html

的《工业学校规程》等实业类学校具体实施章程。《实业学校令》及《工业学校规程》的颁布标志着日本初等工程教育体制的确立，这对日本完善培养生产一线工程技术人员的教育体制具有决定性意义。

《实业学校令》的实施使得中等学校教育明确分成普通教育与职业教育两个系统。其中普通中学校的毕业生可继续升学攻读，而实业学校则属于终结性教育，其毕业生没有进一步深造的机会。对此时任文部大臣的菊池大麓认为是教育的一大问题，必须采取切实可行的措施予以改进。为了培养高层次的中坚技术人才，1903 年日本政府颁布了《专门学校令》，在中学校与帝国大学之间设置专门学校，培养高层次的专业人才。《专门学校令》明确规定，凡以实施高等职业技术教育为目的的实业学校均称为实业专门学校，招收中学校毕业生及具有同等学力的学生。①《专门学校令》的颁布有力地推动了高等职业教育机构的发展。《专门学校令》颁布的前一年，东京工业学校和大阪工业学校即分别升格为高等工业学校。通过《实业学校令》《专门学校令》以及《工业学校规程》的颁布，至20 世纪初，日本工程教育机构明确区分为工科大学—工业专门学校—工业学校三个层次，分别培养高级工程技术与管理人才、中坚工程技术人才及生产一线的基层工程技术人才。

总体而言，日俄战争前后工业化的加速发展使得企业对生产一线的技术员及技术工人的需求量急速放大，而 1899 年颁布的《工业学校章程》则进一步从制度层面为工业学校的发展提供了有效保障，由此从 19 世纪90 年代末至 20 世纪 10 年代初，以培养基层技术人才为主的工业学校在日本各地广泛设置，成为这一时期工程教育发展的主要特点。

明治中后期工业学校的设置按其学科内容的特点可分为三个阶段。

第一阶段主要在 1900 年之前。这一阶段所设的工业学校主要有 10所，其学科设置包括工艺（4 校设置）、染织（4 校）及机械与建筑（各有 4 校设置）等三个学科体系。

代表传统产业的工艺学科及代表近代轻工业的染织学科的设置主要与明治政府振兴传统产业的战略及府县地方政府的工业政策有直接关

---

①　日本文部省.《学制百年史资料编"専門学校令"》：http://www.mext.go.jp/b_men-u/hakusho/html/hpbz198102/hpbz198102_2_082.html

系。而在设置机械与建筑等近代重化工业学科的学校中福冈县立工业学校是创办最早，也是最有代表性的一所。该校的创办与其所在地的工业化特点有一定关系。

第二阶段为1900—1904年。日俄战争爆发前夕的这一阶段工业学校发展的重点在于染织、陶瓷等传统轻工业相关学科。4年间各地新设了16所工业学校，其学科设置主要包括染织（11校设置）、陶瓷（2校设置）、机械（4校设置）、土木（1校设置）等。这一时期所设立的染织与陶瓷学校多为与工业发展的地域结构密切相关的"地域型"工业学校，其发展过程中有着强烈的本地产业基础支撑。

日俄战争以后，工业学校的发展进入了一个新的阶段。这一阶段的发展重点主要是与重化工业相关的学科建设。各地前后所设的12所工业学校，其学科设置主要包括机械（5校设置）、建筑（6校设置）、化学（1校设置）、染织（5校设置）、工艺（1校设置）等。[①]

工业学校在进入20世纪以后发展顺利，其毕业生人数逐年增加。从1899年时的每年85人猛增至1911年时的1000人规模。几乎与当年工科大学及工业专门学校毕业生的合计总数持平（1911年工科大学毕业生和工专毕业生分别为258名及752名）。从其就业状况看，以规模最大的福冈县立工业学校为例，该校从1899年至1911年，毕业生共计641人。根据该校的统计，全部毕业生中就职于民间企业的约为46.7%，而国营工厂、国营铁路及政府部门等国营机构合计为27.9%。由此可知，工业学校主要使命是为民间企业输送技术人才。从学科看，差异更为明显。如建筑科，国营机构（含国营工厂、铁路）的毕业生占了总数的47%，与此相比，机械科仅为27.2%，略大于民间企业就业比重52.3%的一半。另外，在染织科，毕业生择业最多的是个体经营（31.4%），其次是学校（25.7%）和民间企业（24.2%）。而采矿科，由于该科的设置与矿业资本家的捐款有直接关系，毕业生的66.7%选择民间企业就业。[②]

对民间企业就业者的领域做进一步的分析可以看出，在矿山就业的最多占了54.8%。其中采矿科86名就业于民间企业的毕业生中83人就

① 天野郁夫：《教育と近代化—日本の経験》，玉川大学出版社1997年版，第172页。
② 福冈工業学校：《福冈工業学校卒業生千人記念誌》，福冈工業学校，1917年，第38页。

业于矿山。另外，机械科 123 名就业于民间企业的毕业生中也有 54 人在矿山就业，在该学科中占了最大比重。福冈是当时日本主要的煤矿产地，加上其他部门，福冈工业学校毕业生 43.9% 在福冈县境内就职。工业学校学生的这一就业趋向清楚反映了其作为"地方型"学校的特点。

<h2 style="text-align:center">四、日本近代工程教育模式的特点与经验</h2>

(一)日本近代工程教育模式的特点

日本的工程教育兴起于明治维新前后的国家工业化过程中。在一百多年的发展历程中，日本工程教育形成了独特的模式，具有以下一些特点。

第一，日本的工程教育是一种多层的结构模式。日本工程教育在明治期间形成了工科大学—工业专门学校—工业学校等三层结构模式。其中工业学校侧重轻工业技术人才培养，主要服务本地产业发展；工业专门学校注重培养重化工业技术人才，为国家及大工业区域产业发展需求服务的特征鲜明；工科大学更重视工学教育，主要培养政府部门的技术官僚及国家战略性支柱行业的技术人才。彼此职责分工明确，很好地适应了工业化发展中不同产业类别、不同职能部门的需要。工程教育层次结构模式的分化一方面是工业产业结构自身层次化发展的影响，另一方面分层次培养不同类型工程技术人才也是一种有效节约资源和成本，充分满足特定时期社会对技术人才的多方位需求，积极配合与协调社会经济发展的人才培养模式。

第二，日本工程教育结构模式的形成是一种自上而下的渐进过程。虽然日本的工程教育模式是一种分层的结构模式，但这种层次结构并不是同时形成，而是在工业化发展过程中自上而下逐步扩散而成的。以正规学校教育为表象的日本工程教育兴起于明治维新期间，不过到 1890 年代为止，工程教育几乎等于高等工程教育的同义语。虽然工部省、文部省在此之前已对中等及初等工程教育有所尝试，设置了如东京职工学校及工部省内各种修技学校，但其发展均面临重重困境。工程教育主要集中在工部省的工部大学校、文部省的东京大学以及两校合并而成的东京帝国大学等少数顶尖的高等工程教育机构之中,能够培养的也主要是政府部门的技术官僚及少数国营重化工业部门的高级技术人才,其学科重心因此基本偏向土木及采矿冶金等基础工业领域。甲午战争前后随着日本工业化的全面启动工程教育逐渐扩大到中级工程技术人才的培养,东京工业学校、大阪工业学校等一批国立中等工程教育机构相继创办;而日俄战争前后民间工业资本的兴起又进一步刺激了初级工程技术人才培养的发展,各工业产地陆续掀起创办地方工业学校的热潮。日本的近代化是由国家主导的自上而下的近代化,其工业近代化的兴起与发展是从国家战略支柱行业的国有企业开始起步,逐渐发展到以轻工业为主的地方企业及大型的民间重化工业。工程教育层次结构的渐进过程一方面是日本工业结构演进的直接反映,另一方面,这实际上也与近代以来日本金字塔形的社会结构及教育结构模式的形成与发展有着密切的关联。

第三,日本的工程教育是一种与日本工业结构模式紧密结合、互动发展的模式。日本的工程教育兴起于日本工业近代化的起步阶段,并随着日本工业化的规模扩大及产业结构的高度化而不断扩大与完善其为日本工业化发展服务的使命。日本工程教育与其工业化发展紧密互动的特点一是各种类型层次工程教育机构的学科设置及人才培养导向紧密对应工业化发展结构中的不同层次类型的需要。日本在工业化发展过程中出现了产业类别向特定区域集中的趋势,并在 20 世纪初形成了六大工业区域。这是日本工业化发展中产业体系完善与专业分化水平提升的具体表现。与此相对应,日本的工程教育也在 20 世纪初基本形成了三层结构模式,并且分别在此阶段突出了"国家型""区域型"及"地方型"学校的服务职能,分别对应国家支柱性工业发展战略、大工业区域产业结构发展需要及所在地工业发展的需要。二是工程教育机构设置,特别是中初等工程教育机构的设置与所在地产业结构互动关系密切。自明治维新以来,中初级工程教育机构的学科设置基本对应所在地的产业结构,有效地促进了其服务工业经济发展的职能使命。

(二)日本近现代工程教育发展的经验

从 19 世纪 60 年代诞生以来,日本工程教育对日本工业化的发展起到了积极支撑及推动的作用，最终促成日本在 70 年代成长为世界经济大国。从明治维新以来日本工程教育的发展历程看，它之所以能够发展壮大并对日本经济的发展产生积极作用主要基于以下几方面的因素。

1. 工程教育政策的实施依赖于系统的法规体系及强有力的教育行政体系的保障

自明治维新以来，几乎所有日本重大的教育政策都是以法规的形式确立下来，并且其具体的实施措施也都在相关法规中得到明确和保障。从工程教育的发展状况看，工程教育的每一次重大发展都与相关法规的制定颁布密切相关。如 1895 年的《实业教育费国库补助法》及《徒弟学校章程》的颁布使得各地兴起中等及初等工程教育机构的创办热潮；1899年的《实业学校令》及 1903 年的《专门学校令》的颁布，促使 1890 年代雏形初现的工科大学—工业专门学校—工业学校等工程教育三层构造模式基本成型。

教育政策的实施首先通过法律法规的明确与保障，这既可以减少教育政策的随意性，使其制度化，同时又可以有力地保证教育政策的顺利实施。需要指出的是，在日本的国家教育体制中，文部省（2001 年后更名文部科学省）为主导的教育行政系统是非常强有力的。文部省主要通过制定法律法规中的实施标准、经费补助及行政指导等手段来落实教育方针政策，保证全国学校都能达到一定的水准之上。法制系统的完善保证了日本工程教育能够根据国家战略及社会经济发展的需要有计划地展开。

2. 注重工程领域技术人员整体素质的提高，而非仅仅培养少数精英

日本的教育素以重视基础教育，强调国民整体素质的提高而非少数精英的培养著称于世。日本工程教育的发展也同样呈现类似的倾向。明治维新以来，日本工程教育为日本工业化的发展提供了持续不断的技术人才补充。总体而言，它对日本产业经济发展的最大贡献不在于培养了多少杰出的高级技术人才，而是培养了大量高素质的中下级技术人员及现场熟练技术工人。虽然高等工程教育始终居于日本工程教育结构的顶端，但从 20 世纪 10 年代起，日本工程教育的主体即是以培养基层工程技术人员及熟练技术工人为主的工业学校。从 19 世纪 90 年代起，日本即

有计划地运用学校教育大批量、标准化地培养工业生产现场的普通技术人员与熟练技术工人，以提高工业从业人员整体的技术素质。可以说，近代以来日本工程教育模式的核心是把培养工程技术人才的重点始终置于中下级技术人才的培养之上，关注的是工程领域技术人才整体素质的提高。

在现代工业社会，工业化大生产的方式特点主要是规模化、批量化、标准化和稳定性，赞扬和倡导的工程人才的个人特征是"坚持不懈、忠实可靠、始终如一、与单位保持一致、遵守时间、稳妥、推迟满足和机敏老练"[①]等。战后日本工业化发展的特点是以钢铁、化工、汽车和交通运输等重化工业领域的超大规模生产企业作为国家经济的支柱及发展先导。这种生产方式所赞许的正是鲍尔斯等所描写的那种具有技能技巧、埋头苦干、忠实执行主管指示的人。近代以来包括工程教育在内的日本教育体制、结构、课程、教学内容与方法等的改革，基本上就是按照上述这种生产方式的需要进行的，从而培养出它所需要的具有上述特征的各级各类技术人才及熟练劳动力。换言之，这种工程教育模式与日本近代以来的经济发展模式及国家发展战略是相适应与协调的，因而教育推动社会经济发展的功能反映得淋漓尽致，成为人们称道的典范。

3. 工程教育的发展始终保持与工业发展水平及其结构状况紧密互动

一方面工程教育结构模式的形成与完善直接对应于日本工业化的发展水平。1868 年明治维新之后，国家主导的基础及军工领域的工业化兴起不久，工部大学校等高等工程教育机构即先后创办，积极培养国家工业建设急需的高级技术人才及技术官僚；甲午战争及日俄战争前后，日本工业化的全面启动及民间产业资本一定程度的成熟之后，工程教育重心向下，中等及初等工程教育得到充分发展。在发展过程中，各个层次各种类型的工程教育机构根据国家工业化发展所形成的产业及区域特点，主动调整职能分工，形成了"国家型""区域型"及"地方型"学校的不同类别，适应了工业化发展对不同类别技术人才的需求。

---

① 薛伯英：《西方教育经济学流派》，北京师范大学出版社 1990 年版，第 334 页。

西方体育的传入和近代中国体育变迁的文化解读

■ 郭 怡

20世纪初,西方近代体育在中国得到了一定的传播,在这个过程中,与中国传统体育及其本土文化发生了深刻的冲突。"土""洋"体育之争拉开序幕。

一、西方体育的传入和"土""洋"体育之争

新文化运动中,西方体育在国内的传播与传统体育发生激烈的碰撞,北洋政府提倡尊孔读经,以保留"国粹"为名,利用马良的"中华新武术",抵制新兴的近代西方体育项目,反对新文化运动。为适应团体教练,一些担任军队武术教官或学校武术教员的武术家开始改进武术的传统教学方法。山西陆军学堂教官马良"依习拳术当然之顺序,按习它种科学方法排列之",[①]开始创编"中华新武术",即从风格各异的传统拳械套路中抽取出一般的基本动作,再按武术套路的基本原理编排成新的练习。经过几年实践,1918年,马良将之编辑成书,他在《中华新武术》中自诩道:"我国之

[作者简介] 郭怡(1974—),女,浙江临海人,2006年获浙江大学教育学博士学位,出版《奥林匹克演绎的教育文化》等著作,现为浙江大学教育学院体育系副教授、硕士生导师,主要研究领域为体育人文社会学、民族传统体育等。

① 转引自中国体育史学会编:《中国近代体育史》,北京体院出版社1989年版,第143页。

国粹,我国之科学","考世界各国体育之运用,未有愈于我中华新武术者"。① 为发扬所谓"武德""武风",马良还提倡实行标志官阶的"佩剑制度"。1919年,北洋政府的"国会"通过了把"中华新武术"定为学界必学之"中国式体操"的决议,其目的是以"中华新武术"为幌子,企图通过武术贩卖封建糟粕,大造反对科学与民主新思想的舆论。因而,作为复古文化的"中华新武术"成为以鲁迅为先驱的新文化力量的抨击对象。鲁迅首先指出所谓的"中华新武术"其内容形式已吸收了西方体操模式,复古派把武术作为"国粹"宣扬是带着"鬼道"精神,其实质是阻止西方近代体育传播。鲁迅认为:"现在有许多人,在那里竭力提倡打拳。……把九天玄女传轩辕黄帝、轩辕黄帝传与尼姑的老方法,改称'新武术',又称'中国式体操',叫青年去练习。……据说中国人学了外国体操不见效验,所以改习本国式体操(即打拳——引者)才行。依我想来:两手拿着外国铜锤和木棒,把手脚左伸右伸的,大约于筋肉发达上,也应有点'效验',无如竟不见效验,那自然只好改途来练武松脱铐那些把戏了。……无如现在打仗总用枪炮,枪炮这件东西,中国虽然古时也有过,可是此刻没有了。藤牌操法又不练习,怎能御得枪炮?"②鲁迅认为一味地宣传和只学习传统的武术不利于青年的进步。他进一步指出"国粹体育"阻挠西方近代体育在中国传播的实质和危害,他认为:"中国武术,若以为一种特别技艺,有几个自己高兴的人,自己在那里投师练习,我是毫无可否的意见……现在我反对的,便在(一)教育家都当做时髦东西,大有中国人非此不可之概;(二)鼓吹的人,多带着'鬼道'精神,极有危险的预兆。"③在鲁迅等进步思想家的辛辣讽刺、揭露和抵制下,在五四运动冲击下,作为"中国式体操",并在学校体育课推行的"中华新武术",也未曾普及开来。

20世纪20年代末,中国传统体育与西方近代体育发生了一次更为激烈的冲突。其争论的焦点是体育能否救国? 这个问题也成为评价中西体育优劣的主要标尺。这场争论一直持续到30年代中期,可称之为"土""洋"体育之争。

---

① 马良:《中华新武术》序,转引自浙江体育学会体育史专业委员编:《中国近代体育史文集》,浙江教育出版社1992年版,第131页。
② 鲁迅:《鲁迅全集》第二卷,人民文学出版社1973年版,第28—29页。
③ 鲁迅:《拳术与拳匪》,《新青年》1919年第六卷二号。

中国传统体育的提倡者认为，当前国家外受列强欺侮，内受贫困困扰，西方的体育是有闲阶层的游戏，中国应从自己丰富的历史文化遗产中觅取特有的体育之道，来为救亡图存服务。他们指出"夫欧美日本流行之运动竞赛，究之，乃有闲的国民之游戏事也。其最大妙用，在使青年学生余剩的精力时间，有所寄托，使其兴味集中于运动竞赛，免为政治斗争。……然今日何日！国家被侵吞，人民失生计……颠沛流离，救生不暇，安能学邻家之雍容消光。故西式之运动，中国既不暇学，亦不必学，且不可学。……请从此脱离洋体育，提倡土体育！中国人请安于作中国人，请自中国文化之丰富遗产中，觅取中国独有的体育之道！"[①]中国传统体育的倡导领袖为张之江，张之江担任 1928 年成立的中央国术馆馆长，是当时主张国术（武术）救国的主要倡导人。张之江认为学校体育多采欧美式，不合国情，尤不切实际，建议将国术列为学校体育正课教材，并普及于全民，以入而事农能吃苦耐劳，出时充兵可冲锋陷阵，而洋体育无法发挥救国的功能。所以他提出"请全国学校定国术为体育主课案"。

西方近代体育项目的提倡者认为，推行体育固然应该根据国民性与国情，但不能拒绝学习外国体育的先进成果，况且传统体育中有不少封建迷信的成分需要扬弃。西方近代体育具有增进人类幸福，提高工作的效能的功用，具有健全高尚人格的价值，对培养国人科学和民主的精神具有举足轻重的作用。西方近代体育项目的提倡者指出："近代体育的意义，并不限于养生之道与锻炼筋骨，那是增进人类幸福，提高工作的能率，使人格高尚趣味浓厚，并养成适应于文化社会的生活。至于养生之道与锻炼筋骨，不过体育的最低部分而已。然此最低部分为体育的根本所在，失此部分，便失掉了体育的根源；若仅以最低部分为限，则又失掉了近代体育的意义。……对于我们国术一项，当视为含有多少的体育价值，应认有研究之必要。受过近代解剖生理卫生教育等科学的洗礼，方认为有用处，绝对的不许再说那丹田还气太阴少阴一派的儿话。我们所最痛心，国术至今多数当操在一般不曾受过科学洗礼者甚至于目不识丁者的手里，且派别繁杂，不可究诘。……至于费用极微，即断定健身之效大于西式运

① 《今后之国民体育问题》，《大公报》社论，1932 年 8 月 7 日。

动,其流弊不过是武断与笼统,其害犹小焉者耳。"①西方近代体育项目的提倡者还系统阐述了西方近代体育的价值,指出西方近代体育相对中国传统体育有利于培养初学者兴趣、弘扬奋斗精神、注重团结合作精神的三大价值,他们认为:"所谓洋体育对于身体健康是否有碍,一般人多抱疑虑,近经各国医学家以科学方法之著明,盖已全无疑点。剧烈运动,毫无有碍健康之影响,但须经过相当之训练。至过度之运动,自与身体有碍,百事皆然,何独体育。洋体育之价值约有三点可取之处:一、兴趣浓厚,易劝诱初学者实际参加活动,历久弗衰;二、洋体育多具有奋斗精神,我孱弱之民族,实需要此刺激剂,如英国之足球,美国之美式足球,均为各该国之国民运动,而不肯轻易放弃者;三、团结合作之精神最为显著,所谓土体育之缺点即在此,国民最需要者亦在此。"②

1932 年,在中国运动员刘长春赴美参加第十届奥运会失利后,中国传统体育的提倡者更质疑和排斥西方体育。当时的天津《大公报》在《今后之国民体育问题》的社论中指出:"欧林匹克(即奥林匹克——引者)大会每日之电讯,不知使多少中国学生兴奋欣羡,刘长春,孑然远征,悄然寡趣,中国青年,尤其体育界人,更不知如何感觉寂寞。"③此文进一步认为,国人推行那么多年的西方体育,在国际运动赛会中,却没有取得令人振奋的成绩,这对具有强烈国家意识或民族意识的中国人而言,真是相当失面子的事情。于是他们呼吁:"中国从此不必再参加欧运会(即奥运会——引者)和远东运动会,应舍弃过去模仿西洋之运动竞赛,从此不惟不必参加世界欧林匹克,且应决然脱离远东欧林匹克。……请使刘长春为最初的同时为最后的参加欧林匹克者。……虽孤立于欧林匹克之外,可以无愧矣。"④这些言论自然遭到提倡西方体育人士的激烈反对,他们认为,刘长春的失利并不能成为洋体育应该废除,土体育该提倡的理由,拒绝西方近代体育是闭门造车之举。他们指出:"原文(指《今后之国民体育问题》)的旨趣,大概是想到刘长春君的孑然远征,悄然寡趣,就联想到世界的欧林匹克大会的不必参加,又因世界欧林匹克的不必参加,就联想到远东欧

①　谢似颜:《评大公报七日社论》,《体育周报》1932 年第 1 卷第 30 期,第 1 页。
②　《体育何分洋土》,《体育周报》1932 年第 1 卷第 28 期,第 12 页。
③　《今后之国民体育问题》,《大公报》社论,1932 年 8 月 7 日。
④　《今后之国民体育问题》,《大公报》社论,1932 年 8 月 7 日。

林匹克的决然该脱离，于是遂结论到洋体育的应该废除，土体育的该提倡，大有闭门造车，遗世独立之慨。"①刘长春赴美参加第十届奥运会没有取得理想的成绩，又花费了近两万元旅费，成为有些人大作文章的把柄。对此事，《体育周报》给予了正面的评价，认为刘长春的行动是开创我国体育史之新纪元，精神可嘉。《体育周报》指出："我国此次参加大会，实开我国体育史之新纪元，而国难期中，精神更为可嘉，虽旅费所费不赀，然所得抽象之效果，实非数万元所设之公共体育场所能比。"②宋君复是以教练名义随刘长春赴美人员，宋君复认为刘长春参加奥运会有助于培养国人对西方体育运动的兴趣，对日后运动选手的培养更有利，他指出："奥运已举行九届，而我国未曾参加，本届如再不破例，则日后恐将无望，故本届只一人参加，下届可增加人数，此为本国派代表之展望。我国既有参加奥运之举，有助于国人对运动之兴趣，日后对运动选手的培养将更积极，俾得将来显身手于世界舞台，此为本届派代表参加之影响。"③宋君复认为刘长春在赛场上虽未取得好成绩，但已得到了世人的认可，他指出："明知刘君之实力难期良好之收获，但观其场上奋斗之精神，及祖国国旗在大会场上与各国并立飘扬之雄姿，殊觉荣幸。最可喜者，每次刘君下场举赛时，观众为之助威欢呼，可见对我国之参加大会，表深刻之同情，以故虽未得如何之收获，亦可足以自慰。"④

　　南京中央大学体育系主任吴蕴瑞亦认为"以刘长春参加奥运会即断定从事洋体育耗钱，未免失当"⑤。在"土洋体育"的论争中，吴蕴瑞针对《大公报》社论"竞赛运动有损健康，费时耗财"⑥的质疑予以驳斥，指出："因竞赛运动而猝死者，仅为常态分配的两极端。如因竞赛运动果真有损健康，先进国家早已禁止。何况竞赛运动并非洋体育的主体。……运动可调整身心，提高生产效率，不能视为浪费时间。……国民体育的目标应

---

　　① 谢似颜：《评大公报七日社论》，《体育周报》1932年第1卷第30期，第1页。

　　② 《参加世界会之意义》，《体育周报》1932年第1卷第23期，第1—2页。

　　③ 《授旗礼后刘长春负使命赴美》，《体育周报》1932年第1卷第24期，第10—24页。

　　④ 宋君复：《第十届世界运动大会之回顾》，《科学的中国》1933年第2卷第8期，第26—27页。

　　⑤ 吴蕴瑞：《今后之国民体育问题之我见》，《体育周报》1932年第1卷第33期，第2—3页。

　　⑥ 《今后之国民体育问题》，《大公报》社论，1932年8月7日。

朝'适应个性'与'适应社会'两端努力。'适应个性'乃儿童为本位,只要能合乎儿童天性之须求者,不分洋土皆然;'适应社会'意指顺应社会情势或潮流的需要,以国难时期之须为例,为培养智勇兼备之士,洋体育仍可弥补土体育之不足。"[①]他认为"土洋体育"的论战中,双方有极端主张者因持开放主义、闭关主义者而有所偏颇,二者之差异可用表1比较之。

表1　吴蕴瑞对"土""洋"体育极端主张者之分析比较[②]

思想类型	闭关主义	开放主义
核心概念	保存国粹、维持国魂	洋土不分、世界大同
取撷标准	社会的要素:历史背景、政治、经济、思想、风俗	人体的要素:身体结构、生理功能、发达需要、心理需要
偏颇弊端	制度每流陈腐、方法易趋偏狭、难应时代要求	趋时逐势、夹靴瘙痒、不切本国实用

吴蕴瑞认为,土洋体育争论的焦点实际在于:中国的体育是实行开放主义,还是实行闭关主义?是走"保存国粹、维持国魂"的道路,还是走"洋土不分、世界大同"的道路?依其态度而言,他既不主张走开放主义的极端,媚洋排土,也不主张走闭关主义的极端,一味扬土排洋。他认为,就体育目标而言,因其本质为发达身体、陶冶品格及培养休闲技能,因此,这与洋土之间并无多大区别;就体育方法而言,莫不根据科学,而科学更无国界之分,何有洋土之分;就体育内容而言,其取撷之原则应从是否合乎人的生理、人的心理、人的个体与社会的需要加以考量,不应与洋土国界有关。[③]

伴随着这些争论,人们逐渐对中国传统体育与奥林匹克运动有了较为科学的认识。提倡传统体育的人士逐渐开始借鉴西方体育的长处,对武术等传统体育项目进行了整理和改造,使其向科学化方向发展。1931年张之江在"中央国术馆三周年纪念宣言"中指出:"创办体育传习所以沟

---

①　吴蕴瑞:《今后之国民体育问题之我见》,《体育周报》1932年第1卷第33期,第2—3页。

②　转引自徐元民:《中国近代知识分子对体育思想的传播》,台湾师大书苑2000年版,第387页。

③　吴蕴瑞《体育之国界问题》,《教育丛刊》1935年第2卷第2期,第1—7页。

通中西学术,让西洋的体育与本土的国术不分彼此,互补所专。"①之后,张之江进一步指出:"就洋体育的游泳、棒球、竞走、赛马、拳斗等项目,可与国术(武术)兼采,以融会贯通,冶中西于一炉。"②冲突的结果没有走向相互排斥,却在某种程度上促进了两种体育的融合。人们开始认为土、洋体育都各有长短、无论取舍应该审慎,"就中国人需要,定中国体育方针"③。1932 年召开的"全国体育会议"宣言中指出:"凡不背科学原则及适合人类天性之种种体育运动,不以其来源之不同,有所轩轾。要皆根据此标准各取所长,而一律提倡之。抄袭模仿固失其民族自信力,固步自封,亦失其民族之伟大性。故本会谋为我国体育前途计,毋分新旧中外。"④1933 年由中央国术馆创办的中央国术体育专科学校,其办学宗旨是:"造就国术体育兼备之人才,推行国术,普及体育,以适应时代需要,为培养大量体育师资、适应社会之迫切需要,务使达到人民强身、民族强种、国家坚固的目的,开创中国现代体育的新纪元。"⑤这所在校名上就宣称"国术""体育"中西合璧的专科学校,由于在教学中土、洋并重,培养了大批能同时指导土、洋体育的师资,弥补了当时一般体育师资培养机构所培养的教师无法指导国术训练的不足。

在"土洋体育"的论争中,确实让更多的人能够有机会冷静地思考土、洋体育各自的长处和短处,从而为中国传统体育和奥林匹克运动的初步融合,提供了思想基础。随着双方认识的深化,在奥林匹克运动逐渐开展的情况下,以传统体育活动为内容的运动竞赛也逐渐增多。它不仅使"洋"体育能更好地走进中国社会,而且也为中国"土"体育走向世界创造了条件。1933 年的第 5 届中国全运会增设了武术比赛,使武术开始走向竞技化道路。1936 年第 11 届柏林奥运会,人们惊喜地看到了来自中国的、具有浓厚东方文化色彩的、一种全新的体育项目表演——中华武术。

① 张之江:《中央国术馆三周年纪念宣言》,《张之江先生国术言论集》,中央国术馆 1931 年版,第 14—33 页。

② 张之江:《国术与体育》,《国术周刊》1932 年第 82 期,第 2 页。

③ 《体育何分洋土》,《体育周报》,1932 年第 1 卷第 28 期,第 12 页。

④ 全国体育会议大会宣言,《申报》1932 年 8 月 22 日。

⑤ 虞学群、吴仲德:《原南京中央国术馆的历史变迁》,《南京体育学院学报》1996 年第 1 期,第 62 页。

第一次走出国门的中华武术表演大受欢迎。中国式的刀枪剑戟和拳术，令欧洲人眼花缭乱。虽然中国体育代表团的比赛成绩依然落后，也难免还被人讥为"东亚病夫"。但是，柏林奥运会上的中国武术表演，却向世界体坛充分展示了中国优秀传统体育文化的风采，同时为奥林匹克运动增添了一朵含苞欲放的奇葩。① 中华武术代表队除在柏林表演外，还应邀去汉堡、法兰克福、维斯巴顿等城市表演，受到当地人民的热烈欢迎。

二、近代中国体育变迁的文化解读

（一）西方近代体育与中国传统体育冲突的原因

中国传统体育在形成和发展过程中对外来文化也有过相当的消化和吸收能力，并对亚洲的邻国产生过重要的影响。但落后的交通状况、通讯手段和强烈的文化优越感决定了中外古代体育文化交流具有局限性。传统的武术、养生、球类、棋类、舞蹈及各种民间游戏，其特点早在秦汉时期已经形成，其格调与规范已定型，与外来文化交流的痕迹并不明显。到了明代后期，由于封建朝廷的闭关锁国政策，传统体育也由小范围的开放走向全面封闭。

西方近代体育却随着资本主义的扩张逐渐传播到了世界各地。在资本主义狂潮的席卷下，各民族的闭关自守状态被打破，世界市场开始形成，体育的国际联系日渐加强，它逐渐超越了政治、宗教、肤色、种族和语言的限制，使近代西方体育由地域性文化变成了一种世界性体育文化，并使其他一切体育形态都黯然失色而成为比较意义上的亚体育文化形态。

中国传统体育巨大的历史惯性，使它与西方近代体育不可避免地发生了激烈的冲突，二者产生的地理环境和社会文化背景不同，中国传统体育植根于农业文明，西方近代体育依托于工业文明。二者的教育价值取向不同，中国传统体育重视伦理教育，西方近代体育突出公平竞争。二者的体育思想和体育手段不同，中国传统体育重视内心修为、追求与自然的

---

① 刘玉华：《忆第11届奥运会中国武术队赴欧表演》，《体育史料》第2辑，人民体育出版社1980年版，第28—29页。

和谐,西方近代体育强调形体锻炼、提倡对自然的抗争。

西方近代体育与中国传统体育发生冲突的原因是多方面的,既有体育本身的冲突,也有教育文化背景的冲突。这种冲突由于西方文化采用暴力性质的传播方式而被大大激化。对于中国传统文化而言,这是一个外来民族利用其先进的生产力将异质文化强加于本民族的屈辱过程,是对本民族文化的征服和取代。因此,中国人民对带有唯我独尊优越感的西方近代体育产生了强烈的逆反心理,进而排斥一切外来体育文化,坚持民族固有的体育文化。这种文化逆反心理也是解释冲突的一个十分重要的原因。

西方近代体育与中国传统体育及其教育文化背景的冲突是深刻而激烈的,它不仅发生在体育的活动形式和组织结构层次,而且深入到体育的价值观和哲学思想的核心层次。这种冲突反映了工业文明与农业文明的巨大社会差异以及东西方两大教育文化体系的本质区别,加之中国人民对殖民主义文化的强烈逆反心理,使西方近代体育在中国的早期发展经历了艰难的历程。但也正是这种差异与冲突,孕育着东西方体育文化大交融的重要契机。也正是在其与中国传统体育及其社会文化背景的冲突中,人们经过比较和分析,逐渐认识到西方近代体育具有的科学性与进步性,为下一阶段奥林匹克运动在中国的开展创造了条件。

(二)西方近代体育与中国传统体育从冲突走向初步融合的原因

1. 中国近代社会的发展需要以竞技体育为表现形式的西方近代体育

西方近代体育之所以能被中国所接受,最重要的原因是当时中国社会之需要。鸦片战争后,中国逐步沦为帝国主义列强的半殖民地。有识之士,莫不痛心疾首,努力寻求救国图强的途径,逐渐兴起了一个学习西方的热潮。

著名爱国思想家魏源在他编著的《海国图志》一书中就强调学习西方"长技",达到"以夷制夷"的目的。此后,无论是企图挽救封建王朝的"洋务派",或者是主张"君主立宪"的资产阶级改良派,都极力提倡学习西方进步文化以图自强,尚武强国正是中国社会接受西方体育的最初动因。

一些先进的中国人认识到,西方之所以强大,除了船坚炮利之外,重视体育是一个重要原因。

19世纪90年代,以严复、康有为、梁启超为代表的资产阶级改良派掀起了"变法维新"运动,提倡西方资产阶级新文化。他们接受了西方教育思想,开始从德、智、体三育的角度来认识和介绍西方体育,促成了我国新的体育思想的产生。严复认为,国民素质高下的标志"一曰血气体力之强,二曰聪明智虑之强,三曰德行仁义之强"①。而中国当时是"民力已荼,民智已卑,民德已薄"②,针对中国当时的状况,严复提出了鼓民力、开民智、新民德的变法改革主张。所谓"鼓民力",就是要使民众"气体强健"。严复强调,健康的体魄,对于国民个人来说,"形神相资,志气相动,有最胜之精神而后有最胜之智略"。③"母健而后儿肥,培其先而种乃进";对国家来说,"论一国富强之效,而以其民之手足体力为之基"。④ 1894年中日甲午战争后,康有为、梁启超提出"以民为兵""尚武"以救国的主张。康有为在他的代表作《大同书》里提出按学段实施体育教育,并在他创办的"万木草堂"的教育活动中有一定程度的体现。梁启超也认为,为了强国,就要尚武,在培养"新民"的教育中,体育不可缺少。资产阶级革命派也大力提倡西方体育,伟大的民主革命先行者孙中山认为"今之提倡体魄之修养,此与强种保国有莫大之关系"⑤,"夫将欲图国之坚强,必先图国民体力之发达"⑥。1917年青年毛泽东以"二十八画生"为笔名发表了《体育之研究》,文中指出体育的作用在于强筋骨、增知识、调感情、强意志,使人"身心并完","体育一道,配德育与智育,而德育皆寄于体。无体是无德智也。""体育于吾人实占第一之位置,体强壮而后学问道德之进修勇而收效远。""体者为知识之载而为道德之寓者也。其载知识也如车,其寓道德也如舍。体者,载知识之车而寓道德之舍也。"⑦所有这些站在时代前列的

---

① 严复:《原强》,《严复集》第1册,中华书局1986年版,第18页。
② 严复:《原强》,《严复集》第1册,中华书局1986年版,第26页。
③ 严复:《原强》,《严复集》第1册,中华书局1986年版,第28页。
④ 严复:《原强》,《严复集》第1册,中华书局1986年版,第19页。
⑤ 《孙中山全集》第五卷,中华书局1985年版,第19页。
⑥ 《中国近代史资料丛刊·辛亥革命》(八),上海人民出版社1957年版,第27页。
⑦ 中共中央文献研究室编:《毛泽东早期文稿》(1912.6—1920.11),湖南出版社1990年版,第67页。

先进人物的论述,都为西方近代体育在中国的传播起到了积极的作用。

1915年以后兴起的新文化运动和五四运动,对封建文化进行了较为彻底的批判,为西方文化在中国的传播进一步扫清了道路。为了救国图强,更多的中国人抛弃了偏见,在对中、西方体育文化的分析和比较中,发现了它的价值。有人指出:"今后欲应社会需要,为捍卫国家计,宜训练智勇兼备之士,养成跑跳奔攀之技,决非土体育所能奏效。"[①]进而大力提倡吸收西方文化的合理成分。以奥林匹克运动为代表的西方体育文化能对中国社会和近代体育产生重大影响,正是这种向西方学习的历史潮流的结果。

在与西方近代体育冲突、交流的过程中,一些有识之士逐渐认识到,西方近代体育建立在科学的基础上,而中国传统体育的科学依据不足,不适应社会的发展。在西方近代体育的参照下,人们清醒地看到,欧美体育的兴盛发展,"得科学的佐助不少,所以随科学的进步而进步"。我们应采取"欧美体育的长处,用科学的方法、教育力量来改造我国的固有体育"。[②]这就决定了中国传统体育吸收、借鉴产生于西方近代工业社会的、具有强烈竞争意识的竞技体育的必要性,以1922年《壬戌学制》的颁布为标志的教育改革,使竞技运动得以在我国学校全面开展。五四运动以后,从外国人手中收回体育主权的呼声日高,促使中国人民在体育运动中逐渐摆脱了外国人的控制,独立自主地举办各种体育竞赛活动。1924年,中国人自己的全国性社会体育组织——中华全国体育协进会成立,中国民众开始自觉主动地接受奥林匹克运动。1931年,国际奥委会正式承认中华全国体育协进会为中国奥委会,这是奥林匹克运动初步融入中国的标志性事件。奥林匹克运动促进了中国近代体育的发展,它推动了中国传统体育的革新,从而丰富了中国近代体育的内容,不仅促进了中国近代体育组织的产生,而且还促使中国近代体育的管理制度与国际初步接轨。

2. 西方近代体育与中国传统体育之间的文化势差

文化势差是指由于文化内在品质和内蕴力量的差别而在文化流动中

---

① 转引自孙葆丽:《奥林匹克运动与中国》,大众文艺出版社2000年版,第60页。
② 转引自浙江体育学会体育史专业委员编:《中国近代体育史文集》,浙江教育出版社1992年版,第135页。

表现出的影响力、辐射力、渗透力等方面的差异性。"先天"的文化环境和"后天"进化的程度导致了文化在活跃性、开放性、生命力等方面的区别，由于活力的强弱，不同的文化接触后，根据文化交流与传播的规律，高势能文化（或者称之为强势文化）对低势能文化（或者称之为弱势文化）就具备一定的吸引力，弱势文化会受到强势文化的影响，这也就必然会出现高势能文化向低势能文化流动的态势。

此阶段，奥林匹克运动作为西方近代体育的最高表现形式，已经度过了初期的艰难探索阶段，加快了发展步伐。从奥林匹克的组织情况看，在这一阶段形成了以国际奥委会为龙头，以国际单项体育联合会和国家奥委会为两翼的三大支柱相互配合的组织体系。1926年，国际奥委会建立了由各国际单项体育联合会代表组成的技术委员会后，国际奥委会逐渐摆脱了奥运会的具体技术性事务，而开始更多地在领导、协调、决策等高层次上发挥作用，国际奥委会在国际体育上的领导地位得到确认。国家奥委会在各自的地区，积极推进奥林匹克运动在本国的发展，处理有关奥林匹克运动的各种本国事务，这就使奥林匹克运动在世界范围内的发展有了坚实的国家组织基础。国际奥委会借助各国奥委会的力量，使奥林匹克运动不断向广度发展。从奥林匹克的思想内容看，1920年，奥林匹克运动有了著名的格言"更快、更高、更强"，这是对1908年"参与比取胜更重要"格言的补充，强调的是一种不断进取、永不满足的精神，一种敢于斗争、敢于胜利的英雄气概，一种不断超越自我、不断实现自身价值的人生追求。奥林匹克格言通过对竞技场上更快、更高、更强这一体育的竞争特点的描述，宣扬了人生的一种态度，就是不停地拼搏与进取。这一格言的出现，不仅丰富了奥林匹克的思想内容，而且也是奥林匹克思想的新发展。从奥林匹克的竞赛模式看，这一阶段，奥运会的基本框架已经形成，其竞赛项目从初期的杂乱无章逐渐走向规范化，形成了一个能普遍为人们所接受的相对稳定的奥运会模式。运动会的举办日期也从初期的长短不定固定为16天。在场地设施上，开始走向标准化。如1928年，400米跑道被正式确定为奥运会的标准跑道。1932年，洛杉矶奥运会开始使用一二三名不同高度的授奖台，并正式使用奥运村这一形式接待运动员。1936年，柏林奥运会首次采用闭路电视转播，扩大了奥林匹克运动在全世界的影响。从奥林匹克的文化形态看，开始出现了文化标志。1920年安特卫普奥运会正式使用了由顾拜旦设计的五环旗。在开幕式上还把施放和平鸽活动和运动员庄严宣誓仪式确定为奥运会仪式。1928年阿姆斯特丹奥运会正式采用了奥林匹克圣火传递仪式。

奥林匹克运动的发展使奥运会深受全世界人民的喜爱。1932年洛杉矶奥运会已有38个国家和地区的1331名运动员参赛,而且第一次出现了中国运动员的身影,中国运动员刘长春第一次正式进入奥运会赛场,虽然成绩不佳,但向世界宣告了中国是奥运大家庭成员和奥林匹克运动在中国的存在。两次世界大战虽然使奥林匹克运动中断,但经历战争的奥林匹克运动更加成熟,1948年的第14届奥运会发展成为有58个国家和地区的4062名运动员参赛的盛大的国际体育活动。

文化流动的可能性和基本原因是文化间的势差。奥林匹克运动影响日益扩大,必然会导致文化势差。从历史的角度来看,工业文明是高于农业文明的社会发展形态,资本主义文化是高于封建主义文化的文化发展形态,在一个历史横截面上,各个文化体系之间存在着发展水平上的文化落差构成了人类文化发展的重要动力。近代中西教育文化交流史,是西方教育文化对中国传统教育文化尖锐挑战的历史。20世纪初,西学在中国迅速传播,这给中国社会造成强大的影响。体育文化作为教育文化的重要组成部分,也相应出现西方体育向中国迁移的"西学东渐"趋向。在工业生产和商品经济环境中诞生的奥林匹克运动,相对于中国传统的农业型体育文化,是一种强势文化。由于文化势差引起的文化流动,弱势文化会受到了强势文化的影响,以农业文明和封建文化为依托的中国传统体育在与以工业文明和资本主义文化为基础的奥林匹克运动的矛盾冲突中处于劣势,在文化的融合中处于守势,中国传统体育文化面对着西方体育文化的冲击,失去了平衡,西方竞技体育以其科学性、合理性和丰富多彩的活动内容,开始越来越被中国民众接受,从而在中国得到一定的发展。

反思教育制度移植

——基于文化的视角

■ 李江源

现代的世界是个开放的世界,各民族之间的联系和交流日趋"一体化",教育制度借鉴、移植似乎成为必然。但是,教育制度作为处理具体的人与人之间关系的教育规范,具有鲜明的民族性。教育制度与每个民族的教育传统、教育生活方式、流行的教育哲学及其意识形态是密切相关的。教育制度是"每个民族的民族意识、文化与传统的最高表现"[①]。不论是什么样的教育制度,或是教育制度中的哪一条条文、规则,都只能是某个民族的产物。教育制度"所体现的乃是一个民族经历的诸多世纪的发展历史,因此不能认为它只包括数学教科书中的规则和定理"[②]。

[作者简介] 李江源(1964—),男,四川南充人,2000 年获北京师范大学教育学博士学位,2000—2002 年在浙江大学教育学博士后流动站从事教育制度理论研究,发表《走向自由:教育制度与人的发展》《我是一个工农兵学员》(上、下)等著作,现为四川师范大学教育学院教授,主要研究领域为教育制度与教育政策等。

① 联合国教科文组织、国际教育发展委员会:《学会生存》,华东师范大学比较教育研究所译,教育科学出版社 1996 年版,第 218 页。

② E. 博登海默:《法理学》,邓正来译,中国政法大学出版社 2004 年版,第 160 页。

一、教育制度移植探义

孔子有言:"名不正则言不顺。"因此,要准确理解"教育制度移植"内涵,我们必须思考"教育制度移植"概念的大致规定性。

要理解"教育制度移植"一词的准确含义,应从词源上追溯英文的"Transplants"词义的历史演变过程。作为名词的"移植"一词,可以追溯到 1756 年。那时它被用于植物学中,尤其用于林木方面,意指一株苗木被一次或多次转移地点。作为动词的"移植"一词,可以追溯到 1440 年,意指将一株植物从一个地方移到另一个地方。从 1555 年开始,"移植"一词意指人们的移动;从 1786 年开始,"移植"一词意指某种外科手术;从 1813 年开始,"移植"一词意指人们的迁徙;[①]"Transplants"(移植),据《牛津英语词典》解释,其义或为"移动并处于新的位置",或为"传送或者转移到别处",或为"移居至另一个国家或地区"。"移植"意味着"位移"。从教育制度制定者、教育制度研究者的角度而言,这种移植发生于不同的教育制度体系之间:既定的教育制度体系中存在非本土的,并且已经从别处引入的教育制度现象。那么,什么正在转移呢? 这就是"教育制度的"或者"教育制度"。"教育制度的"大体上可以化约为教育规则。教育制度移植意指"规则的转移······从一个国家到另外一个国家,或者从一个民族到另外一个民族"[②]。

二、作为文化的教育制度

历史(传统与文化)、"先前"的教育制度、教育传统、教育习俗等是教育制度赖以存在的基础。没有历史、"先前"的教育制度、教育传统、教育习俗等,或者历史、"先前"的教育制度、教育传统、教育习俗等作为过去永

---

① D. 奈尔肯等:《法律移植与法律文化》,高鸿钧等译,清华大学出版社 2006 年版,第 24 页。
② D. 奈尔肯等:《法律移植与法律文化》,高鸿钧等译,清华大学出版社 2006 年版,第 76 页。

远消亡，与现在没有任何的关联，那么教育制度就没有存在的必要，而且也不可能。教育制度存在的前提就是承认人的历史性，承认教育制度的历史性。兰德曼说："人的文化本质包括历史性，早在现代开始时人们就已经认识到了这一点：数十年来，蜜蜂一直在建造同样的蜂房，但是人却'前进了'。他作为一种文化的存在，也是一种历史的存在，这一点也具有双重意义：他对历史既有控制权，又依赖于历史；他决定历史，又为历史所决定。"[①]同时，教育制度存在的前提还是承认历史、"先前"的教育制度、教育传统、教育习俗等的存在，承认历史、"先前"的教育制度、教育传统、教育习俗等对当代教育制度的意义，"制度并不是在真空中形成的。它们在相当程度上依赖和继承于过去的行为组合合法化观念，也就是说，依赖于习俗"[②]。

历史、"先前"教育制度、教育传统、教育习俗等是任何个人存在的前提，它是一个人一旦出生就处身其中，只有死亡才能脱离的东西。人总是属于历史、属于"先前"的教育制度，在历史、"先前"的教育制度的前提下存在。历史、"先前"的教育制度、教育传统、教育习俗等的存在是任何个人所不能选择的，也是任何人必须"遭遇"的。个人还没有出生，"先前"的教育制度就已经存在着。"先前"教育制度对后一代人来说总是"先在"的，作为个人他只能是"先前"教育制度的接受者、"先前"教育制度的孵化物，他只能在"先前"的教育制度中生存，在"先前"的教育制度的约束下选择或发展。因此，我们不能不通过对"先前"教育制度特征的理解、解释来理解这个个人。每一代都被"抛掷"到他的祖辈所创造的历史、"先前"教育制度、教育传统与教育习俗之中，在"先前"教育制度所构建的生活境域中成长。兰德曼说："巴赫的孪生兄弟，在一个陌生的文化圈中不会成为巴赫；一个生而具有艺术天才的欧洲人，如果在日本长大，会以日本风格作画。我们不同的过去使我们不同。各种文化在人形成它之后，又反过来形成人，因此他通过形成文化而间接地形成了他本身。"[③]历史、"先前"教育制度等不仅作为一代人生存的"大地"，而且作为"以往世代所获得的'知识仓库'"（柯武刚语）、作为人类教育经验的叙述是每一代人成长的食

---

①　M.兰德曼：《哲学人类学》，阎嘉译，贵州人民出版社 2006 年版，第 210 页。

②　E.施里特：《习俗与经济》，秦海译，长春出版社 2005 年版，第 3 页。

③　M.兰德曼：《哲学人类学》，阎嘉译，贵州人民出版社 2006 年版，第 213 页。

粮,为每一代人的发展和教育实践提供了准则、规范。因而,历史、"先前"教育制度、教育传统、教育习俗等总是"活"的,是有后效的,这一后效就体现在它对每代人的作用上、对每代人行为规范的塑造上。每一代人不可能离开历史而创造历史,不可能离开"先前"教育制度而创造教育制度,因而历史、"先前"的教育制度为他们提供了生存的"大地"。换句话说,没有历史、"先前"的教育制度,任何人也不能成长为人。只有借助于历史、"先前"的教育制度和教育传统等,人类才能创造性地生存于现在,积极地面向未来。人的存在不是从无开始的,不是悬挂在虚空之中的,同样教育制度也不是从无开始的,不是从"空无"中衍生的,教育制度属于历史、属于"先前"的教育制度。教育制度在"先前"的教育制度中存在,它使一代一代的人从历史的、"先前"的教育制度的"大地"上站立起来,受历史、"先前"教育制度的启迪,对历史、"先前"的教育制度进行创造。教育制度真正地使历史、"先前"的教育制度与个体贯通、融合。

历史、"先前"的教育制度并不与时代隔绝,历史、"先前"的教育制度是由语言进入每代人的。历史、"先前"的教育制度之所以成为历史、"先前"的教育制度,是因为它们已是不同于我们时代的过去。历史、"先前"的教育制度虽然活着并走进当代,但历史、"先前"的教育制度毕竟与我们有一定的时空距离,因此,我们总是随时感到历史、"先前"的教育制度与当代、当代的教育制度以及历史、"先前"的教育制度与我们之间的张力。正因为历史、"先前"的教育制度已经存在于当代,所以我们才能感受到这种张力和距离。而这恰恰是历史、"先前"的教育制度与当代、当代教育制度,是历史、"先前"的教育制度与个人之间的真实关系。论述这一点于教育制度非常重要。教育制度是一代人走向历史、走向"先前"的教育制度,是历史、"先前"的教育制度进入一代人的方式。历史、"先前"的教育制度是教育制度的根源,没有历史、"先前"的教育制度,教育制度将是无源之水。同样,没有教育制度的引导与激励,任何人都不可能在理性的水平上与历史、"先前"的教育制度"对话"。雅斯贝尔斯说:"对我们的自我认识来说,没有任何现实比历史更为重要的了。它向我们显示人类最广阔的天地,给我们带来生活所依据的传统的内容,指点我们用什么标准衡量现世,解除我们受自己时代所加予的意识的束缚,教导我们要从人的最崇高的潜力和不朽的创造力来看待人。"①教育制度要规范、约束人的行为,必须首先使历史、"先前"的教育制度"进驻"个人心灵,并"扎根"个人生活,使个人在历史、"先前"的教育制度经验中汲取养分。"先前"教育制度是人类既存的教育制度经验史,它将告诉我们如何约束人、限制人、解放人。狄尔泰认为,人是什么,只有他的历史才会讲清楚。"人这种类型融化在历史过程中","人是什么,不是靠对人本身的思索来发现,而只能通过历史来发现"。② 人基本的不确定性,总是由他所处的历史、"先前"的教育制度来标明、"注解"的。"先前"的教育制度对他的造就,不少于自然对他的造就。"我既是自然,又是历史。"(狄尔泰语)的确,"人没有自然(天性),只有历史。"(加塞特语)其实,狄尔泰、加塞特两人的论述并不矛盾:像德谟克利特所阐述的一样,教育制度通过规范、规训、约束与激励等手段教育人,创造了另一个自然。人作为人的统一性就浸淫、融汇在"先前"的教育制度之中。"先前"的教育制度是指向未来的,"先前"的教育制度是未完成的,它是人类教育制度存在的过程,它是为了我们现在和将来的教育制度。我们理解教育制度,就是解释我们现在是什么,以及将来可能会成为什么。历史、"先前"的教育制度、教育传统、教育习俗等既是任何个人存在的前提,也是教育、约束、规范个人行为的手段。历史、"先前"的教育制度、教育传统、教育习俗等的存在都是为了教育人、丰满人的精神世界,使他们能领会历史以及"先前"教育制度的训导和指引。历史、"先前"教育制度、教育传统、教育习俗作为教育制度的基础,其价值就在于养育一代人的心智、精神和行为模式。

　　历史、"先前"的教育制度、教育传统、教育习俗等总是贮存、运动在语言中。"所谓历史,就是沉淀在种种语言体系中,就是在语言中延续着的人类生活。"③历史、"先前"的教育制度、教育传统、教育习俗等之所以能进入当代并具有效果,恰恰是因为语言的作用,每代人无法拒绝自己的历史、"先前"的教育制度、教育传统、教育习俗等,是因为人不能没有语言,语言是历史、"先前"的教育制度、教育传统、教育习俗等存在并产生作用的媒介。如果没有语言,历史、"先前"的教育制度、教育传统、教育习俗等

---

① 田汝康等:《现代西方史学流派文选》,上海人民出版社1982年版,第36页。
② M.兰德曼:《哲学人类学》,阎嘉译,贵州人民出版社2006年版,第214页。
③ 高宣扬:《解释学简论》,台湾远流出版公司1988年版,第145—146页。

将不能延续,因为历史、"先前"的教育制度、教育传统、教育习俗等成为不可理解和解释的,成为不能表达的。话语是某一既定的语言符号系统,一个群体发明它是为了实现成员间的沟通与交流。话语是使个体超越自身局限与他人发生联系的首要的因素。科雷特说:"与他人的关系普遍地(如果不是唯一地)是通过话语、更准确地说是通过口语激活起来的。还有一点极为重要,就是通过话语我们形成了对世界的某种解释。实际上,我们不仅通过话语与他人交谈,而且我们通过它进行思考和理解,它是在历史中形成的:话语传递了思想、观点,精神文化的传统就建基在话语之中。"[1]在历史、"先前"的教育制度、教育传统、教育习俗等中存在,同时就是人在语言中的存在,语言不仅是历史、"先前"的教育制度、教育传统、教育习俗等的边界,也是人的存在的世界。人在语言中自然地接受历史、"先前"的教育制度、教育传统、教育习俗等,"语言就是人,它的起源和进步都要归于人的自由。语言体现我们的历史、我们的传承"[2]。人接受和掌握语言的过程,就是他接受和继承历史、"先前"的教育制度、教育传统、教育习俗等的过程。语言是历史、"先前"的教育制度、教育传统、教育习俗等进入个人精神世界的唯一的通道。语言与个人产生关系的时刻,正是历史、"先前"的教育制度、教育传统、教育习俗等渗透个人精神活动的时刻。语言"一旦被掌握,文化这个交往的工具就带来了群体的进步。……我们说,工具是人面对其贫乏然而包含可能的自然结构的挑战做出的回应,而当人所面对的是自己的伙伴时,语言出现在他的心中,伙伴先是变成了'他人',然后再进一步成为'人们'"[3]。历史、"先前"的教育制度、教育传统、教育习俗等真正进入到教育世界中,进入到个人的精神世界中,是因为语言在起作用。没有语言,我们就不可能理解和解释历史、"先前"的教育制度、教育传统、教育习俗等,就不可能使历史、"先前"的教育制度、教育传统、教育习俗等进入一代人的精神之中,使历史、"先前"的教育制度、教育传统、教育习俗等养育个体。语言不仅是历史、"先前"的教育制度、教育传统、教育习俗等表达的方式,同时是教育制度存在和展现的方式。没有语言,教育制度便不可能,这是教育制度存在的事实,因

---

[1]　B. 莫迪恩:《哲学人类学》,李树琴等译,黑龙江人民出版社 2005 年版,第 117 页。
[2]　B. 莫迪恩:《哲学人类学》,李树琴等译,黑龙江人民出版社 2005 年版,第 118 页。
[3]　B. 莫迪恩:《哲学人类学》,李树琴等译,黑龙江人民出版社 2005 年版,第 118 页。

为教育制度在任何意义上都是在交流、对话、沟通、讨价还价中确立的。

教育制度处在历史、"先前"的教育制度、教育传统、教育习俗等的境域内,教育制度因而不能超越历史、"先前"的教育制度、教育传统、教育习俗等。这就意味着我们必须理解历史、"先前"的教育制度、教育传统、教育习俗等,并从中汲取历史、"先前"的教育制度、教育传统、教育习俗等所蕴含的智慧。柏克说:"我们的制度是某种自然选择的结果,它们是一些继续实施着的制度。如果它们在我们所处的时代出现了故障,那需要对其加以改革。唯有当它们在某些新情况下完全瘫痪,或产生邪恶的时候,才可以将其换掉。因为彻底的革新是一种投机生意,是性命攸关的事。在筹划、改革制度的过程中,在革新的过程中,如果遇到了如何选择的问题,我们必须从对历史的反思中寻求指导。因为,那正是汲取人类经验教训的正确途径。"①也正是在这一意义上,我们可以说,的确是个人的本质先于他个体的存在。他的本质是由他所生存或生活于其中的历史、"先前"的教育制度、教育传统、教育习俗等来决定的,不可能离开具体的历史、"先前"的教育制度、教育传统、教育习俗等背景,来谈论他的存在、他的偏好、他的选择、他的个人利益以及他的发展。当然,人发展什么、怎样发展,根本上是由生产力决定的,而直接的则是教育关系即历史、"先前"的教育制度、教育传统、教育习俗等来决定的,人是由历史、"先前"的教育制度、教育传统、教育习俗等塑造出来的,而不是天生如此。

历史、"先前"的教育制度、教育传统、教育习俗等不仅渗透到个人精神活动的方方面面,而且建构人的精神世界、赋予世界以意义。因此,人们在以他们认定的理由,并按照他们的方式制定、建设教育制度时,往往将教育制度视作他们的思想产品、精神产品,寄托着、承载着他们的希望、理想、价值追求乃至信仰。换句话说,教育制度主要是一种教育价值的表达,一种文化情怀的展示、一种道德的关怀。教育制度关注的是人的内在的精神生活的过程,表达的是人的价值追求。一种教育制度如果背离了历史、"先前"的教育制度、教育传统、教育习俗等,无论它多么强大,都不可能持续,因为它不可能扎根于人的良知深处。因此,摈弃道德精神、文化温存、传统体贴、习俗光辉和终极关怀的教育制度是没有生命力的,它

---

① E.柏克:《自由与传统》英文版导言,蒋庆等译,商务印书馆2001年版,第9页。

只有教育制度的外壳而没有感人的力量，只是一时的强制力而没有持久的生命力，只是冷酷的理性规则、管制利器和牟利工具而游离了民众情感、疏离了生活世界、偏离了日常伦理。在不同的历史、"先前"教育制度、教育传统、教育习俗等背景之下，人们对表面上相同的教育制度问题有着不同的理解、解释。教育制度的生成、演变、变迁实际上内嵌于一定的文化场景和文化氛围之中，并因而与一定的文化场景和文化氛围有着"剪不断，理还乱"的复杂关联和相互作用。如果不尽力辨析和梳理其中的关系纽结以及相互作用机制，就难以对教育制度的实质、教育制度的类别以及教育制度变迁作透彻的理解和深入的思考。一般而言，教育制度的自主性，就是教育制度的文化性、精神性、价值性和历史性。教育制度作为人类"教育生活世界"的"教育生活形式"，存在于一定的社会场景与文化氛围之中。其原因在于：第一，人们现实的教育活动本身就是在既定的人类生活世界的文化氛围和社会场景中发生的；第二，文化在一定程度上决定着和表征着教育制度的社会性；第三，不同的文化往往成为教育制度发挥其作用的疆界和边界；第四，教育制度生存于民族国家的传统教育制度文化之中。简言之，教育制度较之书写的"教育制度"词语，内含了更多的意义、信仰、价值乃至更多的情怀，也就是说，教育制度并不等同于"描述"教育制度的书面词语。"不应把规则仅仅当作是纯粹命题性陈述意义上的规则。规则含有多于一连串书写的词语的内蕴，也就是说，规则并不等同于书面语词。"[①]

教育制度是文化的重要组成部分，或者说，教育制度是文化的部分表现形式。随着文化因素的增多，一些重要的历史的、意识形态的组成部分支撑、滋养着教育制度。在经验层面，一条教育制度如果完全脱离界定教育制度（文化）的意义世界，实际上是无法存在的。教育制度是民族国家整个文化体系的重要组成部分，而不是某个社会可以选择或购买，因而不具有任何特定社会遗传标志的中性人造品，具有共同教育制度遗产的民族国家之间存在着教育制度体系上的相似之处。尽管许多国家从其他国家借用了整套教育制度体系，事实上借用也确实是一些国家现代教育制

---

① D.奈尔肯等：《法律移植与法律文化》，高鸿钧等译，清华大学出版社 2006 年版，第 81 页。

度的一个关键主题,但是,借用或保留外国教育制度意味着被借用或保留的通常都是不具有习惯意义上的文化特点,而是工具,某种技术,像喷气机、计算机硬件或玉米杂交,可以在一个国家包装后运到另一个国家。换句话说,借用的只是教育制度的外壳。一方面,借用是官方教育制度的一个问题,我们不知道借用来的教育制度体系有没有在国民教育行动中扎下真正的根。一些学者对此持怀疑态度。塞德曼在谈到"法律不可转移的规律"时说:"规则……引起的活动对任何场合都是特别的",从一种文化转移到另一种文化的规则根本"不能被期望会引起同原地一样的作用"。① 另一方面,部分是整体的表现和构成要素,二者相辅相成、相得益彰。加达默尔说:"由于被整体所规定的各个部分本身同时也规定着这个整体,意指整体的意义预期才成为明智的理解。""理解的运动经常就是从整体到部分,再从部分返回到整体。我们的任务就是要在各种同心圆中扩大这种被理解的意义的统一性。一切个别性与整体的一致性就是正确理解的合适标准。未达到这种一致性意味着理解的失败。"②但是,从部分中理解整体的能力限制了教育制度制定者、研究者的能力。因为,教育制度存在于一个更宽泛的认识论框架之中,教育制度制定者、研究者必须以某种方式将教育制度置于语境之中,这样才会使教育制度不是武断的、断续的表现形式,而是连贯的、清晰的、整体的表现形式。正如巴赫金所说:"话语事实上存在于其自身之外,存在于指向客体的真实冲动之中;如果我们将自己完全从这种冲动中分离出来,那么所能留下的,除了那赤裸裸的语词尸体之外一无所有,我们将对生活中特定语词的社会情境或未来命运一无所知。"③因此,教育制度在无形之中往往成为一种文化感觉的载体,教育制度制定者、研究者通过从特殊到抽象的过程而投入到文本的语言之中。教育制度制定者、研究者特别关注实体性教育制度的比较,这种习惯性做法只有在借助更广阔的文化框架中才富有表现力,因为这种框架能够表明这些教育制度材料所由产生的智识的和情感的背景。换句话说,忽视教育制度材料所由产生的智识的和情感的背景,试图从教育制度

---

① L. S. 弗里德曼:《法律制度》,李琼英等译,中国政法大学出版社 2004 年版,第 228 页。

② H. G. 加达默尔:《真理与方法》上卷,洪汉鼎译,上海译文出版社 2004 年版,第 376 页。

③ D. 奈尔肯等:《法律移植与法律文化》,高鸿钧等译,清华大学出版社 2006 年版,第 75 页。

这个巨大"包裹"中抽取一部分内容当然会遇到各种意想不到的阻力,会遭遇"水土不服"的尴尬。正因为如此,一些学者认为,借用教育制度的尝试无论多么虔诚、执着都注定会以失败收场,教育制度移植简直是不可能的。教育制度在一个国家、一个民族的成功,一方面是好的思想或观点发生了作用,而更大程度上取决于使这些好的思想可以生根、发芽、成长壮大的环境。换句话说,成功的教育制度具有厚重的"民族性",不能原样照搬或复制,原因在于复制到的只是教育制度本身,而真正有价值的却是酝酿教育制度成功的各种条件或因素,而这些东西显然是无法复制的。

三、文化视野下的教育制度移植

一般而言,教育制度往往是从外部世界获得它之所以存在的意义的;解释共同体(教育制度制定者、研究者等)会把意义有效地嵌入教育制度之中。就教育制度移植而言,当命题性陈述(教育制度是规则而且仅仅是规则)及其所被赋予的意义能从一个文化全盘传输到另一个文化时,才有可能发生富有意义的"教育制度移植"。假如嵌入教育制度之中的意义本身具有文化的特殊性或者民族文化的烙印,那么,无论如何也很难想象这种教育制度移植如何能够发生。用语言学的术语来表示,我们可以说,意义(意味着语词的观念内含)从来就不会转移,因为它总是涉及一种特殊的符号——文化情境。

作为文化之一部分的教育制度,本质上是一个符号。它不但具有解决教育冲突、教育矛盾的功能,而且秉有传达意义的性质。尽管教育制度的发展受制于多少是可以"通约"的社会的和物质的发展,但是教育制度是被创造出来的,在不同的时间、地点和场合,由不同的人群根据不同的想法创造出来的。人在创造教育制度的时候,命定地在其中贯注了他的教育想象、教育信仰、教育偏好和教育情感。这样被创造出来的教育制度固然可以是某种社会需求的产物,但是它们本身却也是创造性的。着眼于前一方面,不同社会中的教育制度可能被发现履行着同样的功能,甚至分享某些共同的原则;着眼于前一方面,发自人心的教育制度同时表达了特定的文化选择和意向,它从总体上限制着教育制度的成长,规定着教育制度发展的方向。正因为如此,罗格朗认为,那些倡导法律移植模式的学者,其基本错误在于他们不理解法律与特定社会和文化情境密不可分的特质。规则的存在依赖于特定解释共同体中的解释和运用,这是由历史和文化所限定的。作为"一个整体一部分的文化表现形式……一条规则如果完全脱离界定法律文化的意义的世界,是无法实际存在的;部分是整体的表现和构成要素"①。相反,当命题性陈述发现自身在技术上同另一种教育制度结合在一起时,本土文化对这种命题性陈述会有不同的理解,或者说,被赋予一种与其早先不同的文化上的特殊意义。因此,教育制度之所以成为教育制度的要素——意义,就不可能在教育制度移植过程中保存、复制下来。

以纯粹的命题形式构成教育制度的书面词语与这些词语所关联的思想、意义之间的关系,从文化决定论的意义上言,其实是偶然的。人类语言的标志在于,它不像动物的表达标志那样僵硬,而是保持着可变性。"这种可变性不光表现在人类有许多种语言,还在于人能用相同的语言和相同的词句表达不同的事物,或者用不同的词句表达同一事物。"②尽管如此,仍然没有任何证据可以证明,在不同的文化语境中,相同的书面词语能够产生相同的思想,更何况这些书面词语本身就是不同的,因为它们已然转译成另一种语言。诚如怀特所说:"一个人不能将用一种语言创作的,包含在一个文本中的'思想''概念'或'信息','穿越'到用另一种语言创作的另一个文本中。"③在索绪尔看来,语言是一种"普遍性的财富",是整个群体的集体财产。他说:"语言理论所要关注是一个完全同质的言语共同体中的理想的说者—听者,他们对其语言有着完美的了解,而且,在其把这种语言知识运用于实际的操作时,他们并不受诸如记忆限度、分心、注意力或兴趣转移以及误差这类语法上不相关的条件的影响。"④话语是某一既定的语言符号系统,一个群体发明它是为了实现成员间的沟通和交流。每个系统都属于特定的人群和文化:法语属于法国人、德语属于德国人,等等。如果没有话语,就不会有社会。社会群体的形成首先发生

---

① D. 奈尔肯等:《法律移植与法律文化》,高鸿钧等译,清华大学出版社 2006 年版,第 4 页。

② H. G. 加达默尔:《哲学的解释学》,夏镇平等译,上海译文出版社 2004 年版,第 61 页。

③ J. B. White. Justice as translation. Chicago:University of Chicago Press,1990:247.

④ P. 布尔迪厄:《言语意味着什么》,褚思真等译,商务印书馆 2005 年版,第 16 页。

在话语的基础上,法国人、德国人等在同一话语方式,也就是法语的基础上形成自己的民族。话语不仅是文化的承载因素,群体还在话语当中直接反映自身以及自己的文化。格里姆说:"一种话语,通过其特定的语法结构,使给予群体生命并使其说出自己独有话语的那个重要意志显现出来……在某种话语中,那些说话的人——即使是以一种几乎难以觉察的咕哝的方式——构成我们所说的群体。"[1]语言为同质的语言共同体所共享,语言共同体即是"使用同一语言符号系统的人群",因此,语言凝固、传递了相同的思想、情怀。即便不同的语言共同体使用了相同的话语,但表达的思想、情感是不同的。"毫无疑问,各个民族的语言中有共同的语词,这些共同的语词被认为是同义词,但是,这些共同的语词唤醒了听上去完全不同的感情、思想和思维方式。"[2]例如,"Brot"(德语"面包")一词的含义对于德国人来说,不同于"Pain"(法语"面包")一词对法国人的含义。换句话说,当语词跨越了边界,就会有一种截然不同的理性和道德来为这些外来语词提供支持和实现保证:本土文化根据本土已然接受和可以接受的正当性标准继续清晰地表达其道德上的质询、拷问。因此,输入词语不可避免地要承载和本土不同的含义,而这本身就使得该教育制度成为一个不同的制度,"同一语言的语词在不同的法律体系中可能会具有不同的涵义"。当对一个教育制度的理解发生变化时,这一教育制度的意义也随之变化,而当教育制度的意义发生改变时,教育制度自身也改变了。因此,我们可以说,"教育制度移植"不会有效地发生。教育制度的一个关键要素——意义,仍然滞留原处,因而在事实上,"他处"的教育制度并不会自动移植到"本地"。假设采用共通的语言,我们可以表示如下:有一个教育制度(书面之语词 a+意义 x),在别处也有一个教育制度(书面之语词 b+意义 y)。显然,这不是同一个教育制度。简言之,总是存在着本土性的、不可通约的因素,这些因素抑制了有关源于其他国家、其他民族的教育制度体系融入本地的认识论上的接受能力,这无疑限制了有效"教育制度移植"的可能性。由于本土文化所固有的整合能力,很快就使得这些借用词语的外形,打上了厚重的本土化烙印,并朝着本土化的趋势转变。怀

---

[1] B. 莫迪恩:《哲学人类学》,李树琴等译,黑龙江人民出版社 2005 年版,第 118 页。

[2] L. de Saussure, Psychologie de la colonization francaise. Paris:Alcan,1899:49.

特说："新文本中的每一个因素都具有了和旧文本不同的意义，就如旧文本，因为新文本获得了其语境所在的自身意义……而语境永远是新的。"①

意义不会简单地将自己"借给"移植的教育制度，意义既不会在民族与民族之间、国家与国家之间流通，也不会"在国际间流通"。对于形成人类良好的教育生活来说，仅仅有关于他国的教育制度知识是远远不够的，于是我们需要进一步理解他国的教育制度，可是理解了他国的教育制度仍然不足以使我们形成良好的共生局面，因为缺乏可以让大家都接受的教育信念、教育价值观和教育生活想象。格尔兹说："在法律方面并非就是一套限定的规范、制度、原则、价值或者法律对蒸馏过的事件的反应可从中取得的不论名之为何物的东西，而是属于一种独具特色的料想真情的方式。在根本上，法律所看见的不是发生了什么，而是发生什么；如果法律因地区之别、时间之别及人之群体之别而有所不同，它所看见的便同样也是有所不同的。"②日本在"王政复古，驱逐夷狄"的口号下开始明治维新。新政府有意识、有选择地向西方学习，即学习"兰学"（意指一般西学）、英美的技术、德国和奥地利的宪法、法国的初等教育和德国的高等教育。就教育而言，"德国高等教育十分适合于日本，因为德国的政府体制和社会状况与日本有些相似，在这种社会中，高等教育体制由国家控制，并适合于为国家制定的政治、军事和经济发展规划培养政府官员、专业人员和工程师"③。为此，日本的新兴大学有意识地模仿德国模式，设法律、医学、自然科学、哲学各学部和讲座制。每个讲座由一名教授担任，并由讲师、助教和研究生协助教授工作。这样，讲座成为日本大学学术组织的基本单位（至少在早期阶段是如此），"既重视科学研究，也重视道德教育和品格形成"④。但是，实际上，日本的体制与德国相去甚远。"日本人不能想象'教学自由'和'学习自由'，他们对国立大学的教学严加控制。对日本人而言，Wissenschaft 纯学术或纯科学的概念是它们没有条件贯穿于实际活动中的，他们的重点完全放在实际科目和应用科学方面。工程学，德国是放在工业大学中的，而在日本自一开始就是大学的一个不可分

① J. B. White. Justice as translation. Chicago:University of Chicago Press,1990:248.
② C. 格尔兹：《地方性知识》，王海龙等译，中央编译出版社 2000 年版，第 230 页。
③ B. R. 克拉克：《高等教育新论》，王承绪等译，浙江教育出版社 2001 年版，第 43 页。
④ B. R. 克拉克：《高等教育新论》，王承绪等译，浙江教育出版社 2001 年版，第 43 页。

割的组成部分。德国的医学教授，正如我们提到的，不允许看病人，大学外的一般开业医生则不能去大学医院和使用它的医疗设备，而在日本，这两种做法都受鼓励。日本大学的学部不是自主的单位，它受政府大学管理部门领导。日本的讲座制也很不相同：教授没有个人研究所；每门学科常设一个以上的讲座；日本大学没有德国那种不付薪的编外讲师；付薪的讲师、助教与其说是下属不如说是同事；学生不能像德国人那样在各大学间自由来往，与最好的教师待一段时间，相反，他们是通过异常激烈的竞争进入最好的大学，在那儿一直待到毕业，然后入政府部门或企业公司任职。日本大学比德国大学更关心培养公务员、工程师和开业医生而不是从事专业研究的科学家，但他们从事的研究适合于满足企业和国家的直接需要。"①可见，德国大学的讲座制等制度规范并没有在日本"扎根"。事实上，那些被认为现在可在日本发现的德国教育制度规范，并不与德国的教育制度规范相一致。德国的教育制度很快被日本的阐释共同体所本土化了，其结果必然是日本讲座制、教学自由和学习自由等话语的意义在这两个国家之间存在着巨大的差异。日本的高等教育制度尽管具有很强的西方"遗传性状"，但同时也是适应日本文化情境的、具有日本文化独特性的高等教育制度。诚如范德格拉夫所说："当那些从国外模仿学习来的东西，融进一个具有不同利益不同信念的结构时，这些外来的成分都已经被扭曲和改造了。"②

民族国家的教育制度文化结构包含着某些与众不同的特性。民族国家的教育制度文化所包含的教育制度观念、教育制度意识作为某种"活"的教育制度文化积淀仍然以其特有的方式影响、左右着民族每一成员的教育制度思维与教育行为选择。教育制度在规范教育生活、构建教育制度秩序的过程中经常遭遇来自"先前"教育制度的"握手"，难以从"纸面上""书本上"落实到社会成员的"教育行动中"。而这些特性进而影响了对教育制度的解释和理解，也就是说这些特性是根据意义的本土体系的独特文化逻辑决定教育制度的制度性或规范性。教育制度是一国"教育场域"的教育行为规则，这种规则的形成根源于一国的教育传统、教育文

---

① B. R. 克拉克：《高等教育新论》，王承绪等译，浙江教育出版社 2001 年版，第 43—44 页。

② J. 范德格拉夫等：《学术权力》，王承绪等译，浙江教育出版社 2001 年版，第 216 页。

化、教育价值观乃至意识形态等诸多因素。博伊德说："犹如雅典过去是'希腊的教育者'一样,希腊现在成为各国教育的领导者了,就连学校这个概念也是来源于希腊的,各国在学校制度上从希腊自由采用的,不仅是学科和方法,甚至还包括教材。然而,他们并未盲目地仿效。每一个民族,都从希腊楷模的宝库中,采用了自己所需要的东西,并使之适应自己特定的环境。"①例如,近代德国进步的、以研究为方向的大学后来广为世界各地所羡慕和仿效,"德国大学的灵活性及其发展的内在逻辑,使德国大学体现出一种专业化的、以研究为方向的理想,从而成为其他先进国家进步的高等教育体制模式"②。只不过,那些仿效它的国家都各按其不同的社会背景,有选择地借鉴德国大学的做法,使德国的传统适应本国的需要。阿什比说："在英美大学的血液中,都有德国大学的宝贵传统,只是各国为适应本国的学术传统和社会风尚而有所取舍罢了。"③因此,(这些)教育制度并不是同一的教育制度,其间的相似性仅仅止于纯粹语词本身的形式。斯帕贝尔说："同一个语词一次又一次地印刷或讲述,这个实事并不意味着在人与人之间传播的是相同的意义(即语词的一半)。"其次,教育制度只能反映处于特定文化情境中民族国家的教育思想、教育观念和教育价值,只能反映个人的教育主张、教育理解和教育情怀,而"文化(存在于)人们的头脑和心灵中"④,个人则属于受到历史、文化和认识论限制的阐释共同体的成员。因此,即便是相同的教育制度,每个人的理解和解释也是不尽相同的。再次,作为一种"地方性知识"的教育制度,其移植几乎是不可能的。一种教育制度的生产模式,不管是哪个国家、哪个民族的教育制度知识,从起源上说都不像逻辑、数学、科学和哲学那样是按照普遍知识的要求和设想方式而创造出来的,而是在历史、"先前"教育制度、教育传统和教育习俗以及具体的社会和教育生活的土壤上生长出来的、与民族国家情况相配的地方性叙事。无论哪一种教育制度,都只是一种地方性知识,而不是普遍性知识——某种知识如果它的恰当性是与它所描写的某

---

①　W. 博伊德等:《西方教育史》,任宝祥等主译,人民教育出版社 1986 年版,第 44 页。

②　B. R. 克拉克:《高等教育新论》,王承绪等译,浙江教育出版社 2001 年版,第 38 页。

③　E. 阿什比:《科技发达时代的大学教育》,滕大春等译,人民教育出版社 1983 年版,第 12 页。

④　C. 格尔兹:《文化的解释》,纳日碧力戈等译,上海人民出版社 1999 年版,第 12 页。

事物的环境不可分的,那么是地方性的,否则是普遍性的。也就是说,各民族国家在其长期发展过程中,形成了各种教育制度经验和教育制度知识,这是人类教育制度经验和教育制度知识的多样性,这些民族国家的教育制度经验和教育制度知识与各民族国家有着天然的和谐,因此,把某个民族国家的教育制度经验和教育制度知识推广为普遍知识是不可能的。尽管一些西方国家往往把它们的教育制度知识自诩为"本来"就是普遍的,但是通过使用西方的教育制度知识对民族国家的经验进行描述、解释可以发现,这样的教育制度知识生产不是非常成功,这些教育制度知识在实践的可行性上也有着局限或缺陷。在利用西方教育制度概念来解释民族国家教育制度经验时存在着这样一个问题:替换了概念就在很大程度上替换了事实。可见,西方有关教育制度的知识也是一种地方性知识。到目前为止,还没有能够把世界上各种教育情况都考虑在内的普遍有效的教育制度理解、解释模式,所以教育制度都是地方性知识。当然,这不是说,永远都不会有关于教育制度的普遍理解、解释模式,只是说,普遍理解、解释教育制度或普遍教育制度知识是以普遍教育生活、"共识"为基础的,在没有普遍教育生活、"共识"的时候,普遍性教育制度就还没有开始。

因此,能真正从一个教育制度体系移植到另一个教育制度体系的东西充其量不过是一堆毫无含义的语词形式。从教育制度移植这个术语富有任何有意义的角度而言,"教育制度移植"都不会发生。

我国当代研究介绍国外教育高潮的回顾

——基于专业报刊和著作的考察与分析

■ 朱宗顺

　　研究介绍国外教育思想、制度和经验，是教育交流的"隐性"组成部分，能为国内教育改革与发展带来宝贵的域外思想资源。1949 年至 1976 年，受极"左"思想尤其是"文化大革命"的干扰，我国对国外教育的研究介绍，仅限于苏联和东欧社会主义阵营，对其他国家的教育则采取盲目排斥的政策，这种褊狭的教育交流视域一定程度上迟滞了我国教育现代化的步伐。党的十一届三中全会以后，随着"文化大革命"灾难的结束，改革开放格局逐步形成，我国教育现代化重新步入正轨，吸收和借鉴国外教育经验、教育理论的需求日趋急迫。在这一背景下，20 世纪 70 年代末至 2000 年间，国内专业报刊和著作，对国外教育进行了广泛译介，从而兴起新中国成立以来全面研究介绍国外教育的高潮。本文拟以专业报刊和专著为线索，对我国当代研究介绍国外教育高潮的情况进行梳理与分析，以一窥我国当代教育交流之一斑。

　　[作者简介]　朱宗顺(1967—)，男，湖北巴东人，2004 年获浙江大学教育学博士学位，著有《交流与改革：教育交流视野中的中国教育改革(1978—2000)》《特殊教育史》等，现为浙江师范大学杭州幼儿师范学院院长助理、教授，主要研究领域为学前教育基本理论、特殊教育史、幼儿园教师教育等。

一、报纸杂志对国外教育的广泛译介

（一）聚焦研究与介绍国外教育的专门刊物

在 20 世纪 80 年代前，国内没有专门研究国外教育的正式刊物，仅有几种内部资料，作为交流国外教育动态和资料的载体。北京师范大学教育系 1965 年试刊《外国教育动态》："供教育工作者在教育领域内开展反对帝国主义、反对现代修正主义的斗争，进行外国教育批判研究作参考的内部刊物。它的内容将介绍马克思列宁主义教育著作、兄弟国家的教育经验；现代修正主义的教育理论和实施，以及资本主义各国的教育动态和帝国主义的教育政策。"[①]"文革"爆发后停刊。1972 年 11 月，国务院科教组邀请北京师大、上海师大、吉林师大、河北大学有关人员座谈国外教育研究问题，确定分工开展研究。其中，北京师范大学着重研究苏联、东欧和美国的教育，上海师范大学[②]着重研究北美、西欧的教育，吉林师大着重研究日本、朝鲜的教育，河北大学着重研究日本的教育，亚非拉地区发展中国家的教育由各校适当兼顾研究。为此，北京师范大学恢复出版《外国教育动态》，上海师大 1972 年创办《外国教育资料》，东北师大从 1975 年起刊有《日本教育情况》等内部资料。这样，国内有了较为固定的国外教育研究的内部交流刊物。其中，《外国教育动态》和《外国教育资料》后来发展为国内有影响的外国教育研究专业期刊，成为研究介绍国外教育高潮的重要"潮头"。

1. 从《外国教育动态》到《比较教育研究》

北京师范大学《外国教育动态》于 1973 年恢复出版，发刊词宣称："在

---

① 北京师范大学教育系编：《外国教育动态》（试刊"发刊说明"），1965 年。

② 当时的上海师大即今天的华东师范大学。1972 年，华东师范大学、上海师范学院、上海体育学院、上海半工半读师院和上海教育学院 5 校被合并为"上海师范大学"。1978 年上海师范学院、上海体育学院、上海教育学院相继恢复建制，从上海师大分离出去。1980 年，经教育部批准，恢复华东师范大学原名。

我国无产阶级教育革命深入发展的新形势下,根据上级指示精神,特出版不定期的内部刊物《外国教育动态》,为在教育领域内彻底批判资产阶级和修正主义,深入开展斗批改,给领导和有关单位提供一些参考资料。"①1973 年 1 月到 1976 年 3 月,共出 8 期,译介苏联、美国、日本、英国、法国、西德及部分人民民主国家的教育资料,重点对所谓"苏修"教育进行批判介绍;1977 年 5 月到 1979 年 12 月,又出版了 14 期,开始正面介绍西方资本主义国家以及苏联的教育制度、课程、教育改革等国外教育资料。

从 1980 年起,《外国教育动态》正式出版双月刊,1992 年改名为《比较教育研究》,成为研究国外教育的主要刊物之一。据统计,从 1980 年正式创刊到 2000 年年底,该刊发表研究介绍国外教育的文章 1939 篇(不含小资料、书讯、动态、会议、机构介绍等信息),年均 92 篇,刊文逐年分布情况参见表 1。

表 1　《比较教育研究》(原名《外国教育动态》)1980 年至 2000 年刊文量统计

年份	论文数	年份	论文数	年份	论文数
1980	100	1987	101	1994	84
1981	104	1988	107	1995	81
1982	112	1989	94	1996	80
1983	95	1990	92	1997	80
1984	119	1991	90	1998	75
1985	107	1992	82	1999	70
1986	101	1993	83	2000	82
合计:1939 篇					

从该刊所发论文的内容来看,涉及国外教育制度、教育理论的各个方面,研究视野遍及于全球各主要国家和地区。对该刊 1992 年至 1997 年发表论文的计量分析表明:6 年共发表各类文章 490 篇,其中,介绍国外教育动态的文章占 38.2%,国外教育改革状况的论文占 19.56%,国外教育

---

①　北京师范大学外国问题研究所外国教育研究室编:《外国教育动态》(内部刊物),1973 年 1 月。

管理研究的论文占 19.56％，国外教育理论研究占 18.21％，其他占 4.38％。[①] 对该刊 1992 年至 1998 年论文中的引文进行研究表明：7 年间共发表 565 篇论文（不含书评、动态和报告等）中，共有引文 2538 条，引文涉及中文、英语、日语、俄语、法语、韩国语等语种，其中，中文引文占 47.8％，英文引文占 41.7％，其他日、俄、德、法、韩等语分别占 5.5％、3.4％、0.7％、0.4％、0.1％，外文引文集中在 1976 年到 1995 年。[②] 这说明，作为国外教育研究的重要窗口，《比较教育研究》已经能广泛地关注来自各主要发达国家尤其是英语国家的最新教育动态。

2. 从《外国教育资料》到《全球教育展望》

华东师范大学创办的《外国教育资料》始于 1972 年。其中，1972 年至 1980 年注明为上海师范大学外国教育研究室编，从 1981 年第 1 期起署名为华东师范大学《外国教育资料》编辑部编辑。该刊从 1980 年第 1 期起从内部交流改为内部发行，1981 年第 1 期改为双月刊正式出版，2001 年改名《全球教育展望》，是研究国外教育的另一个重要阵地。

从 1972 年到 1975 年，该刊共刊发各类研究介绍国外教育的文章 100 余篇，主要介绍苏联、欧美各国及日本的教育。如 1972 年，介绍了日本的第三次教育改革、美国 20 世纪 50 年代的中学理科教材改革、日本的教育概况、苏联的教育改革、联合国教科文组织的活动以及朝鲜、越南、罗马尼亚、阿尔巴尼亚诸国的学制等资料。1976 年到 1980 年，共发表论文 341 篇，介绍了终身教育思想、新的课程理论、西方教育科学的新发展，涉及布鲁纳、赞科夫、苏霍姆林斯基、科尔伯格等当代国外教育家及其理论。据统计：1981 年到 2000 年，该刊共发表各类研究介绍国外教育的论文 1655 篇（不含小资料、统计、动态、信息等），年均 82 篇。刊文逐年分布情况参见表 2。

---

① 李晓梅：《〈比较教育研究〉论文统计及分析》，《比较教育研究》1999 年第 2 期。
② 赫忠惠：《〈比较教育研究〉论文引用文献分析》，《比较教育研究》2000 年第 2 期。

表 2 《外国教育资料》1981 年至 2000 年刊文量统计

年份	论文数	年份	论文数	年份	论文数
1981	84	1988	82	1995	89
1982	66	1989	72	1996	85
1983	73	1990	74	1997	92
1984	87	1991	67	1998	90
1985	83	1992	88	1999	97
1986	76	1993	84	2000	101
1987	83	1994	82	合计	1655

除上述两种刊物外,"文革"后先后发行的其他专门研究介绍国外教育的杂志,主要还有:中央教育科学研究所外国教育研究室创办的《外国教育》、东北师范大学的《外国教育研究》、上海师范大学的《外国中小学教育》、厦门大学的《外国高等教育资料》、福建师范大学的《外国教育参考资料》、教育部教育信息管理中心的《教育参考资料》和《世界教育信息》等。这些专门刊物的创办,为研究介绍国外教育提供了舞台,共同推动并见证了我国当代研究介绍国外教育高潮的兴起。

(二)透视其他教育刊物对国外教育的研究介绍

在专门研究介绍国外教育的期刊之外,《教育研究》《华东师范大学学报》(教育科学版)等有影响的教育刊物,也成为这一时期刊发国外教育资料的重要阵地。

1.《教育研究》对国外教育的研究介绍

中央教育科学研究所①主办的《教育研究》,创办于 1979 年。创刊伊始,就把吸收国外教育"空气"作为主要任务,提出:"打开门窗,流通空气,吸收古今中外的学术营养。任何科学研究都要吸收古今中外已有的学术成就,才能把古今中外已经达到的研究水平作为起点,向新的高峰攀登。我们要推动教育科学前进为四个现代化服务,并使教育研究本身现代化,

---

① 2011 年 8 月,中央教育科学研究所改名为中国教育科学研究院。

就必须打开关闭多年的门窗,流通流通空气,让外边的风吹进来;同时打开历史的仓库,检查一下里边还有些什么有用的东西。因此,本刊将介绍一些外国教育制度、教育方法、教育理论和流派,也发掘一下古代教育遗产,以便开阔眼界,打开思路,取其精华,弃其糟粕,'洋为中用','古为今用'。"①

据统计:1979 年到 2000 年年底,《教育研究》共发表研究论文 4400 余篇(不含简讯、小资料等),其中,研究介绍国外教育的论文 350 多篇,占论文总数的 8%。在《教育研究》1979 年第 1 期的创刊号上,即刊发了 4 篇专门研究外国教育的论文:(1)张焕庭《论"结构主义教育"》,介绍以瑞士心理学家皮亚杰和美国教育学家布鲁纳为代表的"结构主义教育"思想,指出:该理论是"当前西方资产阶级国家中比较流行的一个教育思想流派","近来有许多教育家、心理学家和一些特级教师,为了积极做好基础教育工作,广开才路,也在注视这个学派的积极意义",因此,"我们应当实事求是地给这个学派以恰当的评价,取其有益的东西作为借鉴"。②(2)布鲁纳著、邵瑞珍译《教育过程再探》,该文是布鲁纳对其领导的 20 世纪 60年代美国教育改革的反思,译者评价道:布鲁纳"所关心的已不是凭借课程从内部去改革学校,而是要把学校全部改组以切合社会的需要。他提出,应该更多地注意与社会所面临的问题相关联的知识,对学科中的知识结构就不再强调了"③。(3)张人杰《国外教育科学研究的组织》,介绍了苏联、美国、日本、法国等国家和地区教育科研组织,有助于我们了解国外的教育科研情况。(4)同期还发表了两篇与教育有关的国外心理学研究论文,分别是朱智贤的《七十年代西方儿童心理学发展述评》、徐联仓的《澳大利亚的教育心理和儿童心理研究》。

2.《华东师范大学学报》(教育科学版)对国外教育的研究介绍

《华东师范大学学报》从 1982 年第 6 期起创办"教育科学版",到 2000年,共发表论文 800 余篇(不含书讯、小资料等短文),其中,由外国学者撰写的论文或专门研究国外教育的论文 168 篇,比例在 20% 以上;至于文中

---

① 《编者的话》,《教育研究》1979 年第 1 期。
② 张焕庭:《论"结构主义教育"》,《教育研究》1979 年第 1 期。
③ 杰罗姆·S.布鲁纳著:《教育过程再探》,邵瑞珍译,《教育研究》1979 年第 1 期。

引用外国文献、外国理论,更是相当普遍。如创刊号上发表的研究国外教育的论文就有:肖前瑛《美国教育心理学研究见闻》,吴秀娟、张济正《探析西方教育管理理论的产生和发展》,傅统先《试论皮亚杰的结构主义》,赵祥麟《杜威芝加哥实验的设计和理论述评》,吴式颖《克鲁普斯卡雅与苏联教育》,单中惠《试论斯宾塞在近代科学教育发展中的地位》。

　　更具特点的是,该刊从 1985 年第 3 期起,特约国外当代有影响力的教育家、心理学家撰文,1985 年到 2000 年,共发表来自海外的特约论文70 篇,囊括了几乎所有当代国外著名教育家。其中,来自美国的 25 篇,来自英国的 11 篇,日本 9 篇,德国 5 篇,加拿大 5 篇,苏联 3 篇,瑞典 3 篇,法国 2 篇,澳大利亚、比利时、印度、塞内加尔、罗马尼亚、南斯拉夫等共 7 篇。文章目录见表 3。特约当代国外知名教育家撰文向中国读者介绍或传播他们的教育思想,从国外教育思想的引入来看,具有及时性、直接性、原创性等特点,可以使国内读者及时地了解国外教育研究者们当下的研究主题,即时共享世界教育的最新成果,大大增强了外来教育理念传播的效力。

表 3　《华东师范大学学报》(教育科学版)1985 年到 2000 年刊发的特约海外来稿情况

作者	文章题目及发表时间	作者	文章题目及发表时间
[日]新堀通也	日本的教育社会学/1985/3	[英]G. 海登	论哲学与价值教育——以英国全国统一课程为例/1992/3
[日]片冈德雄	班级社会学探讨/1985/3	[英]P. 莫蒂默尔、J. 莫蒂默尔	当前英国教育中的问题/1994/1
[日]阿部洋	舒新城的中国教育近代化论——他的教育思想与实践/1992/4	[英]M. B. 萨瑟兰	教师的培养与教育理论的学习/1994/3
[日]天野郁夫	日本教育的正负面/1993/1	[英]W. 卡尔	技术抑或实践?——教育理论的未来/1995/2
[日]三轮定宣	面向 21 世纪的日本教师教育改革及展望/1998/1	[英]P. 郎	情感教育的国际透视/1995/3
[日]佐藤学	教室的困惑/1998/2	[英]R. C. 巴罗	文化繁衍与教育/1996/1
[日]荫山英顺、石川美由纪	自闭症世界的素描——青春的自闭症世界/1998/3	[英]P. 莫蒂默尔	面向 21 世纪的英国师范教育改革/1996/3

续表

作者	文章题目及发表时间	作者	文章题目及发表时间
［日］藤田英典	二战后日本教育环境的变化和教育社会学的发展/2000/1	［英］劳顿	1988年以来的英国"国家课程"/1996/4
［美］J. F. 索尔蒂斯	论教学的品德和实践/1986/3	［英］布罗德福特	论90年代的比较教育/1999/3
［美］A. 班杜拉	社会学习理论的因果模式/1987/1	［瑞典］托斯坦. 胡森	论教育质量/1987/3
［美］J. I. 古德莱德	学校与大学在教育改革中的伙伴关系/1987/2	［瑞典］S. 马克隆德	师范教育在某些经济合作与发展组织国家中的新趋势/1991/2
［美］B. F. 斯金纳	程序教学再探/1987/4	［瑞典］J. 弗内歇	皮亚杰错了吗？/2000/3
［美］B. 斯波德克	改革幼儿园课程/1987/4	［塞内加尔］阿马杜-马赫塔尔·姆博	高等教育机构在发展过程中的作用/1988/1
［美］I. 谢弗勒	对教学和课程的思考/1988/2	［法］S. 路里埃	高等教育规划的过程与规划工作者/1988/3
［美］G. 斯平德勒、L. 斯平德勒	教育人类学综合研究的初步尝试/1988/3	［法］G. 米亚拉雷	当代大学教学论的个人思考/1994/2
［美］E. P. 托兰斯	为超过"啊哈"而教？/1988/4	［西德］W. 米特	西德中等教育的新趋势/1988/4
［美］L. 科米塔斯	对美国教育人类学的思考/1989/1	［德］D. V. 奎斯	大学的教育学任务——德国高校教学论的产生、任务和未来/1991/3
［美］A. H. 帕索	教育的问题和趋势——一些观察和思考/1989/3	［德］W. 克拉夫基	精神科学教育学——成就、局限性、批判的转变/1993/1
［美］A. W. 库姆斯	师范教育的新设想/1989/4	［德］W. 布雷岑卡	教育学知识的哲学——分析、批判、建议/1995/4
［美］W. B. 迈克尔	吉尔福特的问题解决智力结构模型在数学和自然科学的创造性思维教学中的运用/1990/1	［德］本纳	教育学与批判/1999/2
［美］M. C. 威特罗克	自然科学学习的认知模式和自然科学教科书的改进/1990/2	［南斯拉夫］弗拉基米尔·鲍良克	关于教育和教养的理论方法的探讨/1986/1

作者	文章题目及发表时间	作者	文章题目及发表时间
[美]S. 斯波尔丁	外国学生流动和高等教育的国际化/1990/3	[比利时]亨理·雅纳	学校为生活做准备——1945 年以来西欧学校的发展阶段/1986/2
[美]J. P. 吉尔福特	创造力与创造性思维新论/1990/4	[苏]М. И. 马赫穆托夫	问题教学/1989/2
[美]V. A. 霍华德	领导才干研究之我见:社会科学的幻想?/1990/4	[苏]Д. Р. 阿图托夫	科学与生产一体化条件下学生的劳动训练/1990/1
[美]P. G. 阿特巴赫	影响与适应:从比较的角度看外国留学生/1992/1	[苏]М. Н. 斯卡特金	在改革道路上的苏联学校/1991/1
[美]M. W. 阿普尔	国家权力和法定知识的政治学/1992/2	[罗马尼亚]D. 契托兰	日益增长的社会需要对欧洲地区高等教育之结构、内容、方法及教职员的影响/1989/2
[美]F. C. 金泽	国际职业教育透视/1992/4	[印度]S. 苏克拉	种族中心主义和教育:亚洲的透视/1991/4
[美]R. V. 道维斯	个人—环境相应理论/1993/3	[加]C. 霍奇金森	教育管理的病理/1992/3
[美]E. C. 肖特	知识与大学的教育功能:高等教育课程设计/1994/4	[加]R. 海霍	大学、文化认同与民主:加拿大—中国的比较/1993/2
[美]H. A. 吉鲁	后结构主义者的论争及其对于教育学的几种影响:转向理论/1995/1	[加]M. 霍姆斯	多元民主制度中的教育问题/1993/4
[美]R. J. 斯腾伯格	专家型教师教学的原型观/1997/1	[加]D. 穆塞尔拉	加拿大教育局长作用的变化/1994/2
[美]P. 韦克斯勒	在“神圣”中寻回自我的社会心理学分析/1997/4	[加]F. 迈克尔·康内利	专业知识场景中的教师个人实践知识/1996/2
[美]J. D. 安德森	面向 21 世纪的美国高等教育改革/1999/1	[澳]R. W. 康奈尔	教育、社会公正与知识/1997/2
[英]埃德蒙·金	工艺学上的变化:新的定义和解释/1986/4	[澳]R. E. 杨	教育的批判——实用主义理论/1997/3
[英]G. L. 威廉斯	英国高等教育财力资源形式的变化/1990/2	佐焕琪	试论外语教学的起始年龄问题/1996/4

注:佐焕琪时为在美国承担科研项目的中国学者。

(三)扫描其他报刊、杂志对国外教育的评介

除了教育类专业期刊对国外教育进行研究与评介外,刊布于其他报刊、杂志上的有关国外教育的文章也非常丰富。本文以中国人民大学书报资料中心编《报刊资料索引》为据,对此作基本考察。

中国人民大学书报资料中心编《报刊资料索引》,将全国主要报纸杂志发表的文章目录编成索引,其中,第四分册"教育文化体育",专门辑录教育、文化、体育方面的文章,《报刊资料索引》在 1981 年前仅辑录被复印的文章目录,从 1981 年起,将未复印的文章目录全部辑入。在"教育文化体育"专栏的"教育"类栏目下,分设"教育学""中小学教育""中小学各科教学""大学教育""其他类型教育"等类,发表在全国主要报纸、杂志上的研究介绍国外教育的论文也辑录在上述各栏目中。表 4 是 1980 年到 2000 年中国人民大学书报资料中心编《报刊资料索引》所辑录的研究介绍国外教育论文目录的初步统计。

表 4　《报刊资料索引》1980 年到 2000 年所辑录的有关国外教育的论文目录统计

年份	论文(篇)	年份	论文(篇)	年份	论文(篇)
1980	170	1987	642	1994	645
1981	457	1988	789	1995	779
1982	357	1989	645	1996	854
1983	456	1990	676	1997	1057
1984	545	1991	564	1998	762
1985	654	1992	681	1999	880
1986	478	1993	744	2000	826

合计:13661 篇

从表 4 可以看出:(1)1980 年到 2000 年间,全国主要报纸杂志上所发表的研究介绍国外教育的论文相当丰富,总量达 13000 多篇,年均 650 篇,最高年份的 1997 年达到 1057 篇,几乎每天有 2 篇研究介绍国外教育的文章面世,这在近代以来的对外教育交流史上是空前的。(2)研究介绍国外教育的论文总体上呈增长趋势。从 1981 年的 457 篇,增加到 2000 年的 826 篇,虽然各年份增长速度不同,有些年份的发文量较前面的年份

略有下降,但其总体增长趋势没有改变。这表明:改革开放以来,有关国外教育的研究介绍日趋活跃,域外教育思想、教育经验的传入速度不断加快,在报纸杂志上蓄积了总量达 13000 余篇的国外教育资源文献,充分展示了我国当代研究评介国外教育高潮的绚烂一面。

20 多年间,当代有关国外教育的研究与介绍所涉及的国别视野广阔,当然,美国、日本、苏联、德国、英国、法国等发达国家的教育是研究的主要对象。表 5 是中国人民大学报刊资料中心编《报刊资料索引》辑录的研究介绍各国教育的论文目录分布的初步统计。

表 5　《报刊资料索引》1980 年至 2000 年辑录的有关国外教育论文的国别和区域分布统计

国别	美国	苏联	英国	法国	德国	日本	意大利	澳大利亚	加拿大	巴西	印度	俄罗斯	韩国	其　他　地　区			
														欧洲	亚洲	非洲	美洲
论文	2967	1245	668	362	689	1884	39	228	158	27	101	150	198	731	775	107	136

注:一些无法明确确认国别甚至区域的文章未计入。

上述研究介绍国外教育论文的国别统计表明:改革开放以来,国外教育研究以开放的心态,面向全球各地,广泛研究各国教育思想、教育实践的发展变化充分体现出我国对外教育交流的全方位特征。当然,研究介绍欧美发达国家教育的论文占主体,这是教育先进国家在教育交流空间上具有优势地位的体现。

就对国外教育研究评介的内容来看,涵盖了各级各类教育,既有对各国教育状况的介绍,也有对国外教育思想、教育理论发展的研究。根据中国人民大学《报刊资料索引》的分类统计,1981 年国内报纸杂志发表的研究介绍国外教育的论文内容分布情况是:各国教育事业、教育思想的综合性文章 186 篇,各国中小学教育的文章 47 篇,各国高等教育的文章 78 篇,各国职业教育、成人教育 39 篇,各国幼儿及家庭教育 62 篇;而到 2000 年,研究外国教育事业、教育思想的综合类文章 308 篇,国外中小学教育 146 篇,国外高等教育 166 篇,国外成人教育 51 篇,国外职业教育 87 篇,国外幼儿及家庭教育 34 篇。资料显示:对国外教育事业与思想的综合研究,以及对国外中小学教育、高等教育等领域的研究介绍,显著增加,而对国外幼儿教育、家庭教育的译介相对薄弱。

总体上可以得出结论:国内各类报纸杂志以文献量大、范围广泛、类别齐全、反映及时的各类论文,广泛传播国外教育成果,成为我国当代研究介绍国外教育高潮兴起的重要标志。

二、著作对国外教育的深入研究与介绍

除了报纸杂志外,出版有关国外教育的译著、专著是我国当代研究介绍国外教育高潮的另一标志。

(一)有关国外教育的译著和专著的出版概况

1. 从《全国新书目》看研究介绍国外教育著作的出版

对中国版本图书馆编《全国新书目》所作的初步统计表明,从 1978 年到 2000 年,有关国外教育的各类译著、专著达 1070 余种(部分年份因资料缺乏未统计在内)。表 6 是 1978 年至 1990 年国内出版的有关国外教育著作的初步统计。

表 6 《全国新书目》1978 年至 1990 年有关国外教育著作的统计

年份	著作(种)	年份	著作(种)
1978	3	1985	45
1979	19	1986	77
1980	35	1987	91
1981	44	1988	76
1982	54	1989	137
1983	47	1990	84
1984	60	合计	770

从统计来看,1978 年至 1990 年,有关国外教育著作的出版呈现总体增长的趋势。1978 年仅有 3 种,1979 年只有 19 种,而 1989 年则增加到 137 种,从 1979 年到 1989 年,有关国外教育著作的出版增长了 7 倍多;1990 年虽然有所下降,但仍有 84 种,总体上依然维持着较大的规模。有关国外教育著作出版总体增长的趋势,基本上反映了我国新时期国外教

育研究不断发展的态势。

2.从《全国总书目》看研究介绍国外教育著作的出版

《全国总书目》辑录每年出版的各类新版和重印的图书。在 1978 年的出版物中,有关国外教育的著作共 7 种,包括商务印书馆重印的卢梭著《爱弥尔》上、下 2 种,引进国外中小学数学、化学教材 5 种。到 1980 年,与国外教育有关的图书增至 60 多种(含引进的教材、参考资料等),其中,翻译引进国外教育家的专著 10 多种,国内学者研究国外教育的专著 8 种。表 7 是 1980 年翻译出版的国外教育著作目录。

表 7　《全国总书目》1980 年辑录翻译出版的国外教育著作目录

〔美〕莫里斯·比格著:《实证相对主义——一个崭新的教育哲学》,金冬日译,上海译文出版社 1980 年版
〔美〕赫德·加拉赫等著:《小学科学教育的新方向》,刘默耕译,文化教育出版社 1980 年版
吕千飞、张曼真等译:《世界教育概览》,知识出版社 1980 年版
〔美〕普莱西等著:《程序教学和教学机器》,刘范等译,人民教育出版社 1980 年版
〔美〕理查德·C.伯克编:《教学电视》,周南照译,文化教育出版社 1980 年版
〔日〕坂元昂编:《教育工艺学简述》,钟启泉译,人民教育出版社 1980 年版
〔日〕大桥正夫编:《教育心理学》,钟启泉译,上海教育出版社 1980 年版
〔日〕木村久一等著:《儿童的心理与教育》,徐世京等译,上海教育出版社 1980 年版
〔日〕麻生诚等著:《教育与日本现代化》,刘付忱译,人民教育出版社 1980 年版
日本国立教育研究所编:《日本教育的现代化》,张渭城、徐禾夫译,教育科学出版社 1980 年版
〔苏〕苏霍姆林斯基著:《给教师的建议》(上),杜殿坤译,教育科学出版社 1980 年版
〔苏〕列·符·赞科夫著:《和教师的谈话》,杜殿坤译,教育科技出版社 1980 年版
〔苏〕列·符·赞科夫著:《教学与发展》,杜殿坤译,文化教育出版社 1980 年版
〔苏〕佩切尔尼科娃著:《崇高的心灵——列宁的父母怎样教育孩子》,王秉钦译,天津人民出版社 1980 年版
〔苏〕伊·佩切尔尼科娃著:《马克思的家庭教育》,王健夫等译,天津人民出版社 1980 年版
〔西德〕约阿希姆·H.克洛尔著:《西德的教育》,王德峰译,人民教育出版社 1980 年版

从表 7 可以看到:1980 年,国内翻译出版的国外教育专著的范围较广。其中,美国 5 种,日本 5 种,苏联 5 种,西德 1 种,交流范围突破了“文

革"前单从苏联引进的狭窄范围，加大了从西方发达资本主义国家译介教育思想、教育经验的力度。除了译著外，1980 年还出版了一批国内学者研究国外教育的专著，如由人民教育出版社《外国教育丛书》编辑组编《朝鲜、罗马尼亚、南斯拉夫教育概况》《中小学课程和教学》《中等教育结构改革》《高等教育与社会发展》《师范教育改革问题》以及滕大春著《今日美国教育》等。

进入 20 世纪 90 年代，《全国总书目》中有关国外教育的著作（含译著、专著两类）进一步增长。1999 年，不含引进的教材、教参，有关国外教育的著作在 130 种以上。有关国外教育的著作从 1978 年的 7 种，增加到1999 年的 130 多种，尽管这个统计还不全面，但从中仍然可以看出，20 多年来有关国外教育著作的出版有较大增长。

（二）分类透视有关国外教育著作的出版情况

1. 重印与新版的比例变化

有关国外教育的著作出版存在新版和重印之别。前者是改革开放以来新引进翻译或编撰出版的著作，后者是对已经出版的有关国外教育的经典著作的重印。这两类著作出版比例的变化，能反映我国的国外教育研究领域"守成"与"开新"的格局之变。

由于"文革"多年的禁锢，国内对世界教育的发展缺少了解，因此，重印过去出版、但因"左倾"思想干扰未能发挥影响的著作，成为迫切了解外国教育的急就章。从 1979 年的《全国新书目》来看，有关国外教育的 17种著作中，重印书目有 9 种：夸美纽斯著《大教学论》，斯宾塞著《教育论》，洛克著《教育漫话》，马卡连柯著《父母必读》《论共产主义教育》，加里宁著《论共产主义教育》，姆阿·达尼洛夫等编著《教学论》，曹孚编《外国教育史》，张焕庭主编《西方资产阶级教育论著选》。新版书目有 8 种：联合国教科文组织出版部编、傅统先译《世界电化教育概况》，巴拉洛夫等编、李子卓等译《教育学》，人民教育出版社《外国教育丛书》编辑组编《现代化的教学手段》《高等教育的现状和趋势》《高等工程技术教育》《六国著名大学》《六国教育概况》，另有《日本问题译丛》编译出版。可见，本年度出版的有关国外教育的研究著作，"重印"和"新版"之比为 9/8，重版书占

53％。尽管《全国新书目》的统计不完全精确,如上海译文出版社 1979 年出版的《学会生存——教育世界的今天和明天》即没有收录其中,但仍可以肯定,1979 年前后,有关国外教育的研究著作"重印"比例占优。

从 1980 年开始,新版/重印的比例格局变化。1980 年的《全国新书目》仅有 3 本是重印过去出版的国外教育著作,占当年国外教育著作总数的 8％。此后,抑或仍有重印有关国外教育的著作,但主要是改革开放以来所出版著作的重印,且只占很小的比例。这一变化表明:有关国外教育的研究不再拘泥于"守成",而开始比较及时、广泛地捕捉世界教育的最新发展信息,不断推出研究的新成果。

2.译著与专著的构成变化

从作者来看,有关国外教育的著作可分为译著与专著两类。前者由国外专家学者撰写、我国学者翻译出版,反映了国外教育的"局内人"的观点;后者是国内学者研究国外教育的著作,反映了我国学者的国外教育观。随着国外教育研究日益深入,这两类著作的构成比例逐步变化。表 8 是根据《全国新书目》对 1978 年至 1990 年间我国学者编撰的有关国外教育著作的统计。

表 8 《全国新书目》1978 年至 1990 年辑录的国内学者有关国外教育著作的统计

年份	有关国外教育的著作	其中国内学者撰写的著作及比例	年份	有关国外教育的著作	其中国内学者撰写的著作及比例
1978	3	0(0％)	1985	45	9(20％)
1979	17	7(41％)	1986	77	24(31％)
1980	35	11(31％)	1987	91	20(22％)
1981	44	6(14％)	1988	76	26(34％)
1982	54	7(13％)	1989	137	37(27％)
1983	47	6(13％)	1990	84	33(39％)
1984	60	9(15％)	合计	770	195(25％)

表 8 表明:在有关国外教育的著作中,由国内学者撰写的著作,在绝对数量上呈总体上升趋势。1978 年,还没有国内学者研究国外教育的著作出版,完全是翻译引进著作一统天下;到 1990 年则有 33 种国内学者的

国外教育研究著作问世。从相对数量上来看，1979 年、1980 年，国内学者的国外教育研究著作的比例较高，这主要是因为当时研究国外教育的著作总体规模较少，同时，人民教育出版社为了满足教育改革的需要组织力量集中编辑了一批国外教育著作。从 1981 年起，国内学者的国外教育著作开始从比较合理的起点逐步提高，1981 年至 1984 年，这一比例保持在 15％以下；1985 年至 1990 年，比例从 20％提高到 39％。总体而言，无论是相对数量还是绝对数量，尽管各年份不平衡且有起伏波动，但是，在有关国外教育的著作中，由国人编撰的著作比例不断提高。这表明我国的国外教育研究，逐步摆脱仅仅依靠翻译国外的教育论著的路径，走上了翻译引进和自主研究相结合的道路。

3.丛书出版兴起

在当代出版的国外教育研究著作中，既有一枝独秀的单项研究著作，也有围绕主题编写的大型丛书，呈现单本、丛书并行的格局。出版有关国外教育的研究丛书，成为我国当代国外教育研究高潮的显著特点。

最早出版的是人民教育出版社组织编写的《外国教育丛书》，1979 年计划出版 10 本，当年实际出版 6 种。20 世纪 80 年代，研究介绍国外教育的丛书家族扩大。教育科学出版社 1982 年组织出版《外国教育译丛》，翻译出版赞科夫、巴班斯基、苏霍姆林斯基、斯卡特金、大河内一男等国外教育家的教育理论著作。人民教育出版社 1984 年组织出版《外国教育名著丛书》，翻译出版各个时代有较大影响的外国教育家、心理学家的著作；该社 1985 年组织出版由瞿葆奎主编的《教育学文集》，包括有关苏联、美国、法国、英国、日本、印度、埃及、巴西等国教育改革的专著。地方出版社也加入到丛书出版队伍，1983 年到 1987 年，湖南教育出版社出版《外国教育论著丛书》，翻译出版苏霍姆林斯基的教育论著；从 1986 年起，该社组织出版《世界著名学府丛书》，该项出版工作一直进行到 90 年代，出版介绍国外著名大学的专著 30 余种。

到 20 世纪 80 年代末期以后，出版国外教育研究丛书蔚然成风，各出版社纷纷加入。主要有：人民教育出版社的《比较教育丛书》《比较教育译丛》，教育科学出版社的《20 世纪苏联教育经典译丛》，浙江教育出版社的《外国高等教育丛书》，四川大学出版社的《外国高等教育概况丛书》，春秋出版社

的《教育科学译丛》,云南教育出版社的《当代教育译丛》,贵州人民出版社的
《今日世界比较教育丛书》,河南教育出版社的《当今世界教育概览丛书》,江
西教育出版社的《战后国际教育研究丛书》《当代世界教育名著译丛》,广东
教育出版社的《亚洲四小龙教育丛书》,中国城市出版社的《发达国家与地区
基础教育改革丛书》,山西教育出版社的《当代日本教育丛书》,等等。

　　日益增多的有关国外教育丛书的出版表明,我国当代国外教育研究
已经发展到能够组织起足够的学术队伍就某一主题展开广泛而深入研究
的阶段,体现了我国当代"隐性"教育交流的深度展开。

三、当代研究介绍国外教育高潮的两个特点

　　改革开放以来的 20 多年间,我国当代的国外教育研究,借助报纸杂志
发表 1 万多篇相关论文,出版上千种著作,掀起了新中国成立以来研究介绍
国外教育的高潮,成为我国当代隐性教育交流浓墨重彩的风景线,为我国的
教育改革与发展引入了丰厚而宝贵的思想资源。呈现以下两个特点。

(一)视角从政治标签转换到理性分析

　　1949 年后至"文革"结束前,受国内日益严重的极"左"思潮的影响,
国外教育的研究采取的是一种非理性的批判态度,一味地用政治标签来
鉴别国外的教育思想、教育理论、教育制度,缺乏冷静、客观的分析,政治
上的亲疏成为研究介绍国外教育的衡量尺度,研究视角完全"政治标签"
化,"反动""唯心主义""帝国主义"等是常用的标签性话语。学者指出:
"外国教育史的研究中,适当的政治分析、哲学分析和科学分析是至关重
要的。过去由于'宁左勿右'的思想作祟,教育史着力渲染统治阶级教育
的反动性和阴暗面,却讳言其积极性和光明面,结果是陷入历史虚无主
义,或流为空泛的美化或颂扬……我们不能仅凭唯心或唯物二词来判断
一切和评价一切。一些教育史上里程碑式的人物,如柏拉图、夸美纽斯、
卢梭、杜威等等,都是唯心论者,因此,对于这些教育巨人常常未能进行科
学分析。这些偏激的态度是必须纠正和避免的。科学阐述和评价是必须

提倡的。"①十一届三中全会以后,"左"倾干扰逐步被排除,我国当代的国外教育研究高潮,日趋理性化,贴政治标签的简单化、公式化研究模式被逐步摒弃,研究视角发生了根本转换。这种转换的达成,既来自于研究者自主批判精神的增强,也来自于改革开放社会变革的助推。正是在研究视角转换的推动下,当代研究介绍国外教育的领域不断扩大,成果层出不穷,研究水平得到极大提升。

(二)视域从褊狭扩展至全方位

1949 年后的相当长的时间,由于极"左"思想和频繁政治运动的影响,国外教育研究的视域褊狭,国外教育因素的引进范围受限。对国外教育制度的研究介绍,仅仅局限在"十月革命"以前,而且主要是揭露统治阶级教育的"黑暗"性;对国外教育思想的研究,也只盯着少数"上升时期"的人物。20 世纪 70 年代末以来,随着社会变革的逐步展开,研究介绍国外教育的视域逐步扩大,形成了全方位、多层面的国外教育研究局面。以1984 年至 1985 年出版、王天一等人主编的《外国教育史》为例:该书从古代社会一直写到二战前后,突破了此前公开发行的外国教育史著作只写到"十月革命"的框架;所涉及的国外教育家从古希腊智者派到当代分析哲学教育理论的代表人物彼得斯等,国外主要教育家均在该书的研究视域之内,范围相当广泛。此后编辑出版的各类有关国外教育的著作中,研究者们完全根据自己的研究重点和资料的可能性,将研究视域放大到国外教育领域的任何一个可能的角落。上述变化,彻底改变了 1949 年以后相当长一段时期内,我国的国外教育研究视域褊狭的状况,形成了全方位的研究视域。

综上所述,1978 年以后,无论是从论文量还是从著作出版来看,我国当代对国外教育的研究与介绍可谓规模空前;伴随研究视角转换和视域扩展,研究与介绍的深度前所未有。我国当代研究介绍国外教育高潮的兴起,既得益于我国改革开放的实践,也为我国当代教育改革的推进和教育研究的深耕,提供了丰富而宝贵的思想资源。

---

① 滕大春主编:《外国教育通史》第 1 卷,山东教育出版社 1989 年版,前言第 3—4 页。

第六部分　当代史视域中的教育研究

田老师在沈阳师范大学讲学时与博士王雷、博士后刘慧、朴雪涛合影
（2006 年）

课程文化自觉和全球化时代中国"课程的基本学科框架"的重建

■ 刘　徽

课程研究是改革开放以来教育研究领域发展最快的研究领域之一，同时也是遭人诟病"移植西方""仿效西方"最甚的一个研究领域，正因为如此，近年来，课程文化自觉成为课程领域引人瞩目的一个新概念，在第六次全国课程学术研讨会上，有代表认为课程是教育的核心，课程文化是课程的轴心，课程文化自觉则是课程文化的靶心。尽管当前我们对课程文化自觉研究作出了许多有益的探索，但不可否认的是，我们对课程文化自觉还存在一定程度上的误解，究竟什么是课程文化自觉？课程文化自觉的合理路径是什么？只有对课程文化自觉这个问题进行深入的探讨我们才有可能正确地构建当前中国"课程的基本学科框架"，从而更好地推动我国课程研究，引导课程改革和实践向更健康的方向发展。

[作者简介]　刘徽(1978—)，女，浙江嘉兴人，2007 年获华东师范大学教育学博士学位，2007—2009 年在浙江大学教育学博士后流动站从事课程概念史研究，发表《教学机智论》《课程理论研究六十年——基于概念史的研究》等，现为浙江大学教育学院课程与教学所副所长、副教授，主要研究领域为课程与教学论。

一、课程文化自觉概念的提出及一种错误倾向:课程文化保守

(一)文化自觉与课程文化自觉

文化自觉和课程文化自觉这些概念在近十年来被研究者们所关注和 2000 年后中国的全球化进程有关。2001 年 12 月 11 日是中国全球化进程中标志性的一天,这一天中国正式加入 WTO,意味着中国以崭新的姿态加入全球市场的竞争中,随后关税进一步下调,废除不合时宜的行政指令,外企纷纷涌入,在中国建立生产基地……全球化对中国的影响是全方位的,不仅限于经济领域,而且蔓延至社会领域、文化领域、政治领域…… 全球化历程让各国文化进行碰撞、交流,同时也引起人们对全球化历程中本国文化的处境进行反思。

"课程文化自觉"概念是由"文化自觉"这一概念发展而来的。"文化自觉"的概念是费孝通早在 1997 年北京大学举办的第二届社会学人类学高级研讨班上采用的,"文化自觉是指生活在一定文化中的人对其文化有'自知之明',明白它的来历,形成过程,所具的特色和它发展的趋向,不带任何'文化回归'的意思,不是要'复归',同时也不主张'全盘西化'或'全盘他化'。自知之明是为了加强对文化转型的自主能力,取得决定适应新环境、新时代对文化选择的自主地位。"①费孝通认为文化自觉的目的在于在全球化时代多元文化并存世界里寻求中国文化的一席之地,取得自我的身份才能与他文化进行汇通和交流,但同时他也明确地指出,文化自觉在反对"全盘西化"的同时也不主张"文化回归"。

课程学者们根据费孝通"文化自觉"的概念发展出了"课程文化自觉"这一概念,在国内比较早提出"课程文化自觉"概念的是王德如。他指出,课程文化自觉是文化自觉概念的延伸,"课程文化自觉是人类对课程发展方向的理性认识和把握,并形成主体的一种文化信念和准则,人们自觉意识到这种信念和准则,主动将之付诸实践,在文化上表现为一种自觉践行和主动追求

---

① 费孝通:《论文化与文化自觉》,群言出版社 2005 年版,第 256 页。

的理性态度。其目的是为了加强对课程文化转型、取舍、选择和改造的自主能力,以适应新环境、新时代。"①王德如指出课程文化自觉的本质是课程理性,体现为主体性的课程文化意识、开放的课程文化胸襟、系统的课程文化结构、鲜活的课程文化生命、超越的课程文化品质等特点。

不可否认,"文化自觉"和"课程文化自觉"思考的最初引发点是人们感觉到全球化西方文化的强势入侵,学者们普遍感受到一种被文化殖民的威胁,因此,在我国课程文化自觉很大程度上和"课程领域本土化""课程民族化"这些问题相关联。2001 年,熊川武就在第三次课程年会提出"要创造出一套中国土生土长的课程理论,让外国的课程专家也来学习中国的课程理论",而不仅仅是单向的交流。

我国的课程学者发表了一系列对中国课程领域进行反思的文章。有学者指出当前我国课程理论界明显缺乏本土意识,表现在以下几个方面:一是传统课程思想的断裂与流失;二是对外来课程理论的文化仆从心态;三是局部共同体组织松散;四是研究问题域不明确;五是命题与话语体系的依赖性等。②

有学者认为,我国此次基础教育课程改革从基本理念到主要举措的许多方面都深深打上了西方发达国家尤其是美、日两国的烙印,唯西方中心的印痕是颇为明显的。这主要表现为以下三个方面:一是以国际化、全球化趋势及其观念来定位处于发展中的、正在开始现代化进程的中国的课程改革实践;二是以西方发达国家的实践和陈述方式来诠释有中国特色的课程改革举措与内容;三是以与西方发达国家差距较小的个别城市、都市的水平和需求一统地域、人文差异较大的全国性教育需求。③

更有学者尖锐地指出我国的课程研究,总存在挥之不去的"引进情结"和相应的"移植偏好",习惯于简单地从国外引进或从相关学科中"移植",包括引进和移植问题、研究方法、研究和理论逻辑,甚至习惯于站在别的学科立场上说话,缺少的恰恰是课程论自己的研究立场。而研究立场与原创意识是密切相关的,没有自己的立场,就只能以他人的问题为问

---

①　王德如:《课程文化自觉的价值取向》,《教育研究》2006 年第 12 期。

②　刘万海:《论我国课程研究的本土意识》,《教育学报》2005 年第 4 期。

③　容中逵、刘要悟:《民族化、本土化还是国际化、全球化——论当前我国基础教育课程改革的参照系问题》,《比较教育研究》2005 年第 7 期。

题，以他人的视角为视角，甚至思维方式也带有明显的"殖民"印记。①

　　研究者们认为本土化意识的缺失在课程领域的表现是全方位的，从研究立场、研究视角、思维方式到研究方法、研究问题、话语方式，对"课程领域本土化""课程民族化"这些问题的研究对于确立课程研究的"自我身份"大有裨益，没有自我，就失去了吸纳他文化的主体。

（二）对课程文化自觉的可能曲解——恢复"传统元素"的课程文化保守

　　如前所述，当前我国的课程领域的确存在着一些问题，反省课程研究的"自我"十分必要。然而对"课程民族化"和"课程本土化"的强调也潜藏着一种危险，即"课程文化自觉"有可能演变为"课程文化保守"。"课程文化自觉"向"课程文化保守"的潜在演变也和"文化自觉"向"文化保守"的趋向有关。一方面，2000 年后加入全球化历程的中国市场经济如猛虎添翼般迅速发展，综合国力得以提升，民族自豪感加强；另一方面，2000 年后发生的"抗日大游行"等一系列事件激起国人的排外情绪，因此在国人的文化自信提高的同时也涌动起了一股文化保守主义，2004 年被称为"文化保守主义年"。一些人在不知不觉中潜生一种打着国情幌子、盲目排外的倾向。"文化自觉"被窄化为"传统元素"复苏的"本土化"情结之中，抵制和消除外来文化，这股"本土化"的浪潮体现在中国红、盘扣、中国结等的流行；传统节日的恢复和重视；"新读经运动"和"私塾"的兴起；百家讲坛的迅速走红……然而仅机械追求形式上的"传统元素"，而拒绝在汲取他人有益经验的基础上对本土文化进行提升，恐怕难以真正达到"文化自觉"。就如《卧虎藏龙》把李安送上了奥斯卡的奖台，而后效者张艺谋、陈凯歌、冯小刚的《满城尽带黄金甲》《无极》《夜宴》不仅在国内差评如潮，奥斯卡亦再不买"中国元素"的账，从《英雄》《十面埋伏》到《满城尽带黄金甲》，每一次张艺谋都铩羽而归。这不禁让我们反思一个问题，本土化，中国特色和传统元素，不仅是一种外在的形式，更应该是一种内在的神韵。如张法所言，如果不在内在的神韵上下功夫，而仅浮于外表，表征

---

　　①　钟志华：《"盲人掌灯"还要走多远？——试论我国教育的本土化问题》，《当代教育科学》2005 年第 24 期。

的是一种追求本土化、民族化过程中急于求成的焦虑。[①]

2000年后，国人也开始研究"儒家""道家"等和课程的关系，发表了一系列文章，[②]应该说其中大部分文章深入地挖掘了中国传统智慧对课程研究的启示，比如儒家文化中对话、平衡、协调精神，道家体悟、无为、空的智慧，佛家通过领悟心性揭示内在自然等等对建立一种学术自信和打通学脉是十分有益的。但也不排除一些文章盲目追求中国元素热，对"儒家、道家等中国传统学统和课程的关系"不作深刻理解，只作附会之用，并以此为借口拒绝外来的理论。此外，也有一些文章将"儒家""道家"与国外的课程思想相联系，但如果只是将"中国元素"与"国外元素"进行功用性的混搭，作表面性的互相解释，对于课程文化自觉而言也是远远不够的。失却对他国课程文化和本国课程文化的探究兴趣，隔绝两种课程文化的深层碰撞，同样也是一种课程文化的保守倾向。

二、课程文化自觉的解释学路径——雷蒙·潘尼卡的分析框架

（一）文化自觉的普适性价值追求

费孝通在提出文化自觉概念时曾反复强调，文化自觉或本土化并不等于排外，按学理上讲，它应该包含着两层意思，即一方面是本土文化的现代化，另一方面是外来文化的本土化。因此彰显本土文化不是"文化回

---

① 张法：《从三大文化现象看中国在媒介时代大众化与本土化的焦虑》，《天津社会科学》2008年第1期。

② 佘双好：《儒家德育课程思想对现代思想道德教育的价值》，《伦理学研究》2002年第2期；李克建：《探寻课程之"道"——试论老子哲学思想对课程研究的启示》，《全球教育展望》2004年第10期；李宝庆、靳玉乐：《课程改革：道家哲学的视点》，《教育研究》2005年第12期；张雷：《儒家"中和"思想与现代和谐课程观的构建》，《山西师大学报》（社会科学版），2006年第2期；逯国英、高会宗：《略论儒家教育思想的现实意义——兼谈思想品德课程内容的改革》，《教育理论与实践》2007年第3期；樊亚峤、靳玉乐：《儒家课程思想中的后现代图像》，《全球教育展望》2007年第8期；吴亮奎：《在课程与教学变革背景下读老子哲学》，《现代教育论丛》2008年第2期。

归",一味地挖传统,而是置身于多元文化的全球化环境中,完成自我的文化转型。20世纪90年代以来中国的一些标志性建筑就很好地诠释了费孝通的这一观点,比如,提及上海,在我们脑海里立刻浮现屹立在黄浦江畔璀璨的东方明珠电视塔,而国家大剧院、中央电视台新楼、奥运会馆鸟巢和水立方这四大建筑标志则勾画了一个崭新的首都北京形象。这些标志性现代建筑并没有传统的红瓦、飞檐、廊柱,却已经在内容上被本土化了。所以,要强调的是,文化自觉或本土化一定要置于全球化时代背景之中,寻求文化在至高精神层面上一种普适性的价值,如果有意无意将民族价值置于普世价值之上,就会阻断文化交流和沟通。"真正的文化认同,应该是文化在至高的影响层面上所表现出的一种独特的感召力和影响力,它应该体现为一种普世性的价值观,一种能让人心悦诚服、欣然接受、乐于付诸实践的价值观。"①

所以,要强调的是,本土化一定要置于全球化时代背景之中,寻求文化在至高精神层面上一种普适性的价值,如果有意无意将民族价值置于普世价值之上,就会阻断文化交流和沟通。

(二)雷蒙·潘尼卡的跨文化解释性分析框架

1.文化的"神话"和跨文化交流的意义

如何才能达到真正的"文化自觉"呢?雷蒙·潘尼卡提供给我们一个框架。和一般人将礼仪、习俗、观点、占统治地位的观念和生活方式视为文化的构成要素不同,跨文化研究的杰出倡导者雷蒙·潘尼卡用神话一词来形容文化,文化是无所不包的神话,"每一个文化,在某种意义上,都可以说成是一个集体在时间和空间中的特定阶段无所不包的神话;它是使我们所生活、所存在的世界看似有理和可信的东西"②。也就是说,无论我们是否意识到,文化都预先赋予我们一个看世界的结构。当人们面对自己的传统和文化时,意识到和传统有一个时间的间隔,开始用"现在"的眼光去审视过去,我们则称之为历时解释学。而要克服不同文化之间的

---

① 盛宁:《全球化语境下的"文化自觉"三议》,《当代外国文学》2008年第1期。
② 雷蒙·潘尼卡:《文化间哲学引论》,《浙江大学学报》(社会科学版)2004年第6期。

空间距离,我们需要一种历地解释学,也就是说,我们要克服的不仅是时间的鸿沟,还有空间的鸿沟。

那么,我们是否在"神话"中只能卑躬屈膝,无所作为了呢?雷蒙·潘尼卡指出这正是跨文化交流的一个重要的意义所在,两种不同文化相遇,可以帮助彼此去"神话化",因为双方可以将各自"习以为常"和"不言而喻"的潜在神话揭示出来,当神话被祛除后,又以某种方式愈合这个被打开的缺口,从而"再神话化",这种去神话化和再神话化反复进行一段时间后,就有可能涌现出一个双方共同分享的神话,从而使跨文化的理解成为可能。

2."对话的对话"——"去神话化"和"再神话化"的路径

至于这个"去神话化"和"再神话化"的过程潘尼卡用了"对话的对话"这个词来描述,相对于"辩证的对话","辩证的对话"强调的是"逻各斯"和"理性","逻各斯被赋予一个非凡的、独有的权利,就是借助思维在真理与谬误之间作出区分"①。辩证的对话"信任理性,在某种程度上也信任对方——或者整个历史过程——的合理性"②,所以不难想象这样一幅画面,辩证的对话双方都据理力争,互不相让,理性的法庭在面对双方的争论时左右为难,谁都有谁的道理,结果可想而知,不论是判哪方赢抑或是折中,最后的裁决必然是不能让任何一方信服的。而"对话的对话"则要求"整全的人之相遇",带着自己的神话全身心地投入,抱着"甚至不惜失去自我的危险",这是一种马丁·布伯所说的"我与你"的关系。有别于"辩证的对话","对话的对话"是一种放弃对立场的对话,沉浸在与对方的交流中而忘我,从一定意义上来看,只有"失去"自我,才能最终赢得自我身份的确立。

(三)课程文化自觉的去神话化——内比两种课程隐喻"跑道"和"透镜"

如前所述,课程文化自觉不是盲目地"文化回归",而是要着眼于人类幸福这些终极性问题。在现时的情境下考虑普世性的价值,对于课程研究和课程实践来说,让孩子们在课程中得以个性化的发展,获取终生的幸

---

① 雷蒙·潘尼卡:《宗教内对话》,王志成译,宗教文化出版社 2001 年版,第 35 页。
② 雷蒙·潘尼卡:《宗教内对话》,王志成译,宗教文化出版社 2001 年版,第 35 页。

福基础。课程改革和课程研究"为了每一个学生的发展,为了学生的整体发展,为了学生的一生的发展",显然就是这个目的可以与全世界课程研究达成共识的普适性价值。按照潘尼卡的跨文化解释学理论,我们应该将本土的课程文化和他国的课程文化视为两种文化的相遇,而不用一种"控制"的"辩证的对话"去理性诠释他国的课程文化,仅指向一种"他国的课程研究为我所用"的技术层面的旨趣。这种旨趣既可能表现在"全盘洋化"上,也可能表现在"盲目排外"上,共同的特征是将"他国的课程研究成果仅作为一种工具",是一种"我与它"的关系,两者的差别仅在于我出于功利目的选择使用"它",而或放弃使用"它",都没有将他国的课程文化作为"你"来对话,这样会失去一种与他国课程文化深层际遇的可能性。"对话的对话"意味着充分开放彼此的"课程文化",这样他国的"课程文化"才有可能开显,在相遇的过程中不断地涌现出更多的课程问题和课程智慧,使双方得以重新架构。

"对话的对话"需要一种共同的语言,"在任何对话中,都有某种东西在对话各方之外,并在某种程度上高于他们,这种东西有一个内在的结构,是参加者必须尊重和承认的。但这种东西只是一个中介,不仅向各个参加者传达'思想',即可客观化的观念,而且按主题传达他们自身的一部分。换言之,这种东西没有变得独立自存、'客观',而是见诸其特有的对话的意向性"①。潘尼卡这段话有几层含义:其一,隐含的首要前提是他相信不同的文化传统之间具有一种深层的一致性,放眼人类的幸福和发展,我们有共同关心的话题和问题,鉴于此双方都承认共同话语相对于狭窄自身的某种优越性和超越性,也就是说,共同语言讨论的是双方都关心的问题;其二,这种因为"对话的对话"所产生的共同话语仅作为对话的中介之用,它的意义只在于保持双方的极性张力,而不是作为一种客观化、自存化的独立话语。

寻求"共同语言"可以采取的是一种概念寻绎的方法,比如,内比"课程"概念的东西方词源我们会明确自己的问题,同时引入对方的问题域,比如,在课程研究领域中最重要的概念就是课程。"课程"一词无论在我国还是西方的理解中都存在着多义性,但总体上来看,在西方主导的课程

---

① 雷蒙·潘尼卡:《宗教内对话》,王志成译,宗教文化出版社 2001 年版,第一—40 页。

理解是"课程是学习的进程",而在我国主导的课程理解是"课程是教材、计划和教学内容",或者用两个隐喻我们可以更为清晰地呈现两种理解的差异,即"跑道"和"透镜"。

1859 年在那篇著名的《什么知识最有价值》文章里,斯宾塞用了"curriculum"一词来描述"教学内容",这是我们所知道的"curriculum"第一次在西方教育领域中的正式运用,追溯词源,我们发现"curriculum"源于拉丁语"currere",意为"跑",那么 curriculum 则是跑道,加尔文在《基督教要义》(1559)一书中使用了"curriculum"一词,描述一种道路、生活方向和生活方式。因此以"跑道"为基本释义的西方课程概念偏向于一种学程,强调了教师和学生动态的体验过程。

而在我国,谈及课程概念,现在的观点多半认为我国古已有之。比较公认的课程概念最早追溯至唐朝孔颖达在《诗经·小雅·小弁》中为"奕奕寝庙,君子作之"句作疏:"维护课程,必君子监之,乃依法制。"宋代朱熹在《朱子论学·论学》中也提到"宽着期限,紧着课程""小立课程、大作工夫"等。然而陈桂生认为那时的"课程"意指学程,是指工作的程度、学习的范围、领域、时限、进程等,和现代课程的含义有一定的差距,而且其实在朱熹以后的很长时间里,这个词实际很少用,即便是朱熹,实际也未把"课程"作为专门的概念。陈桂生指出,今人只不过为了考证的需要,才把这个概念硬套于古代教育之上,有"以今例古"之嫌。[①] 对于这一说法,章小谦等有不同观点。他们认为"课程"一词在朱熹时就已经有"课业的课程"这一含义,和近现代课程共有"课程"最本质的含义,这是因为课程概念的形成和发展和唐宋时期科举制度的实行和官学体系的完善有关,科举就其本意而言,就是分科取士。分科取士使围绕科举制度而进行的教学不得不在内容上分科,在安排上分段。[②] 20 世纪 80 年代,有学者将课程比喻为"透镜",这个"比喻"很好地反映了我们对课程概念的理解偏向,"打个比方,课程就象是一面透镜,它的前方是整个世界(包括自然的和社会的),它的后面则是正在成长中的学生。学生将透过课程这面透镜去认

---

① 陈桂生:《"课程"辨》,《课程·教材·教法》1994 年第 11 期。

② 章小谦、杜成宪:《中国课程概念从传统到近代的演变》,《华东师范大学学报》(教育科学版)2005 年第 12 期。

识世界"①。这个比喻所透露出来的信息是:研究课程就是研究如何设计这面透镜,一方面要对大千世界的现象和规律进行浓缩,抽取那些最有价值的知识,组成一个严密的体系,另一方面,要研究如何向学生传递这个知识体系。

尽管改革开放以来我国课程学者对课程的理解存在着一个演变的过程,20世纪90年代后,人们开始打破将课程概念理解为"计划""教材""教学内容"等看法,课程概念呈现多元化的取向。但不可否认的是,90年代以后,甚至2000年后,在我国的教育界,无论是理论界也好,实践界也好,将课程视为"教学内容""学科""知识"的概念理解还是普遍存在的。陈桂生在《常用教育概念辨析》一书中分析了其中的原因:"其实,在中国通行的话语系统中,'课程'与'教学'的界限相当分明,以至对美国学者的界定反而费解。这是由于迄今为止仍采用'教学论'话语系统,我国所谓'课程',仍属作为'教学内容'的课程,并且是'所有学科的总和'的'课程';我们所谓'教学内容',又以系统的书本知识为主体,通过'教'与'学',着重传授系统的知识,并假定在传授系统知识基础上可以发展学生的能力。我国实践本身还未达到足以提出'这种教与学能否发展学生能力'问题的程度,也就难以接受不同于现今'课程''教学'概念的那些概念。"②陈桂生指出目前存在着课程概念泛化的现象,那种"跑道"隐喻下的西方课程概念因为我国尚不存在"教学自治"的事实而难以在我国扎根。泛化的课程概念和课程实施同义反复,只有将课程理解为"固定"的课程设置、教学内容,课程实施的概念才成立,而"学生的经验"也只能是作为课程实施的结果而合理存在。

潘尼卡认为,我们需要深层分析概念背后的假设,通过"透镜"的课程概念隐喻,我们可以剖析出以下基本的假设,个体是社会性的存在,课程是前人知识的整理,因此是确定的、不可改变的,需要有计划地予以忠实传递。而西方"跑道"隐喻对"透镜"隐喻可能提出的几点批评是,首先,如果课程是集体性的,高于或超越个人,久而久之会衍生出一种个人在集体的"结"中异化的倾向,使个人在集体中迷失,而课程对于人的生存论意义

① 张引:《课程论应当研究的课题》,《教育理论与实践》1988年第5期。
② 陈桂生:《常用教育概念辨析》,华东师范大学出版社2009年版,第99页。

也会沦丧,因此,课程要关注人的经验;其次,课程如果是先定的、不变的,就会失去课程对文化的反作用力,阻断文化创新之链,而且如果把课程编制的权利交给专家,排除了师生的主体地位,禁锢了教师、学生与课程的互动,忽视了教育的情境性特征,在一定程度上就有可能与"存在交往"为本真的教育真义擦身而过。

通过西方课程概念理解来进行自我反思是一种跨文化的丰富,打开我们对课程的想象力,并让我们重新考虑课程概念背后的基本假设。当然这种反思不是单向的,我们也可以通过"透镜"的课程隐喻来反思和丰富西方的课程概念,以"跑道"为隐喻的西方课程概念存在以下的基本假设,个体生活是自成目的性的,因此需要多元性的价值观去包容每个不同的个体,文化是不断在互动中产生的,因此,课程是经验建构的,具有动态和发展的特征。而用"透镜"来反观"跑道"有以下几点启示,不存在完全"自治"的人,每个个体通过他人和关系来界定自己,集体通过历史、语言、社会等等构建个体,因此知识是具有他性的,而课程不可能是纯粹个体性的,它必然反映出集体的特性,课程的动态是相对的,此外,即便是自我的建构也存在着"控制"和"矛盾",因此学习是一个对自我和他人不断解构和重构的过程。

通过对两个课程隐喻的分析,我们可以达成以下共识:课程是一种相互碰撞和相互作用的过程,不仅是历史与现实、集体与个人、他人与自我、自我与自我、自我与万物……关系产生实在,课程通过不断的融通达到更新和继承,它们形成一种和谐的互通的整体实在,通过自我的内心世界的关照完成对世界万物和社会他人的关注和理解。课程是我们对世界已有的集体性的或正在形成的个性化的"阅读材料",而这些"阅读材料"正如胡文松所言"使我们有机会去'重新描述'而不是'解决'它们在形式上或主旨上的寓意"[①]。课程的意义在于搅动和激疑,所以它应该有"置陌生于熟悉,还熟悉于陌生"[②]的特征。

这种对概念及概念隐喻的内比过程既是一个视域融合,也是一个不

---

① 胡文松:《课程、超越和禅宗/道教:自我的批判本体论》,载威廉·派纳:《课程:走向新的身份》,教育科学出版社第25页。

② 胡文松:《课程、超越和禅宗/道教:自我的批判本体论》,载威廉·派纳:《课程:走向新的身份》,教育科学出版社第29页。

断发现的过程，通过持续的对话寻求不同文化的关联点和相遇点，明确和引入自己和对方的问题域。这既需要一种对自我文化的信心和底气，也需要对他文化的宽容和理解，只有这样对视彼此的神话，我们才能迎来激动人心的跨文化的交流，出于对人类幸福的终性目标，在现时情境中加以互相的匡正，从而达到各自文化的丰富和更新，这才是对自己文化的最大忠诚以及对人之生存真理的最大开放。

三、课程基本学科框架的重建

（一）课程基本学科框架——超越"文化"和"学科"

按照雷蒙·潘尼卡的框架，我们需要在与他文化对话的过程中反省我们的"神话"。对我国"课程文化自觉"的启示是需要建立一个"基本的学科结构"，首先需要说明的是，"课程基本的学科结构"的内涵在 2000 年后已经有了新的解释。如前所述，2000 年后，"课程文化"概念开始为人们所关注，一个维度是"将文化作为课程的内容"以讨论"工具论"的课程文化观和"本体论"的课程文化观外，另有一个维度则是指"将课程作为一种文化"，以相对于"课程作为一门学科"。"文化"和"学科"最大的不同在于，文化浸润于具体的社会历史情境之中，怀着对充满现实关怀的"问题"的兴趣，聚拢与问题有关的一切方法、观点、学科，而无关学科的界限，"没有固定的边界，没有堡垒围墙，理论和主题从不同学科中吸收进来，然后也许在一种被转换状态中又流回去，影响那里的思想"[①]。所以，"文化"既可以说是跨学科的，又可以说是反学科的，"文化研究的动力部分地来自于对学科的挑战，正因为如此，它总是不愿意成为学科之一"[②]。这是因为文化研究的特性在于"以问题为中心"，问题取向和问题意识成为文化研究最重要的方法论特征，这就决定了它的实践性和开放性，因为任何问题

---

① 阿雷恩·鲍尔德温：《文化研究导论》（修订本），高等教育出版社 2004 年版，第 43 页。

② Greme Turner. "It Works for me"：British cultural studies，Australian culture studies，Australian film. In Grossberg，Letal.（eds.）. Cultural studies. New York：Routledge，1992：640，转引自陶东风、和磊：《文化研究》，广西师范大学出版社 2006 年版，第 7 页。

都必须放到具体的背景中加以考虑,方法不可能在事先就被确定,或者说根本就没有什么固定的、一试百爽的方法,"任何方法都没有什么特权,但同时,也不能排除任何方法"①。

如前所述,文化之所以可以统合各个学科,原因就在于文化从现实的问题出发,和 20 世纪 80 年代对政治的"现实关怀"不同。2000 年后,经过了 90 年代的课程学科知识化、专业化过程后,人们开始用专业的态度和专业的素养对本学科领域遭遇的现实问题进行讨论,而课程领域最大的现实问题就是"课程改革"。2001 年 6 月教育部印发了《基础教育课程改革纲要(试行)》,标志着第八次基础教育课程改革正式启动。这次课程改革是全方位的,体现了国家改革教育的坚定决心,从经费、体制、法规上都保障了这次课程改革的顺利实施。但不可否认的是课程改革在施行过程中的确也遭遇到一些问题。围绕"课程改革"的理论与实践探索,学者们开始了对课程问题的研究和讨论,而这种研究和讨论的特点是"多学科"和"跨学科"的。2000 年后,不论我国是不是和美国一样有"课程开发"到"课程理解"的范式转换。但是正如有的学者所指出的,一个不争的事实是课程与教学"返魅"了,开始走出学科的狭隘领域,开始运用多学科的话语来解读课程与教学的无尽意义。② 2003 年,《理解课程》③中译本在我国课程研究领域引起了极大的反响,在 CNKI 搜到 2003—2013 年 教育类用《理解课程》作为参考文献的文章有 838 篇,《理解课程》展现了美国课程理论近 170 年(1828—1994)的发展,恰似一曲融汇了各种不同流派声音的交响乐,书中完全抛弃了泰勒式的课程框架,将课程作为蕴涵着丰富的课程意义的文本,从不同的视角作出不同的理解与解释:历史文本、政治文本、种族文本、性别文本、现象学文本、后现代文本、自传/传记文本、美学文本、神学文本、制度文本、国际文本。尽管一些研究者对"中国是否有'课程开发'到'课程理解'的范式转换?"以及"泰勒原理、泰勒模式是否可

---

① Grossberg,Letal. (eds.). Cultural studies,New York:Routledge,1992:3,转引自陶东风、和磊:《文化研究》,广西师范大学出版社 2006 年版,第 12 页。

② 见《世界课程与教学新理论文库》主编钟启泉、张华的主编寄语《在东西方对话中寻求教育意义》。

③ 威廉 F·派纳等:《理解课程》,张华等译,教育科学出版社 2003 年版。

以加以否定?"等问题表示怀疑和困惑,发表了一系列有关的文章。[1] 但有一点是毫无疑义的,那就是"理解课程"打开了课程研究的学科视野,我们开始从多个维度、多个视角来审视课程。

以上讨论了"课程作为文化"和"课程作为学科"的区别在于前者的"问题中心"和跨学科性。那么,我们这里所提的课程文化自觉的途径是需要建立一个课程论的"基本的学科结构",从表面上看又类似于将"课程作为一门学科"。然而,这个"基本的学科结构"和以往所理解的"课程作为一门学科"存在着本质性的差异,它带有一种文化的特性,即"跨学科"性。"基本的学科结构"不是规定学科研究的对象、范围、术语,即为了封闭学科,而恰恰相反,将"学科"作为一种具有开放性的"拥有自我"的生命体,历时、历地地去寻求生命的滋养,在与历史和他者的"我与你"的对话中,获得自我的生长和丰实。

(二)从两个维度重建课程基本学科框架

雷蒙·潘尼卡的解释学路径看似只有横向的国别之间的比较,但看整个文化相遇的过程实际上也是一种回溯历史的过程。也就是说,文化自觉实际上是有纵横两个维度,对于课程研究来说,纵向维度是指课程研究的思想史,如果只关注"当下的",忽略了彼时的、过去的,智慧就会存在断痕和沟壑,难以激起持续性反思,智慧的累积也会遭到阻断。而横向维度则是指课程研究需要在更为广阔的背景上加以考虑,这里既指超越本土,构建一个国际性的公共课程研究的对话平台,构建一个世界范围内的课程领域,同时也包括多学科地进行课程研究。派纳用"自传研究"来统合课程研究的学科化运动,或者说,课程研究的学科化是自传研究的一种变体和重置。具体而言,纵向结构上,课程研究是一个不断回归的过程,对过去需要不断地回忆、反省。而在横向结构上,通过"自我"将过去和当前"生活"的情境不断地整合和融合起来。可见,这种学科结构恰恰是打

---

[1] 马开剑:《泰勒原理在后现代语境中的解构与重塑》,《全球教育展望》2004第4期;邓友超:《看待"泰勒原理"的辩证法》,《上海教育科研》2005年第2期;胡文娟:《泰勒原理未过时》,《教书育人:高教论坛》2007年第3期;喻春兰:《从泰勒原理到概念重构:课程范式已经转换?——论现代课程范式与后现代课程范式之关系》,《教育学报》2007年第3期;邵江波:《对"泰勒原理"的辩护、质疑及其启示》,《教书育人:高教论坛》2007年第7期。

开了一个纵深而广阔的学科视野,学科边界不是被封闭,而是开放的,充满了各种可能性,所以,学科化并不是一种倒退,而是确立自己身份后更有底气、更加开放的一种发展。我们需要承认差异,在本土求得课程研究发展的具体视域,通过跨国界的交流来增强和推进对自身研究的批判,从而促进课程研究领域的复杂性发展。

事实上,近年来课程研究者也正是沿着这个方向对"课程基本学科框架"进行重建的。有趣的是,围绕这种路向,"课程文化自觉"和"课程论重建"这两类研究表现出一种研究框架的重合,比如,有学者①就指出课程文化自觉有三条基本途径,即传统课程文化寻根,国际课程文化理解和本土课程文化生成。其中最后一条课程文化自觉的途径本土课程文化生成与其说是和前两者相并列的途径,不如说是前两者的结果更为恰当,本土化是在走向世界和相互交流、碰撞、整合、创新的过程中,保持自己的民族特色,显示出自己的价值和生命,也就是说一方面要回溯传统,另一方面要和外来文化进行交流,从纵横两方面构建一个基本的学科框架关注本土的问题才能做到真正的本土化。

而有学者则在课程论研究的三十年回顾中提到要构建课程论的基本学科结构,文中既提到了纵向维度上系统地研究我国传统的课程思想并找出其"抽象意义"作为本土化理论的重要生长点,同时回顾我国人文社会科学的相关研究成果,其中合理的思维方式和价值取向可以作为本土化的重要根基。在横向维度上,他们一方面从学科维度提出课程理论要以一定的社会政治思想、文化思想、科学思想、艺术思想、经济思想、哲学思想相关联,倡导多元的课程研究范式;另一方面,他们认为本土化需要正确对待传统和世界课程理论,要批判地吸收,创造性地思考。

其实,在我国"课程文化自觉"的同时,美国也在"课程文化自觉"。课程文化自觉是全球性的,全球化并不是遵循一个单向的运动轨迹的,而是一个双向的相互影响的过程。一方面中心向边缘辐射,另一方面边缘也向中心推进。从派纳的话中不难看出美国课程界的自我反思:"在参与国际化的过程中,我觉得我得到的第一个和最为基本的'教训'是我们美国的课程研究的学者们是多么的沉浸在我们本土(本国)的研究之中。我们

---

① 王德如:《课程文化自觉的基本途径》,《课程·教材·教法》2007 年第 10 期。

几乎对其他国家课程研究学者的所思所想以及所从事的研究一无所知，这是我做出判断的一个指标。这种无知并不仅仅是简单的未能获取相关的信息的无知（尽管部分的原因确实在于无法获得相关的信息，比如很多国家的学术研究，包括中国或其他国家的成果没有翻译成英文和其他文字，这成为国际化的一大障碍）；这种无知，同时也是主观不作为的结果，是从心理上完全沉浸在本土的问题之中，而不愿意超越，比如其他国家的研究学术成果过去没有，现在仍然没有被美国的课程研究领域看作是课程研究领域的不可分割的一个方面。"①

---

① 威廉·派纳：《课程研究的学科化与国际化：一个领域的智力突破及其可能的未来——威廉·派纳教授访谈录》，《全球教育展望》2008年第10期。

生命智慧及其泉源

■ 刘　慧

　　生命智慧，在当代智慧家族中引人注目。可以说，世纪交替之际，对我国传统文化的研究，有一种声音就是围绕"生命智慧"展开的，无论是哲学还是伦理学的研究，都可以清晰地感受到这一点。在教育领域，也有一些文章、专著中涉及或论及生命智慧一词。台湾近来也出版了一些从生活、哲学和禅学等维度触及生命智慧的论着、译著。笔者在博士论文有关"相信生命"的论述中，从生命本身的特性角度论及了生命智慧问题，但缺乏对生命智慧的意涵的专门研究，在此从多视角进行初步探究。

一、"众人"眼中的生命智慧

(一)今人眼中的古人生命智慧

　　近来，一些书籍、文章对古人的生命智慧进行探讨，揭示了生命智慧的丰富意涵。在儒道佛三家中，道家智慧可谓典型的生命智慧。有学者

　　[作者简介]　刘慧(1962—)，女，辽宁沈阳人，2002年获南京师范大学教育学博士学位，2003—2006年在浙江大学教育学博士后流动站从事生命教育和德育研究，发表《生命德育论》《陶养生命智慧》等论著，现为首都师范大学初等教育学院副院长、教授、博士生导师，主要研究方向为生命教育、初等教育、教师教育。

认为，老子哲学思想就是生命的智慧，老子哲学是一种生命智慧之学。①
韦政通指出，庄子的王国在心中，他急切要解答的生命之谜，是如何从种
种欲望的束缚中，以及虚伪文明的重重桎梏中解放出来，以获得心灵的自
由与和谐，以恢复生命的本真。② 在老子和庄子的思想中可见，生命智慧
是一种彻悟宇宙、生命及人生的智慧。而儒家生命智慧的核心是"仁爱"，
即对天地的爱，对百姓的爱，对历史文化的爱，对未来万世的爱；以及"知
行合一"。有的学者研究中国先圣思想方法中指出，生命智慧源于人们对
有限人生的恐惧。如何在有限中实现无限，使有限的生命升华为无限的
存在，这就是历代圣人体悟的生命智慧。生命智慧属于主体，它具有内在
性，它的境界是"摄所归能，摄物归心"。它显示的是"价值世界"，"意义世
界"。③ 可见，生命智慧关涉多个层面，大到宇宙万世，小到个人所面对的
生活事件，是从最根本性的生存、过程性的生活、价值性的生命意义等多
角度彻悟宇宙、生命及人生的智慧。

（二）教育研究视野中的生命智慧

在教育视野中，伴随着对生命的关注，对生命教育的研究，生命智慧
一词也出现在一些论文、论著中。虽然数量不多，但值得关注。其中，对
生命智慧的理解主要有以下四种观点：其一，生命智慧是如何面对生和死
的智慧。吴甘霖在他的《自己的阳光——生命智慧》一书中，告诉人们生
命智慧不仅是生命的根本、智慧的根本，而且还是成功的根本。生命之所
以有这么大的区别，最主要就在于能否掌握生命的智慧。生命智慧就是
关于如何面对生和死的智慧。其二，生命智慧是"激发与表现个体生命"
的智慧。姚全兴在他《生命美育》一书中指出，生命智慧是指激发和表现
个体生命并使其完善和发展的智慧。生命智慧是最高的智慧。在每一个
人身上，都体现它的魅力，就是在孩子身上，也无不显示它的存在和作用。
其三，生命智慧是"圆融协调的最佳状态"。这是新加坡 2003 年"生命智
慧"培训活动、澳大利亚的维琪《生命智慧》、中国台湾地区的《生命智慧》
研修课程涉及生命智慧的含义。即生命智慧是指生理上、心理上、社会上

---

① 景克宁、孟肇咏：《东方智慧巨人——老子探奥》，陕西人民出版社 1993 年版，自序。
② 韦政通：《中国的智慧》，岳麓书社 2003 年版，第 313 页。
③ 任强：《个体体验与心灵境界》，《中山大学学报》（社会科学版）2001 年第 3 期。

达到圆融、协调的最佳状态;生命智慧是以最佳方法,达到最佳目的。其四,生命智慧是保持生命健康样态和可持续发展的一种智慧。刘惊铎教授认为,生命智慧是个体生命借助人类已有文化和教育中所传递的知识信息,把生命的"想验"与"亲验"突然打通来处理当下的生命问题和进行生命的终极关怀与定位反思的智慧。生命智慧是结合当下本土文化,在生态体验意义上的融通关系。

(三)师生心目中的生命智慧

生命有智慧吗?生命智慧是什么?对这样的问题,在校师生怎样看?我做了一项问卷调查,对象是中学学生和教师。其中涉及生命智慧的有两个问题:"你认为生命有智慧吗?""你认为生命智慧是……"从沈阳、济南、海城三地高中三个年级 318 名学生的问卷调查来看,尽管多数人都是第一次"接触"生命智慧这个词,也是第一次思考这个问题,但结果显示,认为生命肯定有智慧和可能有智慧的人共有 262 人,占总数的 82.39%;认为根本没有智慧的为 7 人,仅占总数的 2.2%;说不清的为 49 人,只占总数的 15.41%。具体观点可以归纳为七个方面:①有生命就是智慧,没有生命就没有智慧,生命本身就是一种智慧,是生命创造了智慧;②生命智慧就是创造,是生命智慧创造了世界,创造了人类、人类的文明,塑造了一个人;③生命智慧显现为一些德性品质,如,勤奋、坚强、顽强、爱、理解、关注、公平、坦诚、无私等;④生命智慧显现为对生命、生活的感悟与态度;⑤生命智慧显现为方法、能力;⑥生命智慧使个体生命活出快乐精彩的自己;⑦一些学生对生命智慧是什么的问题不做回答,还有少数学生表达了他们对生命智慧的困惑与不解。

通过对 113 位中学教师的问卷调查结果分析发现,中学教师对生命智慧的理解同高中学生的理解有许多相同与相似之处,如,"有生命才能创造",生命智慧是"推动社会发展的生产力",能使人"健康快乐地活着"等。还有一些表达是学生不曾有的,如将生命智慧理解为本能、灵感、生存之道、存在等,把生命智慧看成是生命的真正价值,推动人类进化的力量,人生发展的内趋力等。

二、生命智慧：生存与发展的智慧

上述各种对生命智慧的理解与表达，可以归纳为三个方面：一是指向人的伦理、思想、精神领域。二是指向人的生死意识，认为生命智慧就是关于如何面对生和死的智慧。它是以生死为核心的智慧，主要关涉生死、苦乐、有限与无限、生命意义、人与自然等方面。三是指向人的生命完善，认为生命智慧是激发和表现个体生命并使其完善和发展的智慧。生命智慧就是在生理上、心理上、社会上达到圆融、协调的最佳状态，是以最佳方法，达到最佳目的。生命智慧就是生命所具有的指向生存与发展的智慧。这样的一个概念不仅包含孕育生命的智慧，也包含发展生命的智慧；不仅包含本能性智慧，也包含生活性智慧。

（一）本能性智慧与生活性智慧

那么，怎样认识本能性智慧与生活性智慧呢？所谓本能性智慧是指生命在自然进化过程中，自身所形成的保障和有利于生命之生存与繁衍的智慧；所谓生活性智慧是指对生命本身的生与死、生命与生命、生命与自然等关系的洞察与感悟所形成的智慧。从生命世界的大视野看，前者存在于一切生命之中，后者专指人所具有的（当然，这并不是否定动物也有）。从发源来看，前者主要来自于生命本身，亦即生命特性和生命本能之中，来源于人的右脑、生命体的功能，是它们的显现；后者是在个体生命后天的生长经历中，以左脑为主，不同程度的左右脑互作的产物。它离不开后天的经历、经验和体验。从形成的方式看，前者主要是由内向外"发"，是从生命里生长出来的；后者主要是由外向内"入"，是由生活经历中获得的生命经验、体验等生成的。

可见，两者基本是相对互补的存在。以往人们对生活性智慧的研究与重视的程度比较高，而对本能性智慧研究却处于相对比较朦胧与初始的状态。其中的一个主要因素，可以说是人类观念的自我限制与科学发展水平的限制，尤其是人类将自己置于宇宙的中心，将自己凌驾于动物之上，将人定位于超生命的意识观念。而今，这两个限制正在逐渐解除，对前者的认识与研究也就成为了可能。

(二)生命智慧与生存智慧、生活智慧、人生智慧的关系

生存智慧、生命智慧、人生智慧、生活智慧这四个词,在生活中,似乎是不证自明的,在使用上也没有做严格的区分。但它们之间是存在差异的。从词义上看,在高级汉语大词典中,生命是指生物体所具有的存在和活动的能力;生存是指保存生命而活在世上;人生是指一个人从出生到死亡的整个过程;生活是生存、活着和生物为了生存和发展而进行的各种活动。在英语中,表达生命、生存与生活的词都有多个,而且有相同的,如,表述生命的词主要有:anima、being、life。表达生存的词主要有:breathe、exist、subsistence、survival、survive、survivorship。表达生活的词有:exist、existence、get along、life、live、living、subsistence、vita。而表达人生的词只有 life。从这些词的含义看,对生命的理解,至少应有这样几层含义:生命为人生之本;生命内含灵魂、精神、理智、真实人格、能量;生命具有有限性,有一定的期限。生存是存在、呼吸、活着;生活包含生存、活着、过日子。许多时候表达生命、生活和人生是同一个词英文单词 life。

生命、生存、生活和人生之含义,既有交叉或共同又不尽相同。生命所指不仅包括个体人的生命,而且也包括同类的生命及其他类的生命;不仅指生命的存在,而且指生命的生与死;不仅包括过程,而且也包括状态;不仅指向现实的生命,而且也观照未来的生命。生存意在存在与活着,而不在于对存在和活着的意义追问,它是生命的最基本的状态;它不仅指人的生存,而且包括动植物的生存。生活和人生都是指人的,但两者的侧重点不同。前者可以追问生活方式、状态、意义、质量等,后者主要追问的是人生态度、意义和价值等。从范围和程度上看,相对而言,生命既指向一个"无限"的时空,"无数"的质量,也可以指向有限的时空和有限的质量。生存所指向的是有限的时空和无限的质量,或有限的时空和有限的质量。而生活和人生都是指向有限,落实在每一个具体的现实的个人。这样也就表明了生命智慧与其他三种智慧之间的关系。

生命智慧是以生命为元点,以生命为智慧的"活水源头",是生命本身所生发的智慧,不仅指人的生命,而且也包括动植物等它类生命。生存智慧的起点是生存,是围绕生存展现的智慧。不仅包括人类及个体人的生

存,而且也包括它类及其个体的生存。生活智慧是以生活为元点的,生活指的是人的生活,包括人类的生活和个人的生活。人生智慧是以人生为元点,人生只能是指向个人。人生是一个连续的过程,生活可以是不连续的。人生一定是完整的,无论一个人的生命存在多长时间;生活可能是片段的,一生中可能有多种不同的生活方式或生活样态。这样,相应的智慧也就具有这样的特性。

在人的世界中来认识与理解,生命智慧既包含生存智慧、生活智慧、人生智慧,又是这三种智慧的基础。生命是生存、生活、人生的基础,后三者是人之生命的不同存在样态与表现形式。没有生命就没有这一切。生命智慧指向并为着生存、生活和人生。一定意义上讲,生存智慧、生活智慧和人生智慧都是生命智慧的显现形式,但因后三者都离不开后天的历程,受着后天环境的影响,而且可以说都是"现世"的、有限的存在,这样所形成的相应的智慧与生命智慧就可能存在三种状态:一致、偏离或相反。

生命智慧关涉的是本源、本体、整体与局部、有限与无限、终极等问题。本源问题就避不开什么是人的原动力,对人与生俱来的本能等就不能不关注;本体问题则涉及生命与功、名、利、禄等的关系问题,谁为本,谁为末,或谁为体,谁为用的问题。整体问题不仅涉及生命与其构成各部分之间的关系,或生命与支持它存在的因素问题,而且还涉及人的生命与整个生命世界的关系;有限与无限问题关涉的是个人生命的有限与生命整体的无限,生命载体的有限与遗传基因的无限;终极问题一定关注人的生死两极,及人的存在意义。在生命智慧中,本能是一个泉源,生命始终是本体,生命始终是整体性的,生命是无限的,生命体是有限的;生死是它的终极关怀。正因如此,生命智慧显示了本源性、本体性、整体性、无限性、终极性。

生存智慧是生活智慧的基础,一定程度上,后者包含前者。生活的"底位"或前提是活着、生存,在此基础上才能追求"更好地生存"。生存智慧是指人能适应客观世界而生存下来的智慧。生活智慧是指人能适应客观世界而生存并生存得更好的智慧。一定程度上讲,有怎样的生存智慧,就可能形成怎样的生活智慧。但对何为"更好"的理解不同、标准不同,很可能导致生活智慧的"异化",即与生命智慧相悖。当一个人被现世的功名利禄所困,并蓄意追求时,生活智慧可以帮助他获得,但他的生命异化了,他"忘记"了自己是谁而不能回到他的本真状态。

人生智慧与生活智慧具有内在一致性。人生智慧是以创建幸福人生为宗旨的一门生活的艺术,这与为了生存得更好的生活智慧是一致的。但因人生与生活本身内涵的不同,两者也不尽相同。人生是一个从生到死的整个过程,生活表达的是活动。人生的过程是由生活组成的,是由生活完成的。可以说,有什么样的生活,就会有什么样的人生。有什么样的生活智慧就会形成什么样的人生智慧。但也不完全,由于人生具有整体性、全过程性,而生活具有片段性和多样性,所以人生智慧相对于生活智慧而言具有"统摄性",这样也可以说,有什么样的人生智慧就会显现出或形成什么样的生活智慧。同样,由于人生的现实性和现世性,人生智慧也可能异化于生命智慧,不仅无助于生命,反而可能会害了生命。

总之,透过对生命智慧与生存智慧、生活智慧、人生智慧之间关系的辨析,有助于我们充分认识生命智慧的重要性,有助于我们认识其他几种智慧的局限性,并自觉地用生命智慧校正其他智慧,进而有助于我们生命的健康成长,促进整个生命世界的健康存在。

简言之,生命智慧是回到生命本身来看智慧,生命智慧是生命本身所具有的智慧,是源于生命、护卫生命的智慧。人的生命智慧具有多个层面,但核心都是围绕生命的存在与发展。不仅如此,生命智慧的基点不是个体,不是有限,不是孤立,不是外在的"有形"世界,而是生命本身,生命智慧观照的是整个生命世界。

在人的世界中,生命智慧有多种显现形式。它既可能直接以本能性智慧显现,如生存智慧,也可能以生活性智慧的形式显现,如人生智慧、生活智慧。从有利于生命的生存与发展为标准来看,本能性智慧及其与生活性智慧生成的智慧,不会偏离这样的方向,而生活性智慧却存在两种可能:一致或相背。生活性智慧如果以本能性智慧为根基、泉源,它就不会出现偏颇,如果仅凭后天有限的经历与经验而形成,则很有可能背离。

三、生命智慧的泉源

生命智慧从何而来?对此,需要回到生命本身来寻找,生命本身孕育了智慧。对个体的人而言,生命智慧离不开生命本身所具有的特性①、本能、大脑和身体。

(一)生命智慧植根于生命本能

一定意义上讲,生命特性显现在生命本能中。如何理解生命本能?这直接关系到如何理解生命智慧的问题。以往人们对本能多持否定态度,认为本能是生物性的、低级的,是人之为人需要克服和超越的。如果否定或不能正确地理解本能,那么也就变相否定或曲解生命智慧,即便不至于如此,至少也降低了生命智慧的价值。这样,理解生命本能也就成为理解生命智慧的一个重要方式。

1. 本能的含义

本能,在高级汉语大词典中解释为本身固有的,不学就会的能力,詹姆斯·怀特(James White)认为,本能是人生存的原动力和先天的能力,主要存在于人的右脑,人的右脑储存着在祖先的经验基础上积累起来的生存所必需的最佳信息。② 皮亚杰认为,本能似乎包含三种要素:组织与调节作用——它是一切遗传的条件;或多或少是详细的遗传程序;每个个人后天习得的适应或调整。当高级灵长类动物和人的本能显露时,正是第二种要素的减弱或消失,但组织作用和适应性调整依然存在,它们构成智力的两个基本条件。③ E. 弗洛姆(E. Fromm)认为,本能是一种以生理需要为根源的驱使力[复](官能的驱使力)。④ 马斯洛认为,本能在其没有实现之时,表现为潜能。潜能不仅仅是"将要是"或者"可能是";而且它们现在就存在着。⑤ 可见,本能具有遗传性、先天性、能力性。本能是有利于生存的潜能,本能是生存的原动力,与遗传有关的,与后天习得的适应或调整有关。但这种原动力具有相对的稳定性,而不是固定不变的,具有一定的开放性,在后天的生存中,具有组织作用和适应性调整,即为后天习

---

① 有关生命特性的内容,笔者已在拙著《生命德育论》中有详细论述,不再赘述。
② 詹姆斯·怀特:《破译人脑之谜》,中国物资出版社 1999 年版,第 26 页。
③ 让·皮亚杰:《人文科学认识论》,郑文彬译,中央编译出版社 1999 年版,第 126 页。
④ E. 弗洛姆:《人类的破坏性剖析》,孟禅森译,中央民族大学出版社 2000 年版,第 16 页。
⑤ 马斯洛等著:《人的潜能和价值》,林方主编,华夏出版社 1987 年版,第 80 页。

得新的生存经验提供可能，并将后天习得的有利于生存的经验储存起来，成为本能的一部分。

2.生命本能的力量

本能的价值，不言而喻的是保障生命的存在，不仅是个体生命，而且是种族生命。不仅如此，本能还有着更为深层的价值。柏格森（Bergson H.）在《创造进化论》中指出，动物王国的全部进化，出现在两条分支的道路上，一条通向本能，另一条通向智力。本能与智力的根本区别在于：完善的本能是一种使用、甚至是制造出器官化工具的机能；完善的智力则是一种制造和使用非器官化工具的机能。最基本的原始本能，其实就是生命的过程。① 也就是说，本能是生命进化的一条道路，是生命的一种机能，是生命的过程，是无意识地、有机地处理一切，是依照生命本身的形式而成型。一定意义上讲，生命智慧恰恰是智力与本能"共在"时的显现，本能是生命智慧的重要泉源。

在人类的文化与文明的进程中，本能一般是被作为对立面的存在而受到压抑。弗洛伊德曾说，人类的历史就是本能受到压抑的历史。文化与文明不仅压制了人的社会性生存，还压制了人的生物性生存，压制了人的生命本能结构。而这种压制恰恰是人类文明与进步的前提。但正如莫里斯所指出的，文化的指向是压抑本能、超越本能。然而人类进化至今，虽然文化的发展促成了技术进步的日新月异，但即使像我们的饮食等这样的日常活动也无法完全符合人类所制造的文化要求。文化似乎没有足够的力量来完全驾驭本能，让人像人想象的那样。为什么会如此？莫里斯认为，其实，本能与人类相伴数百万年，而且一定意义上讲，正是这股"看不见"的力量支配着我们的行动。人类的文明，一定意义上讲，是本能造就的，即"是裸猿的生物本性造就了文明，而决不是相反"②。可见，无论人类是否意识到、是否承认，人类在创造文化、文明的过程中不仅无法挣脱，而且还有赖于本能的力量。

尼布尔（Reinhold Nibuhr）则从人际联系的角度指出了本能的作用。

---

① 昂利·柏格森：《创造进化论》，肖聿译，华夏出版社 2000 年版，第 141 页。
② 苔丝蒙德·莫里斯：《裸猿》，余宁等译，学林出版社 1988 年版，第 17、50 支。

他认为人性中并不缺少某种解决人类社会问题的能力，人的本性使人生来就具有一种使人与其同伴相处的天然联系；甚至在人与他人相冲突时，人的自然的本能冲动会促使人去考虑他人的需要。[①]

3. 可能的结论

我们需要重新审视本能，还本能以应有的位置，这样也能更好地理解生命智慧。本能始终在生命中，并始终指向生命本身，它不仅不容忽视或否定，而且也是人为所不及的。

既然我们不能抛开本能，也不能挣脱本能，而且还受本能所制约；既然本能不仅仅是使我们"难堪"，而且更为主要的是，不管它改换为何种形式的显现，也不管人类还有何种更高尚的追求，它仍旧是人的生存与繁殖的第一保证，那么我们必须转变对本能的态度，尤其是改变本能与人类文化文明构建的关系，应该充分看到生命本能的价值，以利于生命的健康存在与发展。这样，对生命本能的肯定，意味着对生命智慧源于生命本能的肯定，意味着生命智慧的地位与价值的肯定。

需要说明两点，一是正视本能的存在与价值，并不是本能主义。二是人类的屠杀与残忍等恶性侵犯，并不能被看成是本能。本能主义者认为人的破坏性是从人类的动物祖先继承而来的。弗洛姆则认为人有两种完全不同的侵犯性。第一种，是人与其他一切动物共有的侵犯性，这是当他的生存利益受到威胁时，所产生的攻击（或逃走），这是种族发生史演化出来的冲动。这一种防卫性的"良性的"侵犯，是个体和种族的生存所必需的，它是生存适应性的，而一旦威胁消失，它也跟着消失。第二种"恶性侵犯"，亦即破坏与残忍。这是人类特有的侵犯性，大多数别的哺乳动物都没有；这不是种族发生史演化出来的，也不是生存适应性的；它无目的可言，除了满足凶残的欲望之外，别无意义。[②] 简言之，人类与动物共有的侵犯性是用来维系生命与种族生存的。除了这种侵犯以外，人类还有一种特有的侵犯，就是恶性侵犯，也就是破坏性；这种破坏性是人类特有的，而且并不是来自本能。

---

① 莱茵霍尔德·尼布尔：《道德的人与不道德的社会》，蒋庆等译，贵州人民出版社 1998 年版，第 2 页。

② E.弗洛姆：《人类的破坏性剖析》，孟禅森译，中央民族大学出版社 2000 年版，第 14 页。

(二)生命智慧离不开大脑

脑是"宇宙中最复杂的系统",它不仅有巧妙的整合机能,而且有高度的可塑性,适应环境和灵活应变的能力。人类的脑,已经被公认为我们全部思维和情感的掌管者,人的智慧离不开人的大脑。这是由脑的结构与功能决定的。

从大脑的纵断面来看,人的脑可以分为大脑和小脑,大脑分为大脑新皮质(称为大脑皮质)、大脑旧皮质(称为大脑边缘系)、脑干及脑梁(左脑和右脑的连结部)四个部分。新皮质是由额叶、顶叶、枕叶和颞叶构成,它们是进化过程最后发展的皮质。

额叶是最晚成熟的皮层区域,从青少年时期到成熟期,它持续地发展着。功能正常的额叶具有五项作用:第一,额叶是我们产生动机和激发积极性的基础。第二,额叶有助于我们通过将点滴信息按顺序组成一个有意义的整体获得"主要的轮廓"。第三,额叶掌管着可能是人脑中最重要的活动,即执行性控制:计划和预计行为的后果;正是额叶才使得人能够克服眼前障碍,卧薪尝胆,并为达目的而不懈努力。第四,与第三种功能紧密相关,是"未来记忆",这涉及人在心理上创建一个目标模式并将其作为指南,以便为实现理想而调整和更新自己的行为。最后,额叶为我们提供了一种重要的延续感,这种延续感对于避免反复变更目标以及相应措施是必要的。[①]

颞叶与作为大脑的情感和记忆中心的边缘系统紧密相连。边缘系统的两个关键部分是杏仁核和海马,杏仁核是在边缘区域中央的一个杏仁状结构,海马对记录记忆中的经验是必不可少的。当大脑中的这些情感中心受到刺激时,颞叶中就会产生增加活动。反过来,增加的颞叶活动具有强烈的情感影响。[②]

从横断面来看,人的脑是由左半球(左脑)和右半球(右脑)组成,而且由粗大的神经纤维的束(脑梁)所连接。右脑储存着从古到今人类 500 万

---

① 戴维·马奥尼,理查德·雷斯塔克:《活到 100 岁——脑体并用的新观念》,开振南译,上海译文出版社 2000 年版,第 45—49 页。

② 达纳·左哈、伊恩·马歇尔:《灵商:人的终极智力》,王毅等译,上海人民出版社 2001年版,第 97 页。

年遗传因子的全部信息，并包揽着人的生活所必需的最重要的本能和自律神经系统的功能，以及道德、伦理观念乃至宇宙规律等人类所获得的全部信息，它是先天的人类的记忆宝库。右脑是开放给宇宙（自然）的脑，因此使用右脑对着宇宙信息频道，就可以和宇宙交换信息。使用右脑，可以透过心象进行超高速大量记忆和超高速演算等信息处理。

左脑不断地储存着后天所获得的各种信息，成为经验和知识的记忆宝库。相对的左脑是对宇宙（自然）未开放的脑，是无法与宇宙交换信息的脑，因此必须花时间将信息更换成为语言。只要使用左脑，就可把看到、听到、闻到、尝到、碰到等五种感官信息，转换为美丽、好听、好香、味道好、好舒服等语言信息，也因此需要较长的时间。左脑思考的范围非常小，与整个脑子相比，不过沧海一粟。如果把左脑比作一个人，右脑会教给我们10万人的智慧。人们把在各种生活体验中认为最重要的东西，从左脑传递给右脑记忆在遗传因子里。右脑一直就是这样把信息储存下来的。左脑知道的事，右脑也全部知道。因为右脑甚至可以把古老的遗传因子信息自由自在地调出来，但我们却很少能够感觉这个"知道"的现实，因为左脑固执地坚持自己的经验和知识。为了把这些经验或知识传递给右脑，左脑的兴奋要稍稍冷静下来。[①] 由于知性所进化的现代人的脑，左脑比右脑稍大，但以生理性而言，左脑比右脑弱。

可见，由于人的大脑有着与其他动物相同的"爬虫类型的脑"和"原始哺乳类型的脑"，因而也会有一些相同的生命智能。人类的本能性的生命智慧主要是植根于脑干和大脑旧皮层结构中，即右脑，这是生命本能的物质基础所在。但人类既有承载人类祖先进化中的经验右脑，又有在后天生活中不断进化的左脑，而左右脑又是相互联系的，不论是结构还是功能，所以人的生命智能又不与其他生命等同，有着自身的特性。

(三)身体是生命智慧的泉源之一

身体也是生命智慧之源，为什么可以这样说？这需要我们通过对身体的认识来得到答案。在人们的常识中，更多是将身体等同于肉体

---

① 詹姆斯·怀特：《破译人脑之谜》，张庆文译，中国物资出版社1999年版，第25—28，156—182页。

(Flesh)。在学术界,笛卡儿的身心二元论的影响更是无处不在。人类进入 20 世纪 80 年代以来,身体成为西方多学科、跨学科研究的主题,对身体的认识也发生了质的变化。

1. 身体与意识不可分割

瑞妮·威尔菲尔德(Renee Welfred)指出,我们发现身体就具有它自己的那种无意识状态。在身体深处,你会听到你的直觉自我的声音,它给你提出建议,帮助你做出明智的选择,让你的思路更清楚,更有创造力,你也更加信心百倍;你学会肯定自己的情感;你将得到宇宙智慧和经验的启示,促成你达到天人合一的状态。一位美国国家精神病研究所前首席脑生化专家也这样说:"最后我发现意识和身体不可分割。意识并不仅仅局限于大脑,同样,精神也不应该凌驾于身体之上。如果我们知道基因是生存于肽之中的话,那么完全可以说,身体是心灵的外化。"克里斯蒂安·诺斯鲁普(Christiane Northrup)也指出:"一旦我们感到思想与身体症候之间的紧密关系,以及我们是何等聪慧,那么我们的思考力就不会被文化催眠影响而陷入迷茫,从而相信我们的内心的意愿。如果能对假定的一切提出质疑,我们就可摆脱思维定势的桎梏。"[①]其实,身体既关系到知觉又关系到实践,因而能使我们超越主体和客体的二元性。所有的身体状态都存在着一种精神要素,所有的精神状态都存在着身体因素。[②] 可见,不能简单地将身体理解为肉体,肉体只是身体的一个层面,身体含有精神、意识。

2. 身体的历史性

从生物学的角度看,身体是有机体的形式。对有机体的特性,贝塔朗菲(Ludwig von Bertalanffy)提出有机体表征为三个最重要的属性:组织化、过程的动态性和历史性。每个有机体来源于同类的其他有机体,它不仅带有现存个体自身的过去的特征,而且带有它以前世代的历史特征。

---

① 克里斯蒂安·诺斯鲁普:《女人的身体女人的智慧》,邱巍等译,光明日报出版社 2000年版,第 568 页。

② 安德鲁·斯特拉桑:《身体思想》,王业伟、赵国新译,春风文艺出版社 1999 年版,第234 页。

有机体显示为历史性的存在物，例如，当人的胚胎在一定阶段呈现出鳃裂时，它揭示了在地质年代中哺乳动物是长得像鱼那样的生物进化而来的。相似地，也发现了有机体行为的"历史性"；动物或人类作出的反应，依赖于有机体在过去遇到过的或产生的刺激与反应。① 可见，身体不是简单的物体，而是具有"记忆"的历史性存在。

3. 身体的不可归约性

"你的身体容纳着你的人生经历。你的肌肉和骨骼承载着你的许多情感——从幸福到悲哀。"②在《你的身体会说话》一书中，将你的身体像你改为你的身体就是你，你的身体与你的灵魂、思想、理想就是一致的。这样，身体具有了独特性与完整性，也就有了不可归约性。杜维明曾指出，身体的不可归约性，是对工具理性在现代思潮发展中的一大挑战。人工智能的最大考验是身体的问题，而不是智商。人的思考是跟身体紧密联系的。首先有身体，才能发展理智结构、推理能力。假如身体问题不能解决，对于人的理解的客观有效性只可能是片面的。③ 也就是说，身体的不可归约性源自于身体本身，无论是骨骼，还是肌肉所承载的情感，容纳了人生经历。这样，身体就具有了独特性，不仅是遗传性状的独特，而且还有后天经历、经验、体验的独特。

由此可见，身体并不是一个单纯的肉体概念，而是一个人的整体，它将思想、感性、精神、灵魂、意识等集于一体，承载着情感，容纳着人生经历，有着它自己的无意识状态，是一个"历史性"的存在。这为理解身体具有智慧，而且是生命智慧之源奠定了基础。不言而喻，身体是生命的载体，身体涵养生命智慧。

---

① 路德维希·冯·贝塔朗菲：《生命问题——现代生物学思想评价》，吴晓江译，商务印书馆1999年版，第112—113页。

② 瑞妮·威尔菲尔德：《身体的智慧》，孙丽霞译，辽宁教育出版社2001年，封底。

③ 杜维明：《现代精神与儒家传统》，生活·读书·新知三联书店1997年版，第231页。

论学校教育中的"转化"及其研究

■ 伍红林

一、当代中国教育学研究的困境与突破

清思、反思是当代中国教育学研究的重要方面,为的是认清困境并寻求突破。对于困境,其核心在于当代中国教育学原创性的缺乏,即还没有走向世界的(或为世界教育学研究者所重视的)、受到其他学科平视的及对当代中国教育实践有指导力的教育学理论。这种原创性的缺乏,我们认为其原因主要在于以下几种关系机制还未很好地确立:

其一,西方教育学理论与当代中国教育学理论的双向转化机制。教育学"降临"中国已逾百年,这一百多年中教育学出现"多次的'整体转向式'或'推倒(或抛弃)重来式'的发展。并且,几乎每一次的'推倒重来'都循着基本相同的路线:中断历史——重新启动——简单模仿(或演绎)——初级综合——建立体系。这种'发展'的结果表明教育学缺乏严格意义上的学术积累和学术发展"。①改革开放的近三十年来,我们虽然没有再次发生"整体转向"和"推倒重来",但"移植""模仿""演绎"却仍是当代中国教育学发展的基本路径。这种"单向"输入式发展几乎成为中国教育学的"胎记",至今还未形成自身的造血机制,还没有自己独特的、原

[作者简介] 伍红林(1976—),男,湖南永州人,2009 年获华东师范大学教育学博士学位,2012 年以来在浙江大学教育学博士后流动站从事教育学术史研究,发表《大学与中小学合作教育研究中的理论者与实践者》等论文,现为江苏淮阴师范学院教育科学学院院长、副教授,主要领域为教育基本理论和学校变革等。

① 叶澜:《中国教育学发展世纪问题的审视》,《教育研究》2004 年第 7 期。

创性的理论与话语系统,在世界教育学体系中也还处于"边陲"地位。

其二,其他学科理论(研究)与当代中国教育学理论的双向转化机制。"教育学之父"赫尔巴特很早就警醒后世研究者谨防教育学成为其他学科的"殖民地"。遗憾的是他一语成谶,这种状况不仅没有避免,还愈演愈烈。当"教育"成为一个"公共研究领域",教育学与其他学科在对"教育"研究展开竞争时,基本丧失防守能力,没有有效形成、展示令人信服的、体现自己学科独特的东西,更多的是对其他学科武器(理论、方法、视角、话语等)"拿来主义"。正是基于这种单向输入,在"人人都是教育家"的时代面对教育领域诸多公共问题时居然难觅教育学学者的踪影。专业或非专业杂志、电视或网络等媒体,对于教育的发言几乎满眼皆是社会学、经济学、政治学等其他学科的话语;政府关于教育的决策更多的也是基于社会学、经济学、政治学的立场,而甚少有教育学的立场,教育学权威学者在教育决策中的作用也乏善可陈。这种状况对我们每个教育学研究者而言关系到自己的专业尊严和学科尊严,必须警醒。

其三,当代中国教育学研究自身不同层次的双向转化机制。就教育学研究而言,大致可以分为三个层次:教育实践研究、教育学理论研究、教育学理论研究的研究。① 这三个层次中,教育实践研究虽处最底层,却非最不重要,而是最重要的根基。审视当代中国教育学三个层次的研究,如果分开来看应该说每个层次都有较大的进展,而问题在于这三个层次之间缺乏有机的相互沟通与转化。这其中,尤其是教育实践研究与教育学理论研究之间的相互转化机制还未能有效形成,以至于至今人们讨论的核心还在于"教育理论与实践"的关系"应该是怎样"的问题,而非它们之间沟通与转化的机制与成效。这就使得教育学理论研究进展缺乏"地气"和力量。

如果对上述三种缺失的机制进一步聚焦,恐怕当代中国教育学理论与教育实践研究的双向转化才是最最根本的,换句话说,之所以中国教育学面对西方发达国家教育学、其他学科理论丧失"自主权",其根本在于我们对自己本土的教育实践(变革)缺乏有效的研究。多年来,我们努力追

---

① 教育实践活动按其内在结构又可以分为宏观、中观、微观三个层面。本文中的教育实践专指兼具中观与微观的学校教育实践。

赶发达国家,忙于引进各种理论和主义,同时向其他"硬"学科看齐以争取"科学化",致力于构建教育学的理论大厦,却忘了或未能打下扎实的"地基"。于此,芝加哥大学教育系在杜威之后因日益脱离中小学教育实践、努力"社会科学化"而在 2001 年惨遭关闭的悲剧命运正可说明这一点。①事实上,教育学的发展除了"上行"路线(加强理论研究及元研究),更根本的是要深化"下行"路线,通过"上""下"结合才能形成教育学自己的基础理论和研究方式。正如叶澜教授所指出的,"学术之'家'不是靠'寻',而是要基于自己的研究立场,经由对象的确认和深入对象的研究才能建成。一个学科的立足之本,是对本领域研究特殊性的整体把握,它不能靠哲学的演绎,也不能靠其他科学观念与方法的移植,更不是把所有相关的结论相加即可,而是要走进对象本身,发现真问题,寻找独特关系,把握演化过程的内在逻辑方可。在教育学研究中,就是要回到作为学科思想源头的人类独特的'实践'的教育之中。到教育中认识教育,发现与非教育的不同,从教育丰富的具体发展中,去把握教育内在的'共有'和不同于其他领域的'独有'。认识只有达到了这一步,才可以说建立教育学的学术家园;才可以说在与其他学科既有区别又有联系的意义上,在教育学本真问题扎根研究的基础上形成了学科的独立性"②。

当然,当代中国教育学近年来正在进行一场"实践转向",但这种"转向"主要是理论者以旁观者式的冷静观察、捕捞者式的资料收集、纳凉者式的批判评价、传教士式的理论布道方式接近实践,真正触及教育实践深处的还为数不多。

当代德国著名教育学家本纳指出,"只有涉及教育过程和体制自身逻辑的基础理论讨论才是在教育学中研究教育问题。没有自己的基础理论问题教育学不可能成为科学"③。因此,当代教育学不能停留于"涉及"而应当深入揭示"教育过程和体制自身逻辑"并由此形成自己的基础理论。

---

① 周勇:《芝加哥大学教育系的悲剧命运》,《读书》2010 年第 3 期。
② 叶澜:《"生命·实践"教育学引论——关于以"生命·实践"作为教育学当代重建基因式内核及其命脉的论述(下)》,叶澜:《"生命·实践"教育学论丛:命脉》,广西师范大学出版社 2009 年版,第 13 页。
③ [德]底特里希·本纳:《普通教育学——教育思想和行动基本结构的系统的和问题史的引论》,彭正梅译,华东师范大学出版社 2006 年版,第 1 页。

这需要探究的是教育实践过程的深层本质。对此，我们认为，教育实践的深层本质是在特殊的交往活动中有目的地使社会对学习者的发展要求，向学习者的现实发展转化，使学生的多种潜在可能向现实发展转化过程。简言之，"转化"是教育实践过程最根本的核心所在，教育学的独特、力量、不可替代和持续发展都要从认识、把握、深化"转化"寻求突破。

事实上，对于教育实践中"转化"内在机制与逻辑的把握，是教育学研究最深入和最丰富也是最艰难的研究，这也是教育学这门涉及人类自身生命成长的学科成熟得晚的根本原因。现代意义上的成熟学科就研究对象来说基本上是沿着"无机物—低等生物—高等生物—人类生理—人类心理与社会—人类生命成长"的线路逐步发展的。无疑，教育学所面临的人的自身成长是所有学科研究对象中最为复杂的。因此，"不进入这个问题领域（即'转化'的内在机制与逻辑），教育学就依然没有达到对教育本身作为一种特殊的人类活动之特殊性的学科意义上的认识，它的学科独立性在学科意义上的建构也没有完成，因此还是不能发挥对于教育实践不可由其他学科取代的、具有本学科指导意义的作用……可以说，教育内过程的机制与逻辑的揭示，是教育学的核心构成，也是衡量教育学作为独立学科存在的理论成熟度的标准"①。在一定意义上我们可以说，对"转化"的研究将会成为当代教育学发展的凝聚点和深化点。

二、学校教育中"转化"的基本内涵

"转化"从字面上看，总意味着一种指向性、关系性、生成性和过程性，即从一个阶段到另一个阶段、从一种水平到另一种水平和从一种状态到另一种状态。而在学校教育场域中思考"转化"，则还具有发展性的内涵，即阶段、水平、状态的提升。这是由学校教育的性质所决定的。总体上看，学校教育中"转化"发生的指向性、发展性、生成性、过程性都发生在学校教育活动几大基本要素——教育者、受教育者、教育影响、教育物

---

① 叶澜：《"生命·实践"教育学引论（上）——关于以"生命·实践"作为教育学当代重建基因式内核及其命脉的论述》，叶澜：《"生命·实践"教育学论丛：基因》，广西师范大学出版社 2009 年版，第 33 页。

资——之间,要通过学校教育中的各类主体来承担和开展,并最终指向学校教育情境中具体个人的真实生命成长。这种"转化"与工厂中的产品生产的"转化"存在根本区别,蕴含有明确的"成人"价值目标,学校教育诸多"转化"性的"事"都与"成人"相关且为了"成人",表现为"成人"与"成事"间的内在沟通与转化。

　　具体而言,如果以学校教育中具体受教育者的生命成长为指向,转化大致有三个层次:第一重"转化"表现为教育目的与培养目标的形成,即教育者要将时代精神、社会发展状态及其对人的需求等外部因素构建成对受教育者发展的期望。第二重转化则指向目的与目标的达成,即教育者围绕教育目的、培养目标来研究受教育者成长中的问题、发展需求、潜在可能、年段差异等等,并在此基础上开展各类教育资源及教育活动的设计、整合、重组、加工活动,其本质是秉承"育人"的教育学立场将校内外不同类型、不同层次、不同性质的"物"与"事"的育人价值进行开发,将其转化为有利于受教育者成长的教育资源,使之能促进或有益于受教育者发生期望中的生命成长。这是以教育者为主体展开的指向目的、目标达成的转化,其结果是教育者自身做好各种教育准备(如对教育资源进行自认为合理的组织、对教育活动进行自认为合理的设计等)。第三重转化则是在教育实践过程中以教育者与受教育者为复合主体展开的双边互动来开展的,旨在使受教育者发展的潜在可能向符合目的与目标要求的现实转化。其本质是受教育者个体外在与内在的相互转化。即,外部丰富的教育资源在教育者的引领下被受教育者个体个性化和创生性的占有,成为他自身的知识、经验能力及基本素养,使各种外在资源转化为受教育者的真实成长。与此同时,受教育者个体所获得的成长在学校教育情境中又得以展现,以个体间的差异而成为与其他个体互动的教育资源。

　　如果以教育者的发展及其开展的实践变革角度来看,还存在教育理论与教育实践间的相互转化,其具体过程是"理论学习(形成新认识)——策划设计(新认识转化成新方案)——实践反思(新方案转化成新行动、发现新问题)——重建创生(形成新经验,产生新资源,达到新思考)……"循环往复的生长系统。这个循环过程的根本本质是教育者在实践变革中发展自我的过程,是以教育者为主体的"成事"与"成人"间的相互转化过程——既"成事",又"成人";在"成事"中"成人";为"成人"而"成事";用

"成人"促"成事"，也是教育理论化入教育者的生命成长与教育实践各个方面的过程。

如果从教育理论研究者的理论研究及其自身发展来看，在对学校教育的介入过程中也存在如下三种转化：其一，学校教育实践经验、智慧向教育理论的转化，即理论者善于通过实践检验自己的理论，在与学校教育实践者的沟通与交流及对实践变革的亲身参与中吸取他们的新创造、新经验、新智慧、获得理论发展的新灵感，做到理论构建与实践变革的内在统一，其理论不是随便说说让别人去听、去信、去做，而是源自理论者自己的实践践履。其二，教育理论研究者与教育实践研究者间角色的相互转化，即通过合作两类主体形成内在关联、实现内在沟通和角色的相互渗透，成为有理论品质的实践者和实践底蕴的理论者。其三，其他学科的理论、观点与教育学理论及实践间的相互转化。一直以来，教育学都没能形成适切的将其他学科理论、方法、观点转化成自身理论发展的资源的机制，更多是为人所诟病的"复植"或"移植"。我们认为，这种转化的载体其实是深度介入实践中的理论者和具有教育理论素养的实践者自己，即他们在推进教育实践变革过程中，基于学校教育情境中人的生命成长的教育学立场，将其他学科资源在教育实践中转化成促进人生命成长的新认识、新观点、新方案，这种转化是基于教育学立场的转化，而不是简单的文字意义上的迁移。

此外，我们应关注到，上述不同类型的转化具有层次性，即这些转化不会停留在一个层面上，而是随着教育实践活动的具体推进不断螺旋式的上升，使发展在不同的阶段呈现层次性的能级差异。当然，各种层次、类型的"转化"还具有性质上的差异，即不是所有转化都是积极的，在发展过程中还存在对人生命成长不利的消极转化，而且这种积极与消极转化相互间也是转化的。

从深层看，上面的阐述还远不足以揭示学校教育及其研究中"转化"的丰富内涵，但至少表明这些"转化"可以构成当代教育学理论研究与学校教育实践变革困境的突破点、生长点。例如，在理论研究上，可以以教育内在深层的"转化"为基点生发出与现有注重因袭、移植和在真实的教育实践之外"看"教育的不同的新的教育原理、课程论、教学论、学生发展论、学校管理论、教育变革论等等，并在此基础上与其他学科形成新的"内生交叉学科"(有别于移植式的外生交叉学科)①等等。

三、对学校教育中"转化"的研究方式

　　教育研究史表明,学校教育成为教育学研究的基本单位始于夸美纽斯。此后,相关研究逐渐受到自然科学实证研究的强烈影响,先是康德、赫尔巴特给教育学研究注入了理性之光,期望教育学成为一门严格意义上的科学;尔后,拉伊、梅伊曼等人直接将自然科学的实证实验研究方式应用到教育学研究之中。当然,经济学、社会学的自然科学化对教育学研究这方面的发展具有十分强大的示范作用。不过,这种研究倾向也受到另一些学者的强烈反对,他们突出教育学研究对象"教育活动"与自然科学研究对象相区分的人为性,这方面较早也最有名的当然是狄尔泰,他开辟形成了诠释学教育学的研究传统,突出研究中的"理解"和"生命体验";再之后,现象学、人类学等方法也应用到教育学研究之中,具体表现为教育叙事研究、教育民族志研究等。上述简略的学校教育研究路径史表明,教育学一直以来都是在借用其他学科之"眼"来观察和透析学校教育,没有形成自己独特的研究方式,使学校教育打上了深深的自然科学、社会学、经济学、人类学、哲学烙印。以人类学为例,博尔诺夫曾指出,当"尝试把哲学人类学问题卓有成效地应用于教育学方面……所涉及的不再是教育学的某种辅助科学(或者说是各种辅助科学的综合),也不是教育学的补充性分支学科,而是想从……人类学角度出发重新来说明教育学的一种尝试"②。为此他说,"我宁可不称教育人类学,而称教育学的人类学观察方式……或者称为人类学的教育学"③。因为在这种研究路径中,从社

---

　　①　基于教育学立场开展学校教育实践深层"转化"研究而形成具有新的品质的教育学著作已有呈现,如叶澜著:《"新基础教育"论——关于当代中国学校变革的探究与认识》,教育科学出版社 2006 年版。新的内生交叉学科则如:李政涛著:《教育人类学引论》,上海教育出版社 2008 年版;李晓文著:《青少年发展研究与学校文化生态建设》,教育科学出版社 2010 年版;吴遵民、李家成著:《学校转型中的管理变革:21 世纪中国新型学校管理理论的构建》,教育科学出版社 2007 年版;等等。

　　②　[德]博尔诺夫:《教育人类学》,李其龙译,华东师范大学出版社 1999 年版,第 38 页。

　　③　[德]博尔诺夫:《教育人类学》,李其龙译,华东师范大学出版社 1999 年版,第 38 页。

会文化→教育→社会文化是其基本的思路,考察教育不是他们的最终目的,只是运用人类学理论与方法的手段,研究中的思想资源、学术立场与参照系等都是人类学而非教育学的。其他学科对学校研究的侵袭与人类学大同小异,其危害不仅仅在于一步步使人忘却还有一种基于教育学立场的教育研究可能,更在于这些以学科研究方式、方法开展的教育研究注重对教育现象、教育事实、教育问题的旁观者式的观察、描述、解释、预测,是在教育之外或以"靠近"教育的方式开展的,理论者对学校教育的深层"转化""实践"是置身事外的,并没有也不可能真正揭示教育的深层本质。对此教育学研究者应当保持警惕。

福柯曾指出:"任何一个学科都不仅仅是一种可以言说的知识,一套自恰、不矛盾的命题,一套可以演绎成篇的逻辑,而是一种话语的实践,一种对参与者的训练,这种话语实践并不完全是逻辑的,这种话语实践要在人的灵魂上打上其印记,要溶化到血液里,落实到行动上。"[①]对于教育学,杜威也曾指出:"教育科学的最终的现实性,不在书本上,不在实验室中,也不在讲授教育科学的教室中,而是在那些从事指导教育活动的人的心中。"[②]当代教育学转型的关键即在于教育学理论者自己的"行动"上,并通过这种"行动"使教育学溶化到人们的血液里、心里。为此,我们认为,要揭示教育实践深层的"转化"机制、逻辑与过程,需要教育理论者改变常见的"书斋"教育学与"摇椅"教育学研究传统,也要改变常见的旁观者式的"观察"教育情境、"纳凉者"式的评价教育和"传教士"式的教育理论"布道"传统,主动深度介入到学校教育之中与实践者开展"交互生成式"的合作教育研究,[③]真正做到在"教育之中研究教育",将研究实践、通过实践、变革实践、发展实践几个方面融为一体。这是由教育学理论发展与学校教育"转化"实践之间直接的内在关联性决定的,是对中国特有的践履、担当与行动学术文化传统的继承,也是对马克思主义实践论精髓的承接。我们信奉并实施的是这样一种观点,即重要的不仅仅是认识和解释教育

---

① 苏力:《知识的分类》,《读书》1998 年第 3 期。

② [美]约翰·杜威:《教育科学的资料来源》,叶澜:《"生命·实践"教育学论丛:立场》,广西师范大学出版社 2008 年,第 281 页。

③ 伍红林:《合作教育研究中两类主体间关系的探究》,2009 年华东师范大学博士论文,第 92—106 页。

世界,更是改造教育世界,在这个世界里重要的不仅仅是认识和解释学校教育中的"转化",更是推进和提升"转化"。这与一般意义上的定性研究存在根本区别。在定性研究中,"研究人员一直以来都希望从研究对象身上发现更多的东西,而不是给予研究对象更多的东西"①,其原则是"接近""参与式观察"而不是"介入"。

奉行主动深度介入的教育研究方式其实意味着当代教育学的存在方式、教育学研究者的生存方式要发生转型。于此笔者曾有专门阐述②,这里在以下两个方面作些补充:

其一,理论者的介入可能要经历身在、情在、心在、神在几个发展阶段。"身在"是指理论者出席教育实践现场,观察、指导"转化"实践;如果"身在"假以时日则会与实践者在合作上形成紧密的人际关系,这是"情在";如果合作持续发展,理论者会对学校教育实践与实践者恋恋不舍,实践者也对理论与理论者心向往之、身践行之,两类主体间、理论与实践间关系逐渐融通,这时"心在";"神在",则是指理论者的理论、理念转化到了学校教育的"转化"实践中去,成为学校教育实践的内在精神与自觉,成为一种"气质"和"魂魄",并表现为学校的整体运行方式和人的生存方式。这四种状态的连续性构成了主动介入程度、成效的"光谱"。

这个过程对教育学理论者提出了极大挑战:一是要有打破传统研究方式介入学校教育实践并持续下去的勇气、决心和意志。二是要有指导实践者实践的能力且这种能力能随着实践者的成长和实践变革进程而不断提升。这种能力主要表现为对复杂而变动不居的学校教育实践的透析力、判断力、指导力以及对实践变革过程的策划、实施、推进、监控、评价、总结能力,即读懂实践的能力;还要有与实践者的合作、沟通与凝聚能力,即读懂人的能力等。三是在研究实践中要架起理论与实践的沟通桥梁,在能"入地"的同时还能"上天",即基于活生生的实践用中国式的学术语言、学术逻辑和合适的方式来表达由中国人创造、积累的教育经验与智

---

① Whyte W. H. Indefense of street corner society. Journal of Contemporary Ethnography. 1992(21): 48—51.

② 关于"主动深度介入"式的教育研究,请参见拙文:《论"深度介入"式教育研究》,《高等教育研究》2009 年第 3 期;《主动深度介入:转型期教育实践研究的新方式》,《现代大学教育》2010 年第 6 期。

慧,形成中国教育学基础理论自己的话语系统,实现"转化"实践经验的理论抽象,为教育学理论发展接通"地脉"。四是对理论者研究与人生境界的挑战。教育是一项"慢"的事业,对教育实践中"转化"的研究是一项"慢上加慢"的事业,在当代中国"国家规划—行政主导—经济驱动"的充满功利指向的知识生产模式中,它需要教育理论者耐得住寂寞、抵住名利诱惑和各种外界干扰,始终坚定自己的价值追求和信仰,不断拓展自己的胸怀、智慧和境界。

当然这一切并非一开始就具备,理论研究者也是在介入实践的过程中逐步成长的,对"转化"的研究实践本身对于理论者具有重要的育人价值。

其二,研究过程中除了科学、哲学方法外,还需要艺术方法。学校教育实践中的"转化"研究本质上属于事理研究,它"既不像自然科学,是对人的外界物体之研究,以说明'它'是什么为直接任务;也不像精神科学,是对人的主观世界状态的研究,以说明主体'我'之状态、变化、性质以及为什么会如此等为直接任务。它以人类自己所创造、从事的活动为研究对象,即研究事由与事态、结构与过程、目标与结果等一系列事情本身直接相关的方面,也研究如何提高活动的合理性、效率、质量与水平……它是一种既要说明是什么,又要解释为什么,还要讲出如何做的研究,包含价值、事实和行为三大方面"[1]。这种研究在方法上的特征是"哲学、科学与艺术方法的具体综合"[2]。对于哲学与科学方法在教育学研究中的运用与讨论我们已较为常见,这里重点说明艺术方法。采用艺术方法的主要依据是学校教育中的"转化"在本质上是人与人的相互作用,其内在事理的许多方面难以用科学、哲学方法予以理解和解释,而只能靠研究主体以自己的心去感受。具体来说,又可以分为以下几个方面:

一是感知。"感知可以看作是人与世界联系的直接通道。作为把握世界的方式,感知的作用离不开与'身'相关的感官"[3]。而感知的更内在

---

① 叶澜:《"生命·实践"教育学引论(上)——关于以"生命·实践"作为教育学当代重建基因式内核及其命脉的论述》,叶澜:《"生命·实践"教育学论丛:基因》,广西师范大学出版社 2009 年版,第 33、33—34 页。

② 叶澜:《教育研究方法论初探》,上海教育出版社 1999 年版,第 323—324 页。

③ 叶澜:《教育研究方法论初探》,上海教育出版社 1999 年版,第 325 页。

形式,是与理性相联系,即研究者身与心的融通,同时关涉对教育世界和人自身的理解、领悟与认识背景、过程之间的关系。当教育理论研究者置身学校教育实践现场,其身之感性直观与心之理性直观相互交融,对"转化"过程的丰富性、多样性将产生直觉式的感受。

二是体验。体验与身之感知密不可分,所谓"以身体之""切身体会"即是此理,不断返求诸己是其特征,隐含着研究者与实践者的自我反思与自我批判,同时不断将自己已积累的体验投入到对"转化"的生成性过程的理解中去,在此过程中使自己的精神世界不断丰富。因为"每一个体验都是由生活的延续性中产生,并且同时与其自身生命的整体相联"①。就像加拿大著名当代教育学家范梅南所言,"教育需要转向体验世界。体验可以开启我们的理解力,恢复一种具体化的认知感"②,而由此产生的"教育学的文本应当具备一种启发灵感的品质和某种叙述的结构来激发批判性的反思和产生顿悟的可能性,从而使人在道德直觉上形成个人品质"③。这个过程也是研究者与实践者"悟"的过程。

三是想象。想象其实在教育学研究中具有长久的应用传统,如夸美纽斯将宇宙、自然与人的教育相关联,又如卢梭以虚构的"爱弥儿"阐述自己的教育理想等。只是随着自然科学的理性主义向教育学研究的渗透,教育学研究愈来愈具有科学化的严谨和逻辑性,想象的空间日渐萎缩。由于学校教育中的"转化"总是指向未来的生成、成长而不是现有状态的简单呈现,因此需要理论者与实践者不断设想"除了这样,还可以怎样","更好的状态会如何",从而不断扩展、延伸、打开思路并产生新的尝试方式和"转化"方案。在此意义上,想象意味着维特根斯坦所说的"创造的行动"④。此外,想象不仅构成对"转化"的认识方式,而且体现于研究过程中人与人的相互理解过程。在由己而及人的推论中便蕴含着想象,即始终秉持他者立场开展设身处地的思考。利科曾指出,"说你像我一样思考、

---

① [德]伽达默尔:《真理与方法》,洪汉鼎译,上海译文出版社 1992 年版,第 89 页。

② [加]马克斯·范梅南:《教学机智——教育智慧的底蕴》,李树英译,教育科学出版社 2001 年版,第 13 页。

③ [加]马克斯·范梅南:《教学机智——教育智慧的底蕴》,李树英译,教育科学出版社 2001 年版,第 13 页。

④ 杨国荣:《成己与成物:意义世界的生成》,人民出版社 2010 年版,第 96 页。

感知,意味着想象:如果我处于你的地位,我将如何思考与感知"①。这意味着研究"转化"过程中,教师要有学生立场,学校管理者要有教师立场和学生立场,理论者要有实践者立场。

四是直觉。鲍曼曾指出:"在绝大多数情况下,实际行动都是在行动者不太清楚或实际上不清楚行动的主观意义的状态下作出的,行动者更多地在较含糊的意义上'意识'到了它,而非'知道'他正在做什么或者清楚地意识到了它。"②在"转化"研究中经常会是这种状态,往往会是灵光一闪的直觉,其特点在于超越既成思维模式。逻辑思维更多涉及普遍程序、已有知识系统,相对于此直觉既基于已往的知识背景,又不受这种系统的限定。在直觉中,常规思路往往被转换或悬置,使新视野的呈现成为可能。同时,以直觉为形式,某些思维环节常常被省略或简缩,大量无关或具有干扰性质的因素被撇开或排除,思维过程由此呈现无中介、直接性的特点,形成对相关问题、对象的整体领悟。

五是洞见。这进一步指向"转化"过程的本质规定和具有决定意义的方面,并获得认识上的内在贯通。它具有顿然、突发的特点,但同时又以长久的经验积累为基础。对于"转化"的认识与把握有时会在人的脑海中若隐若现,但就在某个时刻在某种现象、观念或某个人的触发之下,洞见往往会在顿然间形成。这种洞见往往与教育实践"转化"过程中的关键事件、关键节点相联系,意味着转化及其认识水平的能级提升。

---

① Paul Ricoeur. Imagination in discourse and action. In: G. Robinson and J. Rundell (eds.), Rethinking imagination. Routledge, 1994:128.

② [英]齐格蒙特·鲍曼:《被围困的社会》,郇建立译,江苏人民出版社 2005 年版,第 8 页。

新中国成立30年以来我国教师工资制度化的回顾与反思

■ 杨云兰

从教育财政支出项目角度看,教育财政可以大略划分为人员经费和公用经费两部分,在这两部分中,人员经费往往超过经费总支出的半数,是其重要组成部分。所以,研究我国教师工资变革情况,可以较客观反映教育财政制度的经费支出变化,也可以由经费支出反映出教育发展变革的一些重要动因,如国家宏观政策、经济发展以及教育自身发展的诉求等。同时,工资制度变革对教育也必然产生多方面影响,比如对教师生活水平的影响,甚而还会影响整个教育教学质量。因为教师队伍的稳定、素质高低直接关系到学校教育教学质量的高低,关系到学生的培养质量。这也凸显了本研究视角的重要意义。

一、教师工资制度的初步建立(1949—1951年)

新中国成立初,为了克服百废待兴所面临的种种困难,尽快稳定社会秩序和人民生活,中央政府及时制定了一系列工资政策,对当时公教人员

[作者简介] 杨云兰(1978—),女,江西丰城人,2002—2007年在浙江大学教育学院教育史专业攻读博士学位,发表《中国近代的私塾改良》等论文,现为沈阳师范大学教育科学学院讲师,主要研究领域为教育财政史。

实施的是多种方式并行的工资制度。

　　一般来说,在新解放区,政府对接管过来的学校教职工实行"原职原薪",采取"包下来"的政策,基本上保留其原来工资水平。1949 年 1 月,中共中央发出《关于新解放城市职工薪资问题的指示》,提出:凡留任原职的职工和公教人员,暂时一律照旧支薪,即按解放前最近三个月内,每月所得实际工资的平均数额领薪。[①] 根据这一政策,部分地区教职工的工资按本人解放前三个月的平均工资水平,比照当地物价折合为一定数量的实物,即以粮食或几种实物为计算单位,再以货币形式支付。这种做法即是所谓的"实物工资制"。

　　与新解放区相比,老解放区教职工则实行供给制。所谓供给制,其供给内容包括粮食、服装、津贴费、保健费、医疗费、子女生活费等;菜金按干部级别分大、中、小灶。到 1950 年,这种单一"供给制"改为"供给加津贴"的折实工资分的分值。1950 年 7 月,财政部规定,把供给制工作人员的生活费(包括粮食、菜金、煤炭、鞋袜、棉被补贴、过节费、细粮补贴、轻病号补贴等)折成米实行包干。[②] 在这种统一供给制下,各级教师工资同样也被折算成实物标准发放。

　　所以,在这段时间内,不管是老解放区还是新解放区,教师工资,与全国其他行业职工一样都是以实物为基本计算单位,主要采取薪粮制、工分制、工资米制和工资分制混合三种形式,这既便于直接以实物形式发放,也便于间接地以折实单位或工资分等计算单位为标准,按实际情况再转换成实物或货币形式发放。当然,这种工资制度的实行主要是为了扼制通货膨胀,以解决教师生活动荡无序问题,保障最低生活标准。总之,1949—1951 年教师工资制度改革充分体现出过渡性特点,尽可能解决旧中国遗留的各种问题,以便于恢复教育秩序。

---

　　① 李唯一:《中国工资制度》,中国劳动出版社 1991 年版,第 11 页。
　　② 么树本:《三十五年职工工资发展概述》,劳动人事出版社 1986 年版,第 17 页。

二、第一次工资改革时期教师工资制度
(1952—1954 年)

新中国成立初为适应特定历史条件实施的工资制度,由于灵活性太强,规范性不够,不利于计划经济的调控与管理。随着全国物价水平逐渐稳定,经济、政治形势全面好转,劳动工资制度改革便被提上了议程。

(一)1952 年工资改革

1952 年政务院颁布《各级人民政府供给制工作人员津贴标准及工资制工作人员工资标准的通知》,以各大行政区为单位,把工资分作为统一的工资计算单位,使等级制与工资分挂钩。在此背景下,同年 7 月经政务院批准,教育部发布了《关于调整全国各级各类学校教职工工资的通知》,规定从 1952 年 7 月起,全国高等、中等、初等学校教职工实行以工资分为单位的工资标准。这个工资标准有 35 个工资等级,高等学校 33 个等级(其中教授、副教授 10 个等级),中等学校 23 个等级(其中教师 17 个等级),初等学校 18 个等级。[①] 这就初步统一了全国各级各类学校教师工资标准并提高了他们的工资待遇。如中学教师调整后的平均工资标准,和 1951 年比较,增加了 15.5%。[②]

此次改革还规定,在评定教职员工的工资时,应根据按劳取酬交叉累进工资制的原则,参考国家颁布的工资标准表所列工资标准,并依据下列各项具体条件:(1)国家所规定的增加工资的百分比及经费;(2)教职员工的德、才、资(包括学历、经历、服务年限),其中以德才为主,资历次之;(3)当地的生活程度;(4)原来的工资待遇。[③]

---

① 《中国教育事典》编委会:《中国教育事典·中等教育卷》,河北教育出版社 1994 年版,第 456 页。

② 《中国教育事典》编委会:《中国教育事典·中等教育卷》,河北教育出版社 1994 年版,第 456 页。

③ 《中国教育年鉴》编辑部:《中国教育年鉴(1949—1981)》,中国大百科全书出版社 1984 年版,第 110 页。

这种以工资分为单位，以评定等级为特色的教师工资制度，充分考虑到了岗位、职务、地区、学校等各方面的差异，相当细致，基本形成了一个较完备的工资系统。

（二）1954 年工资改革

为使国家机关工作人员工资制度进一步统一、合理，使供给（包干）制逐步过渡到工资制，1954 年 6 月，中央人民政府政务院发布《关于国家机关工作人员工资、包干费标准及有关事项的规定的命令》，制定了各类国家机关工作人员工资标准及包干费（伙食、服装、津贴）标准表，要求在全国施行。这是实物工资制向货币工资制转变的一次关键性改革。

为此，高等教育部和教育部于 1954 年 11 月间，分别着手教育行业教职工工资标准统一工作，制定新的工资标准。其调整工资的基本要点是：(1)废除了东北、内蒙古和上海市地区性的工资标准，除台湾和西藏外，统一了全国各级学校教职工的工资标准；(2)中、初等学校教职工工资标准取消了大城市、中城市、小城市和乡村的分类，改为省辖市以上城市和一般地区两类；(3)在 1952 年工资等级不变的基础上，普遍增加了各级的工资分；(4)对工作中有显著成绩的、职务提升和工资级别不相称的、原工资级别较低的教职工，在总人数 15% 的范围内提升了工资级别。[①]

这次改革无论从绝对数上来说还是从增长率来看，教师工资都有了较大增长。其中的原因，一是国家经济的发展，全国职工工资水平普遍提高，在这种大形势下的教师工资也必然水涨船高，有所增长。经济的好转使国家教育财政总体情况要比 1952 年好，国家对教育的总体投入增加，因而增加教师工资势属必然。二是政策性调整，国家此次工资调整有意缩小了各行各业的差距。

（三）1952—1954 年教师工资改革的主要成绩

1.逐步统一了全国工资标准，采用了职务等级制

这有利于比较并平衡教师与其他职业人员工资水平差距，为进一步

---

① 《中国教育事典》编委会：《中国教育事典·中等教育卷》，河北教育出版社 1994 年版，第 457—458 页。

在全国实行统一货币工资制打下基础。而且等级划分和级差设定的规范化,基本符合按劳分配原则,以及优劳优得的激励原则。这种工资制度尽可能把劳动报酬与教师工作绩效有效结合起来,有利于充分调动教师工作积极性。这是劳动工资制度的一大进步,同时也为以后劳动人事制度改革的深化提供了有益启示。

2. 用工资分方式计算工资,有利于保障教师实际工资水平

随着国民经济的迅速恢复,国民经济中的主要部门均被纳入到计划经济轨道,原先各地极不统一的工资计算单位影响到国家有计划地安排工资项目的财政支出,同时,也不利于实行全国统一的工资制度。另外,1952 年以后,尽管全国物价趋于稳定,但地区之间物价水平由于历史和现实的原因,仍然存在较大差别。因此,有必要制定一种统一的能反映各地生活消费水平和实际物价差别的工资计算单位。从这个意义上讲,以工资分为全国统一工资计算单位,有利于把货币工资与消费品价格直接挂钩,并依据消费品价格指数相应确定工资指数。这就从很大程度上保证了教师工资水平,并使其实际工资有所提高。

3. 统一工资标准兼顾原则性和灵活性

这是 1954 年工资改革的主要成就。即一方面,当时全国统一使用"工资分"作为计算单位,教师均依照国家规定等级标准和工资分标准领取工资。因此,在地区工资关系方面,各地区之间的差距逐步缩小了。但另一方面,国家也允许各地区在全国统一工资标准下制定适合本地区的工资标准。这还是比较符合我国地区发展实际情况的。

三、第二次全国工资改革时期教师工资制度
(1955—1956 年)

(一)1955 年工资改革

在 1952 年和 1954 年工资改革基础上,全国工资制度初步实现了统一。但由于以工资分作为计算单位,工资分所包含的五种实物(粮、布、

油、盐、煤)已经不能完全满足职工实际生活需要,只能满足其生活消费品需要的 73％左右。① 另外,工资分区划分过细,也造成工资标准混乱。当时各大行政区均独立制定本区工资分,全国共有 315 个工资分区,平均一个县一个工资分区,有的县甚至划分了两个工资分区。② 除此还有一个重要原因是,1955—1956 年物价开始稳定,城市居民消费品价格指数变化不大,1955 年与 1954 年相差 0.4,而 1956 年与 1955 年只有 0.1 的差额,③远远低于前几年物价波动幅度。这也就致使:很多地区物价上涨时提高了工资分值,但物价平稳甚至下降时,工资分值并未作适时调整,这对实物工资形式而言,无疑等于在变相上涨工资标准,使国家和地方都难以承受。

有鉴于上述问题,国务院于 1955 年 8 月 31 日发布《关于国家机关工作人员全部实行工资制和改行货币工资制的命令》,规定在国家机关及所属事业单位先行废除工资分计算办法,改行货币工资制。④ 同时,为了平抑各地物价,寻求物价水平与工资水平之间的合理关系,制定了"全国各地区物价津贴表"。据此,高等教育部、教育部于同年 10 月 25 日和 11 月 4 日先后发出有关全国各级学校工作人员实行工资制和改行货币工资制的通知,将高等学校、中等学校和初等学校教职工工资标准修订为货币工资标准,并按国家统一规定加发物价津贴。另有 10％教职工提升工资级别。⑤

所以,1955 年工资制度改革的核心是真正在全国统一工资标准,具体措施就是把原来计算工资标准的工资分统一换算成货币。这样,教师工资标准也得到实质意义上的统一。

---

① 么树本:《三十五年职工工资发展概述》,劳动人事出版社 1986 年版,第 83 页。
② 么树本:《三十五年职工工资发展概述》,劳动人事出版社 1986 年版,第 83 页。
③ 中国经济年鉴编辑委员会:《中国经济年鉴(2000)》,中国经济年鉴社 2000 年版,第 913 页。
④ 中国社会科学院、中央档案馆:《1953—1957 中华人民共和国经济档案资料汇编:劳动工资和职工保险福利卷》,中国物价出版社 1998 年版,第 426—427 页。
⑤ 《中国教育事典》编委会:《中国教育事典·中等教育卷》,河北教育出版社 1994 年版,第 459 页。

（二）1956 年工资改革

1956 年的工资改革正好是国家处于第一个五年计划时期。为提高劳动生产率，促进社会主义建设的全面展开，在 1955 年统一实行货币工资制后，国务院决定适当地提高全国职工工资水平，于 1956 年 6 月 16 日发布《关于工资改革的决定》，提出：根据按劳取酬原则，对企业、事业和国家机关工作人员工资制度进一步实行改革，并且决定 1956 年企业、事业和国家机关职工平均工资提高 14.5%（如包括 1956 年新增人员在内，则为 13%左右）。[①]

根据国家此次工资改革要求，高等教育部和教育部于 1956 年 7 月发出《关于 1956 年全国普通教育、师范教育事业工资改革的指示》，制定并下发各级各类教师的工资标准表（见表 1）。

表 1　1956 年各级各类教职工工资指标情况一览

类别	级别	工资标准		最低工资（元）	最高工资（元）	最高工资/最低工资	最高工资/最低工资
		第 1 类地区（元）	第 11 类地区（元）				
高等学校教学人员	1～12	54～300	70～390	54	390	7.22	336
高等学校教学辅助人员	1～12	29～140	37.5～182	29	182	6.28	153
高等学校行政职工	1～25	20～320	26～416	20	416	20.80	396
中等专业学校职工	1～21	20～190	26～247	20	247	12.35	227
中学教员	1～10	37～130	48～169	37	169	4.57	132
中学行政人员	1～15	26～135	34～175.5	26	175.5	6.75	149.5
小学教员	1～11	23～75	30～97.5	23	97.5	4.24	74.5
小学行政人员	1～13	22～86	28.5～112	22	112	5.09	90

资料来源：中国社会科学院、中央档案馆：《1953—1957 中华人民共和国经济档案资料汇编·劳动工资和职工保险福利卷》，中国物价出版社 1998 年版，第 488—527 页。

此次工资改革的主要做法是：(1)全国划分为 11 个工资区，物价高的地区实行津贴制度。每类工资区的工资标准相差 3%左右。(2)为教学人员和行政人员分别制定工资标准表。(3)减少等级，增大级差。如中学教

①　中国社会科学院、中央档案馆：《1953—1957 中华人民共和国经济档案资料汇编：劳动工资和职工保险福利卷》，中国物价出版社 1998 年版，第 470 页。

员执行 10 个等级，行政人员执行 15 个等级。在减少等级的同时，级差加大了，比如中学教师一类地区的一级工资为 130 元，第 10 级工资 37 元，两者相差近 3 倍。(4)评定标准的变革。教育部在《关于一九五六年评定中学和师范学校教师及行政人员工资等级的意见》中，要求按照教师学历、教龄、工作数量和质量等条件，在增加工资基础上，重新评定级别。(5)工资水平提高。教育部所属各项事业单位教职工的月平均工资比调整前提高 28.72%。[①] 此外，教师工资水平与体力劳动者也有了一定的差距，例如，中学教师工资第六类地区最高为 149.5 元，最低 42.5 元，而同期机械行业工人最高 104 元，最低 33 元。[②] 可见，此次改革的一个重要方向，即依照按劳取酬原则，适度拉开脑力和体力劳动者之间的差距，这在一定程度上解决了长期存在的脑、体劳动者工资分配问题。

(三)1955—1956 年工资改革的特点

1. 建立了统一的货币工资制度，逐渐缩小教师工资的地区差异

所谓"统一"是指工资政策思想、工资管理及制度上的统一，而不是不分情况在全国实行同一的工资标准。正是在这种思想的指导下，这次工资改革充分考虑到各地的自然条件、物价和生活费用水平、交通以及现有工资状况，同时适当照顾重点发展地区和生活条件艰苦地区，并为此将全国分为 11 类工资区，此外，还规定了工资等级及工资标准，改变了以往同工不同酬的现象，在一定程度上缓解了地区差异，从而也使各地教职工工资的实际水平保持较一致水平。因此，这种工资制度不仅有利于计划管理和经济核算，而且较为合理地解决了工资分配的地区矛盾。

2. 增强了教师工资的效率性，尽可能寻求效率性与公正性的统一

这两次改革，特别是 1956 年的工资改革，针对以往工资制度的弊端，着力于按劳取酬原则，反对平均主义，引进了激励机制。首先，对教师和行政人员做了工资差别的规定，把工资与职务等级挂钩，有利于调动教师

---

① 《中国教育事典》编委会：《中国教育事典·中等教育卷》，河北教育出版社 1994 年版，第 461 页。

② 管培俊：《教师工资问题的总体考察和建议》，《教育研究》1989 年第 11 期。

工作积极性。其次,在工资评定标准上,强调了职务、德才及资历等多方因素,这也利于公正合理地评定教职工工资等级。因此,寻求工资效率性与公正性统一的切合点也是以后教师工资制度一直致力于改革的目标。

四、全国工资调整发展时期教师工资改革
(1957—1979 年)

1956 年建立的工资制度,在以后相当长时期内,基本上未作根本性变革。但为了进一步完善这项制度,之后国家也曾进行过几次工资调整。

(一)"文革"前的工资调整(1957—1965 年)

1958 年以后,随着反右斗争深入,以及开始进行的"大跃进",知识分子的社会地位急转直下,教师队伍也处于不稳定状态,许多教职工被抽调或下放去从事生产劳动或其他工作,从政策上尽量淡化脑力与体力劳动者之间的差别,这很大程度上加剧了脑体倒挂问题,知识分子创造的劳动价值也很难被正确评价。其间,政府也针对不同情况,对教师工资进行过一些调整。

1959 年 10 月,国务院转发国务院文教办公室《关于一九五九年文教部门一部分人员工资安排问题的意见的通知》和劳动部的补充意见,规定:本次文教部门人员调整工资重点放在高、中等学校的教学人员和卫生技术人员中工资较低的人员,分别按 4% 或 5% 的比例调整。[①]

1960 年 3 月,教育部下发《关于一九六〇年高等学校和国家举办的全日制中、小学教师工资升级工作的几点意见》,决定 1960 年全国高等学校教师升级面为 40%,中小学教师升级面为 25%。[②]

1963 年,中共中央、国务院决定,在全国范围内进行一次较大范围的工资调整。7 月 25 日,教育部发出《关于 1963 年全国各级公办学校教职

---

①　陈少平、张绘屏:《国家机关和事业单位工资制度变革》,中国人事出版社 1992 年版,第 103—104 页。

②　陈少平、张绘屏:《国家机关和事业单位工资制度变革》,中国人事出版社 1992 年版,第 104—105 页。

工工资调整工作的几点意见》,确定本年各级公办学校教职工调整工资的升级面,其中,相当于 17 级以上的教师和高等学校辅助人员,可按中央或地方规定,适当照顾;其余人员按 40% 执行。中小学教师,工资一向偏低,生活比较困难,今后的升级面,应加以照顾,一般不宜减少。[①]

经过这次工资调整后,绝大多数教师工资有了较大幅度提高。如湖北省普通中学教职工的月均工资由 56.20 元增至 59.79 元,增加了 3.59元,增长了 6.39%。[②]

(二)"文革"时期的工资调整(1966—1976)

"文革"十年,财政体制的改革使地方在教育财政上拥有较多权力,致使一些地方滥用职权,挪用教育经费现象时有发生,教师工资难以得到保障,经常被拖欠。这一时期,全国教师工资基本没有进行大的改革,只进行了一些微调工作。1971 年 11 月,国务院颁发《关于调整部分工人和工作人员工资的通知》,对少数工龄长工资低的教职工工资作了一些调整。经过调整后,以中学教员为例,其 10 级工资标准大致相当于工人的 3 级工资标准。[③] 这把脑力劳动者和体力劳动者的工资水平又重新拉开了,纠正了以往的一些错误做法。《通知》的颁布,也使部分教职工工资得以提级,如江西省南昌县在这次调整中,升一级的中学教职员工有 504 人,升两级的有 224 人,共占总数的 46.6%。[④]

(三)"文革"后的工资调整(1977—1979 年)

"文革"结束后,国家把工作中心转移到经济建设上来,进行了经济体制改革试验,特别是农村改革的成功,大大加快了发展步伐。在劳动工资制度方面,社会主义按劳分配原则进一步得到肯定,工资也相应地被多次调整。

---

①　《中国教育事典》编委会:《中国教育事典·中等教育卷》,河北教育出版社 1994 年版,第 464 页。

②　湖北省地方志编纂委员会:《湖北省志·教育》,湖北人民出版社 1993 年版,第890 页。

③　陈少平、张绘屏:《国家机关和事业单位工资制度变革》,中国人事出版社 1992 年版,第 109—110 页。

④　南昌县教育志编纂小组:《南昌县教育志》,1992 年,第 132 页。

1977 年 10 月,国家进行了"文革"后的第一次调资,针对的重点是工作多年、工资偏低的公立学校教职工。这一次全国近 60％的教职工不同程度地增加了工资。① 随后,在这次工资调整方针的指导下,1978 年 12 月、1979 年 10 月、1979 年 11 月国家又相继颁发了一系列有关规定进行了几次工资升级。

1977—1979 年的工资调整次数相对于前几个阶段来说是比较频繁的,几乎每一年教职工都要进行一次工资升级,1977 年、1979 年工资升级面基本相似,两年均维持 40％升级面的水平,1978 年则按教职工人数的 2％提升了工资级别。尽管如此,分配领域的"脑体倒挂"现象仍然存在。例如湖南省,自 1961 年以来,该省中学教职工平均工资始终低于全民所有制职工平均工资水平。从平均工资指数来看,两者差距由 1961 年的 3.41 发展到 1979 年 28.24。② 造成这种差异最根本的原因有两方面:第一方面,国家在财政上对教育和企业人员工资投入上的差异。全民企业归国家所有,因而其工资直到改革开放后很长一段时间都完全由国家全额包下来,即所谓的"铁饭碗"。而国家在教育财政投入方面较少,且教师的职称或对应的工资级别提升较慢,虽经改革开放以后几次提升,但解决的都是原来工资偏低问题,并没有从根本上缩小企业职工与教师之间的工资差距。因而,这反映的是国家对教育与非教育领域投入的矛盾与平衡问题。造成这种矛盾主要是当时所持的劳动价值实现的标准不同,因而对两个领域的矛盾难以作出科学的比较和分析。第二方面也许是更为本质的原因,是国家人事分配制度的改革在不同领域并不同步开展和不同行业间所具有的不同性质所导致。改革开放后,国家在农村率先实行联产承包责任制后,紧接着也在企业当中实行了承包制。经济体制的改革使部分国有企业焕发了活力,企业经济效率迅速回升。在改革中,职工的工资与工厂的效率直接挂钩,这样灵活的多劳多得、优劳优得的分配制

① 《中国教育事典》编委会:《中国教育事典·中等教育卷》,河北教育出版社 1994 年版,第 65 页。

② 劳动和社会保障部:《中国劳动和社会保障年鉴(1999)》,中国劳动社会保障出版社 2000 年版,第 472 页;中国经济年鉴编辑委员会:《中国经济年鉴(2000)》,中国经济年鉴社出版 2000 年版,第 913—914 页;湖南省地方志编纂委员会:《湖南省志·教育志》下册,湖南教育出版社 1995 年版,第 1275—1276 页。此处数据由以上各项列表统计而得。

度使全民所有制职工工资除基本工资外,还增加了效益工资,而后一块实际上就是新增加的部分。与企业工资相比,改革初期教师工资还是受计划经济体制条条框框的束缚。同时,由于教育行业自身性质所限,学校没有也不可能像企业那样迅速进入到市场经济中,受市场规律的支配。这样必然迅速拉大两个领域之间的工资差异,相对滞后的教育财政体制改革,是这一时期的脑体倒挂矛盾突出的重要原因。

(四) 1957—1979 年工资制度改革的特点

1. 工资制度改革的指导思想仍然是按劳付酬、多劳多得、缩小差别、保持平衡

其间进行的几次工资调整,从一定程度上提高和改善了教师生活水平。但工资改革的步伐和提高的幅度,受多次重大政治运动的影响,明显低于 1949 至 1956 年期间的增幅。

2. 教师工资制度改革由提升等级转向扩大升级面,升级的重点对象始终是部分低工资、教龄长及优秀的教职工

新中国成立 30 年以来,教职工与其他部门职工一样,工资升级方式主要有:[1]一是按照评定的职务及其业务能力进行升级,如 1952—1954 年建立的工资分制度、1955—1956 年实施的货币工资制度,都是以等级的形式来划分教职工的工资并依此结合德才,参照资历来调整教职工的工资,进行升级。二是控制升级面的方式来升级。这主要是 1956 年等级工资制度全面改革以后至 1979 年这一段时间所进行的方式,即按照下达的升级面,规定升级条件,进行升级。后者正是此段时间教师工资制度改革的特点,以此来普遍提高教师的工资待遇。

五、思　考

综观新中国成立 30 年以来教师工资改革历程,从多种工资制度并存

---

① 　么树本:《三十五年职工工资发展概述》,劳动人事出版社 1986 年版,第 220 页。

到统一工资制度建立,从实物支付方式到工资分再到货币支付方式,从按等级职务及能力、资历升级到控制升级面再到普调工资,这是教师工资变革的基本轨迹。这一过程凸现了以下几个特点。

(1)地区间差异逐步缩小

首先,从制度上说,统一了全国的工资制度。1957 年以后遵循的工资制度主要是依据 1956 年制定的,即把全国划分为 11 个工资区,每一个工资区又按照教员和行政人员再分别划分为一定等级。每一个教职工按照自己的劳动取得相应报酬,即按劳取酬。这样,就从制度上缩小了地区间因经济发展水平和物价波动等原因造成的不平衡,尽量体现按劳分配基本原则,即用一种相对公平的评价方式弥补了平均主义原则下掩盖的事实上不公平,体现了以教师自身劳动特点为出发点的工资分配原则。其次,从工资标准的计算单位来看,也从形式多样转为统一,即用货币支付的方式最终取代了用不同实物,或由实物折算为工资分的方式,统一了各地区之间杂乱的工资支付形式,这有利于横向评估各地区教师工资的实际水平,体现了工资制度的进步。最后,升级制度的变化也体现了地区之间差异的缩小。每一次升级都针对一定范围的教职工而进行,总的原则是注重向教龄长、工资低、教学优异、贡献大的教职工倾斜,其中工资低这一条尤为重视,这不仅缩小了地区之间工资的悬殊,也缩小了教职工之间的工资差距。

(2)逐步实现教师工资的相对公平

这体现在两方面:首先,按劳分配原则是历次工资改革始终秉承并追求的目标。其次,力求寻找脑力劳动与体力劳动者工资的合理关系。事实上这两方面是密切相关的。1949 年之后的一段时期内,为了稳定全国职工的生活,采取了供给制、原职原薪等工资制度,显然这难以反映不同职业人员工资待遇差异。另外,我国建立的是人民民主政权,为了让工农翻身做主人,彻底改变贫穷困苦的生活,国家在经济政策上偏重于工农阶层的生活改善,而知识分子则相对被降低了待遇,在平均主义的表象下,报酬和劳动贡献挂不上钩。随着我国政治经济的发展,脑力、体力劳动报酬之间的变动关系呈现出一种曲折的复杂关系,经历了两者差距拉大、差距淡化再到脑体倒挂的演变过程。但是尽管如此,工资制度在每一次改革中都力图体现出按劳分配、同工同酬的公平性,纠正脑体之间不合理现象,提高知识分子待遇。这体现在教职工工资标准的不断提高上。就教育系统内部来说,在具体工资标准的划分上也尽量体现教师劳动的特点,即自 1956 年工资改革后,教师工资标准划分成教员和行政人员两个系列,每一系列有其相对应的等级和标准。事实上这也正是考虑到了不同岗位和社会分工之间具有的劳动价值差异。

(3)教师工资水平的高低主要还是与国家政策密切相关

教师工资水平的变化,甚至出现脑体倒挂的现象,其原因主要在于我国工资政策的导向,特别是对知识分子的政策。这无疑对教师的工资波动造成了极大影响。国家长期以来工资改革的一个重要目标就是要体现社会再分配中的公平性,真正提高社会成员的整体生活水平。这一方面需要尽可能加大对原来贫困面广、贫困程度深的工农阶层的投入,但另一方面却又忽视了体力劳动和脑力劳动的差别,影响了按劳分配原则的贯彻,造成分配上的平均主义,致使知识分子所从事的脑力劳动没有获得等值的工资报酬,出现了严重的脑体倒挂现象。因此,国家在不同时期对待知识分子态度的变化,直接影响着工资标准制定时的政策导向,影响社会收入分配格局,进而影响到教师工资水平。

(4)教师工资水平的变化体现了教师的社会地位及职业声望

教师地位一般是指他们的社会地位,而社会地位往往是由政治地位、经济地位以及文化地位构成的,其中经济地位是影响教师地位的决定性因素,而经济地位主要是指经济收入的多少,实际上主要是指工资收入。因此,教师工资水平不仅直接影响其生活水平,决定了教师这一行业的职业声望、职业吸引力和教师从事该职业的积极性和责任感,而且通过教师经济待遇的分析可以清楚反映出整个社会对于教师地位的认识轨迹。而且从更深层次上看,也体现了我国政治体制的改革和知识分子地位变化之间的协调关系。

新中国成立 30 年教师工资制度改革在取得成绩的同时,也有一些值得注意的问题:(1)与其他行业相比,教师工资水平始终偏低;(2)教师工资制度缺乏相应的激励机制,还存在着分配上的"平均主义";(3)教师工资评价标准仍不够科学,缺乏相应激励机制,不能真正体现"多劳多得"原则,一定程度上导致教师工作积极性的缺失。

改革开放以来中国大学理念的变革

——多元现代性的视角

■ 朴雪涛

从某种意义上说,大学理念的变革是改革开放以来中国社会现代化转向的一个重要成果和显著标志。近10年来,大学理念的研究逐渐成为高等教育领域的"显学"。参与大学理念讨论的人,不仅有教育学专家,也有其他学科专家;不仅包括大学教师、也包括大学领导和教育行政官员;不仅局限于专业人士,而且也吸引了许多关心大学发展的"业余人士"。这种迹象表明中国大学正在加速进入一个制度创新的时代。由于中国社会转型反映的是一种特殊的现代性,因此中国大学理念变革也呈现出十分独特的样态,面临着诸多需要亟待解决的问题。笔者将这些问题概括为三种倾向,即大学理念供给的"行政化倾向"、处理大学理念内在矛盾的"不争论倾向"和大学理念研究的"单一现代性倾向"。深入分析这几种倾向生成的原因和影响,不仅有助于我们正确认知改革开放以来中国大学表现出来的独特现代性,也有助于我们理性地思考和规划中国大学的未来。

[作者简介] 朴雪涛(1966—),男,辽宁本溪人,2003 年获华中科技大学教育学博士学位,2006—2009 年在浙江大学教育学博士后流动站从事中国大学制度变迁研究,发表《现代性与大学——社会转型期中国大学制度变迁》等著作,现为沈阳师范大学教育科学学院院长、高教所所长、教授,主要研究方向为大学理念与大学制度。

一、大学理念供给的"行政化倾向"

在引进西方大学制度后不久,大学理念就开始受到了国人的关注。民国时期,大学理念的讨论主要是民间的行为,大学校长和大学教授是大学理念供给的主体,他们的话语权举足轻重,国家或政府起的作用则相对较小。由于有自由公共媒体的存在,不被政府喜欢的大学理念也有表达的空间。

新中国成立后的很长一段时间里,大学理念的变革成了一种国家意志和行政行为。在民间社会被解体的社会环境中,大学理念的自由讨论失去了可能。大学理念的政治内涵被无限夸大,它的统一性被过分强化。表现在大学理念上的冲突,往往不是以自由争鸣的方式解决,而是被视为阶级斗争的表现。所谓大学理念的讨论,实际上已经变成了对政治权威著作的脚注。1974 年 2 月,美国宾夕法尼亚大学的一个专家小组访问了中国 7 所大学,他们与当时各大学的革委会成员、教师和学生进行了座谈。美国学者所做的记录显示:在不同大学听到的谈话内容都如出一辙,像计算机和复印机的拷贝一样。[①] 因为在这一时期,知识分子根本不需要思考大学的问题,因为已经有人替你思考了,最伟大的高等教育思想家,不是在大学之中,而是高居于庙堂之上。

改革开放以后,大学从为政治服务转变为为经济建设服务,但其"工具属性"没有得到根本改变。改革 30 年来历次重大的高等教育改革,实际上都是经济体制改革和政府机构改革的一个特定组成部分,或者是它们的衍生产品。这些改革都是由政府来发动和实施的,大学的唯一选择就是跟进。大学改革的话语权,几乎被国家行政机关所垄断,即便是地方政府,也发不出多少声音来。这种改革方式产出的"大学理念",既非不同利益相关者的"共意",也不是内部逻辑自然演进的结果,而是自上而下"制造"出来的。可以说,大学理念供给的行政化倾向,改革后和改革前相

---

① Jan S. Prybyla. Notes on Chinese higher education (1974). The China Quarterly, 1925(62):271—296.

比虽有所淡化,但是没有实质性的改变。一般而言,大学理念变革的基本模式可以概括为如下步骤:一是中央有新的精神和政策或党的主要领导人发表了关于教育问题的谈话;二是主管教育的中央领导和中央教育行政部门出面解读中央的政策或领导人的指示精神;三是中央教育行政部门组织直属高校、中央部委和地方政府的教育行政部门学习和领会中央精神;四是中央部委和地方教育行政部门向所主管的各高等学校领导传达中央精神;五是高等学校领导向学校中层干部转达中央精神;六是学院或系的领导组织全体教师学习中央精神,要求教学科研人员按照中央精神来指导自己的工作。

在这个过程中,一些教育报刊和学术期刊,开始向知名教育专家约稿,让他们从理论上论证中央精神。这个特定的话题也立刻成为一段时间内中国高等教育研究的热点和重点,大量的专业研究者将注意力转向了这一问题,全国各级各类教育研究期刊发表大量的相关论文。这些文章讨论的主题和内容几乎一样,论述问题也多采用"某某同志指出"的"演绎"方法,缺少实证的材料和个人观点,更不用说提什么不同意见了。在理论宣传论证的同时,教育报刊还会采访一些积极跟进的高等学校,宣传它们从实践层面全面深入贯彻中央精神的成果。

上述行动的预期结果,就是从理论和实践两个层面掀起高等教育思想观念转变的高潮。这一高潮持续的时间不等,长的要几年,短的几个月就过去了。大学理念变革的这种行政主导模式,一个最大优势就是行动迅速而步调一致,短时间就会造成一种人人都可以感知的舆论环境。但是,这种大学理念变革模式也存在重形式轻内容等弊端。

改革开放以来,由于高等学校多少获得了一些自主权,高校自己发动的"改革"也有许多。不过,这种改革也和行政主导的改革一样,也是自上而下的,其模式除了省略了上述某些程序外,其他则没有太大的区别。

在改革开放的大背景下,也有很多人想摆脱改革话语权被垄断的状况,提出个性化的大学理念。但是,这种尝试经常会遇到来自内外两个方面的阻力。从内在的方面说,阻力主要来源于人们自身的习惯。长期以来,大学理念讨论中采用注释和阐发政治权威著作的做法,已经内化成为一种文化心理,难以在短时间内被打破。革命家出身的大学校长朱九思,在晚年时大学理念发生了重大改变。关于这种转变,他曾说道:"我的教育观转变断断续续经历了 20 多年。1992 年小平南巡讲话后，我的思想有所改变，但是还没有完全转过来。后来我开始招收高等教育学博士生并为他们上课，在这个过程中思想认识进一步深化，但一直到 2000 年我才提出我的教育观是'学术自由，追求真理'。到那时，我的思想转变才算最终完成。我觉得这个过程很漫长，而且非常不容易。对于一个有着几十年工作经历和几十年党龄的人来说，思想转变是比较困难的事。"①

从外部的方面来说，大学改革受到行政的过分干预是制约大学理念从底层产生的一个重要原因。大学理念绝不是某个个人的空想，而是需要有实践作为基础。改革开放以来，中国高等教育经历了"大改革、大发展、大提高"（周远清语），本来应当涌现出一批有独特大学理念的教育家，但实际情况却并非如此。前武汉大学校长刘道玉的经历，很容易解释这种现象产生的原因。刘道玉 20 世纪 80 年代初任武汉大学校长后，发动了一系列引人注目的改革，武汉大学因此被誉为"高教界的深圳"。可是，正当年富力强的他想进一步深化改革时，却在 1988 年被莫名其妙地免除了武汉大学校长职务，这导致了他改革计划的半途而废。对于突然被免职的原因，很多人也包括刘道玉自己猜测，在于"思想太超前了"。被免职多年后，他仍然还心系中国大学改革，出版了一本可以了解 80 年代中国大学改革细节的著作《一个大学校长的自白》。这本书是地道的"刘道玉版的大学理念"，其中有些是实践检验过了的思想，而更多的则是未完成的计划。②

由于大学理念供给存在着明显"行政化倾向"，改革开放以来中国大学虽然在规模和层次上得到很大的发展，但是在理念的创新上所起的贡献却极为有限。北京大学哲学系教授韩水法针对这种状况发出了"世上已无蔡元培"的慨叹。中国高教学会会长周远清也对这个问题有清楚的认识，他指出："学校应该有自己的办学理念，不能像过去一样上面说什么就做什么。一个高水平的学校，不但要出人才、出科研成果，也应该出教

---

① 2008 年 11 月 12 日，笔者对朱九思先生进行了电话采访，此引用是根据他的回答整理出来的。

② 参见刘道玉著：《一个大学校长的自白》，长江文艺出版社 2005 年版。

育思想、教育理念。"①

二、处理大学理念内在矛盾的"不争论倾向"

　　如果说大学理念供给的"行政化倾向"是改革开放前留下的遗产的话，那么"不争论倾向"则是改革后出现的新事物。在中国现代性发育的百多年间，每一次重大的变革，都伴随着不同理念的激烈纷争。比如，晚清"洋务派"和"顽固派"在如何看待中学和西学问题上的"本末"之争；20世纪30年代的"科学教育"和"玄学教育"之争；30年代的"全盘西化论"和"中国本位文化论"之争；40年代的"自由主义向何处去"之争；50年代的美国大学普通教育模式和苏联大学专业教育模式之争；"大跃进"和"文化大革命"中关于大学的学术性模式和大学的革命性模式之争；等等。上述争论虽然个别的并不是直接关于大学理念的，但是它们都隐含着大学理念的内容或对其变革产生了重要影响。需要特别指出的是，建国后很长一段时间里所谓大学理念的争论并非是以理服人的自由讨论，而是以力服人的政治批判。

　　稍加分析，我们就不难发现，百年来中国大学理念所发生的争论并非断裂的，而是连续的，每次争论其实都是西方自由主义价值观和中国权威主义价值观（其中既包括儒家传统也包括社会主义传统）的冲突。这些冲突是文化高度发达的传统社会，在向现代转型的过程中一般都会遇到的，有其历史必然性。新中国成立后，党和国家为了在国际上赶超对手，为了在国内建构自己的合法性，积极致力于经济发展。但是，社会经济的发展必然要实现工业化和引进现代技术，而工业化和现代科学技术又要求有一套相应的现代价值观和制度体系，它们与社会主义特有的重视革命热情、重视主观能动性，自上而下的动员方式和全面的社会控制是不相容的。正是因为如此，中国在社会主义建设阶段长期面临着这样一个两难选择：是选择政治上的乌托邦革命目标还是选择经济发展的目标？这种

---

　　① 周远清：《在"促进人文教育与科学教育的融合高级研讨班"上的讲话》，《中国高教研究》2002年第6期。

内在矛盾,导致我们国家长时间在革命与建设目标之间摇摆。毛泽东关于无产阶级文化大革命隔个七八年要再来一次的说法,形象地说明了中国社会发展中革命和建设的内在矛盾。毛泽东既要建设的成果,也要保存革命的理想。因为要搞经济建设,国家不能不办大学,即便在"文革"中毛泽东也提出大学还是要办的。不过经过教育革命洗礼后的大学已经没有多少学术社团的特点了,变成了具有鲜明革命理想色彩的"毛泽东版大学"。

改革开放前,大学的革命理想始终占有绝对的优势,并在一段时间大获全胜。但是,革命理想指导下编织出来的乌托邦大学神话,终究不能长久地掩盖学术落后的严酷现实。改革以后,由于政治体制的连续性,革命理想作为社会主义的一面旗帜还需要高举。同时为了满足现代化建设的需要,被革命理想扼杀掉了的大学学术精神也要让它复活。

历史总有它的相似之处,大学理念的内在矛盾在改革开放后再度凸现出来。为了坚持革命理想,大学需要有统一的意志、统一的思想、统一的行动,需要对大学实行社会控制和依据外部标准评价大学。为了实现大学的学术使命,大学则需要有自由的意志、自由的思想、自由的行动,需要给大学自治的权力,依据学术标准评价大学。这样一来,如何处理革命理想的"统一性"和学术发展的"自由性"这对内在矛盾,就又一次成为摆在改革者面前"烫手的山芋"。关于大学理念的讨论,在特有的社会条件下很容易和"姓资姓社"这类敏感的政治问题联系在一起。在主流观点看来,如果让"姓社"的观点占领阵地,则改革必然陷入停顿;如果让"姓资"的观点出尽风头,则社会主义的理想就有被颠覆的危险。

可见,处理这块烫手的山芋需要高度的智慧和勇气。改革总设计师邓小平,没有像以往的改革者一样,或者对两种有着内在矛盾的价值观进行简单的调和,或者在左右进行摇摆,而是采取了"不争论"的策略。邓小平在"文革"后期就提出了"黑猫白猫,抓住耗子就是好猫"的观点,试图模糊两种理想的差别。1992 年,邓小平在南方讲话中指出:"不搞争论是我的一个发明。不争论,是为了争取时间干。一争论就复杂了,把时间都争掉了,什么也干不成,不争论,大胆地试,大胆地闯。"[1]

---

[1]　《邓小平文选》第三卷,人民出版社 1993 年版,第 374 页。

邓小平的"不争论"策略,不仅在经济改革中奏效,而且在高等教育体制改革和制度创新中,也发挥了重要的作用。曾任中共中央政治局常委、副总理的李岚清,在其主理中国高等教育改革过程中,也积极倡导不争论的策略。他指出:"对过去的工作,特别是 20 世纪 50 年初期参照苏联高校模式进行院系调整的评价,我强调:一言以蔽之,成就很大!但是,成就再大也还是要改革。改革并不意味着我们过去都搞得不好,更不是都搞得不对。当时有当时的条件和历史情况,在那种情况下取得这些成绩是很不容易的,也是绝不能抹杀的。在这方面毋须争论,大家都向前看。"①

不争论的策略有效地悬置了大学的革命理想和学术发展之间的矛盾,有效地整合了内外两种大学理念背后的利益主体,从而在中国高等教育界引发了一场"静悄悄的革命"。今天的大学不用说和"四人帮"刚刚粉碎的时候相比,就是和拨乱反正后的大学相比,也不可同日而语了。不仅"教育革命"的理想难寻踪迹,就是模仿苏联而建立起的"学术性模式"也面目全非了。相反,西方特别是美国大学的理念和模式对中国高等教育改革的影响越来越大。这种转变之所以能够实现,在某种程度上得益于改革者特有的不争论策略。

中国大学改革已经走过了近 30 年的历程,由于不争论而悬置的问题有些随着环境的变化而消失了,但相当多的留存了下来,还有一些问题因为暂时的休眠而积聚了更大的能量。北京大学教授韩水法在接受《大学周刊》记者采访时曾发出这样的疑问:"对于中国大学制度改革,我们清楚我们的目的和原则吗?"今天,对于中国大学发展中的体制性和制度性障碍,我们是"争论",还是"不争论",重新成为了一个问题。

中国大学制度变革中一个敏感的问题就是高校内部的领导体制问题。《中华人民共和国高等教育法》明确规定:"国家举办的高等学校实行中国共产党高等学校基层委员会领导下的校长负责制,中国共产党学校基层委员会按照中国共产党章程和有关规定,统一领导学校工作,支持校长独立负责地行使职权。"这一大学内部治理模式恐怕是世界上独一无二的,如果要问这一体制是学术的需要还是政治的需要?恐怕每个人的答案都是一样的。在高校办学的具体实践中,党委领导和校长负责之间常

---

① 《李岚清教育访谈录》,人民教育出版社 2003 年版,第 26 页。

常会发生体制上的不顺,大学的行政成本也因此居高不下。如今,我们提出要建设世界一流大学,要建立现代大学制度,要建设高等教育强国,那么这一体制要不要改? 如何改? 此外,还有一些大家也较为关注的问题,比如,大学的自主权究竟应该包括哪些? 权力应该有多大?《高等教育法》中规定的自主权是否够用? 是否真正落实了? 大学教师的学术自由究竟应该包括哪些内容? 一个研究政治学的教师批评中国的政治制度,一个研究社会学的教师批评中国社会的体制,这些究竟属于正常的学术自由还是属于自由化的违法行为? 对待这些问题,如果我们还停留在摸着石头过河的探索阶段,如果还继续使用不争论的鸵鸟政策来消极对待,如果还采取就事论事的原则来处理,那么中国大学立于世界一流大学之林的理想只能是梦想。

三、大学理念研究的"单一现代性倾向"

大学理念的研究成果可以粗略地分成两种类型:一类属于工作报告,其实践指向明显;另一类是学术论文和著作,主要进行学理性的讨论。前一种类型的"大学理念",我们在前面分析"行政化倾向"中已经提及,这里主要分析后一种类型的"大学理念"。笔者利用中国知识资源总库——CNKI 系列数据库对题名中包含"大学理念"的论文进行查询,发现 1997 年以来共有论文 402 篇,1997 年以前的论文没有发现。[①] 笔者同时还对题名中包含"高等教育思想"的论文进行查询,发现全部论文 240 篇,1997 年以后有论文 204 篇。[②] 在上述研究"大学理念"的 402 篇论文中,关于民国时期大学理念的有 53 篇,关于西方大学理念的有 125 篇。在 1997 年后研究"高等教育思想"的 204 篇论文中,关于民国时期大学理念的有 43 篇,关于西方大学理念的有 36 篇。其实很多理论研究的论文,也是从"回顾"和"西望"中寻找依据的。如果将这部分论文计算在内,则所占比例还要高很多。由于民国时期中国大学基本上是西方大学制度的翻版,所以

---

①　查询主题词为"大学理念",查询方式为精确查询,查询时间为 2008 年 11 月 22 日。
②　查询主题词为"高等教育思想",查询方式为精确查询,查询时间为 2008 年 11 月 22 日。

大学理念的"寻根情结"其实也就是"崇洋意识"的另一种表现形式而已。

　　客观地说,回顾民国时期的大学理念和借鉴西方的大学理念,对我们重新拾起沉沦已久的内在论大学理念,具有重要的"启蒙"意义。同时,我们也要警惕这种"启蒙"可能带来的消极后果。笔者以为,用上述两种方式生产出来的"大学理念",其理论前提是将大学理念看成起源于西方的具有永久价值和普遍意义的客观知识,将大学理念的变革视为单一现代性的产物。

　　所谓单一现代性,就是认为现代性只有一种模式,将现代化看成是"一个朝向欧美型的社会、经济和政治系统演变的过程"①。20 世纪 90 年代,西方学者弗兰西斯·福山认为 80 年代后世界上发生的一系列重要政治事件并不仅仅是冷战的结束,更是历史自身的终结,历史的演进过程已走向完成,西方的"自由""民主"制度是"人类政治的最佳选择",并即将成为"全人类的制度"。可见,单一现代性思维在世纪之交,并没有因为世界多极化时代的到来而消失。

　　单一现代性思维,在大学理念的现代化过程中也得到了充分的体现。19 世纪中叶以来,西方大学理念以"普遍主体"自居,积极谋求为非西方文明国家的大学"立法"。随着现代性的全球化流动,这种尝试获得了成功。在西方文化霸权泛滥的时代,非西方国家大学理念的现代化也就意味着远离"狭隘性""特殊性"和"地方性",迈向所谓的"普遍性"。简言之,后发外生型国家大学理念现代化,被简单地理解成了"西化"。②

　　近年来,在国内关于大学理念的热烈讨论中,树立"现代大学理念"的呼声不绝于耳,现代大学理念似乎成了中国高等教育最稀缺的资源。分析国内学术界关于现代大学理念的诸多研究成果,我们不难发现,这些所谓的现代大学理念无论从其内容来还是从其价值观上看,它们无疑都是19 世纪后西方科学知识观和大学职能观的翻版。在全球化备受瞩目的社会背景下,对现代大学理念等同于西方大学理念的单一现代性思维模式几乎无人提出质疑,引进西方大学理念和大学制度也就顺理成章地被认为是中国大学发展的终南捷径。大学理念生产中的"他律",已经成为

---

　　① ［以色列］艾森斯塔特:《现代化:抗拒与变迁》,张旅平等译,华夏出版社 1988 年版,第 45 页。

　　② 朴雪涛:《大学理念意义的阐释与范式的转换》,《教育研究》2008 年第 7 期。

了一种社会文化心理模式。

事实上，非西方国家大学盲目地沿着这条似乎是约定俗成的现代化路径前进，是十分危险的举动。法国社会学家布迪厄所提出的"文化资本"理论认为，教育制度是分配和确定社会特权的工具。根据他这种观点，我们很容易就会意识到欧美大学理念普遍主义的背后隐藏着输出意识形态的目的。非西方国家无原则地与世界接轨必然导致自我的丧失，以西方大学的标准为唯一的尺度，大学理念与制度的建设只能紧跟西方亦步亦趋，这必定导致非西方国家的大学始终处于边缘地带。① 西方大学理念虽然标榜价值中立，但是其西方中心主义的价值倾向十分明显。近年来备受国内学者关注的西方大学理念的代表人物纽曼，就是一个种族中心主义大学价值观的典型代表。他说："我并不否认例如中国的文明，尽管它不是我们的文明，但它是巨大、稳定、缺乏吸引力的郁闷的文明。其他种族的每一种文明，都是他们自己的文明，其中许多是暂时性的；它们当中没有一个能够与我描述的配得上那种名称的社会和文明相比较。"②

其实，在西方学术界，也有许多人反对单一现代性的思维模式。譬如社会学家 S. N. 艾森斯塔特，就提出了一种复数的现代性理论，即"多元现代性"（Multiple Modernities）。多元现代性理论放弃了单一现代性的西方中心主义取向，认为欧美国家的现代性只是现代性的一种方案。他指出："多元现代性就是这样一种观点，一方面强调现代性作为一种独特文明的特殊性，一方面强调其中具体制度和文化模式的巨大可变性和易变性。"③

在中国现代转型的特殊语境下，现代性的建构需要与世界主义相联系，而建立现代民族国家又需要民族主义，两者存在一个普遍主义和特殊主义的巨大张力。这种张力，自中国遭遇现代性问题之后就一直牵动着中国发展的神经。时至今日，现代性在中国仍然是一个"没有完成的设

---

① 朴雪涛：《大学理念及其变革》，《高等教育》（人大复印资料）2002 年第 1 期。

② ［英］约翰·亨利·纽曼：《大学的理念》，高师宁等译，贵州教育出版社 2003 年版，第 348—368 页。

③ ［以色列］艾森斯塔特：《反思现代性》，旷新年等译，生活·读书·新知三联书店 2006 年，中译本前言。

计"和"尚在继续的话题"。正是因为如此,如何处理中国现代性发育中存在的普遍主义与特殊主义的矛盾关系,近年来成为华人学者高度关注的问题。香港中文大学金耀基教授指出:"中国'化'为'现代'的道路,并没有任意或太多选择的余地,但却绝不是没有创造的空间。中国或东亚人(也包括一切非西方的人)在经济、政治、文化现代化的过程中,应该自觉地调整并扩大现代化的'目标视域',在模仿或借鉴西方的现代模式的同时,不应不加批判地以西方现代模式作为新文明的标准。中国建构新的现代文明秩序的过程中,一方面不止是拥抱西方启蒙的价值,也应该是对它的批判;另一方面,不止是中国旧的传统文明秩序的解构,也应该是它的重构。中国新文明是'现代的',也是'中国的'。"[①]

多元现代性的观点,近年来也在中国大学理念的讨论中得到了体现。香港大学亚洲研究中心甘阳教授近年来一再呼吁中国学人要做"文化自强者",要树立"华人自己的大学理念"。他说:"中国大学的使命是要坚持中国人在思想、学术、文化、教育上的独立自主,而不是成为西方大学的附庸藩属。"[②]中国高教学会会长周远清在 2007 年高等教育国际论坛上发表演讲指出:中国大学文化建设的首要任务是"提高中国高等教育的文化自觉"[③]。

作为一个独特的文化机构,21 世纪的大学已经成为全球文化和本土文化冲突的主要战场。在这种情况下,中国大学需要扮演双重角色,以弥合本土认知和全球认知之间的分裂。一方面,我们需要继承与珍重中国文化传统中特有的大学精神;另一方面也需要汲取世界其他文化体系中的大学理念。我们必须承认,大学理念具有某种程度的可通约性,可以超越时空边界而成为一种普遍意义的价值观。但更需要我们注意的是,大学理念也是时代精神浸润的结果,它是文明多样性存在和发展的集中反映。改革以来,中国社会转型模式的独特价值越来越被世界所认同,反映中国独特现代性的"北京共识"也悄然出现。因此,我们更要重视本土性、

①　金耀基:《中国现代的文明秩序的建构:论中国的"现代化"与"现代性"》,《信报:财经月刊》,1996 年第 226 期。

②　甘阳:《华人大学理念与北大改革》,《21 世纪经济报道》2003 年 7 月 3 日。

③　周远清:《和谐文化建设与中国高等教育——在 2007 年高等教育国际论坛上的讲话》,《辽宁教育研究》2007 年第 10 期。

地方性大学理念的总结,并在大学理念讨论中强化对话的意识和能力,以更加开放和更加自信的方式探索具有中国特色的大学理念。

总之,中国改革开放后社会转型所形成的特殊现代性,导致中国大学理念在变革过程中明显地表现出了上述三种倾向。行政化倾向,反映的是大学理念供给的国家与民间社会的关系;不争论倾向,反映的是"政治论"和"认识论"两种大学理念的关系;单一现代性倾向,则反映的是大学理念变革中的本土文明和域外文明的关系。我们不应该对这三种倾向作简单的褒贬,因为它们是历史和现实交互作用的产物,有其存在的必然性。实践也证明,行政化倾向的动员方式、不争论倾向的现实主义态度和单一现代性倾向的普适主义追求,对30年来中国大学理念和大制度的创新都产生了一些积极的影响。但是需要我们注意的是,中国大学在新的社会发展背景下迫切需要建立新的改革共识,而新的改革共识的建立集中地表现为大学理念的再造。基于此,我们必须充分认识到上述三种倾向的历史局限性,在大学理念的供给上必须充分发挥民间主体的作用,对大学理念的内在矛盾要坚持正确面对和积极讨论的态度,在不同的大学文明间建立对话机制。只有这样,所谓中国大学理念才可能名副其实地成为新的改革共识,并在建设高等教育强国过程中发挥其应有的作用。

中国大学自主性的制度环境与自主性特征

■ 张金福

　　大学自主性与现代大学相伴而生,并成为现代大学之所以为现代的重要特征之一。现代大学发展的历程几乎就是大学自主性不断发展和完善的过程。西方一些著名大学之所以卓尔不群,在某种程度上得益于大学自主性的彰显与完善。中国现代大学产生于 1862 年的京师同文馆。虽经蔡元培、梅贻琦等人的大力主张和鼎力推行,大学自主性曾几度弥望,但是中国现代大学的自主性在两千多年的封建专制传统的惯性作用下,一路风风雨雨,弥而不彰。改革开放后,大学自主性旧事重提,数度成为学界讨论的议题。1998 年《高等教育法》的颁布实施,对大学自主性的诉求再次引起学界的广泛关注。21 世纪初,随着北京大学酝酿内部管理体制改革,大学自主性的讨论被推向了高潮。学者们纷纷就大学自主性问题展开了针锋相对的辩论。辩论的议题涉及内容之广,范围之大,辩论之激烈,前所未有。但时至今日,对中国自主性的特征以及影响中国大学自主性成长的制度环境的研究仍然是一块尚未涉足的空白,而这又是中国大学自主性发展和彰显的根本性问题。有鉴于此,本文拟就这些问题,抛砖引玉,以示关注,就教方家同仁。

　　[作者简介]　张金福(1965—),男,贵州思南人,2003 年获华东师范大学教育学博士学位,2003—2007 在浙江大学教育学博士后流动站从事高等教育学研究,著有《大学人文教育与科学教育综合研究》等,现为浙江工业大学教育经济与管理研究所教授,主要研究领域为高等教育史、高等教育管理等。

一、中国大学自主性制度环境的主要特征

制度环境,根据诺思的看法,"是一系列用来建立生产、交换与分配基础的基本政治、社会法律的基础性规则"[1]。这些规则包括非正式规则和正式规则。非正式规则是指在人类历史活动中逐步形成的并得到社会公认的价值观、道德规范和意识形态,它广泛存在于社会的各个层面;正式规则是由公共权威机构制定的具有强制性的政治规则与经济契约,它体现着一个社会的制度化水准。按照诺思的理解,制度环境应该是现行的正式规则与非正式规则构成的规则总和。大学自主性的制度环境是指决定、维护、约束大学自主性活动的制度规则的总和。它主要包括两种:第一,既存的正式制度,包括有关高等教育以及大学运行的法律法令、行政法规、规章制度及有关政策文件等;第二,既存的非正式制度,包括关于高等教育或大学的价值信念、伦理道德规范、宗法观念、传统习惯及"意识形态"等因素。中国大学自主性经过对新中国成立前大学制度的改造、模仿学习苏联高等教育发展模式,到自我探索,再到改革开放的洗礼,在不断的改革和发展过程中,形成独具特色的制度环境。综合分析中国大学的自主环境,我们不难发现中国大学自主性的制度环境有以下明显特征。

(一)宏观鼓励与微观约束

从总体上说,改革开放以来,中国大学的宏观制度环境是一种有利于大学自主性发展的环境。首先,宪法、党和政府的一些法律法规以及基本政策,从根本上说,对大学自主性持积极的肯定态度,这为中国大学自主性的存在和发展奠定了合法性基础。2004 年第十届人大第二次会议通过的《中华人民共和国宪法修正案》第三十五条、第四十七条规定,中华人民共和国公民依法享有言论、科学研究以及文化活动的自由,把言论、科学研究、文化活动自由作为公民的基本权利确定下来。1993 年颁布实施

---

[1]　格拉斯·C.诺斯:《经济史中的结构与变迁》,陈郁译,上海三联书店 1994 年版,第 8 页。

的《教师法》、1995 年颁布实施的《中华人民共和国教育法》、2002 年颁布实施的《民办教育促进法》等都对大学、教师等的自主性做过鼓励性的法律规定,为大学自主性的发展提供了良好的法律依据。特别是 1998 年颁布实施的《中华人民共和国高等教育法》(以下简称《高等教育法》)更是赋予了大学自主招生,自主设置和调整学科、专业,自主开展技术开发和社会服务,自主开展与境外高等学校的科学技术文化交流与合作,自主设置内部组织机构和人员配备,自主管理和使用经费等七项自主办学权力。这些法律制度赋予了中国大学自主性生长有力的法律环境。改革开放以来,中国共产党所制定的一系列重大方针政策,如推行社会主义市场经济,构建和谐社会等,都为大学自主性的发展创造了合法的制度空间。其次,经济体制改革为大学自主性的发展创造了现实的制度基础。90 年代后,中国开始实行市场导向的经济体制改革,激发了人们的活力和创造欲,极大地提高了生产力,提高了人民的生活水平。不仅如此,市场经济体制所高扬的主体性、竞争性理念,更是激发了人们的主体性和能动性,人的自主性得到张扬。这样,人的自主性的彰显对大学内部主体——教师和管理人员——的自主性发育和成熟起到了极大的助推作用。而这种主体性和能动性正是大学自主性内涵的重要组成部分。再次,90 年代以来政府管理方面发生的许多重大变革,直接或间接地促进了大学自主性的发展。例如,政府日益重视法制和法治,大学作为法人单位依法享有自主办学活动的空间前所未有地增大。又如,政府职能发生根本性改变,形成了小政府、大社会的治道格局,政府的角色不再是划桨而是掌舵,其管理方式由原来的直接管理转变为直接管理与间接管理相结合,由细微管理向宏观管理转变。政府的基本职能定位在为高等教育提供政策和做出合理的制度安排,对高等教育服务提供有效监督,保证高等教育市场的公平竞争,保护社会弱势群体接受高等教育的权利等。政府将精力集中于保证高等教育的公益性和其基本职能的有效性上,在一定程度上为大学的自主性提供了较好的制度环境。

如果说,改革开放以来,中国的宏观制度环境对大学自主性以鼓励和推动为主的话,那么,其微观制度环境就对大学自主性发展带有明显的约束性。其一,政府有关部门直接或间接针对大学自主性颁布的法律、法规等,其基本导向虽然对大学自主性有鼓励性,但是具体到执行的时候,政府部门却管制较多，不是充分放权。其二，大学内部行政场域与学术场域之间关系不平衡，因为行政场域掌握着学术发展的稀缺资源。根据资源依赖理论，一个组织对另一个组织的依赖程度取决于资源对于组织生存的重要性，组织内部或外部一个特定群体获得或处理资源使用的程度，以及替代性资源来源的存在程度。如果一个组织非常需要一种专门知识，而这种知识在这个组织中又非常稀缺，并且不存在可替代的知识来源，那么这个组织将会高度依赖掌握这种知识的其他组织。① 因此，大学学术场域对行政场域有相当的依赖性，导致两者之间的权力不平衡，这种不平衡性造成了大学行政场域对学术场域自主性的约束和压制。其三，大学行政场域在现行学术管理上所制定的评价标准，功利主义色彩相当严重，强调短平快，注重量化，较少考虑不同学科之间的差异性。这些标准严重地制约着教师的学术自主性，导致教师为了生存而去盲目适应这些评价标准，追求数量，牺牲自己的研究兴趣，导致学术浮躁。更为严重的是，由于行政等非学术力量对学术场域的强力约束，学术场域缺乏基本的独立性，甚至出现制度性学术腐败现象，诸如领导利用职权剽窃他人成果、领导直接参与并控制学术资助、学术评奖及职称评定。其四，正像对经济发展一样，政府对大学自主性也实行宏观控制。当大学自主性在一段时间内发展过快，政府受传统文化惯性的影响，担心大学自主性张扬后，带来校园和社会的不稳定，于是双着手打压、限制大学的自主性。正是这种"趋安避乱保稳"的心态，制约着大学自主性的发展和成熟。

（二）制度剩余与制度匮乏

制度剩余与制度匮乏同时并存，是中国大学自主性制度环境的又一特征。一方面，关于大学自主性的政策规定大量重复、交叉和繁琐。例如，对大学的管理，不仅有国家的法律法规，还有主管部门的实施细则，而且还有其他部委（文化部、宣传部）联合颁布的管理规定，或者由各部委单独制定的管理规定；一些地方省级政府也纷纷制定本地管理大学的一些实施办法和意见；不仅业务主管部门制定了众多的法规、条例和规章，各级党委和政府也根据情况的需要，不时发布一些重要的规范性文件和政

---

① 俞可平：《中国公民社会：概念、分类与制度环境》，《中国社会科学》2006 年第 1 期。

策措施。类似的规章制度过多,造成了对大学管理过程中的"制度剩余"。制度剩余集中体现为教育主管部门与行业主管部门对同一大学组织的管理职能重叠。无论是管理职能的重复,抑或是制度重复,都会带来制度资源和管理成本的极大浪费。而且,事实上,制度剩余也未必能增强政府对大学的领导能力,相反,往往会削弱其管理能力。制度设计的初衷是对大学实行有效的管理,提高管理效率,但实践证明,制度和监管的交叉重复易于导致相互推卸责任,出现监管漏洞或监管不力。

　　然而,另一方面,在制度剩余的同时,对大学自主性的制度保障又存在着许多"真空"地带,具体体现在三个方面:其一,在大学内部缺乏一种保障大学自主性的制度基础。在国外,为了保障自主性,一般大学都有教授治校民主管理的大学自主性保障组织——大学评议会或教授会制度。中国历史上,蔡元培和梅贻琦曾倡导并推行过教授治校的教授会制度,但是这一制度已经成为历史,目前中国有部分大学如北京大学、东北师范大学等在试行这种制度,但由于观念和认识的问题,还没有在其他大学推广开来,大学自主性在制度基础上还有大量的工作需要做。其二,教授治校的制度要纳入法制化进程,恐怕还有相当长的路需要走,在这个过程中,大学自主性的制度基础可能会缺场一段时间。其三,与大学自主性紧密相关的民主传统、政治文明、公民社会环境比较欠缺。中国有几千年的封建专制的文化传统,虽然经过几十年的民主集中制原则的抗衡,但仍是大学自主性发展的藩篱;中国政治文明虽然已经起步,但是任重道远;中国公民社会,在改革开放后,特别是随着市场经济和民主政治的发展而迅速崛起,并且对中国的政治生活、经济生活和社会生活产生日益重大的影响。但是仍存在许多问题,面临许多困难,其中最主要的问题和困难来自制度环境。与成熟的西方公民社会相比,中国公民社会具有官民双重性和自主性不足的特点,这些制度环境势必影响中国大学自主性的发展。制度匮乏在现实生活中,往往使大学自主性无所适从,不管是教育部直属大学还是地方性大学,抑或是"211工程大学""985工程"大学,甚至连民办大学也概莫能外。

(三)观念空间与制度空间

　　制度空间要远远小于观念空间,这是中国大学自主性的制度环境的一大特色。这里所说的"制度空间",就是按照大学外部管理与内部管理的法规合法存在的空间;"观念空间"即大学自主性在人们观念中的存在空间,或是人们内心所意识到、内心盼望的大学自主性。从主体层面看,无论是政府官员,还是大学领导人、大学学术场域主体、大学生群体等都看好大学自主性。从政府官员的角度看,他们认为,大学拥有充分的自主性,可以改变全能政府的观念,把自己从一些纷繁复杂的管理事务中抽身出来,做一个有限有效政府;从大学领导的角度看,他们觉得大学拥有了自主性,就可以根据社会和市场对人才的需要,创造性地改革和发展高等教育事业;从学术场域主体的角度看,他们认为,一旦拥有了自主性,知识的传播、发现、运用和创造的使命和责任就能尽情地发挥;从大学生的角度看,他们认为大学生拥有了自主性,就能充分实现自我选择、自我管理和自我约束。可见,中国大学自主性的观念空间是广袤的。但是鼓励大学自主性的相关法规、政策的制度空间仍然十分有限,有待进一步拓展。无论是国家宏观层面,还是学校微观层面,抑或是学校内部学院、学科、专业,都应该在有关政策方面给予自主性的鼓励、支持和保护。特别是中国大学在内部管理方面,给予大学学术场域主体的自主性仍有很大的制度空间尚待制定和完善,确保大学自主性的制度空间满足观念空间的需要,达到制度空间与观念空间平衡发展。

(四)民主法治传统与公民社会

民主法制传统和公民社会是大学自主性发展的社会基础,是大学自主性生长不可或缺的重要养分。中国社会的民主传统的短缺与公民社会的不成熟,是中国大学自主性的制度环境的又一显著特征。首先,中国两千年的封建专制历史,使中国社会民主传统具有先天不足的特点。中国封建专制后来虽被推翻,建立了民主国家,但由于历史沉淀的惯性,加之内忧外患,民主还未形成传统就夭折了。新中国成立后,中国共产党十分重视民主,在党内建立的民主集中制对弘扬民主起到了很大的推动作用。但是新中国在经济体制上,因袭苏联的计划经济模式,是一种高度集权经济,在一定程度上制约了中国民主发展,影响了民主发展的进程。民主传统的短缺,使中国大学自主性生长缺少了提供养分的土壤。其次,中国社会有着两千多年的人治历史。受此影响,法治社会一直没有生长的空间。

而法治社会是自主性生长和规范不可缺少的条件。一方面自主性需要法治社会提供保障,另一方面,自主性的发展又需要法治社会去规范。在这样一个缺乏法治的社会里,大学自主性的生长就失去赖以生存的阳光,所以大学自主性发展如此艰难。

此外,中国公民社会发展不成熟。公民社会是指国家或政府系统,以及市场或企业系统之外的所有民间组织或民间关系的总和,它是官方政治领域和市场经济领域之外的民间公共领域。公民社会的组成要素是各种非政府和非企业的公民组织,包括公民的维权组织、各种行业协会、民间的公益组织、社区组织、利益团体、同人团体、互助组织、兴趣组织和公民的某种自发组合等。① 衡量公民社会发育程度的重要标志,是公民、社会组织所拥有的自主权利多少以及是否拥有参与国家事务、影响国家政策的权利。成熟的公民社会意味着社会具有相对于国家政府权力而言的自治权力,并对国家政府权力的行使起制衡作用,防止政治权力和行政权力对社会领域过分干预。公民社会能够为高等教育发展、大学学术自治的最终实现奠定坚实的社会基础。这不仅表现为作为社会组织的大学所依法享有的自主自治权利,具有广泛的社会认同性和民众基础,而且表现为公民社会的自治组织能够以不同的方式或参与国家(政府)高等教育决策,或进行高等教育活动的社会自我管理、协调与监督,发挥对大学发展的影响作用,保证大学不会因自治而故步自封、保守僵化。正是公民社会自治组织对高等教育的管理参与和监督的制度化,保证了国家(政府)有限干预与大学学术自治之间的平衡,促进了高等教育市场的有序运行,从而为大学组织学术发展与社会角色完善的统一创造了条件。中国公民社会不仅规模较小,而且还具有官民双重性、不规范和发展不平衡的特点。这在一定程度上,不能为中国大学自主性发展提供良好的气候与合适的温度。

---

① Pfeffer J. and Salancik G. The external control of organizations:A resource dependence perspective, Harperand and Row,1978.

二、中国大学自主性特征及其发展趋势

主体的制度环境决定主体的自主性的存在和发展。中国大学自主性的制度环境特征及其所面临的制度困境,从根本上决定着中国大学自主性的发展状况和基本特征。从某种程度来看,中国大学自主性整体特征是中国大学自主性的制度环境方面的某种体现。在宏观鼓励与微观约束,制度剩余与制度匮乏,制度空间小于观念空间,短缺的民主法治传统与不成熟公民社会等制度环境特征的背景下,中国大学自主性表现出如下特征。

第一,中国大学与政治经济具有高度同构性。中国社会政教不分、官师合一的历史文化惯性始终存在,并成了中国大学自主性生长和发展的藩篱,是中国大学自主性发展的障碍和阻力。中国现代意义上的大学制度肇始于近代洋务运动时期的京师同文馆,但是中国大学自主性发展难逃既有的窠臼,其发展历程相当曲折。民国初期,在蔡元培和梅贻琦等人的推动下,大学自主性有了相当程度的成长。但是好景不长,此后其成长过程遇到很大的障碍,甚至一再中断。只是到了1979年,在十一届三中全会精神的鼓舞下,许多高校渴望发掘自身潜力为社会多做贡献,但又深感高教管理体制和规章把高校捆绑得"过死"。所以,一股强烈的"扩大高校办学自主权"的愿望和要求迸发出来。1979年12月6日《人民日报》发表了复旦大学校长苏步青等几位著名大学校长、书记关于《给高等学校一点自主权》的呼吁。《人民日报》还为此加了编者按语。在此舆论推动下,1983年6月9日,国家教育部同意上海交通大学扩大管理权限,增强学校办学活力。后来其他省份纷纷结合本地情况,由地方政府出面,开始"扩大高校办学自主权"。诸如,1983年2月浙江省就高教改革做出了5条决定;1984年6月湖北省委、省政府就高教改革做出了6条决定;同年7月黑龙江省政府做出了《关于扩大全日制高校自主权的若干规定》;同年12月,山东省提出了高教改革6条措施等。这些决定重点突出了"扩大高校办学自主权"问题。这样,中国大学的自主性才得到重视和改善。不过这种重视和改善远未涉及大学内部关于教师教学和学生学习自主性问题。

到了 20 世纪 80 年代末 90 年代初,随着大学收费制度的兴起和改革,学生学习的主体性和自主性得到相当的重视,于是学分制被提到理论研究和实践推行上来,此后,大学生的自主性随着学分制教学管理制度的改革和推广,得到了彰显和发展。但是大学自主性的问题一直到今天仍然没有触及大学教师的层面。21 世纪初年,随着中国高等教育宏观管理体制的改革和完善,大学内部体制改革浮出水面。但是从近几年的情况看,虽然围绕大学人事制度、劳动分配制度进行了一些改革,但是涉及大学教师自主性的问题仍然是一个盲点,仍然还未看到破冰之时。

　　第二,中国大学自主性具有典型的两极性和明显的两重性。在宏观环境上,大学作为独立法人,享有宽松的自主性。另一方面在高校内部却是行政权力挤压学术权力,出现行政泛化现象,听不到大学教师在大学发展决策和管理中的声音,导致大学教师的自主性缺位。其两重性表现为两个方面。首先,一方面政府赋予大学一定的自主权,另一方面对大学自主权中具有决定意义的校长遴选权却缄口不语。其次,大学内部领导虽然提民主治校,但却不付诸实践,有"言语的巨人、行动的矮子"或口是心非之嫌。政府一方面想放权给高校,另一方面担心大学滥用自主权,导致大学发展失序。殊不知,无序的安排会产生有序的发展,而有序的安排往往会导致无序的发展。特别是随着社会变化速度的加快,这种适得其反的现象会造成越来越严重的问题。

　　第三,中国大学自主性正在形成之中,具有某种过渡性。与西方国家的大学自主性相比,我国大学自主性还很不成熟,其独立性、主体性、能动性等还不十分明显。随着行政体制的变革以及市场经济体制的逐步建立,当政府通过立法的方式赋予大学办学自主权后,一些大学在计划体制下形成的僵化的大学制度结构却显示出对社会适应性的"捉襟见肘",以及在大学自主权行使上表现为力不从心。一方面内心渴望大学自主自立,另一方面在实践中因自身的治理能力的限制,缩头缩脑,束手束脚,不敢放手行使属于自己的自主权;由于历史文化积淀的惯性,当政府放权还权给大学时,这种曾经对政府形成的依附性心理阴影和怪圈却仍然挥之不去,难以冲破。一些大学仍然与政府"套近乎",在心理和行为上对政府表现出若即若离、卿卿我我的状态,有的大学校长仍然延续"跑部走厅"的资源筹措模式,曾经的"等、靠、要"的方式在政府放权还权近十年后依然存在。可见，大学的自主性仍然具有不成熟的一面。

第四，中国大学自主性的制度保障欠缺。《高等教育法》颁布实施已有十五载，国家对高等教育的管理方式发生了改变，国家有意识地对大学的控制和干预进行了松绑，赋予了大学在某些方面的自主权，这促进了高等教育健康有序发展。但是，也有一些还没有开始，比如《高等教育法》里面关于高等学校实现民主管理的规定，在大学实践中就没有得到很好的贯彻和执行，更重要的是少有大学去研究构建一种制度保障大学的自主性，而这一点对大学的自主性却非常重要。所以，政府对大学减少干预、实行松绑的过程才刚刚开始，远未结束，另一方面大学内部的民主治理还没有开始，更是任重道远。如何在大学内部实行领导体制多样化，探索党委领导与其他领导体制结合的领导方式，建立一种基于减少来自行政权力的干预、彰显大学自主性的制度，是未来大学改革的一个重要课题。

第五，各类型各层次大学的自主性的发展不平衡，不同大学之间在自主性的地位和程度方面差距很大。总体上看，中国大学自主性还有待提高。但相比之下，国家一流大学、高水平大学的自主性比一般大学高；研究型大学的自主性比教学型大学高；教育部直属大学的自主性比地方政府辖属大学自主性高。大学学术水平与大学自主性之间有某种相关性，这似乎是验证了一个道理：彰显大学自主性，有利于学术发展，有利于提升大学的自主创新能力，最终达到自我实现。

综上所论，我们可以把研究中国大学自主性制度环境的若干结论性观点简述如下：新中国成立以来，特别是改革开放以来，随着社会主义市场经济的逐步确立和民主政治的发展，中国大学的自主性取得了长足的发展，但是具有不可忽视的上述特征。大学自主性不是大学可有可无的特性，也不是附赘悬疣侈于形。对大学自主性的诉求是中国政治文明、教育民主、社会整体进步的重要表现，它不仅有助于推进中国特色的民主政治和政治文明进程，而且也有助于中国高等教育的健康发展，有助于提高大学的治理能力，有助于构建一个和谐社会。大学自主性在中国的产生和发展，有赖其制度环境的改善。从1998年以来，中国出台和实施了《高等教育法》，分别赋予了大学在人事、内部机构设置、招生等重要内容的办学自主权，相继出台了一系列鼓励和规范大学自主性的法律、规章和政策，转变了对大学自主性的态度，所有这些都是直接促成大学自主性迅速成长的制度因素。经过近十年的发展历程,中国大学自主性的发展又到了一个新的阶段,现存的制度环境在许多方面已经难以促进其进一步发展,其中有些制度性因素已经成为制约大学自主性发展的瓶颈,必须进行相应的改革。改革的重点,应当是在深刻认识大学自主性发展规律和重要性的基础上,进一步转变对大学自主性的态度,对大学自主性给予正确的定位,加紧出台和完善关于大学自主性的法律、规章和政策,要对大学自主性既积极支持、热情帮助,又正确引导、合理规范,营造一个有利于大学自主性健康成长的制度环境。这种制度环境既要防止大学给政府制造麻烦、导致社会不稳定的不健康的傲慢任性的膨胀,又要防止政府、社会以及大学内的行政场域成为大学自主性发展的障碍,使现代大学以及大学学术主体更好地与政府、社会以及大学行政场域合作,齐心协力建设一个民主、公平、宽容的和谐社会。

田老师与博士、博士后灵峰探梅（2004 年）

第七部分　师门杂忆

部分博士生、博士后为田老师庆生后合影于西子湖畔（2003 年）

师门求学散记

■ 商丽浩

中国有一老话：十年树木，百年树人。树的生长在地下依靠发达的根系，在地上依赖充足的阳光和丰沛的雨露。人的成长在内依靠内心的信念和精神，在外则有赖于他人的指点和帮助。从田老师给我上中国教育史这一门课开始至今已二十余载，田老师对于我的教诲，从精神信念到支持帮助，从内到外，悠悠岁月，一言难尽师恩。

我在读本科时，田老师是我的中国近代教育史课程教师，受金观涛等对于中国社会研究的影响，我报考教育史硕士研究生。在读硕士期间，记忆最深的一件事是我和同学到田老师家中看奥运会实况转播，师母坐在一旁和我们一起观看，一起评论。这种祥和安逸，当时感受并不深，现在想来，这是做学生的一种福气。

我的硕士毕业论文是关于王国维的教育思想研究，当时学校对于硕士生有500元研究经费资助，我到浙江海宁、上海和北京收集资料。有一天，田老师要求我把所有收集的资料给他过目。一个星期后，他对这些资料一一作了点评，我开始甄别历史类论文的写作风格，意识到只有丰富史料还不是好论文。硕士毕业后我留校任教，当时我们教研室研究气氛十分浓郁，相互评论研究选题和研究质量，相互赠送论文。田老师才华横溢，英气勃发，他经常发表论文，因而他送我的论文也最多。田老师访学日本后，教研室与日本教育界的交流日益加强，阿部洋等日本学者的作品让我了解国际教育史研究水平。田老师带着我们走南闯北，我与教育史教研室的张彬老师、周谷平老师一起出席教育史界的各种会议，拜访教育史界的前辈，我们有时嬉称他是娘子军中的党代表。我们教研室教师都参与当时全国教育界关于中外比较教育史纲的合作研究，田老师建议我承担他自己颇有研究的晚清中日教育比较任务。他对教研室同仁的厚待，一步一步引领我深入教育史领域。

1996 年蒙田老师不弃，我登堂入室，有幸正式成为他的博士生。一方面，他经常告诫我们弱国无外交，最重要的是自身的研究成果要过硬，以作品说话；研究者要甘坐冷板凳，甘于寂寞，有时他甚至会说要甘于做书呆子。另一方面，田老师积极鼓励我们向教育学术期刊投稿，虽然当时大学并没有要求博士生公开发表论文。他组织我们博士生参与课题合作研究，关于中国近代义务教育的研究在此后获得了全国高校人文社科优秀成果一等奖。他指导学生在学习中研究，在研究中学习。在读博期间，田老师经常修改我的论文，倾注很多心血。田老师的论文聚焦于中观研究，文采斐然，这也是我欣赏和试图模仿的风格。当时的我清心寡欲，专心致志，唯学是问，其乐无穷。

在中日教育比较研究中，我发现中国学术界对于中国近代教育的研究远远比不上日本教育界对于日本的研究，作为中国研究人员收集中国方面资料竟远比收集日本资料更为困难。在义务教育阶段，中国和日本教育的差异和差距，更让我萌生研究中国近代教育经费的想法。我的论文选题已明显偏离当时十分热门的中外教育交流史，转向中国本土教育现代化研究，但是田老师对我的选题十分支持。收集资料和分析资料是件艰苦的事，但我乐在其中。田老师告诉我们日本学者到浙江图书馆古籍部说是发现了一个宝库，我们自然更加要用好这个宝库。一年暑假，田老师介绍我陪同台湾地区博士生一起去图书馆找资料，我们一路相伴，相互鼓励，因课题相近我们在资料上互通有无，她赠与我的毕业论文让我发现台湾学者对于宏观研究视野的重视。由于博士论文终生就此一篇，当时的我用尽全力。论文结尾部分需对资料和观点进行理论提升，我延长半年时间进行思考研究。我一心认为博士论文要见证我的研究能力，不要留下太多遗憾，所以不敢懈怠。田老师并不催促，使我有充裕的时间，从容的心态。论文初稿完成后，田老师对我的学位论文精心修改，从遣词造句到谋篇布局。不能有"硬伤"是田老师对定稿的要求。此后，田老师邀请了学术界众多的专家学者为我们的论文进行评审。21世纪初,从田老师那里,我得到了获全国优秀博士论文的消息,这着实出乎我的意料之外。惊喜之余,我十分感谢田老师的进取精神,以及教育系里许多尊敬的长者对我的扶持。

老师善养学生的浩然之气,大学也是社会,并不能摆脱社会自清,老师培养我们有强大的内心、自立的精神,这些信念犹如种子在地下的根系,使我们汲取成长力量;同时,他不断通过引导我们在学术交流和发表论文中提升,犹如阳光犹如雨露。今年暑假,我从泰国回来,知道有一种佛是四面佛,佛恩四面,犹如导师对我全方位的教导,对我的扶持;在一言难尽的师恩中,我将手中独有的一枝莲花敬在自立立人的一面,虽然简单却足以让我享用终生。

匡正暌违，激扬郁滞

■ 别必亮

第一次见田正平先生是在 1992 年 8 月的中国教育史学术年会上。那年的会议承办方西北师范大学安排了沿"丝绸之路"到敦煌的参观活动。过了武威，有人提议玩扑克牌以缓解疲劳。升级打得不错的我自然报名参加，而且正好与田先生搭档，另一方为华东师范大学的陈桂生老师和金林祥老师。能与几位学界前辈同场娱乐，初入教育史研究之门的我倍感荣幸和欣喜。在聊天中，更得知与田先生有在北京师范大学求学的同校之谊，感觉颇为亲近，人也渐渐放松了，玩牌一向随性的我竟因此不分长幼之序，时不时评价一下先生所出的牌，其中自不免抱怨。对于我的这种无礼，先生只是淡淡一笑，并不计较。初识田先生，即折服于他的睿智、胸怀与气度。后来，我打定主意报考田先生的博士生，这可以算是缘起；三年后，我如愿成为先生的门下。

一、聆听第一堂课

田先生给我们讲的第一堂课是《近代教育制度的变迁》。先生从晚清所遇数千年未有之强敌、处于三千年未有之大变局讲起，引经据典，条分缕析，设疑导悟。其宽广的视野、纵深的思维、缜密的逻辑，听来不唯有酣畅淋漓之感，更有探索胜景之乐。课上，田先生还特别强调了两条博士生的学习要领：一是在研究中有针对性地学习；二是治史一定要掌握第一手资料。他说，譬如《第一次中国教育年鉴》《第二次中国教育年鉴》《文献通考》等都经过了后人加工，不能算第一手资料；而原始的实录、档案、文献、日记等才称得上第一手资料。课后，先生将拟好的《清代后期教育制度大纲》交给我们，让我们根据这一大纲搜集相关的文献资料，学习整理文献，全面了解清代后期教育制度。这当是先生关于"在研究中有针对性地学习"的实践引领吧。

常言道，好的开始是成功的一半。先生第一堂课的启迪示范深刻影响了我后续三年的学习及进一步研究。我攻读博士期间写下的研究论文多与查阅"清代后期教育制度"的原始文献有关；而先生大历史观下的学术视野及对第一手资料的看重则引发了我对教育史研究方法论的思考。

二、感铭护犊之情

杭大读书期间，发生过一件说出来很丢人的事：有个同学借了我的自行车，没按学校的规定停放，被校保卫处拉走了。于是，我和他一起到保卫处要车。我当时情绪上有点激动，说话不中听，结果，与保卫处校警没理论几句，他们就拳脚相向。我当时一下子懵了，心里的那种愤懑、委屈、无助真是无以言说。这一消息很快传到田先生那儿，一向儒雅沉稳的先生知悉后很是生气，他没有责备我，而是立即打电话给分管副校长和保卫处处长，强烈要求校方返还所扣自行车、严肃追究打人者责任。当晚保卫处处长和打人校警就带着扣押的自行车和礼物到西临宿舍向我赔礼道歉。

一件糗事，却让我深深感受到导师的关怀与呵护，心中无比温暖；同时也让我明白了做人要涵养性情、包容万端的道理。

三、难忘平生第一次检讨

说到糗事，还有一件必须提及：那就是在杭大，我写下了平生第一份检讨。那是 1996 年杭大暑假开学时的事。暑假前,田先生再三提醒我们校方所规定的返校时间并强调了纪律。回到重庆过完暑假,眼看中秋将至,夫人提出要我陪她过了中秋再走。当时虽然也想到暑假临行前导师的嘱咐,但念及中秋正好是夫人生日,也没多耽搁几天,所以就推迟了返校。回杭大后见到田先生。先生以少有的严肃语气告诉我:人之常情可理解,而纪律必须遵守。最后先生让我写份检讨,好好自我反省。我生平的第一份检讨书就这样出炉了。后来,夫人根据我的惨痛经历写了篇小文章《丈夫的检讨》,发表在《重庆晨报》上。

为着这份检讨,我要特别感谢先生。它让天性有些随意散漫的我多了规则意识、纪律观念,随时提醒着我严谨认真地对待每件事,激励着我在事业上走得更稳。毕业后,我从事出版工作,先后入选重庆市"322"重点人才工程、重庆市"五个一批"市级人才、重庆市第二届学术技术(教育史专业)学科带头人,被评为重庆市"十佳评书人""十佳读书人",都与这一经历不无关系。

四、学位论文写作剪影

进校不久,田先生就开始关心我们的学位论文选题,我谈了自己想写"近代华侨教育"的打算。先生听了非常支持。他认为,近代华侨教育是中国近代教育史的重要组成,在教育史学科发展中的重要性不言而喻;尽管有关史料较为零散、不易搜集,可资借鉴的成果不多,但若能研究出来,则极可能是填补学术空白的成果。他微笑着鼓励我大胆去做,并建议我采用专题研究的方式进行。

在田先生的悉心指导下,我在全国各地搜集到与近代华侨教育有关的资料 200 余万字,并对这些资料细致地加以甄别与筛选;进而拟订了近代华侨教育的历史沿革、政策措施、教学情况、教师与学生、教育经费、组织管理等 6 个研究专题,田先生认为若能增加近代著名华侨教育家的思想研究,研究会更丰满一些,这便是最终成果为 7 个专题的由来。

学位论文进入写作阶段,田先生接到南京师大的"华人教育国际学术会议"邀请函。不由分说,先生将这一机会让给了我,还指导我写了参会论文——《近代华侨教育的历史考察》。1997 年 10 月带着先生的嘱托，我忐忑地第一次参加国际学术会议，不仅忝列来自中国、澳大利亚、马来西亚等国家与地区的 45 名专家学者之中，而且在会上宣读了《近代华侨教育的历史考察》一文。与会专家们有关华人教育的讨论则进一步启发了我学位论文的写作思路。

学位论文《近代华侨教育研究》完成以后，因其具有较高学术价值和现实意义，得到了多方肯定。2000 年田先生将此文收进其主编的《近代教育与社会变迁丛书》中，亲自给它取名《承传与创新——近代华侨教育研究》；2000 年 10 月荣获浙江大学优秀博士论文奖；2003 年获准重庆市"十五"社科规划课题；2005 年被评为重庆市第四次社会科学优秀成果二等奖。追根溯源，是导师的精心栽培与扶持成就了我的学业，让我获得了学术上的又一次成长。

杭大三年的学习，我是个不折不扣的让导师操心的学生，不断地给先生添麻烦。然而，先生依然认为我是个可造之材，不厌其烦地耐心教导，这对于我来说是莫大的鼓励。导师对学生的关爱无处不在，纸短情长，撷取点滴，是为谢！

关心和教诲

■ 谢长法

自 1998 夏博士毕业离开母校杭州大学已经 15 年了，这些年来，自己忙忙碌碌，风风雨雨，15 年来经历的事不知多少，有的记忆模糊，有的全无印象了；但是，读博士三年间，恩师田正平先生对我的关心和教诲，却永远留在我的心中。

追溯起来，我和田老师的师生缘分，应该是始于 1994 年 11 月间，当时《中外教育比较史纲》在华东师范大学举行启动会，还是硕士三年级的我在做会务工作。在做好服务的同时，作为研究生自然非常珍惜向学术界前辈学习的机会；而对于我来说，还有一个非常"现实"的目的，就是见到仰慕已久的田老师！因为，虽然自己的专业方向是中国古代教育史，但对中国近代教育史一直偏好的我，早有进入当时的杭州大学追随田老师继续攻读中国近代教育史的愿望。虽然由于会议短暂，我没能向田老师更多地请教，但田老师还是答应并满足了我当面求教的"要求"和愿望，抽出时间给了我学习上的指点，甚至包括当时我正在做的硕士论文，使我颇受教益。

翌年 6 月，我如愿以偿，考取了杭州大学中国教育史专业的博士生，忝列门墙，成为田老师的第一届博士生，兴奋之情，无以言表。当时的我就立志入校后一定努力学习，不辜负老师的期望。

田老师对学术的虔诚、谨严和对教学的敬业，早在入校前，我已略有所闻；而真正感触至深至切，则是在进入杭大后。这些，也时时表现在他对学生的严格要求上。

我们这一届共有三位同学，我、别必亮和卢文辉。入校后，田老师针对我们每个人的基础和特点，布置阅读书籍，并要求两周汇报一次，希望我们敬畏学术，踏实做人，严于律己，宽以待人；要求我们广博读书，注意吸收多学科特别是历史学科的有关成果，并由博返约；鼓励我们勤奋学习专业知识，在学好英语的同时，争取学好学校为博士生开设的第二外语——日语，并以自己40岁开始学日语激励我们；希望我们继续发扬杭州大学中国教育史学科自陈学恂先生以来即大力提倡的重史实史料、慎史论史评的优良治学传统和原则。他时常教导我们：不仅要下功夫搜集资料，还要有效利用资料；读书要读经典，把握书中的精髓，不可浅尝辄止、华而不实；论文写作要有内容、有思想，史料丰富、翔实、新颖，观点明确，文风朴实，文字生动，语言简练。但是，只可惜，生性愚钝的自己，在很多时候并没有认真领会老师的思想和苦心，甚至有时还开了"小差"。

记得有一次下午上田老师的课，我因为中午和同学打乒乓没有休息，上课打起了瞌睡，全然不顾在课堂上（当时教学条件有限，实际上是一间没有空调的小教室）老师条理清晰的旁征博引和严密精彩的逻辑分析，以及认真规范的板书设计。为了不影响上课，田老师及时提醒了我，不过我还是看出老师对我的不悦。下课后，田老师让我去他办公室，我想，就心甘情愿地接受老师疾言厉色的批评吧！未曾想，到办公室后，田老师示意我坐下，当了解了我上课打瞌睡的原因后，便和颜悦色地说："以后下午上课中午要休息哟！"走出办公室，一路上，我都在反思我的错误；同时，也在认真领会这个下午田老师对我的教诲：知识的，以及给予我心灵的——贯穿在"严"与"爱"中的点点滴滴。

一个优秀的博士生不仅在学期间在学术水平上应有较大提高，还须身心健康。而对我们的身心健康，田老师同样关怀备至。

虽然有机会进入杭州大学读博士，心里很是高兴，但是，与硕士时相比，由于博士的学习对自主性要求更高，加之当时全校每年只招20来名博士生，所以初入杭大，寂寞之感甚为强烈。为了使我们安心学习，国庆节，田老师和师母为我们三个在家中准备了丰盛可口的饭菜。老师的关心，使我很快适应了新的生活，自己很快制定了课余的学习计划。于是，除了正式的上课，完成各门课程的作业外，怀着对中国近代教育史强烈的兴趣，我开始整日埋头在学校图书馆和浙江图书馆古籍部的书堆里，依据所作的图书目录，阅读、摘抄、思考、写作。而这虽然使我得以尽快熟悉了资料线索，搜集掌握了不少资料，完成了《清末的留日女学生及其活动与影响》等几篇有一定学术分量的文章，但是，这也使自己的身体很快透支。第二学期开学后，我不知得了什么病，失眠、身虚、心慌……身体素质急剧下降。每次上田老师的课，或见到田老师，我总看到他眼中的关爱、担心和忧虑。一天课后，田老师特地给我拿来一大罐雀巢奶粉，说让我好好补补，并关切但不失严肃地说："你也三十了吧？以后要注意身体！"也许是之后遵循了田老师的"命令"，经过一段时间的坚持调养和积极锻炼，我的身体逐渐恢复了健康，从而保证顺利完成了学业。

1998年6月，我顺利地通过答辩毕业了，将要到河北大学报到，临行前，田老师语重心长地对我说："小谢，站稳讲台啊！"话语和眼神中流露出关切、期许、期望，还有些许的不舍和不放心。怀着留恋的心情，我离开了母校，告别了田老师和师母。之后，我谨记田老师的教诲，努力工作着；每当自己遇到难决的事、心里有难解的结时，我首先想到求教于远在千里之外的田老师，希望从老师那里得到教诲和指导。记得2001年间，河北大学进行人事分配制度改革，也许是和当时不少刚毕业不久的博士一样，受到学校分配制度导向的驱使吧，并不喜欢行政工作的我，居然也"野心勃勃"，想试一试我原本十分陌生乃至有点反感的行政"领域"，当我将自己的所想告诉田老师后，田老师恳切地对我说，"学术乃天下公器"，国家需要弘扬学术研究，社会也需要教育史的研究人员，希望我能够展己所长，立志潜心学术！

转眼毕业已经15年了，当年风华正茂的我，至今也已两鬓染霜，但老师对我的关心和教诲却一如在校问学期间——如果有些许变化的话，当年的严格要求化作了更多的期望。15年来，由于一直从事专业的教学和研究，和田老师见面的机会相对还是较多，每每见面，看到田老师身体康健，桃李芬芳，内心无比喜悦。唯愿自己能够继承老师的治学精神、方法、传统，稍尽绵薄之力，愿与同门诸位师弟共相勉之！

鹊桥仙·杭大拜师

（贺田正平老师七十寿辰）

■ 王建军

鬓霜初露感年华，
落平沙，
再出发，
充电访学，
杭大入田家。
最是读书得意处，
帆正满，
沐朝霞。

蓬山觅路目无暇，
赏春芽，
品秋花，
观高登山，
涧底映青崖。
幽径条条皆逸韵，
唯奋力，
竞绝佳。

二〇一三年八月十五日

我所认识的田正平教授(附原文)

■ [韩]禹龙济

　　对我来说,田正平教授不仅是一位良师,同时也像兄长或者师长一样。我认识他的时间并不长,但是他一直都默默地关心并指导着我。我对田教授的职业生涯和学术成就并不完全了解,我的学术能力也不足以评论田教授的学术造诣。如今田教授到了古稀之年,为了颂祝他的学术成就,我想讲一讲我与他之间的交往与对他的了解。

　　我是七年前第一次听到他的大名;真正见到他则是在三年之后。因此我不敢说,我已经认识他很久了。2006年11月,在韩国教育史学会年度学术大会上,北京师范大学的于述胜教授介绍了田教授主编的《中外教育交流史》,这是我第一次听到田教授的大名。当时于述胜教授高度评价了《中外教育交流史》这本专著。他认为该书有很显著的问题意识,在文献资料和研究范式上比以往的研究更进了一步,堪称21世纪中国教育史学界最瞩目的研究成果之一。听到于教授的评价之后,我产生了一个想法,一定要邀请田教授来韩国作学术报告。时隔三年之后,我的这个想法终于实现了。2009年11月,经我的推荐,田教授终于来到了韩国教育史学会年度学术大会上。当时他作了"中国近代教育和西方的影响"的主题发言。那时候,田教授提出了中国近代教育发展过程中教会大学的重要作用,对此,很多参与者表达了浓厚的兴趣。虽然发言的内容受到同声翻译的局限,我无法完全理解他报告内容的全部精髓,但是在问题意识和研

　　[作者简介]　禹龙济,男,韩国首尔国立大学教育学院副院长、教授,曾任韩国教育史学会主席,主要从事韩国教育史研究,2009年8月至2010年8月浙江大学教育学院高级访问学者。

究方法方面,我认为田教授是非常有造诣的,不愧为中国著名的学者。另一方面,我也明白了于教授对田教授的评价如此之高的原因。

学术大会结束之后,田教授在首尔国立大学教育系的座谈会中介绍了中国教育史的研究现状。虽然田教授和我来自不同的国家,但是在一些教育问题上我们有共同的见解,所以,我越发觉得,中韩教育史学者需要更多交流。正好我在 2010 年获得了一个出国访问研修的机会,于是我决定去浙江大学做访问学者。通过更多的学术交流和沟通,我深深地感受到,当初做这个决定的正确性。我相信在浙大的这一年,我会收获很多。

2010 年,我在浙江大学访问研修期间,田教授给了我很多指点。如果田教授没有帮助我,我很可能没有机会来浙江大学做访问学者;即使来到浙江大学,我在这儿的生活和学习也会是很困难的。田教授不仅在办理手续方面给我很多帮助,并且在生活和研究进展上时时给予关心和指导。通过田教授的帮助,我安安心心地学习中文、从事科研。一年之后,我可以读懂中文出版的专业文献,也能用中文进行简单交流。

在这一年的访问过程中,田教授带我参加了很多学术活动,由此我进一步了解了中国教育史取得的卓越的学术成就,也开阔了自己的学术视野,其中对我影响最深的,是 2010 年 10 月田教授带我去重庆参加的中国教育学会教育史分会年度学术会议。在参加这个会议之前,我居然不知道田教授是中国教育学会教育史分会理事长,田教授在我生活和研究各方面都无微不至地加以关心,这令我感到十分惭愧。同时,这也让我认识到,一位有造诣的学者,是通过他的研究成果、学术修养来影响人的,而不仅仅是通过他的头衔和口才。

我认为,年届古稀的田教授是改革开放以来中国教育史学界代表性人物。田教授是在各种困难中,引导着中国教育史学界并且获得了卓越的成就。尤其在他年轻的时候,他仔细探究了日本教育史学者的研究成果,以教育近代化的全新的角度探究中国教育史的现状。我认为,田教授对中国教育史研究的努力、热忱和勇于挑战的精神直接影响到从事教育史研究的后辈。

我认为,如今的田教授对于教育史研究始终怀着丝毫不减当年的热忱。所以,我们作为后辈,要继承他的精神,向他学习,继续在教育史研究领域做出努力和贡献。这是一项艰苦的事业，但是我们不能逃避，因为这是我们的使命。

今天是阳历 2013 年 9 月 19 日，农历 8 月 15 日，也是中秋佳节。我抬头看到挂在夜空的明月，想起苏轼的诗词《水调歌头》中"高处不胜寒"那句话。我猜测，像田教授这样有如此高的成就的人，或许会感到孤单。所以我们作为后辈，要更加努力，齐头奋进，在这条道路上走得更远，也不辜负田教授在这一领域付出的辛劳。这些话，用以勉励他人，也用来自勉。

在田教授的古稀之年，我祈愿，田教授身体健康、万事如意，能陪伴我们一起继续在教育史研究道路上走得更远。

（宋吉缮译）

我所认识的田正平教授

■ ［韩］禹龍濟

（서울대학교교육학과교수）

티엔정핑(田正平) 교수님은저에게있어서은사님같은선학(先學)이시며, 큰형님이 자, 아버지같은존재입니다. 티엔정핑교수님을알게된기간은그리길지않지만, 언제 나따뜻한묵언(默言)의가르침을주고계십니다. 제가티엔정핑교수님의일생과업적을 체계적으로살펴보지못했고, 저의재능도뒤떨어져있어감히교수님의학문적인업적과 삶에대해글을쓰는것은어려운일입니다. 그렇지만티엔정핑교수님의고희(古稀)를맞 아교수님의일생과업적을송축(頌祝)하기위해그간제가곁에서보고느낀점몇가지를말 씀드리고자합니다.

제가처음티엔정핑교수님의고명(高名)을듣게된것이 7년전이고, 선생님을직접뵌 것은 4년전의일이니교수님을오랫동안알고지냈다고보기는어렵습니다. 2006년 11월 당시한국교육사학회연차학술대회에초청받아발표했던베이징사범대학(北京师范大 学)의위수성(于述胜) 교수가티엔정핑교수님주편의 '중외교육교류사(中外教育交 流史)' 를소개하면서교수님을알게되었습니다. 그당시위수성교수는 '중외교육교 류사' 에대해평하면서 '기존의연구성과와비교해볼때, 문제의식이매우두드러지며, 문헌자료와연구모델상에서도많은진전을이루어내 21세기초반중국교육사학계에서가

장주목받고있는연구성과의하나' 라고소개하였습니다.　이러한위수성교수의평가
를듣고난후,　저는언젠가반드시티엔정펑교수님을모셔서발표를들어봤으면좋겠다고
생각했습니다.

　이러한저의생각을실행으로옮길때까지정확하게　3년걸렸습니다.　저의추천으로
2009년　11월한국교육사학회연차학술대회에티엔정펑선생님께서초청되셨고,　그때저
는티엔정펑교수님을처음뵙게되었습니다.　당시한국교육사학회연차학술대회에서교
수님께서는　'중국의근대교육과서구의영향' 이라는주제로발표하셨습니다.　여기에
서교수님께서는중국근대교육에서교회대학의역할이중요했다는점을말씀해주셨는데,
당시많은참가자들이그발표를흥미롭게들었던것으로기억합니다.　통역을통해서발표
내용을전달받았기때문에내용전체를이해하기는쉽지않았지만,　문제의식이나연구방
법에있어서　'과연중국최고의학자는다르구나' 라는생각이들었습니다.　한편으로
는왜위수성교수가티엔정펑교수님의연구성과를높게평가하였는지그이유를알수있었
습니다.

　학회발표가끝난후이틀뒤,　교수님께서는서울대학교교육학과대학원생들을대상으
로진행된좌담회에서중국교육사연구현황을소개해주셨습니다.　그발표에서저와티엔
정펑교수님은비록나라는다르지만교육사학자로서갖는고민을함께공유할수있었습니
다.　교수님의발표를계기로한국과중국의교육사학자들이좀더많은대화를나누고교류
하였으면좋겠다는생각을다시한번하게되었습니다.　마침저는　2010년연구년을중국저
장대학(浙江大学)에서보내기로결정하고그절차를진행하고있었는데,　학회발표를들
으니저장대학을선택한저의결정이정말다행스러운일이라생각하였고,　저장대학에서
의연구년을통해서제가정말많은것을얻을수있을것이라기대할수있었습니다.

　2010년　2월부터　1년간저장대학에서생활하면서티엔정펑교수님의도움을정말많이
받았습니다.　만약티엔정펑교수님께서여러모로도와주시지않았다면, 저는저장대학에
방문학자로오기힘들었을지도모르고,　설령연구년을왔다고하더라도매우힘든나날을
보냈을지도모릅니다.　교수님께서는방문학자와관련된수속을빠르게진행할수있도록

도와주셨을뿐만아니라, 직접제가지낼숙소를알아봐주시며정말많이신경써주셨습
니다. 그리고연구년을보내는와중에도수시로저의안부와연구의진척상황을물으시며
저를세심하게보살펴주셨습니다. 이러한교수님의도움으로인해저는편안한마음으로
중국어공부도하고, 저의관심분야와관련된연구도진행할수있었습니다. 특히중국어
공부는나름소기의성과를거두었다고할수있습니다. 저장대학에서연구년을보낸이후
에야중국어로된전공서적을어느정도는이해하고, 간단한회화는가능한수준까지올라
왔습니다.

중국에서제가 1년동안방문학자로있으면서중국에서개최된다양한학술활동에참여
할수있게해주신것도티엔정핑교수님덕분이었습니다. 중국내많은학자들의발표를들
으며중국교육사연구자들의훌륭한성과들을확인할수있었고, 제연구의지평을넓힐수
있었던계기가되었습니다. 교수님과관련해서는 2010년 10월충칭에서개최된중국교
육학회교육사분회의연차학술대회에서의일이가장기억에남습니다. 죄송스럽게도그
학회에참석하기전까지저는티엔정핑교수님께서중국교육학회교육사분회회장(理事
長)이셨다는사실을알지못하였습니다. 이후저의무심함을탓하면서도다른한편으로는
학자는화려한말솜씨나높은지위로말하는것이아니라글과연구성과로보여주어야한다
는점을다시한번명심하게된계기가되었습니다.

저는올해고희를맞이하신티엔정핑교수님의인생역정자체가중국현대사를그대로대
변한다고해도과언이아니라고생각하고있습니다. 지난 70년간중국이격변의시기를보
내며눈부신발전을이루었듯이, 티엔정핑교수님도여러가지어려운여건속에서도중국
교육사학계를선도하면서탁월한업적을이루셨다고생각합니다. 특히젊은시절일본교
육사학자들의앞선연구성과들을면밀히검토하면서, 중국교육사와중국교육의현실을
새롭게바라보고자하셨으며, 일본의연구성과를넘어서독자적인자신의연구에도전하
셨으리라짐작하고있습니다. 이러한티엔정핑교수님의중국교육사연구에대한새로운
도전, 노력과열정은이제그후학들에게이어져중국교육사학계의발전의동력이되고있
다고생각합니다.

저는아직도티엔정펑교수님의가슴속깊은곳에는꺼지지않는학자로서의포부와야망이불타고있다고생각합니다.   우리는후학(後學)으로서그의잠들지않은포부와야망을공유하고,   열정을가지고도전할때에만그와동학(同學)이될수있습니다.   이일은결코쉬운일이아니지만외면할수없는우리후학들의사명(使命)입니다.

이글을쓰고있는오늘은양력으로 2013년 9월 19일, 음력으로 8월 15일중추절입니다. 중추절밤에뜬보름달을바라보니마침소식(苏轼)의   '수조가두(水调歌头)'가생각납니다. 이 '수조가두'에는 '고처불승한(高处不胜寒)' 이라는구절이있습니다.   아마티엔정펑교수님과같이훌륭한성과를이루고높은경지에오른분만이느낄수있는인간적인외로움이있을것이라생각합니다.   이제후학들이티엔정펑교수님의어깨를빌어더높고멀리나갈수있을때그의외로움은즐거움이될수있을것입니다.   그러한노력을해야하는것은저자신도예외는아닙니다.

티엔정펑교수님의고희를맞아앞으로도오래도록우리와함께건강하게연구를지속할수있기를두손모아기원합니다.

"严""宽"相济:难忘读博生活

■ 闫广芬

题记:体验与理解是人生的重要内涵。回顾自己读博期间的生活,导师的那般用心、苦心也只有自己当了导师之后才慢慢理解,并且随着年龄、生活阅历的增加,那段经历也变得无比珍贵起来!

今年春节惊闻导师生病,趁清明节假期,相约王雷同学,携女儿前往杭州探望,见到大病初愈的导师,才知他的病情之重远远超出我们的想象,当时医生已下病危通知书,听到此,我的眼泪情不自禁,夺眶而出。

基于此,适逢导师七十寿辰到来之际,在同学刘正伟的倡议下,把众弟子召集起来,讲讲导师其人、其事、其学问。一是秉承师德、师风;二是藉此在感念师恩的同时,教化诸弟子好好为人、做事。我们这些被喻为"早期人物"的师兄师姐,大多是 60 年代生人,20 世纪 90 年代中后期入学。读书时大多已经成了家,有了工作和小孩。随着博士招生制度改革,像这种"三有"的博士生少了。回顾我的读博生活,恐怕有两个字最能形容导师对我的教育,这就是"严"和"宽"。

一、导师的严格要求饱含着对我的期待

田老师的"严"是出了名的。已故教育史前辈王炳照先生曾对我说:"不是老田对你的严要求,你就不会有今天。"1997 年到焦作参加中国教

育学会中青年教育理论工作者专业委员会(后改名为中国教育学会中青年教育理论工作者分会)会议,与现任教育史学会的理事长张斌贤教授谈起将要师从田正平教授攻读博士,张老师幽默而又形象地说:"别人读博士是掉一层皮,你读田老师的博士一定是死去活来。""死去活来"这四个字又把我带回到那难忘的读博生活。

1997年有幸成为田门弟子中的一员,虽然有之前张斌贤老师的那句话作伏笔,但真正成为田老师的学生与导师的第一次见面,田老师的那番谈话,还是大大超出了我的预料。"闫广芬同学,……记着你现在不是教师,不是什么副教授,现在你的身份是学生。"在我的名字后加之"同学"二字,深知导师之用意。接下来便是导师的要求,每周都要与导师见面,汇报学习心得;有事必须请假。关于请假还记得有一次回家,田老师要求我写请假条,因我的请假条写得不够规范,遭到田老师的批评,"上了博士,连请假条也不会写"。我们知道一般人读博士都会有一些比较现实的想法,如职称、房子等等,而当时的我这些都有了,田老师说:"以你目前的情况,年纪轻轻评上了副教授,房子也有了,那读书为了什么呢? 如果博士几年下来,在你现在的基础上没有进步和收获,我如何对得起你这几年的付出"。"我(你)是谁?""我(你)为什么要读博士?"初入师门的谈话,既是对我的要求,转换身份、恰切定位,又深含着导师的一种期待,虽朴素、坦诚、单纯,但意义却深远,它关系着我的博士生活该怎样度过。导师的期待,既是目标和要求,更是扎扎实实的行动。在社会学家看来,期待的心态意味着永远的行动,"它使社会系统中的行动者,随时随地都以复杂的心情策划其行动策略、方式、手段和程序,同样也以复杂的心情对待其行动的开展过程及其结果。这种特殊状况,使行动者哪怕在行动完结之后,都时刻考虑重建其行动的计划,同时也时刻对其行动进行反思。期待导致永远不满足"(鲁曼语)。我的博士生活便是如此。

"研究"是博士生活的重要内涵。几乎一入学我便加入到导师主持的一项全国教育科学"九五"规划教育部重点课题的研究中,当时我分配的任务只有一章"近代女子义务教育",该课题我有一定的研究基础,心中有底,没有费什么力气,也便完成了。记得暑假开学伊始我兴致勃勃到田老师办公室交差,没过几天,就有了导师的意见,总的意见是,写得不够深入,3万多字太过单薄了! 拿回去着实写,字数不限。另外,还要再承担一章"义务教育的师资培养"任务。我顿时感到压力倍增,心中一下子感觉没有了底,没有了自信。我只有埋头重理思路、重新查资料,不敢有半点马虎,经过艰苦努力,任务终于完成。结果仅"近代女子义务教育"一章我就写了近 8 万字,后来在此基础了发表了 4 篇论文。有了这样的一个成果,我心中窃喜,豁然感觉眼前一片通途,盘算着如何不用费力气以此为基础就能够写就博士学位论文。谁知,我的话刚刚说出口,便被田老师断然否定了——显然他看透了我的心思。导师要求我再开辟一个新的研究领域。开辟新领域,谈何容易! 我先是接受田老师的启示,开始近代中国社会教育研究的拓荒之旅,两个多月下来,也看了一些资料,做了最基本的思考,但终因自己没有什么感觉,放弃了该领域研究的尝试,后来,晚我一年入学的王雷同学却对该领域钟爱有加,我于是把我所看过的资料提供给了他,王雷至今在该领域辛勤耕耘,收获甚丰。而我,后来又经过一段时间的摸索,选定商人与教育这一几乎也是教育史研究中未经开垦的园地作为我博士学位的选题。

　　过了而立之年再去读书,自然内心很不宁静。对我来说,最使我割舍不下的事是对千里之外上小学一年级女儿的牵挂。当初,基本没有通信条件,研究生宿舍三栋楼只有一部电话,如果谁家里来了电话,看楼大妈会用喇叭高喊,某某幢某某宿舍的×××来接电话,接电话者便以百米冲刺速度冲到 1 幢的传达室。想象得出一到周末或晚间时分,电话是如何难打得进来,以至于我每次接女儿的电话,先是她的哇哇大哭,诉说拨电话之苦,如何想念妈妈,然后就是问何时回? 每次接完她的电话都让我好久回不过神来。我很难克服这种思念之苦,我找到田老师倾诉,没有想到田老师却说,以后要少打电话。我本以为田老师会说,实在想家就回去看看吧! 对我来说,只有坚持,有时实在是熬不下去了,我就又大着胆子去办公室找田老师请假。有一次我敲开办公室的门,看到田老师满脸的严肃。田老师问:找我有什么事? 我说没有事。其实,我的一切导师早已心知肚明。有一次导师严厉地对我说:如果你总是这个状态,就休学吧! 倔强的我不顾导师的情面,却说,我要退学。然后,头也不回地回到了宿舍,不一会儿,传达室里传来看楼大妈的呼声,肖朗老师拎着小礼物来看望我,这个小礼物至今还摆放在我家的书架上,显然,肖老师是受田老师之托来做思想工作的。毫不讳言,当初我对田老师的做法有许多的不满甚至怨气,总觉得田老师有点太不近人情了!

博士毕业后,学校要求我参加博士生导师的遴选,我随即给田老师打去电话,谁知田老师却严厉地批评了我,他谆谆告诫我如何放下名利思想,钻研学问,我向他辩解是学校发展学科需要,而不是自己为了一时名利。过了一段时间,博士指导教师资格通讯评审顺利通过,我又给田老师打去电话,这次他没有再批评我,而是写来了一封长信,令我欣慰的是,我终于等来了田老师对我的些许肯定。三年半的博士生活,更多的是因达不到老师的要求而内疚、气馁、受挫。这一封信我一连读了无数遍,我不仅读懂了老师的厚望,"板凳要坐十年冷",而且细细掂量信中所强调的"严格"的分量和治学的原则,不仅理解了导师,而且深深明白自己脚下的路应如何走。

二、导师精心安排我的学习、读书计划,拓宽了视野,
夯实了我的学术根基

教育史是一门兼及教育学与历史学双重属性的学科,从事其研究必然需要具备这两个领域的知识基础。我出身教育学学科,显然,历史学的功底是不系统的,田老师为此帮我精心设计和安排了读书计划与开设课程,处处体现了宽泛的要求。

在专业必修课方面,我当时上的课程主要有四门。

一是肖朗老师的史学理论与方法课程。我清楚记得肖老师的《西方史学理论》课程的笔记是记在一个蓝色塑料软皮的笔记本上。打开书柜翻开笔记果然如此,笔记本扉页记录着开课的时间1997年10月;参考书目:《外国史学名著选》《现代西方史学流派文选》《史学,文化中的文化——文化视野中的西方史学》。每周半天课,几乎周周上课,从没有耽搁。肖老师准备充分,知识面宽广而扎实。这是一门颇有难度的课程,理解起来也需要功力。

另外是田老师的两门课:中国近代教育史资料文献和中国近代教育史专题研究。前者内容包括:中国近代史料学著作;中国近代通史史料和著述;中国近代史工具书;中国近代教育史材料与工具书;中国近代教育

史研究著作。田老师对资料的掌握丰富、翔实、宽厚,可见教育史研究的真功夫。田老师系统地梳理、讲解,使我大开眼界,深刻认识到教育史研究的功底所在,对我之后的学习、研究起了决定性的影响。关于中国近代教育史专题研究的讲授,其讲义于 2001 年经华东师范大学出版社出版:《中国教育史研究·近代分卷》。所以,关于这门课的讲授,田老师是有相对成熟思考的。后来,我把这本书特指定为我的研究生的必读书目,尤其是给学生着重指出这本书的写作风格,文体严谨,文字简洁,字斟句酌,一丝不苟,求实平易、精雕细刻等等。

还有一门课是到历史学系和历史系学生一起选修中国近代史专题研究。与历史系同学一起学习,开阔眼界。还记得我当初交的一份作业《西方女学的传入与中国近代女子教育》,老师给了很高的分数。因受到鼓励,我投寄给《教育研究》杂志,后发表在《教育研究》2000 年第 4 期。

除此之外,我的博士生生活,最为重要的还是在田老师的影响下大量阅读与专业相关的诸多名著,而且做了大量的读书笔记,这为我以后的教学和研究工作打下了坚实的基础。读书要博,因为只有博才能开阔视野。鲁迅在《且介亭杂文·随便翻翻》中说自己有个"随便翻翻"的阅读习惯:"书在手头,不管是什么,总要拿来翻一下,或者看一遍序目,或者读几页内容。"谈到"随便翻翻"的读书习惯,不由得想起我们这些"早期人物"的一个共同的爱好:逛书店。我们有时相约而"逛",有时不期而遇。彼此推荐好的书目,交流看法,共享收获,播种下了深深的情谊,至今感念至深!"逛书店"习惯的养成要归结于田老师潜移默化的影响。田老师经常传递给我们一张张字条:××书店、××书名、××出版社,当然这一定是田老师先期看过了的书、逛过的书店。记得到体育场路上的"晓风书屋"看书、买书,只要跟老板说我们是浙大田老师的学生,老板便客气地给我们折扣价。读书于我们这些在读的学生来说,无论如何也撇不开功利的目的,因为在一定的时间要完成有一定要求的博士学位论文,发表一定数量的学术文章……现实的种种压力,我们不大可能自由自在地读书,读书的趣味也不大浓厚,其境界"苦读"而已!而对于田老师来说,却不同了。"读书"是他精神上的一种状态,必要的日常生活,其境界虽不能至,但心向往之。

博只是基础与前提,而真正进入博士生活的深处,还一定要专。所谓专,就是钻进去,这就是我们讲的精读。回想我们所精读的书目,至今记忆深刻的有以下几种：《中国绅士——关于其在 19 世纪中国社会中作用的研究》，毕业后，导师又亲自买了《中国绅士》，续编《中国绅士的收入》寄给我。还有《海外中国研究》丛书，如《在中国发现历史：中国中心观在美国的兴起》《梁启超与中国思想的过渡》《寻求富强：严复与西方》《在传统与现代性之间——王韬与晚清革命》等，这套书陆续出版，我便陆续买来读。翻阅当初的读书笔记，今日再读之，有些观点、语言还颇令自己自豪！当初还想，毕业后有时间把它们整理出来发表。但毕业后尤其是调动到另外一所高校工作，偏离了原先的专业，这些笔记便沉寂在我的书柜中，没有再翻阅过。还有《剑桥晚清史》（上、下）和《剑桥中华民国史》（上、下）这些书不仅因外文资料的新颖以及观点的见地都给了我很大的影响和帮助。可以毫不夸张地说，这对我后来的学习与研究以及指导学生具有切实的影响，我同样将这些书推荐给学生令其精读。还有两个人物的著述都是在田老师要求下认真研读的，分别是陈旭麓先生的《思辨留踪·陈旭麓文集》和章开沅先生的所有代表性著述。

　　我的读博生活，就是这样一直是在阅读、思考和写作中度过的。每每给导师汇报我的读书心得，导师那严肃的脸庞偶露出慈爱的微笑，在这难得的些许微笑中，我却感受到导师的丝丝满足和喜悦。在我以后的工作岁月里，在更宽阔的知识猎取和学术研究过程中，我越来越感受到导师的另外一种人性的善良和宽厚！

三、师母情谊，那一抹难忘的记忆

　　回顾我的博士读书生活，如果缺少了对师母李笑贤老师的情谊追忆，那将会缺少许多色彩与温暖。李老师与田老师同是北京师范大学 20 世纪 60 年代教育系的同班同学。我喜欢确切地说是很享受与师母的交往。她的谈话给予我很多人生的启迪。我们读书的时候，田老师作为教育学院的院长经常出差，有时是田老师前脚走，我后脚就到他家。有一次师母情报有误，中午时分我匆匆赶到他家，师母为我端上饭菜，我正吃着，门响了，田老师回来了，因为学校的车还未开，他回家来看看，此时的我顿时局促难安，手足无措，可见，我在师母面前远比在田老师面前放松得多。除

"蹭饭吃"外,便是听师母李老师讲故事,在她的故事中,我了解了充斥着阶级斗争的 60 年代大学生的生活。李老师是上海人,因家里有海外关系而被划为小资产阶级知识分子,并为此遭受不公正的待遇。她说,记得有一次,田老师去串联,没在学校,师母因为爱讲卫生,每天穿得整整齐齐,裤子叠得有裤缝而受到批判。这些都是后来我们在电影电视中看到的画面,通过师母之口,倍感生动。我经常跟师母抱怨读书之累,思念孩子之苦,师母也给我讲述 80 年代导师的读研生活片断:田老师师从陈学恂先生,陈学恂先生要求学生极其严格,田老师假期几乎不回家。当初孩子还小,师母就从山西背着孩子来杭州探望田老师,能够想象得出当初的交通条件有多差,火车之拥挤。师母绘声绘色讲她如何以其瘦弱肩膀还背着孩子与膀大腰圆的壮汉们硬拼,挤上火车,并且一路脚都悬着不曾着地的情景。讲到此,我简直是对李老师佩服得五体投地,我想,正是师母的这份坚强、坚定的陪伴,导师才有今天的成就。这次导师生病,我不仅挂念导师的身体、病情,我还担心李老师本来就病弱的身体如何扛得住! 见到师母,师母依然充满智慧和坚强,她一会儿递过来熬好的中药,一会儿又递过来一杯热茶,出门的时候,走在路上,时刻提醒田老师"注意脚下",吃饭时什么菜能吃不能吃都能讲出一大堆道理,即便田老师将饭菜夹到自己碗里,师母也毫不客气地夹出来,我那 90 后的女儿,看到眼里,冲我递来眼色努着嘴说,瞧瞧您师母! 从杭州回到天津,女儿还一直喋喋不休地说李老师如何懂生活,眼光超前,思想有见地云云。的确如此,据我了解,田老师掌握的一些先进的现代信息技术都是李老师教的,譬如电脑、打字、照相等等。我还记得我家 2004 年搬到天津,房子装修时我样样都征求李老师的建议,买什么牌子的地板,书柜是打的好还是现成的好,等等。并且,我遇到生活、工作上一些解不开的疙瘩,都会向李老师请教,请她指点迷津。

一个人的生活不只是他的事业,还需要有一个后花园,把心安顿好。李老师以其勤劳、聪颖、坚强给田老师营造出的"后花园"不仅成就了田老师的事业,更成就了田老师的人生。她虽不是我们的导师,但在我们这些"早期人物"看来,谁又能说我们的博士生活中没有李老师的影响和帮助呢!

……

　　时光荏苒，眨眼间，导师已迈入古稀之年，辛勤耕耘了一辈子的导师从繁重的教学、研究中慢慢走出来。这次探望，大病初愈的导师带领我们众弟子笑谈西子湖畔、茶园田间，不时间还给我们拍摄美好的瞬间美景，展示他老人家新近在老年大学学习的摄影技术，他还开通了微信，这些流行的现代技术通信手段，导师一样也不输年轻人。如此种种，很难让我们与当初严肃有余的导师形象联系在一起。是啊，人生有多个阶段，也应该有多种生活方式，导师俨然跟上了时代的节拍，在这种轻松愉悦、贴近自然、超越自然的心境下，导师定然又开始了另外一种人生的思考和享受。作为弟子，我永远只有一个心愿：愿田老师和李老师永远幸福安康！

善教者使人继其志

■ 杨 晓

我是田老师门下年龄偏大的一个学生,我们之间有着如父兄般地师生情谊,因为年龄差不大,我们还可以勉强算是一代人吧,至少有一种相似的经历,即在"文革"期间深受家庭出身之苦,这或许是我视师长为兄长的一个重要原因。

还记得我第一次见到田老师是在 1987 年的春天,当时我还是东北师范大学教育史硕士生,去杭州大学访学,请陈学恂老先生对我们的硕士论文选题发表意见、进行指导时,田老师骑着一辆旧自行车到教研室来,给我留下了一种特殊的印象。第二次见面是 1991 年,我到杭州查资料,正值陈学恂老先生住院,我去看望老先生时,见到了在病床前精心照顾导师的田老师。第三次见面是在这之后不久,田老师到大连外国语学院强化日语,我去拜见田老师,田老师关切地问我在学业发展方面的想法……总之,三次见面,田老师给我留下的都是平易近人和十分朴素的印象。这也许可以说是我和田老师的一种缘分吧,当我想报考博士之时,就鬼使神差般地放弃了北京大学,而来到了浙江大学,十几年之后,我要说的是:对这段人生经历,我无怨无悔。

刚一入学时,从教授到学生的角色转换,使我产生了一种终于可以针对任何学术问题去请教导师的兴奋,就不揣简陋地把自己认为写得还不错的一篇论文拿了出来,向田老师请教。未曾想这篇文章被田老师批得"体无完肤",但这却使我清醒地意识到,田老师的博大精深、远见卓识,是我永远都无法企及的。

可能学教育史专业的人都有收藏的习惯，我保留了三年之中田老师给我提出建议的所有字迹，加起来共计有几万字之多。这仅也许可以从一个侧面反映出田老师在学生身上花费的心血，如仅我的博士论文原稿第七章田老师提出的修改意见就有 2000 余字，此外又单独提出每一节的修改意见，如李大钊一节的具体修改意见 750 余字。一般田老师对每一篇博士论文至少要提出三次以上修改意见，其所付出的时间与精力就不难想象了。当然，这还并不是最重要的，更为重要的是田老师对学生治学精神的提升和人生观的校正。在此仅举出一次通信中的对话。

田老师来信说："意见提得比较重，相信你能正确对待。说实话，现在看来距一篇合格论文还有大的差距，希望你能静下心来，克服急躁情绪、畏难情绪和无所作为的心态，通过自己的努力来提高研究水平，写出一篇自己比较满意、别人也认可的论文来。"2002/01/28

我回信说："我从来没有误解过您的教诲。我喜欢与您交流，因为您是我见过的少有的坦诚而自信的人。您从来不掩饰对学生的不满，更不在任何情况下去应付学生。为了提高学生的水平，您宁肯让学生误解自己也所在不惜。不知从何时起，在中国学府里这样的老师已难以寻觅。但是，我却遇到了，这是我的大幸。"2002/02/04

今天，我的博士论文究竟写得怎样这一结果已经不重要了，重要的是，为了克服我的急躁情绪，畏难情绪，摆脱我无所作为的心态，我确实朝着老师期待的方向又努力了十年。尽管我知道老师给我提出的是永远也无法完成的一张试卷，可是，我还是不懈努力、不断工作争取去完成这样一张答卷。

毕业离校后，2005 年，我申请到教育部"十五"规划重点项目，在修改博士论文的基础上顺利地完成了。2006 年，我申请到国家留学生基金项目，以 53 岁的高龄重新到大连外国语大学强化日语。2006 年 10 月至 2007 年 10 月，我以中国政府派遣研究员身份在东京大学综合文化研究科中国史专攻研修一年，查阅了大量中日教育关系史的日文原始资料，仅阅读《太阳》这一本杂志，我就在东京大学图书馆历史文献库，坐了整整三个月的冷板凳；还在东京大学档案室里，拍摄了近千张原始档案照片。回国后，2008 年，我以这些资料为基础，申请到国家社会科学研究基金项目，经过五年时间,完成了《近代日本武士道文化心理结构及教育形态》一书,在老师所期待我从事中日精神交流史研究方面,迈出了踏实的一步。

2009 年 11 月,我以中国特约嘉宾的身份,参加了北京—东京论坛,在媒体分会上作了大会发言,反驳了日本与会者认为中国对日本的认识停留在六十年前的错误论断和矢口否认日本存在复活军国主义危险的种种狡辩。会后,我获得了中方主办单位中国日报社的书面表扬。这使我认识到,中外教育交流史的学术研究走向社会实践也是有可能的,这也是我们学科生存发展的一个方面的愿景。虽然可能微不足道,但还是能激人奋进。

2012 年 8 月,我到杭州参加日本文部省重点项目"从中国教育杂志看近代日本教育对中国的影响"的研讨会议,会间抽空去老师家探望,仍然看到了田老师伏案埋头于学问的一幕,田老师十分高兴地和学生畅谈分析研究教育家日记的心得体会,我的心为之一颤,就在那一瞬间,我似乎明白了,年近花甲的我,还是要继续前行,哪怕是我这样一个有着畏难情绪和无所作为的人……

A Personal Note to Professor Tian's Book

■ ［美］欧文·雷文（Irving Levine）

I found my experience at Zhejiang University unique and my relationship with Professor Tian even more so. May I elaborate.

I presented the Ministry of Education in Beijing with my education profile in 2001 in order to establish credentials sufficient to satisfy the Ministry and later the post-graduate committee at Zhejiang University for entry into their Doctor of Education program. In short, they were sufficient to overcome a hurdle unlikely to be met by the ordinary applicant. In the first instance I am an American who at the time of application was 69, a good number of years beyond the rule for entry into a post-graduate program.

Myself, a Chinese friend, and a student of Professor Tian had arranged to meet in Professor Tian's office. We were seated, waiting for the opportunity to speak to Professor Tian when as it happened there was a call from the Chairperson of the post-graduate committee with myself as the subject of their conversation.

When the call ended Professor Tian turned to us, and to me in parti-

［作者简介］ 欧文·雷文（1932—），男，美国纽约人，2006 年获浙江大学教育学博士学位，现定居纽约，在《世界教育信息》上发表《不应忘却的三位学者：王国维、本杰明·史华兹和郭沫若》等论文，主要研究领域为中外教育文化交流史等。

cular, and put the question: "Are you seriously interested in embarking on the study for a doctor in education degree or will a doctor emeritus suffice considering your background in education and all you have done in education as your resume indicates?"

I hardly expected the question and the answer flew off my lips: "Emeritus is out of the question. I am here to achieve a doctor of education degree under your mentorship, and willing to work as hard as your other students in the program."

True to Professor Tian's word, over the next five years from then on my writing skills were transformed by Professor Tian with his close attention to my repeated deficiencies, to from practically a novice to someone whose articles have been published six times since graduation.

I would be remiss if I did not close by stating how entwined my experience with Professor Tian and Zhejiang University had been. In this period I came to know of Professor Tian's depth of knowledge as a scholar and his efficiency as he served the University as the Dean of the School of Education. I also had the privilege to become his friend. Professor Tian taught me history of education of China as well as competency in writing. There were a number of classes I attended on campus, including language. There were teachers and staff I came to know. And there were rules I came to follow.

Zhejiang's standing and reputation in China carries well in the United States. I proudly wear their shirt.

Thank you for this opportunity to express my sentiments.

师门求学记：日记四则

■ 朱宗顺

题记：

2001年2月至2004年6月，师门求学的经历给我留下了愉快而难以忘怀的记忆。有导师的教诲，也有同门的交流；有学业的探讨，也有生活的乐趣。翻检当年记下的不太连续的日记，摘录几则，以重温那温馨的求学生活。

2001年3月5日　周一　晴

这是我离开湖北民族学院来浙江大学读博士第二周的开始。昨天上午到玉泉校区体检复查，来校一周，各种手续总算办完，生活和学习环境在熟悉了，和学友关系也逐渐融洽。本周就要开始上课了。

今天上午三四节课是英语课。我的英语基础弱，英语选课的时候，我本来选的B班，但网上把我排到了A班，对英语的基础要求高。抱着一试的心态，去听听看。任课老师是柴老师，也许是照顾我们，口语讲得稍慢，能"一知半解"地略知大意，特别是听懂了浙大博士英语过关，听力占25％，而且要求单项及格。这要求令我和李涛兄颇感压力，再加上听课有些吃力，两人商定，还是转到明天三四节开课的英语B班吧。第一次博士英语课就这么试听结束了。

下午两点，我和李涛、郭怡三位同学按时来到田老师位于浙大西溪校区田家炳书院二楼的办公室（上周五下午，田老师来电话，要我约好另外两位同学,下周一下午到田老师办公室)。这是我们这一届同门第一次集体到田老师办公室上课,主要是给我们三人讲解培养计划。田老师先是让我们相互自我介绍,了解各自的基本情况,然后给我们介绍培养计划。根据田老师的计划,我们三位同学分为两个培养方向。李涛和我定为"中国教育早期现代化"方向,郭怡定位为"中外教育交流"方向。田老师为我们确定的专业课程是三门:中国教育早期现代化史专题研究、中国近代教育史料与文献、中外近代教育文化名著选读(要求精读10本书。包括费正清的《剑桥中国晚清史》、陈旭麓《近代中国社会的新陈代谢》、罗荣渠的《现代化新论》等)。专业课的上课方法是,自学、课堂讲解、每月一次讨论(每位同学分别准备课程的不同内容,课堂交流、讨论,老师再指导)、书面作业(课程论文)。对于博士学习的最重要环节,博士论文的问题,田老师要求我们在第三学期期中开题。

晚上,遵田老师之嘱给河北科技大学一位报考博士的老师复信:因田老师忙于学院的管理工作,无暇亲笔回信,特委托我转达问候,并"欢迎报考"。

2001年4月4日　周三　晴

上午,接到学院李江原博士后(担任学院博士研究生的辅导员)的通知:今年要毕业的博士和硕士到院内照相,在学院的没有到毕业时间的同学也可参加。正好借此机会认识即将毕业的学兄,我也从西临宿舍赶过去参加拍照。田老师以及王承绪教授、周谷平教授、魏贤超教授、肖朗教授等来参加拍照,今年要毕业的王雷师兄,以及王剑师兄(比我和李涛早一届)、博士后刘华兄也来参加,还认识了湖北老乡徐立清同学。

下午,接着看西北师范大学博士高天明的博士论文(也是我湖北老乡,后来成为田老师的博士后,成为同门)。论文是田老师周一交给我的,要求我认真学习,并学着写一些感想。他的论文题目是《20世纪我国教学方法变革研究》,论文分三部分,共十章,估计近三十万字,分别对20世纪上半叶、20世纪下半叶教学方法变革的总体概况、典型个案进行了梳理,还从理论上做了探讨。由于论文较厚,我看到今天还没看完,今天晚上必须看完。总体感觉对20世纪教学方法的历史梳理很有价值,这种研究设计也可为我今后的博士论文提供启发。

2002 年 4 月 12 日　周五　晴

上午，在学院办公室，田老师布置我和李涛、郭怡参加导师主持的全国"九五"社科规划课题"中外教育交流史"。田老师讲到：这一课题最初只打算研究到 1949 年前的教育交流情况，后来考虑到完整性，计划将讨论的时段延长到 1949 年以后的当代，即"中华人民共和国编"。这样做的原因是，目前这方面的成果较少，虽然《中华人民共和国通史》《中华人民共和国教育史》等著作有所涉及，但出于"学者研究得少"；同时，当代中华人民共和国历史的史料收集还不足，但可望有所突破。因此，田老师征询我们三人的意见，是否愿意参加研究，并同博士毕业论文结合起来。我们当然求之不得，能在读书期间参加重要课题的研究，不仅可以得到学术研究的训练，而且能够让我们的毕业论文选题尽早确立。在我们表达了参加研究的意愿后，田老师给我们做了分工：李涛负责 1949 年至 1979 年的教育交流，我则负责 1979 年至今（2002 年）的教育交流，郭怡负责当代留学教育。

田老师同时给我们分发并讲解了他于 4 月 10 日初步规划的《中外教育交流史》写作大纲。大纲中与我的任务有关的"中华人民共和国编"内容包括：导言、第 20 章"中苏教育交流与中国教育价值取向的重大转折"、第 21 章"从闭关到开放"、第 22 章"世界教育交流史上的壮举"、第 23 章"研究介绍国外教育的第三次高潮"、第 24 章"全方位的中外教育交流"、第 25 章"中外教育交流与当代中国教育改革"。

田老师在写作大纲中写道："各位同志：经过多次反复讨论修改，现将编写大纲印发给大家。当然，这个大纲仍有许多不尽如人意的地方，还要在具体写作中不断完善；但至少可以先有个大家共同认可的框架。请各位就自己承担的部分尽快进入角色，从基础工作做起，在构思和写作过程中，始终都要有全局观念，要'瞻前顾后'，不要'自说自话'。有问题请多联系。"

田老师在给我们解释时强调：(1)当代中外教育交流要放在"大背景下考虑"，即要从"文革"前 17 年、"文革"、改革开放三个时段的国内外社会背景来考虑；(2)要求"史料准确、夹叙夹议、生动活泼"；(3)要求 6—7 月份前资料基本有数。

2001 年 5 月 12 日　周六　晴

早上 9：00，和王雷师兄按时到田老师办公室，听田老师安排师兄论文答辩的事。田老师昨天下午刚从上海开会回来，需要处理的公务较多，手头还有很多论文要看，和我们谈话时，不断咳嗽，甚是辛苦。田老师逐一详细安排了答辩准备的各个环节：(1)论文答辩由我做秘书，住校学习比较方便一些。(2)要落实 5 月 17 日下午去火车站接华东师范大学答辩专家(孙培青教授、金林祥教授、杜成宪教授)的事宜，由王剑负责接站，并负责车票订送事宜。17 日下午的晚饭，由田老师和王剑陪同，王雷不宜前去和答辩委员见面。(3)落实专家楼订房、订餐的事，由我和王雷负责。(4)由我汇总各答辩委员对论文的评阅意见，起草一份决议草案，交田老师审定。(5)答辩议程拟订，田老师核定。(6)王雷负责答辩海报和与会人员的通知。(7)答辩委员的酬金由王雷领取，我负责发放。(8)表决票、记录表、答辩申请书等由我和王雷负责准备。(9)答辩会由我和王雷准备，特别是话筒、投影等的准备。会后，我和王雷师兄去专家楼订房、订餐，但均未最终定下。

一坛花雕酒

■ 叶哲铭

　　细想起来,我应该是田门众多弟子当中在浙大教育系学习最久的一个了。从1992年秋进入原杭大教育系到1999年春硕士毕业共6年半,从2003年春入田门攻读博士学位到2009年春答辩毕业又是6年,共计12年半。如果从1995年田老师给我这个小本科生上《教育文献检索与利用》这门课开始,到指导我本科毕业论文,再到硕士博士阶段指导我为学为人之道,算起来也有9年半的光阴是在老师的教诲下成长的。作为学习年份最长的弟子,肯定会有很多优待,其中有一件让同门羡慕不已的,就是一坛花雕酒。

　　记得是1996年,老师终于获得了一次住房条件改善的机会——从体育场路上狭小的教工宿舍搬到杭大路的教工宿舍,虽然面积没加多少(好像也就80多平米),但毕竟离学校很近很方便。古人云:"秀才搬家——尽是书。"虽然老师平时最不喜欢在生活上麻烦学生,但这次不行了,书太多! 他让我叫几个同学一起帮他装书,于是乎我们带着一些废纸板箱兴冲冲地来到了他体育场路的家中。

　　一进房间,小伙伴们都惊呆了。老师的藏书堪称汗牛充栋——从地板到屋顶,从书房到客厅,几乎有墙的地方就有书。书香扑面而来,大知识分子形象在我们心中油然而生。开始装书了,老师自己站在凳子上按类取书递给我们,我们则一人用抹布拂去灰尘,一人接过书籍装箱。我们说老师站得那么高又累又危险,老师则说我们不知道书的来历和内容,还是由他取比较好。就这样，一箱箱的书逐渐打包堆积起来了，书山的"海拔"也越来越低，当整理到一个角落时，老师忽然"咦"了一声，然后开心地说："原来这坛酒藏在这里。"他笑眯眯地从角落拎出一个积满了灰尘的小酒坛，让我擦一擦。我一看，是一坛"绍兴花雕"，依稀记得上面还画着一幅牧童放牛图。老师说这是他在杭大教育系担任第一个班主任时所教的一位绍兴籍学生早些年送给他的，因为老师不喝酒，就放在一边了，10来年过去忘了塞在哪个角落，今天才重见天日。我一听立马两眼放光——10年陈酿啊！晃一晃不是太满，非常符合陈年好酒略有挥发的特点。对于懂酒的人来说是可遇而不可求的。我小心翼翼地擦了又擦，让酒坛也放出了光芒，然后恋恋不舍地放在一边继续装书。

　　到了中午，师母准备了丰富的点心，很抱歉地说委屈我们了，没有安排中饭。吃完点心继续装，到了下午总算基本把书装完，老师还很不舍得地把一些杂志放弃了。当我们告辞的时候，老师说："小叶，我不喝酒，那坛花雕你带去慢慢喝吧。"我一阵激动，几乎不敢相信有这么好的事情落在我头上，平时的能言善道也不行了，只会说"谢谢老师"。抱着这坛珍贵的花雕回到学校，我兴高采烈，自豪不已。不几日，就约了要好的同学一起来到当年杭大前门的"道古桥"小酒馆，问老板借来螺丝刀，一点一点把封泥撬开，打开瓶盖，拔出软木塞，酒香顿时四溢；倒半杯，酒液浓稠如酱；摇一摇，杯壁上挂了厚厚一层；品一口，满嘴醇厚芬芳，早已没有了新酿酒的冲劲和酸味。一帮人不禁大乐，于是毫不吝惜地痛饮起来。幸亏我念着老师，事先用一个小玻璃瓶装了一些，想着给老师也尝一尝，否则就都白白便宜那帮小子了。不几日，老师问我："酒怎么样？"我立马绘声绘色描述了一番，并说给老师留了一点。老师淡淡地说："好就行，我还担心这么多年酒变质了呢。不要给我留了，你喝完吧！"

　　此后经年，我先后攻读教育史的硕士和博士学位。硕士阶段田老师安排了张彬老师做我的导师，让我在张老师的谆谆教诲下登堂入室；博士阶段则不断鞭策和鼓励我克服工作和生活中的困难，一路坚持，即使在我反复延期几近绝望时，老师也不抛弃、不放弃，终于帮助我破茧成蝶，造就了今日之我。虽然这些年我也喝过标着"五年陈、十年陈"的花雕酒，但依然无法超越当年那坛花雕。

　　老师正如一坛陈年佳酿，甘于寂寞，甘于在寂寞中酝酿丰富的学养；

一旦打开，则毫无保留地让弟子们分享其才华学识和人格精神。也正因为此，这坛多年前的花雕酒一直温暖着我，让我至今依然如此眷恋老师的教诲与慈父般的大爱！

目光向下 关注基层

——忆论文选题过程中田师的教诲

■ 刘崇民

2005 年,我已经在浙大求学 2 年,可论文选题还没定下来,开题报告更是无从下手。那时候,书看得杂乱,也没什么效果,选什么作为题目,头绪全无,终日愁肠百结。去饭堂遇见张建中,常被问一声:"崇民兄,进展如何?"只能报之以摇头苦笑。到后来,干脆选择逃避,看书也不认真,整日网上闲逛,特别怕田师召见,生怕挨骂,长时间躲在宿舍不敢见老师。

后来,田师发现了我的懈怠,找了一个时间把我召到办公室,问我:"一个多月没见你了,最近在做些什么?"我说就是看了一些书。田师又问:"看了多少本? 是些什么书?"我那段时间很颓废,其实只粗粗看了一两本书,但担心田师生气,就夸大数字说四五本吧,书名也随便报了几个。田师听后面色已不太好。他又问我:"你看了这些书后有什么看法? 每一本都说一说。"我哪里说得出来,胡诌几句后就无话可说。他的面色更不好了,说:"从你说的来看,最多只看了一两本吧?"我只得承认。田师发怒说:"读书偷懒怎么行? 你是全日制的学生,没有工作家务琐事拖累,时间充裕得很,怎么不好好读书? 读书就是要下苦功夫! 你们的师兄师姐读书都非常用功,比如你们杨晓师姐,一个女生,有家有小,单位的事情也很多,身体也不算好,但读书下狠功夫,一个多月不下楼,头发大把掉也勤学不辍,你怎么就不学学她们呢?"我被申斥得汗流浃背。又谈起论文的选题,我说书看得很茫然,到现在还是没有头绪。田师缓和了语气说:我让你们第一、二年多读一些书，是想让你们的知识面广一些，视野开阔一些，为以后的研究提供一个扎实的基础。博士研究生的知识面当然应该是广博的，这样分析问题时才不会过于局限。但是读书不能为读书而读书，要学习作者的思维方式，学习他是按什么逻辑来分析和解释问题的。孔子强调"学而不思则罔"，朱子强调"熟读精思"，这包含两方面的意思，一是勤学，二是精思。在勤学的基础上要特别注重精思，要存疑和去疑。你先确定几个大方向，找相关资料研读，看看别人的研究有无可突破之处，从中确定论文选题。

回去后，我按照自己的感觉，定了几个方向。经过一段时间的资料查找、研读和思索，发现这些选题有的已经被前人研究得很深入，难以有新的突破；有的题目太大，难以把握；有的选题太小，写不了一篇博士论文。选题被我一一放弃后，我又回到了原来的状态。

正彷徨中，我又接到了田师召见的电话。我记得那是 2005 年秋天的一个傍晚，我放下电话后往老师家里赶，一路心怀忐忑，做好了挨批的准备。但出乎意料的是，听了我的选题准备情况后，田师并没有发火，而是站起来说："刚吃过晚饭，出去走一走吧，我们边走边说，顺便去好又多超市买点东西。"我一时没反应过来，在我印象里以及师门学长口耳相传中，田师一向严厉，如论语描绘孔子所称"望之俨然"，是很少和学生一起散步的。出门后，我们沿着西溪河一路向西，继续着论文的话题。田师说：博士论文必须有自己的发现和创新，不然不能称之为博士论文，因袭前人没有创新是很难出彩的。所以博士论文选题必须要注意两方面的问题，一是要注意当前学术研究动态，二是要考虑自己的学术背景和自己的志趣。注意研究动态是了解别人在做什么，做到了什么样的深度，考虑自己的学术背景和志趣是了解自己能做什么，适合做什么。两者都很重要，而且两者要结合起来，否则是写不出一篇好论文的。所以，我一般都不给你们定题目，而是让你们自己选，因为老师未必了解你的学术背景，更不知你的志趣。我可以给你介绍当前学术研究的大致情形，你可以根据自身情况进行判断和选择。

田师说：当前教育史界一个研究动向是'目光向下，关注基层教育'。长期以来，我们的关注焦点主要在上层，如官学、教育制度、著名的教育思想家、活动家、留学生、高等教育等，而基层教育则较少关注。然而，对基层教育的研究是非常有价值的，与社会精英一样，草根民众同样需要关注，基层教育的历史属于教育史整体的一部分，有了他们，教育史才能显得立体和丰满。当前历史学界、社会史学界许多学者已经开展了不少研究，取得了不少成果。教育史学界也有一些学者已在进行尝试，我们的不少同学也在这方面选题，如叶哲铭的选题是以浙江省一个村落为个案，研究民国时期现代学校与民众生活的关系；陈胜的选题是研究清末乡村兴学与毁学也即乡村教育冲突的问题；这些都属于底层视角，目光向下，关注基层教育的例子。如果沉下去，你会发现很多东西可以写，基层教育督导、基层教育行政等等，都可以借鉴他们的方法，进行深入的研究。田师的话犹如暗夜里的一盏明灯，驱散了我眼前的迷雾，我仔细地思考他的话，决心也选基层教育作为论文的研究领域。于是我对他说我想以近代县一级的教育行政作为选题。田师问我原因，我说我曾经在基层学校工作过几年时间，经常要和县级教育行政机构接触，有比较多感触，比较有兴趣对其作一深入的研究，而且前期查找资料过程中，发现今人对此研究甚少，因而想试一试。田师表示许可，同时提醒我可能会遇到的如资料搜集等方面的困难。

一路相谈甚畅，不知不觉到了好又多超市。在超市，田师买了一个装衣物的皮箱，原来受广岛大学之邀，田师要去日本讲学一学期，做下决定后时间很紧，田师当时还是教育学院院长，事务繁杂，安排好各项事情后还要分别找我们谈论文的事情，一些生活用品只能抽空购置。回归途中，我们还一路聊着，直到楼下挥手相别。

这次谈话，让我定下了论文选题，让我明白了田师目光向下、关注基层、关注微观的研究新的主张。一路上，田师笑语温和、循循善诱，让我体会到田师虽然"望之俨然"，其实"即之也温"。直到今天，谈话的情景仍然历历在目，不能忘怀。

人生幸事:跟随田正平先生读博士

■ 张建中

我跟随恩师田正平先生读博士是从 2003 年开始的,跟随的时间比较长。现在想起当初求学的情景,我仍觉得历历在目,对先生的崇敬之情也油然而生。

先生是一位热爱学生的好老师,他对学生的关心无微不至。记得 2003 年 9 月上旬的一天,先生召唤我、刘崇民、覃延华三位刚入学的博士研究生到田家炳书院院长办公室,希望了解我们的情况,帮助我们拟定博士阶段的学习计划。聊天间,先生得知我的父亲是位下岗工人、母亲是位家庭妇女、家庭情况比较拮据后,立即表示将帮助我解决经济上的困难,让我安心读书。当时,我心中犯嘀咕:教育学院这么多学生,老师您帮得了这个帮不了那个。所以对先生的承诺,我没有抱多大希望。时光飞逝,七八个月后的一天晌午,我在 10 幢 322 宿舍睡觉。突然,电话铃响。电话另一头传来先生嘶哑的声音。先生说:朱宗顺马上要毕业了,他空出的中外教育现代化研究所助管职位,你是否想接替? 他提醒我:"在所里当助管比较好。一来在所里做事,学院会提供一定的报酬,可以缓解你的经济压力;二来协助老师们处理些事务,你可以增进和老师们的交流,对你的成长是有好处的;三来所里办公条件不错,比较安静,是个读书的好场所。"他建议我好好考虑下,如果愿意做助管,就记得及时告诉他。听完先生这番话,我十分感动,泪珠直在眼眶里打转,真想不到先生在这么繁忙的工作中,还一直惦记着帮我解决经济上困难的事情。

　　先生还是一位严格要求学生的好老师。师门中的各位同学对此深有体会，而且私下流传着因先生要求严格而使学生发憷的段子。有说某某学生在办公室见到先生时不敢轻易坐下，就是坐下，也仅坐在凳子的一角上。也有说先生一声咳嗽，令满屋子的学生不敢讲话，顿时，这里的"黎明静悄悄"！当然，这些段子无法核实，有待考证。但是，我通过撰写《国民政府时期大学委员会考述》一文，深刻体悟了先生的严格。这篇文章的写作是与先生要求每位教育史专业博士研究生必须写一篇考证文章有关。而我作为历史学专业出身的学生，心想这是小事一桩。在接过任务后，我花了一周左右的时间，就写完了《国民政府时期大学委员会考述》一文，并交给先生。心想：先生肯定会夸奖我做事快速。然而，先生看后，眉头紧皱，很生气，指出我做事马虎，整篇文章像记流水账一样，一点逻辑性没有。他要求我把文章拿回去好好修改。顿时，我像被泼了一盆冷水般垂头丧气。尔后，我不得不花很大的气力查找资料，大刀阔斧地对文章作了修改，并再次提交先生审阅。先生仔细读过后，认为文章经过修改后有些进步，但仍需完善。他建议我查找些民国时期的回忆录和档案资料，或许有益处。而我领命后对文章再次作修改，并把修改稿交给先生。先生看后，觉得这次文稿修改得较好，便拿回家帮我润色，后交还给我。我拿到文稿后，一看上面批改得密密麻麻，先生不仅帮我理顺了文章的逻辑关系，而且还把文中的语句和标点毛病做了订正。看着这些批改处，我深感羞愧：真不该犯这么多低级错误！六七个月后，这篇文章在《华东师范大学学报》（教育科学版）2005年第4期上发表。而这很大程度上是与先生付出的努力分不开，因为，如果没有先生多次施压让我修改，帮我润色，文章估计会难产，更别说发表。

怀念:我记忆里最美的风景

■ 杨云兰

第一次见田老师的情景,虽然已经过去近十年,至今仍记忆犹新。

我心中想象的那位作为知名教授的田老师,一定是一位不苟言笑的、满脸写满严肃的人。所以,初到杭州,未见田老师之前,自己的心情一直像西子湖畔的天气,时阴时晴,总是惴惴不安……

出乎意料的是,第一次见到田老师,他和蔼亲切的表情首先就让我一向紧张的心情平复下来:看上去,他仿佛只是一位敦厚的长者,平静深邃得一如西子湖水,虽然内蕴无限旖旎风景,却波澜不惊,让陌生人也觉得似曾相识,充满亲切。这一刹那的感受,让我这个"独在异乡为异客"的学生,一下子觉得窗外的天空是那样湛蓝,楼前轻轻飘过的微风是那样和煦,同时更让我感到,原来大学者竟也如此平易近人!

接下来的谈话让我觉得面对的不仅仅是老师,更是位父亲。因为,面对我这个涉世未深的学生提出的一大堆粗浅问题,田老师不但始终微笑着一一细心地给予解答,还认真地指导我阅读哪些书籍,如何学习,像是老师循循善诱地给差生补课,又像父亲真挚满怀地与女儿话家常。其实后来我才知道,田老师当时不仅有多项学术科研任务,还担负着繁重的行政工作,每天时间抓得特别紧,可谓"惜时如金"。能如此抽出宝贵时间接见我这个从未谋面的普通学生,期间的谈话所充满的那些鼓励与教诲,让我深深地感受到一个学界前辈对我们这些后生晚辈的无私的奖掖与扶持。

所以,第一次见田老师我是"怕",可后来似乎有了一个标准:一位真正的学者一定是平易近人的。

第一次上田老师的课,如今时常还能回想起当时自己的窘态。

初次上博士生的专业课,我既紧张又有点小兴奋甚至于满心期待。在研究室里,田老师就坐在我们对面。当时上课的只有师兄和我两个人,头脑里不知为何,突然想象到一种情景:老师的左眼看着师兄,右眼盯着我。一想到这,我马上紧张起来,赶紧正襟危坐,头都不敢抬起来。田老师呢,虽然只面对着两个学生,但仍然极其认真地给我们授课。记得第一次课他除了讲授一些专业知识,特别强调了专业学习的方法,告诉我们怎样学习,说:"博士生除了要广泛地阅览书籍资料,更重要的是时时要有问题意识。"我发现,田老师的专业知识渊博精深,讲起课来如数家珍。很快,我觉得自己记笔记跟不上老师讲课,越发窘迫了,觉得自己实在够差劲的!尤其当老师稍有停顿,以商榷口气讲他的治学方法时,我更是有无地自容的感觉:老师知道的东西太多了,自己与之相比,简直相差十万八千里,这如何完成接下来的学业啊!可是,后来我记得这第一次课的,就是老师一再告诫我们学习要讲究方法,治学要有方法,他讲到的几种方法,我虽然当时在窘迫之余还难以体会,却是自己后来学习和教学经常受用的。

所以,第一次上田老师课我是"囧",可是后来我似乎明白了一个道理:知识和老师都像一座高山,一位好的老师就是能指引后来者攀登高峰方法的人!

第一次拿到自己的经田老师修改过的论文,心情特别复杂,既感动又惭愧。

记得读博期间第一次写完一篇小论文,自己几经修改后,交给了田老师,满以为整日为行政、科研工作超负荷运转累得精疲力竭的田老师一定会像很多导师一样,一目十行看看,大致提几条修改意见,之后让学生自己重新修改,如此而已。几天后,田老师把论文返还给我,我拿到论文时,自己都惊呆了,眼泪几乎流下来:论文打印稿上密密麻麻都是老师修改的字迹,有些地方写了修改意见,有些是在论文上做的直接修改,一个词一个句子,甚至一个字一个标点符号都改过了。整个论文早已"面目全非"!等到仔细阅读田老师修改过的地方后,才发现原来自己论文竟有那么多错误,竟有那么多需要修改完善的地方。惶愧之余,自己深切感受老师严谨的学风、认真的学术态度,更为田老师不惜花费如此多的心血去给学生修改一篇微不足道的稿子感动不已。

所以,第一次看到田老师给自己修改的论文稿子我是"愧",可惭愧之余,更令我有一种刻骨铭心的感动,同时也让我永远记得了:一位导师、一位真正的学者原来竟是如此的无私、如此的严谨!

第一次与田老师的聚会活动,让我耳目一新,内心充满了喜悦。

第一次与同门参加田老师的聚会,让我们亲切感受到田老师的另一种风采:席间老师谈笑风生、潇洒幽默,一改平素指导我们学业时的严肃,让在座的所有人都有一种如沐春风的温馨。相比之下,我们这些老学生新学生反而更拘谨,缺少了年轻人该有的那份活力、那份洒脱……觥筹交错间,田老师不时以幽默的话语打趣我们每个人,关心询问我们每个学生日常学习、生活是否有困难。很快,聚会现场的气氛渐渐活跃起来,大家围绕着老师、师母,像一个长幼有序却又充满天伦之乐的大家庭。这时我想,也许正因为田老师和师母对学生的这种关怀备至,使得我们在学习和生活中遇到困难时,总是会第一时间想到向田老师求教求助。每一次,他们都真的像父母一样,无论多艰难,都千方百计为我们排忧解难,默默地,默默地。

所以,第一次与田老师聚会,我内心充满了人生之"乐",虽然不堪与颜子的"一箪食一瓢饮"相比,却也着实让我感受到来自老师的那份亲情、那份关爱。这难免让我不时回味着:原来一位可敬的导师更是可亲的!

是啊,古人说,"人能咬得菜根,则百事可做",之所以如此,就是要人多品尝人生的酸甜苦辣吧,在田老师身边我第一次感受到的人生百味,诸如"怕""窘""愧""乐",都是真真切切的,而且历久弥新。如此我才知道,自己与田老师在人生中的这些第一次邂逅,却成了自己永恒的美好记忆。

如今,我已经离开了美丽的西子湖畔,独自一人如闲云野鹤漂泊在北方。每当遇到不如意心情偃蹇之余,自己总是禁不住怀念在老师面前享受的那种温馨,那种真挚,那份来自父亲、老师、学术前辈的无私关爱。这使我更加怀念在杭州的日子,怀念老师的一颦一笑,怀念老师面前的那些情同手足的同门。于是,怀念成了我很多无聊时光里最最美丽的风景!

严谨治学　朴实为人

——导师田正平先生于我的教益

■ 陈桃兰

　　离开浙大参加工作一晃已经三年了,遥想当年在浙大读博期间的青葱岁月,感触良多,其中受益最大的莫过于我的导师田正平先生给我的影响。先生的教诲不仅让我顺利完成学业,对于其后的治学与处世也影响良多。先生于我的影响不可三言两语道尽,其中勤勉严谨的治学作风,严慈相济的朴实为人,是最值得我记取的东西。

　　能师从田正平先生攻读教育史专业博士学位,是因为懵懂、莽撞,也是幸运。说懵懂、莽撞,当初选择报考先生博士,只是执拗于"我要跟个学术老前辈认真学习研究教育史"这样一个简单的想法,以及不想离家太远。其时,先生是浙大教育学院院长,按当时同学们的说法,通常院长加资深学者,这样的导师弟子非显则贵,考的人多,背景也硬,所以一般人不容易考取。在与先生联络时,似乎也证实了这种"不祥"的预感。先生的电邮只有短短几个字:"欢迎报考,有关事宜请及时关注浙大研究生网站。"与其他考博同学既有现任导师引介,又有报考导师提点相比,这在当时的我看来,似乎已经被判了死刑,希望渺茫。所以,虽然报考了,并没有抱多大的希望。没想到这一试,居然成功了。入门后才发现,以前的顾虑是多余的,当时在校的几位师兄师姐也都是如我一样的"平头百姓"。先生说话、为人的风格即是如此。当初电邮那短短几个字,已经把关键信息全部传达。"不受虚言,不听浮术,不采华名,不兴伪事"用来形容先生丝毫不为过。受此熏染,田门弟子身上也都养成了务实的品性,给人以踏实、真诚之印象。

初见先生是严肃、甚至严厉的，第一次召见就饱受打击。在博士入学前，我在各类刊物上发表了十来篇论文，又跟前导师做过课题，参与过著作的撰写，自认为有不错的研究能力。而且当时感觉写论文不难，找好资料，理好头绪，熬个夜就能整出一篇文章来。先生见面第一训，就对我这些论文提出了看法："你的论文我都看过了，基本上是别人怎么说，你整理整理。语句倒也通顺，但没有你自己的观点，也没有什么新的材料，这不叫研究论文。以后，这种论文不要写了。"这相当于当头棒喝，以前一直引以为傲的论文写作才能被彻底否定了，我必须从头开始学习怎么做研究。如果说这只是遭遇了下马威，接下去的一次课堂读书报告则是被吓到骨子里了。记得当初刚入学不久，选修了先生的《中外教育名著选读》课程。先生在国庆前布置了作业，要求精读陈旭麓的《近代中国社会的新陈代谢》，给了两周的阅读时间，届时进行课堂讨论。我刚接到阅读任务就遇上父亲小脑出血，病重住院。因时间与上课没有冲突，又刚好遇上国庆放假，来不及请假就匆匆赶回了老家，整日整夜在病床前照料，根本没时间看书。一周以后，父亲的病情开始趋缓，我才用照顾的间歇翻看了几页书。在上课讨论前一晚回到学校，熬夜在网上拼拼凑凑，写成了一个读书报告。满以为这样可以应付了事，没想到课堂上一眼就被老师看穿，一张嘴就被老师喝停，吓得我不敢看老师的表情："你没认真阅读吧？回去重新读！重新写作读书报告！写完交给我。"当时既害怕又羞愧，简直无地自容。也许当时跟老师解释一下，老师会理解我，不至于如此严厉批评我，但转而一想，我没有认真阅读是事实。而且再一次深切地体会到，先生没那么好"应付"，以后别想蒙混过关。这两次"挨训"，使我开始反省，反省自己以前学习中的浮躁与冒进，在此后的学习与研究中，我尝试不断去除那些虚荣与浮华，努力把自己修炼成一名务实、求真的研究者。先生反复强调：做研究要实事求是、一丝不苟，不说空话、大话，要论从史出，有一分证据说一分话。在以后相当长一段时间内，我都不敢轻易下笔。我开始老老实实地从基本功练起，不断阅读各类书籍，学习怎么查阅、收集、整理、分析资料，学习如何思考，如何选择有意义的课题进行研究。

对于我们的毕业论文选题，先生可谓煞费苦心。他不仅希望我们能顺利完成毕业论文，还希望博士期间的研究能够成为我们毕业后在学术界安身立命的基础。所以，先生不期望我们的研究成果都能填补学术空白，但至少能开拓一些新的研究领域，进行一些有意义的研究。我的课题即是先生的苦心与我的个人兴趣相结合而选定的。我的专业背景比较杂，本科学涉外文秘，毕业后当过三年的高中英语教师，硕士以教育史专业入学、教育原理专业毕业，综合来说史学功底还是比较薄弱的。所以，一年级基本上就是在恶补历史。二年级开始考虑选题的事。当时的我虽然浮躁有所收敛，但仍有希望快速完成毕业论文的想法。考虑到浙大对博士生毕业的论文要求，我本打算找一个比较容易在浙大要求的刊物上发文章，又能比较不费力地完成的研究，于是列出了一系列选题，信心满怀地找先生商量。结果，一个个都被否定了，不是不够有新意，就是以我的水平很难超越前人的研究成果。最后先生说起教育小说这一选题。乍听这一课题，觉得有趣而且有意义。酷爱看小说的我甚至憧憬起未来研究可以整日徜徉、流连于小说的海洋而代替翻阅那些尘封的故纸堆。于是没有多想，就决定试试。随着阅读的深入，发现教育小说很难界定，而且近现代小说中很难判定哪些小说是教育小说，于是研究范围扩大到现代小说里的教育叙事。先生为之冠了个大标题：观念世界的教育变革，我的毕业论题就此选定。

　　现代小说里的教育叙事，这是一个尚未进行广泛、深入研究的新领域，因为其"新"，所以也难。研究过程中才发现当初自己的想法有些幼稚，欣赏小说与研究小说有太大的差异。欣赏小说可以根据自己的兴趣、好恶有选择地阅读；作为研究则不可能厚此薄彼，不然研究将走向偏颇。欣赏小说可以沉浸于作者华丽的词藻、机智的语言、精彩的布局和奇妙的构思，这一过程可谓妙趣横生；通过小说研究教育历史，要反复咀嚼的则是小说里关于教育的内容，多少有些枯燥乏味。随着研究的展开，发现困难远超出原来的想象，仅凭自己浅薄的学识与素养，很多方面都无法深入与拓展。这一题目涵盖太广，小说里的教育内容涉及教育的各个方面，而且论题跨越教育、历史、文学等多个学科，时间跨度约五十年。简直是在写作一部另类的现代中国教育史，难度太大了，而且对自己能研究成什么样，毫无把握。不过，尽管难度大、结果不可预期，我从来不曾放弃，一直鞭策自己前行的，除了自己不轻言放弃的坚韧本性，主要就是先生的鼓励与帮助。在研究过程中，我花了大量时间去各种故纸堆里查询、阅读小说，对于最新研究成果反而有些忽略了。先生则时常关注，看到有价值的研究成果，经常会发短信来说："小陈，在教育书店有一本××书，与你的研究相关，可以去看看。""小陈，××杂志上发表了一篇××论文，你可以去翻阅下。"每次告知著作或论文的时候，都会详细地说明是谁编著，哪个出版社、什么年份出版的。研究现代小说里的教育叙事，这是一个跨学科的课题，对于文学，因专业的不同多少有些隔膜，我如此，先生不知是否也如此觉得？为了减少隔膜，先生除了不时推荐我去看各类文学方面的著作及研究成果，他自己也购置了不少相关书籍。当千头万绪，不知从何下手时，先生会及时给以点拨。写作过程中，每次聆听先生的教诲，都能深受启发，使徘徊于思考迷雾中的我重见天日。先生深厚的学养对我而言是无比珍贵的资源。先生一次次的耳提面命，使我领会了许多治学的方法和态度，让我终生受益。

经过数年的研究，我查阅、研读了七百多部小说，最后结合相关教育史史料，终于完成了论文写作。记得 2008 年年底初稿完成时，因把太多的小说内容纳入其中，篇幅冗长，字数达五六十万，后来不断删减，到第二年暑假前交稿时，仍有四五十万字。彼时论文如同小说风暴，通篇充斥着不同的小说名字、作者名字及小说相关内容的介绍，让人眼花缭乱。用先生的话说，看得让人头昏脑涨，实在看不下去。尽管如此，先生还是利用假期，耐着酷暑，从头到尾仔细阅读了我的论文，密密麻麻标注了对于论文的修改及其意见。说到论文修改，我不得不惊讶于先生的严谨、细致，惊讶于先生怎么会有这么多的时间精力来修改学生的每一篇论文。从论文的结构、表达的逻辑、语句的通顺、用词的斟酌到注解的规范，直至标点符号的使用，都一一认真修改。每次从先生手中接过经先生一字一句修改的论文，总是感动不已。现在依然清晰记得第一次拿回先生修改的一篇小论文时的情形。全文一万字左右，但先生的修改意见写了好几页，而且在正文上仔细做了修改，一个错别字、一个标点都不曾放过，不仅我感叹，把室友也惊吓得半天说不出话来："天哪！现在哪还有这么好的老师啊！"虽然她是法律系的博士，专业有别，但她每次修改论文，都会把我那篇密密标注着先生意见的论文作为模板进行修改，后来这份模板甚至在别的学院的学生中争相传阅。据我所知，先生对于每一篇交到手中的论文皆是如此。正是在导师的指导下，不断地删减、调整、修改，我终于完成了毕业论文。虽然论文的完成有些艰辛，结果也不如预期理想，但实践证明，先生的苦心和我的努力都没有白费。毕业后，我以博士论文为基础，不断地把研究细化，不仅出版了专著，发表了数篇论文，还申请到了几项省部级课题。现代小说里的教育叙事研究也将成为我今后研究的重要领域。

如果说毕业之前，主要感受到的是先生的严厉与严谨；毕业之后，更多地为先生治学以恒的学术品性以及爱生如子的人文情怀所感动。先生年近七旬，眼睛不太好，有白内障，又近视，走路尚且看不太清楚对面来人是谁，看书可想而知有多困难。但先生坚持每天阅读，且笔耕不辍，每每想到这些都让我汗颜不已。每当自己想偷懒时，想想先生，费力地睁着视力模糊的眼睛，一字一句地翻阅书籍，一字一句地修改学生的论文，一字一句地撰写文章，便会振奋精神。先生家藏书丰富，包括中外经典史书，及各类专业学术新著，经常到处遍寻不着的书，先生家会有。而且如果学生需要，先生必欣然相借，甚至相赠。从先生的书上，我们清晰可见先生阅读之认真。书上到处夹着各色便签，做了各类标注，书中有的用彩色荧光笔对某些观点进行了重点显示，有的在空白处密密标注着各类评论或感想。看书的同时，似乎在跟着先生学习，学习如何阅读、如何思考。先生在我们眼中的"无所不知"，以及取之不竭的学术养料，应该与先生的长期坚持阅读有关吧。

先生对于自己的学生非常尽心尽责，可谓殚精竭虑，一辈子操心不已。毕业之前严格要求，毕业之后仍不忘提携、指导，俨然一位关怀后学的长者。即使是病中，心中牵挂的还是学生的学业与成长。今年年初先生生了一场大病，病势来得凶险。先生每天靠输血来维持血色素，讲话都非常费力。但稍有精神便会与前来探望的在校学子讨论学业问题。他嘱告同学，不要让已毕业的外地同学来探望，怕影响大家的工作。

先生不以"著作等身"为尚，时时教育我们要以"十年磨一剑"之苦心对待学术科研，要有甘坐冷板凳的精神好好做学问，但先生也知道，这是一个浮躁的年代，各种指标在评价、制约着年轻人的成长。对于我们这些刚刚走上工作岗位的年轻人来说，要想不在这个时代潮流中湮灭，为了争取一个更好的发展平台，有时候不得不与现实做些妥协。但不管如何，先生告诫我们，学术研究是件严肃的事情，不能为了追求论文数量而忽视质量，要坚守一个知识分子起码应具有的学术操守和道德良知。

在学术上，先生严格要求我们；在生活中，先生是一个慈祥、朴实、可爱的长者。在我眼里，先生在生活中也是一个非常细心的人，师门聚餐时，经常会趁大家不注意，偷偷把账结了。平时见到学生除了重视学业，也关心我们的衣食住行。甚至吃完饭，会给我们递上纸巾。可在师母眼里，先生在生活上很令人"操心"。记得上半年先生大病初愈见面时，发现先生比以前更清瘦了。先生不好意思地说，为了做肠镜饿了好几天了，把原来稍好一点点的气色，又给饿没了。我知道做肠镜前要清肠，但不会要饿那么久吧？原来，由于先生的"粗心"，肠镜前的清肠药只吃了一半，另一半随"空药盒"扔了。论文中一个标点都逃不过先生的法眼，一包药却能藏身药盒中不被发现。看来先生对自己的事确实不如对学生的事来得细心啊！可想而知，到了医院没法完成检查，还得继续清肠、继续挨饿，等待第二次检查。师母在边上看着既难过、又心疼，叹气道，要是先生生活上也能跟做学问一样仔细，她就放心了。

如果说先生是我们学业上的导师，师母则是我们生活中的导师，大凡生活中遇上什么事，咨询师母，总会得到很多建设性的意见。师母看上去有些瘦弱，但非常能干，而且越是艰难时刻，越是表现得卓越。就说先生生病那一阵吧，除了要照料先生、招呼各路来探望的亲朋好友，还要整天担惊受怕，随时都可能收到病危通知，随时准备各种签字，大家都怕她垮了，但师母表现得异常坚强，硬是撑过了那段艰难岁月。师母平常除了照顾先生的生活，还对我们这些弟子关怀有加。相信不少田门弟子都有在先生家蹭饭的经历，吃到师母精心准备的饭菜，不一定是美味佳肴，但吃得很温暖。先生和师母视弟子如子女的那份爱心与苦心，也只有我们田门弟子能真切感受。愿先生和师母永远健康、幸福！

田老师和我的生命教育研究

■ 刘济良

2001 年 9 月至 2003 年 10 月我在浙江大学教育学院教育学博士流动站做研究工作,师从我国著名教育史学家田正平先生。

2001 年的 6 月我从华东师范大学博士毕业后,前往浙江大学联系做博士后的工作,在金一鸣老师的推荐下,我第一次见到了田正平老师。在办公室里田老师接见了我,他问了我的基本情况,讲了浙江大学对于博士后的政策和在站博士后要履行的义务,比如要为本科生上一门课程等。然后,重点和我探讨了我的博士后研究课题,按照学校的规定进站博士后需要填写相关的表格,而表格中最重要的是关于研究课题的内容。当时田老师说,他那里有研究的课题,但又害怕我的教育史功底不够好,拿不下来。最后,田老师还是尊重我的意愿,让我选择了"生命教育"这一课题进行研究。确定了研究课题后,我就赶回了华东师范大学,办理毕业手续。这次杭州之行决定了我博士毕业后的工作去向,同时也深深地影响了我一生的发展与走向。而田老师给我的深刻印象是儒雅、谦和、亲切,属于中国传统知识分子。我心想师从这样的老师肯定使我受益终生。

2001 年的 9 月份,我按时来到了浙江大学教育学院教育学博士后流动站开展我的"生命教育"研究。在当时,就全国来讲"生命教育"研究仅仅是刚刚提出来,既没有这方面的资料,也没有这方面的实践经验。所以,我的研究是很艰难的,很多时候都有打退堂鼓的思想,但是在田老师的鼓励和支持下没有放弃,最终写出了我国第一部生命教育的著作。这主要要感谢先生的指导：忘不了每次和先生讨论课题研究时先生的睿智的思想和科学的方法，忘不了每次遇到困难要放弃和退缩时先生的鼓励和支持，忘不了先生对博士后开题报告高屋建瓴的指导和建构，更忘不了先生对博士后报告逐字逐句的修改和批阅……其实，田先生以他自己的教育思想和教育行为实践了生命教育、诠释了生命教育。正因为如此，才使我对生命教育的研究充满了信心，了解了生命教育的意义，认识了生命教育的价值，揭示了生命教育的真谛。

我之所以说田先生实践和诠释了生命教育不仅仅体现在先生的教育思想中，而且体现在先生的日常生活中。在我博士后的两年中，先生和师母多次到我居住的文三路上浙江大学生命科学学院内的博士后楼的 7 楼716—717 去看我，问我的学业、问我的生活、问我的家庭、问我的工作。同时，先生多次教育我一定要重视我的儿子的学习和教育，教育我从小要让孩子养成良好学习与生活习惯，要让孩子争取受到良好的教育，上最好的中小学；先生多次提醒我不要只顾忙个人的事业而把孩子的事情耽误了。这些都说明了先生对生命的珍爱、对生命的尊重、对生命的爱护。这难道不是生命教育吗?!

我的博士后报告《生命教育论》写出来后，先生给予了我高度的评价："这是一篇有思想、有深度、有丰富内涵的研究报告。基于对我国现实教育的深切关注，在系统梳理古今中外哲人对生命意义和对教育本义深刻理解的基础上，多层面、多角度深入剖析了我国现实教育中生命异化的种种表现及其原因，从两个维度——教育的个体生命基础和教育的生命价值取向，提出了重建教育的生命价值观的构想；并进一步从七个方面论述了生命教育应遵循的原则。研究报告是一篇思辨色彩很强的理论著述，但又处处体现出与现实的紧密联系；研究报告内在逻辑结构严谨，但文中处处充溢着作者的澎湃激情。可以看出，作者全身心地投入到自己的研究对象之中。也许，中国教育界对生命教育的理解还有待时日，也许，生命教育的呼吁在目前教育界还将是曲高和寡，但是，关注生命、关注学生个体生命的发展，必将逐渐成为教育工作者的共识。"当然，这是先生对弟子的肯定、鼓励、鞭策与期望。学生一定牢记先生的教导，按照先生的要求和期望修身养性，教好书，做好人。

最后，不能忘记感谢师母李老师。每次到先生家师母都忙前忙后，沏茶水、洗水果,我们走后还要收拾房间。其实,师母的身体一直不是很好,即使这样每次到先生家师母执意不让我们学生动手,而是她亲自给我们服务,实在既令我们感动又让我们心疼,更让我们充满尊重和敬仰。

老师与我的微观叙事

■ 刘　徽

汤姆·斯潘鲍尔说:"唯一能使我们不随风而逝的,就是我们的故事。故事给我们命名,给我们定位,让我们彼此相连。"翻阅过《名人忆老师》的书籍,合上书,闭上眼,栩栩如生地展现眼前的都是那一幕幕生动的画面。故事也许零乱琐碎,但有时候生命中恰恰是那些不完整、不规律、不必然的事件对我们产生莫大的影响。

范梅南说,如果生命中没有来自长者的呵护和提携,每个人都无法成为"现在的我"。我也常想,如果没有老师,我也不是现在的这个我。师生关系与父母与子女的关系一样都具有原点式的作用,如果没有这种关系培土,友情、爱情、同情等感情等就很难生长出来。

老师之初印象——至诚尽性

我是 2007 年初夏的一天开始与老师结下这段珍贵的师生之缘,那一天我清晰地记得还在华东师范大学丽娃河畔的那幢斑驳的博士楼的蜗居里,我惴惴不安地给从未谋面却大名鼎鼎的田老师写下一封"求师信",室友看后的评价是"真诚而稚气未脱",老师很快回信,同意招收,此外信中一句话"不要听别人说,要有自己的主见",收到信略感意外,很少有人第一次就会一针见血地指出别人的问题。因此,未谋面的老师留给我的第一印象是"真诚"。以后的接触中，发现"真诚"在老师身上展露无遗，老师不仅对人真诚而且对学术真诚。

老师之常印象——望之俨然，即之也温，听其言也厉

在田家炳书院与田老师的第一次见面却让人联想到《论语》中"子温而厉，威而不猛，恭而安"。萧承慎认为，师是由"帀"（众多）和"阜"（小山丘）两部分组成，意为"众多高出四周地面的山丘"，引申出"出类拔萃"的意思。因此师意为"以德行教人以道者"。在学生们的眼中，老师无论是学问还是品德都是值得学习的，这种敬畏感和距离感或许有点中国式，然而却着实对学生产生强大的引导力量。老师尽管平易近人，但涉及学问时无论是谁都不让分毫。记得博士后报告第一稿，好不容易赶出来交给老师，老师看后打过一个电话，说实在看不下去，请取回。这对于向来一帆风顺的我来说，确实如当头棒喝，于是便不敢再有丝毫懈怠，认真修改报告，至今我还保存着田老师修改过的文稿，田老师修改学生文稿是到标点符号的，文本上密密麻麻的修改符号到现在也是对自己粗心随意毛病的一种警示。

老师之再印象——学而不辍

老师德高望重，著作等身在业界已是有口皆碑，无须赘言。我想提的是老师"学而不倦"的精神，杭州书林还在杭大路时，闲逛书店时常碰到老师，博士后期间每次和老师聊天，最后总会涉及最近看什么书。一次和老师提及当代课程领域具有划时代意义的《理解课程》一书，老师还特地让我给他带了一套，这让我颇感意外和自豪，意外的是，这套书属于课程领域，与老师从事的教育史研究相去甚远，自豪的是，学生推荐的书居然也能引发老师的兴趣。于是老师不知道，这以后我逛书店就更勤了，为了是到"说书"环节时，可以有料可抖，每当提及哪本书，看到老师眼睛为之一亮，便由衷感到一种满足感。

老师常常自谦，说自己并不是天赋过人，因为历史原因，学术真正的起步比我们都晚，刚从业时和同时代的人相比，也不见得胜过别人许多。但之所以取得今天的成绩的原因就在于贵在学习和坚持，进步是累积的，靠不断地学习来滋养。

老师与我们——教育者的"焦虑式"关心

中国古代，受教育者多为公卿大夫子弟，因此师生之间广泛存在血缘和亲缘关系，由此，常有"师父"一说，师即为扩大了的父。因此，以"仁"为核心的儒家师生关系更像是一种"混合关系"，介于"工具关系"和"情感关系"之间，并更接近于家庭式的"情感关系"，而不同于西方泾渭分明、职责清晰的"工具关系"。记得刚入职时，浙江大学为了更好地培养新教师，新启用了一项"师徒结对制"，要挑选一位老师作自己的职业导师，于是我很自然地选择了田老师，田老师欣然同意，戏称"嫁出去的女儿又要回来了"。

范梅南在新作《教育的敏感性》中提到教育学关心意味着一种焦虑感，而这种焦虑感的原型是父母与子女之间的关系，焦虑是父母对孩子的关心中最活跃的部分。不是责任也不是义务让父母和孩子们在一起，而正是担心紧紧地粘附起了父母和孩子。"奇怪的是，我们发现我越是关心这个人，我就越是担心，并且越发地激发想关心他（她）的渴望。"这几年来，每隔一段时间，便会有一次与老师的促膝长谈，和老师谈的话题从工作、学习到健康、家庭，看似随意的谈话实际上浸染了老师对我整个生活的关心。这几年，我被一种莫名其妙的焦虑感所折磨，许是源自一种追求完美的情结。老师说，做研究工作需要心无杂念，没有功利分心，学问就可以长久，因此，从这点来看，我对学术研究的纯粹和执着是值得肯定的，只是追求完美没有必要，人总是不断进步的，比如三五年你便可以看到自己的进步，只要你的生活和工作是围绕学术而来的，那么，从长远来看必然会有所长进。老师的这席话对我来说意义重大，尽管焦虑感不可能立即一扫而空，但是却让我坚定了自己的方向，并鼓起了勇气面对不确定的未来。老师还常常会在我面前聊起其他的师兄师弟、师姐师妹，为大家取得的成绩感到高兴,但同时也流露出一份"深深的忧虑",从工作到生活。师母为此总取笑老师,那么多孩子,操心得过来吗?

清魏禧曾言,瞽人入坎窗,援之出平康。棘刺当孔道,挥之行路傍。举手非为劳,举口能为良。一个老师倘若不是深深地介入"教育者"的角色,便不会为年轻人的未来担忧,只需要传授技能应付眼前的任务,不必要关心学生的性向、态度、兴趣。一个会为学生担心的老师会将目光放远,最终希望通过自己的护佑让年轻人"自立"。

年初老师生了场重病,看着老师虚弱地躺在病榻上,心中忍不住心酸,当老师病情加重时,那种揪心的感觉现在依然记忆犹新,那一刻我便深深地明白,老师对于我来说,已是一个亲人。这恐怕也未必是我一个人的感受,作为师门的执行秘书,我常常感到师门就像一个大家庭,而敬爱的老师和师母的健康就是我们最牵挂的,衷心地希望我们的老师和师母能健康快乐,这样老师与我的微观叙事也会长长久久地未完待续。

索　引

后　记

2000年6月,在商丽浩和我的博士论文答辩会上,答辩委员会主席、著名教育史学家、华东师范大学教授孙培青先生说:"多年来,中国教育近代化研究已经与浙江大学田正平老师的名字紧紧地联系在一起,这次非常高兴,看到两位青年学者又有新的探索。"十三年过去了,孙先生的一番话一直在鼓励着我们不断前行。其实,早在20世纪90年代中期,美国著名中国史学者任达教授就对田正平老师等1988年发表于《文史》30辑上的《游学日本热潮与清末教育》一文给予高度评价,并在《日本与清末新政(1898—1912)》一书中对于其近代化的眼光极为赞赏。但孙先生的话无疑具有更为重要的价值与意义。它不仅表示老一辈教育史学家对中青年学者学术探索的肯定,也是对浙江大学田正平老师及其团队在教育史学领域探索的鼓励与褒奖。在改革开放以来的教育史学界,继陈学恂先生领导中国教育史学科史料建设以后,中国教育近代化研究是浙江大学教育史学科研究的重要学术追求和总体特色,也是浙江大学教育史学科对学术界最重要的贡献之一。这一学术探索多年来不断被教育界谈论和叙述,最近出版的几本重要的教育学术史著作也都给予相当篇幅加以阐述。

在国际学术界,对学术史上具有重要影响的某一著作、思想、事件进行回顾与研讨,早已成为推动学术研究、促进学术发展的重要一环,其意义是不言而喻的。前几年,我们早年从杭州大学教育史专业毕业的同学在国内学术会议上聚首,常常在一起议论,如何找个机会,重回校园,交流一下大家毕业以后的学术探索与甘苦，以汲取新的力量，但是，都被田老师委拒。

今年春天，南开大学的阎广芬教授、沈阳师范大学的王雷教授专程飞来杭州看望病后初愈的田老师，师生相见，颇多感慨。阎广芬、王雷在杭期间，重提此事，远在西南的谢长法、别必亮等也来电，并责我竭力劝说。此后，我以去年一年在伯克利访问的所见所闻与田老师相游说，终获田老师同意。这就是"规训与书写：开放的教育史学——纪念中国教育近代化研究25周年"会议的由来，也是本书编辑的初衷。

本书主要编选各位同学在杭州大学、浙江大学教育史专业攻读博士学位或在浙江大学教育学博士后流动站从事教育史相关研究取得的代表性成果，以及毕业或出站后围绕中国教育近代化主题进一步探索的新作。倡议发出后，得到各位同门的积极响应与支持，特别是远在美国的81岁高龄的雷文(Irving Levine)同学、华南师范大学王建军教授和韩国首尔国立大学教育学院的禹龙济教授，他们不仅发来贺信与贺词，而且，撰写了高质量的学术新作。全书由在浙江大学教育学院及在杭其他高校工作的陈胜、陈桃兰、刘华、刘徽、汪辉、朱宗顺组成编写组，具体负责编辑工作。此后，大家一起讨论编写体例及方案，联系同学，修改校对，并使之最终以现在这个面目问世。在征集各位研究成果过程中，不少同学还撰写了富有感情及文采的回忆性文章，因体例及篇幅所限，只能选择其中一些有代表性篇什编辑，我代表编写组向积极提供此类文章而能未入选的诸位同学致歉。本书在编辑出版过程中，始终得到浙江大学出版社编辑吴伟伟女士的热心相助，在这里要特别谢谢她。

今年是浙江大学中国教育近代化研究25周年，也是田正平老师从事教育史研究35周年及从教45周年，谨以此书的出版作为纪念！

刘正伟

2013 年 11 月 9 日

图书在版编目(CIP)数据

规训与书写:开放的教育史学:纪念中国教育近代化
研究 25 周年 / 刘正伟主编. —杭州:浙江大学出版社,
2013.12
ISBN 978-7-308-12568-0

Ⅰ.①规… Ⅱ.①刘… Ⅲ.①教育史－史学史－中国
－现代 Ⅳ.G529.7

中国版本图书馆 CIP 数据核字(2013)第 282911 号

规训与书写:开放的教育史学

刘正伟 主编

责任编辑	吴伟伟 weiweiwu@zju.edu.cn
封面设计	续设计
出版发行	浙江大学出版社
	(杭州市天目山路 148 号 邮政编码 310007)
	(网址:http://www.zjupress.com)
排　　版	浙江时代出版服务有限公司
印　　刷	浙江省邮电印刷股份有限公司
开　　本	710mm×1000mm 1/16
印　　张	43
字　　数	682 千
版 印 次	2013 年 12 月第 1 版 2013 年 12 月第 1 次印刷
书　　号	ISBN 978-7-308-12568-0
定　　价	118.00 元